二战后的世界史

对抗与共存：70亿人的70年

［法］维恩·马克威廉姆斯　［法］亨利·皮尔特罗夫斯基
著

范斌珍　陆丽婷　余小梅
译

THE WORLD SINCE

1945

上

湖南人民出版社

目 录

引　言

　　我们在第八版的《二战后的世界史》这本书中，将讲述 1945 年到 2014 年初的国际关系史。第二次世界大战结束后的近 70 年里，世界面临的挑战和矛盾，与过去几十年截然不同。毫无疑问，过去 30 年最明显的发展就是经济全球化趋势不断增长，经济全球化让各个国家和企业经济联系日益紧密，密不可分。全球化为许多国家带来了繁荣气象，最为典型的当属中国（在 2012 年已经成为全球第二大经济体，地位仅次于美国）和印度（已跻身经济前十）。但全球化趋势也同样带来一些消极影响，比如始于 2007 年的金融危机和全球经济衰退，高失业率，以及财富分配不均等问题。

　　还有一些遗留的老问题仍在持续困扰着这个世界。阿以冲突仍未解决，核扩散（曾被认为得到了合理的控制）问题再次引起了国际社会的恐慌，"阿拉伯之春"又刺激了好战的伊斯兰势力的发展。俄罗斯总统弗拉基米尔·普京宣布俄罗斯不会再屈膝妥协，也不会再让欧盟和北大西洋公约组织（北约）的东扩计划得逞。与此同时，欧盟则被迫重新正视自己的使命及其有效管理成员国经济状况的能力。有许多国家（以拉美、非洲和亚洲国家最为典型）则疲于应付建立民主制度以及提升人民生活水准的挑战。

....

　　通过调查当前世界状况和解读近年国际形势，就不难发现这个世界绝非公平和友好的所在。局部暴乱和战争不断，许多人尚在水深火热中挣扎求生之时，却有一些人在奢靡中享乐。在这个现代科技腾飞，太空探索和心脏移植都不再是梦想的时代，我们该如何解释和平依旧遥远，贫穷仍然在富足的世界中盛行的现象呢？这些人类生存噩梦的根源究竟是什么？今天的学生们，无论男女，都有责任提出这些疑问，并找出问题的本源。《二战后的世界史》这本书的宗旨就是帮助他们释疑解惑，寻根问底。

各国之间的纠纷和战争有史以来就是个普遍现象，但在现代，尤其是现代军事科技高度发达的 20 世纪，战争的杀伤力不断升级。第二次世界大战造成了空前的死亡和破坏，最后以一种新的大规模杀伤性武器——原子弹的出现而告终。这场大浩劫让人们幡然醒悟，甚至连军事领袖们也在呼吁让世界永远和平，永远不再出现这种恶战。但第二次世界大战的余烬犹存，战胜国之间依旧摩擦不断——以英美为首的一方同以苏联为代表的一方之间的对峙，让这些国家千辛万苦争来的和平局面再度蒙上一层阴霾。它们之间在战后的摩擦迅速升级，演变成了一场政治冷战，很快转变成双方互不信任、猜忌不断和彼此仇视的军事对抗。二战之后的冷战，持续时间超过 45 年，成了国际事务的主旋律。美国和苏联这两大军事强国都在雄心勃勃地建立和维护自己的政治同盟，将世界划分成了两大敌对阵营。一个是资本主义国家，一个是社会主义国家，两者都声称自己的社会制度更先进，在全世界展开了近半个世纪的社会意识形态之争。

与此同时，这两大军事强国都投入了空前的军事竞赛。它们都认为国家的安全感有赖于自己的军事力量，并坚称对方的军备就是对世界和平的最大威胁。它们理所当然地建造了含有无数核武器的大规模军械库，其军事威力远超 1945 年投入日本的两枚原子弹。到 20 世纪 50 年代末，它们的军械库已经足以多次摧毁对方阵营，甚至还可能彻底让人类告别地球，但这些大国只是年复一年地囤积强大的武器，却不考虑这些东西对自己的祸害。等到它们终于醒悟，决定缩小自己的核武器规模时，才发现事态早已失控，即一些穷国也已经有能力建造和投射自己的核武器了。

核大国之间的军事僵局固然可以让双方暂时休战，却无法阻止它们资助代理人战争——比如在朝鲜半岛、南亚和越南发生的战争。世界其他地区也因为各种原因而卷入内耗不断的战争。自二战以来，全球已发生一百多起战争，其中许多属于小规模战争，虽然仅限于局部地区，使用的是常规武器，但也已经埋下了大型军事冲突的隐患。

另一个威胁人类福祉的根源在于富国和穷国之间，北部工业发达国家与南部发展中国家（或者冷战时所称的第三世界）之间不断扩大的差距。在南部国家中可以看到世界最低的生活水准、最低的经济增长率、最低的教育水平、最低的人均寿命，以及最高的人口出生率和婴儿死亡率。因此，无数南部国家人民生活极度困窘，营养不良，疾病缠身，无法富足且有尊严地生活。他们的政府疲于应付，往往无力拯救国家于水深火热之中，虽然有一些国家取得了一点进步，但大多数国家只能算是一息尚存甚至比以前更落后了。有许多这样的国家欠下了无力偿还的巨额外债，它们的债务威胁到了北部发达国家的金融稳定性。经济落后的局面导致南部国家政局更为多变，更易遭受强国的政治干涉和军事打击。二战以来几乎每场战争都发生在南部国家，这些国家用的都是工业发达国家提供的武器。

这就是今天的年轻人出生时所面临的世界。他们能否解决上一代人遗留的纷繁复杂的问题，能否降低核威胁，能否减少大多数人的苦难，让这个世界变为更安全、更文明的所在，则要取决于他们对这些问题成因的了解程度。当代年轻人必须以史为鉴，方能获得解决这些难题的远见，由此开创未来。

我们的目的是公正且批判性地为读者解读这个乱世的政治历史，为他们提供多个看待问题的视角。我们希望增加读者的历史见识，让他们更好地理解当今世界错综复杂的问题和险象环生的局势。总之，我们希望能够让读者以更客观的态度和严谨、批判性的思维来看待政治问题。因此，我们希望本书能够成为负责任的世界公民的初级教材。

需要说明的是，与经济问题相关的特定章节除外，本书主要讲述政治历史问题。我们不讨论当今世界历史的许多社会或文化维度的问题，虽然它们的重要性同样不容忽视。另外要说明的是，一本内容涵盖全球的书籍，只能择其紧要者而录之，无法用寥寥数页的篇幅网罗全球所有的政治发展问题。我们已尽量在本书中以均衡篇幅讨论全球历史问题，而非采用以西方或美国为中心的研究方法。

对近代史的研究绝不能与对整个人类历史的研究相提并论或者取而代之。很显然，二战的爆发绝非偶然，我们有必进一步了解这一重大事件的起因、经过和结果，以及战后时期发生的相关事件。尽管如此，因为二战是一个历史分水岭，所以它也可以作为研究近代世界历史的一个起点。也因为二战的结束开创了一个具有诸多新特点的纪元——核战争出现、高速航空技术发展、两大超级大国对抗、欧洲殖民主义终结等，我们有理由将它视为一个独特的历史时期。诚然，本书所讨论的某些话题，例如阿以冲突和中国改革等，都有更为深远的历史渊源，但我们主要关注战后时期的情况。

二战的八大结果

二战的重大结果重塑了战后的世界格局，这些也是本书讨论的重要主题。我们将以下事件定义为最重要的结果：

1. 欧洲时代的终结。欧洲不再是国际权力的中心。二战结束时的欧洲百废待举，各国哀鸿遍野，城市沦为废墟，人民流离失所，经济遭受重创。彻底被击垮的德国造成了中欧的权力真空，也因为自然和政治都有抵触真空的本能，战胜国就不可避免地要介入填补这一空缺。

2. 美国兴起成为超级强国。美国在这场全球大战中发挥了决定性作用，因其军事和经济力量脱颖而出，摆脱了先前的孤立主义倾向，在国际舞台上扮演领导角色。

3. 苏联阵营扩大，一跃成为超级强国。苏联在对抗德国的战争中发挥了主要作用，它虽然遭受了重大损失，经济发展不景气，却仍然意图扩大权力范围，尤其是笼络东欧国家，由此成为世界事务中不容小觑的主要角色。

4. 冷战的出现。美国和苏联这两大新兴超级强国之间的对抗、猜疑和仇视迅速升级，出现了一个持久的两极争霸局面。

5. 核时代拉开序幕。美国使用原子弹的行径，以及世界无力达成控制核能的国际共识，不可避免地引发了一场旷日持久的核武军备竞赛，这并不只是大国角逐的阵地，小国也不甘落后。

6. 民族主义和亚非独立运动崛起。尽管民族主义的根源可追溯到战前时期，但战后时期才出现了足以成功挑战亚非殖民秩序的民族主义运动。这些国家的独立运动具有多种激发因素，包括日本在二战时一度打败西方殖民国家，欧洲殖民国家在战争期间的没落等，导致西方殖民主义很快走向终结。

7. 出现维护和平局面的国际组织。联合国的成立旨在帮助维护世界和平和安全，完成国际联盟（League of Nations）的未竟之业。

8. 出现维护全球经济繁荣发展的国际组织。在 1944 年 7 月的布雷顿森林会议上，国际货币基金和世界银行应运而生，这两个机构具有管理全球经济的重要作用。

第一部分 "冷战的起源" 讨论了大多数（相互关联）的话题，我们在此讲述了二战结束时的全球事务状况以及冷战的起因。在第二部分"民族主义崛起和殖民主义落幕",我们讨论了第六大结果。我们在此还追溯了阿拉伯和以色列民族主义的发展过程,以及阿以冲突的起源。

第三部分"大国的纵横捭阖"主要关注 20 世纪 60 年代的世界事务,讨论了冷战时期多变的世界格局、东西阵营之间的较量、中苏交恶,以及世界多极化趋势取代冷战早期的两极对抗格局。这一部分还包含越南战争及其结果的相关内容。

第四部分"第三世界国家"则讨论了亚洲、非洲和拉丁美洲独立解放运动之后的发展或落后情况。除了调查第三世界国家的政治和经济模式,我们在本部分内容中还讨论了导致它们负债累累和种族冲突不断(尤其是阿拉伯)的根源等话题。

第五部分"新世界格局的出现"讨论的是 20 世纪 80 年代以来的全球主要发展情况。除了波兰"团结工会"运动、苏联出兵阿富汗以及核军备竞赛等冷战后期的问题之外,我们还特别关注日本、中国和欧洲共同体这些新兴经济力量的崛起,以及全球化趋势的前景和弊端。我们还在此讨论了苏联和东欧自 20 世纪 80 年代以来出现的重大变化,这些变化为冷战时代划下了句号。我们在本书末尾讨论了伊斯兰好战分子崛起的问题,比如其在伊朗伊斯兰革命中的作用,以及其对阿拉伯世界的影响。

我们真心希望读者能够与我们共同还原历史真相,更完整、更客观地了解我们所处的这个动荡的世界。我们还想提醒诸位注意,世界历史尤其是近代政治史,并不只是由枯燥的事实拼凑起来的整体,它是各种争议和矛盾观念相互交织的集合。我们希望读者能够直面这些争议,权衡各种矛盾观点和看法,从而提出自己的见解。

第一部分

冷战的起源

　　鉴于二战之后的冷战所造成的巨大影响——不计其数的人员伤亡，空前庞大的财富耗损，严重耽误国计民生，拖累人类在其他领域的发展，极大伤害和限制了公民自由和思想自由，给人类带来了不堪回首的痛苦和恐慌，对地球生物所构成的致命威胁，以及代理人战争（朝鲜、越南和阿富汗）所引发的巨大损失，我们很有必要去追问它的起源。

　　冷战是一个多年存有分歧的主题，所以我们实在很难以超然其外和客观的态度来研究这个问题。冷战双方对自身阵营的情感如此深厚和忠贞不渝，而对敌方又是如此深恶痛绝和怀疑忌惮，所以它们对冷战的起源和历史都有各自的说法。

　　美国和苏联都存有一系列支撑它们挺过多年对抗的冷战迷思。美国人的普遍看法是：（1）苏联打破了有关东欧事务的承诺，因此是引发冷战的祸根；（2）苏联入侵东欧的行径就是它意图向全世界输出共产主义思想的明证；（3）所谓的国际共产主义是一种以苏联为中心并由其主导的霸权主义；（4）共产主义是一种奴役思想，必须通过高压政治才能为人们所接受；（5）美国在二战中取得的伟大胜利，以及美国的经济和政治实力足以证明美国价值观和社会制度的优越性——总之，美国代表着人类最进步的希望。

　　苏联人则认为：（1）美国及其西方同盟蓄意让苏联在二战中流血牺牲，无视苏联人打败希特勒所发挥的作用及付出的巨大代价；（2）美国意图消灭全球的共产主义思想，尤其想颠覆苏联的共产主义政府；（3）历史规律表明，资本主义正在走下坡路，共产主义才是未来的希望；（4）美国政治制度并不是真正的民主，而是被华尔街或者少数资本寡头所操控的制度；（5）资本主义国家实际上就是帝国主义，必须为全球殖民现象负责，作为头号资本主义国家，美国才是帝国主义的罪魁祸首。①

这些没有受到争议的假想，就这样成了人们根深蒂固的迷思。它们限制了双方外交政策的视野和举措。在这些观念成了这两个阵营默认的政治正确观点时，双方当然很难主动结束冷战，并冷静客观地分析这场冲突的历史起源。

人们在冷战时期固守这些迷思，在打败纳粹德国之前的最初阶段——1945年同盟国首脑在雅尔塔会面时更是如此。因为这个原因，我们在开篇章节讨论了美苏双方在战争时期的关系，以及它们在战争结束时各自的实力和地位。我们还分析了美国利用原子弹来对付日本的决策，以及它对美苏关系的影响。在第2章中，我们讨论了雅尔塔会议以及它对冷战开始的意义。之后我们探究了在二战结束后的四年中，冷战对东欧重要问题的影响。到1947年美国实施"牵制"共产主义的政策时，这些冷战迷思已经深深嵌入双方的对外思想。

1964年3月，美国参议院外交关系委员会威廉·富布赖特（William Fulbright）率先向这些冷战迷思发起挑战。他质疑共产主义中国究竟是不是"永远"对西方"有不共戴天之仇"，古巴领导人菲德尔·卡斯特罗对美国究竟是不是"严重的威胁"，以及美国究竟是不是出于一种"神圣的使命感"，所以从1903年开始就牢牢控制着巴拿马运河的所有权。但他的看法并没有什么人买账，富布赖特实际上是在几乎无人在席的参议院中发表了这些观点。

冷战迅速向全球蔓延，亚洲成了战后头十年火药味最浓的战场。我们在第3章讨论了冷战对亚洲的影响，包括同盟国如何处理战败后的日本，中国的内战，以及朝鲜战争——这些都属于冷战的问题。同盟国占领日本的行动主要由美国拍板，苏联无力反对，美国最终成功地在全球冷战时期将日本转变成自己的同盟。中国共产党通过内战，在1949年终于掌握了政权，这场战争完全是中国本土的夺权之战，但背后不乏美苏两个超级大国的明争暗斗。共产党在中国取得胜利后，美国将更坚定地在亚洲奉行扼制共产主义发展的政策。不到一年的时间，美国的决策就在朝鲜半岛遇到了考验，冷战进入最紧张的局势，朝鲜战争一触即发。东西阵营的军事冲突看似集中在朝鲜半岛，却极有可能因此引爆第三次世界

---

① 这些迷思根据拉尔夫·B.利弗林（Ralph B. Levering）在《冷战1945—1972》（*The Cold War*，*1945—1972*，Arlington Heights, IL：Harlan Davidson，1982年）第8-9页所述的冷战迷思进行了调整。

大战。

朝韩对立之后，冷战的紧张局势在 20 世纪 50 年代后期飘忽不定。我们在第4 章讨论了美苏两国新任领导人德怀特·艾森豪威尔与尼基塔·赫鲁晓夫在这个时期释放出的新信号，为缓和紧张的局势和解决冷战问题奠定了基础。但这个时期的冷战迷思依旧坚不可摧，双方不时爆发的局部危机和核武器数量激增就是明证。两个超级大国在 1962 年一度濒于核战争的边缘，原因是苏联在古巴部署了核导弹，这成了诸多冷战对抗现象中最惊险的插曲。

第一章
二战落幕与核时代降临

第二次世界大战是一场浩劫，是目前史上伤亡和破坏程度最惨重的战争。以1939 年 9 月纳粹德国袭击波兰开始，到 1945 年 5 月 9 日德国向以美国、苏联和英国为代表的同盟国投降宣布结束，这场大战让欧洲在近六年时间中深陷泥潭。这场大战在亚洲持续时间更长，以 1937 年 7 月日本入侵中国开始，以 1945 年 8 月 14 日日本向同盟国投降结束。

第二次世界大战呈现了近代史的一些新特点——全面战争。它的覆盖范围广，几乎所有国家的人口都难逃此劫，并不只是军人深受其害。人人都被卷入战事，人人都可能撞上枪口。这并不只是一场军队之间的斗争，而是各个社会参与的混战。由于一国的军事力量有赖于其工业产能，为战事付出劳动力的平民也因此成为现代新型致命武器的靶心和受害者。

第二次世界大战中，人类首次使用了核武器。美国为何在日本投下原子弹，这是现代史上最重要也最有争议的问题之一，这其中有许多疑问值得深思。但有一个基本问题始终存在：当时是否真的有必要或者有理由使用原子弹？我们还必须思考的是，冷战的形成与美国向日本投下原子弹有何关联，美国向日本投下原子弹之后对美苏关系产生了什么影响。

战争结束后，战胜国（主要是美国和苏联）掌握了塑造战后世界格局的大权。为了理解它们各自的战后政策，我们就必须考虑到二战对这两个"超级大国"的影响。

对抗纳粹德国的"伟大联盟"——以美国、苏联和英国为首，在战争结束后就分道扬镳，转向了冷战敌对状态。这些国家和其他国家的政治家希望通过一种新的国际框架，以集体安全保障措施来维护世界和平，联合国因此应运而生。虽然人们对联合国的诞生寄予厚望，但它甫一问世就先天不足，无力担起保卫世界和平的重任。

史上最具破坏性的战争

在第二次世界大战中惨遭屠戮的人口数量远超人们的想象。欧洲和东亚的大部分地区生灵涂炭。欧亚大陆这片辽阔的土地上，人民尚未从外敌入侵的浩劫中恢复元气，又在获得解放后饱受战争祸患。我们无从知道究竟有多少人在这场战争中丧生，有人估计其中死亡人数超过 7000 万。其中死亡人数最多的是苏联。它在二战中丧失的人口高达 2700 万，几乎占据欧洲该时期死亡人口的半数。波兰丧生人数为 580 万，约占其总人口的 15%（甚至可能高达 20%）。德国死亡人口为 450 万，南斯拉夫 150 万。法国、意大利、罗马尼亚、匈牙利、捷克斯洛伐克和英国这 6 个欧洲国家的死亡人口都超过了 50 万。在亚洲，可能有 2000 万中国人和 230 万日本人死于这场大战，从南亚的印度到东北亚的朝鲜半岛，这些亚洲国家也有大量人口不幸罹难。越南有 200 万人因日军占据时期造成的饥荒而死亡。在某些欧洲国家和日本，你几乎找不到一个没有家人死于战事的家庭。[1]

在这些死于二战的人口中，约有 2/3 是手无寸铁的平民——其中许多人正是准确瞄准的目标。相比之下，平民在第一次世界大战死亡人口中所占比例不足一半，他们多为不幸被炮火误伤，或者死于饥馑和疾病的平民——也就是所谓的"附带伤害"（根据牛津词典的解释，它是"有关但属次要的损害"的意思。这个词汇最早出现在 20 世纪 60 年代，已被美军广泛用于解释各种所谓的"误炸"事件，进行危机公关），而第二次世界大战却发生了现代欧洲史上前所未闻的现象，它简直就是一场针对平民、蓄意屠杀平民的反人类之战。

德国在阿道夫·希特勒的指挥下攻占东欧，有组织地谋杀了约 1200 万平民——包括犹太人、斯拉夫人和吉普赛人。其他受害者包括残疾人、良心未泯的反战人士以及政治对手（尤其是共产主义者）。（通过大规模处决和毒气室执行的）犹太大屠杀将欧洲的犹太人口从战前的 920 万削减至 380 万。1945 年，令人

---

[1] 屠杀的规模极其庞大，根本不可能计算出准确的数据。关于二战的后果，详见伊恩·布鲁玛（Ian Buruma）著作《零年：1945》（*Year Zero: A History of 1945*）（纽约：企鹅出版集团，2013 年）。关于东亚的死亡数据，详见约翰·W. 道尔（John W. Dower）著作《毫无怜悯的战争：太平洋地区的种族和权力》（*War Without Mercy: Race and Power in the Pacific War*）（纽约：潘塞恩图书，1986 年），第 295-301 页。

发指的东欧强迫劳动和灭绝集中营事件——特莱西恩施塔特、奥斯维辛（有150万犹太人在此丧生）、特雷布林卡、布痕瓦尔德被公之于世。这就不免让人困惑，诞生过贝多芬、歌德、巴赫和席勒等人道主义精神典范的德国社会何以堕落至此（究竟是有意还是无意堕落，这个问题尚有争论）。

另一个导致平民大规模死亡的因素就是空军的发展——这要归咎于更大型、更快速、射程更远、运载能力更强的飞机。在战争时期，交战双方经常向敌方城市不分目标地投弹，此举往往殃及池鱼，平民百姓因此大量丧生。

早在二战爆发之前，空袭在20世纪30年代就已经成为一种正式的战争手段。在西班牙内战期间，德国轰炸西班牙城市（最典型的是在1937年向格尔尼卡投弹）以及日本轰炸上海（1932年）和其他中国城市时，人们就已经见识了这种作战手段的杀伤力。二战期间，英国在德国轰炸本国之前率先向柏林发动空袭，但德国对英国发动的"闪电战"才算是首个针对他国城市的大规模持续轰炸事件，约3.8万名英国平民死于这场闪电战。英美轰炸机针对德国展开了大规模的报复性轰炸行动。到二战结束时，英美在1945年2月（此时德国已经彻底战败）针对德国城市德累斯顿的空袭行动让13.5万人丧生，死者几乎都是平民。同样拥有空军的日本却无力自保，几乎所有的日本城市都遭到了美军战机的密集轰炸。美国于1945年8月在广岛和长崎投下新型大规模杀伤性武器——原子弹之后，这场战争才终于落幕。最后，为消灭军国主义势力，以民主之名出师的国家，还是采用了与敌人如出一辙的残忍手段才将其彻底制服。如果不受限制的战争意味着不加选择地向平民持续投射大规模杀伤性武器，那么如果再次发生全面战争时，人类的未来还有什么希望可言？

在最后一批炸弹落地，以及人们欢呼胜利之后的很长时间内，战争幸存者所遭受的身心折磨和痛苦绝望依然久久徘徊，挥之不去。人类史上从来没有哪个时期面临如此急迫的灭顶之灾。仅在欧洲就出现了近6500万难民，这个数据相当惊人。这些难民多为东欧人（波兰人、乌克兰人、立陶宛人等），他们想摆脱红军的控制；有1300万被逐出波兰、捷克斯洛伐克和其他东欧国家的德国人；还有在纳粹德国管理之下的农场、工厂和工地上的苦役劳工。①

德国于 1939 年开始推行的种族清洗政策在 1945 年遭到了现世报，德国人被迫自食其果。这就是著名诗人 W. H. 奥登在《1939 年 9 月 1 日》这首诗中所说的"恶有恶报"。捷克人毫不留情地将德国人逐出苏台德区；东普鲁士的德国人突然发现，他们的军队在东欧犯下的暴行也被红军活学活用，如法炮制。（被并入波兰、捷克斯洛伐克和苏联的一部分前德国领土，在长达数十年时间中一直是有待解决的冷战问题。）

以上所列的数据还不包括无数的中国难民，以及战争结束时流落在亚洲各地的 600 万日本难民（有半数为军人）。美国将大多数日本人，以及朝鲜人、中国人和其他国家难民遣送回国。在被苏联暂时占据的中国满洲地区，有成千上万名日本人被永远地滞留在异乡。他们不是在满洲极寒的气候中忍冻挨饿，就是在苏联的西伯利亚劳动营中受尽折磨。在中国北京（北平）和上海等城市几乎遍地饿殍。人们疾病缠身，缺衣少食，物价飞涨和官吏腐败等现象在战后的中国泛滥成灾。

二战让许多城市被破坏殆尽。德国的德累斯顿、汉堡和柏林，日本的东京、横滨、广岛和长崎几乎被夷为平地，这些国家还有其他地区的许多城市都遭到了巨大的破坏。有些城市完全沦为空城，在战后几乎不见人影。曾经车水马龙的东京，大多数地区只剩残砖碎瓦，人口锐减至原来的 1/3。遭遇了其史上最大规模战役的斯大林格勒则几乎没有活口幸存。在这些曾经熙熙攘攘的城市中，幸存者只能在遍地残骸中寻找一线生存的希望。战争结束后，无家可归的难民涌进了少数没有坍塌的建筑中——办公大楼、火车站，或者学校，往往是三四户人家挤在一间屋子里，还有人用拣来的废材破烂搭建方寸的容身之所。数十年后，人们在这些城市中仍然随处可以看到战后的断壁残垣。

战争所造成的物质破坏估计超过 2 万亿美元，并在之后很长一段时间中持续破坏着幸存者的经济和社会生活。不光是城镇受到破坏，工厂和交通设施也同样没有幸免。工厂、农场、牲口、铁路、桥梁和码头设施受到破坏，导致国家更难

---

① 联合国难民事务高级专员署（UNHCR），《2000 年世界难民状况：人道主义行动五十年》（*The State of the World's Refugees*，2000：*Fifty Years of Humanitarian Action*）（纽约：牛津大学出版社，2000 年），第 1 章 "The Early Years"。

为人们提供生活所需的物资。在战争结束很久之后，人们还是面临着食物严重短缺和其他生活必需品匮乏的困境。在这种惨状之下，许多人就会心生绝望，道德沦丧，有些人就会为了自保或发国难财而囤积居奇。在这些困难时期，人们将贪婪自私、睚眦必报和其他人类劣根性展现得淋漓尽致。

欧洲蔓延的孤寂和绝望心理滋生出了愤世嫉俗和幻灭的情绪，而这又影响了人们的政治倾向，左翼势力占据上风，提出了以社会主义方案治国的主张。许多欧洲人因噩梦般的战争遗毒而动摇立场或茫然无措，他们对旧政治秩序失去信心，转向了更为激进的政治信念和运动。许多人认为马克思主义才是取代法西斯主义的自然选择，认为它是能够为未来创造希望的意识形态。中庸的左翼政党在战后获得的选举胜利，如英国的工党和奥地利的社会党，足以看出左翼力量在这一时期重新受到了欢迎。共产主义者也在这一时期的选举中获得优势——尤其是在法国和意大利。在亚洲的中国、印度支那地区也出现了左翼势力主政的势头，日本也有相同的迹象，但程度较轻。美国领导人对这一趋势颇为忌惮，很快主张实施大规模援助计划，帮助某些国家快速恢复经济，消除贫困，以免它们被共产主义意识形态所渗透。

在战争期间，即1943年11月时，美国国会创建了联合国善后救济总署（UNRRA），其宗旨是帮助被战争所破坏的国家实现复兴。到1946年秋季，西欧的许多交通设施和工厂得到了修复，工业产量开始逐渐上升，但1946—1947年的严冬导致食物供应量不足，原材料和资金储备耗量过大，经济发展再度受挫。几乎整个欧洲都面临着经济停滞和人力不足的困境——无论是战败的德国，还是获胜的英国，概莫能外。饱受战争之苦的亚洲也面临同样的形势，中国和日本表现得最为典型。

提到战争所造成的民不聊生，满目疮痍，很显然二战绝非一系列可歌可泣的英雄事迹，绝非怀旧的战争游戏迷可以体验和重玩的战役游戏，它是一场空前规模的人道灾难。而战争最难抹灭的记忆，莫过于广岛和长崎这两座日本城市所遭受的创伤。

日本遭遇原子弹袭击

1945年8月6日，美国在广岛投下了一枚原子弹，3天后又在长崎投下另一枚原子弹。这两枚原子弹在地图上抹掉了两座大城市，夺走了成千上万人的性命，无辜的百姓或当场殒命，或因核辐射而忍受长年累月的煎熬。据日本统计，广岛和长崎分别约有 14 万人和 7 万人死于这次原子弹爆炸。美国所估计的数据则是广岛死亡 7 万人，长崎 4 万人。双方在死亡数据上出现差异，部分是由于双方采用了不同的计算方法，部分是由于双方执行计算的不同意图造成的。因此，在二战告终的时候，使用新型武器的核时代也拉开了序幕，有个日本物理学家后来将这种新武器称为"纯物理学的伟大产物"。①

　　美国人民以及在战争期间当政的总统富兰克林·罗斯福当时决定让日本尝尝失败的滋味。决定制造原子弹的罗斯福原本准备在造出原子弹后，用它来对付日本，但他在 1945 年 4 月就离世了。究竟要不要使用这种革命性的新型武器，这个抉择就成了落在哈里斯·杜鲁门肩头的重任，他上台之前对原子弹计划毫不知情。杜鲁门与当时的陆军部长亨利·史汀生（Henry Stimson）磋商之后，成立了一个"临时委员会"顾问小组，商讨了是否要使用这种革命性武器的问题。委员会建议尽快用这种武器来对抗日本，并在未事先警告的情况下，瞄准了一对目标（即四周有人员居住的一个军事点或军工厂，即一座日本城市）。② 这个策略的目的就在于增强原子弹的威慑力。他们于 7 月 16 日在新墨西哥的荒漠中成功实施了原子弹爆炸试验，当时杜鲁门正在德国波茨坦同英国首相温斯顿·丘吉尔和苏联领导人约瑟夫·斯大林会面。杜鲁门得知成功试验原子弹的消息后，心花怒放地批准了在 9 天之后，即 7 月 25 日使用原子弹的军令。次日，杜鲁门签署了《波茨坦公告》，该文件明确要求日本无条件投降，并警告日本若不妥协则可能遭遇"迅疾彻底的毁灭"。但该文件只字未提这种新型武器。在日本政府拒绝接受该公告时，美军就依照计划行事，向其投下了第一颗原子弹。

　　日本政府并不将这份公告当回事是因为，它并没有提到最重要的一个问题，即战胜国保证允许日本保留其最神圣的制度——天皇的地位。美国情报人员从战争一开始就破译了日本外交和军事电报的内容，很清楚《波茨坦公告》对日本天

---

① 仁科芳雄博士，《原子弹》（The Atomic Bomb），美国战略轰炸调查（华盛顿特区：国家档案）第 1 页，记录组 243，56 箱。

② 《临时委员会备忘录》（Notes of the Interim Committee），国家档案，曼哈顿工程报告，现代军事分支，记录组 77（华盛顿特区：国家档案，1945 年 5 月 31 日），第 9-10页。

皇、首相铃木贯太郎和日军都有"极大的吸引力"。有些日本官员认为该公告的第十款已经暗示了允许保留天皇地位的态度，因此可以作为日本投降的条件；但也有其他人认为需要战胜国表明这一立场才算数。第十款提到了日本政府（包括天皇）在战后的日本将扮演的角色。只是还有两个问题存疑：美国会解释第十款的内容吗？战胜国会在使用原子武器之前接受日本投降吗？①

人们对使用原子弹的行为争议不断，各方观点差异明显。以美国官员为代表，并被美国大众普遍接受的正统观点认为，只有采用这种捷径，才可以避免更多人在入侵日本的战役中牺牲，原子弹实际上拯救了许多日本人和美国人的性命。这个说法认为，虽然使用原子弹是个令人遗憾的做法，但却是一种必要手段。日本顽固的军事领袖已决定血战到底，他们在太平洋岛屿上的表现有目共睹，他们在本土上只会更疯狂地抵抗外敌入侵（例如，1945 年春末在太平洋冲绳岛上，不到三个月时间，就有 1.2 万名美国士兵和海军陆战队员在与日本人交战的过程中丧命）。为了尽快让日本投降，并结束这场旷日持久且耗损巨大的战争，美国官员认为不得不对日本使出这招撒手锏。

美国文献中普遍记载，如果当时没有使用原子弹，预计会有 100 万美军死于进攻日本的战斗。但这个数据被夸大了，超过了美军参与二战（4 年期间在欧洲和太平洋地区的）总体死亡人数的 3 倍。陆军部长史汀生在战后的一篇文章中引用了这个 100 万的数据，以便为美国使用原子弹的行为正名。1945 年 6 月 18 日，陆军参谋长乔治·马歇尔将军在一次讨论进攻日本计划的军事会议中指出，他们无法估计这种进攻可能造成的死亡人数，但可以推测第一个月的死亡人数应该不会超过进攻吕宋岛时的情况（死亡 3.1 万人）。②

这个 100 万美军死亡人数，实际上只是他们为了美化向日本投掷原子弹行为的说辞，它忽视了许多重要的史实。第一，日本当时已经彻底被击败，无力对抗美国海空两军的轰炸；日本海军和商船队均被摧毁，陆军地面部队也已经溃不成

---

① 1945 年 8 月 7 日情报摘要，太平洋战略情报部，"俄日关系"（1945 年 7 月 28 日至 8 月 6 日），国家档案，记录组 457，SRH-088，第 3、7、8、16 页。关于 1945 年 7 月 13 日开始的日本投降举动，见"魔法外交摘录，1945 年 7 月"，军事情报局（MIS），陆军部，提交给乔治·马歇尔将军的报告，国家档案，记录组 457，SRH-040，第 1-78 页。

② 赫伯特·费斯（Herbert Feis），《原子弹与二战的终结》（*The Atomic Bomb and the End of World War II*）（新泽西州普林斯顿市：普林斯顿大学出版社，1966 年），第 8-9 页。

军，它已经被美国海军封锁，陷入四面楚歌的境地。在战争初期低估日本实力的美国领导人现在却高估了日本的剩余力量。虽然顽固的日军领导人还在负隅抵抗，坚持要求有条件地投降，这个国家此时已几乎无力发动战争了。

1945 年 8 月，日本广岛。这座建筑的位置接近于弹着点，它的"爆炸圆顶"作为和平纪念碑被保存了下来。（图片来源：美国国家档案馆）

第二，在美国于 7 月中旬原子弹爆炸测试之前，日本已经在争取同美国协商停止战争。他们通过苏联的斡旋进行沟通，因为当时日本与美国的直接交流已经在战争期间中断，而日本与苏联并没有交战。美国政府非常清楚这些情况，也能从日本与苏联的沟通中察觉到日方迫切想收兵的心情。但美国决策者还是选择无视这些外交主张，认为这些提议并不可靠，可能只是日军的缓兵之计。日本通过外交手段结束战争的主要障碍在于，美国坚持要日本无条件地投降，这就要求日本完全服从美国的意志，而不是通过谈判来结束战争。

日本方面希望美国能够保证他们至少保留天皇的地位——也就是说，要保住裕仁天皇，因为他是皇军奋战的精神支柱。美国政府坚决拒绝了这个要求，坚持要求日本无条件地投降。《波茨坦公告》并没有向日本做出保留天皇地位的承诺，所以日本拒绝依照这个公告的要求投降。这是日方唯一坚守的底线，最终美国还是同意了这个要求，但这是在 8 月 6 日和 9 日原子弹分别袭击广岛和长崎之后的事情了。8 月 11 日，日本政府仍坚持在"不损害陛下作为主权统治者的特权"的条件下投降。[①] 杜鲁门政府在要求日军"代表天皇"无条件地投降时，接受了这个条件。如果美国事先同意了这个条件，日本可能就会直接投降，也就没有必要使用原子弹了。

第三，如果美国政府事先明确向日本提出警告，让他们知道这种新型武器的本质，以及在可能的情况下向他们展示原子弹爆炸的威力，日本或许就能够幸免于广岛和长崎的这场浩劫。如果东京仍然拒绝接受投降的条件，美军就可以名正言顺地使用原子弹了。但除了《波茨坦公告》中"迅疾彻底的毁灭"这种含糊其辞的表述，日本人并没有得到关于原子弹轰炸的明确警告。临时委员会排除了向日本发出明确警告或向其展示原子弹威力的选择，而是直接向日本城市投弹以迫使日本屈服。也有人称向日方展示原子弹的威力是一个冒险的行为，因为原子弹未必能成功爆炸，这就会导致美国颜面无存，反而助长日军领导人的气势。

第四，多数支持使用原子弹的人提出了一个无可辩驳的设想，那就是这种做法可以取得立竿见影的效果——马上就能让日本投降。但这还是有不少问题。原子弹爆炸真的会让日本投降吗？真的有必要投掷第二枚原子弹吗？（连续使用两枚原子弹的计划是为了达到一举两得的目的，如果必要的话，美国还会在 10 天内投下第三枚原子弹，以便最大化地展现这种新型武器的威慑力，迫使日本尽快投降。）

而那些明确反对向长崎投弹，认为这是不义之举的人则认为，向广岛投弹已经足以让日本屈服，或者也应该给日本更多时间，让他们先搞清楚广岛的状况后再动手。有人可能会质疑两枚原子弹爆炸仅间隔三天，这个时间是否足够日军评估这种新型武器对日本城市的杀伤力。但更重要的问题则是，原子弹爆炸究竟能不能让日本投降。日本报纸、日本领导人的证词，以及美国拦截的日本外交电报内容均表明，苏联于 8 月 8 日加入这场对日战争，也同样能够迫使日本投降。苏联是当时唯一没有同日本交战的大国，日方领导人竭力想让苏联保持中立，或者通过苏联的斡旋结束这场战争。他们得知苏联既没有参与签署《波茨坦公告》也

---

① 哈里斯·杜鲁门，《回忆录：1945 年——决定性的一年》（*Memoirs*，*I*，1945：*Year of Decisions*）［纽约：Signet，（初版于 1955 年）1965 年］，第 471 页。

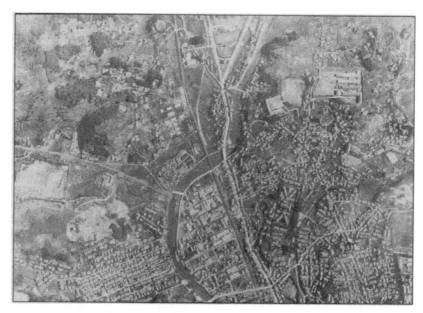

被轰炸前的长崎。(图片来源：美国国家档案馆)

没有表态支持该文件时很是欣慰，不过杜鲁门和丘吉尔签署该公告时，斯大林也在场。当苏联也加入战局时，日本的最后一线希望彻底破灭了。日军在满洲的大部队与同样规模庞大且装备精良的苏联红军狭路相逢时，日本实在没有理由不服输。至于原子弹爆炸对日本领导人的影响，只能说在广岛爆炸前，日本内阁接受与反对《波茨坦公告》的人数都是三比三，在此之后依然如此。在苏联加入对日作战和长崎原子弹爆炸之后，情况依然如此，直到天皇本人为结束战争而亲自出面打破僵局。

但在 1945 年 2 月的雅尔塔会议上，罗斯福及其军事顾问就已强烈表态希望苏联尽快加入对日战争，并且他也愿意为实现这一目标向斯大林让步。但在冲绳岛战役（1945 年 4 月 1 日至 6 月 22 日，估计有 20 万日军和平民在此战丧生）以及成功试验原子弹后，杜鲁门政府中的重要人物在是否要让苏联加入对日战争的问题上举棋不定。他们并不清楚是否要让苏联了解有关原子弹的情况。事实上，罗斯福和杜鲁门都拒绝向苏联通报这种新型武器的发展和计划使用情况（不过斯大林已经通过间谍掌握了这一情报）。

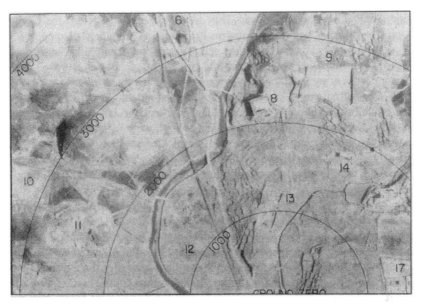

被轰炸后的长崎。（图片来源：美国国家档案馆）

　　第五，最后提出了一些有趣而重要的问题，涉及美国使用原子弹的举动及其在战争结束时的对苏政策之间的关系。有一个历史说法认为，美国对战败的日本使用原子弹，其目的并不只是为了结束二战，它更像是美国在冷战期间首次宣示自身实力的一种表现。换句话说，这种原子弹就是美国用来威慑苏联的工具，是为了警告苏联在东欧、亚洲和其他地方要安分守己。这种说法可以解释为何美国要在苏联出兵之前，以及美军计划进攻日本的三个月之前匆匆使用原子弹。这也可以解释为何杜鲁门拒绝事先（甚至事后也如此）向斯大林通报对日本使用这种新型武器的消息。据称美国意在以此维护自身的核垄断地位（只同英国共享）并加入所谓的"核外交"，以此来扼制苏联的野心。

　　这是修正主义史学家根据大量迹象和逻辑推理得出的结论，它仍然属于推测性的说法。那些持传统观点的人士当然否定这个说法，并提出了相反的意见。他们强调日军将领对战争的狂热和顽固特点，这些日本人甚至不惜舍身坠机空袭美国军舰。他们坚称只有使用原子弹才能制服这些不惧拼到鱼死网破的战争狂人。因此，这个观点认为杜鲁门纯粹是出于军事目的而对日本使用原子弹。他们还认为，作为三军统帅的杜鲁门有责任采取任何军事措施，争取尽早打败日本。他们声称如果杜鲁门没有使用原子弹，就会有更多美军士兵死于持久战，他也会因为这些阵亡人员而留下骂名，遭受政治和道德上的谴责。

持有这一观点的人士还指出，杜鲁门当时根本就无法反对使用原子弹。作为新任白宫之主，杜鲁门顶着罗斯福重望高名的压力上台，他只能继承前任的内阁、政策遗产，尤其是罗斯福决心以原子弹作为合法战争武器的主张。"曼哈顿计划"（建造原子弹的秘密计划的代号）负责人莱利斯·格罗夫斯（Leslie Groves）将军极力主张尽快使用原子弹。在执行首次试验时，美军就已经推出了使用原子弹的军事计划。许多参与这个项目的科学家和军方人员都希望能够成功部署这个耗费了他们四年心血的武器。杜鲁门根本无力打压这种势头。格罗夫斯将军尤为积极地主张部署这个新型武器，以验证它的破坏力。军事规划人员挑选了一系列日本城市作为攻击目标，并下令让常规的军事轰炸行动避开这些城市，以便真正检验原子弹的威力。

政治核辐射效应

关于原子弹对冷战的影响，史学家也同样意见不一。如果杜鲁门政府真的打算在战后实施核外交政策，那么可以说，这个策略并不管用。由英美独揽的核武器优势，并没有让苏联的行为或政策产生实质性的变化。但这毫无疑问地影响了双方的态度，导致它们在冷战期间互不信任。美国掌握原子弹的优势，导致其领导人在与苏联打交道的过程中更为盛气凌人，不知变通，而美国掌握和使用原子弹的事实也增加了斯大林对西方国家的猜忌。

可以肯定的是，美国秘密建造和使用原子弹的行为，很可能就是战后的核军备竞赛的起源。杜鲁门政府的国务卿詹姆斯·伯恩斯（James Byrnes）也是临时委员会的成员，他认为苏联至少要10年时间才能制造出一枚原子弹，美国在此期间和苏联打交道时，可以充分发挥这张"王牌"的优势。而美国主要的核科学家，包括首席科学家罗伯特·奥本海默（Robert Oppenheimer）则预测，苏联可以在 4 年时间内造出原子弹。① "曼哈顿计划"的一些科学家试图警告杜鲁门政府，核垄断并非长久之计，如果美国政府不向苏联通报这种新型武器的大规模杀伤力，不打算令其受到国际管控，则势必引发核武器军备竞赛。尽管在广岛和长崎原子弹爆炸前后，科学家都提到了这个意见，但杜鲁门政府对此置若罔闻，后来果真一语成谶。奥本海默预言苏联会在 4 年内造出自己的原子弹，果然成了板上钉钉的事实。

而美国政府针对相关复杂问题，经过数月的仔细研究，终于提出了让核能接受国际管控的主张。美国于 1946 年 6 月向联合国提交了这个"巴鲁克计划"，但苏联拒绝接受这个提议，因为该计划允许美国无期限地保留自己的核武库却禁止苏联开发核武库。苏联提议立即销毁当前所有的核武器，并签署禁止生产或使用核武器的条约。美国当然不愿意就此放弃核垄断地位，直接拒绝了苏联的主张。联合国针对这个问题持续讨论了 3 年却毫无成果。与此同时，苏联大力建造原子弹的举措果然如美国核科学家所料——在 1949 年 7 月就取得了成果。核军备竞赛就此开始。

冷战末期的美国和苏联

作为战后时期对世界最有影响力的两大新兴强国，美国和苏联却有截然不同的战争经历。没有哪个国家在战争时期的伤亡规模堪比苏联，也没有哪个国家能够像美国这样在二战中独善其身，损失极小。

1941 年 6 月，超过 200 万德军进攻苏联，造成了大规模的破坏，导致 1700 个城市和 7 万个村庄遍地废墟，苏联 70％的工业和 60％的交通设施被摧毁。在二战期间，无数苏联人沦为德军的囚犯，其中许多人在酷刑中死亡，还有许多人被押送到德军工厂和农场做苦役，被榨干至死。德军入侵及其对苏联城市（尤其是列宁格勒、莫斯科和斯大林格勒）发动的袭击，激发了苏联人（包括俄罗斯人与

---

① 《临时委员会备忘录》，1945 年 5 月 31 日，第 10-12 页；格雷格·赫尔肯（Gregg Herken），《胜利的武器：冷战时期的原子弹，1945—1950》（*The Winning Weapon*：*The Atomic Bomb in the Cold War*，*1945—1950*）（纽约：兰登书屋，1981 年），第 109-113 页。与格罗夫斯将军相比，伯恩斯显然更不把科学家的看法当一回事，他推测苏联需要 10~20 年时间才能研制成一枚原子弹。

非俄罗斯人）的爱国主义精神，他们英勇顽强地拿起武器保卫国家，这就是著名的"第二次伟大的卫国战争"（第一次发生在 1812 年抵抗拿破仑入侵），他们的革命精神在歌曲、纪念碑、文学、电影和绘画作品中展现得淋漓尽致。

最终，苏联人民坚韧不屈地挺过了难关，苏联红军浴血奋战，将德军赶回了柏林。但苏联为此付出了惨痛的代价：估计有 750 万军人阵亡，还有两倍甚至三倍于此的平民丧生。仅在斯大林格勒战役中，苏联死亡人数就达到了美国在整个二战期间死亡人数（33 万）的两倍；另外估计还有 100 万人（多数为平民）死于列宁格勒的围城战。与之形成鲜明对比的是，美国在二战中却几乎安然无恙。除了战争刚开始时日军袭击珍珠港，以及日军短暂占领了阿留申群岛偏远地区的阿图岛和基斯卡岛，美国本土并没有受到任何入侵或轰炸。美军与苏军死亡人数比例超过了 1：80。

人们讨论苏联战后政策及其对美关系之前，都必须先承认苏联对抗纳粹德国付出的巨大代价，以及苏军空前顽强的抗战精神。

与苏联所遭受的重大物质破坏不同，美国的基础设施几乎毫发无损。相反，美国还在二战期间实现了经济繁荣发展，顺利从大萧条中脱困。苏联的工业产量在战争期间下滑 40％，而美国的工业产量却实现了翻倍增长。在苏联艰难地收拾战后的残局，挣扎着推动经济复苏时，美国却独揽无人匹敌的雄厚经济实力。没错，在二战结束时没有哪个国家掌握了堪比美国的世界经济霸权。在遍地萧条的战后时代，其他工业国家都遭遇了大面积的损失和产量下滑，美国经济却一枝独秀，凌驾于其他国家之上。更重要的是，美国有能力扩大其势力范围。它掌握了能够在战后时代维持工业发展的丰富资源——完好无损的大型工厂、技术娴熟的劳动力、技术、原材料、高端的运输系统，以及可用于投资的巨额资金。

美国还通过这场战争收获了另一项重要的无形资产——极大膨胀的国家尊严。这个国家重新充满信心和希望，大萧条时期的悲观情绪一扫而空。美国人民认为他们在二战中的胜利，可以证明美国生活方式的优越性。美国在战后世界中独领风骚的姿态，让美国人民滋生出了一种"美国万能的幻觉"。[①] 出现了《时代》和《生活》杂志发行人亨利·卢斯（Henry Luce）提前 5 年所预言的"美国

---

① 路易斯·哈雷在《冷战历史》（*The Cold War as History*）（纽约：哈珀与罗出版公司，1967 年）第 25 页引用丹尼斯·布罗根（Sir Denis Brogan）的话。

世纪"。美国凭借这种新的自信和优越感，开始以一种强国的姿态，行使建立战后世界秩序的领导权。但冷战刚开始，美国就迅速碰壁，美国人的自信心出现了动摇。

寻求集体安全机制

在德国和日本战败后，建立新世界秩序的任务自然就落到了美国、苏联，以及分量略轻的英国这些战胜国身上。在战争期间，这"三巨头"国家领导人——罗斯福、斯大林和丘吉尔会面并不只是为了协调作战计划，还有一个目的就是制定战后安置计划。罗斯福尤其相信三巨头在战争期间建立的和谐以及（相对的）信任关系能够长存，三巨头可以通过个人外交途径解决战后世界的诸多问题，例如德国、东欧、日本和其他东亚国家的未来走向。不过在战争结束前，三巨头中的两者就已经不再当政了——罗斯福于1945年4月逝世，丘吉尔则在同年7月的竞选中落败。但早在罗斯福过世之前，就已经有迹象表明，这一战时同盟关系并不会太长久。回过头来看，三巨头除了面临一个共同的敌人，几乎没有其他共性，而当这个敌人被打败后，三者之间的利益冲突也开始浮出水面。

三巨头在战争期间团结一心的关系并不能引导战后世界走向安全与和平，这段关系也绝不可能维持到战后。不过三巨头还是尽力而慎重地提出了建立一个国际框架来解决国际问题的主张。三巨头都针对通过集体安全机制维护和平的概念达成了共识。罗斯福尤为积极地主张建立一个新国际和平维护组织，取代已被作废的国际联盟。在战争早期，他先是试探了丘吉尔对这个理念的想法，之后又机会同斯大林探讨了这个问题。三巨头对"联合国"（人们有时候也将反法西斯同盟称为"联合国"）之间如何维持战后的合作关系这个问题均有所顾虑。罗斯福希望美国不要再被打回孤立主义的原形，斯大林则也不愿意苏联像二战前一样陷入外交孤立的局面。

三巨头针对这个新的集体安全组织究竟该采取什么形式——它的结构、职能和机构等，展开了多次讨论。最棘手的问题就在于，究竟如何摆平国际主义与国家主义这两者间的关系。人们特别关心的问题是，在这个新的超国家组织维护世界和平的利益面前，成员国应该多大程度地牺牲自己的主权。这个新国际组织有足够的权威来贯彻针对成员国的决策，又有多大权力让各成员国保护自身的国家利益？另一个重要问题就是，如何摆平这个国际组织中的几个大国与诸多小国之间的关系。刚开始时，三巨头一致表示不会为了少数服从多数的原则牺牲国家权力。

三巨头苏联大元帅约瑟夫·斯大林、美国总统富兰克林·罗斯福，以及英国首相温斯顿·丘吉尔参加 1943 年 11 月的德黑兰会议。（图片来源：美国国家档案馆）

他们坚持表示自己（在二战中发挥重要作用的）国家应该被委以维护战后和平的重任，新国际组织应该向其授予领导权，这种权力不受更多更小的成员国所约束。

这些问题在一系列战时会议上得到了解决。在 1943 年 10 月的一次莫斯科会议上，同盟国外交部长原则上同意设立这个被称为联合国的组织。1944 年 8 月，战争胜利曙光在即，三巨头代表以及新加入的中国国民党代表在敦巴顿橡树园（位于华盛顿特区）召开会议，探讨有关新国际组织的形态问题。在 1945 年 2 月的雅尔塔会议上，三巨头就各大国在这个新国际组织中的否决权达成了一致意见。这个会议为 1945 年 4 月在旧金山召开的会议奠定了基础。在旧金山会议上，各国代表签署了《联合国宪章》，它阐明了联合国的原则、权力、组织结构以及对人权的承诺。1945 年 9 月，联合国正式开放纽约总部。

联合国的主要机构分别是安理会、联合国大会、经济及社会理事会、国际审判法院和秘书处。其中权力最大且最重要的机构是负责维护世界和平的安理会。安理会有权判定成员国的武装侵略行为是否违反了《联合国宪章》，并建议对其采取纠正措施或制裁，包括在集体安全原则下对其使用武力。安理会由五大常任理事国（分别是美国、苏联、英国、国民党统治的中国和法国）以及其他六个非常任理事国（任期两年）组成。常任理事国拥有一票否决权，也就是说如果五个常任理事国意见不一，安理会就无法达成具有约束力的决议。五大常任理事国以此防止联合国威胁到自身利益。需要指出的是，美苏两国极力要求获得这种否决权，否则它们就拒绝加入联合国。还要注意，正是因为这个条件，联合国安理会很快就失去效力，因为在随后发生的冷战期间，这两个大国彼此对立，导致安理会根本无法达成共识。在联合国成立早年，苏联经常独自与其他四大国分庭抗礼，反复使用否决权。

联合国大会由所有成员国组成，每个成员国都有平等的发言权和一票表决权。它是一个讨论国际问题和提出解决方案的开放性论坛。联合国大会以少数服从多数原则通过决议，但这些决议只能算是建议，对成员国，尤其是五大常任理事国并没有什么约束力。联合国大会主要是小国在国际事务中发声的重要舞台——虽然它们的表态经常被忽略。

联合国秘书处是与该组织内部运作有关的常设行政办公室，由一个秘书长领导，秘书长是联合国级别最高的官员。秘书长由安理会推荐，联合国大会指定。实际上，这在冷战时期就意味着要在可被美苏双方接受的中立国家中寻找一个合适的候选人。因此，秘书长的权力往往很有限，因为他的受任与否完全取决于安理会的意志。①

其他联合国组织，尤其是特殊机构（例如世界卫生组织）则隶属于经济及社会理事会，其职能比安理会更有效力，原因就在于它们处理的事务要比政治更具

---

① 第一任秘书长是挪威人特里格夫·赖伊（Trygve Lie，1946—1952 年），之后是瑞典人达格·哈马舍尔德（Dag Hammarskjöld，1953—1961 年），缅甸人吴丹（U Thant，1961—1971 年），奥地利人库尔特·瓦尔德海姆（Kurt Waldheim，1972—1981 年），秘鲁人佩雷斯·德奎利亚尔（Javier Pérez de Cuéllar，1982—1991 年），埃及人布特罗斯·布特罗斯-加利（Boutros Boutros-Ghali，1992—1996 年），加纳人科菲·安南（Kofi Annan，1997—2006 年）和韩国人潘基文（2007—2016 年）。

备可操作性，可以脱离冷战之争独立解决问题。国际法院、高效的世界卫生组织、联合国教科文组织（UNESCO，联合国教育、科学和文化组织）和联合国难民署（联合国难民事务高级专员办事处，该机构在 1951 年接管了联合国善后救济总署的职能）等联合国机构也同样如此。

成立联合国是经历浩劫的幸存者表达的一种希望，即通过成立一个专门的组织来实现维护国际和平与秩序的梦想。但不久之后就证明，联合国根本无力实现这些梦想，甚至还遭到了许多人的嘲讽。联合国的确数次介入解决或调解与美苏利益交涉，或者仅与这两者相关的国际争端。但更大的问题，例如终止 1948 年的"柏林封锁"事件，第一次印度支那战争，或者占领奥地利问题（见第 2、4、5 章）都绕过了联合国的裁决。美苏两大国坚持使用否决权，冷战情境导致安理会根本无力维护战后的世界和平。

第二章
冷战格局正式成形

1944 年底，同盟国击败纳粹德国的形势已经很明朗。显然也可以看出，战时同盟关系——这段因利益而结合的关系也即将走到尽头。同盟国之间逐渐将重心放在了战后问题上。在这场战争中，同盟国不断释放出它们是为特定目的而战，而不仅仅是为了自由与民主这种崇高理想而战的信号。1945 年，同盟国终于将战后问题摆上桌面。因为这些原因，同盟国首脑——美国总统罗斯福、苏联领导人斯大林、英国首相丘吉尔于 1945 年 2 月在苏联黑海的克里米亚半岛上的雅尔塔举行会议。三巨头希望通过本次会议解决四大问题。

雅尔塔会议

雅尔塔会议的主要话题就是东欧在战后的地位，主要与波兰有关——这个国家在会议期间仍然属于对抗德国的同盟国成员。1939 年，英法两国因德国突袭波兰向德国宣战，从而将德国波兰之战演变为欧洲冲突，之后战火又蔓延到大西洋、地中海和北非。1941 年 12 月，日本偷袭珍珠港，亚洲太平洋地区也被卷入战争。简而言之，英法政府当时冒着牺牲本国人民的生命和财产的风险，做出了向德国宣战阻止其入侵波兰的决策。

在战争逼近尾声时，德国人被驱逐出波兰，波兰的命运成了同盟国高度关注的重要问题。更糟糕的是，战前的波兰政府领导人曾恶意抗俄和反共，在德国入侵波兰后他们就逃出了华沙，躲到了伦敦，只等战争结束再回国重新掌权。在伦敦避难的波兰领导人坚称西方有责任将他们作为波兰的合法政府送回华沙。丘吉尔和罗斯福等西方领导人原本打算践行这个承诺，但当时的苏联红军占领了波兰，形势日益明显，能够决定战后波兰政府地位的人物是斯大林，而非罗斯福或丘吉尔。

雅尔塔会议的第二个问题对于美军来说是重中之重，当时美军还在与日军恶战，并且这场战争可能会持续到 1946 年。美军仍在轰炸日本城市，但日本人依旧负隅顽抗，当时还没有进行冲绳战役（美军首次进攻日本领土）。因此，对于美国参谋长联席会议来说，雅尔塔会议的主要意图是利用训练有素的苏联红军牵制驻守在满洲的日军。

第三个问题就是以联合国取代已在二战中解散的国际联盟。罗斯福主张建立一个能够被丘吉尔和斯大林，以及美国选民所接受的组织框架。罗斯福笃信如果没有美苏两国的参与，则无法组建有效的国际组织。

最后，还有一个问题就是如何处置即将战败的德国。同盟国将很快控制沦为焦土的德国领土，它们掌握着德国未来的命运。

波兰问题

第一个最为棘手的问题，就是波兰的地位。在八次全体会议（全员参与的正式会议）中，与会者七次提到了这个问题。罗斯福和丘吉尔认为波兰这个同盟国，有权自由选择自己的政府形式。他们特别希望波兰重返战前的状态——亲近西方，反共反俄，也就是重建目前流落在伦敦的波兰政府。

这个"伦敦政府"的成员毫不掩饰他们强烈的反俄情绪，这是俄国与波兰两国由来已久的历史纠纷所造成的结果。他们极为忌惮苏联的共产主义政府，在与德国交战的前夜，他们甚至拒绝考虑与苏联结盟的可能。斯大林之后就在 1939 年与希特勒签订了著名的《苏德互不侵犯条约》，借此冷眼旁观法西斯入侵东欧。① 作为交易，希特勒默许了苏联在波兰东部地区的利益，这片广大的领土是 1921 年波兰人从落魄的苏维埃政府手中夺来的战利品。波兰在 1921 年占领苏维埃部分领土，以及 1939 年苏维埃政府（在与希特勒的共谋中）重新夺回该领土，这还仅仅是俄国与波兰长达数个世纪交恶史中的两个事件。1941 年，希特勒以波兰为跳板入侵苏联，在这场战争结束时，苏联人再次回到了波兰。

斯大林十分了解波兰人的民族主义和深入骨髓的反俄本质，尤其是战前波兰政府的态度，这给斯大林政府埋下了仇视波兰的种子。苏联士兵进军波兰时就遭到了波兰人的抵制，波兰人在与德国斗争之余还不忘腾出精力来对付这些来自东

---

① 通常称为《苏德互不侵犯条约》，由纳粹德国外交部长约阿希姆·里宾特洛甫（Joachim Ribbentrop）与苏联外交事务委员维亚切斯拉夫·莫洛托夫（Viacheslav Molotov）拟定细则。

部的入侵者。斯大林深谙东欧人的民族主义情绪和宗教分裂问题。作为一名格鲁吉亚人，斯大林终究是旧沙皇帝国统治下的多变民族融合的产物。他清楚这一点，也在雅尔塔会议上告诉西方同盟国，"善争好辩"的波兰人很难对付。①

斯大林不会忘记希特勒入侵让苏联人损失了2700万条人命的教训。在雅尔塔会议上，他决心阻止在苏联西部国界重建一个仇俄的波兰政府的主张。所以，斯大林并不打算允许在伦敦的波兰人回到华沙重新掌权，他反复向罗斯福和丘吉尔表达了这个顾虑，罗斯福和丘吉尔勉为其难地在原则上接受了东欧（尤其是波兰）整体上已经成为苏联势力范围的一部分这个事实。为此，斯大林甚至在雅尔塔会议之前，就组建了自己扶持的波兰政府，这个政府定都于波兰东部城市卢布林，那里是共产主义者和社会主义者的势力范围。

罗斯福和丘吉尔瞬间陷入两难处境。同盟国是为了民主和民族自决的崇高理想而参与二战。但战后的波兰既无民主也无民族自决的选择。此外，英国仍然与伦敦的波兰流亡政府存在缔约义务。但伦敦的波兰流亡政府与英国之间的条约仅声明英国有责任保卫同盟国免受德国侵犯，它并不适用于苏联，英国政府在1945年4月发布1939年缔结条约的秘密协议时已经强调了这一点。公布这一点后，英国对波兰政府的合法义务也就失去了效力。但出于道义上的考虑，英国还是有必要保卫一个前盟国，以免它被斯大林染指。但苏联红军攻占波兰后，英国人就扛不起这面道义的大旗了。

罗斯福和丘吉尔支持的民族自决手段与斯大林坚持建立亲苏政府的主张僵持不下，波兰问题就此陷入困境。双方的主要争议在于波兰临时（过渡）政府的构成问题。斯大林要求西方承认卢布林的临时政府地位；罗斯福和丘吉尔则希望这个临时政府包含"民主派"（即亲欧美）政客。最后，双方终于达成了一个模棱两可的协议，它掩盖了双方广泛存在的分歧。波兰政府将在"包含波兰国内外民主领袖的更广泛的民主基础上进行重建"。② 这个重建政府属于临时政府，在

---

① 温斯顿·丘吉尔，《第二次世界大战回忆录，第六卷，胜利与悲剧》［纽约：班坦图书公司，（原版于1953年）1962年］，第329页。

② 摘自"关于波兰问题的雅尔塔宣言"（The Yalta Declaration on Poland），美国国务院文件《美国对外关系：1945年在马耳他和雅尔塔举行的会议》（*Foreign Relations of the United States: The Conferences at Malta and Yalta, 1945*）（华盛顿特区：美国政府印刷室，1955年），第938页。

"自由选举"之前代替正式政府履职。

在这次会议之后，罗斯福和丘吉尔强调了斯大林允许"自由选举"的态度，以便宣布他们代表波兰流亡政府和民主制度赢得了雅尔塔会议的胜利。但斯大林却并不打算让临时政府接纳这些"民主派"政客——也就是亲欧美和反苏联的伦敦流亡人士，也不允许他们参政执政。无论如何，他对自由选举的定义十分狭隘，导致原先提议的自由选举变得毫无意义。最终进行波兰政府选举时，候选人名单上却是清一色的"安全"政治人物，他们不会对苏联占领波兰构成威胁。

斯大林显然认为，西方势力实际上在雅尔塔会议上默认了苏联占领波兰的行为，对方的抱怨不过是虚与委蛇，只是为了给国内民众一个交待。他就此认为这个问题已经得到了解决。但在英国，尤其是在美国看来，苏联控制波兰的意图并没有这么简单。波兰已被亲苏的共产党牢牢控制，这个国家根本没有实现真正的自由选举。与此同时，苏联红军取道波兰，一路直奔柏林，令斯大林的政治和军事势力蔓延到了欧洲中部。

这些事件引发了不少争论，罗斯福的共和党反对者经常发出这些论调：（1）罗斯福将波兰（以及其余东欧国家）出卖给了斯大林；（2）斯大林违背了雅尔塔会议关于自由选举的承诺，这种背信弃义的行为就是冷战的起因。民主党人士对这种言论愤懑不已，只能辩称罗斯福根本没有做过将东欧割让给斯大林这种卑鄙之事。他们辩称是战争的地理和命运因素，而不是罗斯福及其继任者哈里斯·杜鲁门（于1945年4月12日接替过世的罗斯福上台）的绥靖政策将苏联红军引向了东欧。

慕尼黑阴谋

在这个节点上，二战的两个盟友因为对历史教训——尤其是"慕尼黑教训"的不同解读而被困在窘境之中。这件事就是指史上公认的引发第二次世界大战的导火索。

1938年秋，阿道夫·希特勒声称捷克斯洛伐克西部领土——居有300万日耳曼人的苏台德区应由德国接管，以便贯彻民族自决的原则。"民族自决"是第一次世界大战的战胜国提出的概念，捷克斯洛伐克就是一战的产物。希特勒威胁称，德国人必须住在德国，否则只能以武力收回。法国同捷克斯洛伐克已有盟约，承诺德国进犯时，法国将出兵保卫捷克斯洛伐克。但法国政府在心理上和军事实力上都无力践诺，因此只好采取了折中方案。此时英国首相内维尔·张伯伦介入，从中斡旋，结果就召开了慕尼黑会议，因为西方强国极力避战，希特勒就这样不费一兵一卒得到了苏台德区。当时已经将德国与奥地利合并的希特勒承诺，这是他对东欧的最后一个要求。慕尼黑会议后，张伯伦回到伦敦得意扬扬地宣称他为"我们的时代带来了和平"。

但事实很快证明，希特勒食言了。1939年3月，他吞并了捷克斯洛伐克的其余地区，之后又向波兰施压，要求割让德国指定的领土。波兰人拒绝让步时，英国以及后来的法国人认为是时候采取立场，与波兰缔结盟约了。希特勒入侵波兰，大有触发欧洲大战之势。

对西方国家来说，慕尼黑会议的教训再明显不过了。你永远无法满足独裁者的胃口。绥靖政策无异于抱薪救火，只会助长希特勒的气焰。用美国海军部长詹姆斯·福莱斯特（James Forrestal）的话来说，"绥靖政策就是赔本生意"。① 斯大林在战后强行在东欧扶立共产党政府，立即让西方列国产生警觉，它们吃过慕尼黑教训的大亏，认为允许苏联势力西扩，将不可避免地纵容苏联政府的膨胀野心并引发战争。西方领导人在心理上无法接受苏联控制东欧——这可不符合划分胜利果实的规矩。

苏联人对这些事件却有自己的一套解读方式。对他们来说，慕尼黑会议是希特勒（与西方资本主义国家勾结）对付苏联而迈出的决定性的一步。克里姆林宫的领导人很早就知道，希特勒瞄准的主要目标是苏联，而不是西方国家或波兰。在20世纪30年代中后期，苏联就多次呼吁西方国家与其结盟对抗德国，但西方国家对此反应迟钝且疑心重重。在苏联领导人看来，西方国家与希特勒在慕尼黑会议上达成的协议，根本意图在于"祸水东引"，让希特勒进犯苏联。希特勒以迅雷不及掩耳之势吞并了捷克斯洛伐克和其他东欧国家的现象，证明苏联领导人的怀疑并非毫无根据。1941年6月，希特勒向苏联发起了进攻，此时他已掌控了整个东欧（当然还包括其他欧洲地区），开始将目光转向了苏联。

---

① 摘自1945年9月21日举行的一次内阁会议记录，沃尔特·米尔斯（Walter Millis）主编，《福莱斯特日记》（*The Forrestal Diaries*）（纽约：维京出版社，1951年），第96页。

对苏联人来说，慕尼黑会议的教训也十分惨痛。因此绝不能让东欧落入敌对势力手中。斯大林不能忍受由在伦敦的波兰流亡政府掌权，也无法接受让曾与纳粹有染的匈牙利、罗马尼亚和保加利亚旧政权重新上台的主张。他绝不允许任何外国势力效仿希特勒的所作所为，将东欧变成抗苏大本营。他认为同苏联的敌人结盟的旧敌对势必须服从新的现实，承认符合苏联利益的新政府。

从相同的事件中，冷战的两大宿敌却可以得出截然相反的结论。西方关注的是牵制苏联的兵力，不愿意承认克里姆林宫在东欧的合法地位。西方国家认为，缺乏决断势必引发战争。苏联人坚定不移地认为，他们付出巨大代价在东欧建立的战略缓冲区，必须用来防范西方资本主义国家的势力扩张。这些意见相左的历史教训观，就是西方与苏联产生冲突的核心。

波兰边境

斯大林在雅尔塔会议上还要求调整波兰的边境。他要求收复 1921 年因《里加条约》而被波兰人夺走的领土（当时波兰人打败了苏联红军）。当时的英国外交大臣寇松勋爵（Lord Curzon）怂恿顽固的波兰人接受将东线边境西移 125 英里，因为这条线更便于波兰与苏联的白俄罗斯、乌克兰人口划清界限。但在 1921 年，获胜的波兰人拒绝落实这条"寇松线"，强行要求在被打败的苏联人领土上划定界限，而 1945 年时又轮到斯大林重新划定界限了。

为了补偿波兰人将东部领土出让给苏联的损失，斯大林将波兰西线边界，向德国领土西移了 75 英里，到达奥得河与奈塞河。在雅尔塔会议上，斯大林试图让盟国认同这条"奥得–奈塞线"，但没有得到回应。

作为战争的胜利成果之一，波兰边界的第三项调整就是将苏联人与东普鲁士的波兰人划清界限，东普鲁士是德国最东的省份。在这一点上，斯大林与波兰人达成了一致意见。苏联和波兰均认为，两国都遭受了德国重创，理应得到这些补偿。西方国家勉强接受了斯大林调整边界的主张，其实无论它们是否同意，这件事情都已经成为定局，难以挽回了。从 1945 年开始，苏联人和波兰人都认为这次以牺牲德国为代价的边界调整属于既定的事实，但有大量德国人却并不接受这种结果。

西方国家和苏联无法就统一的德国达成共识，结果就出现了一边由美国扶持的德意志联邦共和国（通称西德），一边由苏联创造的德意志民主共和国（东德）。东德政府别无选择，只能接受这条新的德国-波兰边界。但西德政府坚称自己才是德国唯一的合法政府，它为所有德国人（无论是东德还是西德）代言，认为德国的合理边界应该是1937年时（在希特勒合并新领土之前，即1938年3月开始合并奥地利之前）的模样。西德政府的首任总理是康拉德·阿登纳，他坚定捍卫德国领土完整，拒绝接受苏联强加的这条新边界。

在20世纪60年代末，西德政府总理维利·勃兰特才开始松口承认这条新边界，但西德政府自成立以来的42年间，没有一届政府（勃兰特政府也不例外）正式接受德国领土被割让的事实，直到20世纪90年代德国统一时，它仍然是二战后有待解决的问题之一。

日本问题

雅尔塔会议讨论的第二个问题非常直接明了。美国参谋长联席会议希望苏联红军能够向日本开战。但苏联人却有自己的打算，对此犹豫不决。斯大林承诺在欧洲战争结束后的90天内向日本宣战。日本人在1904—1905年的日俄战争中让俄罗斯惨败，夺取了之前由俄国人控制的库页岛。日本人趁着1917年的十月革命以及苏俄内战，又入侵了东西伯利亚，在那里驻军直至1922年。[①] 在20世纪30年代，日本吞并中国东北地区之后，苏联似乎也可能成为日本的下一个目标。实际上，在1939年夏末，苏联红军和日军就已经在蒙古和中国边境展开诺门罕战争。当时日军正挥师南下（此举最终触犯了美国的利益），而苏联正与纳粹德国鏖战，这两种情况让日苏两国暂时无暇清算旧账。在二战进入尾声，苏联向满洲的日军宣战时，才上演了20世纪的第四次日俄冲突。在苏联人看来，此时正是向日军秋后算账和收复失地的绝佳时机。

---

① 美国总统伍德罗·威尔逊那时候也出兵东西伯利亚，名义上看是为了监视日军。在更早之前，也就是第一次世界大战结束时，威尔逊曾经派兵进入俄罗斯的欧洲领土，名义上是为了保护输送给俄罗斯同盟国（当时的沙皇是尼古拉二世）的补给，以免它们落入德军手中。苏联人始终拒绝这种解释，认为美国意在颠覆羽翼未丰的共产党政府。

联合国问题

雅尔塔会议的第三个重要话题与成立联合国组织有关。罗斯福提议，世界大国针对其反对的联合国举措拥有一票否决权，丘吉尔和斯大林也欣然接受了这个主张。1919 年，伍德罗·威尔逊总统提议美国加入国际联盟时，其反对者就辩称此举会导致国联控制美国的外交政策。而美国在联合国的否决权就可以避免发生这种情况。但美国也不可妄想成为唯一拥有否决权的国家。因此罗斯福提议五大国（美国、苏联、英国、法国和中国）都享受针对联合国事务的一票否决权。这也意味着如果五大国不能达成一致意见，联合国的决议也就无法生效——而五大国意见统一的情况却实在罕见。联合国的这个缺陷就这样写入了宪章。

关于这种安排的实际意义，可以从斯大林与丘吉尔在雅尔塔会议上的这次交流（它与香港问题有关，英国于 19 世纪从中国手中掠夺了香港）中看出端倪。

斯大林：假设中国……要求收复香港呢？

丘吉尔：我会说"不行"。我有权这么说，联合国的权力无法反对我们。[①]

德国问题

第四个问题与德国即将面临的命运有关，三巨头决定以临时的权宜之计，将希特勒的"第三帝国"（包括 1938 年被希特勒合并的奥地利）划分为由雅尔塔会议三巨头分治的占领区。法国很快提出，作为反法西斯同盟国和主流大国，它也有资格分一杯羹，得到一个占领区。斯大林对于让另一个西方资本主义国家入伙的提议没有异议，但表示如果法国也想占领一个地区，只能向英美占领区拿地。德国和奥地利，以及它们的首都（柏林和维也纳）就这样被四大强国瓜分和占领。

三巨头就这样结束了雅尔塔会议，各自满载而归。但事实表明，雅尔塔会议很快就成了冷战的导火索。在会议结束后，波兰及其战后边界，成立联合国，苏军对日宣战，德国和奥地利等都成了东西方长年累月争执不下的关键点。

---

① 詹姆斯·F. 伯斯恩（James F. Byrnes），《美苏外交秘录》（*Frankly Speaking*）（纽约：哈珀兄弟公司，1947 年），第 37 页。

波茨坦会议

到 1945 年春末，柏林沦陷和日本战败都成为必然时，同盟国在东欧问题上发生激烈争执后，迅速分道扬镳，战时的合作伙伴变成了相互猜疑的陌路人。但这两个阵营在 1945 年 7 月仍然同意再次会面，这次会议地点在德国首都柏林。因为柏林已经几乎沦为一片焦土，会议地点就改在了附近的波茨坦。

参与波茨坦会议的三巨头分别是斯大林、杜鲁门（于 1945 年 4 月接任罗斯福掌权）和丘吉尔（在会议后期被英国新任首相克莱门特·艾德礼所取代）。这次会议成果寥寥。波兰问题立即成了会议讨论的焦点，西方领导人并不太愿意接受以德国为代价而划定的波兰新边界。他们也不乐意承认波兰的新社会主义政府，他们还多次反对斯大林在东欧扶持的其他代理政府，尤其是罗马尼亚和保加利亚政府。但斯大林认为东欧政治版图的变化没有商量的余地，指出西方势力也在意大利建立了新政府（取代纳粹德国的同盟墨索里尼政府），所以苏联在东欧的举措并无不妥。双方在波茨坦会议上的针锋相对，加重了彼此的疑虑，根本没有解决什么问题。

双方另一个矛盾的起源就是德国的赔偿问题。斯大林坚称德国应赔偿 200 亿美元，西方国家在原则上表示同意。但问题是，只能由德国来掏这笔钱，而战败的德国已经一穷二白，根本无力支付这笔巨款。斯大林提的这个要求，意思就是拆除德国的一切工业设备，将其运送到苏联。这个主张对西方来说颇为不利。这会让德国沦为积贫积弱，需要依靠外部输血的穷国。而一个无助的德国显然更容易遭到苏联干涉，方便苏联进一步向西方渗透。可想而知，一个贫困的德国除了屈从于共产主义之外，既不能成为美国商品的进口国，也无法对外出口自己的商品（这是重建德国经济的中心要素）。美国早有扶助德国经济的打算，但这样一来，美国援助德国的资金就会变成德国对苏联的赔款，落入苏联囊中。

苏联人坚称在雅尔塔会议上，盟友就许诺他们 200 亿美元的赔偿。美国代表则回应称这个数据只能作为讨论的基础，具体数额要视德国战后的情况而定。而遍地废墟的德国意味着苏联人可能得不到多少赔偿。

对杜鲁门来说，解决方法很简单。苏联人可以在自己的德国东部占领区找到可以作为赔偿的东西。他们也的确洗劫了东部占领区——更为贫困，以农业为主的德国地区。赔偿问题就成了战时同盟国在监管德国问题上的第一个冲突点。会议确定的一个原则就是，每个占领区的军事指挥官都享有完全的行动自由。因此，占领德国的列强并没有制定针对德国的统一政策，为德国的长期分裂状态埋下了伏笔。在长达三年时间中，没有人将德国当成一个统一的国家。

杜鲁门和斯大林在波茨坦会议中唯一达成的意见就是日本问题。双方都不希望放虎归山，轻易饶过日本人。他们认为日本必须无条件投降。在波茨坦会议期间，杜鲁门得到消息，第一枚原子弹在新墨西哥州的阿拉莫戈多成功爆炸。杜鲁门清楚日本人极力想通过协商方式结束战争，但有了原子弹这个筹码，他就可以按照自己的条件来处理停战问题，防止苏联染指战后的日本。斯大林与杜鲁门想法相似，也不希望日本马上投降。在雅尔塔会议上，他已保证在对德战争结束后的90天内向日本开战，这么做有他自己的打算。这可以让他有机会与日本清算过往的恩怨，并扩大他在远东的势力范围。杜鲁门并没有将原子弹的情况告诉斯大林（但斯大林早就得到了情报），也没有提到他要用原子弹对付日本的计划。斯大林误以为杜鲁门仍然希望苏联出兵向日本宣战。在美国秘密计划向日本投射原子弹时，斯大林也在暗中制定进攻满洲日军的计划，日军命数将尽。

日军战败一事并没有改善东西方的关系。广岛和长崎的原子弹爆炸事件，让苏联人对美国的意图产生了更大的猜疑。双方的每个意见冲突都被放大，每个误解都成了一件兵器；每个敌对行为都成了对方心存恶意的明证。

但此时的双方还没有进入完全不可逆转的冷战状态。直到1947年，这场冲突才进入一个新阶段。事实上，无论是苏联还是西方的许多历史学家都认为，这一年是冷战的真正起点。美国在这一年宣布将以经济和军事手段扼制一切共产主义扩张的现象。在同一年，苏联代表团退出了美国主持的关于重建欧洲的巴黎经济会议。至此，东西合作关系走向终结，双方划清了更明确的对抗底线。

杜鲁门主义

杜鲁门总统所称的"美国对外政策转折点"在1947年初降临，当时美国面临的形势是共产党在希腊内战中获胜。① 二战的结束并没有为希腊带来和平，相反，它加剧了希腊的左右翼冲突，希腊共产党终于在 1947 年初获胜。英国在希腊事务中长期扮演重要角色，英国支持希腊右翼势力（军队和希腊王室），但因自身被战争所累就退出了希腊事务，将这个包袱随便甩给了美国政府——如果美国政府希望希腊建立一个非共产党政府，那就得负责安顿好这个国家，并且只能自己去处理。刚愎自用的杜鲁门迅速跳进了这个火坑。但他也清楚，美国公众可能并不太愿意扛起这个责任。二战结束时，美国公众就已经盼着美军在两年内从欧洲撤兵。而杜鲁门插手希腊事务只会无期限地推迟美军撤出欧洲的时间。这实际上意味着美国需要增加驻守欧洲的兵力，并且延长驻军时间。为了实现自己的目的，杜鲁门清楚自己得"吓唬一下美国人民"。② 他成功地做到了这一点。

哈里斯·杜鲁门总统和德怀特·艾森豪威尔将军，1951 年 1 月。两年后，这名将军就接替杜鲁门成为新任总统。（图片来源：美国国家档案馆）

---

① 哈里斯·杜鲁门，《杜鲁门回忆录：考验和希望的年代》（*Memoirs，II，Years of Trial and Hope*）（纽约花园城：双日出版社，1956 年），第 106 页。

② 这是参议员阿瑟·范登堡（Arthur Vandenberg）所说的话，摘自威廉 A. 威廉姆斯（William A. Williams）的《美国外交的悲剧》（*The Tragedy of American Diplomacy*）（修订版，纽约：Delta，1962 年），第 269-270 页。

1947 年 3 月，杜鲁门在国会的一次联席会议上发表了自己的观点。这是美国政治领导人发表的最激动人心的冷战演讲之一，他坚称希腊战争并非希腊人的内部矛盾，而是外敌入侵所造成的后果。国际共产主义正向希腊展开行动，他们接到了来自苏联中心的命令。美国有责任"支持自由的人民，抵御武装分子或者外来压力的奴役企图"。美国必须发挥民主斗士和"有序的政治流程"的作用。杜鲁门宣称，希腊共产党的胜利会产生多米诺骨牌效应，对其他国家的类似事件构成威胁。"如果希腊政权被武装的少数派所操控，这就可能马上对其邻国土耳其造成严重的后果。整个中东地区都会陷入混乱和无序状态。"① 这番被称为"杜鲁门主义"的言论将美国外交政策牢牢钉在了镇压激进主义和世界革命的不归路上。所有从这一天开始触发的美国干涉行为就被称为"多米诺理论"：如果 X 国倒下了，Y 国和 Z 国也会相继倒下。

但并没有明确证据显示，斯大林在幕后操纵希腊革命。斯大林似乎遵守了他与丘吉尔在 1944 年 10 月达成的约定，同意在二战结束后将希腊纳入英国的势力范围。丘吉尔在之后的自传中称斯大林遵守了这个协议。② 如果有可能的话，斯大林希望希腊叛乱"尽快结束"，因为他就是担心希腊共产党会获胜。③ 他向南斯拉夫副总统米洛万·德执拉斯（Milovan Djilas）表示："你在想什么？……美国这个世界上最大的强国会容忍你破坏他们在地中海的交通线吗？一派胡言，我

① "杜鲁门总统的新外交政策演说文本"（Text of President Truman's Speech on New Foreign Polic），《纽约时报》，1947 年 3 月 13 日，第 2 页。

② 丘吉尔对下议院的报告，1945 年 2 月 27 日，他在该报告中表示他"为斯大林在希腊的行为感到欣慰"，《第二次世界大战》第 6 章，第 334 页。丘吉尔在 1945 年 5 月 12 日致杜鲁门的"铁幕"电报中表达了对苏联在东欧势力的担忧，"但对希腊例外"。莫兰勋爵，《关于丘吉尔战时及以后的回忆录》（Churchill: Taken from the Diaries of Lord Moran, The Struggle for Survival, 1940—1965），第 847 页。丘吉尔于 1948 年 1 月 23 日提交给下议院的有关希腊问题的报告指出："（斯大林）遵守了协议。"罗伯特·罗兹·詹姆斯（Robert Rhodes James），《温斯顿·丘吉尔演讲录，第 7 章，1943 - 1949 年》（Winston S. Churchill: His Complete Speeches, 1897—1963, VII, 1943—1949）（纽约：Chelsea House, 1974 年），第 7583 页。

③ 米洛万·德热拉斯（Milovan Djilas），《对话斯大林》（Conversations with Stalin）（纽约：Harcourt, Brace and World, 1962 年），第 181 - 182 页。

们根本就没有海军。"① 但对杜鲁门和多数美国公众来说，事情很简单：所有以卡尔·马克思之名发起的革命必定是由苏联授意的。② 共和党在这场神圣的反共斗争中也不甘落后，迅速拥护杜鲁门的立场。就此，美国上下团结一心，这条坚不可摧的反共统一战线一直持续到了越战爆发时期。

杜鲁门主义的首次实施相当有效。美国的军事和经济援助迅速扭转了希腊的局势，希腊共产党被击败，希腊国王保住了王位。美军兵不血刃地收获了一切成果。这似乎还不是美国实力的上限。这就好像印证了极富名望的《时代》和《生活》杂志发行人亨利·卢斯所预言的"美国世纪"。③ 但与此同时，中国所发生的事件却证明，美国对历史进程的影响仍然有限，因为美国支持的国民党政府及其军队在中国内战中开始节节败退。

马歇尔计划

在宣告"杜鲁门主义"的 3 个月后，杜鲁门政府进一步采取措施，通过马歇尔计划保护美国在欧洲的利益。这个计划因乔治·马歇尔将军（杜鲁门的国务卿）而得名，他最先公开提议推出一个为重建经济崩溃的欧洲提供基金的计划。马歇尔计划在很大程度上是一种人道主义行为，它帮助许多欧洲人在其后数十年度过了困难时期。它也是一个意在保护美国战后经济果实的举措，有利于解决美国国内产能过剩问题。在二战结束时，美国率先建立了"自由贸易"——或者至少是相对不受限的国际贸易体系。但它的国际贸易（也就是打开欧洲市场）却要求必须建立一个强大而繁荣的欧洲，这样才能为美国商品打开销路。事实证明，美国极其成功地帮助西方巩固了资本主义经济制度。在这种情况下，马歇尔计划

① 米洛万·德热拉斯（Milovan Djilas），《对话斯大林》（*Conversations with Stalin*）（纽约：Harcourt，Brace and World，1962 年），第 181–182 页。

② 二战后，最激进的共产党国家领导人就是南斯拉夫的约瑟普·铁托。铁托公开支持希腊共产党，为他们提供武器，允许他们在南斯拉夫避难，而斯大林对希腊内战却无动于衷。在西方看来，铁托的行为就是斯大林通过代理人参与希腊内战的证据；但铁托在 1948 年与斯大林决裂之后，就拒绝希腊共产党入境，抛弃了希腊共产党人。

③ 亨利·卢斯，"美国世纪"，W. A. 斯万贝里（Swanberg），《卢斯和他的帝国》（*Luce and His Empire*）（纽约：Dell，1972 年），第 257–261 页。

与杜鲁门主义双管齐下，在经济与政治层面有效地扼制了苏联的影响力。杜鲁门称马歇尔计划与杜鲁门主义就是"一个胡桃的两半"①。

马歇尔计划有助于遏制西欧共产党的成功。西欧共产党在法国和意大利等国初步得势后，很快就在马歇尔计划的影响下走向式微。

在二战结束时，美国针对苏联的战时租借援助计划（涉及价值110亿美元的军需物资）也走到了尽头。苏联申请美国继续提供经济援助，结果一无所获。美国政府在官方声明中表示有意将马歇尔援助计划扩展到包括苏联在内的东欧，但提出了一些前提条件。首先，该援助取决于苏联在东欧的表现是否规矩。另外，与在西欧的情况一样，援助措施必须由美国而非接受援助的国家来执行。

有些东欧国家已经接受了马歇尔计划，其中以波兰和捷克斯洛伐克最为典型，这两个国家均由共产党与非共党派组成的联合政府掌权。苏联一开始似乎也愿意在马歇尔计划的框架下，参与重建欧洲。苏联外交部长维亚切斯拉夫·莫洛托夫（Viacheslav Molotov）率领了阵容庞大的经济专家代表团前往巴黎讨论执行该计划的问题。但他很快就退出了会议，宣布无法接受美国提出的条件，因为该计划要求美国官员进驻东欧和苏联领土，这就会侵犯苏联的国家主权。莫洛托夫不敢公开表示，美国代表入驻东欧会导致苏联及其附庸面临的严重困境被曝光，从而损害苏联的国际形象。马歇尔计划显然是斯大林根本无力承担的一个赌局。斯大林之后就向波兰和捷克斯洛伐克政府施压，要求它们拒绝马歇尔计划。

斯大林对捷克斯洛伐克可不仅仅是施压这么简单。1948年2月，捷克斯洛伐克的共产党发生政变，结束了多党联合执政的局面，这个国家就此彻底倒向了苏联阵营。在西方国家看来，这一事件再次昭显苏联侵略好斗，残忍无道又工于心计的野心。捷克斯洛伐克再次成为独裁者阴谋下的一枚棋子。捷克斯洛伐克发生的这场"二月事件"与希特勒进犯这个国家间隔仅有10年，的确能够让西方更深切地记住慕尼黑会议的教训。在这次政变中，捷克斯洛伐克外交部长扬·马萨里克（Jan Masaryk）神秘死亡，西方普遍认为这是斯大林授意的暗杀行为。这次事件对西方公共舆论产生了深远的影响，也成了他国不宜同苏联往来的初步

---

① 摘自威特·拉菲伯（Walter LaFeber），《美国，俄罗斯与冷战》（*America, Russia, and the Cold War, 1945—1984*）第五版，（纽约：克诺夫出版集团，1985年），第62-63页。

证据。

斯大林拒绝马歇尔计划援助还意味着，东欧国家不能借助美国的援助和西欧的技术，只能依靠自己有限的资源，在苏联的指导下，重建被战争重创的国民经济。针对苏联统一在欧洲中部的势力范围，丘吉尔于 1946 年在密苏里州富尔顿的一次演讲上提醒听众注意，"铁幕"已经笼罩在欧洲——从波罗的海的什切青到亚得里亚海边的的里雅斯特，形成了一条横亘欧洲大陆延续超过 40 年的分界线。

苏联实力的上限

就在斯大林看似巩固了在东欧的地位之后不久，铁板一块的共产主义大本营却出现了首个裂口。由约瑟普·铁托（Josip Tito）领导的南斯拉夫共产党因有关国家主权的基本问题与克里姆林宫决裂了。苏联强调所有外国共产党都必须服从苏联的利益，因为苏联是共产主义国际行动的中心。南斯拉夫共产党则坚持主张根据自身的实际情况来处理本国事务。1948 年夏，克里姆林宫与南斯拉夫公开交恶。铁托拒绝让南斯拉夫服从苏联的利益，南斯拉夫因此成为东欧首个宣布脱离苏联而独立的共产主义国家。

西方盛行的观点是，"铁托主义"（脱离国际共产主义社会的民族主义）只是一种特殊的孤例。但斯大林自己却心知肚明。他清楚铁托主义绝非个例，其他东欧国家假如得到了机会，也会毫不犹豫地做出相同的选择。为防患于未然，他针对东欧的"民族主义共产党人"展开了大清洗运动，从他 1953 年 3 月过世时东欧无人凭吊这一点，就可以看出这场人祸给东欧人留下的创伤。

1948 年时，德国与柏林被分而治之的形势也成了定局。所有关于统一德国的讨论全部失败了，西方采取措施决定创造一个独立的国家西德，位于苏联大本营境内 110 英里的西柏林，也属于西德的领土。在二战期间，斯大林曾同意由同盟国分治柏林，他并没有在此事上讨价还价。他可不希望看到西方在自己的地盘上安插一个前哨。对西方来说，柏林并没有什么军事价值，因为它已经被苏军围困并解除了武装，但它却可以作为一个吸引东欧国家的重要政治首都，成为西方繁华景象的展示厅。另外，西柏林还可以作为重要的间谍行动中心。1948 年 6 月，斯大林实施了一个精心计算的冒险行动，为了清除西方在该城市的势力，他封锁了通往西柏林的道路，以期让西方主动放弃柏林。如此一来，西方就别无选择了，它既不希望发生第三次世界大战（出于政治和心理因素），又不舍得将西柏林及其200万人口拱手让给共产党，结果就出现了"柏林空运"行动，西方国家通过这一举措，令运输机飞越东德，向西柏林供应物资。在其后10个月中，超过27万架飞机平均每天运载4000吨物资，空运到这个被围困的城市中。斯大林也不想引发第三次世界大战，所以不敢袭击这些飞机。在1949年5月，斯大林才终于做出了让步，重新开放公路，让这座城市再次接通西德。斯大林输掉了这场赌局，而摊牌对他来说并没有什么意义。第一次柏林危机就此结束。

西柏林的儿童站在碎石堆上欢呼美军飞机向他们空投食物，1948年。（图片来源：德国信息中心）

在20世纪40年代中，美国决策者都在假定苏联正准备进犯西欧，这种推测很大程度上起源于恐慌心理，缺乏事实根据。西方之所以会认为苏联具有扩张领土的野心，主要是三个因素造成的。第一，苏军驻扎在欧洲中部。第二，苏联所取得的地位并不像是其参战应得的结果，更像是印证了（苏联宣传所称的）社会主义制度在全世界取得胜利的预言。第三，苏联与西方的意识形态分歧具有军事对抗的色彩，这一点让人们最为恐惧。

西方人对苏联产生了这个根深蒂固的印象之后，就几乎无法改观了。对苏联人的这个刻板印象，助长了美国不计一切代价遏制苏联的势头。这个由美国国务院苏联问题专家乔治·凯南（George Kennan）于 1947 年在一篇冗长的文章中提到的"遏制理论"，与杜鲁门主义和马歇尔计划一起形成了三管齐下之势，颇有成效。凯南在其长文中并没有明确提到他想到的是哪种遏制苏联的手段。他后来解释称，他指的是一种政治而非军事上的遏制手段。而杜鲁门遏制政策的首要特点就是它带有军事性质。1949 年，美国成立了北大西洋公约组织（NATO），形成了一个沿西翼胁迫苏联的联盟，后来又在别处组建了其他联盟。对苏联来说，这个遏制政策的实质就是以资本主义包围共产主义。斯大林及其继任者以挖壕自守的方式回应了西方的这一系列举动。

第三章
冷战在亚洲：风云突变

冷战虽然起源于欧洲，本是因德国、波兰和其他东欧国家的问题而造成了东西方之间的紧张局势，却引爆了亚洲的巨变。1945年，美国的东亚政策主要重心是消除日本军国主义的余孽，并支持蒋介石①领导的中国国民党政府，以便稳定亚洲的大局。但在短短5年时间中，美国就遇到了一系列棘手问题，亚洲的局面远远不同于美国设想的样子。

在中国，由毛泽东领导的共产党打败了国民党政府，于1949年10月1日宣布成立了中华人民共和国。这个全球人口最大的国家就这样加入了共产主义阵营。仅仅过了9个月，朝鲜共产党就打入了由反共政府当权的韩国。此时，美国和苏联早已经从朝鲜半岛撤兵，半岛形成了朝韩对峙的局面，双方都宣称将统一朝鲜半岛。朝韩事件令美军迅速回到半岛，在韩国永久驻军。这是冷战中的超级大国首次遭遇败战，朝鲜战争对由美国主导的对日军事占领产生了深远的影响，美军在日本的军事基地就此成为美国直接对抗苏联和中国共产党的前哨。

盟军占领日本

1945年9月至1952年5月，同盟国对日本进行军事占领，这是史上空前绝后的事件。据美国史学家和外交官埃德温·赖肖尔（Edwin Reischauer）所述，"史上从来没有出现一个发达国家试图从根本上改造另一个发达国家潜在弊病的先例。也从来没有出现过一个世界强国对另一个强国的军事占领，居然既能让胜

---

① 有人在英语资料中发现了关于中国人姓名的两种不同发音的英语拼写方法，这主要取决于不同出版时期的拼写。中华人民共和国在1979年用拼音系统取代了原来的韦氏罗马拼音系统，以此来拼写中国人的姓名和词语，美国出版商后来也采用了这种拼写。1979年后，蒋介石的英文拼写从原来的 Chiang Kai-shek 改成了 Jiang Jieshi，毛泽东的 Mao Tsetung 改成了 Mao Zedong；北京 Peking 变成了 Beijing。本书的中国人名采用的是拼音系统，但在多数情况下也会在括号内引用旧式拼写。还要注意的是，本书的中国人、日本人、越南人和韩国人姓名均采用其本国习惯，将姓氏放在本名之前。

利者称心如意，又能让被征服者心服口服的情况"①。美国的对日政策从一开始就是宽容而富有建设性的，尽管它也带有惩罚性质。史上从未被他国所击败和驻军的日本人已经做好了最糟糕的打算。结果证明，他们所惧怕的美军暴行并未降临，而美国担心的日军顽固分子会持续作祟的情况也并没有发生。这两个曾经恶斗了将近4年的国家就这样达成和解，在极短的时间里就建立了持久的合作伙伴关系。出现这种结果，部分原因在于美国驻军对日本人慷慨宽厚，部分要归结于日本人低眉顺眼的个性。他们欣然接受了这个让自己与军国主义思想划清界限的机会；他们认为军国主义误国殃民，是日本人遭遇惨败的祸根。他们欣喜地发现美军士兵向他们挥舞巧克力棒和口香糖，而不是对他们动刀动枪。美国的军事占领得到日本人积极支持的一个更为重要的原因是，美国政府同意保留天皇的地位，而不是像许多美国人所要求的那样，将其作为战犯押送到法庭。日本人如此恭顺地配合美军占领的一个重要原因就是，受到万民景仰的日本天皇恳求日本人民以合作态度对待军事占领这一行为。

在日本战败之前，美国官员已经在制定一个配合军事占领的对日改革计划。同盟国占领日本，从字面上看本应是同盟国的共同行为，但实际上却是由美国唱主角，尽管当时苏联和其他国家也表现出了这个意愿。与德国被分区占领的情况不同，日本被一个大国独占。道格拉斯·麦克阿瑟（Douglas MacArthur）将军被任命为盟军最高统帅部（SCAP）司令，在他的领导下，美国对日本展开了一个广泛的改革计划。与德国不同，日本政府并没有被军事管理所取代，日本内阁被保留下来，成为 SCAP 执行改革的工具。

美国控制的对日占领计划的首要目标是让日本去军国主义和实现民主化。日本的陆军和海军均被解散，其海外军事人员均被召回和遣散，军事工厂被拆除，武器也被销毁。美国军舰将 300 万余名日军士兵以及几乎同等数量的日本平民，从亚太各地区遣送回日本。为了让日本实现去军国主义的目标，同盟国还在东京将日军指挥官送到国际军事法庭接受审判。与针对纳粹战犯的纽伦堡审判的流程相似，在日本有 28 名主要军事头目因被指控犯下"策划侵略战争罪"和"反人

---

① 埃德温·赖肖尔（Edwin O. Reischauer），《日本：一个民族的故事》（*Japan：The Story of a Nation*）第三版，（纽约：克诺夫出版集团，1981年），第221页。赖肖尔遗漏了德国，但这一点可以理解。

类罪"而被判处重刑，其中有7人被判处绞刑，其余17人被判处无期徒刑，另外还有数千名日本军官因犯下各种战争暴行而被审判。

美国希望去除根植于日本人的神道教和天皇信仰中的极端民族主义意识形态。1946年1月1日，日本天皇应美国要求通过广播发表《人间宣言》，否认自己的神性。SCAP试图废除日本的"国家神道"，因为这正是日本国民迷信天皇神权的根源。美国开始审查日本教科书，凡是存有这些思想和其他与军国主义相关的内容均被删除。

让日本实现民主化是一个更为艰巨和漫长的任务，第一个重要步骤就是在1947年5月颁布的新宪法。该宪法由麦克阿瑟团队的成员起草，为根本上的政治改革铺平了道路。它规定日本采用类似于英国的议会制度，这种制度比较符合日本战前的政治状况。日本人民享有主权（意思是，政府权力最终取决于被统治者，即人民的一致意见）。在旧制度中至高无上的天皇只能作为国家的象征，不再享有任何政治统治权。所有法律需由日本议会（由大众选举的）众议院的大多数席位表决通过。该宪法还包含解释与日本民众的民权相关的各种条款。新宪法最明显的一个特征（与去军国主义目标有关）在于第九条，它规定日本没有发动战争的权力，禁止日本享有自己的陆军、海军或空军。将这一条款加入新宪法是麦克阿瑟本人提出的要求，但日本领导人和这个已这被战争耗尽气数的国家都接受了这个主张。

在麦克阿瑟监管的军事占领之下，美国又在日本推行了其他一系列改革。经济改革包括拆解旧财阀（主宰日本战前经济的金融卡特尔），推进以牺牲富裕地主为代价，为贫农重新分配农田的土地改革，以及创造了日本首个真正的工会的劳工改革。还有一些意义深远的社会和教育改革，其目的都是将日本改造成一个更民主的社会。总体来看，这些改革计划都相当成功，很大部分是因为它们真正解决了日本的真正需求，日本人本身就很需要这些改革。

这种军事占领的一个异常之处就在于，它是麦克阿瑟将军及其随从通过军事控制手段，将民主制度移植到日本。SCAP对日本媒体展开审查，限制言论自由，通过法令管理社会秩序，并向日本政府发布指令。另一个异常之处在于麦克阿瑟将军这位改革者的角色。他在日本是一个冷峻傲慢而又英勇神武的人物。战败的日本似乎迫切需要一名令人敬畏的护国公（好比辅佐帝王的幕府将军），而专制的麦克阿瑟仿佛注定要扮演这种角色。虽然他声称自己喜欢日本人民，却难掩对日本人居高临下的态度，他还经常表达自己对日本文化的蔑视。在他看来，日本人不过是 12 岁的毛头小孩，必须手把手地引导他们从"封建制度"走向民主制度。[1] 但尽管麦克阿瑟为人倨傲，尽管他们对日本实行了军事占领，麦克阿瑟及其部属的确以真正的改革热情，以及高度的使命感，为民主思想和制度成功在日本扎根做出了巨大贡献。

美军就这样铲除了日本军国主义的祸根，并以民主制度取而代之，但美国人不久又发现了一个更大的威胁正在逼近——共产主义正在东亚蔓延。1949 年中国共产党在内战中获胜，次年朝鲜共产主义政党攻入韩国，美国政府不得不重新调整了对日政策以应对冷战时期的紧急状态。日本在美国的安全控制之下，已经羽翼渐丰，能够为美国遏制共产主义的政策效犬马之劳。

因为意识形态和民族立场的问题，人们对美军占领日本的看法大相径庭，很难得到统一的结论。当然，这个占领计划及其实施的多项改革，究竟是不是在各个层面都大获成功，这仍然是个存有争议的问题。许多日本史学家以及美国的修正主义史学家认为，美国对战后的日本行使了过度的权力，其实施的"反向政策"（reverse course policies）否定了日本改革的成果，日本实际上是美国狂热的反共政策的受害者。但毫无疑问，日本的确依靠运行有序的民主政府，更为民主的社会，热情的和平主义精神，经济复苏的征兆，以及庞大的军事保障举措，走出了落魄不堪的困境。而美国也因此培养了一个全新且极具实力的战略同盟，帮助美国抵抗共产主义革命的扩张。

中国解放战争

中国共产党在 1949 年打败国民党，终于为 20 世纪 20 年代开始的国共两党之争画下了句号。在 1928 年第一回合的较量中获胜的国民党在专横跋扈的蒋介石的领导下，试图剿灭由毛泽东领导的以农村为根据地的共产党。1935 年，共产党

---

① 麦克阿瑟在美国参议院联合委员会关于远东军事局势的证词，引用于林治郎孝子（Rinjiro Sodei），"致我亲爱的将军"（Eulogy to My Dear General, L. H. 雷德福"L. H. Redford"编辑），《占领日本：法律改革的影响》（*The Occupation of Japan*：*Impact of Legal Reform*，弗吉尼亚州诺福克：麦克阿瑟纪念馆，1977 年），第 82 页。

通过"长征"这一史诗般的壮举，穿越 6000 多英里的漫漫长路，逃过了被国民党歼灭的噩运，在遥远的中国西北地区扎根。1937 年中期，抗日战争①爆发时，毛泽东敦促蒋介石搁置争议，共同打败日本侵略者。在全面抗日战争期间（1937—1945 年），中国共产党及其军队迅速发展壮大，而国民党政府实力却严重削弱。共产党的胜利是英明的领导，有效的作战行动，以及高明的游击队抗日战术这三者相济的成果。到抗日战争结束时，共产党控制了以北方农村为主的 19 个解放区，这些解放区总人口达 1 亿，共产党军力也增长了 10 倍，从原来的区区 5 万人发展到 50 万人以上。相比之下，国民党政府及国军在抗战期间退守西南腹地的重庆，没有成功发起对日反击战。在抗战期间，中国物价疯涨，蒋介石政府及军队官僚腐败，民不聊生。蒋介石消极抗日，积极反共，很少用由美国提供和训练的军队来攻打日军，而是将其用来阻止共产党兵力的扩散，或者将其浪费在驻军任务上。

美国打败日本及二战结束时，日军溃败意味着中国必然沦为国共之争的战场。国共双方都想扩大自己的控制范围，华北地区的主要城市是双方争夺的重点。蒋介石下达了由美国政府授意的命令，要求日军只能向国民党将领投降，而不是向共产党投降。

美国在国共内战期间继续支持蒋介石政府，但其意图是避免中国发生内战，并怂恿蒋介石与共产党达成和解。甚至在内战结束前，美国政府还派特使帕特里克·赫尔利（Patrick Hurley）到中国调解国共双方的矛盾。赫尔利在 1945 年 8 月成功地让毛泽东与蒋介石坐到了谈判桌上，但双方并没有达成停战协定。杜鲁门总统再次试图通过协商解决问题，并在 1945 年 12 月派乔治·马歇尔将军前往中国进行调停。这位已经 65 岁的老将军早就盼着退休，他在中国逗留了一年多时间，却同样空手而归。他在中国期间，国共之争已经在 1946 年春演变成真正的战争。

毛泽东原本愿意以联合政府的方式同蒋介石合作，但被蒋介石拒绝了。蒋介石根本不愿意与共产党分权而治。在此期间，美国继续向国民党提供军事和经济援助。蒋介石认为只能用武力来解决问题，并且可以靠这种方法达成目的，因此国共内战一触即发。

---

① 应为全面抗日战争。——编者

一开始，国民党显然胜券在握，具有得天独厚的优势。国民党兵力在数量上仍然是共产党的 3 倍，况且其军队装备精良，得到了美国提供的大量军事援助，包括大炮、坦克、卡车以及轻武器和弹药。此外，国民党还能够使用美国的战机和军舰来运输军队。反观中国人民解放军，装备相对落后，根本没有外部支持。国民党凭借这些优势，在内战头几个月的确稳操胜券，在华北地区的各个战场中国人民解放军都处于劣势。但不到一年时间，形势开始急转直下。

双方在中国东北地区短兵相接，这个地区从 20 世纪 30 年代初开始一直就被日本占领，拥有丰富的资源，也是中国最发达的工业区。在二战结束后不久，东北地区就暂时被苏联所控制，苏军在二战快结束时在此击溃了日军并解放了这个地区。1945 年 8 月 14 日，苏联与国民党签订了友好条约，承诺苏军将在日本投降的 3 个月内从东北地区撤离。在国民党军队占领该地区之前，苏军将东北地区所有可拆除的军事和工业设施迅速拆卸，并与日军俘虏一起运送到苏联，用来帮助复苏本国经济。与此同时，中国共产党的军队也在日军投降后立即进入东北地区。装备落后的人民解放军约有 10 万兵力驻扎在东北的主要城市。蒋介石没有听取美国军事顾问的建议，而是将最精锐的部队派遣到东北，让他们到那里接受严酷的考验。双方在东北的战争打响后，蒋介石的国民党军队占据了主要城市、铁路和其他战略据点，而人民解放军却只控制了周围的农村地区。共产党并没有得到驻扎在东北的苏联红军的援助，但苏联人离开东北前的确为中国人民解放军提供了他们缴获的一批日军武器（主要是轻武器——步枪、机关枪、轻型火炮和弹药）。

中国人民解放军于 1947 年末和 1948 年在东北取得了重要的胜利。国民党军队死伤成千上万人，向中国人民解放军投诚和沦为俘虏的人同样不在少数。解放军连连告捷，缴获了大量撤退的国民党军队使用的先进美国武器。最后，纪律严明和作战灵活的中国人民解放军变成了攻方，国民党落入下风。国民党兵力分散，无法镇守为军队增援和提供补给的运输路线。

在东北地区最后一战结束后，共产党掌握了主动权。国共之间的最后一场大型战役于 1948 年秋，发生在位于国民政府首都南京以北 100 英里的徐州。不甘落败的蒋介石部署了 40 万最精锐的部队，配备了坦克和重炮，与共产党展开激战。但经历了长达两个月的酣战，国民党痛失 20 万兵力，兵力更强且更灵活的中国人民解放军军队取得了决定性的胜利。

国民党彻底溃败显然只是个时间早晚的问题。1949年10月，蒋介石率领余部逃往中国台湾岛。四面楚歌的国民党领导人仍然宣称国民党政权（前称为"中华民国"）是中国唯一的合法政府。在此期间，毛泽东及胜利的共产党于1949年10月1日宣布成立中华人民共和国，定都北京。

持久的中国解放战争成为全球冷战的一部分。中华人民共和国坚定地表示不打败国民党决不罢休，而国民党政府则坚决不肯向共产党屈服。双方的对立（双方都誓将消灭对方，且从属于两个超级大国集团的一方），变成延续数十年的重要冷战问题，也成了东亚紧张局势的一部分。

但共产党的胜利是多种因素交织的结果，与直接的外部干预无关。国共内战于1946年爆发时，美苏两个超级大国，以及其他国家都不曾以军事手段介入这场战争。在蒋介石于1946年年中发起全面内战时，马歇尔将军还明确提醒他，美国不会为他这一战打包票。之后，美国就拒绝了蒋介石提出增加援助的紧急请求，仅在1946年后提供少量的支援。如果军事援助是一个影响因素，那显然应该是国民党获胜，因为美国在二战期间和二战之后为他们提供的军事和其他方面的援助，远远超过了苏联对中国共产党的帮助。从1941年开始，美国就为中国国民党提供了大量军事和经济援助，总计数额超过20亿美元。

苏联在二战后对待中国国民党和共产党的政策都很矛盾。值得注意的是，在二战结束时，斯大林与中国国民政府签署了一个条约，公开承认蒋介石政府统治中国的合法性。苏联红军并没有阻止国民党军队接管东北地区，在双方协定的日期之后不久，就撤出了中国东北。

苏联洗劫东北的"战利品"对国共双方来说都没有好处，只有坏处。另外，苏联也并没有真正支持或鼓励中国共产党夺权，只不过是向他们移交了一批从东北缴获的日本武器（移交这批武器还可能是当地苏联红军指挥官的自发行为）。相反，斯大林还曾在1948年，即中国共产党胜利在望时提到，他之前曾建议中国共产党不要与国民党开战，因为他们的胜算似乎很小，斯大林很可能更希望与羸弱的国民政府来往，而不是与作为新生力量且实力强大的共产党政府打交道。

中国的国内因素是共产党获胜的决定性因素——农民拥护共产党（中国人口有85%是农民），人民解放军士气高昂，军事策略高明，国民政府腐败堕落，国民党士气涣散，军事策略失误，蒋介石的政治和军事领导才能不足。国民政府还得同时应付已经失控的通货膨胀，政府腐败问题，以及人们道德沦丧等问题。而中国共产党却更得人心，因为成功地推出了土地改革政策，得到了绝大多数农民的支持。相比之下，国民党既没有土改计划，也没有保护佃农的利益，没有限制地主对农民的贪婪剥削。

中国形势的转变立即在美国产生了巨大的反响。在中国解放战争结束前不久，美国参议院外交委员会听取了在中国居住多年的美国教师、商人、记者和传教士的证词，他们都异口同声地批评了蒋介石政府，并警告称美国提供的任何额外援助，最终只会落入腐败官吏或者共产党人的手中。杜鲁门也清楚这一点，但如果切断了对这个反共政府的援助，无异于放弃一个有价值的同盟者，这就可能让他遭到反对派的政治谴责；虽然这是一个极度腐败的政府，但至少可以帮助美国牵制国际共产主义。已经在磨刀霍霍的共和党人，果真如杜鲁门所料，就此向其发起了攻击。中国解放战争一结束，他们就指责民主党"痛失中国"。共和党参议员约瑟夫·麦卡锡（Joseph McCarthy）甚至还将这个"中国损失"归咎于潜伏在美国国务院中的共产党分子和共产党同情者。虽然后来证明麦卡锡的指责毫无根据，但也已经于事无补了。民主党还是背上了将"中国出让给国际共产主义"的骂名。

"痛失中国"的教训促使杜鲁门政府的外交政策进一步右倾。已经倾心遏制共产主义政策的杜鲁门，对亚洲其他地区的共产主义扩散现象提高了警惕。在第一次印度支那战争中共产党打败法国殖民主义者，以及朝鲜战争爆发，美国可能"痛失"朝鲜的局势出现之后不久，杜鲁门迅速而有力地做出了回应。

朝鲜战争

1950 年 6 月 25 日，即中华人民共和国成立 9 个月之后，朝鲜军队发起了针对韩国的全面进攻。美国及其主要盟友迅速果断地做出了回应，以期终止这场他们认为是国际共产主义强势扩张，公然违反《联合国宪章》的战争。朝鲜半岛成为冷战首个真正的战场，以及东西方全面战争的第一大威胁。虽然它仍然只是局部战争，却是一场持续时间超过三年的血战，有 200 万人因此丧生，令朝鲜半岛饱受创伤，永久分裂。

这场战争起源于二战即将结束之时，当时美苏两国在朝鲜半岛以北纬 38 度线为界，将其一分为二。美苏外交官在 1945 年的波茨坦会议上对此达成了共识，原本只是作为接受朝鲜半岛的日军投降的临时安排。由苏联占领北部朝鲜，美国接管南部朝鲜，待建立统一的朝鲜政府后再做打算——这是双方都认同的目标。

但美苏还没有迈出实现这一目标的步伐时，流亡苏联或华北地区的朝鲜共产党就在北部朝鲜建立了一个苏联式的共产党政府，并迅速推行大规模的土地改革计划。在此期间，美国占据的南部朝鲜权力机关则致力于恢复战后混乱的社会秩序。朝鲜民族主义者反对美国军事占领朝鲜，并煽动国民情绪，要求朝鲜立即独立。与之敌对的民族主义党人士，其中有部分人具有强烈的反共倾向，他们内乱不断，难以达成共识。

美苏外交官于1945年底同意为南北部朝鲜建立一个临时政府，在美苏的联合托管之下规划未来5年的走向。但双方并没有敲定具体的细则，因为无法打破这个僵局，美国只好在1947年9月将这个问题提交给联合国。联合国大会通过了非约束性决议，呼吁通过所有朝鲜人的自由选举来组建朝鲜政府，并由一名联合国专员来监管选举过程。1948年5月，朝鲜国民大会在联合国的监管下进行选举，因为北部朝鲜的共产主义政府拒绝联合国专员干涉北方政权的事务，选举仅限于南部朝鲜地区。曾经在战争期间流亡美国的李承晚成了南部朝鲜（正式名称为"大韩民国"）的首任总统，宣称韩国才是朝鲜半岛唯一的合法政府。不久之后，1948年9月，由金日成领导的共产党政权正式宣布成立"朝鲜民主主义人民共和国"，并同韩国一样，宣布它才是朝鲜半岛唯一的合法政府。朝鲜半岛就此一分为二，和平统一的希望就此破灭。尽管如此，虽然这两个对立政权的紧张局势始终存在，苏联和美国还是开始从半岛撤兵。到1949年中期，双方的撤兵正式完成。（朝鲜仍有3500人的苏联军事使团，韩国也有500人的美国军事顾问团。）

在李承晚的领导下，韩国加入了美国主导的"自由世界"。但韩国又经历了40多年时间，才真正建立起民主制度。在此期间，李承晚主要靠武力来治国，"济州岛四三事件"就是其中一例。1948年3月和4月，济州岛人民委员会组织岛民游行，反对美军驻军，反对确立韩国政府合法地位，要求南北统一。美军和当地警察试图阻止这场游行，有数名岛民遭到枪击死亡。美军将济州岛定义为"第二个莫斯科"，将其岛民描述为共产党同伙。这场始于4月3日的暴动，直到1.4万人（这是韩国官方统计的数据，显然存在低估的嫌疑）被杀害之后才恢复了秩序。而美国统计的死亡人口达到3万，当地岛民则声称死亡人数达8万（这肯定存在夸大的成分）。还有 4 万人逃向了日本。在 1948 年 12 月韩国政府推出的《国家安全法》的惩戒之下，这桩济州岛大屠杀事件成了禁忌。直到 45 年之后，民选政府掌权时，韩国才允许公开谈论这一事件。在 1998 年济州岛大屠杀五十周年纪念日，韩国总统卢武铉才向该事件的牺牲者及遗属进行道歉。①

除了朝鲜半岛存在紧张局势，其他地区也不太平。到 20 世纪 40 年代末，美国遏制苏联的政策开始出现裂口，尤其是在 1949 年 8 月，两则重磅消息让美国公众一片哗然。第一，苏联成功试验了原子弹，打破了美国 4 年短暂的核垄断局面。第二，仅仅两个月之后，中国共产党就在世界上人口最多的国家中取得了内战的胜利。可想而知，美国的决策者必然会认为共产党在中国的胜利并非局部事件，而是由苏联策划的行为，国际共产主义似乎发展势头不减。

共和党人则炮轰杜鲁门重蹈罗斯福将东欧出让给苏联的覆辙，将中国拱手让给了共产党。他们认为出现了共产主义多米诺效应，一个又一个国家倒向了共产主义阵营。共和党人毫不留情地批评民主党人"对共产主义太心慈手软"，这更坚定了杜鲁门政府（尤其是国务卿迪安·艾奇逊这个经常被麦卡锡攻击的对象）与共产主义对抗到底的决心。

…………

1950 年 4 月，杜鲁门听取和接受了其个人顾问委员会——国家安全委员会（NSC）的一系列建议。这些建议就是所谓的"国家安全委员会第 68 号文件"（NSC-68），其假设前提就是除非克里姆林宫"彻底变更其政策"，否则美国和它就没有商量的余地。根据 NSC-68 文件所述，斯大林只认武力，所以建议美国研发氢弹来对付苏联的原子弹，这样苏联就会迅速扩增常规兵力，这就得通过大量增税来承担这些计划的成本。必须动员美国公众的力量；强调大家必须"同仇敌忾"，"为国奉献"和"团结一心"。NSC-68 文件还表示希望"俄罗斯人民成为我们这项事业的盟友"，让世界摆脱"共产主义"。而这个希望却是建立在人们从来不愿接受共产主义，他们总被共产主义压迫，会欢迎美军来解放他们这个可疑的设想之上。这一系列设想后来让缺乏深思熟虑的美国在古巴和越南碰了一

---

① 查莫斯·约翰逊（Chalmers Johnson），《美帝国的代价与后果》（*Blowback：The Costs and Consequences of Empire*）（纽约：亨利霍尔特出版社，2000 年），第 98-100 页。美国当局也参与了掩盖这一事件的行动。

鼻子灰，这两个国家的人民都拒绝响应美国的号召。

成立于 1947 年的国家安全委员会与国务院的事务多有重叠。在肯尼迪当政时期（1961—1963 年），美国政府出现了总统主要向指定的 NSC 成员咨询事务，而不是听取国务院专业人士意见的倾向。从 1950 年关于苏联威胁问题的讨论中就可以看出，国务院中的专业人士地位显然逊于 NSC 成员。国务院的苏联问题专家查尔斯·波伦（Charles Bohlen）和乔治·凯南（两人后来都担任过美国驻苏联大使）则认为斯大林制定了征服世界的蓝图，这个说法纯属子虚乌有。他们认为苏联威胁很大程度上只属于西欧的潜在政治问题。但他们的观点被与国家安全委员会强硬派同声相应的迪安·艾奇逊彻底否决。

…………

在杜鲁门批准 NSC-68 文件的两个月后，朝鲜战争爆发了，调动美国人民团结一心的举措得到了初次检验。此时，美国上下重新进入了全民皆兵的状态。值得注意的是，在这一年年初，美国军事领导人（包括参谋长联席会议主席、德怀特·艾森豪威尔将军和道格拉斯·麦克阿瑟）都认为朝鲜半岛对美国的国家利益来说还没有那么重要，还不值得纳入美国的战略防线。这个评估的主要根据是，美国认为保卫欧洲和日本是更重要的事务，并且当时美国的陆军兵力还不是很充足。国务卿艾奇逊于 1950 年 1 月公开表示，从阿拉斯加到日本再到菲律宾即为美国的战略防线，朝鲜并不在此范围（麦克阿瑟更早之前也有此类的言论）。人们实在很难将朝鲜攻入韩国的举动归咎于艾奇逊所发表的这则声明，毕竟他只不过是在陈述显而易见的美国政策而已。朝鲜和苏联都非常清楚美国战略的优先顺序和军队局限情况，美军当时强调的备战信条是"全面战争（而不是所谓的局部战争）"，并且主要集中于苏联对欧洲而不是对亚洲的威胁。

朝鲜于 1950 年 6 月与韩国开战时，美国似乎毫无防备并谴责这是一场毫无根据的突袭。事实上，麦克阿瑟和李承晚的军事情报都已经监测到了朝鲜军队的动向，并掌握了有关这次突袭的大量证据。李承晚和麦克阿瑟似乎有意隐瞒了这些情报，以便最大化他们所谓的"突袭"心理效应。①

无人清楚苏联和中国在朝鲜突袭韩国中所扮演的角色，但苏联和中国军队一开始并没有参与这场战争。他们在战争爆发前也没有在朝鲜附近部署兵力。但朝鲜这个共产主义国家却得到了苏联大量的政治、经济和军事支持，被西方视为苏联的控制范围。杜鲁门政府就此认为，这又是一起苏联侵略事件，立即将此归咎于斯大林的举措。

而在苏联解体之后，斯大林身边的亲信所提供的证词表明，拥有强烈民族主义情绪和共产主义信念的金日成，曾在1949年3月和1950年3月在莫斯科会见斯大林，试图游说苏联支持朝鲜突袭韩国。不会贸然出兵海外的斯大林在1949年期间一直对此持反对态度，他曾多次告诫金日成"必须保持三八线双边的和平"。斯大林担心发动战争会给美国制造介入朝鲜事务的借口，而金日成却不以为然，继续游说斯大林，希望获得对方首肯。直到1950年4月，斯大林才接受了金日成的观点，认为这只是一场朝鲜半岛的局部战争，不会遭到外部势力的干涉。

据称斯大林同意了金日成的作战计划，并表示希望他获胜，但并没有提供具体的指示，更不用说是关于执行这些计划的命令了。斯大林既没有阻止金日成备战，也没有积极支持他的举动。他还建议金日成首先咨询毛泽东的意见，金日成也的确在1950年5月去北京见了毛泽东。但金日成似乎只是将自己的计划通知了中国领导人，而对此颇有疑虑的毛泽东并没有持反对态度，并且推测美国不太可能不远千里地来到半岛，介入这场发生在小国中的战争。② 根据现有的证据可

---

① 首个提出这个观点的人是 I. F. 斯通（I. F. Stone），《朝鲜战争内幕》（*The Hidden History of the Korean War*）（纽约：每月评论出版社，1952年版），第1-14页。布鲁斯·康明思的"介绍：1943—1953年的韩美关系"（Introduction: The Course of Korean-American Relations, 1943—1953），布鲁斯·康明思编辑，《冲突的产物：1943—1953年的韩美关系》（*Child of Conflict: The Korean American Relationship*, 1943—1953）（西雅图：华盛顿大学出版社，1983年），第41-42页。

② 见 Natal'ia Bazhanova 的 "Samaia zagadochnaia voina XX stoletniia", *Novoe vremia* no. 6（1996年2月），第29-31页。亦可见于谢尔盖 N. 贡恰罗夫（Sergei N. Goncharov），约翰·W. 路易斯（John W. Lewis）和薛理泰（Xue Litai）的《不确定的伙伴关系：斯大林、毛泽东和朝鲜战争》（*Uncertain Partners: Stalin, Mao, and the Korean War*）（斯坦福：斯坦福大学出版社，1993年），第136-146页。

知，发动战争（尤其是袭击韩国的战略和时机）只是金日成在至少得到了斯大林和毛泽东的默许之后，在朝鲜首都平壤做出的决定。斯大林和毛泽东可能并不太关心这场战争，但朝鲜获胜却可以增强他们在东亚的势力。

金日成确信自己的军队实力雄厚，足以通过全面进攻迅速取得大捷。他还认为美国无心也无法赶到半岛解救韩国，结果证明他真是严重失算了。

在朝鲜军队浩浩荡荡地挺进韩国时，杜鲁门并没有袖手旁观，而是果断迅速地采取了行动。他立刻通知日本军事基地的美国海军和空军前来支援节节败退的韩国军队。之后，他将事件提交给联合国安理会的紧急会议进行处理。当时的联合国安理会没有苏联代表在场（因为苏联反对联合国拒绝承认中华人民共和国合法席位的决定），所以安理会就在 6 月 25 日通过了一项决议（9 票赞成，0 票反对，还有 1 票弃权），谴责了朝鲜的行为，并要求朝鲜从韩国撤兵。联合国安理会还通过了另外 3 项决议，于 7 月 31 日通过的最后一项决议则呼吁联合国成员国出兵朝鲜，以联合国军的名义制止朝鲜的武装进攻。在这个过程中，苏联驻联合国大使雅科夫·马利克（Yakov Malik）始终没有出席。如果苏联事先就知道（更别提是参与策划）朝鲜进攻韩国的情况，苏联驻联合国大使就不至于缺席安理会，甚至都没有在纽约露面。

既然联合国已经授权美国参与出兵朝鲜，杜鲁门就无需向美国国会提出向朝鲜宣战的计划了。无论如何，美国早在安理会商议该采取什么行动前，就已经参与了这场战争。杜鲁门已经命令美国陆军（还有空军和海军支援）在朝鲜半岛展开行动。苏联控诉美军根本就是打着联合国行动的旗号，行侵略朝鲜之实，声称是韩国最先挑起战争，授权联合国军出兵朝鲜有违《联合国宪章》的精神。

虽然有 16 个国家最终加入了出兵朝鲜半岛的联合国军，但大部分联合国军队、武器和物资均由美国提供。联合国军事行动很大程度上由美国政府出资，联合国军总司令就是美国陆军上将道格拉斯·麦克阿瑟，这场战争的军事和外交规划主要在美国完成。

NSC-68 文件作者认为这场战争的爆发是将共产主义赶出朝鲜半岛的绝佳机会。[1] 美军迅速果断地回应这场战争的表现，就体现了 NSC-68 文件的思想，与艾奇逊于 1950 年 1 月所称的朝鲜不属于美国战略防线的说法截然不同。杜鲁门

---

① 康明思，"介绍：1943—1953 年的韩美关系"，第 29-38 页。

坚定地认为保护韩国是守护美国在亚洲利益的至关重要的举措，尤其要警惕苏联控制的朝鲜政府会对日本（已经成为美国的亚洲盟友）的安全构成威胁。另外，杜鲁门还认为保护韩国是维护美国威信和对世界其他地区的防务承诺，从而维护北约地位的必要之举。他将1950年6月的朝鲜形势与20世纪30年代末的纳粹侵略相比较，唤起了西方对慕尼黑教训的记忆——姑息侵略者只会纵容他们的侵略行为，不会实现真正的和平。朝鲜半岛成了考验美国意志的战场，美国无法承受战败的结局。

缺少坦克、大炮和飞机的韩国军队根本不是全副武装的朝鲜军队的对手，因此在战争爆发头几周遭遇了溃败。第一批赶来支援的美国陆军部队也同样人手不足，装备落后，缺乏训练，但他们仍然成功地守住了韩国东南角的釜山防线。1950年9月，麦克阿瑟成功地将大批美国/联合国军队调遣到离朝鲜前线数百英里远的仁川，令战争局势实现了戏剧性的逆转。被杀了个措手不及的朝鲜军队之后就匆匆向半岛后方撤回。到10月初时，朝鲜军队已经被赶回到三八线以北。美国、联合国军大获全胜。

1950年10月，正穿越三八线的美军卡车，在进入朝鲜民主主义人民共和国时与中国人民志愿军狭路相逢。（图片来源：美国国家档案馆）

在这个节点上，杜鲁门政府面临一个重要的抉择：究竟要不要穿越三八线将敌军一网打尽。麦克阿瑟认为应该乘胜追击，李承晚当然也想一举铲除朝鲜的共产主义政府，统一整个朝鲜半岛。但联合国决议并没有提到用武力方式统一朝鲜半岛，只是号召击退朝鲜侵略军。另外，深入朝鲜可能导致中国和苏联介入战争。

刚开始，杜鲁门授权韩国军队进入朝鲜，最后也授意麦克阿瑟的联合国军跨过三八线——如果中国或苏联出兵，那么他们就停止北上的步伐。但进入朝鲜后，美国的目标就出现了本质上的变化。其目标就不再局限于击退朝鲜军队，而是推翻朝鲜的共产主义政权，以武力方式统一整个朝鲜半岛。早已察觉朝鲜军队即将溃败的麦克阿瑟趁热打铁，迅速指挥军队挺进鸭绿江，也就是朝鲜与中国的边界。但他在此过程中却忽视了美国和中国的怀疑论者多次发出的警告，若麦克阿瑟一意孤行则可能招致中国和苏联的出兵干涉。对中国来说，中国不会忘记被西方帝国主义压迫的百年国耻，它绝对不能容忍敌对的"帝国主义"军队跨过中国东北（中国工业最发达的地区）边境。

麦克阿瑟追击敌军的行为引起了一些杜鲁门顾问的担忧。在 10 月中旬，杜鲁门和麦克阿瑟在太平洋的威克岛会面，杜鲁门敦促麦克阿瑟小心行事，避免诱发中国或苏联出兵参战。但此时的战争形势已经失控。麦克阿瑟的军队早已跨过三八线，麦克阿瑟信心十足地向杜鲁门保证胜利唾手可得，并补充表示如果中国敢出面干涉，他们最多也不过出兵 5 万人越过鸭绿江，其结果就是产生"最大规模的屠杀"。[1] 麦克阿瑟在朝鲜半岛继续采取攻势，他预言美军士兵可能赶在圣诞前回国过节。

在美军快速向中国边境挺进时，中国果然采取了行动——派遣中国人民志愿军出兵朝鲜。在 10 月 25 日的初步突袭之后，中国军队进行了战略撤退，大约一个月之后又集结了更大的军力。麦克阿瑟的情报极其错误地低估了中国军队的参战人数，以及中国扩充兵力的能力。11 月 26 日，逾 30 万中国大军突然展开了大规模的反攻。麦克阿瑟的联合国军不堪兵力如此悬殊的军事打击，迅速后撤 250

---

① 摘自理查德·罗维尔（Richard Rovere）和小阿瑟·施莱辛格（Arthur Schlesinger Jr.），《上将与总统》（*The General and the President*）（纽约：Farrar, Straus, 1951 年）第 253—262 页。

英里，回到了三八线以南 50 英里的界线内。这是美军史上最漫长的撤退路程。

中国派出的兵力远超麦克阿瑟的设想，用他的话来说，这是"一次全新的战争"，还引发了他与杜鲁门关于政治和军事政策的激烈争论。眼看胜利在望却遭到否定，再加上美国上级对他施加的种种限制，备受挫折的麦克阿瑟主张扩大战争，提出使用退守台湾的中国国民党军队，轰炸中国在东北的基地，以及封闭中国海岸等举措。总统、军事顾问及其欧洲盟友却担心这些步骤可能引爆第三次世界大战——苏联很可能用原子弹来参战，而派遣更多美军加入朝鲜战争又可能导致欧洲失守，为苏联提供可乘之机。五角大楼要求麦克阿瑟服从限制战争规模的命令，但他却提出了相反的主张，在 1951 年 3 月宣布这一战"非胜不可"。

麦克阿瑟僭越了他的权限，公开叫嚣若中国拒绝响应立即停止干涉朝鲜事务的要求，美国就会用原子弹摧毁中国。麦克阿瑟并未获得授权，就对中国下达了这个最后通牒，最终导致杜鲁门解除了他的统帅职务。杜鲁门在事后回忆表示，这是他有史以来最艰难的抉择，他认为有必要重新让自己掌握军权，让敌我双方都清楚美国要用统一口径发声。此外，麦克阿瑟拒绝服从命令的举动还很有可能导致东西方爆发全面战争。而麦克阿瑟本人对这种设想却不以为意，还辩称西方错失了将朝鲜与中国的共产主义政权一举消灭的机会。

许多人认为，麦克阿瑟被解职的根本原因在于他威胁要使用原子弹来收拾中国。虽然这种说法颇有根据，但必须指出的是，美国总统至少曾经三次考虑对朝鲜使用原子弹。杜鲁门在 1950 年 11 月的一次新闻发布会上威胁要对朝鲜使用原子弹，当时中国刚刚集结了大规模的兵力参加朝鲜战争；他甚至还提议由他的战地指挥官麦克阿瑟来做这个决定。他对麦克阿瑟的这个让步引起了美国盟友和杜鲁门个人顾问的一片惊愕，他不得不迅速更改了这个声明，表示使用原子弹的最终决定权在美国总统。几个月后，中国军队在三八线附近对联合国军发起了新一轮攻势，杜鲁门与自己的顾问磋商了使用原子弹的主张。在战争即将告终，即 1953 年 6 月，停战对话已经完全陷入僵局，新任美国总统德怀特·艾森豪威尔开始认真考虑使用原子弹来打破困境。

1951 年 4 月 11 日，麦克阿瑟被解职，但此事根本无法扭转战局。其继任者马修·李奇微（Matthew Ridgway）上将于 4 月底顶住了中国的新一轮进攻，数月之后又迫使中国军队撤回了三八线附近。这场战争就此在三八线附近区域陷入僵局。在其后两年，双方都没有再展开大规模的新攻势，但战地上的巡逻行动仍持续造成人员伤亡。在此期间，美国针对朝鲜展开了毁灭性的轰炸行动，几乎所有城市、水力发电厂和灌溉堤坝都遭到了破坏，朝鲜的平民因这些轰炸死伤无数。

1951年春，这场军事僵局终于迎来了和平谈判的曙光。在该年6月，苏联与美国达成了通过协商停火的一致意见，中国和朝鲜也同意了。这场谈判始于当年7月，在位于战线附近的板门店断断续续地进行了两年。各方谈判的两大问题就是划定停火线和交换战俘。共产党阵营坚持要求美军退回三八线以南，但最终还是认同了当前的战线，这让韩国获得了一点领土优势。第二个问题更为棘手，共产党一方要求完全交出所有战俘，但美方却认为应该允许战俘自主决定究竟要不要回国。在这个问题上，停战谈判再度陷入僵局，这对美国来说具有极大的宣传价值。有许多朝鲜战俘（可能多达4万人）并不愿意被遣送回国，而美国希望利用这一点大做文章，共产党则希望极力阻止这种大规模叛变现象的发生，以便否认美国在宣传战上取得的胜利。

1953年1月，艾森豪威尔宣誓就职，6周后斯大林去世，终于为各方（尤其是苏联）提供了更灵活的谈判思路。1953年6月8日，谈判各方在板门店签署停战协定，同意自愿遣返战俘，但允许各方（在联合国专员的监督下）劝说叛逃者回国。由于韩国总统李承晚从中作梗，停战协定曾一度被推迟执行。李承晚迫切想通过这一战统一朝鲜半岛，就释放了2.5万名朝鲜战俘，而他们却拒绝回到朝鲜。中国回敬了韩国军队一轮新的进攻。最后，美国谈判代表保证会约束李承晚的行为时，双方才于1953年7月23日签署停战协定。双方将最后一役的战线作为停战界线，并沿此线划出了2.5英里宽的朝韩非军事区。但停战并不意味着战争正式结束，只能算是疲于交战的双方暂时收手的权宜之计。实际上，双方依旧处于对峙状态，朝韩之间的停战界线依旧是世界上最容易一点即燃的军事边界。在过去50多年中，这个区域一直是冷战的火药桶（在其后数年，平壤多次要求签署和平条约，但都被美国断然拒绝）。

虽然朝鲜战争让双方地位回到了原点，却再也无法挽回双方付出的巨大代价和承受的后果。美军在战斗中死亡的人数达3.4万（总计超过5.5万人）；韩国死亡人数约30万；朝鲜5.2万[①]，中国为90万（美国估计的数据）。历史学家布

---

① 原文如此。——编者注

鲁斯·康明斯（Bruce Cumings）估计这场战争的总的死亡人数高达200万。[1] 尽管结果表明没有一方占到便宜，但双方都声称自己这一战取得了重大成果。美国在其盟友的帮助下，坚定地抗击了共产主义的入侵行为。这一战为日本带来了更大的安全感，也强化了北约成员国的关系。而中国则通过朝鲜战争赢得了极高的国际声誉，尤其是其骁勇善战的军队在技术上已经超越了西方军队，这是中国军队史上从未得到的荣誉。没错，中国认为它在朝鲜战争中获得了胜利。

但对朝鲜半岛来说，这一战根本就是一场灾难。朝鲜和韩国士兵都毫不手软地向敌人施加酷刑——无论是敌方士兵还是被他们当成情报人员或同谋者的平民都难逃此劫。结果，双方都在制造暴行。双方的恩怨仇恨持续了数十年。这一战让朝鲜半岛的分裂成为定局。朝鲜的共产主义政权与韩国的反共政权之间的紧张局势和敌对情绪毫无减缓的势头。这一战制造出了无数难民，在战争结束时还有成千上万朝鲜和韩国家庭妻离子散。世界上再也找不到第二个像朝鲜半岛这样存有根深蒂固的冷战思维的地区。

美国和冷战中的亚洲

中华人民共和国的成立对美国的外交政策来说无异于一记重击。中华人民共和国成立后与苏联签署的意在对抗美国，为期30年的《中苏友好同盟互助条约》，并强烈谴责美国是"帝国主义"等情况表明，美国在东亚的影响力受到了更大的威胁。美国现在面临着一个巨大的共产主义集团，加上刚成立的中国的4.63亿人口，共产主义阵营人口翻倍增长至7.5亿人，约占全球人口的三分之一。《纽约时报》海外记者安妮·奥哈尔·麦考密克（Anne O'Hare McCormick）警告称共产主义的"惊涛骇浪仍将汹涌澎湃"。[2]

中国发生转变意味着美国当初制定的战后亚洲政策彻底失效。杜鲁门政府被

---

① 布鲁斯·康明思，《朝鲜战争起源》，第2章：山雨欲来风满楼（1947—1950）(*The Origins of the Korean War*, *II*, *The Roaring of the Cataract*, *1947—1950*)（纽约普林斯顿：普林斯顿大学出版社，1990年）。

② 安妮·奥哈尔·麦考密克（Anne O'Hare McCormick），《苏联制定亚洲路线》(While Moscow Charts a Course for Asia) 以及社论《中国边境》(At China's Border)，《纽约时报》，1950年1月23日，第22版。

迫将其针对共产主义的"遏制政策"延伸到东亚。

1948 年，眼看共产党就要击败国民党时，美国对日本的占领政策急剧右转。这个所谓的"反向"新政策，主张帮助日本这个之前的敌人重建国家，以便它成为美国在亚洲的左臂右膀，作为对抗共产主义扩散的壁垒。从 1948 年起，此前从未在经济上支援日本的美国开始向日本输出经济援助，并以其他方式帮助日本经济复苏。放宽对日本财阀的限制，制定新的一般劳动罢工禁令，以及清洗左派工人领袖等举措，都是这个"反向政策"的产物。1950 年朝鲜战争爆发后，日本的安全保障就成了美国亟须解决的问题。为了维护日本国内安全，麦克阿瑟授权成立 7.5 万人的日本国民警察预备队，改变了自己早前解除日本武装力量的政策。此举就是日本重新部署武装力量的起点，它严重地伤害了许多希望维护和平的日本人的情感。

在冷战加剧期间，美国不但将日本改造成自己的盟友，还率先于 1951 年同日本缔结了保障双方关系的《和平条约》。这个条约由美国外交官约翰·福斯特·杜勒斯（John Foster Dulles）与西方盟友象征性地磋商后制定，它正式结束了盟军对日本的占领并将所有主权归还日本。美国采取的这一系列行动并没有同苏联进行磋商，因此后者反对该条约的条款内容，并拒绝签署这一条约。这一条约与《美日安全保障条约》均做出了美国保证日本安全的承诺，并于 1952 年 5月正式生效。它还允许美国保留在日本的军事基地，以便遏制东亚的共产主义。为此，五角大楼保留了对日本冲绳岛的控制权，并在那里建立了庞大的军事设施。日本的重生也是冷战的产物，这个国家在军事、政治和经济上都得到了美国的庇护。

冷战对日本国内的影响主要体现在政治左右翼的两极对立。右翼势力（保守的政党，在其后 40 多年主导日本政权）接受了《美日安全保障条约》，支持与美国结成紧密的政治和军事合作关系。此外，他们还十分清楚日本经济对美国的依赖，不希望破坏这些重要的关系。而左翼力量（工人联盟及多数日本精英和大学生）强烈反对《美日安全保障条约》，反对美军继续驻守日本，反对日本重新武装。它主张日本采取非武装的中立立场，而不是让日本成为参与冷战的成员。但由于保守党派持续当政，日本一直是美国在国际舞台上的密切合作伙伴，有超过4 万美军继续留守日本。

朝鲜战争除了造成半岛南北对立的局势之外，还引发了东西方之间的大规模军事集结。冷战由原本只是始于东欧问题的政治争端，就这样演变成军事对抗。在朝鲜战争期间，美国和苏联的国防预算均急剧飙升，甚至在战争结束后仍保持着极高的水平。中华人民共和国的军事预算也同样显著增长。

朝鲜战争的另一个看似程度较轻但重要性丝毫不减的结果就是，加剧了美国与中华人民共和国之间的敌对情绪。中国人不会忘记美军战机轰炸横跨鸭绿江的桥梁，阻断大桥去路的情景。只要美军再多行一步就会轰炸到中国领土。因为两军在朝鲜半岛兵戎相见，中美两国也就不存在彼此相容的可能性了。两者在战后仍然指责对方是侵略者。对中国来说，美军在东亚驻军意味着美国"帝国主义"亡我之心不死，在其后数十年这种思维一直是中国外交、军事准备和宣传政策的中心。对美国来说，"中国共产主义侵略"的持续威胁，意味着美国必须加强遏制中国的共产主义，这成了美国后来25年亚洲政策的主要特点。美国政策的特点体现在将日本改造成美国的主要盟友和东亚军事据点，承诺保障韩国的安全并保留在韩驻军，保护台湾当局免受大陆攻击，不断介入越南事务，支持法国势力打击越南共产党主导的独立运动。而东亚（包括中国、朝鲜、越南等国）的共产主义力量则更坚定了抵抗美国干涉事务和抵制"帝国主义"的决心。东亚在20世纪50年代初划定了冷战的战线，在其后40多年，双方阵营处于持续敌对状态。

第四章
对抗与共存

欧洲各国数百年来一直彼此征伐不断。英法两国是百年宿敌，现代的法德两国之间的血海深仇有增无减。在过去75年间，它们就打了三场战争。在20世纪前半叶，就发生了两起战争，欧洲国家被划分为敌对阵营，彼此冲突不断，战争破坏力不断升级。在二战期间和二战结束后，西方主要的政治家积极主张将过往恩怨一笔勾销，实现欧洲和平与团结。

铁幕时代的开启令东欧被划入苏联势力范围，这意味着西方制定的欧洲团结计划，只适用于西欧国家。欧洲存在的东西对立，以及苏联对西欧国家安全构成的威胁，令西欧国家愈发认识到增强团结，同心抗敌的重要性。为了对抗苏联在东欧的霸权，美国及其盟友开始在20世纪40年代末期采取措施，保障整个西欧地区的安全。而苏联对此的回应则是，在东欧打造一个统一的帝国。结果就造成了欧洲大陆严峻的政治对抗之势。

西欧经济一体化进程

在1945年之后，东西势力相争的焦点在于德国这个被划分为四个占领区的战败国。因为针对德国赔偿和其他问题争持不下，苏联在东德的占领区与英美法三国在西德的占领区彼此隔绝，不相往来。到1947年初，距离二战结束不足两年时间，解决德国问题的机会就在冷战的猜忌和恐惧的氛围中湮灭。美国巩固了它在西欧的地位，西欧发展成了一个拥有相同经济和政治制度以及安全利益的欧洲共同体。这在实际上意味着，西欧议会制资本主义国家（英国、法国、意大利、比利时、荷兰、卢森堡、丹麦和挪威，不包括独裁的西班牙和葡萄牙）通过军事联合形成了一个防守联盟。在10年时间内，西德因地理位置、面积和经济潜力，以及加入欧洲共同体的优势，在欧共体中扮演着重要角色。在20世纪40年代末，西德与东亚的日本一样，成了美国对抗苏联扩张的第一道防线。

创造一个独立的西德并实现其经济复苏成了美国官员高度重视的问题。在英法的赞同之下，美国率先在西德建立了一个议会制政府，正式称为德意志联邦共和国。西德政府自 1949 年 5 月成立开始，就坚称自己是所有德国人，包括当时苏联占领区内的德国人的合法政府。西德的首都定于波恩这个州级城市，以显示它只是临时首都。传统的德国首都柏林（被划分为东、西柏林）则位于民主德国领土。

美国迅速将西德纳入国际贸易体系，（通过马歇尔计划）为之提供了慷慨的经济援助，帮助引进了新货币，最终将西德纳入美国主导的军事联盟——北大西洋公约组织。在这些情况下，西德民主与经济都进入了繁荣发展的局面。西德的确成了世界首个在战后实现经济复苏的工业国家，到 20 世纪 50 年代末，其战后的发展甚至被称为经济奇迹。

波恩政府向西柏林推出一种新货币"德国马克"，再次确立了它是西德深入苏联占领区 110 英里的前哨地位。在二战期间，苏联曾同意同盟国联合占领柏林，但并没有料到这个主张会让西方在自己的地盘永久性地安插一个前哨。1948 年 6 月，斯大林试图通过封闭前往西柏林的公路，迫使西方放弃西柏林。同盟国既无法通过军事手段重新开通公路，又不愿意就此放弃西柏林，就想出了"柏林空运"这个计策（详见第 2 章）。后来斯大林终于让步，在 1949 年 5 月移除路障，默认了西柏林仍然属于西德的事实。

当 1949 年 5 月西德政府成立时，首任总理康拉德·阿登纳就竭力主张让西德加入西欧大家庭。他坚称西德在西方的支持之下，发展了民主、自由的制度。事实上，有大量证据显示，来自德国最西部地区莱茵兰，并且属于不折不扣的反纳粹人士的阿登纳，并不信任德国人。他担心如果德国人被孤立，就可能导致他们更加渴望政治、经济，尤其是军事实力。他认为让德国长期处于西方民主制度的监护之下才是上策。1952 年 3 月，当斯大林有意与西方探讨建立统一、中立和非军事化的德国时，竭力与西方盟友游说的阿登纳成功地拒绝了斯大林的外交照会，甚至都没有商量的余地。[①] 对阿登纳来说，融入西方国家集团甚至要比实现德国统一更重要。他认为德国的统一还可以再缓一缓，并且必须在西方而不是斯大林的条件下实现统一大业。统一后的德国仍然会与西方连襟。

---

① 详见 Rolf Steininger, *Eine Chance zur Wiedervereinigung? Die Stalin - Note vom 10. März 1952: Darstellung und Dokumentation auf der Grundlage unveröffentlicher britischer und amerikanischer Akten* (Bonn: Neue Gesellschaft, 1985).

罗马天主教徒阿登纳之所以如此亲近西方，这要归根于他的保守主义倾向和坚定的反共信念。西德投票人并不愿意尝试另一种社会制度，就将选票投给了阿登纳的保守派基督教民主联盟党。"老人"阿登纳初次当选总理时已年届75，当政时间持续到1963年。到他下野时，他已经稳稳将西德送上了战后的发展路径。

西德在阿登纳任期内，实现了迅速的经济复苏，建立了可行的民主制度，试图恢复昔日的荣光。西德承认德国对第二次世界大战和犹太人大屠杀负有责任，并向犹太人受害者支付了数额达90亿美元的赔偿（到2013年5月时，德国还同意再次向已经进入暮年的大屠杀幸存者支付10亿美元赔偿）。[①] 德国采取了许多措施，为纳粹德国的过往赎罪。德国将替纳粹分子翻案及使用纳粹党的标志列为非法行为，并通过学校向学生讲述纳粹势力崛起的原因及后果。

阿登纳在与西方打交道的过程中，始终态度端正，但他和许多德国人都不太情愿承认德军在东方犯下的罪行。阿登纳政府不但坚持要求波兰和苏联归还它们在二战结束时分割的德国领土，还拒绝向无数曾被纳粹奴役或有家人被屠杀的波兰人、俄罗斯人和其他东欧人支付赔偿。在阿登纳领导下，西德政府与除了苏联之外的东欧没有外交或经济上的往来。斯大林制造了"铁幕"，但阿登纳这种政治家也在一定程度上助长了欧洲离心离德的趋势。（详见第11章）

在马歇尔计划实施初期，即美国于1947年6月宣布推出这项意在帮助欧洲经济复苏的计划不久，西德就实现了经济一体化。但由于替多数东欧国家做主的苏联拒绝了马歇尔计划，就只有西欧享受到了该计划的援助和一体化优势。

西欧各国在短时间内就大胆采取措施，迈向了更紧密的经济一体化趋势。1951年4月，法国、西德、意大利和三国经济联盟（比利时、荷兰、卢森堡）这六国签署了《欧洲煤钢联营条约》，建立了欧洲煤钢共同体。该计划主要由法国经济学家让·莫内（Jean Monnet）和法国外交部长罗伯特·舒曼（Robert Schuman）主导（两人都被誉为"欧洲之父"），号召统一管理成员国的煤钢资源。该计划的高级机构根据少数服从多数原则，负责制定协调成员国的煤钢生产。这个计划对西德的萨尔和鲁尔等高度发达的工业区产生了尤为显著的影响。

---

① "大屠杀赔偿：德国向幸存者支付7.72亿欧元"，*SpiegelOnline*，2013年5月29日；梅丽莎·艾迪（Melissa Eddy），"For 60th Year, Germany Honors Duty to Pay Holocaust Victim," *New York Times*, November 17, 2012

在煤钢共同体的基础上，西欧其余各国的经济和政治也进入一体化状态。

这个煤钢共同体成果显著，在其成立6年后，这些成员国又建立了"欧洲经济共同体"（EC），也称为"共同市场"，进一步绑定了各国的经济联系。6国在1957年3月签订的《罗马条约》，为西欧建立了一个在更多方面广泛合作的组织。它的一大特点在于组成了一个旨在降低成员国关税的联盟，并针对从其他国家进口的商品制定了统一的税率。消除贸易壁垒极大促进了欧共体国家的商品流通，而这又有利于刺激生产，创造就业岗位和实现资本积累，并提高个人收入和消费水平。西欧开始跃升为全球经济蓬勃发展的地区之一。事实上，共同市场的经济增长率在20世纪50年代末甚至超过了美国，并在之后多年保持这种势头。

英国最初并没有加入共同市场。因为英国已经享受到了英联邦国家的特惠关税，担心与共同体的欧洲邻国合作，会危及英联邦的贸易利益。英国拒绝加入共同市场的其他原因还包括，英国具有维持旧秩序的保守倾向，并不会积极拥护新秩序。此外，英国也不太愿意向一个超国家组织出让本国的主权，不愿意接受后者的决策对成员国的约束。但英国在20世纪50年代遭遇经济瓶颈后，终于转变观念，于1961年申请加入共同市场，却发现共同市场已经提高了准入门槛。英法两国针对这个问题展开了激烈的争论，英国国内的工党反对加入共同市场，法国总统戴高乐则提出了让英国加入的条件。考虑了一年之后，戴高乐这个时常批评英国并仅与美国、英联邦国家保持密切的政治和经济联系的人物，突然在1963年1月宣布他坚决反对英国加入欧洲经济共同体。因为欧洲经济共同体的决定需要得到全体成员同意（这是戴高乐坚持的主张），这位法国总统的否决票让英国吃了闭门羹。1966年英国再次申请加入经济共同体时，戴高乐依旧反对，直到他在1969年辞任法国总统一职时，英国才终于如愿。经过漫长的协商，英国最终在1973年1月（与丹麦和荷兰一起）加入了经济共同体。

从诞生之日起，欧洲经济共同体内部就一直存在"超国家主义者"（主张全面一体化）和"联邦主义者"（希望保持各国重要的决策权）的两派之争。两派的这场拉锯战仍然未能实现统一。此外，因为针对重大问题的决策对所有成员国都有约束力，某些成员国（尤其是法国和后来的英国）在扩增成员国数量、推行统一货币、社会法规等问题上，成功地以全体同意原则对抗了少数服从多数原则（关于欧洲经济共同体的更多详情，见第17章）。

北约：西欧军事一体化进程

1949 年 4 月，许多国家都注意到了美国号召建立一个对抗苏联的军事联盟这个消息。这个军事联盟就是北大西洋公约组织（简称"北约"），这是西欧与北美的集体防务系统。它是马歇尔计划的军事版本。北约的 10 个欧洲成员国（英国、法国、冰岛、挪威、丹麦、比利时、荷兰、卢森堡、葡萄牙、意大利）与美国和加拿大共同签署了相互援助条约——承诺一国被袭，各国救急（甚至在苏联解体后，北约仍然保持完整。2001 年 9 月 11 日，纽约世贸中心和华盛顿五角大楼发生恐怖袭击事件时，北约首次联合向基地组织发起了攻击）。北约利用美国空军和核武器制约苏联，防止苏联庞大的地面部队进攻西德。每个北约成员国都保证始终依照美国上将的统一命令，加入北约盟军的陆军部队。

这个组织的一大障碍仍然是以戴高乐为代表的民族主义分子。北约面临的第一个严肃问题就是究竟要不要吸收西德作为它的成员。虽然西德领土已经在北约的初始安全承诺范围内，但它还不是北约成员。西德被盟军占领直至 1952 年，并且没有自己的军队。但在朝鲜战争爆发后，美国官员立即敦促西德重新武装，并加入北约组织。而法国和其他欧洲国家担心德国军国主义势力复活，不愿意让德国重获武装。

但它们对苏联进攻的恐惧，彻底战胜了对德国军国主义势力的恐惧。它们急需德军部队来扩充实力不足的北约陆军。在美国、英国和西德自身的催促下，北约成员国终于在 1954 年末同意接纳西德——条件是德军必须提供 12 个师的陆军，并且不得发展核能和生化武器，不得拥有战舰和远程导弹与轰炸机。

苏联也反对让西德重获武装，在最后一刻仍不忘阻止西德加入北约。斯大林在 1952 年 3 月主张建立非军事化的中立而统一的德国，原因就在这里。但斯大林的提议还是太迟了。此时木已成舟，无法挽回西德重建德军的形势。西方领导人（尤其是阿登纳）反对斯大林提出的主张，认为这是苏联意在分裂西方军事同盟的一个宣传策略。

在北约成立头十年，法国一直是这个集体防务系统的薄弱环节。法国无力向北约提供陆军部队，因为法国陆军需要驻守印度支那和阿尔及利亚，以便维护其殖民帝国的最后一点成果。戴高乐最终还是决定减少法国在阿尔及利亚的损失，重新掌握在欧洲的主导地位。这名法国二战英雄始终是一名崇高的民族主义者，他竭力想提升法国在实现复兴的欧洲之中的地位。这成了其政治哲学的基点，也就是所谓的"戴高乐主义"——对外奉行民族独立政策，对内实行社会保守主义［"戴高乐主义"（Gaullism）一词是双关语，它既与戴高乐本人有关，也暗指法国的罗马名称"Gaul"］。

戴高乐的民族主义政策体现在他的法国（和欧洲）防务需求理念上。因为他力求增强法国在欧洲的话语权，并反复主张欧洲在全球事务中的地位，戴高乐并不希望美国过多介入欧洲的事务。他认为西欧和北约都是美国及其亲密盟友英国唱主角的舞台。此外，戴高乐对美国对欧洲防务的投入也颇为怀疑。他认为虽然美国可能依靠自己的国防力量发动一场核战争，但未必能够帮助西欧摆脱苏联陆军的进攻。

戴高乐拒绝美国在法国部署核武器，他不希望依赖美国，更主张依靠法国的"打击力量"，即海陆空三军合一的核武器。法国就此加入了为数不多的核大国之列。在戴高乐看来，就算法国的核武器军队规模远小于超级大国，但仍足以威慑敌军。所以他不理会国外舆论的抨击，拒绝与其他国家一起签署一系列核武器控制协议，或者中止法国在太平洋的原子弹试验计划。

这一切都是戴高乐于 1966 年撤出所有在北约的法国军队（但他并没有正式将法国撤出北约），同时还要求美军全部撤出法国领土的前奏。戴高乐坚称法国防务必须掌握在法国人手中。位于巴黎的北约总部，后来就迁到了比利时首都布鲁塞尔。

戴高乐还执行了一项与美国相左的外交政策。他自己与苏联发展外交关系，并于 1964 年与中华人民共和国建立了外交关系。他对美国在冷战中的对抗策略，尤其是对美国在 1962 年的古巴导弹危机（稍后再讨论）中的反应抱有成见，他也不希望超级大国绕过法国，制定涉及法国防务与利益的决策。戴高乐对法军深陷印度支那战争负有重要的责任，而他却毫不费力地将美国卷入了这场战争。

比起同美国打交道，戴高乐更愿意同西欧最强大的国家西德达成谅解。西德年迈的总理康拉德·阿登纳接受了戴高乐的邀请，于 1962 年 7 月在巴黎与之会面；两个月之后，戴高乐的西德之行也受到了款待。在法德峰会上，双方签署了旨在增进双方关系的《法德合作条约》。在戴高乐看来，这个条约有助于对抗英美对西欧联盟的控制。但这个条约却没有像戴高乐所想的那样，令西德疏远美国。尽管如此，这个条约仍然是这两个长期敌对的欧洲强国在战后关系升温的重要标志。

东欧一体化始末

苏联也针对东欧制定了自己的政治和经济一体化蓝图。1944—1945 年开始被苏军占领的东欧，很快就变成以斯大林的苏联为范本的社会、政治和经济实验室。1949 年，斯大林的外交部长维亚切斯拉夫·莫洛托夫向东欧推出了"经济互助委员会"（简称"经互会"）以此回应马歇尔计划。其目的在于让东欧的波兰、匈牙利、罗马尼亚、捷克斯洛伐克、保加利亚（以及后来的阿尔巴尼亚）与苏联实现经济一体化，其目的在于支持苏联实现战后重建，支持东欧的工业发展（东欧当然仍然以农业为主）。它还利用经济杠杆，增强了克里姆林宫对东欧的政治控制。

东欧经济体沿着苏联战略开始实现转型。该援助计划的重点在于重工业和军工业，消费品生产被摆在了末位。早在 1944 年 9 月向波兰颁布的征用令，导致波兰贵族和教堂的财产被充公。这些举措消灭了地主阶级，为农业集体化政策铺平了道路。

除了经济转型之外，东欧政治局势也全面发生变化。在保加利亚、阿尔巴尼亚、南斯拉夫和罗马尼亚，封建君主正式被废除。依附苏联的东欧国家照搬苏联模式，以 1936 年的斯大林宪法为原型，制定了本国宪法。除此之外，反对新政治秩序的政党都被宣布为非法组织，或者被当成徒有其表的摆设。

为了回应西德加入北约，苏联在 1955 年建立了自己的军事联盟"华沙条约组织"，简称"华约"。其成员国包括阿尔巴尼亚、保加利亚、捷克斯洛伐克、民主德国、匈牙利、波兰、罗马尼亚和苏联。与北约不同的是，华约成员国无权退出组织，克里姆林宫将退出华约视为罪大恶极的行径。阿尔巴尼亚得益于偏远的地理位置以及相对不重要的特点，在 1968 年安然退出了华约，但匈牙利在 1956 年尝试提出中立的主张时，就遭到了苏军的打击报复。捷克斯洛伐克与波兰分别在 1968 年和 20 世纪 80 年代初，面临与 1956 年的匈牙利相似的危险处境，苏联领导人明确表达了不容许华约解体的立场。

表面上看，东欧是一个共产主义同志加兄弟组成的友好大家庭。但这并不能阻止各国民族主义情绪的暗潮涌动。东欧国家虽然都已经成为共产主义兄弟，但它们的人民却不会忘记与邻国的新仇旧恨。这方面的例子不胜枚举。波兰痛恨俄罗斯人、德国人和立陶宛人；匈牙利人与斯洛伐克和罗马尼亚人也有不共戴天之仇。这些民族主义情绪中最有趣的例子当属罗马尼亚，该国从 20 世纪 60 年代中期就开始力争与苏联划清界限。罗马尼亚共产党在尼古拉·齐奥塞斯库（Nicolae Ceauşescu）的领导下，成功地获得了有限的经济和政治独立，尤其是与西欧建立了联系。在 1967 年的"六日战争"之后许多年，在其他东欧国家均同以色列断绝往来的情况下，罗马尼亚仍同以色列保持着外交关系。罗马尼亚并没有退出华约，但时常拒绝参加华约的军事行动。在苏联与中国的关系日益恶化时，它仍同中华人民共和国保持着友好关系。它热情接待了来访的美国总统，无视苏联抵制奥运会的举动，派遣运动员参加了 1984 年在洛杉矶举办的夏季奥运会。克里姆林宫对罗马尼亚这些"自作主张"的行为忍而不发，没有做出强烈的回应。只要罗马尼亚还是华约成员，就没有必要对齐奥塞斯库采取强硬的惩罚手段。对克里姆林宫来说，更重要的或许就是齐奥塞斯库并没有对任何一种政治改革表现出较大兴趣。苏联始终认为，政治改革（无论是发生在华沙、布达佩斯还是布拉格）才是挑战苏联在东欧霸权的最大威胁，齐奥塞斯库的所作所为虽然总在刺激苏联的神经，但还不算重大问题。

尽管克里姆林宫竭力维持自己在东欧地区的霸权，这些地区的民族主义倾向却不断表明，东欧躁动不安的人口并不甘于接受克里姆林宫的摆布。尽管苏联反复强调东欧问题不容商量（最明显的表现是苏联总书记列奥尼德·勃列日涅夫在 1968 年声明，苏联的国防边界为分隔东西德的易北河），东欧内部的团结仍然危机重重。

美苏初释前嫌

在二战结束后，美国和苏联国家的兵力都削减了数量。美国情报机构并不相信苏联会对美国发动攻击——除非出现了一系列失控事件，导致克里姆林宫领导人错估形势。到 1947 年初，美军数量从战争期间的 1200 万人削减至不足 100 万。北约成立时，如果苏联要向西德发动地面进攻，美军甚至无力阻止事件的发生。如果当时苏联果真进攻西德，美国不会下令留守西欧的美军参战，而是会要求他们迅速越过英吉利海峡，或者通过意大利逃到地中海地区避战。

苏联也不想在刚结束二战时，又挑起第三次世界大战。斯大林将苏军从战前兵力削减至 350 万人，在重建苏联城市时还派遣这些士兵去清理废墟。但美国始终掌握着原子弹这张王牌。实际上，美国并不认为斯大林会进攻中欧地区，同理，苏联也从来没想过美国进犯苏联的可能，至少在朝鲜战争爆发前一直如此。在其后 5 年时间中，双方都只是保留足以击退敌人进攻的兵力。朝鲜战争是冷战双方快速扩充兵力的催化剂。

在 1950 年 4 月，也就是朝鲜战争爆发前 9 周，有一份美国国家安全委员会指令（NSC-68 文件）建议杜鲁门总统大幅增加军事预算。但该建议实现的可能性很小，因为美国公众反对这个主张，毕竟这很可能导致民众税负增长。1950 年 6 月，美国终于盼来了贯彻 NSC-68 文件的机会，用国务卿迪安·艾奇逊的话来说就是"朝鲜解救了我们"[1]。当时，勇于献身、团结一致、全民同心成了美国社会的主旋律。最终，20 世纪 50 年代成了美国的"团结年代"（与动荡的 60 年代形成了鲜明对比）。

类似的情况也在苏联上演了。从 20 世纪 40 年代末开始（也就是朝鲜战争之前），斯大林就重申了全民团结一心和勇于献身，不惜代价保卫社会主义制度和苏联祖国的要求。从苏联针对意识形态不一致的"人民公敌"等人士展开的大清洗运动，就可以看出斯大林对僵化的意识形态和服从原则炽烈的热情。朝鲜战争爆发后，斯大林迅速将苏军兵力从 350 万扩增至 500 万～600 万，直到 80 年代末苏联还保持着与此不相上下的兵力。这标志着在二战结束后，双方削减兵力，并控制军费的 5 年时期走到了尽头。

杜鲁门于 1953 年 1 月卸任，斯大林也在 6 周后突然过世。冷战前期两大对手退场，为新任领导人创造了化解恩怨的机会，毕竟他们不会受到前任领导人所在立场的限制。

艾森豪威尔总统和 1953 年 9 月上台的苏联新任领导人赫鲁晓夫展开了一轮减缓紧张局势的对话。在这种情境下，"detente"（源自法语，意思是消除紧张的国际关系）首次出现在冷战词汇中。二战英雄艾森豪威尔无须确立自己的反共凭

---

① 摘自威特·拉菲伯，《美国，俄罗斯与冷战》（*America, Russia, and the Cold War, 1945—1990*），第六版，（纽约：麦格劳-希尔出版公司，1991 年），第 98 页。

证。比起杜鲁门及其国务卿迪安·艾奇逊这两位经常被共和党人（尤其是参议员约瑟夫·麦卡锡和理查德·尼克松）抨击对"共产主义太心慈手软"的政治人物，艾森豪威尔显然可以更游刃有余地同苏联打交道。实际上，麦卡锡对这两人的指责远不止于此，他甚至指控艾奇逊的国务院窝藏共产主义颠覆分子。

赫鲁晓夫及其政府开始改变苏联国内外的斯大林主义模式。赫鲁晓夫决心避免与西方形成军事对抗，并引用列宁主义者的一句旧话表示要尽量与西方"和平共处"（苏联人针对缓和局势的委婉说法）。他因此否定了斯大林主义关于社会主义与资本主义阵营必有一战的理论。

这些大国随即于 1954 年在日内瓦召开了处理当时国际重大问题的会议。在这种缓和的政治气候下，各国达成了"日内瓦精神"。日内瓦会议最显著的成果是结束了二战后四大国对奥地利的军事占领。这是冷战对抗双方达成的重大政治和解。1955 年 5 月，奥地利获得独立，成为欧洲中部的不结盟中立国家，分隔了两大超级强国的军队。事实上，双方经历了 10 年，在新任领导人上台后才解决了奥地利问题（在其他问题上几乎没有成果），这足以证明冷战的僵化程度。

解决奥地利问题之后，"铁幕"东转，落在了捷克斯洛伐克和匈牙利西部的南段边界。西方与苏联军队沿着这段 200 英里左右的界线撤兵。为此，奥地利宣布在冷战中保持中立，这个条件非常符合奥地利一贯的性情。双方还特别禁止奥地利与西德共同加入任何一个联盟（尤其是军事联盟，经济联盟也不例外）。奥地利迅速成为东西方会晤的地点。奥地利首都维也纳变成了举办国际会议的场所。与柏林相似，维也纳也是世界上最大的国外间谍汇合地点之一。

人们也曾针对德国提出了与奥地利相似的解决方案。但德国两个政府并存的情况，证明东西德统一的希望渺茫，直到 1989 年苏联领导人米哈伊尔·戈尔巴乔夫放弃东德，此事才成为现实。与德国不同，奥地利在二战结束时，有幸恢复了自由国家的身份，而不是被当成战败的敌国来对待。奥地利人口规模较小，仅 700 万余人，经济体量也相对较小。20 世纪 50 年代中期的朝鲜和越南原本也可以通过这种方式解决问题，但没有一个西方国家考虑过它们的统一问题。

出人意料的是，居然是由斯大林于 1945 年 4 月最先采取推进奥地利统一的措施。他任命温和的社会主义者卡尔·伦纳（Karl Renner）担任奥地利领导人，奥地利也得以在一开始就由统一的政府领导（这与德国、朝鲜和越南的命运截然不同），所有占领国最终都承认了这个政府。丘吉尔和杜鲁门起初对斯大林的自作主张颇有微词，但这并不是因为他们反对伦纳当政，而是因为斯大林没有咨询过他们的意见。此后伦纳就谨小慎微地指引奥地利在两个超级大国之间周旋。到1955年5月，占领国军队终于撤出奥地利时，这个国家的中立政府已经成立了10年。

美苏两国之间关系部分转暖的局面，促成了赫鲁晓夫在1959年的访美之行。他的行程包括访问纽约、艾奥瓦州的农场、洛杉矶，并在马里兰州西部山地的戴维营总统度假胜地与艾森豪威尔单独会面。"戴维营精神"的成果就是提出了裁军主张，同意于1960年5月在巴黎举行峰会，以及艾森豪威尔回访苏联等建议。

奥地利问题的解决以及美苏领导人会谈，并不意味着冷战已经结束，也不能代表双方开始全面结束对抗。在局势缓和的过程中，双方猜忌犹存，武力威胁仍未消退，即使是在20世纪50年代双方和解中的关系升至顶点时，对美苏关系抱有悲观看法的预言仍然不绝于耳。

赫鲁晓夫虽然提出了和平共处的理念，但也明确表态称意识形态的斗争仍然存在。局势缓和也不意味着苏联放弃其势力范围。赫鲁晓夫在国内的批评者，尤其是斯大林主义者莫洛托夫（当时仍然是外交部长，直到1956年才被赫鲁晓夫解职）对他的言行始终存有偏见。① 美苏在东欧角力时，赫鲁晓夫政府并没有等闲视之。克里姆林宫接受了南斯拉夫和阿尔巴尼亚变节，脱离其势力范围的事实，但在此之后就划定了自己的底线。东德和匈牙利分别在1953年和1956年发生叛乱时，苏军迅速做出了回应。

美国也同样存在局势缓和与根深蒂固的冷战思维之间的矛盾。身为共和党人的艾森豪威尔总统寻求折中和协商路线，而国务卿约翰·福斯特·杜勒斯（John Foster Dulles）却是一个不折不扣的反共人士。对于杜勒斯而言，前任的民主党国务卿乔治·马歇尔和迪安·艾奇逊的遏制苏联政策根本就是在容忍一个邪恶的无神论制度。对他来说，冷战不仅仅是两种经济和政治秩序的对抗，更是宗教信仰与无神论之间的冲突。因此，杜勒斯主张"击退"苏联前进的步伐，并"解放"被共产党控制的地区。这些都属于杜勒斯的"新外交观"。但以1956年的匈牙利为代表的事件证明，外交政策的最终决定权在总统，而艾森豪威尔并不愿意

① 1957年，安德烈·葛罗米柯（Andrei Gromyko）担任外交部长；他在1985年7月被米哈伊尔·戈尔巴乔夫提升到苏联总统这个礼仪性的职位。

因为匈牙利而挑起第三次世界大战。尽管杜勒斯声色俱厉，美国的外交政策在欧洲还是不得不收敛三分。

杜勒斯只能在亚洲和拉美地区采取更有力的措施以维护美国利益。1954年，越南共产党在印度支那地区打败法军（见第5章）时，杜勒斯就让美军出兵援助站在西方阵营的南越政府军。美国发现自身利益分别于1953年和1954年在伊朗和危地马拉受到威胁时，美国中央情报局（简称中情局）依照约翰·杜勒斯的弟弟艾伦·杜勒斯（Allen Dulles）的指示，迅速采取秘密行动，策划了其史上最成功的政变。中情局策划推翻颠覆伊朗首相穆罕默德·摩萨台（Mohammad Mosaddegh，他令伊朗的石油工业实现国有化，以便从英美公司收回石油资源的所有权）的政权后，扶持伊朗国王重新登基。在危地马拉，中情局颠覆了拥有社会主义背景的哈科沃·阿本斯（Jacobo Arbenz，他也提议将美国公司掌握的土地收归国有）的政权，在当地建立了军政府。

苏联回击美国遏制政策

20世纪50年代中期，赫鲁晓夫首次采取措施，对抗美国主导的旨在遏制苏联的区域联盟体系。在此之前，苏联及其附庸就像是一个深陷困境的堡垒，只知在自己脚下掘土，以对抗任何试图撬动它的势力。除了北约之外，美国还建立了其他军事联盟。1954年，美国承诺保护台湾，以免中国大陆攻打台湾。同年，美国又成立了"东南亚条约组织"（简称"东约组织"）。东约组织成员虽广，却并没有实际效力，因为它以全体一致原则要求成员国参与东南亚事务，而英法两国对此却不甚热心，杜勒斯自己也清楚这一点。东约最多只是一个徒有其表的组织，只是美国遏制共产主义的又一个标志。东约的其他成员国包括菲律宾、泰国、新西兰和澳大利亚。美国在1965年向南越出兵纯属单方面的行动，甚至都没有问过东南亚条约组织的意见。尽管如此，美国还是通过为南越政府军提供训练和装备，取代法国在印度支那地区组织自己的势力范围。

1955年成立的"巴格达条约组织"则突显了美国超越东约组织的野心。其目的是组建一个阿拉伯国家的中东联盟，但该地区只有伊拉克加入了这个组织，其他成员国则是美国、英国、土耳其、巴基斯坦和伊朗。

到20世纪50年代中期，苏联就陷入了四面楚歌的境地。往北是多数时间都在结冰的北冰洋（唯一例外的只有北极圈外的摩尔曼斯克这个不冻港）。北约在西欧和东南欧（包括土耳其海峡）对其虎视眈眈。在远东地区，美国又与韩国、日本和中国台湾地区对其形成裹挟之势。再往南就是东约组织，其范围一直向东延伸到巴基斯坦。如果真有什么突破口，那就是印度这个拒绝加入美国联盟的国家（这正是苏联与印度结为友好关系的原因之一）。但即使是在南亚，苏联仍然被喜马拉雅山西段崎岖的喀喇昆仑山脉所阻挡，在中东又有"巴格达条约组织"这道防线。

从二战结束到斯大林去世，苏联一直在执行相对保守的外交政策。斯大林在许多重要问题上拒绝向西方屈服，尤其是东欧问题，但他并没有在其他地方向西方发起挑战。比如，中国和越南共产党成功夺权，这些就不是他一手促成的结果。在斯大林死后不久，中央情报局在提交给艾森豪威尔和国家安全委员会的特殊报告中，将斯大林描述为一个"冷酷无情，坚决扩大苏联势力范围，但在对外政策上又从来不纵容野心，导致鲁莽行事的人"。但该报告警告称，斯大林的继任者可能并不是行事谨慎的人。[1]

事实很快证明，中情局的预言果然成真。1954 年，克里姆林宫针对苏联的对外政策展开了激烈的争论。由总理格奥尔基·马林科夫（Georgi Malenkov）和外交部长莫洛托夫组成的派系主张谨慎行事，延续对抗和重整军备的斯大林模式。而以苏共总书记及国家领导人赫鲁晓夫为主的苏共中央委员会主席团[2]，却要求采取更为激进的外交政策，突破他们所称的资本主义包围。他们声称故步自封，接受现状，势必让苏联死于敌手。这种情况与杜勒斯面临的处境相映成趣，后者也同样无法容忍美国仅仅只是牵制苏联的外交政策。双方都认为这场冲突必须将火力对准敌人。

---

① 中情局特别估计，1953 年 3 月 10 日提交给国家安全委员会的副本，《斯大林逝世可能发生的后果和马林科夫获得苏联领导权的问题》（"Probable Consequences of the Death of Stalin and the Elevation of Malenkov to Leadership in the USSR"），第 4 页，保罗·卡斯特尔（Paul Kesaris）主编，《中央情报局调查报告：苏联，1946—1976 年》（*CIA Research Reports: The Soviet Union, 1946—1976*）（马里兰州弗雷德里克：美国大学出版社，1982 年），第 II 卷，第 637-648 页。

② 苏共中央委员会主席团（1966—1991 年间称为政治局）是决策机构，约有十多名成员，成员数量不固定，时常发生变化。

莫洛托夫及其同党警告称，若苏联挑战美国在中东的影响力，则必然遭到失败。英美海军控制了地中海，必定会拦截所有船只，美国早在 1954 年就拦截了捷克斯洛伐克前往危地马拉的军舰。但赫鲁晓夫及其同党还是占了上风，苏联从 1955 年初开始秘密向埃及军事独裁者贾迈勒·阿卜杜拉·纳赛尔（Gamal Abdel Nasser）的军队提供武器。苏联首次与非共产主义国家达成的武装协议，其后在同一年被公之于世。

苏联通过支持纳赛尔，在中东扶持了一个代理人，部分抵消了"巴格达条约组织"的威胁，虽不过后者实际上的存在时间并不长，也没有达成什么成果。赫鲁晓夫支持纳赛尔，主要收获了象征意义上的价值——显示苏联已经成为全球大国。

苏联借此首次在非共产主义世界的国家立足。赫鲁晓夫是这场苏联外交政策重大转向的主要负责人，也是从中收获可观政治资本的受益人。他在过去一直是西方势力范围的地区，挑战了西方的权威。它标志着一场针对不结盟国家的"偷心"大赛的开端。赫鲁晓夫带着这种思想，于 1955 年开启了更令人瞩目的南亚之旅。他访问了印度，并于回国时在阿富汗首都喀布尔逗留，以便先发制人地阻止美国对阿富汗下手。赫鲁晓夫在其回忆录中写道："美国显然正在向阿富汗献殷勤，就是为了在当地建设军事基地。"[1] 1960 年，赫鲁晓夫又第二次造访了亚洲。密切关注苏联在南亚影响力增长的艾森豪威尔，也在 1960 年追随赫鲁晓夫的步伐，访问了印度和其他不结盟国家，对它们展开了大规模的外交攻势。

苏联进入第三世界的政策与意识形态无关，只是为了平衡政治权力。与西方指控相反，纳赛尔绝非共产主义者。事实上，纳赛尔甚至还将埃及共产党划为非法组织。苏联对纳赛尔打击共产党的行径睁只眼闭只眼，以免损害同阿拉伯国家建立的友好关系。与之相似，苏联开始向印度尼西亚的苏加诺政府出售军火时，强大的印度尼西亚共产党对此怨声载道。该党的这些恐惧并非毫无根据。1965 年10 月，印度尼西亚军队展开了"清共大屠杀"，有 50 万左右的共产党员和疑似共产党人遇害。而苏联一开始就只是希望在自己的势力范围外培养代理人，以此挑战西方势力，至于这些代理人对其本国的共产党同志做了什么，苏联并不会

---

[1] N. S. 赫鲁晓夫，《赫鲁晓夫回忆录：最后的遗言》（波士顿：利特尔 & 布朗出版社，1974 年），第 299–300 页。

介怀。

美国试图通过撤销对尼罗河上游阿斯旺水坝注资，以逼迫纳赛尔就范。纳赛尔转向苏联求助，希望后者帮忙完成这个工程。当时纳赛尔已经同苏联签订了军火协议。1956年夏，纳赛尔将苏伊士运河所有权（自1887年以来一直被英国人掌控）收归国有，埃及就遭到了军事打击报复。[1] 1956年10月，英、法加入了以色列对埃及的进攻，冷战再次蔓延到了第三世界。

1960年，一架中情局U-2间谍飞机在苏联境内被击落，美苏关系再次跌入谷底。苏联火箭部队终于击落了一架高空飞机，该机自1956年以来就时常侵犯苏联领空。U-2飞机被击落，破坏了赫鲁晓夫与艾森豪威尔在该月的峰会计划，美方也取消了艾森豪威尔访问苏联的行程。赫鲁晓夫强烈谴责艾森豪威尔践踏常识，行为逾界。西方历史学家经常推测，赫鲁晓夫不得不安抚国内的强硬派，因为他们对赫鲁晓夫改善与西方的关系非常不满。苏军极其了解的U-2飞机，成了赫鲁晓夫的一个笑柄。虽然苏联军队和科学设施已经成功将第一颗人造卫星送上太空，成功发射了第一颗洲际导弹，却无法击落一架7.5万英尺高的美国飞机，要不是飞机引擎出现故障，不得不降低飞行高度，苏军恐怕还是难以如愿。

U-2飞机事件也让艾森豪威尔倍感难堪，他起初还抵赖，之后不得不承认他批准了这次间谍行动。1960年是美国总统大选的年份。在竞选期间，约翰·肯尼迪及其民主党派指责理查德·尼克松（艾森豪威尔的副总统）及共和党在工作中打瞌睡。他们称苏联具有"导弹优势"，这会让美国安全面临威胁。冷战再度升级，日内瓦和戴维营精神成了过眼云烟。

从朝鲜战争开始，这两个超级大国就进入了疯狂的无期限军备赛（无论是常规武器还是核武器），为一场双方都不愿意发生的战争做准备。在常规的陆军兵力上，苏联阵营始终保持领先，而西方主要依赖美国的核保护伞。但美国的核垄断局面，很快就被打破了。1949年，斯大林试验了苏联首颗原子弹，也就是美国情报所称的"Joe-One"。在20世纪50年代初，苏联又爆炸了首颗热核弹（又称氢弹，威力远超原子弹），到1955年时，苏联已经有能力通过洲际导弹发射这些武器了。到50年代末，苏联和美国都成功测试了自己的洲际导弹。这场核军备赛实际上是一场死局。核战争必然导致"确保相互摧毁"（Mutually Assured De-

---

[1] 苏伊士运河由一家合股企业掌握所有权，英国和法国（投入较少）都有股份。

struction，简称 MAD）事件发生，但这并没有让双方停止疯狂制造武器的行动。1962 年 10 月，这场核对峙转向了一个最令人意想不到的地方——古巴。50 年代的古巴革命让菲德尔·卡斯特罗获得了领导权，此事促成了美苏之间的核对抗——冷战最不堪承受的一幕。

古巴导弹危机

古巴在美国的援助下，于 1898 年打败西班牙获得了民族独立，但古巴为此付出了巨大的代价——古巴走上了被美国摆布的命运。古巴民族英雄何塞·马蒂（Jose Marti）早就警告称美国支持古巴独立运动必定另有所图。果不其然，1898 年之后，古巴首都哈瓦那最有权势的人就是美国大使。古巴独裁者为了取悦美国，相继出让了古巴主权。

1952 年 3 月的军事政变，导致独裁者富尔亨西奥·巴蒂斯塔（Fulgencio Batista，曾在 1933—1944 年统治古巴）重新掌权。巴蒂斯塔与中情局多有往来，在他的统治下，美国在古巴势力显著增长。美国企业（包括合法的农业、矿业和旅游业，以及染指酒店、夜总会、妓院和毒品交易的黑手党）主导了古巴经济。黑手党经常向其他商户收取高额保护费——用于孝敬巴蒂斯塔，以保护自己的产业。这种共生共存的关系让双方都有利可图。巴蒂斯塔通过挥舞"胡萝卜"（如贿赂和发放执照）和"大棒"（警察和军队等强硬手段），确保这种社会秩序顺利运行。暴虐且唯利是图的巴蒂斯塔将古巴出卖给外国和罪犯，再加上财富分配不均，引起了古巴各阶层人民的怨恨。

但怨恨却并不能产生富有组织的抵抗力量，反对者仍然是一盘散沙，无法掀起风浪。即使是在卡斯特罗的指挥下，古巴开始形成有组织的抵抗力量，但每次也只能召集到不过 300 余人的革命队伍。古巴人民通过移动无线电发射机的广播内容，逐渐开始响应卡斯特罗的号召。1959 年 1 月，卡斯特罗上台与其说是他武力夺权的结果，不如说是巴蒂斯塔对形势失控所致。卡斯特罗自己也承认，如果巴蒂斯塔得到了部分民众支持，那么他的革命就很容易被瓦解。不过，最终还是没有人愿意保护巴蒂斯塔，甚至连他的军队也没能保住他。

卡斯特罗的革命始于 1952 年 7 月 26 日，他极其鲁莽地攻击了位于古巴东南部圣地亚哥的蒙卡达军营。这场革命一开始就错误百出——无论是作战计划还是军粮均是如此，更重要的是敌我差距悬殊，卡斯特罗的队伍仅120人，敌方兵力是卡斯特罗的10倍。卡斯特罗的军队被大批杀害，他本人则被逮捕和送审，最后被判处15年牢狱。民众（罗马天主教教会、学生、中产阶级）对巴蒂斯塔的普遍反对，迎来了政治犯被特赦的结果。1956年5月，桀骜不驯的卡斯特罗出狱，流亡墨西哥，并在那里策划下一步行动。他在那里同自己的弟弟劳尔·卡斯特罗遇到了阿根廷的埃内斯托·格瓦拉（Ernesto Ché Guevara）。1954年，中情局支持的军事政变推翻阿本斯政权时，格瓦拉恰好在危地马拉城，他对阿本斯缺乏决绝的个性感到震惊。他和卡斯特罗决心摆脱阿本斯的宿命，一定要取得革命的胜利。

卡斯特罗未能通过南佛罗里达的古巴流亡人士筹集足够的资金，只能搭乘一艘破破烂烂、38英尺高的汽艇Granma号（以原美国船主的祖母命名）回到了古巴。1956年11月，Granma号载着81名海外叛乱分子，决心响应何塞·马蒂在1895年的警告，驶向古巴奥连特省。他们在那里立即遭到伏击，队伍受到重创。哈瓦那报纸宣布了卡斯特罗已死、他发起的革命被粉碎的消息。卡斯特罗的队伍被削减至16人，但幸存的格瓦拉和劳尔·卡斯特罗决心招兵买马，重建组织。

这一次卡斯特罗没有再鸡蛋碰石头，正面攻击更强大的敌人。他退守到古巴东南部的马埃斯特拉山脉展开游击战，他的游击队攻击了守备薄弱的军事哨所，在此过程中缴获了武器、供给，获得了作战经验。1957年5月，80名卡斯特罗游击队员在乌维罗与人员不足的防守部队交战过程中，取得了心理战上的重大胜利。用格瓦拉的话来说，夺取乌维罗标志着革命已经进入"完全成熟"的时期。巴蒂斯塔的军力与这些叛乱分子的信心此消彼长，革命形势出现了逆转。他们还通过广播号召民众参加革命。1958年5月，巴蒂斯塔派遣1万人的部队进入马埃斯特拉山脉，卡斯特罗的300人游击队切断了政府军的去路，缴获了大批武器。双方于1958年12月末打响了最后一战，争夺的是古巴第四大城市圣塔拉拉，这一战在通向哈瓦那的大路上展开。本应全力保卫圣塔拉拉的巴蒂斯塔军队却选择了弃城而逃。被军队抛弃的巴蒂斯塔（军中有些人甚至还策划推翻他的政权）在美国大使的怂恿下，在一个深夜逃离了古巴。那一天正是1959年1月1日。

卡斯特罗分子迅速开始针对古巴展开"大清洗"。卡斯特罗宣布："用正义告慰死者。"这里的正义举措包括以"叛国、叛乱、暴动、逃亡、渎职、抢劫和

苏联领导人赫鲁晓夫和古巴总统卡斯特罗在纽约联合国，1960年11月。（图片来源：美国国家档案馆）

诈骗"等罪名处决巴蒂斯坦政府的高官。① 这意味着古巴新政府将关闭无数赌场、妓院和新闻办公室，并大批流放这些官员，这一切都是在没有经过合法程序的情况下进行的。

卡斯特罗的目的是恢复古巴主权（在经济和政治上），将美国势力驱赶出古巴。为此，他坚决推行国有化政策（最初采取了补偿措施），将总值不足10亿美元的美国资产收归国有。由于古巴国库实际上早已被掏空，国内大部分资产被国外账户占有（仅巴蒂斯塔一人就掠夺了古巴约3亿美元），古巴国有化进程不得不由国际银行机构承担。美国企业为了多讹赔款，宣称其总资产为20亿美元。卡斯特罗提醒他们，此前他们为了避税，有意低估了自己的投资。这种风险可不只是用钱就能解决的。与获得赔偿相比，美国企业显然更希望保留自己盈利可观

---

① 《大清洗》（Purification），《时代》周刊，1959年2月9日。

的产业。黑手党也不愿意放弃自己在哈瓦那的摇钱树。

卡斯特罗革命很快就遭到了美国商界、黑手党、中情局、国务院和五角大楼的全面冲击。刚开始，中情局并不认为卡斯特罗是一名共产党人（而其弟劳尔却相反），认为他不过是崇拜何塞·马蒂的诸多古巴叛乱分子中的一员，只会对美国发发牢骚（与巴蒂斯塔一样），最后还是得照常营业。但承受多方压力的卡斯特罗却意外得到了克里姆林宫的赞助。

不久，艾森豪威尔政府就指责卡斯特罗是一个共产党人（很难说清他究竟是什么时候开始信仰共产主义，但显然是在革命之后）。无论如何，总之必须推翻卡斯特罗政权。鉴于多种原因，中情局很可能复制它在伊朗和危地马拉的经验，颠覆新生的古巴政府。

…………

伊朗危机起源于伊朗议会在 1951 年 4 月的一个决策，其目的是将盎格鲁－伊朗石油公司（AIOC）收归国有，这个公司是英国当时最盈利的项目。AIOC 公司不但将伊朗财富挪出了伊朗本土，还压榨阿巴丹的石油工人，仅为他们支付每天 50 美分的工资，迫使他们居住在污染严重、老鼠和疾病横行的棚户区（被称为"纸片城"）。伊朗议会在该年 5 月，在伊朗民族主义总理穆罕默德·摩萨台的领导下，迫使伊朗国王穆罕默德·礼萨·巴列维组建伊朗国家石油公司，这是实现石油工业国有化的第一步。当时的英国首相温斯顿·丘吉尔请求中情局出面帮他摆平摩萨台。杜鲁门政府却并不太愿意介于这场争端。丘吉尔只好将此事按下不表，等到艾森豪威尔上台，推出"新外交观"时再提出请求。此任国务卿约翰·福斯特·杜勒斯及其弟艾伦·杜勒斯（中情局局长）对已经被美国媒体妖魔化的摩萨台，早就存有颠覆其政府的心思。

1953 年 8 月，伊朗爆发大规模游行示威活动，贪生怕死的伊朗国王逃离出境，流亡罗马。此时，中情局与英国情报机关将伊朗国王带了回来。中情局投入巨资，煽动了一场支持伊朗国王的游行示威活动（其中有些群众在不久前还参加过反对伊朗国王的示威活动），收买了许多宗教领袖和军队官员。军队逮捕了摩萨台，伊朗国王仅流亡了 3 天后就回到了国内。中情局将自己的代理人重新扶上了王位。中情局在伊朗的首席特工克米特·罗斯福（西奥多·罗斯福的孙子）描述称，约翰·福斯特·杜勒斯得知中情局策划的这场政变大获成功时，"兴奋得像一只大猫"。

但故事还没有结束。正如这次行动的一名批评者后来所述，"如果不能调动利益受到侵害的民众，解决他们过往的诉求，你就无法操纵这些国家"。人们终于在 1979 年等到了这一天，当时又爆发了迫使伊朗国王再次外逃的示威活动，伊朗学生攻占了美国驻德黑兰大使馆。在 1953 年杜勒斯扬扬得意的时候，许多中情局成员就清楚美国总有一天要付出代价。[1] 在颠覆摩萨台政府的一个月之后，中情局就报告伊朗局势出现了首次"逆转"。[2]

次年，中情局在危地马拉再次策划了相似的行动。1944 年的革命推翻了危地马拉的军事独裁政府，让希望解决国家社会和经济问题的平民掌握了治国大权。1950 年，当地 2.2% 的地主占有 70% 的土地（其中仅有 1/4 的土地投入耕作），而农民的年收入仅为 87 美元。多数经济产业被外资，尤其是美国企业所掌控，因此国家大笔财富流向了海外。当地最大的雇主是联合果品公司 El Coloso，它在危地马拉掌握了最多土地，其中 85% 属于过剩的未开垦土地。

1951 年 3 月，民族主义者哈科沃·阿本斯在民主选举中当选为总统。阿本斯及其国会（含有少数影响力有限的共产党代表）限制了外国企业，尤其是联合果品公司的权力。他们将未投入使用的土地收归国有，并支持了反对外企的罢工运动。1954 年 3 月，阿本斯向国会表示，这是一件维护"我们国家独立"的大事。约翰·福斯特·杜勒斯在美国对国际共产主义进行妖魔化。杜勒斯兄弟决定为了国家安全、意识形态等原因，以及他们拥有联合果品股份，并曾向该公司提供法务服务等事实，重拳出击阿本斯政府。为了对付阿本斯，中情局扶持了由卡洛斯·卡斯蒂略·阿马斯（Carlos Castillo Armas）领导的危地马拉叛军，后者曾在1950 年试图推翻平民政府（但没有得逞），后来流亡海外。这一次，阿马斯成功了，1954 年 7 月，阿本斯的军队变节，阿本斯政府被颠覆。

对于美国而言，这场危机已经结束了。而对危地马拉来说，这还只是这个国家堕入深渊的开端。卡斯蒂略·阿马斯从来没有给危地马拉带来和平或繁荣，他

---

① 斯蒂芬·金泽（Stephen Kinzer），《伊朗国王的所有同党：美国政变和中东恐怖根源》（*All the Shah's Men: An American Coup and the Roots of Middle East Terror*）（新泽西州霍博肯：约翰威利父子出版社，2003 年），第 2，5–6，67，161–163，209 页。由威廉·罗杰·路易（William Roger Louis）引用，第 215 页。

② 查尔莫斯·约翰逊，《废除中央情报局！》（Abolish the CIA!），《伦敦书评》，2004 年 10 月 21 日，第 25 页。

在 1957 年 7 月被刺杀。这个国家的革命力量开始蓄势待发。20 世纪 60 年代初，危地马拉接二连三上台的军政府（其中有些政府统治手段极其残忍）发起了一系列运动，旨在令危地马拉重返 1944 年前"安静的日子"。①

在三十多年的时间里，军队屠杀的危地马拉人多达 20 万（其中多数人是本地的玛雅人）。其中恶贯满盈的就是埃弗拉因·里奥斯·蒙特（Rios Montt）将军的政权，此人是一名改过自新的基督徒，他在 20 世纪 80 年代初还是美国宗教界的宠儿。在他统治的 17 个月里，其军队杀害了约 7 万人（其中多数为玛雅农民），并夷平了无数村庄。里奥斯·蒙特的焦土政策主要针对特定种族，接近于种族灭绝政策。里奥斯·蒙特是自西班牙征服时代以来，拉丁美洲最暴虐的人权踏践者。危地马拉内战产生的死亡人数比萨尔瓦多、尼加拉瓜、阿根廷和智利发生的"肮脏战争"的总和还要多。

…………

美国有十足的把握在古巴复制伊朗、危地马拉的政变。美国使出的第一件武器就是经济大棒。它对古巴关闭了美国市场，不再从古巴进口甘蔗，中断了古巴的主要收入来源。美国市场以前在古巴出口商品中占据半数比例，古巴有近 3/4 进口商品来自美国。美国的贸易禁运果然给古巴经济带来了严重影响。

但卡斯特罗拒绝屈从美国的淫威，转向苏联寻求经济、政治和军事支持。他还将自己的革命视为其他拉美国家挑战美国霸权的榜样。卡斯特罗的铁腕政策和改革举措日益染上社会主义色彩，导致大批古巴人外逃。他们多数在佛罗里达州落脚，静候回国的时机。

1960 年 3 月，受到重挫的艾森豪威尔政府将古巴问题移交给了中情局及新任总统约翰·肯尼迪。古巴就成了肯尼迪政府外交政策的第一大挑战。1961 年春，艾伦·杜勒斯向肯尼迪保证，不需要费太大功夫就能解决掉卡斯特罗。毕竟，中情局之前已经积累了大量成功经验。杜勒斯制定了一个计划，召集古巴流亡人士，由中情局为他们提供训练和物资，让他们在古巴海岸登陆，煽动古巴人民起义反对卡斯特罗。这个计划的假设前提是，卡斯特罗政权不得人心，缺乏群众基

---

① 斯蒂芬·施莱辛格和斯蒂芬·金泽，《苦果：美国政变在危地马拉的不为人知的故事》（*Bitter Fruit: The Untold Story of the American Coup in Guatemala*）（纽约：锚丛书，1990 年），第 49-63，76，108，253-254 页。

础，只需要有人推一把，这个腐朽的政权就会顷刻倒塌。

肯尼迪虽然对这个计划颇为怀疑，但还是决定在 1961 年 4 月付诸行动，在这个时候，佛罗里达州的古巴人还没有指责美国背叛了他们，所以肯尼迪就没有取消这个计划。肯尼迪完全有理由对此表示怀疑，因为这次行动的成功率并不高。古巴人民并没有起义反抗卡斯特罗。卡斯特罗军队在 72 小时的行动中，就在古巴猪猡湾摧毁了这个 1500 人的古巴流亡分子武装组织。中情局与古巴流亡分子并没有达成明确的共识，导致后者误以为美国会在他们遇难时赶来救援。肯尼迪并没有针对他们在猪猡湾的惨败下达军事指令，许多身在美国的古巴人觉得美国对他们背信弃义。但肯尼迪实际上从来就没有考虑过这个步骤。此外，指挥美国介入此事是违反国际法的行为，可能引起海内外的巨大反响。

在肯尼迪遇害一个月后，杜鲁门试图解决使用中情局的秘密行动来辅助美国外交政策所产生的问题。这一切显然有违 1947 年他当政时成立中情局的初衷。他在《华盛顿邮报》的一篇文章中解释称，中情局的目的是收集情报，而不是成为"执行政府决策的手腕"。他从来没有想过，自己成立的中情局有一天会卷入在海外制造问题的"秘密和暗杀行动"。中情局因此成了"邪恶神秘的外国阴谋的象征——以及冷战敌人宣传的主题"。①

但此时，势态已经失控，杜鲁门一手促成了这种局面。很显然，从艾森豪威尔当政开始，中情局就向全球展开了政治行动——尤其是在伊朗、危地马拉、古巴和越南。但真正的始作俑者就是杜鲁门，他曾经让中情局介入意大利选举，号召西藏人反对中国共产党，并在中东事务中兴风作浪。

猪猡湾事件的惨败让肯尼迪怒不可遏，他将此事归咎于艾伦·杜勒斯。卡斯特罗成了肯尼迪的心病，导致他实在难以接受这个古巴新政府。在猪猡湾事件发生三天后，他向卡斯特罗发出了警告："历史会证明我们的克制是有限的。"②

对于卡斯特罗的处境，苏联爱莫能助。苏联无法挑战美国在加勒比海的地位，因为这里是美国海军的地盘。美国在核武器军备赛中同样独占鳌头，与苏联

---

① 哈里·杜鲁门，"Limit CIA Role to Intelligence"，《华盛顿邮报》，1962 年 12 月，全文。

② 摘自理查德 J. 沃尔顿（Richard J. Walton），《冷战与反革命：约翰·肯尼迪的外交政策》（*Cold War and Counter-Revolution：The Foreign Policy of John F. Kennedy*）（巴尔的摩：维京出版社，1972 年），第 50 页。

的核武器数量为 17 ：1。肯尼迪入主白宫时，美国掌握了 100 多枚洲际和中程弹道导弹，80 枚潜射导弹，1700 架洲际轰炸机，拥有 300 架核武装飞机的航空母舰，以及 1000 枚装备核武器的陆基战斗机。相比之下，苏联只有 50 枚洲际弹道导弹，150 架洲际轰炸机和 400 枚能够打击美国海外基地的中程导弹。[1]

在 1960 年的总统选举中，肯尼迪声称艾森豪威尔政府应该为美国落后于苏联的导弹军力负责。但肯尼迪当选总统之后，苏联军力的神话就被打破了。1961 年 10 月，国防部副部长罗斯韦尔·吉尔帕特里克（Roswell Gilpatric）宣布，苏联已经没有导弹优势，相反，美国在这方面已经领先于对方。吉尔帕特里克表示："我们拥有二次攻击能力，程度至少像苏联首次攻击那样密集。"[2]

赫鲁晓夫十分清楚他吹嘘的苏联军力，只不过是为了掩饰苏联在这场核军备赛中处于下风的事实。但在 1962 年的某一天，他突然灵光乍现，想到了一个解决方案。他声称如果苏联能够在古巴部署核武器，那就可以一次性解决一揽子问题了。首先，他可以借此塑造苏联保护弱国的正义形象。其次，更重要的是，古巴的中程导弹实际上可以让苏联获得与美国平起平坐的核优势——哪怕只是象征意义上的平等，这样美国就不再拥有导弹优势了。最后，与美国对等的核优势可以极大增强苏联在国际社会的威望。

1955 年，赫鲁晓夫要求向纳赛尔当政的埃及悄悄派遣一艘军舰，结果证明这是一个大胆而成功的举措。也许在古巴，他也可以依此行事。如果成功了，那就是一举多得了。赫鲁晓夫是一位行动上的巨人，而不是习惯三思而后行的人，他决定付诸行动。他在回忆录中指出，他和自己的顾问都没有花太多时间考虑这个莽撞之举的后果。过去，赫鲁晓夫也曾采取过一些果断却暗含风险的举措，但都没有失手，并因此赢得了政治回报。这场高风险的赌局虽然潜在收益可观，但输了就可能招来可怕的后果。古巴导弹危机发生两年之后，赫鲁晓夫被自己的政党

---

① 大卫·霍洛维茨（David Horowitz），《自由世界巨人：对冷战时期美国外交政策的批评》（*The Free World Colossus*：*A Critique of American Foreign Policy in the Cold War*），修订版，（纽约：Hill and Wang，1971 年），第 342-345 页。另见，埃德加·M. 博顿（Edgar M. Bottome），《恐怖的平衡：军备竞赛指南》（*The Balance of Terror*：*A Guide to the Arms Race*）（波士顿：灯塔出版社，1971 年），第 120-121 页，第 158-160 页。

② 《吉尔帕特里克警告美国可以毁灭原子侵略者》（Gilpatric Warns US Can Destroy Atom Aggressor），《纽约时报》，1961 年 10 月 22 日，第 1，6 页。

轰下台，理由是他"行事欠考虑"并且"制定疯狂的计划，不善于总结，而且决策草率"，显然就是在指责他在加勒比海所犯的错误。①

中情局得知苏联在古巴建设导弹基地的消息后，肯尼迪不得不采取应对措施，其中涉及许多政治考虑因素。参谋长联席会议清楚，苏联可能会在古巴部署90枚中程导弹，虽然这对美国东部大多数地区构成重大威胁，但还不至于改变核武器的"平衡"状态。双方都已经有能力消灭对方。在危机达到高峰时，国防部长罗伯特·麦克纳马拉（Robert McNamara）告诉国家安全顾问麦克乔治·邦迪（McGeorge Bundy）："坦白说，我认为这里不会发生军事问题……这是一个国内的政治问题……我们说自己已经采取行动了。但是，我们的表现究竟如何呢？"②

有一个选择就是针对导弹基地进行先发制人的空袭，这会重创苏军，让这个超级大国蒙羞，并且很可能触发一场核大战。肯尼迪的两名顾问——空军总司令柯蒂斯·李梅将军和空军战略司令部司令托马斯·鲍尔（Thomas S. Power）将军（两人在过去10年都曾经力主对苏联发动先发制人的核战争）现在就得到了机会，怂恿他使用核武器来结束这场危机。他们辩称，苏联不太可能用核武器实施报复，克里姆林宫只能对美国造成极小的损害。李梅称"俄国熊的爪子总想搅和拉丁美洲的浑水。现在我们就给他设一个圈套，让他搬起石头砸自己的脚。再想一想，我们还得对他斩草除根"。李梅不知何故认为俄国熊只会接受被宰割的命运，而不会发威。在这场危机结束后，李梅失望地公开斥责肯尼迪"错失"这个一决胜负的机会。③

参谋长联席会议和中情局的评估更为乐观。他们告诉肯尼迪，在这场你死我亡的战争中，就算没有古巴导弹，苏联核武库也完全有能力摧毁美国。这个无情的评估结果让肯尼迪及其顾问冷静了下来，他们一直在寻求以政治方案解决

---

① "Nezyblemaia leninskaia general'naia linia KPSS"，《真理报》，1964年10月17日，第1页。

② 凯·伯德（Kai Bird）和马克斯·霍兰德（Max Holland），《派遣》（Dispatches），《民族报》（The Nation），1984年4月28日，第504页。

③ 见理查德·罗德斯（Richard Rhodes），《黑暗的太阳：制造氢弹》（*Dark Sun: The Making of the Hydrogen Bomb*）（纽约：西蒙与舒斯特公司，1995年），第571，574-575页。

对抗。

这张由美国于 1962 年 10 月 23 日拍摄的低轨道卫星侦察照片，提供了苏联在古巴设立导弹基地的证据。（图片来源：美国国家档案馆）

另一个方案就是进攻古巴，但这个选项和第一个一样危险。摧毁苏联在古巴的兵力会让赫鲁晓夫被迫还击。他可能会接受在古巴兵败的命运，考虑回敬一枚核弹，或者进攻西方在柏林孤立而脆弱的前哨，毕竟苏军在那里占据明显的优势。

肯尼迪决定采用第三个选项，封锁古巴（他将此称为"隔离"，因为封闭是一种作战行动），好让双方都有时间思考如何解决问题。这种封锁仅针对运载导弹部件的苏联船只。看到肯尼迪走了这一步棋，赫鲁晓夫准备让步。但他和肯尼迪一样，都有自己国内的政治问题要解决。他不能在这场军事对抗中空手而归，他坚称苏联有权力在古巴部署防御导弹，毕竟美国也在土耳其沿着苏联南部边界采取了相同的措施，美国至少要先从土耳其撤出导弹才行。但肯尼迪拒绝公开讨论苏联提出的这个要求。他也不能让国内的政敌看出自己做出了让步，虽然土耳其的导弹形同虚设，早就计划拆除了。为回应对方的让步，赫鲁晓夫要求美国保证不进犯古巴，并尊重后者的主权。

这场僵局最终被两个意想不到的中间人所化解。苏联记者兼俄罗斯的秘密特工亚历山大·费克利索夫（Alexander Feklisov）与美国记者约翰·斯卡利（John Scali）在白宫有接触，他们于 10 月 26 日在华盛顿的一家餐馆会面讨论解决方案。① 费克利索夫指出，这个问题的症结在于两个超级大国"相互恐惧"：苏联担心美国入侵古巴，美国害怕古巴的导弹。美国承诺不进攻古巴就能解决问题。费克利索夫用这番话去说服苏联大使，斯卡利也将此话告知了白宫。他们在同天晚餐上再次会面，斯卡利通知费克利索夫"最高领导人"（也就是肯尼迪）已经接受了公开承诺美国不会进犯古巴，以换取苏联不在古巴部署导弹的主张。

肯尼迪无视赫鲁晓夫之前的好战言论，而是回复了对方表达希望化解困境的和解信：

我们双方都不应该让这场由你们埋下心结的事件无限恶化……如果我们任凭事态恶化，终有一天会演化成就算是埋下心结的人也无法化解的局面……我们不但不能让事态恶化，还要采取措施解开这个心结。②

总统的弟弟罗伯特·肯尼迪（Robert Kennedy）及其最亲密的顾问与苏联大使阿纳托利·多勃雷宁（Anatoly Dobrynin）会面，告诉他美国准备承诺未来不会进攻古巴，并在一段时间后撤除部署在土耳其的导弹。但美国不会公开承认总统做出的第二个让步。次日，多勃雷宁告诉罗伯特·肯尼迪，苏联也会撤除导弹。这场危机就此结束。

在第一批苏联船只被美军拦截而折回之后，国务卿迪安·腊斯克（Dean Rusk）曾经发表了一番著名的言论——"我们盯着大炮口，俄国人退缩了"。③ 这番话让美国人普遍认为，肯尼迪的目光让赫鲁晓夫露怯了。它的意思是，美国军舰迫使运载导弹部件的苏联货船中途折回了。但实际上，苏联货船在距离最近

---

① 见 A. S. 费克利索夫（A. S. Feklisov）， "Neizvestnoe o razviazke karibskogo krizisa", M. V. Filimoshin 主编，*KGB otkryvaet tainy*（莫斯科：Patriot，1992 年），第 118-132 页。

② 罗伯特·肯尼迪，《十三天：古巴导弹危机回忆录》（*Thirteen Days*：*A Memoir of the Cuban Missile Crisis*）（纽约：诺顿出版社，1969 年），第 89-90 页。

③ 罗伯特·肯尼迪，《十三天：古巴导弹危机回忆录》（*Thirteen Days*：*A Memoir of the Cuban Missile Crisis*）（纽约：诺顿出版社，1969 年），第 18 页。

的美国军舰 500 多海里（575 英里）的地方就折回了，这是外交解决方案取得的成果。①

这并不光是因为苏联人退缩了，而是双方都意识到军备竞赛将他们逼到了核战争的边缘。双方都认为是时候冷静一下，展开建设性的对话了。此后不久，美苏关系明显改善，其中最为显著的直接成果就是 1963 年签署的《部分禁止核试验条约》，该条约禁止在大气层中进行核试验，它为东西方的进一步讨论奠定了基础，成了 60 年代末局势缓和的开端。

在导弹危机结束后，历史学家、政治家和军官都研究了这次军事对抗的教训。美国的一个普遍观点强调，这次危机表明苏联人只会向坚决果断的对手服软。他们只认武力。赫鲁晓夫也的确遵从了肯尼迪提出的苏联从古巴撤走导弹的要求。但这种解决还是存在不少瑕疵。总而言之，肯尼迪取得了胜利。但赫鲁晓夫直到最后还坚持要求对等的交换条件，提出了美国在导弹危机之前从来没有考虑过的让步要求——放弃进攻古巴的权利，以及在土耳其部署导弹的权利。

在肯尼迪接受这些条件之前，苏联人仍然没有放弃在古巴部署导弹，以及击落正在执行侦察任务的中情局 U-2 间谍飞机。古巴人根据菲德尔·卡斯特罗的明确命令，发射了一枚苏联战术地对空导弹，击中一架飞机并杀死了飞行员鲁道夫·安德森少校，这是导弹危机中唯一的死亡人数。美国情报飞机进入苏联领空时，苏联空军也将其遣回了。

导弹危机一开始就是一场试探对方意志的政治博弈，要靠基于对等条件的外交手段进行解决。这就是化解导弹危机的方法，并不是一方服从另一方而达成和解。赫鲁晓夫在自己的回忆录中，思考了妥协的政治本质，他不吝言辞地感谢肯尼迪采取了避开战争的措施。② 赫鲁晓夫也的确应该如此，因为肯尼迪把他从鲁莽的道路上拉了回来。

这场危机还暴露出苏联在美军实力面前的相对弱势。这种美国相对占优的失衡状态，部分原因在于苏联展开的小规模军事建设（始于 50 年代末，在赫鲁晓

① 迈克尔·多布斯（Michael Dobbs），《午夜一分钟：战争边缘的肯尼迪，赫鲁晓夫和卡斯特罗》（*One Minute to Midnight*：*Kennedy*，*Khrushchev*，*and Castro on the Brink of War*）（纽约：克诺夫出版集团，2008 年）。

② 赫鲁晓夫，《赫鲁晓夫回忆录》，第 513-514 页。

夫的领导下进行）。肯尼迪及其国防部长罗伯特·麦克纳马拉继续推进增加美国核武库装备的计划，苏联领导人认为他们别无选择，只能追求实现真正意义上的与美国，而不只是象征性意义上的核实力对等。在导弹危机之后，他们发誓再也不让美国羞辱苏联。这一次，他们终于成功了，掌握了与美国对等的核实力。

美国履行了肯尼迪不对古巴动武的口头承诺。但卡斯特罗仍然是肯尼迪兄弟迈不过去的那道坎，他们策划了刺杀卡斯特罗的行动，但中情局却没有成功完成任务。黑手党早就对卡斯特罗恨之入骨。卡斯特罗发动的革命摧毁了黑手党原本利润可观的产业，他们之前甚至愿意每月向巴蒂斯塔支付 128 万美元贿赂。[①] 所以他们迫切想置卡斯特罗于死地，这一点并不令人意外。

---

① 关于巴蒂斯塔及黑手党的内容，见 T. J. 英格兰（T. J. English），《哈瓦那夜曲：暴民强占古巴和失势始末》（*Havana Nocturne：How the Mob Owned Cuba-and Then Lost It to the Revolution*）（纽约：威廉莫罗出版社，2008 年），第 16, 58-59, 132-133, 266-267, 318 页，以及全书。

第二部分

民族主义崛起和殖民主义落幕

二战结束后，民族主义运动席卷亚洲和非洲，许多新兴国家宣告独立，结束欧洲的殖民统治。在 20 年时间中，全球约 1/3 的人口摆脱了殖民统治。殖民帝国以始料未及的规模和速度走向了瓦解。到 1960 年时，即使是欧洲殖民帝国最保守的统治势力，也无法再逆流而行了。英国首相哈罗德·麦克米伦（Harold Macmillan）于 1960 年 1 月巡访非洲时发表的著名演讲《改变之风》（Wind of Change）很好地说明了这种形势：

我们已经看到，被殖民统治了数百年的国家出现了民族意识的觉醒。15 年前，这场运动在亚洲扩散……今天，非洲大陆也出现了同样的情况，最令人震惊的是……非洲民族意识的力量。变化之风吹遍非洲大陆，无论我们是否乐见这种情况，民族意识的觉醒都已经成为不容忽视的政治现实。[①]

这种现象可归结于多种历史发展趋势的融合。首先，战争本身就会削弱欧洲帝国主义的实力。有些帝国主义在战争中失去了殖民地，之后就很难再收复这些殖民地，还有些殖民帝国被战争所耗，发现维护殖民地的成本太高，没有多大价值，殖民地已经成为一种不得不舍弃的包袱。另一个因素在于，这些殖民地国家涌现了一批受过西方教育的本土精英，他们认真地学习了西方大学的课程，要求代表民众，恢复国家主权。殖民地人民多次以盟友身份参战，为"四大自由"（富兰克林·罗斯福提出的言论和表达自由、信仰自由、不虞匮乏的自由和避免恐惧的自由）的胜利做出了重要贡献，现在他们提出了让自己重获自由的主张。

---

① 詹姆斯·J. 麦巴斯（James J. McBath）主编，《英国公共演讲，1828—1960》（*British Public Addresses*，*1828—1960*）（波士顿：霍顿·米夫林出版公司，1971 年），第 75-83 页。

与亚洲相关的另一个因素在于，日本的介入令欧洲殖民主义在亚洲提前走向了终结。日本的侵略促发了多个亚洲国家的民族主义运动。面对强势的独立运动，英国采取了比法国和荷兰更为乐观的态度，率先推行了殖民地自治策略。英国承认印度（英国长期以来最重要的殖民地）独立之后，也就极大削弱了它继续保留其他小型殖民地的理由。而法国却拒绝让殖民地实现独立，试图为在二战中失败的法兰西帝国挽回一点脸面和补偿。最终，事实证明法国也无法挽回形势，先后在由胡志明领导的越南民族主义和共产主义运动，以及阿尔及利亚的革命运动中落败。

　　非洲的殖民地自治运动起步比亚洲更晚，很大原因是因为这里的民族意识和强大的民族主义运动发展更为缓慢。持续存在的民族分裂是非洲民族主义发展的一大障碍。总体来说，英国针对非洲殖民地实现自治和独立方面的准备，要比法国、比利时或葡萄牙更成熟。法国和比利时后来猝不及防地从非洲抽身，实际上导致了这些殖民地更加难以过渡到政治或经济独立状态。另外，法国拒绝放弃阿尔及利亚，有许多定居于此的法国人将阿尔及利亚视为自己的故土，法国政府也将它当成法国的一个省而非殖民地（虽然这里大部分居民是穆斯林）。结果就是法国迟迟不肯撒手，将自身拖入又一场漫长艰苦并且没有胜算的革命斗争。

　　民族主义也是中东在二战后的主要斗争因素。犹太人和阿拉伯人都有自己的建国梦，为同一块土地争执不下。具有强烈复国主义情绪的犹太人返回数百年前离开的故土并在此定居，他们与占领同一地区数百年的巴勒斯坦人一样，坚决要求在此建立自己的国家。以色列于1948年在此建国，巴勒斯坦人的利益自然受到了损害，此后以色列始终被阿拉伯邻国围困。

第五章
亚洲殖民地自治运动

亚洲独立运动从 20 世纪初就开始发酵，到二战结束时就已经无法遏制了。有些国家能够实现和平独立，因为其宗主国自动放弃了殖民统治，比如美国对菲律宾，以及英国对印度和缅甸放弃殖民统治。而在其他国家中，殖民势力坚决抵制民族主义运动，经过了漫长血腥的镇压才承认了这些国家的独立，比如法国在印度支那，荷兰在东印度群岛的所作所为。

所有独立运动都缺不了民族主义这个主要元素。殖民地人民吸收被殖民之前的文化传统，产生了民族意识和强烈的反帝国主义情绪。他们对殖民者占领本国的行径，以及被外来殖民者视为劣等公民的侮辱义愤填膺。他们指出其欧洲领主公然违背了自己宣扬的民主和自治理念（比如法国的自由、平等和博爱），对殖民地实行双重标准，另设一套律法，否认殖民地人民的同等权利。法国人的确为殖民地土著另设了一套法律规定，确认他们劣等的法律地位，并剥夺他们享有的权利——例如言论、集会和出行自由。目睹欧洲列强在一战中相残造成的破坏性结果，亚洲殖民地人民开始质疑其殖民地领主的优越性。在二战期间，这种反殖民主义情绪有增无减。

第二次世界大战的影响

第二次世界大战，尤其是日本人所发挥的作用，极大地刺激了亚洲独立运动的发展。在二战期间，欧洲各个帝国主义强国被纳粹德国推翻（比如法国与荷兰）或者疲于应战，自顾不暇（比如英国）。在日本将东南亚纳入其殖民地范围时，这些国家根本无力保卫自己的殖民地。日本人自称是解放亚洲人民的救星，他们帮助亚洲摆脱西方帝国主义的枷锁，维护亚洲安全秩序。尽管日本统治之下的亚洲殖民地，不过是换了个殖民统治的主人而已，但日本的确有诸多举动触发了东南亚的民族主义运动。日本人迅速且轻而易举地打败了欧洲在亚洲的殖民势力，让越南人、印度尼西亚人、缅甸人、印度人和其他国家人民看到了希望，让他们发现原来欧洲领主并不像自己想象的那般强大。

日本人在印度尼西亚释放了本土政治囚犯，将荷兰殖民官员关进了牢狱。他们禁用荷兰语，推广本地语言。日本人宣布被法国殖民了 60 年的印度支那人民获得独立，虽然这种独立披上了日本监护的外衣。他们还在 1943 年让菲律宾若无人和缅甸获得了名义上的独立，并承诺还将解放其他殖民地。在印度和缅甸等国家，日本人还帮助当地人获得武装和训练军队以抗击英国人。到二战结束，日本人被驱逐出境时，曾获得日本人支持的民族主义组织已经发展壮大，能够独当一面地抵御欧洲殖民势力卷土重来。这一点在印度支那地区表现得尤为明显，那里的民族主义领袖在日本投降时就宣布国家独立。

美国也在加速东亚独立的过程中发挥了不容忽视的作用。在二战期间，富兰克林·罗斯福总统直言不讳地表示他反对欧洲维持其殖民统治；美国也的确成了战后首个放弃在亚洲殖民地的西方国家。美国很早就承诺要让 1898 年就沦为殖民地的菲律宾恢复独立，二战一结束就兑现了这个诺言。1946 年，菲律宾共和国在浩大的声势中于 7 月 4 日这个特殊的日子（美国独立日）宣布独立。

印度独立与分治

英属印度的殖民地自治具有很深的历史根源。印度对英国殖民统治的反抗始于 19 世纪印度国民大会党（通常称为"国大党"）成立之时。二战爆发时，英属印度面临着一场由贾瓦哈拉尔·尼赫鲁和莫汉达斯·甘地组织的独立运动。

虽然尼赫鲁是主要的政治领袖，但甘地才是反抗英国殖民主义的道德楷模，他针对英国殖民法提出了非暴力不合作的概念（甘地吸收了 19 世纪美国政治活动家利大卫·梭罗著作的思想，又反过来影响了美国民权领袖马丁·路德·金）。因为采取拒绝缴纳英国税款，组织停工和绝食抗议等非暴力手段，甘地以其坚忍无私地追求民族独立的精神，成了殖民者不得不重视的独特力量。英国总督（英王派驻印度的代表）称他是一个"极难对付的小个子"，英国首相丘吉尔却认为他是一个"半裸"的苦行者，而甘地却将这些评价当成对自己的赞美。① 英国人

---

① 关于这一点和以下其他引文，见潘卡·米舍拉（Pankaj Mishra），《退出创伤：印度分治的遗产》（Exit Wounds: The Legacy of Indian Partition），《纽约客》，2007 年 8 月 13 日，第 80-84 页。

的确有理由惧怕甘地，因为他无情地揭露了英国人在道德和法律层面控制印度的伪善面目。

1939 年 9 月，二战在欧洲爆发时，英国总督在未同印度领导人协商的情况下，代表印度向德国宣战。丘吉尔并不打算讨论印度独立的问题，但他发现紧迫的战争要求英国采取更灵活的立场。1942 年 3 月，英国政府派遣一名特使斯塔福德·克里普斯（Stafford Cripps）前往印度安抚当地的民族主义者。1942 年 8 月，当日军的铁蹄无情地向印度进军时（英国在东南亚的主要军事基地已同新加坡一起在 2 月沦陷），克里普斯提出恢复印度的统治地位（自治但仍然从属于英联邦），同意在战争后通过本地选民代表大会进行选举并制定印度宪法。国大党提出了"英国退出印度决议案"，用甘地的话来说就是，让英国离开印度，让"上帝，或者无政府状态"来决定印度的未来。

英国对"离印决议案"的反应就是逮捕了包括甘地和尼赫鲁在内的无数民族主义者。国大党支持者奋起抵抗，但很快就遭到了镇压。有一名外籍印度民族主义领袖苏巴斯·钱德拉·鲍斯（Subhas Chandra Bose）竟然（在日本的协助下）在当地组建了一支军队与英国人交战。在战争即将结束时，英国总督多次向英国提出，印度独立的呼声太高了，此事不能再耽搁了。大英帝国的守护者丘吉尔对印度人并无好感，无法容忍他们的民族主义情绪，也没有承认其独立地位的想法。他在公开回应"离印决议案"时曾发表了这番著名的言论：

我们打算继续长期和无期限地统治印度……我不会成为负责清算大英帝国遗产的第一位首相……我们今天要坚定地站在这里，成为中流砥柱，抵抗这个世界的风雨动荡。①

丘吉尔提供了两个替代性方案：英国可以继续维持对殖民地的统治，或者收手放弃，但他并没有认真考虑过第二个选项。最后，他还是没能力挽狂澜。1945 年 6 月，眼看二战即将结束，英国当局在印度召开了一场印度领袖大会（其中有些人已从监狱中获释，以便他们参会），旨在创建一个临时政府，并在战后宣布印度独立。但却因为第三方穆斯林联盟也参与了这些讨论，导致事情变得更加扑

---

① 摘自弗朗西斯·G. 哈钦斯（Francis G. Hutchins），《印度革命：甘地和离印运动》（*India's Revolution：Gandhi and the Quit India Movement*）（马萨诸塞州坎布里奇：哈佛大学出版社，1973 年），第 143 页。

朔迷离。穆斯林是印度最大的少数民族宗教群体，他们担心由更有势力的印度教群体控制国家的政权。他们担心在这个印度教与穆斯林人口比例为5：1的国家中，穆斯林会变成无助的少数派。要解决数百年的印度教–穆斯林争端并非易事，而由穆罕默德·阿里·真纳（Muhammad Ali Jannah）领导的穆斯林联盟则坚持要求成立一个独立的伊斯兰国家。甘地和尼赫鲁都坚决反对这种民族分裂的主张，他们试图向真纳和英国保证，穆斯林可以通过印度联邦共和国得到自治权和安全保障，但没有得到对方的积极响应。英国也希望保持印度民族统一，但真纳还是坚定不移地要求成立独立的伊斯兰国家。

在伦敦，新任首相克莱门特·艾德礼（他领导的工党于1945年7月取代了丘吉尔的政府）同意尽快将权力移交给印度政府，同时也努力想维护印度的国家统一。为了解决穆斯林与印度教徒之争，艾德礼于1946年3月派遣一名内阁人员出使印度，当时这个国家的紧张局势正不断加剧。因为印度水手发生反抗英国海军军官的兵变，以及甘地和尼赫鲁发表的振奋人心的民族独立演说，印度民族主义运动掀起了一轮新高潮。真纳也同样明确而积极地表达了建立一个伊斯兰国家的主张。英国使团发布的报告提出，印度分治的主张并不实际。该报告主张成立一个统一的印度国家，并确保其穆斯林省份的自治权。然而，各方实施这一折中方案的措施，却因相互猜疑和争执而受阻。印度教派和穆斯林派（以及其他少数民族）爆发了暴力事件，导致各方都没法提出和平解决方案。

印度出现的紧张局势，导致英国政府不得不出面推进独立时间表。英国任命路易斯·蒙巴顿（Lord Louis Mountbatten）为英国新总督，此人是英国赫赫有名的二战英雄，他在1947年3月就到达印度。蒙巴顿宣布英国将于1948年7月将权力移交给印度。但正如他所料，这个消息不但没能安抚（包括印度教徒和穆斯林在内的）印度人，还产生了相反的效果。由于彼此戒备和猜忌，印度教徒和穆斯林又开启了一轮暴力对抗。

虽然蒙巴顿一开始就重申了英国维护印度统一的愿望，但这根本满足不了穆斯林联盟分治国家的要求，因此他决定迅速解决这个问题，建立两个均归英国统治的国家。结果各方就草率地达成了一致意见，令印度在1947年8月15日正式独立和实现分治。

就此分别建立了印度以及新伊斯兰国家巴基斯坦。由伦敦法官西里尔·雷德克里夫（Cyril Radcliffe）匆匆绘制的新地图（仅得到40天时间绘制所谓的"雷德克里夫线"）导致问题更加复杂，其划定的界线让不少人在新的国土上沦为少数民族。雷德克里夫十分清楚自己的仓促之举会加剧双方的敌对情绪。当时他写道："约有8000万人会带着满腹委屈到处找我。我可不想让他们找到我。"印度分治造成了1500万难民，这是史上最大规模的难民群体。雷德克里夫随后就回国了，再也没有返回印度，他的解释是："我怀疑双方都会直接要了我的命。"①

移交迁移产生了激烈的暴力冲突，特别是被一分为二的旁遮普省和孟加拉省。当时满载尸体的火车几乎是司空见惯的现象。印度教徒、穆斯林、锡克教徒和其他族群歇斯底里的暴徒，都在报复、痛苦和绝望中相互攻击。许多城市发生了失控的恐怖事件，纵火、抢劫、斗殴、谋杀和强奸等犯罪活动屡见不鲜。村庄成为火拼的战场，屠杀事件频繁发生，公路上挤满了贫穷无助的难民。在这一切结束之前，约有100万人因此丧命，其结果就是造成了印度和巴基斯坦延续至今的恩怨。

甚至连莫汉达斯·甘地这位非暴力反抗的超级象征也因暴力冲突而身亡。1948年1月，印度教极端分子认为甘地对穆斯林过于温和，就开枪将其刺杀。1937—1948年间，甘地5次被提名诺贝尔和平奖，但他却拒绝了这一殊荣，理由是"他既不是一位真正的政治家，也不是一名人道救援工作者"。尽管如此，甘地的思想仍然对全球的非暴力不同政见运动产生了重大影响。

印度分治的协议并没有具体说明另一宗教少数群体锡克教徒未来的地位，也没有为其他565个分散在印度的小型独立王国规划未来的命运。它的假设前提是，这些少数派群体会自动向两个新政府寻求庇护，自愿并入印度或者巴基斯坦。

人口几乎是清一色穆斯林的巴基斯坦国（印度保留了相当多的穆斯林群体，而他们在半个世纪后却成了印度教极端分子的人质）就陷入了一种奇怪的境地。它由东西巴基斯坦两个部分组成，分别位于印度西部和东部两侧，中间隔着1000英里（关于东巴基斯坦的命运，见第16章）。

---

① 巴沙拉特·皮尔（Basharat Peer），《简塔曼塔观点》（The View from Jantar Mantar），《民族报》，2007年11月19日，第42页；米舍拉，《退出创伤》，第84页。

东南亚的英国与荷兰殖民地

东南亚（从缅甸到菲律宾，包括泰国、越南、印度尼西亚和马来西亚）各国获得殖民地自治的过程各不相同。总体来看，英美殖民地的社会秩序要比法国、荷兰殖民地更稳定（当然，印度分治引发的暴乱除外）。英国分别于 1947 年和 1948 年承认锡兰（又称斯里兰卡）与缅甸独立。他们原本打算在 1948 年向马来亚联盟移交权力，但因为人口占多数的马来人与华人少数派之间发生内争，马来西亚独立就被搁置了 10 年。在 1957 年 8 月，马来人与华人之间实现种族忍让之后，英国承认了马来西亚联邦的独立地位。多数为华人的新加坡于 1965 年脱离马来西亚，成为独立的主权国家。

与英国相反，荷兰并不打算承认荷属东印度群岛独立，该殖民地由 8000 个种族分散的岛屿组成，已被荷兰占领剥削了 300 年。顽固不化的荷兰人同样遭到了印度尼西亚民族主义者的强烈抵抗。在二战期间，日本统治者积极支持反抗荷兰的印度尼西亚民族主义组织"人民力量中心"（Putera）。二战结束时，这个组织就在苏加诺（Achem Sukarno）的领导下，发展成 12 万大军。日本投降的消息到达印尼首都雅加达时，苏加诺在"人民力量中心"的激进派学生的巨大压力之下，于 1945 年 8 月 17 日在载歌载舞前来欢庆的人群之前宣布印尼独立。大约在同一时间，英国派了一支驻军前来接受日本投降，并维护当地秩序，直到荷兰殖民者再次降临。

荷兰人原打算恢复殖民统治，却遇到了强烈的民族主义运动，荷枪实弹的大量反抗武装，以及对殖民主义更为仇恨的共产主义运动。各方谈判产生了妥协的结果，荷兰承诺在 1946 年底承认印度尼西亚独立，但仅限于爪哇岛和苏门答腊岛，条件是这个被肢解的印尼共和国仍然从属于荷兰殖民帝国"荷兰和印度尼西亚联盟"。但印尼领导人拒绝了这个方案，荷兰人武力镇压 1947 年 7 月的游行示威活动时遭到了印尼人的武装反抗。尽管联合国极力调停要求双方停火，英美也向荷兰施加了外交压力，印尼的独立战争又持续了两年，双方死伤无数。最后，荷兰人终于在 1949 年让步，完整而独立的印度尼西亚联邦宣告独立，并由苏加诺担任总统。

法属印度支那殖民地

二战结束后，法国政府仍然不承认其亚洲殖民地的独立地位。因为他们不能割舍这份荣耀，以及传播法国文明的使命。

法国对越南的殖民统治可以追溯到 1858 年，这是法军首次抵达越南的时间。法国经历了 1/4 个世纪，终于在 1883 年迫使越南王室向法国低头。在越南皇帝将国家主权出让给法国的那一天，越南的民族主义抵抗运动就开始了。法国人又经历了十多年才在越南站稳脚跟，但他们从来没能彻底消灭越南的反抗力量。在其后半个世纪中，法国殖民统治似乎才算是稳定了下来。因为法国使用了武力威胁、监禁以及公开对革命分子斩首等卑鄙手段迫使越南人就范。

胡志明是越南独立运动的中心人物，他在少年时期就已经开始质疑法国殖民越南的合法性。在一战结束，战胜国召开巴黎和会决定战败国的命运时，胡志明恰好也在巴黎。美国总统伍德罗·威尔逊以民族自决倡导者的身份，替所有受压迫的人民代言，参加了 1919 年的巴黎和会。为了争取越南独立，胡志明谦卑地向美国代表团递交了请愿书，要求实现越南人民自治，赦免所有政治犯，获得公平正义和新闻自由的权利，以及落实"所有人民决定自身命运的神圣权利"。[1]但美国代表团并未将此当一回事，这次会议的外交官需要讨论更为紧迫的问题，当时只顾着惩罚德国的法国人当然也不愿意放弃获利可观的殖民地（法国通过无情压榨越南人民及其资源，收获了大量财富）。

次年，胡志明就成了法国共产党的创始人之一，因为他发现共产主义组织是法国唯一关心"大量殖民问题"的政治团体。对胡志明而言，共产主义就是让祖国摆脱宣称自由民主的法国殖民者，实现民族解放的武器。胡志明于 1923 年以马克思主义者和反殖民主义者的身份前往莫斯科，当时恰逢克里姆林宫专注于其国内事务，无暇顾及国际革命运动。到 20 年代末，胡志明又前往中国，那里酝

---

① 让·拉库蒂尔（Jean Lacouture），《胡志明：政治传记》（*Ho Chi Minh：A Political Biography*）（纽约：兰登书屋，1968 年），第 24-25 页；查尔莫斯 M. 罗伯（Chalmer M. Roberts），《胡志明书信档案》（*Archives Show Ho's Letter*），《华盛顿邮报》，1969 年 9 月 14 日，第 A-25 页。

酿着很可能扩散到亚洲其他国家的民族独立运动。在将近 30 年时间中，他一直是个没有国家的人，过着流亡生活，盼望有朝一日能够返回故土打败法国人。

在二战爆发头几年，他终于等到了机会。当时跻身世界前列的法国居然在德国的进攻之下溃不成军。1940 年 9 月，日本人横扫东南亚时，法国再次落于下风。日本人制服了这个欧洲强国，但这对越南人民来说并非幸事，因为他们只不过是换了个剥削的主人而已。但日本人征服东南亚的现象，却暴露出欧洲殖民势力在亚洲不堪一击的事实，越南人当然不会遗忘这个教训。

同时，胡志明于 1941 年回到越南创建了本土反抗运动组织“越南独立同盟”（Vietminh）。当他起兵反抗控制越南的日本时，变化无常的命运让越南独立同盟与美国站到了同一战线，成了第二次世界大战的盟友。美军认识到越南独立同盟的作用，美国战略服务办公室（中央情报局的前身）的官员普遍具有反法倾向，并且颇为同情越南革命，他们帮助训练越军，为其提供了武器和物资——甚至还提供了医疗援助，帮助患有慢性病的胡志明恢复健康。

1945 年二战结束时，胡志明及其部属控制了越南多数地区。法国在东南亚的殖民野心似乎走到了尽头。在战争期间，罗斯福怂恿法国效仿美国对菲律宾的政策，承认越南独立。但在二战中受到羞辱的法国人坚持以世界强国之一的身份返回越南，拒绝放弃这个极有价值的殖民地。他们将殖民主义视为国家荣誉，坚决重申法国在越南的权威。他们沉浸在过去的荣光中不能自拔，无法想象没有殖民地的法国会是什么模样。

与此同时，装备落后的越南陷入了权力真空的状态（法国被日本赶跑，日本又向美投降了），越南末代皇帝保大也已经被迫退位。1945 年 9 月 2 日，胡志明在河内市聚集的人群前宣布越南独立。他在这个宣言中引用了法国和美国的政治文件内容——1789 年的法国《人权宣言》以及美国的《独立宣言》，指出越南完全有权利摆脱殖民统治。但法国和美国对胡志明的呼吁充耳不闻。胡志明与法国人后来的对话并没有取得实质性的成果。胡志明至少坚持要求越南在法兰西帝国的框架下，实现真正的民族自治。不过，胡志明的确同意法军返回东京（越南北部一地区的旧称）对付贪婪的中国国民党军队，后者从 1945 年 9 月到达该地消灭日军时就一直滞留在那里。胡志明极力说服支持者相信，中国才是越南独立的最大威胁（当时的中国领导人蒋介石的确声称东京地区是中国的一部分），只有靠法军才能将他们赶出越南。胡志明认为，越南与法国的问题可以事后再商量。

1954 年 5 月，胡志明在奠边府。（图片来源：美国国家档案馆）

但随着越南人与法国人的矛盾升级，法国海军还是以大炮外交做出了回应。1946 年 11 月，法军轰炸了越南的海防港，据法国人估计，这一事件有 6000 平民死亡。1946 年 12 月，越南独立同盟担心法国会在河内重演海防事件，对法国在河内的驻军发起了进攻。第一次印度支那战争就此爆发。

第一次印度支那战争（法越战争）

最初，越南独立同盟并非法军的对手，毕竟后者的武器更先进，军队更庞大。法国能够调遣飞机、坦克、卡车和重炮等装备，在传统的对阵冲突中注定占据上风。越南独立同盟别无选择，只能采用以弱对强的战术（至少刚开始时是这样）——游击战。

游击战（在西班牙语中称为"小战争"）无法仅靠一次决定性的战役击败实力明显更强大的敌人。而是通过一系列小型战役，在避免与敌人直接交手的情况下，牵制和拖垮敌军。如果敌人兵力更强，游击队就停止交战并撤退，把战场留给敌人，后者就会插上旗帜宣告获得胜利。

这其实是在制造假象，误导敌人。切·格瓦拉就是游击战的著名实践者之一，他曾在20世纪50年代与卡斯特罗在古巴并肩作战，他将游击战比作18世纪的小步舞。小步舞的舞者会先前进几步再后退。[①] 游击战的核心就是"后退"，毕竟游击队员根本无法冒进，否则就可能被敌人歼灭。他们会将自己的死者、伤员和补给集中到一起，重新安排下一场战役。他们的对手总会宣告"胜利"，并声称他们得胜只是时间早晚问题，游击队迟早会遭遇彻底失败。

游击队的最终胜利有赖于持久牵制敌军的行动，让敌方经历漫长的生理和心理消耗并走向失败。对游击队来说，最重要的就是采取高明的政治手段以便争取民众支持。对他们的对手来说，斗争往往是纯军事性质的问题；成功的游击运动则恰恰相反，它关注的始终是斗争的心理和政治本质。法国上校加布里埃尔·博内特（Gabriel Bonnet）将此精简为一个准数学公式："RW＝G+P（革命战争就是游击行动加上心理和政治行动）。"[②]

乐观的法国人以为稳操胜券，认为他们总能够看到"隧道尽头的微光"（这句话后来成了美军借用的不祥之语）。越南独立同盟却像春风吹又生一样，始终赶不尽杀不绝。为此，原本被法军当成惩罚性教训的军事行动，就演变成了一场漫长的消耗战。因为所有战争都具有政治和经济影响，各届法国政府都着急了。刚开始，法国民众还支持再次镇压越南的反殖民叛乱。但许多年过去了，法国因为这场战争财政吃紧，死亡人数增长，公众对这场战争的不满急剧增长。

1950年春，美国开始间接介入这场印度支那战争，并直接出兵朝鲜战场。美国认为这两场战争都带有深厚的东亚共产主义攻击色彩。杜鲁门总统开始关注法

---

① 切·瓦格拉，《游击战》（*Guerrilla Warfare*）（纽约：古典书局，1969年），第13页。

② 伯纳德·B. 富尔（Bernard B. Fall），《两个越南：政治和军事分析》（*The Two Vietnams：A Political and Military Analysis*）第二版。（纽约：Frederick A. Praeger，1967年），第349-350页；伯纳德·B. 富尔，《对战争的最后反思》（*Last Reflections on a War*）（纽约花园城：双日出版社，1967年），第209-223页。

国在越战中的不利地位，因此成了首位让美国介入该地区的美国总统，为法军提供了军事和经济援助。到1954年这场战争结束时，美国纳税人承担了法国在越南的大部分开支。在这个过程中，杜鲁门及其坚定的反共国务卿迪安·艾奇逊一直站在法国殖民者这一边，而越南这个相对弱小的国家，却成了之后25年中的冷战焦点。

美国政府的冷战正统观点坚持认为，共产主义革命起源于外部势力的煽动。而苏联并没有为越南独立同盟提供任何援助。胡志明领导的革命——成立越南独立同盟，攻占河内，进攻驻守河内的法军，全部是在没有苏联帮助和支持，甚至苏联都不知情的情况下展开的行动。

经过数年的苦战，深陷泥潭的法国人胜算越来越小。为了镇压游击革命，法国守备军需要具备庞大的兵力优势，要对付一名游击战士，往往需要投入4~10名守备军士兵。但在北部一些重要的争夺地区中，尤其是红河三角洲，法军与越南独立同盟还是能够以一对一的兵力一较高下。游击战的真理就是，只要游击队没有被击败，他们就会取得胜利。在1953年时，法军已经在印度支那吃了一场败战。

法国大众对这场战争也不再抱支持的态度。法国将领和政客对战争得胜的预言变成了一种空头承诺。万般无奈之下，法军司令寄希望于诱使越南独立同盟的游击队员安营扎寨，并在老挝边界附近的奠边府偏远地区，与之展开一场最后的常规战。如果越南独立同盟果真入套并进攻奠边府，就会被引向一场常规战，而手握先进武器，有空军助阵，并且控制了道路的法军，当然就有十足把握赢得这一战。

越南独立同盟的天才将领武元甲（Vo Nguyen Giap）决定对法军用强，但得事先做好充分的准备。他千辛万苦地将（中国共产党援助的）重炮引入战斗中。令法军始料未及的是，武元甲避开了法国驻军，将重炮部署在了俯瞰法军的山头上。当法军发现自己性命堪忧时，只好请求美国介入。

在艾森豪威尔上台之前，杜鲁门就曾经支持过法国殖民者，但艾森豪威尔的选择十分有限。他的一些顾问建议使用核武器进行攻击，但这个建议被他否决了。为了"保卫"奠边府就用上核武器，将法国人和越南人一起赶尽杀绝，显然没有什么意义。艾森豪威尔决定不直接介入越南战争，况且参议院多数党领袖林登·贝恩斯·约翰逊（Lyndon Baines Johnson）也告诉他，美国人民不会支持美国再卷入亚洲战争，毕竟他们去年才签署了朝鲜半岛的停战协定。① 不过，艾森豪威尔确实在奠边府秘密援助了法国。中情局执行了 682 次空投任务，有两名美国飞行员遇难，这是第一批死于越南战争的美国战士。②

奠边府之战（用法国历史学家伯纳德·法尔的话来说就是"一个弹丸之地的地狱"）于 1954 年春发生。法国人英勇奋战，他们面对的是近 5 万名越南士兵，后者重击了他们的防御工事，靠近了他们挖掘的隧道和战壕。在河内安然无恙的法军司令亨利·纳瓦拉（Henri Navarre）下令不许投降。尽管他下达了这个军令，法军堡垒还是在 5 月初升起了白旗。这一战有 2000 名法军精兵死亡；有 1 万法军被俘（以及 4000 名本地士兵），仅有 73 人成功逃脱（他们几乎都是本地军人，十分了解地形）。③ 越南独立同盟的军队损失了 1.5 万精兵。但法国在印度支那的殖民统治还是结束了。新一届法国政府和法国公众都乐见停战的结果。

巧合的是，当时世界主要大国（包括共产主义国家和资本主义国家）都在日内瓦讨论若干问题，并同意处理印度支那问题。在奠边府之战发生前，法国人和越南人已经同意将争端带到这个会议进行解决。胡志明和武元甲（当然还有法国人）都认为自己有责任在谈判开始前取得胜利。但在这次会议上，越南共产党却没有得到任何其他共产主义国家（苏联和中国）的支持，后者更感兴趣的是同同西方关系正常化的问题。结果，这次会谈产生了一个奇怪的协议——没有任何一方签署协议，与会者对谈判结果都不甚满意。只有苏联，特别是中国对该协议表示满意。《日内瓦协议》提出越南暂时沿北纬 17°划分为北越共产党政府和南越反共政府。这种南北分治的局面将持续到 1956 年 7 月，届时越南将通过国民选举组建唯一的越南政府和总统，从而建立"统一且领土完整"的越南。与此同时，该协议还要求南北越保持中立。

---

① 大卫·哈伯斯坦（David Halberstam），《出类拔萃之辈》（*The Best and the Brightest*）（纽约：兰登书屋，1969 年），第 141 页；另见斯坦利·卡诺（Stanley Karnow），《越南：历史》（*Vietnam：A History*）（纽约：维京出版社，1983 年），第 197 页。

② 詹姆斯·巴姆福德（James Bamford），《秘密组织：超秘密的国家安全机构的解剖》（*Body of Secrets：Anatomy of the Ultra-Secret National Security Agency*）（纽约：双日出版社，2001 年），第 286 页。这些飞行员的名字并没有刻在美国的越战纪念碑上。

③ 伯纳德·B. 法尔，《奠边府：一场应被铭记的战役》（*Dienbienphu：A Battle to Remember*），《越南：历史，文档和观点》（*Vietnam：History，Documents，and Opinions*）（康涅狄格州格林尼治：Fawcett，1965 年），第 107 页。

参加日内瓦会议的美国代表谈共色变，唯恐共产党"赤祸"席卷全球。但他们实际上是杞人忧天。中国和苏联更感兴趣的是与法国商定出一个结果，而不是援助越南的共产主义同志。令法国人意想不到的是，最先主张越南实行分治的居然是中国外交部长周恩来。越南独立同盟不情不愿地屈服了，但在此之前，他们要求以北纬13°为界，这样好让他们掌握越南三分之二的国土。在中国和苏联的压力之下，越南人不得不让步，接受北纬17°的边界线，令国家一分为二。

越南独立同盟还对计划选举的时间做出了让步。他们希望在打败法军的时候趁热打铁，尽快进行选举。苏联外交部长莫洛托夫很委婉地提议："以两年为期如何？"[①] 法美代表两国迅速接受了莫洛托夫的提议，这是美国代表（希望6年后再选举）所能争取到的最佳结果。美国国务卿杜勒斯清楚任何一位南部反共候选人都不是胡志明的对手。在日内瓦会议之前，杜勒斯就曾向美国驻巴黎大使发电报：

毫无疑问，选举意味着越南将在胡志明的领导下实现统一。所以很有必要在签署停火协议之后，尽量拖延选举的时间……我们认为现在最好不要设定任何选举日期。[②]

对杜勒斯来说，就算将半个越南让给共产党也不行。美国代表拒绝签署《日内瓦协议》，但美国首席谈判代表 W. 比德尔·史密斯（W. Bedell Smith）在另一份声明上代表艾森豪威尔保证美国服从这一结果。

美国明确表示它不希望越南进行选举，就算是两年之后再选举也不行。越南就这样走上了与朝鲜和德国一样的宿命，形成了两个政府对立的局面：南部是亲西方的政权（以西贡为首都），北部是共产主义政权（以河内为首都）。于是美国就支持了南部的反共政府，即所谓的"民主"政权，它拒绝服从《日内瓦协议》，拒绝参加全国选举，并宣称自己才是整个越南的合法继承者。美国支持南越政府，意味着美国与由吴庭艳（Ngo Dinh Diem）领导的鲜有支持者的专制政府结下了日益密切的关系。在吴庭艳政权受到威胁时，美国就会通过军事援助和

---

① Kamow，《越南》，第198—204页。

② 尼尔·希恩（Neil Sheehan）等人编辑，《五角大楼文件》（*The Pentagon Papers*）（纽约：班坦图书公司，1971年），第46页。杜勒斯还将电报发送给美国驻日内瓦总代表比德尔·史密斯。艾森豪威尔在自己的回忆录中写道，胡志明还会以80%的得票率，击败越南末代皇帝保大。

经济支援计划直接介入越南事务。

在美国的监管之下，南越成了"自由世界"的"守护者"，这个观念深入人心之后，南越反共政权就与美国的生存息息相关。出于心理、地理政治和国内政治因素，美国与南越的关系成了历任美国总统不敢轻易断舍的难题。吴庭艳政权于 20 世纪 50 年代末出现叛乱时，第二次印度支那战争就此打响。

第六章
撒哈拉以南的非洲殖民地自治运动

非洲是欧洲殖民主义的最后一个堡垒。在二战结束时,欧洲列强(英国、法国、比利时、葡萄牙和西班牙)仍牢牢占据着自己的殖民地,整个非洲大陆几乎都是它们的地盘。但只要触发了殖民地自治运动,就可以在相对较短的时间中完成这一进程。在 20 世纪 50 年代初,非洲还只有三个独立国家(埃塞俄比亚、利比亚和南非);到 1980 年时,非洲已经有 50 多个国家获得独立。

英国政府在 40 年代末失去了印度和巴勒斯坦,已经意识到殖民地自治是不可避免的趋势,并开始做好这种准备。到 50 年代末,法国也转变观念,正视这个新的历史现实,没有再苦留阿尔及利亚这个最后的殖民地。到 60 年代初,非洲已经成为充满新生机和新希望的大陆,白人殖民统治者将权力移交给非洲统治者,后者开始以满腔民族自豪感面对国家的新挑战。在许多殖民地中,这种权力过渡相对顺利(但并非所有殖民地均如此),并且更迅速,没有出现原先设想的大规模流血冲突。但这同样是一个让许多欧洲殖民者遭到强烈抵抗的过程——尤其是在阿尔及利亚和肯尼亚。

民族主义的崛起

对于通常以部落或族群,而不是以集中制的国家为社会单位的非洲人来说,他们实在很难树立国家的概念。19 世纪的欧洲殖民者人为划定的殖民地界线,并没有考虑到当地居民从属于多个族群的现实,这些族群分布在多个殖民地,并不局限于特定区域。在撒哈拉以南的非洲,没有一个殖民地存在一个人口占优势的主要族群。但民族主义意识要求人们将对一个族群的忠诚,转变为对国家的忠诚。因此,非洲的去殖民运动很大程度上取决于这些地方的民族意识和政治团结意识的发展。这是一个 20 世纪 50 年代才开始的缓慢而困难的过程。获得独立之后,这些非洲人对族群持续效忠,仍然是新国家面临的一大挑战。

在二战之前,欧洲在这里的殖民统治秩序几乎没有受到非洲人民的挑战。这里的殖民政权似乎很稳定,几乎不需要依赖军队保护。在某些情况下,尤其是在英法殖民地中，殖民者通过摄政制度，允许当地统治者在殖民当局的军事、政治和经济保护下，保留一定的主权。非洲人绝大多数是文盲，他们通常以敬畏的眼神看待欧洲人，也不太愿意掀起武装叛乱。因为非洲人的政治觉悟相对较低，就不太可能出现富有组织且有效的反殖民运动。

随着更多非洲人（在欧洲人的帮助下）接受了教育，并掌握更多经济权，更频繁地接触欧洲社会，这种情况逐步发生变化。欧洲人对非洲的殖民统治，从根本上改变了非洲社会。欧洲人为一部分非洲人提供了教育（以及一定的经济能力）机会。殖民主义本身就携带着自我灭亡的种子。由于欧洲人倡导民主和公民自由，这就意味着他们理应支持与殖民主义相对立的思想，也就是摆脱基于武力、种族优越感和教化落后的土著人，实行经济剥削和少数人统治政策的思想。经历了几代殖民统治后，非洲本土精英阶层终于崛起，他们具有西方教育背景，通常还支持西方价值观。这些早期的领袖通常是殖民地军队中的律师或军官。这些受过教育的阶层最先产生了不满和沮丧情绪、政治和历史意识，以及结束殖民主义的强烈愿望。

尽管非洲在战前（特别是在非洲人感受到 20 世纪 30 年代大萧条的影响时）就出现了反抗殖民主义的迹象，但直到二战之后，非洲独立的要求才进一步增加。有些非洲领袖指出，响应号召参战，帮助打败法西斯暴政并保卫自由的非洲人民，也应该得到奖赏，获得更大的自由权。在一战期间，他们就已经提出了类似的诉求，但却无人理会。这一次，他们坚决要求达到目的。受到亚洲人民独立运动的鼓励，非洲人民觉得反抗相同的欧洲殖民者也不再是痴人说梦。尤其是法国在奠边府之战中落败的消息，无异于为非洲独立运动注入了一剂强心针。印度的贾瓦哈拉尔·尼赫鲁也在联合国和其他国际场合，不遗余力地倡导去殖民地自治运动。联合国的成立也让渴望成立新国家并加入国际大家庭的非洲民族主义者倍受鼓舞。美国和苏联这两个自称为所有被压迫的人民伸张正义的大国，也很早就提出了殖民地自治的主张（部分原因是这种运动对它们的利益没有什么影响）。

英国结束殖民统治

英国是最先宣布放弃对非洲直接统治的殖民国家，它逐步向非洲当地人民放权，允许他们自主管理殖民地事务。他们建立了行政和立法委员会为英国总督提供建议，并开始允许一些受过良好教育的非洲黑人进入这些委员会。后来，他们又允许黑人政治领袖通过选举进入立法委员会。完成这一步后，民族主义领袖开始组建国会和政党，这就是非洲反帝国主义的民族主义宣传机构。他们还鼓吹普选权——投票权。根据英国殖民地的议会制度，在立法院中获得多数席位的政党有权任命国家首相。获选入职国家机关的首批非洲土著通常是具有出色的演讲口才和组织能力的魅力人物。他们当中大多数人少年时曾在西方院校就读，成年后又在西方监狱中经受了磨炼。

西非的加纳（黄金海岸）就是英国在撒哈拉以南非洲殖民地首先践行这个过程，并获得独立的典型。该国杰出的民族主义领袖克瓦米·恩克鲁玛（Kwame Nkrumah，曾在英国和美国的大学留学）就通过合法政治流程，组织了一场有效的政治运动。但他并不避讳非暴力反抗、罢工和抵制等非法政治手段（他将此称为"积极举措"）。1950 年 1 月，他在实施"积极举措"的第一天就被英国当局逮捕。1951 年，恩克鲁玛在英国坐牢时组织了自己政党的选举活动。当他的政党赢得大多数席位时，英国总督别无选择，只好将其释放，这位民族英雄获准进入了行政委员会。1957 年 3 月，黄金海岸获得独立时，恩克鲁玛成了该国第一位国家元首。就此，"黄金海岸"成为加纳，结束了曾经控制大部分西非地区的古代王朝统治的时代。

加纳成了其他非洲独立运动的典范，恩克鲁玛成了非洲大陆最坦率的自由卫士。恩克鲁玛邀请非洲的杰出政治家出席加纳首都阿克拉的两场会议，商议组建"非洲统一组织"（简称"非统组织"）的大计（成立于 1963 年，于 2002 年解体，并被"非洲联盟"所取代）。其宗旨是实现殖民地自治，结束白人少数群体统治的时代，并寻求泛非洲合作。恩克鲁玛提出的独立主张迅速传遍了非洲大陆。人口最多的英国殖民地尼日利亚于 1960 年实现自治，成立了一个多数地区获得大量自治权的联邦。但各个族群间的相互猜忌影响了稳定，尼日利亚很快就陷入了一场内战（详见第 13 章）。

在东非，肯尼亚的独立运动被要求维持现状的欧洲移居者横加阻拦。肯尼亚与阿尔及利亚、南非和南罗德西亚一起被称为非洲的"移居殖民地"，这里居住着许多欧洲永久居民，其中许多人就在非洲出生，且认为自己就是非洲人。他们侵犯了曾经独立的非洲本地农民的利益，令后者沦为欧洲人的奴仆。在肯尼亚，有 4 万名白人移居者定居在中部高地，掌握最肥沃的土地，控制着本地的经济命脉和权力。他们反对独立的呼声很高。

肯尼亚最大的部落（36个部落之一）基库尤族（Kikuyus）率先提出了独立的要求。在二战期间，有7.5万名肯尼亚人为英军效力，他们希望自己能够得到公平的待遇。1952年，一向主张和平的基库尤人发起了一场名为"燃烧茅"或称"茅茅"的运动。他们的主要目的是收回土地所有权，这些土地原来的主人不但被剥夺了地权，还被禁止同白人农场主争地。英国还下令只能出口由欧洲人种植的咖啡、茶叶和剑麻等经济作物。

在1952—1960年，"茅茅"运动的确震慑了白人移民者（据报纸所称），但实际上却将多数暴力活动对准了其他黑人。"茅茅"叛乱原先是茅茅人与效忠英国者（比如本地长官和基督徒）之间的内战。"茅茅"运动中约有2000名非洲黑人丧命，32名欧洲移民者死亡，还有不超过200名英国士兵和警察身亡。

英国对此事的反应大大超过了这场起义应得的待遇。英国人将肯尼亚视为他们最重要的现存殖民地，他们以无所不用其极的手段对付叛乱分子——任意逮捕，强迫劳役，贿赂法官对他们定罪，实施任何可用的酷刑（包括让狗撕咬囚犯，阉割，强迫男子相互鸡奸），殃及整个村庄的集体连坐（有些村庄被放火烧尽），将150万基库尤人口重新安置到800个"新村"（被铁丝网包围的拘留营），以及用飞机扫荡村庄。肯尼亚成了一个根本意义上的警察国度。在这场动乱中，英国人至少杀死了10万基库尤人。1953—1958年，他们绞死了1090名基库尤人。在大英帝国历史上，英国当局从来没有处死过这么多人。

最开始，英国人提到这场惨绝人寰的大屠杀时，总是轻描淡写地将其归为谣言或者少数品行低劣之辈的个人行为。但对1959年3月在霍拉监狱11名基库尤人死亡事件的调查显示，这些囚犯均死于棍棒之下。霍拉谋杀案标志着英国在肯尼亚"文明使命"的终结。①

基库尤族和其他部落最后在相对温和的乔莫·肯雅塔（Jomo Kenyatta）的领导下，组建了一个国民政党。肯雅塔是一位在伦敦受过教育的基库尤人，他以政

① 大卫·安德森（David Anderson），《被绞死的历史：肯尼亚的肮脏战争和帝国的终结》（*Histories of the Hanged：The Dirty War in Kenya and the End of Empire*）（纽约：W. W. 诺顿出版社，2005年）；又见卡罗琳·艾尔金斯（Caroline Elkins），《帝国推测：英国古拉格在肯尼亚不为人知的故事》（*Imperial Reckoning：The Untold Story of Britain's Gulag in Kenya*）（纽约：亨利霍尔特，2005年）。

治犯（英国当局误以为他是"茅茅"叛乱的始作俑者）的身份在英国受了七年牢狱之苦。1960年5月，他还在狱中时就带领自己的政党"肯尼亚非洲民族联盟"赢得了选举，肯尼亚于1963年12月获得独立时，他就成了第一任国家元首。肯雅塔与即将离任的英国殖民机构通过新宪法制定了一个政治原则，旨在保证多数人实行统治但又保护白人少数群体的利益。

少数欧洲人离开肯尼亚，但仍然留在当地的白人并不会受到肯尼亚多数黑人或新政府的欺压。肯雅塔保证不会依照"茅茅"运动的主张，推行土地改革。欧洲人和黑人效忠派仍然可以保留在政府中的公职。肯雅塔和英国人还达成了默契，不再追究英国所犯下的暴行。肯雅塔忍痛掩盖了英国殖民历史上这肮脏的一幕，宣称"茅茅"是"一种已经根除的疾病，绝不能再提起"。至今为止，肯尼亚首都内罗毕仍然没有一座正式的"茅茅"运动纪念碑。

中南非的其他3个英国移民殖民地尼亚萨兰、北罗得西亚和南罗得西亚于1953年形成了一个联邦，部分是出于经济原因，部分是为了维持白人少数群体的统治。迫于大多数黑人的压力，英国不得不分解联邦，强制实施保证多数人统治的尼亚萨兰和北罗得西亚宪法，结束了白人的政治霸权。1961年，尼亚萨兰变成了独立的马拉维，北罗得西亚也在1963年成为独立的赞比亚。

而南罗得西亚这个由伊安·史密斯（Ian Smith）领导的白人少数派政权，却公然藐视英国政府和黑人多数派群体，否认英国支持的以多数派统治为原则的宪法。南罗得西亚于1965年单方面宣布独立并退出英联邦。直到非洲民族主义政党通过邻国根据地对其展开漫长的游击战，以及持续承受国际压力之后，史密斯才最终放弃，并于1976年接受多数人的统治，这一点在两年后终于成为现实。敌对民族主义党派之间的斗争持续到了1980年才结束，此后就成立了一个黑人多数派统治的政府，这个国家正式更名为津巴布韦。这场抗战中的英雄罗伯特·穆加贝（Robert Mugabe）通过国民选举成为津巴布韦第一任国家总统；之后他通过一系列固定选举持续执政近30年（见第13章）。

法国结束殖民统治

法国的殖民政策不同于英国，其官方目的是同化殖民地人民，令其成为法国公民。法国人迫使殖民地人民抛弃自己的传统，接受法国"优越"的文化，以此宣扬自己的"文明的使命"。他们要求进入法国学校的学生都要学习法语，令本地精英在法国大学接受高等教育。法国并没有推出什么真正让殖民地实现独立的准备举措。

这种同化政策的问题在于，它假定法国殖民地人民都想成为法国人，也具备成为"法国人"的条件。在所有法国殖民地中，尤其是在阿尔及利亚这个穆斯林阿拉伯人占多数的殖民地，采取同化政策根本就不现实，欧洲移民者和非洲人都拒绝推行这一政策。与阿拉伯人和法属印度支那地区的人民相似，非洲黑人也清楚他们最多就是被征服的对象。让非洲学校的孩子们学习为巴黎法国儿童编写的教材——"我们的祖先高卢人有蓝色的眼睛和金色的头发"，这种内容对他们来说根本就没有什么意义。往坏处说，巴黎将同化政策视为种族歧视行为；往好处说，它也是一种不加掩饰的民族中心主义。

直到20世纪50年代中期，战后短寿的各届法国内阁（正疲于镇压印度支那地区的反殖民主义叛乱）也没有回应非洲人民的自治要求。法国放弃印度支那后，又面临阿尔及利亚的另一起大规模叛乱，其他法属非洲殖民地要求独立的呼声也越来越高。除了阿尔及利亚这个特例之外（法国人拒绝在此让步），其他非洲殖民地的独立要求都意外地被法国所接受。

与加纳的恩克鲁玛情况相似，法国殖民地的非洲民族主义者也是在殖民地制度下获得了独立。最为成功的例子就是来自科特迪瓦（旧称为"象牙海岸"）的费利克斯·乌弗埃·博瓦尼（Felix Houphouet-Boigny）。二战后不久，费利克斯·乌弗埃·博瓦尼就率先成立了一个宣扬独立的政党。作为法国国民议会的一员（以及殖民议会议长兼阿比让市市长），他主导起草了旨在让国家走向自治的法律。他这一历史性的"改革法案"（于1956年6月获得法国国民议会通过）旨在让各法国殖民地获得更大的自治权，令其归入集中管理的殖民机构"法国海外部"（the Minister of Overseas France）。它规定每个殖民地都有一个法国元首和非洲副元首，都可以通过普选组建立法议会。

法国仍想间接控制其非洲殖民地，于1958年5月掌权的法国总统戴高乐，为此通过了一个持续联盟的计划。同年，他为法国的12个撒哈拉以南非洲殖民地提供了继续留在法兰西联邦或立即宣布完全独立的选择。前者意味着与法国继续联盟，包括得到最重要的经济和军事援助的前提下进行自治。除了几内亚选择了独立，所有殖民地都选择了继续保留在法兰西联邦中的地位。针对几内亚的决定，法国迅速撤走了所有在该殖民地的人员和设备，中止对该国的经济援助，以期迫使这个异见分子重新回归法国的怀抱，但法属几内亚（更名为几内亚）还是坚持自己的立场。

1960 年，经过两年的躁动和协商，因阿尔及利亚事务而焦头烂额的戴高乐（见第 7 章）突然宣布承认撒哈拉以南法属殖民地独立。这些新国家在政治和经济层面的独立准备相对不足，在其后数年仍然政局不稳，在经济上对法国也多有依赖。

比利时和葡萄牙结束殖民统治

比利时政府几乎从来就没有准备让比属刚果这个极具价值的殖民地获得独立。刚果曾是比利时国王利奥波德二世的私人领地，因此是非洲最大和最富有的殖民地之一。1885—1908 年，利奥波德控制了刚果自由邦，对该地行使完全控制权，并自称是该地的"领主"。但他却从来没有前往过这个领地，他更喜欢在法国里维埃拉的游艇和豪华别墅中，享受领地财富（以当前美元计划，估值超过 10 亿美元）带来的奢华生活。他在领地留下的是恐怖和剥削统治的遗产，在之后 40 年间造成了多达 1000 万非洲人（几乎是半数人口）死亡，这些人或被直接杀害，或因病而死，或在采矿、收割橡胶的过程中劳累至死。① 小说家约瑟夫·康拉德将此称为"黑暗之心"。在 20 世纪比利时的殖民政策变化不大。

鉴于 1959 年 1 月初在利奥波利维尔（今天的金沙萨）爆发的叛乱，比利时政府草草制定了承认该殖民地独立的方案。它要求通过普选成立新政府，并保障所有人民的民权。1960 年 1 月，比利时做出了一个惊人的决定，宣布将在 6 个月时间内向主权国家刚果民主共和国正式移交权力。

独立之后接二连三的动荡局面表明，刚果还没有做好自治的准备，它成了比利时仓促决定之下的弃儿。比利时离开时只为当地留下少数受过大学教育的刚果

---

① 针对利奥波德的贪婪和残暴的揭露，为第一次伟大的人权运动铺平了道路——20 世纪的马克·吐温和约瑟夫·康拉德的著作也强调了这一点。见亚当·霍克希尔德（Adam Hochschild），《利奥波德国王的幽灵：非洲殖民地的贪婪，恐怖和英雄主义史》（*King Leopold's Ghost：A Story of Greed，Terror，and Heroism in Colonial Africa*）（波士顿：霍顿·米夫林出版公司，1999 年）。

人；在 5000 名政府高级官员中，仅有 3 人是刚果土著。比利时根本没有在当地人口的教育问题上费过什么心思。克瓦米·恩克鲁玛将比利时的信条贴切地称为"明智未开，天下太平"。①

比利时猝不及防地结束殖民统治，引发了当地的种族争端和分裂战争，这是拥有 200 多个不同族群的刚果必然面临的结果。对于刚果人来说，国家意识，成为统一国家的公民这种概念，根本就不存在。甚至在比利时退场之前，刚果的两大民族主义领袖帕特里斯·卢蒙巴（Patrice Lumumba）和约瑟夫·卡萨武布（Joseph Kasavubu）之间就出现了嫌隙。卢蒙巴在刚果巡回宣传统一政府的理念，劝说刚果人民臣服于一个拥有高度集权政府的统一国家。而卡萨武布则希望建立一个组织松散的联邦，保留各族人民（比如他自己的巴刚果族，该族又称刚果，正是该国的名称）的自治权，毕竟各族都有强烈的民族主义意识。

1960 年 5 月，在刚果首次及唯一的民主国民选举上，卢蒙巴的全联盟党（刚果国民运动）击败了卡萨武布的阿巴克党（巴刚果的文化和政治联盟）。由于刚果有近 20 个政党相互竞争，没有一方获得立法院（刚果众议院）的绝对优势。几经波折之后，卢蒙巴终于成为国家元首（比较重要的职位），卡萨武布成为总统。

与此同时，因铜矿业而致富的加丹加省的分裂主义领袖，亲西方派的莫瓦兹·冲伯（Moise Tshombe）却宣布该省独立。这导致刚果出现了复杂的局面，三方政党相斗很快就引来了比利时、联合国部队、美国中情局、苏联顾问和切·格瓦拉（从古巴革命中崛起的人物）等外部势力，随后出现了持续超过两年的激烈内战，令刚果人死伤无数。

刚果军队在对抗白人军官的叛变，以及卢蒙巴和卡萨武布派系相斗的过程中而被削弱实力，无法维持国内秩序。没有一方的领袖是冲伯领导的加丹加势力的对手，因为后者拥有比利时军队这个重磅筹码。冲伯获得了控制了铜矿业的联合矿业集团（Union Minière），以及白人移民者的支持，并请求比利时派遣增援部队捍卫加丹加省的独立。竭力维护刚果国家统一的卢蒙巴请求联合国提供军事援助。联合国安理会要求比利时从刚果撤军，并向该国派遣了一支维和部队。但联合国在此过程中表现无能，因为五大常任理事国针对自己在刚果事务上的角色出

① 克瓦米·恩克鲁玛，《非洲阶级斗争》（纽约：国际出版社，1970 年），第 38 页。

现了分歧。① 看到联合国也无法果断地对付加丹加省的分裂势力，又迫于无法打败加丹加省的比利时军队的现实，卢蒙巴只好向苏联求助。这导致形势更加复杂，因为西方势力此时又将重点放在了牵制苏联影响力这个问题上。卡萨武布在约瑟夫·蒙博托上校（Colonel Joseph Mobutu）和中情局的帮助下，将卢蒙巴出卖给加丹加省的死敌，后者就谋杀了卢蒙巴。刚果的民族实验就此告终。

为本族争取自治权的卡萨武布与卢蒙巴相同，并不太意愿接受加丹加省独立。在这三年中，得到比利时工业公司和 6000 人比利时部队支持的加丹加分裂战争，严重削弱了倡导自治，宣传本国已做好独立准备的非洲民族主义者的威信。它还进一步暴露出了联合国这一中立维和机构的弱点。

1965 年 11 月，在卡萨武布和冲伯被昔日盟友蒙博托的军事政变推翻之后，加丹加省的独立进入了悬而未决的状态。蒙博托在刚果建立了一个长久且残暴的腐败政权，他在 1971 年将其更名为扎伊尔，这是他的非洲化运动中的一部分。在蒙博托的统治下，这个国家又倒退至利奥波德统治之下的状态，蒙博托也将国家视为自己的私人领地。蒙博托与利奥波德一样，成为全球最富有的人物之一，甚至还在距离利奥波德过去的里维埃拉地产不远的地方购置了别墅。与此同时，扎伊尔又坠入了贫困和退步的深渊。到 1997 年蒙博托被罢黜时，比利时在刚果建设的基础设施已经完全沦为废墟。

…………

到 20 世纪 60 年代末，葡萄牙仍然不肯对非洲殖民地安哥拉和莫桑比克松手。1929—1968 年，在安东尼奥·萨拉查的独裁统治之下，安哥拉被视为葡萄牙在非洲的私产（这个国家的面积是葡萄牙的 20 倍），成了葡萄牙的"海外省份"，也就是葡萄牙的一部分，而不是殖民地。葡萄牙于 1961 年残酷镇压了安哥拉的民族主义斗争，杀死 5 万民众，并于 1964 年对莫桑比克的类似斗争采取了相同的血腥镇压。萨拉查政权始终无视联合国的谴责，持续剿灭当地的游击反抗军。直到 1974 年 4 月，萨拉查独裁政府被推翻（萨拉查本人死于 1970 年）时，葡萄牙才开始进入承认非洲殖民地独立的倒计时。但 1975 年葡萄牙向独立的安

① 联合国秘书长达格·哈马舍尔德（Dag Hammarskjöld）为解决刚果和联合国成员国之间的争端付出了巨大的努力。他频繁飞往纽约和刚果，并在 1960 年 9 月的最后一次行程中，在前往加丹加时因飞机失事而丧生。

哥拉移交权力时，敌对的民族主义党派却爆发了战争，各方都获得了国际支持（古巴、美国和苏联介入），这个国家仍然是一片动乱，持续多年成为东西方角力的战场。因安哥拉动乱而倦怠的葡萄牙，决定在 1975 年 6 月也恢复莫桑比克的自由之身。

但恩克鲁玛所设想的泛非洲联盟倡导的非洲团结精神，在此仍然是一个遥不可及的梦想。这个愿景因民族分歧，统治者拥有不同民族和个人主张，以及实现非洲团结究竟有何意义等问题而受阻。在 21 世纪初，非洲联盟试图处理苏丹达尔富尔地区的大屠杀问题，仅在缓和暴力这一点上略有成就。

领导独立运动的非洲民族主义者也宣扬民主思想，但要实现民主实在是说易行难。已经通过民主选举流程掌权的人，通常并不希望在另一场选举中落败。对他们来说，"忠诚反对派"（即宽容地接纳反对派政党）仍然是一个抽象概念。最后，获得绝大多数选票的非洲领导人仍想抓住自己的权力。直到南非民选总统纳尔逊·曼德拉在 5 年任期后退位时，才打破了非洲政坛的这一惯例。

新兴的非洲独立国家（尤其是前法属殖民地）统治者往往难以兑现自己的承诺，无法有效维持本国经济状况和提升人民生活水平。他们发现独立并非消除贫困的万全之策。这些前殖民地要比他们想象的更为依赖之前的殖民领主。新政府出现的一项意外财政负担就是连年增长的军费，因为他们认为这是加强国内治安的必要支出。但军队却是一把双刃剑。一方面，它们能够维护国内治安；另一方面，它们又被用来推翻投入巨资加强军队的统治者。

南非种族隔离制度

南非是 17 世纪中叶成立的首个真正的欧洲移民殖民地，经历了 3 个世纪才成为南非共和国。它是非洲最后一个获得独立的殖民地。

1949—1994 年，南非就一直与非洲其他国家极为不同，它不但是经济最发达的非洲国家，还是一个由顽固的白人少数派统治的国家。这里的白人国家政党无视世界舆论和黑人多数群体的要求，通过所谓的隔离政策来维护自己的政权。这是一种要求在任何地方都要严格实行种族分离的法律制度。当地法律禁止南非四大种族，即黑人（也称为班图人）、白人（多为荷兰、法国和英国后裔）、有色人种（黑白混血）以及亚洲人（多为印度人）之间的基本接触。

1948 年，荷兰白人（以及部分法国人）① 后裔取代了另一个欧洲移民群体英国人，成为治理南非的主要政治势力，他们将南非视为本族的国家。荷兰人在南非定居的历史可以追溯到 1652 年，当时的荷兰人想在这里建立一个新的宗教联邦，并将此地视为自己的故土，还自称是"阿非利坎人"（南非荷兰人，他们还自称"布尔人"或农民，并且经常以此自居）。他们以探索、征服、经济发展以及上帝的意志之名，占领了这片土地。

种族隔离深深扎根于荷兰归正教会的教义之中。阿非利坎人自称是上帝的选民，是注定要统治这片土地及其居民的正义群体。所以教会牧师会成为最激进的种族隔离捍卫者，这一点绝非巧合。种族隔离还暗含深刻的种族优越感。阿非利坎人声称班图人对文明毫无贡献，他们根本就是一种野蛮的存在。种族隔离制度的两大支柱——宗教决定论和种族优越感，起源于阿非利坎人对抗天主教、其他荷兰异教徒、西方自由主义以及南非土著的长期斗争。

到 18 世纪末，荷兰人已经在南非站稳了脚跟。1795 年，英国控制了南非海角，新来的英国人与在此久居的荷兰人为此展开了漫长的斗争。被外部世界再度包围的阿非利坎人决定再度与世隔绝，这一次他们迁到了远离海岸的高地。阿非利坎人尤为反对英国的禁止奴隶制度，该政策在 1833 年已经成为大英帝国法律。1835 年，布尔人在"大征途"中向北进入纳塔尔和德兰士瓦高原。这是一场血泪交加，奋不顾身而又热情如火的宗教之旅。这场征途成了上帝的选民——具有极狭隘的救世观，决心建立一个新耶路撒冷的群体主导的宗教游行。1838 年 12 月 16 日，470 名布尔人毅然击败了 12500 名祖鲁战士，在被称为血河的河岸上杀死了 3000 人——这一幕仿佛《旧约》的场景重现。② 阿非利坎人上台后，就将 12 月 16 日定为国家假日，即上帝及其子民之间的盟约日。

在 19 世纪时，英国再次侵占了布尔人的领土，布尔人浴血奋战发起反抗，最后在 1902 年落败。从那一天起，他们就在等待实现解放和救赎。他们终于在 1948 年盼到了这一天，他们的国家政党在 D. F. 马兰（D. F. Malan，荷兰归正

① 在 17 世纪 80 年代晚期，法国的加尔文主义者，即所谓的胡格诺派，在他们的政府于 1685 年撤销了 1598 年的《南特敕令》（一项宗教宽容的法令）后离开了法国。胡格诺派很快就融入了荷兰阿非利坎人群体。

② C. F. J. 米勒（C. F. J. Muller）主编，《南非历史 500 年》（*Five Hundred Years: A History of South Africa*）（比勒陀利亚：学术界出版社，1969 年），第 166-167 页。

会牧师）的领导下，在政治选举中险胜。在这个时候，英国人维护种族和谐的举措被阿非利坎人所抛弃，种族隔离成了这里的法律规定。阿非利坎人出于一种强烈的宗教感和文化自我保护意识，拒绝了社会和种族融合的所有建议。他们坚持要求以法律形式隔离种族，没有人可以越界。它导致了南非的政治隔绝，但隔绝滋生出了挑衅情绪，助长了人们在长期逆境中的悲观情绪，让人们更加孤立。布尔人就是这么一个顽固的群体，他们坚持与英国人、班图人和全世界对立。

第一套种族隔离法律于1949年颁布（当时希特勒已死去4年），它禁止不同肤色的人种混血、通婚或同居。它不允许白种人与非白种人在同一屋檐下过夜。《人口登记法》（The Population Registration Act）根据种族将人进行分类，它决定了各色人种居住的地方。就学、就业和工资标准均由肤色来决定。禁止非白种人组建政治组织和举行罢工。所有公共设施（从医院、公园长椅到海滩）均实行隔离制度。各人种之间的性、社会、宗教和经济交流均受到管制，不但生前如此，死后也不例外，就连墓地也有种族隔离措施。这一系列种族隔离法规超过了300条。

人种问题成了南非的一大执念。分类委员会对每个人进行人种分类，但根据皮肤颜色、面部特征和毛发对人加以甄别，并不是一种科学的分类方式。这通常会出现以下结果：

在1年12个月时间中，可能有150个有色人种会被重新归为白种人；10个白种人又被降格为有色人种；6个印度人被称为玛雅人；2个有色人种变成了中国人；10个印度人变成有色人种；1个印度人升级成了白种人；1个白种人变身为玛雅人；4个黑人成了印度人；3个白人又成了中国人。像这种荒谬的事情不断重演。中国人被归为亚组白种人，而日本人则归为"光荣白种人"。[①]

种族隔离将曾经被压迫的阿非利坎人变成了压迫者。1980年，黑人数量超过了白人，与后者人数为3∶1的关系，也就是黑人有1800万，白人仅为600万；有色人种约300万，亚裔人种近100万。所以，这种被围困的思想渗透整个白人社会也就不足为奇了。在事实上，白人定居点经常被称为"laagers"，也就是"防御营"的意思，这是19世纪30年代在"大征途"中产生的词语。

---

① 大卫·兰波（David Lamb），《非洲人》（The Africans）（纽约：兰登书屋，1982），第320-321页。

种族隔离法也是白人实行经济剥削的依据。该法禁止非白人从事高薪职位的工作，也不准进入权力机关供职。在20世纪80年代末的建筑行业中，白种人的收入往往是亚洲人的2倍，是有色人种的3倍，是黑人的5倍。白人矿工一年可以赚1.6万美元，黑人矿工只能得到2500美元。丰富的自然资源、工业规划以及廉价的黑人劳动力，令南非成了非洲唯一的现代工业国家——但只有白种人可以享受到这些成果。种族隔离制度的捍卫者指出，这些财富流向了黑人群体，他们得到了全非洲所有黑人最高的生活水准。但黑人认为这根本就是无稽之谈。白人只能靠武力手段来维持这种公然实行经济剥削、心理压迫和政治控制的制度。

反种族隔离斗争

1959年，南非政府划出了10个黑人居住区，也就是所谓的"黑人家园"或"班图斯坦"，其面积仅占南非土地的13%。这些"黑人家园"是黑人土著的官方住宅区，黑人不准进入南非的其他区域。虽然黑人占据了黑非绝大多数劳动力，可以在白人的官方住宅区中找工作和暂时居留在那里，但他们的家人却不准踏入这些区域半步。黑人只能在得到白人准许的情况下，访问白人居住区，他们成了自己国土上的外来客。"黑人家园"标志着种族隔离制度正式成形。南非政府希望划分"黑人家园"这一举措得到国际社会认可，但没有得到一个国家的认同。这种做法没有国际法律依据，因为它从来就不是可行的实体，所以只能由南非政府来拨款。

1960年，南非政府依旧固执地不肯改变立场，而在这个被联合国定义为"非洲年"的时期，有许多撒哈拉以南非洲国家宣告独立。2月份时，英国首相哈罗德·麦克米伦去开普敦提醒南非议会"改变之风"正吹拂非洲大陆。他表示，如果想阻止新兴的非洲独立国家被拉入共产主义阵营，那就不应该忽视黑人民族主义这股力量。而南非的亨德里克·维沃尔德（Hendrik Verwoerd）明确表示无论非洲大陆吹什么风，南非就是容不下非洲土著的民族主义力量。6周之后，在3月21日这一天，维沃尔德政府向麦克米伦做出了回应，而在这一天的沙佩维尔，警察开枪射杀了69名示威者，后者抗议政府创造了班图斯坦和"通行法"（要求他们随时携带身份证，而这一举措又会限制他们的行动自由）。

沙佩维尔惨案对非洲黑人产生了巨大的心理影响，他们将此事视为民族主义运动的分水岭。南非黑人开始从和平示威走向了武装革命。种族隔离法让他们只剩两种选择,要么接受二等公民的地位,要么奋起反抗。在沙佩维尔惨案发生后不久,索韦托(有100万人口的黑人居住区,距离南非金融之都约翰内斯堡仅30分钟路程)又发生了备受瞩目的骚乱。1960年4月,政府将仍然节制的非洲人国民大会(African National Congress,简称ANC)与激进的泛非主义者大会(Pan-Africanist Congress)定为非法政党。

此时,南非最悠久、最有影响力的民族主义组织ANC(保护黑人、白人、亚洲人、有色人种和自由主义者的组织)重新评估了自己的策略。ANC自1912年成立以来,就一直致力于和平地建设一个非种族歧视的民主制度。其领袖纳尔逊·曼德拉于1964年在接受审讯时表示,ANC组织直到50年代末,还在"坚持宪政斗争"。① 但1959—1961年发生的事件表明,这种斗争路线已经走不通了。②

1961年,非洲人国民大会认为合法的非暴力运动根本没有作用,应采取武装斗争来结束种族隔离,并组建了自己的军队"Umkhonto We Sizwe"——"国家之矛"。曼德拉是Umkhonto创始人之一,他表示非暴力运动只能让非洲黑人得到"越来越多压迫性的法律,越来越少的权利"。1961年12月16日,Umkhonto展开了第一次破坏行动。这是他们精挑细选的日期,这一天是1838年阿非利坎人在血河战胜祖鲁人的纪念日,也就是阿非利坎人的盟约日。非洲人国民大会将这一天作为自己的"英雄日",以告慰那些在反种族隔离斗争中牺牲的死者。

Umkhonto与南非国民党之间的武装冲突产生了麦克米伦所担心的效应。非洲人国民大会与共产党有一些共性,南非很可能由此卷入全球性的冷战。苏联为非洲人国民大会提供了资金和武器,而美国则是南非种族隔离政权的靠山。但非洲人国民大会并不赞同马克思的经济理论。事实上,它主张在南非实行资本主义制度,更公平地分配私人财产。

中情局得到的一个情报,导致曼德拉在1963年被捕。在1964年接受审判时,曼德拉为自己辩护称组建Umkhonto是一种自卫行为。法院判他在监狱中做苦力。

① 曼德拉的这个声明和本章之后的其他声明来自他于1927年4月20日在比勒陀利亚最高法院的辩词,摘自《纳尔逊·曼德拉:奋斗就是我的人生》(*Nelson Mandela: The Struggle Is My Life*)(纽约:探路者出版社,1986年),第161-181页。

② 诺贝尔和平奖委员会承认非洲人国民大会的和平本质,并于1960年将该奖项授予该党自1952年以来的主席阿尔伯特·J. 卢图利(Albert J. Luthuli)。

纳尔逊·曼德拉，非洲人国民大会领袖及南非首位非
白人总统。(图片来源：南非共和国驻美大使馆)

黑人意识和祖鲁民族主义觉醒

在 20 世纪 70 年代初，南非出现了"黑人意识"运动，这个趋势部分受到了
美国民权运动的影响。其主要倡导者是史蒂夫·比科（Steve Biko），他宣称黑人
不应该再依赖提倡自由主义的白人替他们发言，而应该平等地同白人打交道。他
宣称"（我们）应该让白人意识到，他们也只是凡人，而不是优等人"，"必须让
黑人意识到，他们也同样是人，而不是劣等人"①。比科将种族平等要求视为自
己与生俱来的权利，这让他成了一个处境危险的非凡之辈。南非当局因为他拒绝

---

① 比科，摘自唐纳德·伍兹（Donald Woods）（纽约：帕丁顿出版社，1978 年），第
97 页。

携带身份证的消极抵抗行为而逮捕了他。他于 1977 年 9 月逝世于拘留所中，身上的骨头出现了多处断裂。在比科死后，阿扎尼亚人民组织（Azanian People's Organization，简称 Azapo）——泛非主义大会的激进派，宣布自己是比科"黑人意识"的继承人，将比科的精神进一步发扬光大。它要求将所有白人逐出南非，并在"一个定居者，一颗子弹"（one settler, one bullet）的口号下向白人宣战。阿扎尼亚人民组织还同非洲人国民大会及其盟友（倡导非种族民主制度）发生了意识形态层面的斗争，之后还延伸到了暴力斗争。

同时，非洲人国民大会还面临着另一个黑人组织反对派"因卡塔自由党"的挑战，后者是祖鲁首领马古苏托·布特莱齐（Mangosuthu Buthelezi）的政治基础。布特莱齐与曼德拉在早年曾经志同道合，但后来出现了分歧，布特莱齐推崇的是狭隘的祖鲁目标，而不是广泛的国家利益。布特莱齐以阿非利坎人的方式，在纳塔尔省创造了"KwaZulu"，即祖鲁人的"祖鲁家园"，成了南非现状的捍卫者。团结的南非对其权力基础构成了威胁，因此他想让 KwaZulu 以"祖鲁家园"或完全独立的祖鲁国等形式，成为不朽的存在。比科和曼德拉都批评布特莱齐采用阿非利坎人的方式推行种族隔离政策。

瓦解种族隔离制度

在 20 世纪 80 年代中期，南非政府开始逐渐考虑继续维护种族隔离制度究竟是不是明智之举。毕竟这种制度所需投入的经济、心理和人力成本已经逐渐上升。1976 年 6 月，索韦托发生了一起学生拒绝使用阿非利坎语（南非荷兰语）的叛乱。杀害数百名示威者后，警方看似恢复了正常的秩序。1985 年，在纪念沙佩维尔惨案 25 周年的游行活动中，警方在一次示威活动中杀死了 19 人，还有不少人在其他几场冲突中丧生。人们为这些死者展开的出殡游行和抗议活动，引发了更多暴力事件。在夏天快结束时，白人居住区首次变成了种族对抗的战场。仅在 1986 年 1 月，南非就爆发了 1605 起政治暴力事件，在随后数月中，这一数字有增无减。80 年代中期的反种族隔离暴力运动导致 1650 名黑人丧生，将近 3 万人被捕。[①]

随着暴力事件不断升级，南非政府终于开始出现让步的迹象——考虑与被取缔的非洲人国民大会和曼德人展开政治对话。1985年，南非政府以让非洲人国民大会结束暴力行为，令曼德拉居住在为其民族"科萨人"预留的"黑人家园"为条件，准备释放曼德拉。但曼德拉拒绝了这些令他无法接受的条件。他坚称自由的人有权力选择自己要住在哪里，只要政府继续诉诸暴力手段，非洲人国民大会就有权利进行自卫反抗。

1985年，P. W. 博塔（P. W. Botha）总统终于松口承认，南非种族隔离制度被瓦解。他的新口号就是"适者生存"。仅从人口统计学角度来看，这样一个黑人数量增速远超白人统治阶级的国家，的确需要新的治国思路。博塔政府内部划分成了两个派系，即"开明"部长与害怕任何改革的保守势力。为了平息动乱，让全球报纸和电视停止对南非街头屠杀事件的大幅报道，博塔政府于1986年6月宣布全国戒严。不过博塔还是废除了令人憎恨的通行法，就此放弃了南非是一个仅收容白人的布尔人立场。他清楚旧时代已经终结，却不太清楚南非的下一步该怎么走。

当时国际社会对南非政府施加的压力也开始初见成效。联合国发起贸易禁运措施后，美国政府（不顾总统罗纳德·里根的否决）和大多数欧洲国家对南非实施了经济制裁，外国公司开始从南非撤资。1986—1988年，南非的净资产外流将近40亿美元，导致该国失业率、通货膨胀和利率显著增长。经济增长率从稳健的5%下滑至2%。种族隔离的代价实在太高了。[②] 越来越多的白人，尤其是商界白人都要求政府改变政策。许多白人也发现自己被国际社会所孤立。从60年代末开始，一向以培养了世界一流运动员为荣的南非，却被奥运会和足球世界杯等

---

① 莱恩·马兰（Rian Malan），《我的叛徒心：流亡归国的南非人直面他的祖国、部落和良心》（*My Traitor s Heart*：*A South African Exile Returns to Face His Country*，*His Tribe*，*and His Conscience*）（纽约：大西洋月刊出版社，1990年），第333页。关于黑人与黑人之间的暴力事件，见第323-334页。

② 世界银行，《1989年世界发展报告》（*World Development Report*，*1989*）（华盛顿特区：世界银行，1989年），第165，167，179页，含以下图片：1965—1987年均增长率仅为0.6%；1980—1987年平均通胀率达13.8%。从1980—1987年，工业和制造业年均增长率分别下降0.1%~0.5%。1980—1987年，国内投资总额下降7.3%。

其他国际赛事剥夺了参赛资格。

博塔逐渐开始放宽种族隔离制度。他取消了一些不必要的种族限制。某些公共设施，例如自动饮水器、电影院、公园和游泳海滩也解除了种族隔离限制，并允许在某些之前被隔离的城市住宅区中建设混合住宅区。

德克勒克和曼德拉

1989 年 9 月，弗雷德里克 W. 德克勒克接替博塔成为南非总统。他在宣誓就职演讲中承诺致力于 "推进南非的彻底改变……解除任何形式的控制或压迫"[1]。德克勒克对被法律所禁的非洲人国民大会实行了安抚政策。政府允许反种族隔离示威者在索韦托举行一场声势浩大的集会，并由被释放的非洲人国民大会领袖在此向 6 万多人发表演讲。更令人意外的是，政府解除了对非洲人国民大会的限制，其后无条件地在 1990 年 2 月释放了已经年届 71 岁的曼德拉。德克勒克宣布解除博塔时期的全国戒严，并承诺将释放所有政治犯。国际投资者也迅速做出回应，向南非经济提供资金，约翰内斯堡证券交易所的工业指数在两天内就增长了7.2 个百分点。

刚刚获释的曼德拉在与德克勒克初步协商结束种族隔离的过程中，一些老问题再度浮出水面。其中之一就是曼德拉的非洲人国民大会与布特莱齐的祖鲁 "英卡塔" 运动之间的对抗。曼德拉虽然贵为科萨国王的后代，但与布特莱齐不同，他早就超越了种族政治范畴，致力于废除班图斯坦。

曼德拉虽然身份高贵，却无法中止黑人与黑人之间的流血冲突。1985—1996年，非洲人国民大会与英卡塔之间的暴力冲突已经导致 1 万~1.5 万人丧生。多数暴力事件由年轻的黑人激进分子 "幼狮"（Young Lions）发起，这一群体正在争夺黑人区的经济和政治权力。"幼狮" 无视人们要求保持克制的呼吁，经常对受害者施以 "勒脖"（将轮胎围在他们的脖子上，并放火将其烧死）的暴行。曼德拉也恳求他们将枪支和刀械扔进大海，但他们对此置若罔闻。

1991 年，南非政府废除了所有种族隔离法——包括《人口登记法》这个构

---

① 彼得·哈尼（Peter Honey），《德克勒克承诺 "彻底改变" 南非》（De Klerk Sworn in, Promises 'Totally Changed'），《巴尔的摩太阳报》，1989 年 9 月 21 日。

成种族隔离基础的法案，并准备商讨新宪法的问题。非洲人国民大会坚持奉行之前主张的原则"一人一票"——也就是少数服从多数的统治原则。如果实施这种原则，那就意味着南非将出现一个以黑人为大多数的政府，这就会引起阿非利坎右翼势力，比如保守党和阿非利坎抵抗运动的强烈反弹。尽管如此，南非还是以白人公投的方式，让德克勒克获得了压倒性的优势（68％支持票，32％反对票），而继续与曼德拉进行协商。

1992 年，"黑人家园"这个障碍成了非洲人国民大会政治议程的最后一个焦点。比勒陀利亚省仍然存在西斯凯、博普塔茨瓦纳、特兰斯凯和文达 4 个独立的黑人家园。非洲人国民大会坚持要求将它们并入南非。而这些（禁止选举和取缔包括非洲人国民大会在内的反对党的）"黑人家园"的领袖却坚持不肯出让自治权。他们明确表示自己会在必要情况下，以武力方式捍卫自治权。在与非洲人国民大会支持者经过多次流血冲突之后，他们才终于同意并入统一的南非。布特莱齐和"KwaZulu"依旧不从，坚持要求让 750 万祖鲁人（南非最大的族群）实现独立。直到 4 月份选举前夕，布特莱齐才终于命令自己的英卡塔自由党接受统一的南非。

曼德拉取得胜利

大家都知道，南非于 1994 年 4 月 27 日举行的第一次多党制和多种族议会自由选举意味着南非将从白人少数派统治转变为黑人多数派统治的局面。正如人们所料，曼德拉领导的非洲人国民大会成了这一历史性选举中的赢家，获得了 62％的支持率和国民议会的 252 个席位（总共 400 席）。南非国民党只得到了 20％的支持率和 82 个席位。1994 年 5 月 27 日，曾经有 27 年时间带着政治犯标签，现年 75 岁的曼德拉被国民议会推选为南非首任非白人总统。他宣布"治愈创伤的时刻终于来临了。在这个美丽的国土上，永远不会再度发生一个民族被另一个民族欺压的情况……让自由泽被天下。天佑非洲！"[①]

南非出现这一系列的转折离不开多个因素：南非政府无力在种族制度下创建

---

① 《曼德拉演讲：光荣与希望》（Mandela's Address：Glory and Hope），《纽约时报》，1994 年 5 月 11 日，第 A8 页。

稳定的社会；有效的国际经济制裁；冷战结束终止了超级大国对南非的外部干涉；以及德克勒克和曼德拉发挥的作用。为此，德克勒克与曼德拉共同获得了1993年的诺贝尔奖。不过保守派国民党领导人在10年前就展开的一系列幕后举措所发挥的作用，也同样不容忽视。在1994年的选举过程中，有数位前博塔政府的成员就透露，他们早在80年代时就确信种族隔离制度无法长存，他们应该与非洲人国民大会达成和解，和平过渡到大多数人统治的政府。南非在选举之后又经历了两年，才就永久性宪法达成协议。曼德拉在沙佩维尔，在1960年惨案幸存者的见证下，签署了这个新宪法。

但曼德拉宣誓就职却并不能掩盖南非存在的一系列残酷的事实，包括未解决的政治分歧、持续的经济和社会不公正现象等。种族隔离制度的瓦解及其保卫者的转变，并没有消除大批黑人悲惨的生活状况，也没有为他们提供足够的教育机会。

在曼德拉的坚持要求下，南非这个世界上死刑率最高的国家，终于废除了死刑。但如何处置那些犯下过往罪行的人，这个问题仍然存在。1995年7月，曼德拉政府建立了一个真相与和解委员会（Truth and Reconciliation Commission），其目的不是惩处罪犯，而是让相互残杀的国民达成和解。该委员会负责人是退休的圣公会大主教德斯蒙德·图图（Desmond Tutu），他是1984年诺贝尔和平奖获得者，一生致力于促进和平的和解。

委员会赦免了一些对过往罪行供认不讳的人。虽然这些罪行受害者的家人普遍反对赦免这些罪人，但此时似乎也没有其他可行的替代方案。如果一定要加以处罚，又该对谁施刑呢？是新任国防部长乔·莫迪塞（Joe Modise），还是过去的Umkhonto负责人？或者是曾策划组织了反非洲人国民大会的祖鲁人敢死队的前国防部长马格努斯·马伦（Magnus Malan）？或是与非洲人国民大会和英卡塔之间的暴力冲突有关的犯罪集团？这些暴力事件在10年间导致1.5万人丧生，即使是在委员会召开相关听证会时，两者之间发生的伤亡事件仍未停歇。南非究竟能不能将某些英卡塔领袖（更别提布特莱齐本人了）提交给司法机关？对于牵涉到博塔的暴力指控，又该如何处置？①

①　蒂娜·罗森博格（Tina Rosenberg），《从种族隔离中恢复》（Recovering from Apartheid），《纽约客》，1996年11月18日，第86—95页。

在两年半的听证会后，真相与和解委员会于 1998 年 10 月颁布了倍受期待的最终报告。这份长达 2750 页的文件以极其详细的内容，呈现了黑人和白人犯下的无数侵犯人权的罪行。白人群体，尤其是那些与右翼组织有关的白人，谴责该报告对他们存有偏见；而黑人则痛批它偏袒对方，只强调非洲人国民大会的过错。该报告并没有提及前总统德克勒克，但它牵涉到了前总统博塔，后者指控该委员会实施了政治迫害活动。

与此同时，新政府还不得不处理日常管理事务。猖獗的犯罪现象是政府面临的一大问题。这里的警察通常没受过什么训练，各部门的腐败、旷工和渎职风气严重，对许多案件都没有展开认真调查；仅有 32% 的谋杀嫌疑犯被判刑——而南非却是世界上谋杀率最高的国家。另一个紧迫问题在于艾滋病横行。在 2000 年，卫生部统计南非艾滋病死亡人数已达 25 万，该国每日新增 1600 个艾滋病例。

1998 年 12 月，曼德拉将非洲人国民大会的管理大权移交给自己的老战友塔博·姆贝基（Thabo Mbeki），后者后来接替曼德拉成了南非新总统。曼德拉和平移交权力的行为，与许多非洲领导人至死握权不放的表现形成了鲜明对比。曼德拉为世人留下了宝贵的政治遗产，他曾领导反抗种族隔离的斗争，将权力移交给黑人多数群体，为发展拥有言论自由、综合大学、政治多元化和私营经济的社会铺平了道路。他表示："我们成了厄运的异数，实现了无血的革命。我们让每个南非人重获尊严。"① 这场革命绝非毫无血腥，但它的暴力事件的确远比预想中更少。

2008 年 7 月，在曼德拉 90 岁庆生会上，他表示担心自己的遗产正被他人侵蚀。在南非国民党只能算是在野党的情况下，非洲国民大会统治下的南非基本上算是一党之国。南非国民党负责人于 2004 年 8 月宣布加入非洲人国民大会，并建议自己的党员也采取同样做法，他解释称"南非未来走向的争论应出现在非洲人国民大会内部，而不是外部"。② 由于缺乏得力的反对党，南非的审查和制衡体系也开始瓦解。结果导致南非政治腐败加剧，并且无法有效祛除社会弊病——

① 特里·伦纳德（Terry Leonard），《曼德拉的和平遗产》（Mandela Has a Legacy of Peace），美联社，1999 年 6 月 1 日。

② 摘自《种族隔离党谢幕》（The Party of Apartheid Departs），《经济学人》，2004 年 8 月 14 日，第 44 页。

南非有世界最高的犯罪率和艾滋病患病率，生活贫穷，经济困难，即使是南非准备举办 2010 年世界杯比赛（第一次在非洲国家举办的世界杯）时也不例外。

在这种情况下，非洲人国民大会的反对党南非民主联盟（Democratic Alliance）逐渐得势。民主联盟提醒选民，南非已被困扰国民多年的问题所缠身，而非洲人国民大会无力根除这些问题——他们内部就存在腐败、低劣的公共服务等问题，在其统治下的南非失业率高达 37％。

2013 年 12 月，外国政要在曼德拉的葬礼上高度赞扬了他一生的遗产，尤其是他能原谅过去的政敌这一罕见的胸襟。但其他黑人却迟迟没有得到更公平地分配南非财富的待遇，这是一个被曼德拉未竟的事业所忽略的问题。年轻的民粹主义者朱利叶斯·马勒马（Julius Malema）在呼吁彻底重新分配南非的财富时，开始针对总统雅各布·祖马（Jacob Zuma）以及整个非洲人国民大会、曼德拉的遗产、外国投资者（尤其是坚决反对重新分配国家资产的阿非利坎白人）展开政治斗争。

第七章
阿拉伯世界的殖民地自治运动

在撒哈拉以南非洲在二战后寻求独立，脱离欧洲控制时，阿拉伯世界（从西部的阿拉伯半岛，沿着地中海南岸一直延伸到摩洛哥）也上演了类似的一幕。他们面临的对手仍然是英国和法国。它们的多数殖民地财产（除了摩洛哥）都被奥斯曼帝国所夺取，后者是一个在阿拉伯民族主义压力下走向衰落的帝国。在一战与二战之间的年代里，英法两国设法扼制阿拉伯人对国家独立的追求。但在1945年后，随着殖民地自治运动兴起，英法在阿拉伯世界的统治地位受到了挑战。到1962年，欧洲直接控制阿拉伯国家的时代就终结了。

法国撤离阿尔及利亚

法国认为必须根据阿拉伯民族主义力量崛起和法国在印度支那战争等历史背景，来考虑保留对阿尔及利亚的控制权。这一战让法国人在心理、生理和经济层面都遭到了重创。1954年战争结束时，法国在并不十分痛心的情况下就接受了失去印度支那的现实。他们认为印度支那是一个包袱，卸下这个重负对他们而言可是件好事。法国总理皮埃尔·孟戴斯-弗朗斯（Pierre Mendès-France），接受印度支那独立时，几乎没有遇到什么阻力（详见第10章）。

但5个月之后，法国就再次面临着失去另一个殖民地的风险。这一次要求独立的是阿尔及利亚。这一次同样会让法国失去强国的颜面和荣耀。已经在印度支那铩羽而归的法国，完全不愿意经历又一次惨败。

阿尔及利亚与其他法国殖民地的不同在于，它的官方名称是法国的一个组成部分，是地中海地区的一个省，与布列塔尼、阿尔萨斯和洛林地位相同（美国总统艾森豪威尔将其比作德克萨斯州，认为它的地位相当于美国的一个州）。另一个不同在于，阿尔及利亚有100万欧洲人口，他们认为自己居住的地方就是法国领土。令法国撤出越南的孟戴斯-弗朗斯现在坚持认为阿尔及利亚就是"法兰西共和国的一部分"。他宣称"阿尔及利亚很早就是法国的领土。没有人可以让它脱离法国大陆……法国也绝不会在这个根本原则上让步"。其内政部长弗朗索瓦·密特朗（Francois Mitterrand）补充说："阿尔及利亚就是法国。"①

　　法国入驻阿尔及利亚的时间可以追溯到 1830 年法军首次到达该地时。法国历时 17 年才彻底征服了与法国人并没有什么共同点的阿尔及利亚人，这些人讲阿拉伯语，信仰的是基督教传教士显然并不感兴趣的伊斯兰教（关于伊斯兰教概况，见第 21 章）。1848 年，首批法国罗马天主教移民到达阿尔及利亚，导致这两种文化与宗教之间展开激烈的斗争。1870—1871 年间，法国在与波斯交战时惨败，阿拉伯人民的反抗遭到了血腥镇压，之后大片阿拉伯土地被充公。阿尔及利亚成了欧洲移民（不单是法国人，还有其他欧洲人）分割的土地，后者占据了沿海最优质的土地，获得了法国公民的权利和保障待遇，而阿尔及利亚本地人却并不受到法律保护。法国认为这种征服属于自己"文明使命"的一部分，但只有欧洲人才可以享受法国民主的待遇，本地阿拉伯人（和柏柏尔人等少数民族）以及穆斯林人口都不在此列。

　　在两次大战爆发之间的年份（1918—1939 年），法国政府多次纠结于阿尔及利亚本地人地位的问题。自由主义者怂恿穆斯林阿尔及利亚人融入法国社会，要求法国政府为其提供法国公民身份，无须强迫他们改信天主教。为此，法国总理利昂·布卢姆（Leon Blum）于 1936 年提出了一个法案，为一批精选的阿拉伯人（比如在一战中拥有显赫军功的战士、教师，法国院校毕业生等）授予法国公民身份，无论他们是否保留原来的信仰。但该法案被反对派无情地否决了，一同受阻的还有阿尔及利亚并入法国的提议。

　　阿尔及利亚与法国社会的融合，不过是法国少数自由派人士的一个不切实际的幻想。阿尔及利亚的欧洲移民果断地拒绝了这个提议。多数穆斯林也有同感，他们可不认为自己是法国人。正如一位穆斯林学者所言："阿尔及利亚人民并不是法国人，就算他们想变成法国人，法国人也不会让他们如愿。"穆斯林学校的孩子们从小就被教育"伊斯兰是我的信仰。阿拉伯语是我的语言。阿尔及利亚是

---

　　①　孟戴斯-弗朗斯和密特朗，摘自约翰·塔尔博特（John Talbott），《一场无名之战：法国在阿尔及利亚，1954—1962》（*The War Without a Name：France in Algeria，1954—1962*）（纽约：兰登书屋，1980 年），第 39 页。

我的祖国。"①

他们为最崇高的理想而加入二战——为反抗法西斯、种族主义和殖民主义，为人类尊严而战。二战结束时，阿尔及利亚人不可避免地提出了落实这些理念的要求，以告慰加入法军参战并为此流血牺牲的同胞。

早在欧洲的战火尚未停息时，阿尔及利亚就出现了首个要求独立的武装力量。1945 年 5 月 1 日，在阿尔及利亚人庆祝五一节期间，示威者未经批准举行了一场游行，打出了谴责法国统治并要求独立的横幅。在法国人阻止游行的过程中，有 10 名阿尔及利亚人和 1 名欧洲人死亡。之后法国就鼓吹称已经平息了事态，恢复了所有秩序。但在 1945 年 5 月 8 日那一天，塞提夫市庆祝欧洲胜利日（V-E Day）的游行活动也演变成了一场暴乱。法国人扛着他们的三色旗游行，而阿尔及利亚人则高举自己要求独立的旗帜和横幅。有一名年轻人公然带着被禁止的印有红新月的阿尔及利亚绿白旗。有一名警察将其击毙，从而引发了一场反殖民暴乱——这也是欧洲国家发起的最血腥的镇压活动之一。

强硬的法国人派出了空军和海军，轰炸阿尔及利亚平民。曾经帮助法国返回越南的英国人，也提供了飞机，帮助运载来自法国、摩洛哥和突尼斯的法军。这场战斗结束时，法国展开了大规模的逮捕活动——这是殖民地独立运动爆发后的欧洲传统政策。法国声称仅有 1165 名阿拉伯人遇害，而阿尔及利亚人却认为死亡人数高达 4.5 万。② 美军战争情报收集组织——战略服务办公室认为阿尔及利亚人在这场战争中的伤亡人数为 1.6 万~2 万，其中死亡人数为 6000 人（这是一般公认的数据），③ 有 103 名欧洲人在暴力冲突中殒命。在 5 月 13 日这一天，法国人在康斯坦丁举行了一场阅兵，向阿尔及利亚人耀武扬威。阿尔及利亚人这才

---

① 阿德勒哈米德·本·巴迪斯（Abdelhamid Ben Badis），1931 年的乌理玛改革协会创始人之一，摘自坦尼娅·马修斯（Tanya Matthews），《阿尔及利亚的战争：危机的背景》（*War in Algeria: Background for Crisis*）（纽约：福特汉姆大学出版社，1961 年），第 20 页。

② 弗朗茨·法农（Frantz Fanon），《垂死挣扎的殖民主义》（*A Dying Colonialism*）（纽约：每月评论出版社，1965 年），第 74 页。

③ 《1945 年 5 月在阿尔及利亚的穆斯林起义》（Moslem Uprisings in Algeria, May 1945），1945 年 5 月 30 日的 OSS 研究和分析报告，第 226 记录组，华盛顿特区国家档案馆，第 1-6 页。

醒悟过来，二战原来只是他们帮助法国人获得解放，打跑德国侵略者的战争，而不是让法国殖民地获得独立的战争。

法国所有政党，包括共产党（其公开宣称的立场就是反对帝国主义）强烈支持镇压这起活动。在阿尔及利亚的法国当局将这次暴力冲突归咎于食物短缺和法西斯主义，就是不肯承认它的根本缘由，即阿尔及利亚人民对法国种族主义和殖民统治的深仇大恨。

在其后9年中，阿尔及利亚的局势相对稳定。但是下一场冲突爆发时，其性质就不再是1945年那种自发性的暴动。这一次是阿尔及利亚的民族解放阵线（FLN）组织的武装暴动，它将弱势者的传统武器——恐怖行动和游击战相结合，恐怖主义者和游击队并没有击败强大正规军的胜算。他们采用的恐吓手段，试图通过拖垮对方的意志来保持自己的战斗力。只要游击队继续战斗，就迟早能够获胜。

恐怖主义与游击战之间始终没有明确的界线。游击行动经常伴有一定的恐怖因素；而恐怖行动也是一种政治宣传形式。阿尔及利亚民族解放阵线先后进行了数十次武装暴动。越南南方民族解放阵线（NLF）的游击队对于恐怖手段这种作战方式也并不陌生。所有游击队都会被他们的敌方称为恐怖分子、土匪等。但当代研究还没有对恐怖主义提出统一的定义术语。更为复杂的是，没有人会承认自己是恐怖分子。有一项研究将恐怖主义定义为"由声称代表大众的小团体参与的具有政治动机的暴力活动"。[①] 这就包括阿尔及利亚民族解放阵线和法国军队。

阿尔及利亚的这场战争出现了史上极其残暴的一幕。阿尔及利亚民族解放阵线爆炸了其欧洲目标，而后者也在意料之中反炸了穆斯林建筑。法国军官称他们是因为准备的兵力不足才会失去印度支那，这一次绝不会再犯同样的错误。法军以酷刑折磨战俘，试图让他们供出阿尔及利亚组织的头目。1956年，法国议会（在共产党的支持下）授权第十伞兵师的雅克·马絮（Jacques Massu）上将采取一切必要的手段对敌作战。这场"阿尔及利亚之战"最终以阿尔及利亚人民解放阵线领导集团被摧毁而告终，这是一场用强力结束强力的战争。不到一年时间，

① 理查德·E. 鲁宾斯坦（Richard E. Rubenstein），《革命炼金术士：现代世界的恐怖主义》（*Alchemists of Revolution：Terrorism in the Modern World*）（纽约：基础读物出版社，1987年）。

暴动似乎就平息了。

但新领袖的崛起，势必引发新的斗争。曾为法国效力的费尔哈特·阿巴斯（Ferhat Abbas）等阿尔及利亚人也加入了这场动乱。由于百万欧洲移民要求提高安全防务，法军规模从原来的 5 万人增长至 40 万，这还不算站在法国这一边的阿尔及利亚人。但这只是引来了更大规模的反抗，估计有 2.5 万名武装动乱分子加入了战斗。最终，有 200 万到 300 万阿拉伯人（总人口为 900 万）被迫背井离乡，沦为难民，可能还有 100 万人在此过程中丧命。

许多法国人也开始逐渐认清这个艰难的事实——阿尔及利亚人永远不会成为法国人。到 20 世纪 50 年代末，曾经在阿尔及利亚问题上铁板一块的法国人，开始为此展开激烈的争辩。这一战令法国社会陷入了极大的分歧，几乎引发法国内战。一个反对法国继续强占阿尔及利亚的有力依据就是，此举会让在多次犯下暴行的军队中服役的士兵受到腐蚀。许多法国人（并不像在越战中的美国士兵）更关心暴行（尤其是酷刑）对法国社会而不是对阿拉伯受害者的影响。这其中涉及的道德和经济成本已经超过了他们从殖民地得到的好处。法军是时候适可而止，从阿尔及利亚退兵了。

法国杰出的政治领袖戴高乐将军（他是法国在二战中英勇抵抗纳粹德国的英雄，也是法国的骄傲）决定让已经深度分裂的法国撤出阿尔及利亚。但留守阿尔及利亚的移民却坚持要求：作为法国公民，他们有权得到法国政府的军事保护；而法军也毅然要求驻守阿尔及利亚。到 1957 年时，法国面临的最严峻的问题已经不再是阿尔及利亚的冲突，而是国内一连串由试图刺杀戴高乐的军官领导的"白色叛乱"。[①] 他们威胁要推翻法国的宪政政府，要将法国推向内战。

在 10 年前，戴高乐仍然属于保卫法兰西帝国的一员时，他曾将阿尔及利亚视为奠定法国强国地位的重要因素。"我们永远不能让阿尔及利亚是我国领土这个问题遭到质疑。"但时过境迁，物是人非，戴高乐的地位也发生了变化。他在 1958 年 6 月成为法国总统之后，首要问题就是解决阿尔及利亚冲突，在被前法国政府拒绝的条件上，向阿尔及利亚人做出了让步。戴高乐希望通过承认阿尔及利亚人的投票权，保留他们的宗教信仰，继续保留阿尔及利亚在法国的地位。但阿

---

① 在欧洲的政治词汇中，红色是寻求颠覆现状的革命色彩；而白色革命是维护旧秩序的反革命运动。

拉伯民族主义者却拒绝了这个主张，并在 1954 年向法国宣战。除非法国满足他们独立的要求，否则一切免谈。戴高乐面临着要么牺牲更多人命，要么撤军这两个选择。他选择了后者。1960 年夏，他公开发表了"阿尔及利亚属于阿尔及利亚人"的演说，并宣布阿尔及利亚将创建"自己的政府、机构和法律"。① 1960 年他在阿尔及利亚视察时，欧洲移民组织了一场大罢工，抗议他的政策，坚持"阿尔及利亚属于法国"的主张。

1962 年 7 月，戴高乐在自己的军队和阿尔及利亚移民的强烈反对之下放弃了阿尔及利亚；几乎所有移民后来都离开阿尔及利亚前往法国，他们永远无法原谅戴高乐的"背叛"行为。阿尔及利亚于 1962 年 7 月正式宣布独立，仅有 17 万法国公民留在了阿尔及利亚。法国移民撤离阿尔及利亚标志着法国殖民时代的终结。

阿尔及利亚人民解放阵线领袖曾在法国学校接受教育，他们当中许多人在二战时曾与法军并肩作战打击法西斯势力，在 1954 年 3 月，艾哈迈德·本·贝拉（Ahmed Ben Bella，阿尔及利亚人民解放阵线九大传奇创始人之一）在开罗组建人民解放阵线时，就因自己无法用阿拉伯语演讲而向一名埃及观众道歉。② 人民解放阵线的领袖并不太重视伊斯兰教，也不打算建立一个伊斯兰共和国。加入暴乱的阿尔及利亚妇女反抗的对象既有法国殖民势力，也有伊斯兰的头纱。阿尔及利亚人民解放阵线领袖也不想掀起真正的社会革命，不过他们自称是社会主义者——这一点倒是符合西欧和殖民世界的总体趋势。二战后几乎所有的独立领袖（包括毛泽东、尼赫鲁、胡志明、卡斯特罗等）都在宣扬某种形式的社会主义。

阿尔及利亚的新任领导人最感兴趣的首先是获得权力。本·贝拉成了独立后的阿尔及利亚首位总统，他很快就被其国防部长推翻和监禁。阿尔及利亚的革命已经结束。军队成功地保留了一党专政的制度。在 1991—1992 年，在伊朗的伊斯兰革命以及阿拉伯世界伊斯兰势力崛起的情况下，伊斯兰救世阵线党在选举中

---

① 塞缪尔·B. 布鲁门菲尔德（Samuel B. Blumenfeld）在迈克尔·克拉克（Michael Clark）的《动乱中的阿尔及利亚：叛乱的成因、影响及其未来》（*Algeria in Turmoil：The Rebellion，Its Causes，Its Effects，Its Future*）一书中的后记（纽约：Grosset & Dunlap，1960 年），第 443—454 页。

② 葛玛·恩克鲁玛（Gamal Nkrumah），"Ahmed Ben Bella：Plus a change"，Al-Ahram Weekly Online，2001 年 5 月 10—16 日。

获胜，但不久就被军队遣散。其后阿尔及利亚爆发了空前血腥的内战，约有 10 万人因此丧命，在这场战争中军队和伊斯兰好战分子都犯下了滔天罪行。新闻记者遭到新闻审查或被暗杀，无法独立调查军队在这场大屠杀中的同谋，军方将此事完全归咎于叛乱分子。军队始终控制着内定政治候选人的权力。1999 年，阿卜杜勒-阿齐兹·布特弗利卡（Abdelaziz Bouteflika）成为新领导人，继续推行军事独裁。2001 年，美国总统乔治·布什欢迎阿尔及利亚成为其全球反恐战争的盟友。

摩洛哥

法国从摩洛哥和突尼斯撤兵的行动，并不像在阿尔及利亚那样声势浩大。依照 1912 年的《非斯协定》，摩洛哥成了法国的保护国——这是被外国控制的委婉说法。从官方层面来讲，摩洛哥仍然是由其苏丹统治的主权国家。但实际上掌权的却是法国驻军总领事、公务员和法国移民（买下了最佳农地的人）。在二战期间，法国自称是为人民组建政府的权力而战，这大大激发了摩洛哥独立运动的发展。1952 年，在首都拉巴特、卡萨布兰卡及其他城市出现游行示威活动和暴乱期间，先知穆罕默德的后代、摩洛哥苏丹穆罕默德五世从法国流亡到了马达加斯加。但法国此时正忙于应付邻近的阿尔及利亚冲突，无力增援摩洛哥，只能找回苏丹，并承认摩洛哥独立，令该国实行"君主立宪制"。

但摩洛哥的宪法赋予穆罕默德五世（于 1957 年改称国王）许多参与政事的权力（这一点与欧洲的君主立宪制不同，后者的国王仅扮演法律和习俗上的礼仪性角色）。穆罕默德五世利用自己的权力，提升了摩洛哥的人权纪录，禁止一夫多妻制，并引进了民事离婚法（这是一个宗教问题）。但这位国王仍然是摩洛哥的政治中心人物，完全不会受到弹劾。他保留了对媒体、军队、法院的控制权，还有权颁布法令。

尽管摩洛哥位于马格里布（即"阿拉伯以西"）的西部边缘，穆罕默德五世及其继任者都无意卷入反以色列战争——这场战争已经让他们的以色列远亲耗费了大量时间和精力。他们更希望与西方，尤其是法国维持良好的关系。表面上看，摩洛哥政局稳定，但国王却要时刻警惕不同政见者，尤其是在 20 世纪末成为伊斯兰教激进分子的群体。所以在 9·11 事件后，穆罕默德六世就欣然加入美国的阵营，向反西方的伊斯兰好战分子宣战。

突尼斯

突尼斯（与摩洛哥相似，也是法国的保护国）独立运动的中心人物是哈比卜·布尔吉巴（Habib Bourguiba）。他曾发表了谴责法国殖民主义的激情演讲，在20世纪30年代多数时间因煽动"种族仇恨"的罪名而被监禁。在二战之后，法国指责他再次挑起动乱，又一次逮捕了他。但布尔吉巴被捕只引来了更多骚乱。最后，法国也像在摩洛哥一样，因无力控制动乱而释放了布尔吉巴。1956年，法国承认突尼斯独立。

作为法国"文明使命"的产物，布尔吉巴是领导突尼斯独立运动的意外候选人。他在巴黎学过法律和政治科学，还娶了一位法国妻子。他非常推崇西方文明，甚至还直言不讳地宣称"我痛恨殖民主义，但不恨法国人"。他认为自己是法国传统的社会改革者，提倡教育（包括女性教育）、计划生育、妇女权利（结束一夫多妻制，将女人的结婚年龄提高到17岁，并将穆斯林面纱称为"令人厌恶的抹布"）和现代化的国家医疗保健体系。他高度重视国家经济发展，尤其是贫困地区的经济发展。突尼斯的文化仍然受到法国和温和的伊斯兰文化的影响，其海滩是穿着暴露的欧洲人和突尼斯人最喜欢的度假胜地。

但布尔吉巴的统治却逐渐演变成了一种个人崇拜。早在1958年时，他就开始抱怨人民"过于重视自由"。1974年，他的立法机关众议院授予他终身担任总统的权力。他的任期于1987年结束，当时他新任命的总理扎因·阿比丁·本·阿里（Zine el-Abidine Ben Ali）宣布已经84岁的老布尔吉巴已经不再具备治理国家的能力，罢免了他的职务。尽管布尔吉巴的统治不乏缺点，但其相对温和的独裁专制却是后殖民地社会较为成功的一个典范。

利比亚

20世纪20年代，意大利法西斯领袖贝尼托·墨索里尼宣布利比亚（已经是意大利保护国）是罗马古代遗产的一部分。但墨索里尼并没有"保护"它，而是让利比亚饱受其"夺回"罗马祖传遗产这一举措的武力冲击。在多起惩罚性战役中，墨索里尼的军队将10万利比亚人赶离他们的土地，并迁入意大利移民

（这一群体后来在利比亚总人口中占12%）。

因此，利比亚人在二战期间帮助英军打败了北非的德军。二战后，心怀感激的英国人将利比亚权力移交给他们的前盟友西迪·伊德里斯（Sidi Idris），他是该国东部占利比亚国土1/3的西兰尼卡帝国的酋长。

伊德里斯于1957年称王，继续与西方保持密切往来（即使是1956年英国向埃及开战时也不例外）。利比亚的大量财富来自新发现的油田，这些资源由西方公司开发，受到特里波尔附近的美国惠勒斯空军基地（现在是米提加国际机场）的保护。但西方却无法保护国王免受国内政敌所害。

1969年9月，由穆阿迈尔·卡扎菲上校领导的一个利比亚军队派系，趁着特里波尔发生反西方暴动，宣布利比亚结束伊德里斯（当时正在土耳其接受治疗）的统治。卡扎菲废除了君主制，并建立了一个"伊斯兰社会主义"共和国。伊德里斯与英国、美国关系密切，而卡扎菲对西方却十分厌恶，利比亚与西方对抗的时代就此拉开序幕（见第21章）。

埃及

埃及自1882年开始就一直受到英国监管，当时英国的战舰轰炸了亚历山大港。英国在埃及的商业利益受到了威胁，尤其是具有战略意义的苏伊士运河，它是进入红海和印度洋的通道。在某些非洲地图上，埃及被描绘为准独立国家，但它的统治权却在英国，而不是埃及总督（代表奥斯曼帝国统治埃及的总督）手中。1922年，埃及总督被提升为埃及国王，但仍然受到英国监护。英国统治持续到1952年，当时埃及军队在贾迈勒·阿卜杜·纳赛尔领导下发起政变，推翻了无能的法鲁克国王。法鲁克倒台与摩洛哥和突尼斯独立运动在同一时期发生，当时摩洛哥和突尼斯的民族主义者均要求摆脱法国的殖民保护。所以，埃及也不可避免地迟早要步这些殖民地的后尘。

为了摆脱英国的桎梏，埃及需要一位更强硬的领袖，而不是沦为埃及人民笑柄的傀儡国王。法鲁克于1936年登基，当时才16岁，向来就是一身纨绔习气。他坐拥多处宫殿和百来辆豪车，却从不知足。外出进行国事访问时，他总会暴露出嗜偷的奇葩爱好，偷一些无价的物件，比如伊朗国王的仪式剑和丘吉尔的怀表。这还不够，他还成了一名技艺高超的扒手。他是欧洲花边小报的宠儿，人称

"开罗神偷"，他与多位女子的风流韵事，不合常规的举止，以及嗜吃如命的爱好常见报端，成了人们茶余饭后的谈资。他在45岁时，自己吃到撑死。

纳赛尔与许多二战后的阿拉伯国家领导人一样，认为自己是一个社会主义者。但从西欧社会民主到试图让柬埔寨回归古代农业社会的红色高棉政权，人们对社会主义的定义却不尽相同，颇有差距。纳赛尔对社会主义的定义就曾经让1958年访问埃及的赫鲁晓夫一脸困惑。纳赛尔关注的是改善埃及的原始农业部门，发展工业（这是在尼罗河上游修建阿斯旺水坝的主要原因），提供社会服务，并增强军力以对抗以色列。尽管纳赛尔着力解决埃及的社会需求（经济、教育和医疗保健），这些问题仍然只能居于次位，因为他更关心的是军事发展。在纳赛尔于1970年突然离世后，埃及军队却并没有停止前进的步伐。埃及仍然受到军政府统治（除了"阿拉伯之春"这个短暂的时期，见第23章）。

最重要的是，纳赛尔是一个泛阿拉伯民族主义者，他想统一阿拉伯世界，并消除欧洲殖民统治（无论是英国或法国）的痕迹。比如，始于1954年的阿尔及利亚对抗法国的暴动，就得到了纳赛尔的经济和后勤援助。纳赛尔的排外情绪最初主要针对英国这个干涉埃及事务的国家。英国对苏伊士运河的控制，仍然是对埃及民族主义者的一种侮辱；这也是纳赛尔将运河收归国有，令其置于埃及控制之下的原因。

纳赛尔与英国关系的恶化，也影响到了他同美国的关系。当西方借款机构在美国的压力之下拒绝资助阿斯旺水坝时，纳赛尔转向苏联求助。苏联不但帮助建设了水坝，还为埃及提供了武器。在此过程中，苏联在阿拉伯世界人口最多、最有战略意义的国家建立了近20年的据点。

纳赛尔于1958年策划建立阿拉伯联合共和国（United Arab Republic，简称UAR），令叙利亚与埃及在政治上进行联手时，进一步引起了西方（和以色列）的反弹。这一举措受到了两国的初步欢迎，但还没有达到官方所宣称的民众100%赞成的地步。事实很快证明，阿拉伯地方主义的势力更为强大——这一联盟仅仅维持了3年（不过官方宣称它持续了13年）。叙利亚人发现，他们还是希望在没有外部干涉的情况下处理自己的事务。

以泛阿拉伯主义的代言人自居的纳赛尔，当然会宣布阿拉伯世界不容犹太国立足。纳赛尔比其他阿拉伯领导人更想将以色列置于死地。所以在纳赛尔当政期间，埃及才会两次同以色列交手，但都以失败告终。尤其是在第二场战争——

1967 年的六日战争中，纳赛尔的心理防线被彻底击溃。

黎巴嫩

根据 1916 年 5 月秘密签订的《赛克斯—皮科协定》 （Sykes‒Picot Agreement），小亚细亚（地中海以东地区，当然仍被奥斯曼帝国统治）被英法两国分割。1922 年，国际联盟对所谓的英法托管制度进行了法律制裁。法国控制了包括今天的叙利亚和黎巴嫩在内的土地；英国则分到了后来成为以色列、约旦和伊拉克的土地。从被土耳其统治的那个时代开始，日益高涨的反殖民主义情绪，就已经为它们的分裂埋下了种子。在一战期间，它们的主要讨伐对象是奥斯曼帝国；一战之后，阿拉伯民族主义者剑指英法和阿拉伯世界中的欧洲犹太人。

1943 年，旧帝国主义者戴高乐，即法国流亡政府负责人，宣布承认黎巴嫩独立。他这么做并不是因为已经想通了，而是为了避免黎巴嫩在二战中加入德国法西斯的阵营。法军于 1946 年彻底撤离黎巴嫩时，该国就成了马龙派天主教徒①、逊尼派和什叶派穆斯林共同掌权的国家。贝鲁特这个繁荣的金融贸易中心和法国游客经常光顾的度假胜地获得了"中东巴黎"的美称，但现实很快打破了黎巴嫩脆弱不堪的平静。逊尼派、什叶派和基督教徒为夺权而相互斗争，互不信任对方。更为雪上加霜的是，以色列和叙利亚都声称黎巴嫩是自己的一个省份，由此产生了大批流离失所的黎巴嫩难民。

法国人专断地在开阔肥沃的贝卡谷地东部边缘划出了叙利亚和黎巴嫩的边界，这个地区历史上属于附近大马士革省份的一部分。支持与自己同属基督教派群体的法国人，并没有将贝卡谷地划为黎巴嫩的一部分，因为这会改变该国的人口结构。这种边界降低了基督徒人口的比例，却提高了穆斯林人口的比例。穆斯林在人口上占据优势（他们的人口出生率也更高）正是该国多年以来内乱不断的重要因素。另外，叙利亚也想恢复自己在黎巴嫩的影响力，声称贝卡谷地就是"大叙利亚"的一个省。

---

① 这些东正教会天主教徒以 4 世纪的叙利亚‒阿拉姆僧侣马龙命名，与梵蒂冈保持着密切往来。实际上，其现任元老还是天主教会的红衣主教学院成员。

叙利亚

在此期间，法国于1946年承认黎巴嫩独立，也恢复了叙利亚的自由之身。从一开始，军事就在叙利亚的政治活动中占据首要位置。在1948年的阿拉伯以色列战争之后，阿拉伯复兴社会党（本质上比社会主义者更好战）逐渐得势。从获得独立开始，叙利亚（类似于多数阿拉伯国家）就一直处于阿萨德政权的军事控制之下。

1970年，由阿拉维派组成的一支规模较小的军队派系（通常被西方误称为什叶派穆斯林）上台掌权。40年后，阿拉维派在"阿拉伯之春"期间遭遇强劲的对手，但仍想不顾一切手段抓住手中的权力，并在2011年3月引发了一场剧烈的内战（见第23章）。

约旦

英国根据《赛克斯—皮科协定》掌握了巴勒斯坦的控制权，这个组织松散的地区从地中海一直延伸到了伊拉克。因为在一战期间曾对犹太复国主义者和阿拉伯人许下承诺，英国又迅速将巴勒斯坦一分为二。西部地区作为犹太人的"家园"，而约旦河以东的地区则成为外约旦酋长国（今天的约旦）。先知穆罕默德的后裔哈希姆酋长①阿卜杜拉也恰好是侯赛因（麦加的酋长和圣族后裔）的儿子（后来加冕为"阿拉伯之王"），他是英国在第一次世界大战期间的盟友。从一开始，约旦就拥有大多数巴勒斯坦人口。鉴于这一事实，犹太复国主义者还是认为巴勒斯坦国早已存在。其余约旦人口包括多数居住在沙漠地区的贝都因人，他们在总人口中占30％左右。

---

① 以红海沿岸地区的希贾兹阿拉伯氏族命名。其后裔令阿拉伯世界诞生了无数哈里发、麦加首长，以及希贾兹、沙特阿拉伯、叙利亚、伊拉克、约旦、摩洛哥、突尼斯、索马里和也门的国王。

伊拉克

英国人在伊拉克将阿卜杜拉的兄弟封为费萨尔国王一世。而当地人对哈希姆国王，以及来自麦加的外来人都深恶痛绝。在阿卜杜拉真正承认以色列地位和吞并西岸之后，巴勒斯坦民族主义者就暗杀了他，费萨尔的儿子也遭遇了类似的命运。在1958年"7月14日革命"中，叙利亚复兴社会党军队在阿卜杜勒·卡里姆·卡塞姆（Abdul Karim Qassim）的命令下谋杀了费萨尔二世这位年仅23岁，在英国受过教育的国王（以及他的总理、妻儿、其他家庭成员和仆人）。卡西姆刚夺权，包括野心勃勃的萨达姆·侯赛因在内的其他复兴社会党军官就试图暗杀他。在事情败露之后，侯赛因不得不逃往叙利亚。但1963年，复兴社会党军官成功刺杀卡西姆之后，侯赛因就回国了。伊拉克在政变与反政变中不断轮回，为侯赛因这种积习难改的阴谋家创造了理想的生存环境。

1979年7月，侯赛因及其支持者罢免了无能的总理，夺取了伊拉克政权。侯赛因上台后处理的第一桩事务就是结束复兴社会党内部兄弟相残的行为，以此恢复国内秩序。此后，该党就成了侯赛因的一言堂。为此，他策划了一场令人脊背发凉的戏剧性事件，并将其搬上了银幕，作为警示潜在挑战者的实际教材。在一个坐满200名党内杰出人物的会堂上，他不无恶意地宣布"我们中间有叛徒"。当一名官员逐个念出与会者的姓名时，他戏剧性地暂停了一下，然后再评判他们是否清白。那些被他认为有罪的成员会立即被保镖押送出去，而后通常就会被问斩。在他们离开会场时，侯赛因会在他们背后大喊"滚出去！滚出去！"有些还没有被念到姓名的复兴社会党人见此情形被吓哭了，当即向侯赛因表明忠心，高喊"萨达姆·侯赛因万岁！"其他命运悬而未决的人，也为他的这场审判齐唱赞歌。这就是活生生的恐怖主义教材。这些情景通常只出现在电影中，但侯赛因却想让伊拉克人看看叛徒的下场。其中有些被捕的人在饱受折磨后获释，这是侯赛因最喜欢玩弄的伎俩。他们在生理和心理上都已经崩溃，成了警醒潜在反对者的教材。他们究竟是真的叛徒还是被诬陷为叛徒，这一点并不重要。[1] 关键是要杀一儆百，无须讲究公平正义。

---

① 探索频道，"真正的萨达姆"（The Real Saddam），2003年1月31日。

侯赛因清洗复兴社会党之后，还恐吓了大多数什叶派穆斯林，以及伊拉克东北部的库尔德人（他们是印欧人而不是阿拉伯后裔），后者就算不能完全独立，也会不断要求获得自治权。与其前任不同的是，侯赛因长期把持大权（将近1/4个世纪），终于在2003年被全球最大的军事强国推翻了。

第八章
阿以冲突

中东的反殖民主义力量在 20 世纪初最开始主要针对土耳其奥斯曼帝国，后者占领该地区长达数百年。但土耳其在一战后惨败，该地区就被英法两国所控制。因此，这些阿拉伯国家不过是又换了一代主人，所以仍然存在反抗外国势力的活动。最终，英法开始意识到殖民主义大势已去，它们必须撤出中东。阿拉伯世界一向排斥欧洲文化渗透，法国在镇压阿尔及利亚革命的过程中对此深有体会。根植于伊斯兰传统的阿拉伯民族主义和文化，不可避免地逐渐破坏了英法在中东的权威。

但由于命运的转折，阿拉伯民族主义开始主张自己的权利，中东地区在 19 世纪 80 年代出现了另一个文化和政治因素——在一个以阿拉伯人为主的地区，首次为犹太人重建家园，在耶路撒冷重建《圣经》中的锡安。犹太复国主义者（主要为欧洲背景）偏偏在欧洲人的殖民主义遭到挑战和撤离海外殖民地的这个时机中，展开了自己的复国实验。

犹太复国主义的重生

当代犹太复国主义起源于欧洲民族主义的复兴，而欧洲民族主义很快在德国和其他地方变成了邪恶的种族主义。欧洲在 19 世纪出现了浪漫民族意识的复兴，欧洲人渴望定义自己的历史、起源，以及对人类文明的贡献，结果助长了通常所称的"欧洲文明"的分裂趋势。德国人、意大利人、俄罗斯人和爱尔兰人等各种欧洲人都热衷于挖掘本民族古代文明和传统的独特性，宣称本民族的文化优于其他民族。他们都有一个共性：找到自己在欧洲文明中的正当地位，找到自己"在太阳中的位置"。

欧洲的犹太人则是另一种典型。他们的信仰与其他欧洲基督徒不同，很难被欧洲文化和政治所同化。另外，19 世纪还是一个民族意识极强的时代。犹太人在前一个世纪"理性时代"中相对宽容的心态已经不复存在。犹太人的法律地位开始恶化，这种情况在东欧最为典型。欧洲犹太人开始考虑在《圣经》中提到的锡安之地重建古代犹太国，结果导致犹太人的民族主义复兴，这也是 19 世纪最后几十年兴起的反犹太主义所造成的结果。①。

现代犹太复国主义之父是来自俄罗斯的犹太人列奥·平斯克（Leon Pinsker），而俄罗斯恰恰是一个将反犹太主义作为国策的国家。1881 年，犹太人背上了暗杀沙皇亚历山大二世的罪名，由此引发了反犹太人的屠杀活动（或大屠杀）。犹太人在革命运动中占据了很大的比例，尽管谋杀沙皇是俄罗斯族人所为，这次暗杀还是引发了空前规模和浓烈的反犹情绪。出于自我保护的需要，平斯克于 1882 年出版的一本手册《自我解放：一个俄国犹太人对同胞的呼吁》（*Auto-Emancipation：An Appeal to His People by a Russian Jew*），提出了建立一个犹太国的主张。在他的呼吁之下，犹太人创建了"锡安爱人"这个组织，帮助第一波犹太海外移民回到巴勒斯坦。此时，这个地区已经几乎没有犹太人了；但到 19 世纪80 年代时，这里的犹太人口达到 3 万~4 万人，约占总人口的 5%。

奥地利犹太人西奥多·赫茨尔（Theodor Herzl）在组织第一届世界犹太复国主义大会，并于 1897 年出版了一本名为《犹太国》的小册子后，成为犹太复国主义事业最著名的宣传者。赫茨尔清楚建立这样一个国家面临着重重障碍。巴勒斯坦还在奥斯曼帝国手里，后者一直在镇压包括犹太人和阿拉伯人在内的所有民族主义活动。所以赫茨尔才会将第一批犹太复国主义者称为"心怀梦想的乞丐"。②

现代民族主义运动（从中世纪结束算起）的主要目的是反抗外来帝国主义的压迫。拿破仑战争催生了德国的民族主义；蒙古人入侵，唤醒了俄国人的民族主义意识；而美国的民族主义意识则来自反抗英国的斗争。现代犹太人的民族主义正是人们攻击犹太文化，乃至排斥犹太人而出现的结果。同理，阿拉伯民族主义的复兴，同阿拉伯人反抗奥斯曼帝国的斗争也脱不了关系。犹太人和阿拉伯人

---

① 犹太人的民族主义自该民族散居以来就存在，犹太人的离散始于公元前 6 世纪，当时所罗门圣殿遭到毁灭，最终以公元 70 年的耶路撒冷第二座圣殿的毁灭，以及巴尔·库克巴（Bar-Kochba）在公元 135 年反抗罗马的起义失败而达到顶点。英国哲学家伯兰特·罗素（Bertrand Russell）在提醒其读者注意时表示，现代民族主义是一个相对较新的概念，他指出在中世纪末，"除了犹太人之外，几乎不存在任何民族主义"。

② 摘自阿莫斯·艾龙（Amos Elon），《以色列人：创始人和圣人之子》（*The Israelis：Founders and Sons*）（纽约：Holt，Rinehart and Winston，1971 年），第 106 页。

的民族主义大概同一时间在巴勒斯坦重现。阿拉伯人想收复被奥斯曼土耳其控制的土地；而亡命天涯的犹太人则迫切需要建立一个安全的避难所，以摆脱反犹主义的迫害，所以他们也要求得到这块土地。

以色列扩张

早期的犹太复国主义者后知后觉，没有及早认识到他们最终要与阿拉伯人结下恩怨。但不久之后，他们终于醒悟过来，土耳其的没落不过是他们在漫漫建国路上迈出的第一步。早期的犹太复国定居者，后来的以色列第一任总理大卫·本古里安（David Ben-Gurion）直到1916年才意识到他们忽略了阿拉伯人。有一位巴勒斯坦阿拉伯朋友提醒他注意，阿拉伯和以色列终有一战。这位阿拉伯人在土耳其军事监狱中向本古里安表达了自己的担忧，他告诉本古里安："作为你的朋友，我非常遗憾你也在这里；但作为一名阿拉伯人，我很高兴你也入狱了。"本古里安后来回忆称："这对我来说真是当头一棒，不能忘了这里会发生阿拉伯民族主义运动。"①

犹太人建国的主张在一战时被初次提起，当时英国正与德意志帝国的盟友土耳其交战。1916年12月，英国人从埃及进军，次月即挺进耶路撒冷。此时，英法已经达成了在土耳其战败后瓜分中东的一致意见。根据1916年5月19日签订的《赛克斯—皮科协定》，英国控制了巴勒斯坦、伊拉克和后来的外约旦，而法国则分到了黎巴嫩和叙利亚。

英国并没有预见之后会发生的冲突。在与土耳其人作战时，他们获得了阿拉伯人的支持（最著名的典型是由他们的同胞组织的"阿拉伯的劳伦斯"），并在承诺战后要帮助阿拉伯人复国。英国人的这些承诺令耶路撒冷、大马士革和其他被土耳其人久占的城市掀起了反土耳其运动的高潮。与此同时，英国政府还得到了犹太人的援助，并许诺将"回馈对方的好意"，帮助他们在巴勒斯坦"建立一个犹太人的国家"。这个诺言体现在英国于1917年11月签订的《贝尔福宣言》（贝尔福是当时的英国外交部长）中致莱昂内尔·罗斯柴尔德男爵（Baron Lionel Rothschild，英国犹太人群体的领袖人物）的信件中。但该宣言也坚称，"不应损

---

① 巴勒斯坦阿拉伯人和本-古里安，出处同前，第155页（在原文中进行了强调）。

害巴勒斯坦现有的非犹太公民的民事和宗教权利"①。该声明及之后得到国际联盟认可的签注文件，令1881年就开始进行的建立犹太人家园的偶然实验得到了国际支持。

阿拉伯人不承认《贝尔福宣言》。他们表示这些只是英国人单方面的承诺，效力有限，并且存在条件。他们坚称在巴勒斯坦建立一个犹太人的"民族家园"并不能构成一个犹太国。此外，大英帝国也无权越过巴勒斯坦人民而将巴勒斯坦出让给他人。况且，英国早些时候已经在1915—1916年的侯赛因-麦克马洪书信中针对巴勒斯坦问题对阿拉伯人做出了承诺。这些书信往来促成了1916年签署的《侯赛因—麦克马洪协定》（麦加酋长谢里夫·侯赛因与英国埃及高级行政长官亨利·麦克马洪之间的协议），阿拉伯人以此作为加入英国对抗土耳其的条件，要求英国承认阿拉伯联合国家在地中海和红海之间的领土主权。

这项英国政策最值得一提的地方在于，伦敦当局竭尽全力满足所有对中东土地的诉求，这成了英国战后欠下的一笔"人情债"。为了取悦阿拉伯人，他们将约旦河以东的一片领土授予沙里夫·侯赛因的第二个儿子阿卜杜拉。英国由此将巴勒斯坦最偏东的土地移交给当时的外约旦酋长国，即今天的约旦王国。这种人为划分的区域构成了巴勒斯坦的首个分区。约旦河以西的巴勒斯坦其余地区，以及其中居住的阿拉伯人和犹太人，仍然处于英国统治之下。

英国人很快发现自己实在无法同时安抚两个互有争端的民族，无法不让他们敌视对方。阿拉伯人和犹太人都怀疑英国人违背了当初对他们许下的诺言。阿拉伯人担心英国人想在巴勒斯坦建立一个锡安国；犹太人又害怕英国人支持人数更多的阿拉伯人，无意履行《贝尔福宣言》中的承诺。英国没有明确的对策，只能尽量将这两个敌人分开。这种两面安抚的后果就是，英国人两头受气，同时遭到犹太人和阿拉伯人的怨怼。

一战结束后，犹太复国主义者与巴勒斯坦人之间常因争夺同一片土地的历史和宗教权利而引发冲突，双方在这个问题上互不相让，彼此怨恨。暴力冲突总会引发暴力报复。1929年的血腥冲突是阿拉伯和以色列人之间的首次大规模流血事件。在耶路撒冷的哭墙和圆顶清真寺发生的一场冲突中，有133名犹太人和116名阿拉伯人丧生。在希伯伦，据称与该市具有深厚历史渊源的犹太居民在一

---

① 《贝尔福宣言》，英国《泰晤士报》（伦敦），1917年11月9日，第7页。

场暴乱中被驱逐出城，导致 87 名犹太人因此死亡。英国当局有意维持和平局面，但是收获甚微。双方都认为英国对自己背信弃义，并没有兑现一战时许下的诺言。为了安抚 1936—1939 年发生叛乱的阿拉伯人，英国于 1939 年颁布了备受争议的《关于巴勒斯坦问题的白皮书》。英国当局试图根据这份文件，将巴勒斯坦的犹太人数控制在 1/3 的比率，并严重缩减了移交给犹太人的土地面积（当时该地区的犹太人口约占总人口的 30%，超过了 1918 年时的 10%）。

英国在纳粹德国迫害犹太人的时候下达了这个指令，但没有一个国家愿意收容这些犹太人。希特勒在两年时间中，发起了灭绝犹太人的大屠杀。激进的犹太复国主义者开始猜测最坏的情况，那就是，英国与纳粹合谋将犹太人赶尽杀绝。英国也的确在犹太人拼命逃避纳粹魔爪期间，封锁了巴勒斯坦，拒绝为其提供庇护。犹太复国主义者因此对英国在巴勒斯坦的统治政策产生了久久无法消解的恨意。二战结束后，这种恨意让英军与好战的犹太组织（例如伊尔贡——由梅纳赫姆·贝京领导的犹太复国主义军事组织）之间冲突不断。伊尔贡虏获和处决了英军士兵，并在 1946 年 7 月炸毁了耶路撒冷的大卫王酒店，有 91 人丧生，其中包括 28 名英国公民。

在二战期间，有 600 万欧洲犹太人惨遭纳粹的毒手，波兰人、乌克兰人、法国人（这些人后来也被德国人所征服）等也在此过程中落井下石。这种情形极大激发了犹太人的民族意识，犹太人更加强烈地意识到建立一个犹太国的必要性，他们迫切需要一个自我保护、抵抗反犹主义的容身之所。数年之后，当埃及总统纳赛尔发表了要摧毁以色列的言论时，犹太人就不禁回想起希特勒对犹太人展开的大屠杀。

二战之后，英国决定撂下巴勒斯坦这个包袱，将问题移交给刚成立的联合国。但这个时候，根据《贝尔福宣言》的提议，建立一个让阿拉伯人和犹太人共存的巴勒斯坦国，显然已经完全不可能了。没有多少犹太复国主义者和阿拉伯人赞同这个提议。两个民族之间已经结下了深仇大恨，双方都认为自己才是巴勒斯坦的合法继承人。于是联合国就在 1947 年 11 月主张在巴勒斯坦分别建立一个以色列国和阿拉伯国家。而作为犹太人和穆斯林（以及基督徒）的圣城，耶路撒冷则以"国际城市"的身份，向所有信仰的教徒自由开放。联合国决议标志着巴勒斯坦的第二次分裂，这一次分割的是英国将约旦河东岸移交给外约旦酋长国后剩下的区域。

几乎所有阿拉伯人都拒绝这项均分巴勒斯坦的联合国决议。阿拉伯人怀疑犹太复国主义者想控制半个巴勒斯坦，并且将锡安的心脏——耶路撒冷作为脱离以色列国的独立实体这一事实，也最终会招致以色列人的不满，不可避免地促使以色列人对外扩张。多数犹太人都愿意接受联合国划定的边界，虽然他们觉得这与犹太复国主义运动设想的结果还有很大的差距。曾经表示以色列东部边界必须到达约旦河的大卫·本古里安，顶住了犹太人要求扩张领土的压力，就是为了能够让阿拉伯人承认自己少年时期就怀有的梦想——建立以色列国。而更为激进的犹太复国主义者，比如贝京（他领导的伊尔贡军事组织的地图上，将以色列边境划到了约旦河外）认为以色列的领土应该远远超过联合国制定的方案。

阿拉伯人依旧顽固地拒绝以色列人在巴勒斯坦立足。他们最多愿意接受让以色列人成为阿拉伯国家中的少数民族。更重要的是，许多阿拉伯人认为他们可以用武力手段阻止以色列在此建国，并将犹太复国主义者赶进地中海。

犹太复国主义者的梦想终于成真了。以色列国（不再仅仅是犹太人的家园）得到了国际社会的承认。最先同以色列建交的是美国，其他西方国家和苏联也迅速响应，但没有一个阿拉伯国家承认以色列的地位。在 1949 年约旦国王阿卜杜

圆顶清真寺（耶路撒冷）。（图片来源：哈里·彼得罗夫斯基提供

耶路撒冷的西墙——或称"哭墙"。（图片来源：哈里·彼得罗夫斯基提供）

拉密会犹太复国主义者之后，他就被巴勒斯坦人所刺杀。面对死不妥协的阿拉伯人，加上希特勒战败不足三年犹太人又惨遭屠杀的教训，以色列坚定了要以武力捍卫本族生存权的决心。

阿以战争

在英国人于1948年5月准备从巴勒斯坦撤军时，双方都准备动手了。此前阿拉伯人和犹太人的冲突已经非常血腥，不断升级了。1948年4月9日，贝京领导的伊尔贡组织在亚辛村杀害了116~254名巴勒斯坦人（具体数字取决于清点人数的一方），3天后阿拉伯人报复性地杀害了77名犹太人。暴力行为变成了两国人民的集体记忆。每场大屠杀都有人为其辩护，他们辩称这是正义之战中的正义之举。阿以战争在这种情形之下爆发了。

1948年的阿以战争实际上持续了4周。大量阿拉伯人（包括约旦人、叙利亚人、埃及人、黎巴嫩人和伊拉克人）入侵了以色列，但他们采取了未经协调的无效行动。以色列获胜的结局就是，巴勒斯坦迎来了第三次分裂。以色列占领西耶路撒冷、内盖夫沙漠和加利利部分地区时，以色列得到了比联合国分割计划多三分之一的土地。约旦国王阿卜杜拉则吞并了约旦河西岸和东耶路撒冷。被以色列人打败，又被约旦王国背叛的巴勒斯坦人只能眼睁睁地看着自己的复国梦化为泡影。

这一战所制造的难民问题成了持续困扰中东的大麻烦。到1948年4月末，甚至在尚未爆发战争时，以色列军队就驱逐了29万巴勒斯坦阿拉伯人。在战争期间，以色列人又驱逐了30万巴勒斯坦人。到1973年时，难民数量突破150万；2004年，这一数据更是达到了创纪录的400万人，其中许多人接受联合国救济组织提供的庇护。多数难民越过约旦河，涌入约旦。因此，约旦有70%的人口是巴勒斯坦人，所以才导致一些以色列人坚称这世上已经存在一个巴勒斯坦国了，没有必要另建一个巴勒斯坦国。

巴勒斯坦人的逃亡，令以色列成了一个以犹太人为主，牺牲剩余的阿拉伯少数群体的犹太复国主义者的天堂。无论阿拉伯人是否为了寻找避难所而抛弃了之前的财产，他们的财产在战后都会被以色列没收。[1] 流离失所的巴勒斯坦人只好在约旦、黎巴嫩和加沙的难民营中度日，他们认为自己只是暂时的难民，并期待有一天能够重返原来的故土和家园。

战争结束时，以色列人认为自己划定的停火线具有永久效力，违反国际法的规定，拒绝让巴勒斯坦人重归故土。对阿拉伯人来说，新的边界和难民是他们战败的耻辱，他们仍然无法接受这场战争的结果。这些因素加上阿拉伯人在以色列合法地位问题上的顽固立场，导致阿以关系持续陷入死局之中。

巴勒斯坦分裂是英国、联合国、以色列和约旦，以及欧洲的资本主义和共产主义力量等因素合力造成的结果。从一开始，美国和其他西方主要国家就为以色列提供了外交支援，苏联阵营在阿以战争中也为以色列提供了许多武器。1948年战争暴露出了阿拉伯人的弱点以及他们无法同仇敌忾的短见。以色列兵力远超阿拉伯军队，几乎是后者的两倍。阿拉伯人口口声声说要再发动一场战争，将以色

---

[1] 查尔斯·格拉斯（Charles Glass），"务必将他们铲草除根"（It Was Necessary to Uproot Them），《伦敦书评》，阿里·夏维特（Ari Shavit），"吕大1948：屠城记忆和今日中东"（Lydda, 1948: A City, a Massacre and the Middle East Today），《纽约客》，2013年10月21日。

列人赶进大海，但他们只不过是色厉内荏，试图以此掩饰自己的无能和内心的挫败感。

1952 年埃及宫廷发生的一场政变将无能的法鲁克国王逐下王位，取而代之的是贾迈勒·阿卜杜·纳赛尔。纳赛尔提出了一个联合所有阿拉伯人的泛阿拉伯运动设想，埃及和叙利亚也的确曾短暂地合并为一个国家——阿拉伯联合共和国。纳赛尔试图重振阿拉伯人的骄傲，同时呼吁将令伊斯兰世界蒙羞的西方势力（尤其是英国、法国和以色列）逐出阿拉伯地区。以色列和阿拉伯之间似乎必然再次爆发战争。纳赛尔不接受以色列的存在，马不停蹄地将另一场阿以战争搬上了议程。

随着中东局势趋紧，军备竞赛也不断升级。纳赛尔转向苏联求助，并在 1955 年 9 月宣布与之达成历史性的武器交易，埃及接受了苏联米格 -15 战斗机、轰炸机和坦克，苏联则借此首次在共产主义势力范围之外扶持了一名代理人。以色列立即与法国就军火协议重新展开谈判。中东危机箭在弦上，战争随时可能一触即发。这场战争很快就降临了。1956 年 7 月，纳赛尔果断控制了苏伊士运河，撤销了英法对这个战略水道的控制权和经营权。

英法准备还击，重新夺回苏伊士运河。以色列人也加入了英法的阵营，因为他们早就对纳赛尔咄咄逼人、威胁要摧毁以色列国的言辞怀恨在心，他们正好借此机会摆脱纳赛尔的军事威胁，阻止阿拉伯突击队员（不惜为战斗献身的阿拉伯人）突袭以色列边界。这些空袭已经造成了多起暴力事故，以及一系列入侵和报复事件，这又必然引发新一轮空袭和报复。

在准备第二次阿以战争（第二次中东战争）期间，英国、法国和以色列于 1956 年 10 月秘密签订了《塞夫勒条约》（Treaty of Sèvres）。以色列直奔苏伊士运河，抵达埃及西奈半岛南端的沙姆沙伊赫。英法海陆空三军合力对付武器众多的埃及。这一战仅持续了数天，从 1956 年 10 月 29 日开始，到 11 月 2 日就结束了。埃及彻底输掉了这场战争，这对埃及人而言简直是奇耻大辱。

英法发动袭击准备夺回苏伊士运河时，却遭到了国际社会的阻拦。美国总统艾森豪威尔宣布反对这场战争，苏联也扬言将介入干涉，联合国的谴责也迫使英法以三国中止了袭击。以色列最终同意在埃及承诺不会刁难经过泰伦海峡（以色列通往红海的出口）的以色列船只后撤出西奈半岛。纳赛尔保留对苏伊士运河的控制权，但该河依然多年以战舰严密把守。在以色列边境巡视埃及的联合国军好不容易才让双方停火，勉强保持了 10 多年的平静。

1956 年爆发的西奈战争，并没有解决以色列和阿拉伯的任何宿怨。这实际上是阿以战争的延续，以色列仍然无法得到任何阿拉伯政府的承认，而阿拉伯国家依旧要求摧毁以色列。双方都很清楚，两军必然还有一战，并加紧进入了备战状态。

1967 年春，纳赛尔针对以色列船只封锁了泰伦海峡，无视以色列发出的宣战警告。阿以紧张局势迅速升级。纳赛尔要求联合国军离开同以色列接壤的埃及领土，并同约旦国王侯赛因缔结了军事条约。伊拉克也加入这一条约时，以色列就出手了，1967 年 6 月的六日战争就此爆发。

不到一周时间，以色列军队就重创埃及、叙利亚和约旦军队，并再次改变了中东版图。动荡不安的局势仍然是这个地区的噩梦。这一次又重演了 1956 年阿以战争的那一幕——以色列征服了西奈半岛，直达苏伊士运河。它还占领了埃及的加沙地带，这个地区居住着巴勒斯坦难民。而后又转向叙利亚，猛攻戈兰高地这个看似坚不可摧，宽 20 英里，高 600 英尺，从加利利地区突起的战略平台，叙利亚军队经常在这个据点俯射其下的以色列居民点。最重要的是，以色列还夺取了约旦政府管辖下的约旦河西岸和死海（通常称为约旦河西岸，即约旦河以西）地区，以色列借此占领了整个耶路撒冷城。

以色列于 1982 年向埃及归还了西奈半岛，并在 2005 年将加沙地带移交给巴勒斯坦人，不过当时的巴勒斯坦已经由好战的伊斯兰组织哈马斯掌权。至于其他被占领的领土（戈兰高地、约旦河西岸和耶路撒冷），从阿拉伯角度来看，仍然没有得到解决。

1967 年 11 月，世界大国再度要求联合国解决阿以冲突，分别支持其中一个交战国的美国和苏联，唯恐自己被拖入阿以战争这个泥潭。因此，在美苏的罕见合作之下，联合国安理会第 242 号决议呼吁以色列撤出六日战争中攻占的领土，并提出了包括让阿拉伯人承认以色列和公平处置巴勒斯坦难民在内的政治解决方案。埃及和约旦几番犹豫之后，还是接受了 242 号决议，但叙利亚和好战的巴勒斯坦人仍然拒绝这个文件。以色列人也不想放弃所有的胜利果实，同样拒绝履行该决议内容。在其后数十年时间中，西方不时还会提出根据 242 号决议的精神来解决政治问题。但以色列似乎不为之所动，不肯退回 1967 年之前划定的边界。以色列后来放弃了西奈半岛和加沙地带，但从来不考虑将东耶路撒冷归还给阿拉伯人。而阿拉伯人则坚称根据242号决议，"在交战中被（以色列）占领的领土"意思就是"所有领土"。① 以色列在六日战争中的功臣摩西·达扬（Mose Dayan）将军表达了他的极端主义信念："我宁愿要土地而不要和平！"约旦国王侯赛因则颇有预见性地回敬道："以色列可以拥有土地或和平，但不能二者兼得。"② 由此造成的僵局正是中东好战分子从来没有消停的一大原因。

攻占约旦河西岸，就意味着以色列控制了这里居住的75万与之为敌的阿拉伯人。在战争结束3天后，也就是在1967年6月13日，第一批以色列定居者到达古什埃齐翁，这里正是1948年犹太人被逐出的地方。其他犹太人开始收回在东耶路撒冷的财产。③ 梅纳赫姆·贝京通过1977年的以色列选举上台执政，他始终坚称约旦河西岸可不仅仅是被征服的阿拉伯领土，也不是以色列用来和阿拉伯讨价还价，换取对方承认以色列国合法地位的筹码。在贝京领导下，以色列居民在约旦河西岸扩大了定居点。贝京拒绝将该地区称为约旦河西岸，坚称它是《圣经》中的朱迪亚和撒玛利亚，也就是古代锡安国的部分领土。尽管这一主张遭到了阿拉伯国家、联合国、美国和其他国家的反对，贝京还是认为吞并朱迪亚与撒玛利亚已成定局，不可更改。贝京政府还正式吞并了戈兰高地，认为此事同样没有商量的余地。

令约旦河西岸问题更加复杂的是，该地最大的城市希伯伦有亚伯拉罕的墓地，而亚伯拉罕是同时受到犹太人和穆斯林尊崇的圣人。双方都认为亚伯拉罕是上帝的信使，是指引其精神的圣人，甚至还是肉体上的祖先。犹太人认为自己是亚伯拉罕之子以撒的直系传人，阿拉伯人认为自己是亚伯拉罕另一个儿子以赛玛利的后代。

① "联合国第242号决议"，《联合国年鉴》（*Yearbook of the United Nations*）；1967年（纽约：联合国，1969年），第257-258页。

② 摩西·达扬和侯赛因国王，摘自达纳·亚当斯·施密特（Dana Adams Schmidt），《中东的末日审判》（*Armageddon in the Middle East*）（纽约：John Day，1974年），第249页。关于达扬和侯赛因观点的讨论，请参见伯纳德·阿维沙伊（Bernard Avishai），《犹太复国主义的悲剧：以色列土地上的革命与民主》（*The Tragedy of Zionism：Revolution and Democracy in the Land of Israel*）（纽约：Farrar，Straus and Giroux，1985年），第275-278页。

③ 汤姆·戈夫（Tom Segev），"A Bitter Prize"，《外交事务》，第85卷，编号3（2006年5/6月），第145页。

1967 年阿拉伯人战败产生了另一个意想不到的结果——它助长了解放巴勒斯坦/恐怖主义活动发展的势头。在战争后，由亚瑟尔·阿拉法特（Yassir Arafat）新成立的巴勒斯坦解放组织（巴解组织）将各个分散的群体联合起来。巴解组织取代阿拉伯国家军队，在之后挑战约旦河西岸的以色列势力的过程中，发挥了主要作用。在 1972 年慕尼黑夏季奥运会期间，巴勒斯坦恐怖分子将以色列运动员和教练作为人质，当着全球观众的面杀死了其中 11 人。在全球观众面前处决人质这一事件，令巴勒斯坦问题再次成为国际焦点。但这种"行动宣传"手段（借用 19 世纪俄国革命运动的一句话）只是火上浇油，令双方极端主义分子更加疯狂地阻碍一切试图解决冲突的举措。

第三次阿以战争，也就是"赎罪日战争"终于在 1973 年 10 月爆发。埃及人永远不会忘记他们三次被色列军队痛打，以及西奈半岛被以色列占领的国耻。埃及总统安瓦尔·萨达特（Anwaras Sadàt，1970 年接替纳赛尔就任总统）进攻了以色列看似固若金汤的苏伊士运河阵地。这次奇袭让埃及初次尝到了胜利的甜头，但以色列军队也毫不示弱地进行了反攻，并扬言要消灭埃及军队。联合国、美国和苏联立即介入，希望阻止这场战争。它们都禁止以色列和埃及消灭敌军。根据停火协议的条款，埃及可以收复在苏伊士运河东岸的据点，而联合国将创造一个缓冲区，将双方隔开。

埃及这次进攻标志着阿拉伯国家首次从以色列手中夺回领土——虽然只是一小块领土。在 1/4 个世纪中接连受辱的阿拉伯军队，终于盼到了扬眉吐气的机会。萨达特认为自己现在掌握了同以色列平等谈判的筹码。在美国的怂恿下，埃及成了第一个承认以色列合法地位的阿拉伯国家。萨达特鼓起极大的政治（以及实际上的）勇气，回应了以方邀请他于 1977 年 11 月在以色列国会演讲的邀请，并借此表达了他希望"同以色列永远和平共处"的意愿。

萨特达与贝京于 1978 年 9 月在美国总统戴维营度假胜地的峰会上同台亮相，当时的美国总统吉米·卡特出面调解两国关系。这项"戴维营协议"达成了1979 年的埃及和以色列和平条约，结束了双方 30 年的战争，埃及正式承认以色列合法地位。而以色列也同意向埃及归还西奈半岛，并于 1982 年 4 月履行了承诺。这也标志着阿拉伯国家首次成功地从以色列手中收复领土。萨达特通过谈判就取得了其他阿拉伯国家领导人发动战争也没有得到的成果。为了表彰贝京和萨达特这两个从恐怖分子转型的外交官，诺贝尔奖委员会向两人颁发了诺贝尔和平奖，但没人说得清为什么美国总统卡特却没有得到这个奖项。

1979年3月27日，埃及总统安瓦尔·萨达特、美国总统吉米·卡特、以色列总理梅纳赫姆·贝京在马里兰州戴维营签署中东和平条约之后握手。（图片来源：AP/Worldwide Photo）

　　但"戴维营协议"并不能充分解决耶路撒冷、约旦河西岸和巴勒斯坦难民等棘手问题。贝京曾含糊地提过要让巴勒斯坦人在以色列国实现"自治"，但他更感兴趣的是与埃及和平建交，而不是讨论那些居民的命运问题，他认为这些巴勒斯坦人所居住的地方就是以色列不可分割的领土，因此它属于国内事务，无需同外人磋商。萨达特也有类似的态度，对巴勒斯坦人的命运没有太大兴趣。"戴维营协议"也没有解决以色列首都耶路撒冷的问题。几乎所有以色列人都坚称耶路撒冷必须保持完整，不容分割。但巴勒斯坦人也将耶路撒冷当成他们未来建国的都城。

　　没有人过问巴解组织的意见，而巴解组织也无意协商这些问题。与贝京同桌谈判等于在事实上承认了以色列的地位，因此许多阿拉伯人将萨达特视为巴勒斯坦人和阿拉伯建国大业的叛徒。萨达特同以色列建立的新关系，也让他在国内备受攻讦。由于反对他的呼声越来越高，他的政权也不断趋于独裁，政敌对他愈加恨之入骨。激进的穆斯林分子，埃及伊斯兰圣战组织成员于 1981 年 10 月刺杀了萨达特。①

化不开恩怨的巴勒斯坦问题持续困扰着这个地区。1970 年，约旦国王侯赛因在发现巴解组织对其政权构成威胁之后，将该组织领导人驱逐出境。巴解组织在黎巴嫩这个已经四分五裂的国家建立了新的行动基地，在黎巴嫩占统治优势的基督教少数派与人口占多数的穆斯林之间濒于内战。黎巴嫩的政治派系都有自己的私募军队，巴勒斯坦人正是在这种动荡的环境中，训练出了自己的武装分子。

巴解组织战士在黎巴嫩的南部基地不时向北方的以色列发动袭击。以色列当然是以牙还牙。袭击和报复成了黎巴嫩和以色列边境的家常便饭。1981 年 7 月，美国特使菲利普·哈比卜（Philip Habib）前往中东，拟出了一份让双方都遵守将近一年，直到 1982 年 6 月才中止的停火协议。在梅纳赫姆·贝京开始着手彻底消除窝藏在黎巴嫩的巴勒斯坦威胁后，停火局面就被打破了。

以色列政府针对其入侵黎巴嫩南部的官方解释是，他们是为了根除边境地区的巴勒斯坦威胁，维护"加利利的和平"（这也是该行动的代号）。但这次入侵理由却很牵强，因为该边境已有将近一年时间没有发生巴勒斯坦游击队员的攻击事件了。贝京政府宣布该行动的范围有限，以色列军队不可能多逾越 40 公里（25 公里）进入黎巴嫩。但事实却证明，贝京及其国防部长阿里尔·沙龙（Ariel Sharon）其实暗怀更有野心的计划。

1981 年 12 月，沙龙向菲利普·哈比卜概括了一个情况，要求打击黎巴嫩，以便一举解决几个问题。沙龙将驱逐当地的叙利亚人，后者曾在多年前受到黎巴嫩政府邀请，来到此地帮助重建因内战而分崩离析的黎巴嫩。而这些叙利亚人来了之后就不肯走了。沙龙认为这些（从 1948 年起就同以色列人战事不断的）叙利亚人会成为黎巴嫩真正的主人。沙龙的下一步计划就是摧毁黎巴嫩南部的巴解组织——用他的话来讲，这就是一个"定时炸弹"，并以此来征服以色列境内不

---

① 胡斯尼·穆巴拉克，萨达特继任者，关押了大量嫌疑犯，其中包括谢赫·奥马尔·阿卜杜勒·拉赫曼（Sheik Omar Abdel Rahman）和阿伊曼·阿尔-扎瓦希里（Ayman al-Zawahiri），这两人最后都被释放。他们重获自由之后，就加入了奥萨马·本·拉登的基地组织。1993 年，拉赫曼曾策划了炸毁纽约市世界贸易中心一座塔楼的行动；扎瓦希里则成为基地组织的领导人物之一。

安分的巴勒斯坦人（数量约 50 万）。① 哈比卜询问应该如何处置黎巴嫩的 10 万巴勒斯坦人时，沙龙告诉他："我们应该将他们交给黎巴嫩人处理……我们会清除 5 万武装恐怖分子，其余人交由黎巴嫩人负责。"哈比卜对即将违反他制定的停火协议的行为表示抗议。美国总统罗纳德·里根警告贝京，美国反对任何进入黎巴嫩的行动，但却无济于事。

入侵黎巴嫩的确让巴解组织遭遇了军事上（但不是政治上）的失败。在其之后，以色列轰炸了居住着不少巴勒斯坦人的贝鲁特地区，给当地造成了严重的破坏。这次侵略令 700~2000 名巴勒斯坦平民在萨布拉和夏蒂拉的难民营中惨遭屠杀。这场屠杀（先用刀后用枪）是黎巴嫩基督教马龙派长枪党民兵所为，以色列军队当时也目击了这场大屠杀，并且认可和支持了这一行动。② 以色列军队还重创了黎巴嫩的叙利亚军队，并摧毁了苏联为该国提供的许多军事硬件设备。叙利亚人却迅速从悲痛中恢复了力量，更坚定地在黎巴嫩扎根。以色列军队并没有完全撤军，而是在黎巴嫩南部的缓冲区留下了一部分兵力。

这次侵略造成了不计其数的损失。最大的输家是巴勒斯坦人，他们先是遭到以色列人的毒手，而后被基督教长枪党民兵所屠杀，最后还被黎巴嫩的什叶派穆斯林所加害。这一战也让以色列同什叶派结下了梁子；什叶派又和基督教马龙派及其长枪党民兵结仇；有一个巴解组织派系（获得叙利亚支持的叛乱分子）又与阿拉法特派系为敌。这一战令巴解组织游击队大量撤离（他们在远离巴勒斯坦的突尼斯首都突尼斯找到了新据点），有 600 多名以色列战士丧命，也令色列人之

---

① 沙龙告诉哈比卜："这实际上并不是一个计划，但它极可行，是 24~48 小时的迅速而有力的军事打击，这将迫使叙利亚人撤退并造成重大损失，从而要求巴解组织离开黎巴嫩。"沙龙还希望黎巴嫩政府能够重获贝鲁特-大马士革公路的控制权，从而将叙利亚人赶向更偏北的地方。选自以色列工党报纸《Davar》发表的沙龙与哈比卜谈话的美国外交总结报道。美国驻以色列大使塞缪尔·W. 刘易斯（Samuel W. Lewis）和国务院确认了该谈话的基本框架。托马斯·L. 弗里德曼（Thomas L. Friedman），"报纸称以色列概述了入侵情况"，《纽约时报》，1985 年 5 月 26 日，第 115 页。

② 约翰·费斯克（John Fisk），《可怜的国家：绑架黎巴嫩》（Pity the Nation：The Abduction of Lebanon）第四版，（纽约：桑德茅斯出版社/Nation Books，2002 年），第 11 章"恐怖主义"，第 359~400 页。1983 年，一个以色列委员会宣布沙龙不再适合担任国防部长，他应该对这次屠杀负责。但这并不妨碍他成为住宅与建筑部长，并负责监管约旦河西岸扩建定居点的工程。2001 年，他成为以色列总理。

间产生了不可弥合的分歧。以色列政坛针对是否有必要展开本次侵略行动争论不断，因为这是首次由以色列挑起的战争，并且没有做好幸存者的善后工作。

这一场战争还产生了其他代价巨大的后果。不久，美国和法国维和部队在愤怒的反对者以及西方少数无法理解缘由的民众施加的压力之下，介入黎巴嫩持续发生的内战，试图扮演忠实的调停人。当美军"新泽西"号战舰向贝鲁特的穆斯林居民点开火时，美国"维和人员"的形象一落千丈。两个什叶派真主党（天军）的自杀袭击者引爆装满炸药的卡车，炸死了 242 名美军人员（多数为海军陆战队员）和 59 名法国伞兵。当时，里根仅仅宣布美国使命已经完成，并没有真正说明这场战争的本质。

巴以僵局

在 20 世纪 80 年代中期，巴解组织还是远未能实现自己的终极目标——摧毁以色列，建立一个巴勒斯坦国。在 1982 年被逐出黎巴嫩之后，该组织陷入了混乱状态。在其后数年间，其名义上的领袖阿拉法特（当时居住在突尼斯）仍在努力维护该组织的团结。

阿拉法特所做的努力收效甚微，直到 1987 年 12 月巴勒斯坦人民自己掌权，事情才出现了转机。一辆以色列卡车与两辆汽车相撞，导致 4 名巴勒斯坦人丧生的事件之后，所谓的"起义"（意思是"摆脱犹太复国主义者的枷锁"）在加沙展开了行动。民众反抗不断升级，并扩散到了约旦河西岸。以色列不得不用荷枪实弹的士兵来对付扔石头的巴勒斯坦人。到 1990 年初，以色列军队已枪杀了 600 多名巴勒斯坦人。以色列强硬派将暴力事件归咎于巴解组织。

这场起义引发了以色列对于加沙地带和约旦河西岸前途的争论，也让巴解组织针对自己的战略和战术问题展开了激辩。1988 年 11 月，巴解组织在阿尔及利亚召开会议，通过了一项决议，宣布愿意根据联合国第 242 号和 338 号决议，在以色列军队和已达 7 万人口的以色列居民撤出占领区的条件下，承认以色列的合法地位。对巴解组织来说，这已经是一个相当妥协的姿态。阿拉法特还宣布："我们（巴解组织）完全和绝对谴责一切形式的恐怖主义。"[1] 以色列总理伊扎

---

[1]　阿拉法特声明文本，《巴尔的摩太阳报》，1988 年 12 月 15 日。

克·沙米尔（Yitzhak Shamir）及其右翼政党利库德集团却并不相信阿拉法特的和平声明，他们不愿意同巴解组织和谈，也不想接受巴勒斯坦国的存在。沙米尔无法忘记巴解组织曾发誓消灭以色列的言论，况且它有几个派系至今仍持有这一立场。[①]

1990 年冷战结束极大改善了以色列同苏联的关系。这两国重新建立了外交关系（苏联在 1967 年六日战争时曾中断与以色列的关系），苏联敞开大门向以色列放行犹太移民，以色列接纳了这些移民。大批犹太移民涌入以色列（仅 1990 年就有 20 万犹太移民）令以色列产生了除了提供住房和就业之外的其他许多国内问题。许多苏联犹太人在约旦河西岸和东耶路撒冷（巴勒斯坦人争夺的地区）定居。虽然起义的暴力事件已平息，苏联犹太人涌入被占领的土地却再次激发了阿拉伯人的恨意，但沙米尔反复承诺他会维持"大以色列"所有边境（包括所有被以色列控制的地区）的现状。

寻求政治解决方案

阿以争端是导致 1990 年 8 月伊拉克入侵科威特引发波斯湾危机的因素之一（见第 21 章）。在该年年初，伊拉克统治者萨达姆·侯赛因威胁要"烧光半个以色列"以报复以色列对伊拉克的所作所为。为了得到阿拉伯国家的支持，侯赛因扬言只要以色列撤出所有的占领区，他就从科威特退兵。

1991 年初美国领导的联军在海湾战争中击败伊拉克，改善了中东地区的情况。巴解组织早已宣布愿意在以色列归还 1967 年占领的土地这一条件下，承认以色列的地位。叙利亚总统哈菲兹·阿萨德（Hafez Assad）没有了苏联的支持，也不再佯装他有收复戈兰高地的实力。许多以色列人希望尽快了结这场代价巨大的对抗，他们也认为现在是时候坐下来和谈了。

1992 年 6 月，工党领袖伊扎克·拉宾（Yitzhak Rabin）击败沙米尔，成了以色列新任总理。拉宾承诺要以更灵活的手段实现和平，并提出他愿意用一部分土地换取和平。拉宾是一名军人，在 1964 年 1 月成为以色列国防军总参谋长。他

---

① 伊扎克·沙米尔，"以色列建国四十年：回首过去，展望未来"（Israel at 40: Looking Back, Looking Ahead），《外交事务》第 66 卷，编号 3（1988 年），第 585-586 页。

过去的强硬立场导致阿以紧张局势升级，促成了 1967 年的六日战争。在那场战争中，以色列占领阿拉伯土地一事同他也脱不了干系，但现在却轮到他来为那场战争收拾残局。拉宾宣布当务之急是协商约旦河西岸和加沙地带的巴勒斯坦人的自治问题。为此，他宣布限制在被占领土上建立新的犹太定居点，但他不愿意接受 1967 年的边界。

奥斯陆协议

在 1993 年夏末，巴解组织官员和以色列"现在就要和平"（Peace Now）运动组织成员（脱离拉宾政府，率先采取行动）在挪威奥斯陆举行秘密会谈，为解决阿以冲突带来了新希望。这次会谈取得了突破性的成果，阿拉法特和拉宾都接受了协议的大纲。奥斯陆协议要求以色列从加沙地带（除了犹太人定居点）和杰利科的约旦河西岸撤军，并在未来进一步撤出其攻占的地区。这些地区的政治控制权将移交给以阿拉法特为首的巴勒斯坦权力机构。签约仪式于 1993 年 9 月 13 日在白宫的草坪上举行，当时颇为犹豫的拉宾握住了阿拉法特首先伸出的手。

但最终解决途径依旧扑朔迷离。奥斯陆协议的一大缺点就在于它没有定义实现永久和平的框架。它没有提到犹太人在加沙地带和约旦河西岸定居点的前途、东耶路撒冷（当地人口几乎是清一色的巴勒斯坦人）的地位问题，也没有提到难民和巴勒斯坦建国的问题。最重要的是，它几乎丝毫不影响犹太居民点在约旦河西岸的持续扩张。如果不能停止这种扩张，就不可能实现和平。

此外，双方对于奥斯陆协议都有不同的理解，这一点在签约协议上就已经表现得很明显了。拉宾曾含糊地提到双方"注定要在同一片土壤，同一块土地上生活"。而阿拉法特则表示巴勒斯坦人"有权进行自决"和在"平等权利"的基础上同以色列"共存"，他要求履行联合国第 242 号和 338 号决议，这两项决议均要求以色列撤出 1967 年攻占的地区。①

① 拉宾和阿拉法特的演讲，沃尔特·拉克尔（Walter Laqueur）和巴里·鲁宾（Barry Rubin）主编，《解读阿以关系：中东冲突纪录史》（*The Israel-Arab Reader：A Documentary History of the Middle East Conflict*）第五次修订版，（纽约：企鹅出版社，1995 年），第 613–614 页。

奥斯陆协议促使约旦国王侯赛因采取了行动。约旦同以色列的密谈很快就产生了一项于 1994 年 7 月在华盛顿签署的和平条约，正式结束了双方长达 46 年的战争。

该协议仍然引发了以色列和巴勒斯坦激进分子的强烈反对。拉宾的外交部长希蒙·佩雷斯（Shimon Peres）这样解释了以色列政府的处境："和平谈判不但要给本国人民一个交代，也要给其他国家人民一个交代。"① 犹太好战分子，尤其是那些已经在希伯伦定居，深入约旦河西岸地区的犹太人，根本不想接受奥斯陆协议的任何提议。

负责同敌人打交道的巴勒斯坦和以色列领导人都清楚，他们已经被许多同胞视为割让祖先遗产的叛徒。对以色列来说，更复杂的问题就是又有一股巴勒斯坦社会、政治和军事力量在崛起对抗以色列，它就是活动在加沙地带的伊斯兰好战组织哈马斯（在阿拉伯语中是"热诚"的意思），它打出了消灭以色列的坚定口号，得到了许多民众的支持。哈马斯是"穆斯林兄弟会"（见第 21 章）的巴勒斯坦分支，成立于 1987 年，是巴解组织的反对派。该组织的精神领袖是谢赫·艾哈迈德·亚辛（Sheik Ahmed Yassin），该组织崛起速度缓慢但十分稳健，是日益腐朽和低效的巴解组织的一支重要反对力量。它根本不接受奥斯陆协议。它指责阿拉法特没有取得什么成果，他背叛了巴勒斯坦的建国大业。

以色列人中也同样不乏好战分子。1994 年 2 月，一名在美国出生的犹太复国主义者巴鲁克·戈尔茨坦（Baruch Goldstein）在希伯伦的族长洞穴（亚伯拉罕和其他旧约人物的安息之处）射杀了 29 名穆斯林信徒。戈尔茨坦是一名极端组织成员，该组织的一名拉比（犹太人对有学识之人的尊称）在致戈尔茨坦的悼词中提到了该组织的观点："100 万个阿拉伯人也不值 1 个犹太人的指甲。"②

但只要奥斯陆协议仍然有效，就还存在解决一些棘手问题的可能。为此，诺贝尔和平奖委员会依照以往惯例，将 1994 年的和平奖颁发给曾经的宿敌——拉宾、阿拉法特和佩雷斯，表彰他们在谈判桌上而非战场上解决分歧的举措。

---

① 佩雷斯，摘自康妮·布鲁克（Connie Bruck），"和平的伤痛"（The Wounds of Peace），《纽约客》，1996 年 10 月 4 日，第 64 页。

② 摘自威廉·普法夫（William Pfaff），《极端主义者的胜利》（Victory to Extremists），《巴尔的摩太阳报》，1994 年 3 月 7 日，14A 版。

巴勒斯坦当局领导人阿拉法特现在就不得不担起治理一个准自治区的重任。加沙地带人民生活尤为贫困，失业率高达50%左右。到1994年末，世界银行和一些国家已向巴勒斯坦当局资助了1.8亿美元，但这对该地区的发展来说根本就是杯水车薪。除了努力摆脱人民对经济的抱怨之外，阿拉法特的独断专制和腐败统治也同样备受批评。最严重的是哈马斯组织发起的挑战。1994年10月，一名哈马斯自杀爆炸者引爆了特拉维夫的一辆满载乘客的巴士，杀死了21人。在加沙地带有2万名哈马斯支持者举行集会，高呼该自杀爆炸者是烈士，谴责巴解组织同以色列达成协议。

1995年9月，阿拉法特和拉宾附签了一份详细的方案，确立了以色列军队撤出约旦河西岸30%土地（包括主要城市和400多个城镇）的时间表，令巴勒斯坦权力机构负责为约旦河西岸大多居民提供公共服务，但并没有在停止犹太居民点扩张或建立巴勒斯坦国等更重要的问题上取得任何进展。

以色列好战分子加大了对拉宾的攻击力度。反对派利库德集团新任领导人本雅明·内塔尼亚胡（Benjamin Netanyahu）甚至还指控拉宾犯了叛国罪。在内塔尼亚胡竞选活动中的一张海报上出现了拉宾戴着阿拉伯人的标志性头巾的形象。1995年11月，拉宾被21岁的以色列极端分子伊格尔·阿米尔（Yigal Amir）刺杀身亡。此人搬出了宗教理由为自己的暴行正名：必须处死伤害犹太人同胞的犹太人。拉宾的继任者就是其外交部长希蒙·佩雷斯。佩雷斯是奥斯陆协议和平进程的策划者之一，他致力于推进这一举措，但他首先面临的是内塔尼亚胡在竞选中的挑战。

重陷僵局

以色列总理的首轮直接选举于1996年5月在不断升级的暴力阴霾中进行，这次选举成了针对将近三年的和平进程的全民公投。内塔尼亚胡以微弱优势获胜，而这位强硬派一直在反对奥斯陆协议的每个步骤。与拉宾的"以土地换和平"政策不同的是，内塔尼亚胡认为"要用防务来保障和平"。

内塔尼亚胡犹豫着不肯见阿拉法特，他认为对方是一个恐怖主义者，并不是值得与之磋商的合作伙伴。但内塔尼亚胡与阿拉法特还是在1997年1月会面了，签署了一份要求以色列从希伯伦撤退的协议，据称他们在当天凌晨2：45签约，就是为了避开公众耳目。内塔尼亚胡继续拆毁巴勒斯坦人的房屋，并授权在约旦河西岸扩建犹太人定居点，以及仅限犹太人通行的道路。在奥斯陆协议签约之后的七年时间中，犹太人在这里扩建的定居点增加了50%，犹太居民增长了72%，犹太人口达到38万，而当地的巴勒斯坦人是300多万。① 此外，巴勒斯坦人的经济状况也在不断恶化。2000年2月，埃及总统胡斯尼·穆巴拉克（Hosni Mubarak）警告称巴勒斯坦就是一颗定时炸弹。

在1999年5月的选举中，工党的中间派候选人，前职业军人埃胡德·巴拉克（Ehud Barak，曾作为拉宾的门徒升任以色列国防军参谋长职位）击败内塔尼亚胡，他承诺恢复停滞不前的奥斯陆协议。但巴拉克还是无法同阿拉法特达成最终协议。他关注的是以色列从黎巴嫩南部撤军，以色列军队从1982年就驻守在那里了。从黎巴嫩撤军后，巴拉克于2000年7月又将目光转向了叙利亚，希望就戈兰高地问题同对方达成共识。但叙利亚新任领袖巴沙尔·阿萨德对这种谈判并没有什么兴趣。他坚持以最激进者的立场，要求以色列无条件撤出1.8万名犹太移民，将军队撤出戈兰高地。

巴拉克说服美国总统比尔·克林顿介入调停，于2000年7月在戴维营展开巴以会谈。在会议讨论期间，巴拉克向阿拉法特做出了超出以色列人共识的让步。他向阿拉法特做出了针对约旦河西岸的最大承诺（但不是所有承诺），表示有意遣返一些（数量未定的）巴勒斯坦难民（共有350万难民），并从约旦河西岸和加沙地带撤出一些（数量未定的）以色列移民。

耶路撒冷再度成了最关键的焦点。阿拉法特坚持巴勒斯坦对东耶路撒冷的主权。当巴拉克拒绝讨论这个问题时，阿拉法特随即打道回府，并受到了英雄凯旋般的欢迎。在离开戴维营之前，阿拉法特告诉克林顿："如果在耶路撒冷问题上让步，我就会遇害，你就得同谢赫·艾哈迈德·亚辛（哈马斯组织的头目）谈判了。"②

巴拉克和克林顿指责阿拉法特破坏了这次谈判。不过以色列的军事情报负责

---

① "现在就要和平"组织成员阿里亚·阿蒙（Arie Amon）统计数据；格雷厄姆·厄舍（Graham Usher），《中东分裂》（Middle East Divide），《民族报》，2000年12月25日，第6页。

② 摘自本·麦金太尔（Ben Macintyre），"阿拉法特：如果我签字就会遇害"，《泰晤士报》（伦敦），2000年7月27日，第17页。

人认为，阿拉法特希望以外交手段解决问题，但并不想接受丢失9%约旦河西岸领土和东耶路撒冷的提议。他也无法忽视巴勒斯坦难民问题，以及在约旦河西岸、加沙地带和东耶路撒冷定居的犹太人，此时他们人数已经超过了40万。[1]

2000年9月，阿里尔·沙龙（此人对1982年以色列入侵黎巴嫩负有主要责任，该事件导致当地巴勒斯坦人惨遭屠杀，他还参与了1953年针对巴勒斯坦人的大屠杀，曾经将巴勒斯坦人称为"蟑螂"，他作为内阁部长监管在占领区建设犹太定居点的事务）访问了最为敏感的地点——耶路撒冷旧城的圣殿山。这是所罗门圣殿曾经立足的地方。圣殿山仅存的遗址就是山脚下的西墙（西面通常称为"哭墙"），它是犹太教信仰中最神圣的地方。但在17世纪末，穆斯林在圣殿山顶建起了两座清真寺，他们将其称为"崇高圣所"。圆顶清真寺和阿克萨清真寺以及其他伊斯兰圣殿也在此地。根据穆斯林传说，先知穆罕默德正是从圆顶清真寺出发，踏上了前往天堂的"夜旅"，并在此收到了安拉要求他每日祈祷5次的命令。在六日战争之后，摩西·达扬将军（以色列获胜的功臣之一）承认了穆斯林对圣殿山的主权，但同时也表示以色列人有权访问该地（奇怪的是，犹太人可以访问此地，但不能在此祷告。他们在那里只能偷偷祷告，以免冒犯敏感的穆斯林）。

圣殿山/"崇高圣所"早成为阿以紧张局势的焦点。1929年的那场血腥暴乱就是起因于巴勒斯坦人认为犹太复国主义者想占领这个地方，1990年，以色列的"圣殿山"组织想在这里安放一个便于未来建庙的奠基石，结果引发了暴乱，以色列军队杀死了17名巴勒斯坦人，"崇高圣所"的博物馆还保存着关于这次事件的资料。在随后几年，以色列狂热分子叫嚣着要在这里建立新庙，甚至威胁要炸掉清真寺。

沙龙在1000名以色列士兵和警察的重兵护卫之下，登上了圣殿山，强调此地属于犹太人。不出所料，此举立即引爆了穆巴拉克所称的"定时炸弹"（巴勒斯坦人）。这就引发了第二场起义，多数巴勒斯坦年轻人都加入了对抗以色列军队和平民的战争中。有两名以色列士兵被私刑处死，一名13岁的巴勒斯坦男孩在交火中死亡，这两起事件都被拍摄下来，在电视上反复播放。

---

[1] 阿摩司·马尔卡（Amos Malka），摘自罗伯特·莫利（Robert Malley），"以色列和阿拉法特问题"，《纽约书评》，2004年10月7日，第23页。

奥斯陆协议就此作废，承诺将恢复秩序的沙龙就成了新任以色列总理。但恢复秩序对沙龙来说绝非易事。在后来 4 年中，巴勒斯坦人制造了超过 170 起自杀性袭击，多数是哈马斯所为。但有 1/3 的自杀性袭击是"阿萨克烈士旅"（阿拉法特的法塔赫组织的分支）策划的行为。阿萨克烈士旅可能已经脱离了阿拉法特的控制，而阿拉法特也并不关心对其加以约束的问题。

以色列用直升机、坦克和推土机拆毁了约旦河西岸和加沙地带的更多巴勒斯坦人住宅。2004 年 3 月，沙龙的间谍刺杀了谢赫·艾哈迈德·亚辛及其直接继任者，并威胁阿拉法特小心自己的性命。在此过程中，加沙地带和约旦河西岸的犹太移民数量有增无减。从 1997 年开始到 2004 年 6 月结束，有 15 万犹太人在东耶路撒冷落户。犹太居民点不断扩建令和平谈判的希望愈发渺茫，化成了泡影。在巴勒斯坦人第二次起义的头四年时间中（2000 年 9 月—2004 年 9 月），分别有 1002 名犹太人和 2780 名巴勒斯坦人死亡。

沙龙和阿拉法特这两位老人在他们的最后一战中拼死相搏。已经 75 岁高龄的阿拉法特，此时已经患上了帕金森氏综合征，被困在约旦河西岸的拉姆安拉中一个被炸毁的院落中，76 岁的沙龙还威胁要将他逐出此地。与此同时，哈马斯也向阿拉法特的地位发起挑战，认为他已经不再是巴勒斯坦人的精神领袖。

为了防止自杀性爆炸者从加沙地带和约旦河西岸进入以色列，沙龙开始修建一道防务墙。阿拉法特回应称，只要这道墙是建在以色列的领土上，他就没有意见。这道墙计划延伸 410 英里，深入约旦河西岸，所以会把将近 17% 的领土划给以色列。这会直接影响约旦河西岸 38% 的人口的生活①——它会切断巴勒斯坦人的社区、学校、医院和农地。阿拉伯人指责这种做法只会让巴勒斯坦成为一系列"隔离区"，让人想起白人移民对南非黑人的所作所为。

美国总统乔治·布什政府正忙于应付恐怖战争和入侵伊拉克，他发表了几个声明，要求制定一个和平"路线图"，其中包括拆除以色列定居点，以此推进巴勒斯坦建国步伐。布什付出这番努力的幻想就是，伊拉克政局转变可能会迫使巴

---

① 选自以色列人权组织 B' Tselem 网站 www. btselem. org. 另见约翰沃德·安德森（John Ward Anderson）和莫莉·摩尔（Molly Moore），"以色列冲击起义的影响"，《华盛顿邮报》，2004 年 10 月 5 日，A22 版和"血腥真空"，《经济学人》，2004 年 10 月 2 日，第 23-25 页。

勒斯坦人接受以色列人提出的条件。但沙龙唯一愿意做的事就是清除加沙地带的犹太定居点，因为保护这里的 8100 名犹太移民的成本太高了，至少需要 6000 名士兵。但约旦河西岸和耶路撒冷还是有 45 万犹太移民。

在 2004 年秋，沙龙的首席谈判代表在"路线图"谈判上宣布，它们已经"作废"了。他继续表示，以色列已经同布什政府达成共识，除非巴勒斯坦人"变成（和平的）芬兰人"，否则就没有谈判的必要。"承蒙（美国）总统的关怀和国会两院的批准，（巴勒斯坦国的问题）已经无限期地从我们的议程上移除了……"①

2004 年 11 月，阿拉法特这个没有国家的人最终死在了巴黎的医院里。在埃及政府为他举行国葬后，他被埋在了约旦河西岸的拉姆安拉的大院里，他生命的最后三年被迫软禁在此地（许多阿拉伯人一直怀疑这是以色列人下的毒手。2013 年人们挖掘阿拉法特的坟墓，对其抽血化验时，瑞士法医团队认为它的死因是钋 210 这种有害的放射性物质。法国的法医团队也在阿拉法特的人体系统中发现了钋的痕迹，但最终结论是他死于自然原因）。

2006 年 1 月，公平自由的巴勒斯坦选举引发了政坛大地震，哈马斯不仅获得了对加沙的政治控制权，还赢得了巴勒斯坦权力机构议会中的绝大多数席位（在 132 个席位占据 74 席）。不得不说，哈马斯的胜利也有巴解组织法塔赫的功劳——这个由马哈茂德·阿巴斯（Mahmoud Abbas）接替阿拉法特任职的政党不但腐败、懦弱，而且缺乏使命感，沙龙还曾轻蔑而贴切地将阿巴斯称为"被拔毛的鸡"。在随后数年时间，法塔赫领导人未能取得任何实质性的成果。以色列继续在约旦河西岸建立定居点，并且毫无接受一个独立的巴勒斯坦国的迹象。

正是因为这些原因，布什和以色列领导人才愿意与阿巴斯打交道。然而，同哈马斯谈判根本就不可能。接替沙龙的埃胡德·奥尔默特（Ehud Olmert）以色列政府在拉姆安拉逮捕了哈马斯议会代表。

奥尔默特之后就将注意力转向黎巴嫩，当时该国掌权的是什叶派真主党颇具人格魅力的领袖哈桑·纳斯拉拉赫（Hassan Nasrallah）。由伊朗石油美元资助的

---

① 多夫·韦斯格拉斯（Dov Weisglass），沙龙最亲密的顾问之一。摘自约翰·沃德·安德森文章，"沙龙助手称加沙计划的目标是暂停路线图"，《华盛顿邮报》，2004 年 10 月 7 日。

真主党是黎巴嫩最大的宗教派系，其势力深深渗入了政治组织（在立法机构中有12名成员以及1名内阁部长）、社会（经营学校，医院和孤儿院，并提供广播和电视服务）和军队（在2000年以色列撤军之后，保留了装备精良的私募军队）。在2006年7月，真主党劫持了两名以色列后备军人之后，奥尔默特派兵进入了黎巴嫩。

以色列的强烈反应让真主党大惊失色，但它依然坚持自己的立场。1982年，以色列军队在一周内就抵达贝鲁特；这一次尽管以色列发动了大规模的空袭，整个过程却并不轻松。30天之后，以色列取消了进攻，空手而归，既没有摧毁真主党的军事力量，也没有解救出两名战士（这两位不为以色列人所知的战士此时早已身亡）。入侵黎巴嫩只是壮了真主党的气势，后者将反坦克火箭和短程导弹发射到以色列北部，有效地抵抗了以色列的进攻。约有1200名黎巴嫩人死亡，超过4000人受伤，逾10万人无家可归，3/4的黎巴嫩道路和桥梁严重受损。以色列失去了116名士兵，超过40位平民死亡。

早在以色列士兵被劫持之前，布什政府误以为以色列定能轻松获胜，对以色列进攻真主党抱有很高的期望。在战争结束时，布什认为这一战是以色列赢了。国务卿康多莉扎·赖斯进一步宣布中东只是经历了一场"新"民主时代"诞生的剧痛"。当然这只是美国自欺欺人。这一战加剧了中东的反美式和平的情绪。

以色列人愈发认识到，他们必须为巴勒斯坦问题找到一个政治解决方案。以色列的540万犹太公民必须分别对抗约旦河西岸的130万阿拉伯人和东耶路撒冷的340万阿拉伯人。阿拉伯人口出生率是犹太人的3倍，预计到2020年，阿拉伯人口就会超过犹太人，在约旦河与地中海之间的总人口中占比47%。控制一个充满敌意的阿拉伯群体，会产生许多道德、经济、政治和军事上的问题。

但在解决这个问题的对策上，以色列人划分成两派。总理自己的家庭就是以色列政治僵局的一个缩影。奥尔默特的妻子颇为同情"现在就要和平"组织（主张以军撤退至1967年的边界），他的4个孩子则反对父亲入侵黎巴嫩。有一个儿子是后备军人，他拒绝在以色列的占领区服兵役，另一个儿子则干脆拒绝服兵役。奥尔默特只能怏怏地承认，自己在餐桌上"就是一个少数派"。曾经怂恿犹太人控制耶路撒冷的奥尔默特，现在却要力劝军队退回1967年的边界，包括耶路撒冷的巴以联合控制区。①

此时，以色列还面临着哈马斯及其控制加沙地带（这正是哈马斯在 2006 年选举中获胜的结果）的问题。许多对哈马斯组织怀有敌意的国家拒绝承认哈马斯获选的合法性，其中包括埃及（长期与穆斯林兄弟会交战，哈马斯正是后者的分支）、以色列、欧盟、沙特阿拉伯和约旦，以及约旦河西岸的巴勒斯坦权力机构。加沙这个全球人口最密集的地带之一，在外交和经济上陷入孤立，居住在其中的人民在以色列的严密封锁之下（根据国际法定义，这是一种战争行为），只能勉强生存度日。加沙地带的巴勒斯坦人只能在加沙与埃及边界沿线挖掘一系列隧道，由此直接进入外部世界，并通过这些隧道走私包括武器在内的所需物资。

2008 年 4 月，哈马斯宣布同以色列停战，休战局面持续了 6 个月，直到 11 月 4 日以色列轰炸加沙地带，杀死了 6 名巴勒斯坦人，双方又重新开火了。哈马斯向以色列南部发射导弹，以色列则向加沙地带展开大规模的轰炸。在之前 7 年时间中，哈马斯火箭只不过杀死了 3 名以色列人，在 2008 年 7 月至 11 月重新开战时，仅有一名以色列人死于哈马斯之手。② 原本相当得体的停火局面瞬间被全面战争打破。

以色列人的目标是摧毁加沙地带的基础设施，试图让当地人民怨恨哈马斯。从 11 月末开始进行的持续轰炸，瞄准了火箭发射台、哈马斯领袖的住宅、政府建筑、警察局、道路和桥梁、学校（包括大学）、清真寺、水源、卫生设施和发电厂。一个月后，以色列又掀起了一轮陆地入侵。第七次阿以战争，以及以色列第四次征服加沙地带，这一切足以证明双方矛盾的确不可调和。以色列很肯定布什政府不会反对，同时也通知即将上任的奥巴马政府，不要对恢复和平进程抱有太大的期望。

以色列入侵加沙地带更多是为了应对国内问题，而不全是出于自我防卫的需

① 奥尔默特在以色列《新消息报》（Yedioth Ahronoth）上的采访内容，重印于《纽约书评》，2008 年 12 月 4 日，第 6-8 页。

② 无法得到准确数据，但 2008 年 31 名以色列恐怖主义受害者（根据以色列政府的数据）几乎都死在非哈马斯恐怖分子手中。"何时才是尽头？"（Where Will It End?），《经济学人》，2009 年 1 月 10 日，第 24 页；人权观察组织（Human Rights Watch），"致哈马斯：请停止火箭攻击"（Letter to Hamas to Stop Rocket Attacks），2008 年 11 月 20 日，www. theisraelproject. org.

要。这一战会影响新任总理选举，2009年2月10就是大选的日子。以色列的公众舆论一边倒地支持这次入侵行动，这一战也就成了"选举之战"。不难理解，工党候选人、国防部长埃胡德·巴拉克将成为这一场战争的受益者，他是这场战争的策划者，已经为此战精心计划了好几个月。[①] 但三大候选人都无法斩获大多数选票。经历了漫长的协商之后，本雅明·内塔尼亚胡（利库德集团）同工党以及极端民族主义政党"以色列家园"组建了一个联合政府。结果埃胡德·巴拉克仍然担任国防部长，以色列家园的负责人阿维格多·利伯曼（Avigdor Lieberman）成了外交部长。利伯曼是约旦河西岸的居民，他主张以色列与巴勒斯坦都在此地建国，但不肯放弃西岸的以色列定居点。这样一来，巴勒斯坦国就会成为一个被严重切割的实体。

巴拉克怀有将哈马斯一举铲除的希望。但到目前为止，哈马斯势力已经发展壮大，不再仅仅是一支武装力量——它还是一个在巴勒斯坦民众中极有群众基础的宗教和社会组织。最终，以色列决定削弱哈马斯的军事实力。在这一战结束时，多数基础设施均沦为废墟。巴勒斯坦死亡人数达到1300人，而以色列仅有13人丧生。

新当选的美国总统巴拉克·奥巴马曾短暂地考虑过参与"和平进程"，但后来认为最好还是放弃。他清楚自己得不到共和党的支持，后者已经扬言不会配合他执行任何事务，即使是在共和党曾经支持的事务上也不例外。直到奥巴马第二个任期时，他才敢迈出试探性的步伐，但之后又因为一项必然导致中东再次陷入死局的举措而收手了。有5个以色列、巴勒斯坦谈判者因为在中东问题上做出的努力而获得诺贝尔和平奖，但他们的付出并没有什么好下场。没错，他们当中有两人因此被刺杀。此外，以色列总理内塔尼亚胡对奥巴马的动机也存有疑心。内塔尼亚胡更感兴趣的是打击伊朗的核设施，但这样他就需要美国的支持，而奥巴马并不会对他做出这种承诺。奥巴马更希望找到破解以色列—伊朗僵局的政治解决方案，而不是如何应对伊朗坚持要求掌握核能的主张。

2013年8月，伊朗新任总统哈桑·鲁哈尼（Hassan Rouhani）上台，伊朗和

---

① 巴拉克·拉伊德（Barak Ravid），"信息、机密和谎言：加沙攻势情况如何"（Disinformation, Secrecy, and Lies: How the Gaza Offensive Came About），以色列《国土报》，2008年12月31日。

美国出现了 34 年来第一次实质性的接触。当他们达成极其微弱的初步共识，伊朗勉强同意撤销其核武器项目，并接受联合国的日常检查时，内塔尼亚胡立即宣称这是一个"历史性的错误"。(见第 20 章)

第三部分

大国的纵横捭阖

冷战创造了一个两极世界，美苏两个超级大国极力拉拢其他国家皈依自己的阵营。但各个阵营内部的分裂，以及其他权力中心的崛起，逐渐瓦解了这个东西对抗的两极格局。冷战头几年的典型表现就是斯大林与杜鲁门之间顽固的外交对抗，以及针锋相对的仇敌关系。其他特点还包括美国的遏制共产主义政策，欧洲的分裂，以及建立两大军事同盟（北约和华约），朝鲜战争，持续的意识形态攻击和反抗，以及双方大规模的军备竞赛。尽管斯大林和杜鲁门的接班人都向对方释放出了善意，也提到了和平共处的原则，但两极斗争仍然延续到了 20 世纪 60 年代，甚至发展到了古巴导弹危机期间，两个超级大国几乎到了以核弹相拼的地步。

当两个超级大国都意识到不可用自己的超级核武库来作战时，双方的直接对抗就这样结束了。古巴问题的解决方式，就能证明这个无法回避的事实。此外，到 60 年代初时，美苏双方也都已无力维护自身联盟的团结。两极世界开始向多极世界让步。

为了说明这个过程，我们以斯大林的政治遗产作为第 9 章的出发点。我们在此追溯了其继任者赫鲁晓夫的一系列举措，包括修正斯大林主义的错误、恐怖统治、专断独裁和滥用国家权力，并推动旨在恢复社会秩序和法律程序，以及振兴苏联经济的改革。我们还讨论了其改革举措的成果，以及在赫鲁晓夫继任者领导之下的苏联政治模式。我们在本章还分析了共产主义阵营内部的紧张局势，尤其是赫鲁晓夫批判斯大林对东欧产生的影响。赫鲁晓夫竭力将去斯大林化运动的影响控制在精心划定的范围内，但还是引发了波兰和匈牙利的政坛大地震，重新点燃了这些国家的民族主义情绪，令其释放出了要求政治自由和摆脱苏联控制等被压抑已久的渴望。

波兰和匈牙利，以及之后的捷克斯洛伐克发生的叛乱均被苏联出兵镇压。不过，顽强不屈的中国共产党显然不是这么容易对付的角色。我们在第9章还分析了中苏决裂的原因和过程，这是共产党世界分裂的标志性事件。它们之间痛苦而长久的宿仇表明，同民族主义的力量相比，意识形态的连带作用仍然太微弱了，以及国际共产主义并非西方通常所想的那种完全同心同德的世界运动。

与此同时，20世纪60年代的美国政府仍然认为共产主义有席卷天下之势，因此不惜深入遥远的东亚战场也要阻止其扩散。在第10章，我们说明了美国如何以及为何要参加越战，还有美国战败的原因。坚定的反共言论在美国大行其道，导致美国错误地判断了越南革命的起因和形势，得到了错误的结论，误以为这是中国共产党的侵略阴谋，而非越南的民族主义事件。我们讨论了越战升级的情况，以及美国从越战抽身的难处。我们还探究了越战的悲剧性后果及其对印度支那其他地区，尤其是柬埔寨的影响，还有"船民"（乘船外逃的难民）的悲惨处境。

60年代末，美国虽然依旧深陷越战泥潭，但在减缓其他东西方紧张局势的事务上，仍然取得了一定进展。以维利·勃兰特为代表的西德新领导人，迈出了勇敢的步伐，努力打破中欧地区长达20年的冷战局面。在第11章，我们讨论了勃兰特对东欧共产主义国家的怀柔政策，以及他的"东方政策"在缓解东西方紧张局势上所发挥的作用。到70年代初，关系缓和也成了美苏外交的基本特征。美国与苏联的新型关系让中国陷入了孤立。事实上，美苏关系缓和最初招致了中国的嘲讽，中国怀疑这是美苏的反中阴谋，我们在第11章提到，中国领导人后来意识到了中国持续被孤立的危险，并判断认为与美国实现关系正常化，才符合中国的利益。于是美国和中国这两个持续20多年在意识形态上势不两立的敌人，终于实现了外交破冰，于1972年突然达成了和解。

美苏关系缓和，中美关系正常化，标志着一个微妙的三极大国关系的时代已经降临。此外，西欧的复兴和经济强国日本的崛起，让国际社会呈现出多极化的格局。"自由世界"与"共产主义世界"的斗争中简单的东西二分法，逐渐被多国势均力敌的复杂格局所取代，这就要求各国以更为灵活的政治手腕处理外交关系。

第九章
斯大林时代之后的共产主义世界

在 1953 年 3 月斯大林逝世前，他已经统治了苏联将近三十年，他在此过程中对共产党和苏联施加了难以磨灭的个人影响。在 20 世纪 20 年代晚期，斯大林及其政党以一系列"五年计划"推出了快速实现工业化的运动。为了养活不断壮大的无产阶级（工人），他发起了一场快速工业化运动，将小型且低效的个人农田并入更大的集体。这实际上是将苏联农民变成了国家的员工。由国家来规定集体田地出产的农产品价格，这种价格一直保持较低水平，以便农村资助城市，支持城市的工业化革命。这样，农业就成了共产主义革命中居于次要地位的生产部门。

1917 年的共产主义革命，终于让农民实现了梦寐以求的梦想，掌握了土地的私人所有权。所以他们当然抵触斯大林主义式的集体化改革。面对国内强大的反对力量，斯大林只有两种选择：削减集体化和工业化计划或强制执行这些计划。他选择了后者。集体化运动成了 20 世纪 20 年代晚期和 30 年代初期的一场血腥的内战，数百万农民在此过程中死亡，农业设备和牲口遭到大规模破坏。在这种浪费而残暴的改革之下，农村被迫为工业改革和城市建设输血。

斯大林倾举国之力，令苏联社会服从一个高于一切的目标：打造一个工业国家，结束俄罗斯经济落后的传统局面，因为工业正是军力衰弱的根源。在 1931 年的厂长代表大会上，他提到了苏联能否放缓节奏，停止狂奔向工业化的问题。他为现场观众简述了俄国的历史：

放慢节奏意味着落后。而落后就要挨打……旧沙俄历史的一大特征就是因落后而不断挨打。俄国被蒙古汗国打过……被土耳其打过……被瑞典封建领主打过……还有波兰和立陶宛……英国和法国……日本。这些国家都打过俄国——就是因为它落后，军事落后——文化落化，政治落后，工业落后……这就是剥削者的法则，欺凌落后和弱小的人……我们要么去做（赶上西方资本主义者），要么就等着被毁灭……我们必须在十年时间中取得重大进展，迎头赶上先进的资本主义国家……而这就要靠我们的努力。我们只能靠自己！①

斯大林的五年计划令苏联成了一个高度集中化的经济体，能够承受极端的考验，也就是二战时德国的进攻。事实上，在二战期间，苏联虽然遭到了德军的大规模破坏，但经济生产仍然超过了德国。二战后（美国参谋长联席会议要求执行）的研究高度赞扬了斯大林的工业改革，这场改革令苏联从一个弱小落后的国家变成了一个强大的对手，在短时间内就打破了美国的核垄断（1949年），之后又成了第一个进入太空的国家（1957年）。

如果没有付出巨大的代价，苏联根本不可能实现这一切成就……②

赫鲁晓夫和斯大林阴影

斯大林于1953年过世时，苏联共产党立即采取措施，重申它在列宁（领导了十月革命，在1924年去世前一直是苏联的领袖）领导时代的崇高地位。在斯大林过世还不足一周，苏共就迫使斯大林的指定接班人格奥尔基·马林科夫（Georgy Malenkov）在其现有两个职务中做出选择——也就是选择保留苏联共产党总书记（该党领袖）或者国家元首（政府领导人）这一职务。莫名其妙的马林科夫权衡了一下，决定保留比较弱的那个职务，担任国家元首。政治局中一名分量较轻的成员赫鲁晓夫就成了苏共新任总书记。苏共之后又采取了一个避免将权力集中到一人之手的措施。它建立了一个集体领导制度，由总理马林科夫、外交部长莫洛托夫和秘密警察头目拉夫连季·贝利亚（Lavrenti Beria）组成"三头政治"。贝利亚是斯大林统治的代理人，他对苏共来说仍然是个威胁。1953年夏，苏共在苏联军队将领（他们也曾经在斯大林统治时期吃尽秘密警察的苦头）的协助下逮捕了贝利亚。他被指控滥用权力，之后被判处枪决。

苏共仍然在努力与斯大林的遗产达成妥协。改革派与想维持现状的守旧派之间冲突不断。但到了50年代中期，改革派终于占据上风。政治犯因大赦而重获

---

① J. V. 斯大林，"商业管理人员的任务"（The Tasks of Business Executives），1931年2月4日；J. V. 斯大林，《作品》（Works）（莫斯科：外语出版社，1955年），第13卷，第40-41页。

② 下文略有删改。——编者注

自由，许多曾经只敢"为抽屉写作"的作家，现在终于可以出版自己的作品了。与西方关系缓和的希望也不再渺茫，苏联开始出现了西方访客的身影。

针对斯大林遗产最剧烈的一次攻击发生在 1956 年 2 月的苏共第二十次代表大会上，当时赫鲁晓夫瞅准机会，严厉地揭露了斯大林当政犯下的错误。这次会议的内容被称为"秘密报告"，但这个秘密并没有保守多久——毕竟这是在数百名代表面前发表的讲话，其中许多人可以通过公开会议内容而捞到好处，所以这些秘密肯定会曝光。这次讲话内容是苏共成立的一个委员会的报告结果，它揭露了贝利亚以及斯大林的错误。赫鲁晓夫在发言中强调了斯大林严重破坏了苏共作为革命领导力量的形象。他要求以"社会主义法制"取代一人专政的局面。

苏联领导人赫鲁晓夫、外交部长安德烈·格罗米柯（Andrei Gromyko）和罗迪昂·马林诺夫斯基（Rodion Malinovski）元帅 1960 年 5 月 16 日在巴黎新闻发布会上。（图片来源：美国国家档案馆）

这次讲话是苏共自我革新的一次尝试，其目的也仅限于此。它并没有提到斯大林直接针对农民、宗教组织、作家、作曲家，以及大众发起的迫害等更严重的问题。赫鲁晓夫的一名西方传记作者写道，这个"秘密报告"既是一种烟幕又是一种曝光。① 它要对付的是一人专政现象，而不是"无产阶级先锋队"的一党专政。它也没有挑战斯大林推出的农业制度（当时苏共已经承认国家农业已严重受损）或者（仍然运行有效的）工业组织的管理制度。赫鲁晓夫的讲话内容关注的是秘密警察对党内的独裁。

"秘密报告"标志着斯大林时代的专断统治正式落幕。秘密警察被苏共控制，其羽翼已被剪除（特别是与苏共成员有关的事务）。这在很大程度上结束了斯大林时期任意逮捕的现象，也部分取消了新闻审查限制，为苏联文艺界注入了新生命力。赫鲁晓夫持续向斯大林模式开战，甚至还在1961年下令将斯大林遗体撤出与列宁合葬的陵墓。斯大林新的安息场所是克里姆林宫墙角的一处30英尺深的混凝土坟墓。赫鲁晓夫之后还将以斯大林命名的城市和机构改回原名。比如，斯大林格勒这座城市（它曾是红军顽强抵抗希特勒的最重要标志，当时德军在此全军覆没）就被更名为伏尔加格勒，意为"伏尔加河边的城市"。

1964年赫鲁晓夫倒台后，苏共并没有采取统一措施恢复斯大林名誉，不过当时对斯大林的公开批评也已经结束了。但很显然，苏联社会还是得靠斯大林遗产过日子。让斯大林从英雄、大元帅形象变成（违反"列宁主义法制"的）……到最后成了一个可有可无的影子人物，这种做法并不可行。1961年，苏共发表了众盼已久的第二版《苏联共产党历史》(*History of the Communist Party of the Soviet Union*)。第一版于1938年在斯大林的直接编辑主导下发表，该版本具有个人崇拜色彩，对斯大林极尽溢美之词。第二版则是修正主义历史的一个典型。它根本没有提到斯大林的名字。25年后，在米哈伊尔·戈尔巴乔夫改革的推动下，苏联社会才再次直面斯大林的遗产。

对西方的许多观察者来说，这种转变并没有什么成果。苏共仍然控制着大权，苏联经济体制还是保持不变。但对俄罗斯和苏联社会来说，这种转变意义重大。这也是赫鲁晓夫及其反对者都承认的共识。赫鲁晓夫必须谨慎行事，以免引发巨大的动荡，因为正如阿历克西·德·托克维尔（Alexis de Tocqueville，19世纪法国政治作家）所言，回顾法国大革命的教训，当一个糟糕的政府图自我变革时，生活中最困难的时期就到来了。赫鲁晓夫很快就发现此言不虚。

---

① 爱德华·克兰克肖（Edward Crankshaw），《赫鲁晓夫：一项事业》(*Khrushchev: A Career*)（纽约：维京出版社，1966年），第228页。

赫鲁晓夫认为艺术创作不应受到审查限制。但毫无保留地描绘苏联现实生活的作品大量涌现，很快就让苏共无力招架，赫鲁晓夫就亲自扮演了审查者的角色。1962年，赫鲁晓夫批准出版亚历山大·索尔仁尼琴揭露斯大林劳改营的作品，《伊凡·杰尼索维奇的一天》就体现了后斯大林时代的文学创作思想。但在几年前，他曾经支持以"行政手段"阻止出版苏联作家鲍里斯·帕斯捷尔纳克（Boris Pasternak）的《日瓦戈医生》，可他根本就没有看过这本书。晚年悔过的赫鲁晓夫称"应该为读者提供自己做出判断的机会"，以及不应该在富有争议的文学领域采取"政治审查措施"。[①] 但作为一党领袖，他从来就没有设法处理自己的矛盾处境。所以，他无法控制所有不安分的作家。这个任务就落到了其继任者列昂尼德·勃列日涅夫身上，后者并不是一个心思缜密的人。

到60年代初时，赫鲁晓夫遭到了排挤。党内大部分人愈发认为他那些不稳定的举动和创新，分明是缺乏考虑的计划。这方面的典型例子就是1962年他试图在古巴部署苏联核导弹的鲁莽之举。他在农业和工业方面草率推进的改革计划，也同样令其备受诟病。

1958年，赫鲁晓夫要求急剧提高肉类产量，以超越美国该产品种类的产量。雄心勃勃的梁赞州党委第一书记拉里奥诺夫（A. N. Larionov）立下军令状，保证1959年的肉类产量能够翻倍增长。赫鲁晓夫下令其他地区要以梁赞州为榜样，提高肉类产量。1959年2月，拉里奥诺夫还没落实计划，赫鲁晓夫就视察了梁赞州，亲自授予他著名的"列宁勋章"。而迫切需要履行诺言的拉里奥诺夫，为了完成指标就屠杀了当地所有的牲口。最后，他为了完成指标，甚至还跑到其他地区去收购奶牛和牲口。1959年12月，拉里奥诺夫宣布取得了"胜利"，并再次受到表彰。1960年，肉类产量减少了20万吨，这种下滑趋势需要数年时间才能恢复。在1960年末，拉里奥诺夫这位"社会主义劳动英雄"最终在自己的办公室饮弹自杀。[②]

赫鲁晓夫于1964年10月发起党内变革时，终于触犯了许多人的底线，因为

① 赫鲁晓夫，《赫鲁晓夫回忆录：最后的遗嘱》，（波士顿：利特尔＆布朗出版社，1974年），第77页。

② 罗伊·A. 梅德韦杰夫（Roy A. Medvedev）和曹勒斯·A. 梅德韦杰夫（Zhores A. Medvedev），《赫鲁晓夫：权力年代》（*Khrushchev: The Years in Power*）（纽约：诺顿出版社，1978年），第94–101页。

它威胁到了他们显赫的地位。当时他已经失去了中央委员会（苏共主要决策机构）大多数人的支持。在一次不记名投票中，苏共将其驱赶到牧场，规定他不得继续参政。勃列日涅夫接替他担任苏共总书记。

赫鲁晓夫离世时是他此生最安宁的时刻。他在"社会主义法制"的范畴中，也就是使用写在党章中的规则和程序对付了自己的敌人。但当他自己的行为愈发轻率鲁莽——并且令人尴尬时，比如在联合国跷脚敲桌子，他在党内就陷入了众叛亲离的局面。他倒台时才发现自己已经失去大多数人支持这个冷冰冰的现实。苏共根本没有使用武力或秘密警察就扳倒了他。

赫鲁晓夫的继任者为苏联带来了 20 年的稳定，极大地提高了人民的生活水准，在此期间苏联的军力也同西方不相上下。与此同时，人们讨论的重点仍然是保持现状。自由讨论斯大林在苏联历史上的功过，并非勃列日涅夫推进苏联社会发展计划中的一环。他也不想进行彻底的试验。

在勃列日涅夫的领导下，知识分子受到恐吓、监禁，有些人（尤其是索尔仁尼琴）还被驱逐出境。勃列日涅夫时期的苏联总理阿列克谢·柯西金（Alexei Kosygin）试图继续推进赫鲁晓夫时期就开始的经济改革，这些改革举措会让苏联成为一个混合社会主义和小规模资本主义的经济体。在这些讨论之下，苏联开始试行这些举措，但许多厂长更愿意维持旧制度，也就是根据上头设定的生产份额来运营的模式，结果就导致这些改革方案被搁置。

直到 1982 年勃列日涅夫去世时，苏共才开始接受必须进行新一轮改革的现实。勃列日涅夫之后的继任者尤里·安德罗波夫（Yuri Andropov）和康斯坦丁·契尔年科（Konstantin Chernenko）都采取了最保守的举措，但两者的计划都因积重难返的旧体制而受阻。1985 年，苏共新任总书记米哈伊尔·戈尔巴乔夫接手了苏联经济的烂摊子。为了去除勃列日涅夫在政治、经济和文化改革上的惰性，戈尔巴乔夫针对苏联问题展开了广泛讨论，并推进了经济结构调整（见第 19 章）。

东欧：苏联的附庸

在苏共与斯大林残余势力角力时，苏联在东欧的附庸也上演了类似的一幕。这里的斗争更加激烈和坚定。这里的改革者在数量上和决心上都要比克里姆林宫的更胜一筹。但苏联明确表态，只允许在特定范围内进行变革（但这种改革力度并没有严格的定义，并且会不断变化），不允许改革者越界，否则苏联会毫不犹豫地挥起大棒，用武力惩治那些逾矩的改革者。

西方将苏联在战后的扩张视为对自身安全的一种威胁，以及苏联实力的一个来源。而斯大林却另有看法。他认为自己在东欧的防御缓冲区，可以让苏联在未来对抗西方资本主义国家时占据有利地位，但他也清楚这些缓冲区也是一个潜在的麻烦。他在雅尔塔会议上将两极关系描述为"争端不断"。他显然比杜鲁门更清楚东欧交织着的民族主义、宗教和反俄情绪。

1948 年，斯大林似乎巩固了自己在东欧的地位。东欧共产党多为苏联创造的产物，表面上看是忠于共产主义阵营，齐心对抗西方的成员，却无法抑制暗流涌动的民族主义情绪。事实证明，东欧共产党更感兴趣的是实现自己的民族利益，而不是为克里姆林宫效力。

南斯拉夫

南斯拉夫共产党领导人铁托就是这种"民族主义分子"的典型代表。20 世纪 30 年代晚期，铁托曾在斯大林的监护下在苏联度过了一段时光，在二战期间他与苏联红军（以及西方盟军）并肩作战对抗纳粹德国。他对斯大林的忠诚以及国际共产主义的团结这一切似乎无可非议。但在战后不久，南斯拉夫与苏联共产党开始因为主要由谁来治理南斯拉夫的问题而分道扬镳。双方公开争吵的结局就是铁托建立了脱离苏联的独立政党。但他也没有投入资本主义阵营的怀抱。他接受了西方的援助（在斯大林过世后也接受了苏联的援助），但在冷战期间始终保持中立。① 铁托与斯大林决裂暴露出了苏联所面临的一个难以消解的问题，即东欧活跃的民族主义力量。

铁托叛离的直接结果就是斯大林重整东欧共产党政府。他处决和关押疑似具有民族主义（或铁托主义）倾向的共产党人（例如波兰的瓦迪斯瓦夫·哥穆尔卡）。斯大林坚称外国共产主义者必须忠于苏联，而不是忠于自己的祖国。斯大

---

① 铁托独立于苏联和西方的处境，导致他选择了"第三条路"。铁托，印度的尼赫鲁，以及埃及的纳赛尔成为第三世界的早期领袖，第三世界就是指拒绝与西方或共产主义阵营结盟的国家。这个术语后来就失去了原来的意思，现在用来指代不发达国家。

林对忠诚共产党员的定义就是，虔诚地为克里姆林宫利益服务的共产党员。他在1927 年写道，国际"革命者"就是"准备毫无保留，毫无条件地保护和保卫苏联"的人。① 总之，苏联的利益超越所有其他共产党政府的事务。斯大林从来没有对这个国际革命者的定义做出让步。他认为只有一位马克思主义者可以是民族主义者，那就是他斯大林本人。

但西方却并不赞赏或理解斯大林对国外共产主义运动的破坏行为。斯大林令外国共产党服务于苏联的利益，以强权指挥这些国家的共产党。这些政党为了争取支持而与苏联结盟，结果因此备受掣肘，将成果出让给了西方温和的改革社会主义者。二战结束后，政治左转的风气是战争、贫困、人们对旧秩序的幻灭所造成的结果，这并非斯大林的杰作；但左翼人士的死亡，在很大程度确实是斯大林的责任。

斯大林对东欧共产党的血腥清洗的确达到了预期的效果。在 1953 年 3 月他过世之前，这些政党表面上还是忠于苏联的，东欧仍是一派祥和的局面。

波兰

在斯大林死后不久，东欧共产党就想方设法与苏联脱离关系，哪怕只是疏远一点点。这并不意味着他们想离开社会主义阵营或者承认资本主义政党的合法地位，但他们的确坚持要求在不受苏联直接干涉的情况下自行处理国内事务。东欧共产党和苏联之间的关系重构，对于这些政党的自我保护有着重要作用。东欧试图摆脱苏联多次专断清洗其政党和介入其国内事务。波兰共产党率先行动，悄悄释放了 1954 年 12 月被软禁，之后（1956 年 8 月）重新入党的民族主义者瓦迪斯瓦夫·哥穆尔卡。

斯大林的确有理由怀疑哥穆尔卡的动机。早在 1945 年时，斯大林在波兰的特工就提醒过他，"异端分子"哥穆尔卡多次公开宣扬"波兰共产主义道路"，也就是"波兰马克思主义"。哥穆尔卡版本的共产主义与苏联版本不同，它寻求

---

① 斯大林，"国际形势和苏联国防情况"（The International Situation and the Defense of the U. S. S. R.），1927 年 8 月 1 日在中央委员会全体会议和苏共中央控制委员会上的讲话，斯大林，《作品》，第 10 卷，第 53–54 页。

的是和平而非暴力的社会变革。它拒绝实行农业集体生产，推崇"议会制的民主"，甚至还在 1945 年建议波兰共产党掌握政权（就好像这是"大街上唾手可得的东西"），这说明它们并不珍惜红军浴血奋战换来的革命成果。斯大林特工提出，"我们"在这里更要警惕"波兰民族主义"而不是基于苏联模式的共产主义。①

赫鲁晓夫通过谴责斯大林来诋毁国内的斯大林主义政敌，但对东欧的斯大林主义强硬派却并非如此。但他却在不经意间打开了东欧的潘多拉匣子。除了清算斯大林在国内的"错误"和"逾矩"行为（尤其是他迫害党内同志的罪行），赫鲁晓夫还让曾被斯大林囚禁和放逐的东欧共产党员重新掌权。

赫鲁晓夫在苏共第二十次代表大会上抨击了斯大林，当时是参会的波兰代表将这次"秘密报告"的副本泄露给西方。赫鲁晓夫之后在自己的回忆录中写道："有人告诉我，外人用很低的价钱就拿到了这份秘密报告。所以赫鲁晓夫的报告……估值并没有那么高！世界每个国家的情报特工都可以在开放市场上买到这份廉价的报告。"②

波兰人认为如果赫鲁晓夫会在国内谴责斯大林，那么他们应该也可以在波兰效法。他们用这份报告为自己探索波兰社会主义道路的举措正名，但并没有离开苏联阵营。

波兰共产党改革派的举措曾因苏联干涉而被扼杀在襁褓之中。1956 年夏，波兰（尤其是波兹南市）发生了工人暴动，其中有 75 人在与警察对抗的过程中被射杀。为了处理这次危机，波兰共产党于 1956 年 10 月开会思考如何变革。在此过程中，哥穆尔卡再次当选为波共第一书记。哥穆尔卡确认了波兰有权追随社会主义模式而不效仿苏联范例。他还强调波兰"完全独立和享有主权"，享有任何国家实现自治的权利。他表示波兰与苏联的关系，必须建立在平等和独立的基础上。

最令波兰人苦恼的是，他们的国防部长康斯坦丁·罗科索夫斯基却是一个苏

---

① G. M. Adibekov, Kominformi poslevoinnaia Evropa（莫斯科：Rossia molodaia, 1994 年），第 90-95 页。

② 赫鲁晓夫，《赫鲁晓夫回忆录》，第 354 页；关于"秘密报告"全文，见第 559-618 页。

联公民。罗科索夫斯基原是波兰人，曾在一战期间为沙俄军队效力，并在1917年加入俄国共产党，之后又获得了红军的最高职衔，担任元帅（相当于美国陆军五星上将）。所以作为波兰国防部长，他实际上是一个"外国主人"。所以，罗科索夫斯基就成了波兰和平的"十月革命"中的第一批牺牲者之一，被解除国防部长的职务。

波兰共产党这种无礼之举触怒了苏联共产党。1956年10月，一位受赫鲁晓夫指示的高级苏联代表，不请自来地到达华沙，准备让波兰重回正轨。但波兰人拒绝回头。他们明确表态要继续探索社会主义道路，同时也坚称自己有权处理波兰国内问题。为了平息苏联共产党的怒气，他们保证忠于《华沙条约》（苏联领导的军事联盟）。

苏联共产党默认了有多条道路可以通向社会主义，苏联模式并非唯一的道路，因此也未必是正确道路的原理。克里姆林宫实际上是承认和接受了这种"异端"（即民族主义异端）权利的合法性。如果苏联有权寻找自己的社会主义道路，那么其他社会主义国家也可以。事实上，赫鲁晓夫在那时早已结束同铁托的意识形态之争。1955年5月，他前往贝尔格莱德进行国事访问时，在那里与铁托拥抱，这标志着一段马克思主义内部纷争的终结。对马克思和恩格斯著作的解读，从此不再是苏联一家的专利。意大利共产党员帕尔米罗·陶里亚蒂（Palmiro Togliatti）杜撰了一个词来描述这种新现实——"多中心主义"（Polycentrism）。这个世界现在有了多个马克思主义正统中心。

波兰共产党开始探索自己的社会主义道路。波共开始着手安抚怨声载道的人民。农田逐步过渡到集体化的过程被中断，之后退回了原来的路线（与苏联的土地国有制不一样，波兰多数土地仍为农民私人所有）。除了共产党之外，波兰还允许其他政党在野，并辅助政府履行职能。还允许小型商户的存在。哥穆尔卡从监狱中释放波兰罗马天主教会的高级教士红衣主教维辛斯基（Stefan Cardinal Wyszynski），恢复了该教会管理宗教事务的权利。哥穆尔卡的这一举措受到了教会的欢迎。

匈牙利

这一系列变革过程中，邻国匈牙利密切关注着波兰探索社会主义道路的一举一动。如果波兰都可以摘除一些斯大林主义的毒瘤，那么匈牙利为什么不行呢？匈牙利知识界和共产党就此展开了激烈的讨论。其结果就是匈牙利的斯大林主义分子被迫辞去职务，将权力移交给匈牙利的"哥穆尔卡"——伊姆雷·纳吉（Imre Nagy）。

最初，匈牙利的改革举措与波兰的情况颇为相似。但纳吉无法控制国内不断发酵的反叛情绪。改革派声称一个改革的政党，只是清除了斯大林主义分子，这项举措还不够彻底，必须与苏联划清界限。匈牙利对俄国的宿仇可以追溯到1848年匈牙利人反抗奥地利统治，俄国出兵干涉的这段历史。此外，匈牙利效仿斯大林时代设立的秘密警察，也让匈牙利人恨之入骨。这些因素加上经济低迷，导致匈牙利街头出现大规模示威活动，这些动乱最终导致秘密警察向人群开火。布达佩斯的动荡局面变得一发不可收拾。1956年11月1日，纳吉突然宣布匈牙利成为独立国家。下一个议程就是自由选举，而这无疑会结束共产党在匈牙利的统治，另外就是退出华约组织。

匈牙利事件，尤其是美国中央情报局赞助的（在慕尼黑运营的）自由欧洲电台为匈牙利人提供的关于美国援助的模糊承诺，更是让赫鲁晓夫几乎别无选择。在这个气氛高度紧张的冷战时期，要让匈牙利保持中立已经不可能了。美国国务卿杜勒斯早前曾经说过，在这种反抗绝对邪恶势力的神圣意识形态运动中，中立是最不道义的表现。[①] 克里姆林宫领导人也持类似观点。匈牙利的命运就是继续成为冷战的棋子。问题在于，它究竟会选择继续为苏联效力，还是替美国卖命。

针对这个问题，苏联好几天举棋不定。一开始，他们认为布达佩斯发生的动荡是一次（与波兰一样的）反斯大林主义而非反共运动。他们寄希望于与纳吉合作，甚至还讨论过从匈牙利撤兵的可能性。但之后有消息称共产党员在布达佩斯被当街处死。赫鲁晓夫就此认为，此时的任何退缩只会让"帝国主义拍手称快"。苏联在东欧的地位开始瓦解时，它就没有多少有利的选择了。赫鲁晓夫在回忆录

---

① 关于杜勒斯的共产主义观点的概要，见他于1953年1月15日在国会上的证词；沃尔特·拉菲伯主编，《世界强国的动态：美国外交政策记录史》（*The Dynamics of World Power: A Documentary History of United States Foreign Policy*），1945—1973年，第2卷，《东欧和苏联》（纽约：Chelsea House，1973年），第465-468页。

中写道："我们必须采取行动，并且要立即行动。"①

就在纳吉宣布自由选举的三天之后，苏军就进攻了布达佩斯。经过一周的残酷镇压，苏联重新控制了匈牙利。克里姆林宫扶持卡达尔·亚诺什（Kádár János）接任匈牙利劳动人民党（共产党）中央第一书记。卡达尔成了"布达佩斯屠夫"，不光是因为他借苏联的暴力手段镇压革命和上台执政，还因为他于1958年处决了纳吉等人。

不过，事实证明卡达尔是一个谨慎的改革者。在其主政的三十多年时间中，卡达尔推出了苏联阵营中最彻底的经济改革，其中以20世纪80年代初的私营企业合法化最为典型。胡萝卜（容忍改革）加大棒（苏军）的政策清除了许多障碍，提高了匈牙利人民的生活水平，令匈牙利获得了安宁。

面对苏联出兵镇压匈牙利动乱的暴行，美国除了为近20万逃离匈牙利的难民提供政治庇佑，几乎就无计可施了。过去曾多次声明美国的目标就是解放东欧，将苏联势力逐出东欧的杜勒斯，除了怒视苏联在东欧的为所欲为之外，就没有其他对策了。匈牙利曾经为他创造了一个介入干预的机会，但艾森豪威尔总统的谨慎回应表明，杜勒斯也不过是色厉内荏的角色而已。很显然，美国并不想因为波兰或匈牙利而触发第三次世界大战。1968年苏联对付捷克斯洛伐克时就吸取了这个教训。

捷克斯洛伐克

波兰和匈牙利事件并没有对20世纪50年代的捷克斯洛伐克造成什么影响。这个国家的领导人仍然是1952年被斯大林扶持上位的安东尼·诺沃提尼（Antonn Novotn）。在60年代晚期，捷克斯洛伐克似乎是最不可能进行社会和政

---

① 赫鲁晓夫，《赫鲁晓夫回忆录》，第416-420页。另见在布达佩斯纪念起义四十周年的会议上公布的文件：蒂莫西·加仑·阿什（Timothy Gallon Ash），"匈牙利革命：四十年"（Hungary's Revolution：Forty Years On），《纽约书评》，1996年11月16日，第18-22页；路透社，"数据显示苏联人几乎意识到了匈牙利起义"（Soviets Almost Recognized Hungary Revolt，Data Show），《巴尔的摩太阳报》，1996年9月28日，第7A页；简·裴若思（Jane Perlez），"解冻冷战史"（Thawing Out Cold War History），《纽约时报》，1996年10月6日，第4E页。

治改革的国家。但捷克斯洛伐克中有许多人对思想陈腐的斯大林主义者诺沃提尼深恶痛绝，不光是民众，其党内成员也同样如此。1967 年，捷克斯洛伐克作协成员对捷共无情的抨击，令诺沃提尼发现自己失去了党内的支持。他在这种被逼退位的处境下，于 1968 年 1 月辞去了职务。在捷共向克里姆林宫忠实地汇报了情况之后，勃列日涅夫只是漠然回答："这是你们的事情。"该国之后就推选亚历山大·杜布切克的（Alexander Dubček）担任捷共第一书记。

与此同时，这些抨击政府的作家（其中许多人是共产党员）又提出了一系列基本问题——有关民权、审查制度，共产党对国家政治、经济和社会事务方面的垄断等问题。诺沃提尼倒台之后，知识分子和共产党员仍未停止针对这些问题的讨论。在杜布切克的治理之下，捷共以极快的速度推出了多项改革举措。它试图建立一个"人性化的社会主义制度"，一种兼具东方社会主义与西方民主的制度。他们清除了一个又一个障碍。开放了新闻自由、出行自由，限制了警察的权力，民众也可以在未经审查的报刊上公开议论国事。这次事件就是发生于 1968 年春夏之交的"布拉格之春"。当时捷克斯洛伐克人民正笼罩在一片欢呼改革的欣喜之中，丝毫未察觉这些激进的改革即将引来的祸害。这种广泛讨论当然就不免提到离开苏联阵营，宣布保持中立的话题。

苏联领导人密切关注着捷克斯洛伐克的这些发展动向。他们派遣了一些苏联和其他东欧国家首都的高层代表来到捷克斯洛伐克。这些东欧共产党员劝说杜布切克收敛一点，以免事态失控。有几个东欧政府（尤其是南斯拉夫、匈牙利和罗马尼亚）成员并不想为苏联制造干涉本国内政的理由，但依旧无济于事。而杜布切克此时并不想刹车，中断这一系列讨论和试验，就算他想也已经太迟了，充满希望的"布拉格之春"毫无减缓的势头。捷克斯洛伐克与奥地利的边境是地图上的一条抽象的界线——捷克人与西方访客可以畅通无阻地相互往来，铁幕对这个欧洲地区并没有什么影响。

直到 1968 年 8 月，苏联领导人因为该走哪条路而出现了分歧。苏联的强硬派认定杜布切克及其政党已经不再受苏共控制。他们认为捷克斯洛伐克事件是一起反革命阴谋，杜布切克不能也不愿意结束这一切。杜布切克十分清楚苏联有一个用武力来摆平紧急事件的计划，在苏军入侵捷克斯洛伐克之前一周，也就是 8 月 13 日时，杜布切克在与勃列日涅夫的电话交流中表示："如果你们认为我们是叛徒，那就采取你们政治局的必要措施吧。"①

捷克斯洛伐克事件还可能引发苏联阵营的连锁反应。苏联阵营的这些非俄人民（约占半数人口）对捷克斯洛伐克事件的兴趣与日俱增，他们密切地关注着这里的动静。加盟共和国中的共产党领袖，尤其是乌克兰和立陶宛，率先怂恿苏联采取强硬的措施。勃列日涅夫召开了一次苏共中央委员会全体会议，告知成员国华约即将出兵结束"布拉格事件"。1968 年 8 月 20 日，苏军采取了行动。当苏军坦克碾压布拉格时，不出所料，捷克人的抵抗并没有取得任何可观的成果。苏联用古斯塔夫·胡萨克（Gustav Husak）取代了杜布切克。

苏联以保护捷克斯洛伐克，镇压反革命力量的名义来粉饰自己的这次入侵行动。此外，勃列日涅夫还宣布，苏联有权干预所有出现类似威胁的社会主义国家的事务。苏联在东欧的这种单边干涉的权力被西方称为"勃列日涅夫主义"。1979 年，勃列日涅夫又以这个名义出兵阿富汗，派苏军解救该国已经声名扫地的社会主义政府。1980 年，勃列日涅夫又故技重演，以警告波兰的"团结"工会改革运动不可恣意妄为。

讽刺的是，苏联之前对捷克斯洛伐克有恩，该国人民本该对苏联抱有好感。毕竟在 1938 年捷克斯洛伐克被希特勒的军队围困时，只有苏联宣布愿意出兵援助；并且在 1945 年时又是苏联红军打退德军，解放了布拉格。但无论双方之前关系如何，1968 年的"布拉格之春"被镇压后，一切都成了过眼云烟。

德意志民主共和国

德意志民主共和国是东欧共产主义阵营中的一个独特的存在。首先，它是斯大林建立的最后一个共产主义国家。没有人清楚斯大林对二战后的德国有何想法，但在西方于 1949 年 5 月正式建立西德之后，斯大林就在同年 10 月建立了德意志民主共和国（俗称东德）来还击西方的挑衅。直到 1952 年 3 月，斯大林还向西方提议建立一个统一而非军事化，并且中立的德国。有位西德历史学家认为

① R. G. Pikhoia, "Chekhoslovakiia, 1968 god. Vzgliad iz Moskvy: Po dokumen-tam TsK KPSS," Novaia i noveishaia istoriia 1（1995 年 1-2 月），第 42 页。

东德就是"不受斯大林待见的孩子",是他想摆脱的包袱。① 但斯大林摆脱东德的提议来得太迟了,当时的冷战已成定局,东西方态度都很强硬。那时的西德已在重新组织武装力量,准备加入北约了。

其次,东德是最缺乏群众支持的共产主义国家。其领导人知道如果没有苏联做靠山,他们根本不可能上台。而西德认为东德属于自己的辖区,是德国这个统一国家不可分割的一部分。因此,瓦尔特·乌尔布里希特(Walter Ulbricht)和艾里希·昂纳克(Erich Honecker)等东德领导人希望苏联势力更深入地渗透东德。在斯大林死后不久,克里姆林宫领导人开始再次考虑放弃东德的问题。但是1953 年 6 月 17 日,东德爆发大规模的暴乱时,苏共踌躇之后,还是向深陷政治纷争的东德共产党伸出了"向兄弟救难"的援手。② 苏联坦克进入东柏林和其他城市,平息了叛乱。

第三,东西德之间的经济差距不断扩大。东德在苏联的保护之下重建战后经济时,西德已经出现了持续而迅速的经济发展。到 20 世纪 50 年代末,西德已经回到了战前的生活水准。由于经济腾飞的西德缺乏技术娴熟的工人,许多东德人就前往西德谋生。东德人只要搭乘公共交通到达西柏林,就可以在那里自动获得西德公民身份。到 60 年代初,柏林已经成为铁幕之下最大的突破口。人员外流的现象不但让东德劳动力更加短缺,还严重削弱了东方共产主义阵营的政治权威和形象。"最后一个人离开时请关灯"成了东德随处可见的标语。手足无措的赫鲁晓夫不知如何封闭这个突破口,就威胁要发动战争将西德军队逐出柏林。

柏林封锁(1948—1949 年)和赫鲁晓夫在 60 年代的武力威胁根本无法撼动这里的西方势力。苏联必须找到其他阻止人员外逃的方法。赫鲁晓夫的对策就是修筑一道 10 英尺高的屏障"柏林墙",将西柏林包围起来。这条修建于 1961 年 8 月的柏林墙封住了铁幕的最后一道鸿沟,解决了东德最紧迫的问题。东德就这样在一墙之隔下,与其他德语世界绝缘,这道墙也成了欧洲分裂的最显著标志,铁幕最直观的实物表现。

---

① Wilfried Loth, Stalins ungeliebtes Kind: Warum Moskau die DDR nicht wollte(柏林:Rohwolt-Berlin, 1994 年)。

② 这一天成了西德的一个官方节日,即统一日,以便纪念这次起义的受难者,强调统一的承诺。在德国统一之后,1990 年 10 月 3 日成了新的统一日。

柏林墙一瞥，它曾是"德国与德国"的边界，有80名东德人因试图逃到西德而在此丧命，另有720人死在了这条850英里长的柏林墙下。(图片来源：德国信息中心)

中苏决裂

斯大林去世后，苏联领导人又遇到了共产主义世界的另一起危机。中国共产党于1949年10月执政之后，中华人民共和国就开始探索自己的社会主义道路。不久之后，中苏两大共产党之间就开始产生芥蒂。两者间的嫌隙逐年扩大，到20世纪60年代初时更是公开敌对。这两大共产党之间的不和对国际关系具有重大影响。原本是苏联和美国两极对抗的冷战，开始变成了苏联、中国和美国三者对峙的斗争。

刚开始时，中华人民共和国希望与苏联建立亲密关系。它接受了苏联的军事和经济援助，例如贷款、技工和顾问等，但援助数量并不多，因为苏联也还没从二战中恢复元气，能提供的帮助很有限。来自西方的威胁就是两者关系的黏合剂。1950年初，毛泽东主席访问苏联，此事证实了西方的怀疑，即毛泽东和斯大林就是团结在国际共产主义事业下的同志，致力于打败资本主义世界。1950年2

月，毛泽东和斯大林也的确签署了一份为期30年，旨在对抗美国的军事盟约。

苏联随后提议用中华人民共和国取代"台湾当局"在联合国中的位置。该年11月，中国与美国领导的联合国军在朝鲜半岛交战。苏联和中国在朝鲜战争期间合力支持朝鲜的共产党政权。所以，外界实在很难相信它们有朝一日会反目成仇，但在中华人民共和国成立6年时，两国就开始出现了嫌隙。

所以美国一开始也很怀疑关于这两个共产党交恶的情报究竟是否属实。美国以为共产主义是一个由苏联领导的统一团结的运动，它应该要比共产党员这种实体更有生命力。

追溯过往，其实就不难发现，中国与苏联的摩擦一开始就出现了明显的征兆。斯大林对待中国人的那种居高临下的态度，让中国人心生不悦。并且苏联的援助条款（1950年）也并不是那么慷慨。斯大林向中国政府提供了不超过3亿美元的发展贷款，这些贷款将在五年内分期偿还，中国以农产品加利息进行偿还。为了得到这笔贷款，中国同意苏联继续使用和控制满洲地区主要的铁路和港口，并成立中苏合股企业，勘探新疆地区的矿藏资源。在某些西方人看来，斯大林对这个新的共产党友人怀有戒心，与更具生命力的中华人民共和国政府相比，他更情愿同一个更脆弱的国民党政府打交道。不管中国共产党是否对斯大林怀有不同感受，或者忌惮苏联在满洲和新疆地区的势力，他们的确谨慎地选择了保持沉默，公开接受斯大林的条件，并赞美他们同苏联的兄弟关系。

中苏关系破裂的原因不止一个。两国的宿怨还可以追溯到19世纪沙俄帝国主义时代，甚至是13世纪蒙古人入侵俄国时期。但并不能简单地判断50年代晚期两国发生冲突必定有这层历史根源。在50年代中期，双方争端逐渐发展之后，两国才开始追究过往的矛盾，比如领土之争。

美国中央情报局最初于1952年开始发现两国互生嫌隙；到1954年，他们就称之为"冲突"。中情局的第一次分析研究指出，中国在1951年6月声称，"毛泽东对马克思列宁主义理论作出了新的贡献"适用于殖民地独立运动。① 被卷入第一次印度支那战争的毛泽东将越南视为其"武装斗争"学说的实验阵地。斯大

---

① 哈罗德·P. 福特（Harold P. Ford），"中苏决裂：中央情报局和双重恶魔学"（Calling the Sino-Soviet Split: The CIA and Double Demonology），《情报研究》，1998—1990年，中央情报局，2007年4月发布。

林并不喜欢这个学说，但在这个问题上别无选择，只能勉强在口头上表示支持。但1951年11月，在纪念中国革命开始四十周年的苏联会议上，学者朱可夫（E. M. Zhukov）宣称："不应该将"毛泽东主义"视为适用于亚洲其他国家的普遍"模式。① 虽然没有人提到中苏关系破裂，但其初步征兆已经很明显。

1956年2月，赫鲁晓夫的"秘密报告"之后，两者关系紧张的表现更加明显了。面对赫鲁晓夫无情地揭发斯大林的消息，尤其是他要求与资本主义世界和平共处的主张，这一切都让中国猝不及防。中国人并没有什么特别的理由为已经过世的斯大林辩护，他们只是批评斯大林在20年代犯的"主要错误"。② 此外，他们对于与资本主义和平共存的主张也充满怀疑，并争论苏联究竟有没有权力单方面地推进这种具有全球重大影响力的意识形态转变。之前斯大林就没有欣赏过毛泽东对马克思主义的重新解读；现在毛泽东对赫鲁晓夫这种大胆解读马克思主义学说，且未提前询问其意见的做法也同样心怀不满。从1935年就开始领导中国共产党的毛泽东是享有世界声誉的共产党领导人，他有理由反对这位苏联新任领导人无视他的鲁莽之举。中国人实际上是在质疑赫鲁晓夫为共产主义世界制定政策的权力。

"和平共处"很快就成了苏联与中国之间争端的焦点。苏联领导人对核军备竞争非常忌惮，因为他们已经落后于美国了。一方面，和平共处已经成为必要的选择；另一方面，苏联人又极想缩小他们在这场军备竞赛中与美国的差距。1957年，苏联科学家获得了两项举世瞩目的技术成就。该年8月，他们发射了第一颗洲际弹道导弹，10月又发射了人造卫星，将世界首颗人造卫星送上了地球轨道。中国人当然也清楚这些成就的战略意义。

1957年11月在莫斯科参加一个世界共产党领导人会议时，毛泽东宣布共产主义世界在意识形态方面已经超越了资本主义世界。他表示："现在，不是西风

---

① 《关于东亚国家人民民主的特点和具体特征》（On the Character and Specific Features of People's Democracy in the Countries of the East），Izvestiya Akademii Nauk SSSR, Seriya Istorii i Filosofi，1949年第1期；《革命？民主》（Revolutionary? Democracy），第四卷，编号2，1999年9月，www. revolutionary- democrac. org.

② 哈罗德·P. 福特（Harold P. Ford），"中苏决裂：中央情报局和双重恶魔学"（Calling the Sino-Soviet Split：The CIA and Double Demonology），《情报研究》，1998—1990年，中央情报局，2007年4月发布。

压倒东风，而是东风压倒西风。"① 他声称共产主义阵营应该将新近的军事优越性用于对抗资本主义，夺取最终的胜利。但赫鲁晓夫却无意附和毛泽东，而是在做会议总结时重申了和平共处的思想。

中苏两大共产党关于全球战略的争端就这样出现了。中国人认为，苏联与资本主义和平共处，那就是脱离了马克思列宁主义的精髓。和平共处可能适用于苏联这个已经拥有安全的边界和核武器的工业大国，但不适用于这两样东西都没有的中国。中国不会忘记自己的军队不久前在朝鲜半岛与美军恶战付出的惨痛代价，他警惕美帝国主义再次发起战争。他主张共产主义国家援助处于民族解放战争中的共产党军队，继续推进国际斗争。

另外，中华人民共和国也希望得到苏联的支持，完成中国未尽的民族解放战争——打败蒋介石的国民党政府，收复台湾。1958 年，北京加紧向台湾当局施压，持续炮轰金门和马祖②这两个近海小岛。其目的是想试探一下美国保卫国民党的决心，以及苏联积极为中华人民共和国提供军事援助的意愿。美国明确表态要保证台湾的安全，而苏联不但没有表示要提供支持，还谴责了中国的轻率之举。苏联可不想因为台湾问题而被卷入对抗美国的核战争。

苏联和中国在实现共产主义的方式上也产生了分歧。中国最早将苏联模式运用于经济发展是在 1953 年，当时中国也推出了苏联式的五年计划。但到了 1957 年，中国人开始怀疑苏联模式究竟是否适合中国。至此，国际共产主义运动内部已划分成不同派系，每个派系的领袖都自称找到了唯一的救赎之路。

1959 年 9 月，赫鲁晓夫访美的举动让毛泽东确信，苏联正在密谋对付中国。赫鲁晓夫应艾森豪威尔之邀，前往美国进行为期两周的国事访问。仍然执拗地反对和平共处的毛泽东，对此持反对态度。他在推测，赫鲁晓夫和艾森豪威尔在戴维营密谈时究竟透露了什么情况。他怀疑这两人都准备牺牲中国，达成某种不可告人的交易。

到 1960 年时，中苏双方都不再隐藏对对方的蔑视。该年 4 月，中国共产党机关刊物《红旗》发表了一篇文章《列宁主义万岁》，该文指出和平共处的主张

---

① 毛泽东关于"东风压倒西风"的讲话，《中国大陆媒体调查》（Survey of the China Mainland Press），美国总领事馆，香港，编号 1662，1957 年 11 月 2 日，第 2 页。

② 原文如此。编者注。

有违列宁主义的思想："战争是帝国主义剥削的必然结果。"除非剥削的资本主义帝国主义制度被消灭，"否则必有这样或那样的战争发生。"[1]

赫鲁晓夫也迅速做出了回应。他在 7 月份果断撤走了 1300 名帮助中国的苏联经济顾问、工程师和技工，他们将工程的图纸也带走了，留下一堆未完工的项目。这对中国的工业化举措是一个严重的打击。与此同时，苏联还取消了之前承诺将为中国提供核技术以制造原子弹的协议。

赫鲁晓夫希望此举可以迫使中国改过自新，迫使它接受苏联对共产主义世界的领导权。在其后一年，中国似乎勉强妥协了，但这只是一个短暂的间歇，仅持续到 1961 年 10 月苏共召开第二十二次代表大会时。赫鲁晓夫在开场致辞时再次猛烈地抨击了中国人，批判中国的一系列政策，总之，只有在苏联的领导下才能实现共产主义。面对这种情况，中国总理周恩来（前一天还在列宁、斯大林陵墓摆放了两个花圈）的回应就是，带领整个中国代表团走出大厅，回到中国。中苏决裂正式成形。

在 1962 年 10 月，中国和印度在边境短暂交战时，苏联为印度提供了外交支援（虽然苏联当时与中国仍然是军事同盟），并加入美国之列谴责中国挑起了战争。在古巴导弹危机后，中国嘲笑赫鲁晓夫是懦夫，在美国要求撤出导弹后就乖乖认输了。

中国取代苏联成了第三世界民族解放运动的倡导者。中国对不结盟国家的认同，可以追溯到 1955 年的印度尼西亚万隆会议。[2] 20 世纪 60 年代，中国更积极地寻求与独立运动的领导人建立联系，甚至不惜在自己都还没有解决经济困难的情况下，为之提供经济和军事援助。

1964 年，赫鲁晓夫被苏共党中央罢免时，中国一片欢呼。更重要的是，在全世界都知道赫鲁晓夫倒台的那一天，中国宣布成功试爆了一枚原子弹。他们反感赫鲁晓夫专断的作风，以及他拒绝让中国掌握核武器的举措。

勃列日涅夫当选为苏共新任领导人一事并没有改善中苏关系。1965 年美国

---

[1] 毛泽东关于列宁的思想，《当代背景》（Current Background），美国总领事馆，香港，编号 617，1960 年 4 月 26 日。

[2] 在这次有 29 个非洲和亚洲国家参加的会议上，中国代表周恩来与印度的中立主义总理尼赫鲁成了会议焦点。中国加入了这些主张和平与互不干涉的第三世界国家。

介入越南战争一事也并没有拉近中苏关系，中国甚至不允许苏联飞机经过中国领空为北越提供援助。

这一切还只是开端而已。意识形态争端很快演变成了中苏边境冲突。20世纪60年代初，双方在中国西部的边境发生冲突，但双方都不想把彼此不和的事情公之于众，选择了保持沉默。中国在1858年和1860年曾分别向沙俄割让了黑龙江以北和乌苏里江以东的领土。中国表示因为这是中国封建王朝被迫签订的不平等条约，所以根据国际法的规定，它们不具有法律效力。

随着仇恨升温，双方都加固了边境的防御工事。1969年2月和3月，中苏军队在乌苏里江上的几个有争议的无人岛上交战，双方争端急剧恶化。

中苏之间的全面战争似乎一触即发。在这种情况下，中国领导人开始考虑改善与美国的关系，结束中国外交孤立的局面。由于双方的立场都很坚定，中苏边境的紧张局势一直持续到了80年代晚期。最终，苏联在邻近中国的2700英里边境部署了约200万兵力，并配备了最现代化的武器，包括战术导弹和中程核导弹。中国边防军的兵力与苏联相当，但装备并没有那么先进。

中苏决裂，尤其是两者军事对抗的主要结果之一就是促进了70年代初的中美关系正常化。中华人民共和国远离苏联，与美国走得更近时，指责苏联是"社会主义帝国主义"和"霸权主义"。"反霸权主义"实际上就是中国在70年代外交政策的主心骨。

中苏结束30年对抗

中苏这两大共产党失和的局面一直延续到了80年代中期。虽然苏联已经释放出了和解的信号，但中国新任领导人邓小平却并不是那么通融。他坚称苏联必须先移除"三大障碍"，中苏关系才可能实现正常化。他要求苏军从中国边境撤兵（至少是大部分削减兵力），苏联停止支援柬埔寨的越南军队，苏联停止入侵阿富汗（见第10章和第19章）。

中国和苏联在80年代关注的都是经济改革，中苏又出现了重修旧好的势头。1985年在克里姆林宫掌权的米哈伊尔·戈尔巴乔夫，以新实用主义原则为苏联外交注入了活力。戈尔巴乔夫决心革新陷入沉疴的苏联经济，认为有必要削减苏联的军事装备。他于1986年7月视察其东亚最大的城市海参崴时发表了一番讲话，表达了苏联希望与中国和其他亚洲国家建立正常关系的意愿。他称苏联已准备为中国克服这"三大障碍"。他表示苏联已经在采取行动，准备从阿富汗撤军，苏联会撤出驻守中国-蒙古边境的军队，苏联也准备讨论中苏双方在边境减少驻军的问题。苏联还致力于寻求越军占领柬埔寨的解决方案。

中国也给予了积极的回应。1987年4月，中国和苏联谈判代表开始商谈解决边境争端和柬埔寨问题。这些协商确立了中苏互信的基调，促进了双方达成共识。到1989年时，苏联果然从阿富汗撤兵，减少了驻守中国边境的兵力，并向越南施压，要求越军撤出柬埔寨。

1988年12月，戈尔巴乔夫向联合国承诺将裁减50万兵力，其中有20万属于部署在亚洲的兵力。在戈尔巴乔夫释放出善意的信号时，中国接受了他的提议，计划于1989年5月在中国举办一场峰会。

戈尔巴乔夫访华的破冰之旅，结束了中苏30年的外交分裂。这次中苏峰会相当成功。戈尔巴乔夫承认苏联对过去的两国决裂负有一定的责任。中苏双方承诺要削减驻守边境的兵力，将其"降到符合正常、睦邻友好关系的最低水平"，并扩大双方的贸易和文化交流。[1] 戈尔巴乔夫恰当地将本次峰会描述为"转折点"。

1992年，俄罗斯国会批准了戈尔巴乔夫与中国达成的协议。协议承认乌苏里江上的珍宝岛属于中国领土。当时的俄罗斯历史学家估计，从1969年双方敌对时开始到戈尔巴乔夫访华这一时期，苏军在黑龙江和乌苏里江部署的兵力上所投入的费用高达2000亿～3000亿卢布（以20世纪60年代的卢布进行计算），几乎相当于2000亿～3000亿美元。[2]

————————

① 斯科特·谢恩（Scott Shane），"戈尔巴乔夫从'转折点'峰会回国"，《巴尔的摩太阳报》，1989年5月19日。

② Viktor Usov, "'Goriachaia vesna' na Damanskom," Novoe vremia 9 (1994)，第36-39页。

第十章
印度支那战争

1953 年朝鲜战争结束时，这一战就成了五角大楼的信条，即美国肯定"再也不会"陷入亚洲大陆的战争中。但不过十多年时间，美国又再次陷入东南亚的另一场局部战争。

越南独立同盟在奠边府打败法国之后，1954 年的《日内瓦协议》要求法国从印度支那撤军，并成立独立国家老挝、柬埔寨和越南。但越南依旧暂时以北纬17 度为界，形成了南北越对立的局面。在此期间，南越成立了亲西方和反共的越南共和国政府（南越），北越则成了由共产党领导的越南民主共和国（北越）。

《日内瓦协议》还主张最迟在 1956 年 7 月，在国际社会的监管下，进行全国选举，推选出统一的越南总统。同时，《日内瓦协议》还允许越南人民自由跨过北纬 17 度，结果导致北越流失（部分是美国海军组织的行为）了 86 万人口，其中多为害怕共产主义政权的天主教徒。牧师告诉这些教区居民："上帝和圣母玛丽亚都到南方去了，只有恶魔还留在北方。"在南越也有 14 万的越南独立同盟成员前往北方，希望在国家统一之后再返乡。

艾森豪威尔政府立即介入了越南共和国的事务，为其提供了经济和军事援助。美国军队和中情局官员取代了原来驻守西贡（南越首都）的法国势力，开始执行针对北越的迫害和情报任务。

南越的国家元首是风流不羁，素有"戛纳皇帝"之称的末代皇帝保大。他小心翼翼地在法国过着流亡生活，将国家大事交给其新任总统吴庭艳，后者出身于一个富有影响力的罗马天主教家庭。但吴庭艳在西贡的群众基础非常薄弱。在越南艰难地反抗法国，争取独立的战争期间，他多数时候都不在越南，而是居住在海外（其中包括美国），与颇有权势的天主教神职人员和政客多有往来。

吴庭艳费了好大工夫才游说保大同意任命他为总统。但两人之间的关系从来就谈不上密切。吴庭艳是一名坚定的越南民族主义者，他认为保大太过于逆来顺受了，不管是法国人、日本人，还是越南独立同盟——谁控制越南他就听谁的。而保大也十分清楚，美国准备取代法国在越南的势力，也就顺水推舟，将艾森豪威尔政府中意的人选推上了总统之位。数年之后，保大在回忆这件事时写道，他之所以选择了吴庭艳是因为他"十分了解美国人，美国人很推崇他这种毫不妥协的反共立场"，以及他"狂热的救世主倾向"①。

但吴庭艳在美国旅居那么长时间却并没有给任何人留下深刻印象。狂热的反共国务卿杜勒斯并不确定吴庭艳究竟能否胜任这个职务。中情局在西贡的负责人爱德华·兰斯代尔（Edward Lansdale）却与吴庭艳一拍即合。兰斯代尔之前是一名广告主管，刚刚从菲律宾来到越南，他在巩固菲律宾新总统（有能力且受欢迎的反共主义者拉蒙·麦格塞塞）权力的过程中发挥了不容小觑的作用。兰斯代尔到达西贡时就认定吴庭艳身上有一种类似的气质，可能比较受美国欢迎。但这一次，兰斯代尔极力向美国推荐的人选却极具瑕疵，但他后来才逐渐发现这一点。

吴庭艳是一个死板且自视甚高的人，他内心就是一个官吏（为皇帝卖命的高级官员），他认为人民就是应该服从他的意志。他根本就没有为人民服务的公仆意识，反而认为人民应该对他感恩戴德。若在一百年前，吴庭艳可能会是一个很能干的统治者，但他回到西贡时，越南已经发生了打破旧秩序（包括打倒帝王和官僚）的社会革命。

吴庭艳的另一个问题在于他的天主教徒身份。他得到了绝大多数天主教徒的支持，但这些人仅占越南总人口的10%而已。吴庭艳不得不考虑究竟是否要顺从（多数为佛教徒）人民大众，以及应该通过全体表决还是个人命令的方式来治国的问题。因为他在心理上无法顺应人民大众，所以就选择了靠个人下达命令的方式来治国。

1954年6月才刚到达西贡时，吴廷艳就面临一系列严重的问题。他的首要任务是保证西贡的安全，这个城市有一个强大的犯罪团伙"平川派"，它控制了毒品、娼妓和赌博等市场。更重要的是，保大（为了偿清自己的赌债）也在委托警察控制"平川派"势力。吴庭艳不愿意与任何人分权，更不要说是同一个犯罪组织共事了，所以就向"平川派"宣战，很快就剿灭了这个组织。他还将几名策划对付他，接受过法国培训的将领放逐到巴黎。最后，他还铲除了被军阀所控制的教派——高台教与和好教。他驱逐了所有的地下反抗力量——但他们后来又复出了，加入了越共游击队的活动。

---

① 摘自爱德华·米勒（Edward Miller），"远见，权力和代理：吴庭艳上位，1945—1954"，《东南亚研究杂志》（1954年10月），第455-456页。

吴庭艳上台 10 个月后，他的表现超出了美国的预期。美国转变了之前对他的怀疑态度，开始确信他就是统治南越的合适人选。在 1955 年的普选中，吴庭艳要求选民在他和保大之间做出选择。结果对吴庭艳非常有利（虽然含有做假的成分），他当选为南越总统，掌握了几乎不受限制的权力。他在全国得到的支持票高达 98.2%，在西贡赢得了 60.5025 万张选票，而登记选民的总人数仅为 45 万，支持率达到了惊人的 134%。① 在南越政府短暂的历史中，它从来没有举行过一次真正的自由选举。例如，吴庭艳的弟媳，也就是广受非议的吴廷琛夫人，在湄公河三角洲（被越共控制）的隆安省以高达 99.4% 的赞成票赢得国民大会的席位。②

吴庭艳的下一个目标就是越南独立同盟，他们经常被吴庭艳政府跟踪、监禁和处决。美国观察者盛赞吴庭艳的这一系列举措，将他吹捧为"东南亚的丘吉尔"，《生活》杂志将他称为"自由世界"的卫士、南越的救世主。1957 年 5 月，吴庭艳高调对美国进行国事访问，得到了美国国会两院颁发的荣誉头衔，他在美国还表示民主"既不是物质上的幸福，也不是数量上的优势"。此时吴庭艳已经拒绝了《日内瓦协议》关于在国际监管之下进行全国（也就是整个越南）普选的主张。吴庭艳及其美国赞助者都很清楚，如果进行全国普选，那么掌握了"数量优势"，打败了法国人的胡志明显然更有胜算（讽刺的是，胡志明打败了法国人，却为吴庭艳做了嫁衣裳，让后者得到了回国担任南越总统的机会）。所以对吴庭艳来说，让越南保持分裂，总比通过普选让自己被胡志明所取代要好。

吴庭艳开始向所有反对者发动进攻，无论是真实存在还是假想的政敌——前越南独立同盟，共产党，自由主义者，佛教徒，农民。他拒绝 1956 年选举一事引起群情激愤，尤其是仍然留在南越，等待国家统一的前越南独立同盟成员。吴庭艳的恐怖政权（包括使用断头台这种法国殖民统治标志的残暴手段）对南越的越南独立同盟成员来说无异于致命打击。吴庭艳取消了向无地农民重新分配土地的计划（越南独立同盟曾向农民分配土地），并将土地返还给地主。吴庭艳土

---

① 伯纳德·B. 富尔，《对战争的最后反思》，（纽约花园城：双日出版社，1967 年），第 167 页。

② 大卫·海尔博斯戴姆（David Halberstam），《制造泥潭：肯尼迪时代的美国和越南》（*The Making of a Quagmire*: *America and Vietnam During the Kennedy Era*），修订版，〔纽约：克诺夫出版集团，（原版 1964 年）1988 年〕，第 27，29 页。

地改革计划的其他受益人包括刚从北越进入南越的天主教徒，他们成了南越最大的地主集团。[1]

吴庭艳不但迫害曾经为反抗法军而流血的同胞，他还违背越南人敬重祖先的传统，亵渎越南独立同盟烈士的坟墓。吴庭艳鞭尸的行为不但是一种罪行，更是一种严重的错误，这也是导致他倒台的原因之一。

…………

20世纪50年代中叶，南越的越南独立同盟急需河内（北越首都）的支持，但并没有得到党组织的积极回应。北越因为对抗法军已经元气大伤，经济陷入困顿，急需重建铁路系统，外国技术人员和工程师都已离境，又得不到南部种植的水稻。在河内，北越针对究竟应该援助南部的越南独立同盟成员，并因此重新开战（这一次他们要反对的是美国扶持的吴庭艳"傀儡政权"），还是关注国内问题而展开了政治争辩。当时，主张重建北越经济基础设施的派系，也就是所谓的"北方优先"派占据了上风。该党只能暂时搁置统一越南的大业。

北越在经济重建过程中，还推出了一项剧烈且灾难性的举措，即针对地主阶级的"土地改革"计划。尽管胡志明反对这一举措，北越政府还是坚持推行了这个计划。胡志明曾不止一次承诺，包括大地主在内的"爱国主义分子"，无须惧怕新政权。但胡志明辩不过政治局的其他成员，也没人确定他还能不能重新恢复自己之前的主导地位。

到1956年末，北越共产党再也无法忽视土地改革造成的灾难性后果——有3000~15000名地主阶级成员被杀害（具体数据有待确定）和遭受大面积的打击伤害。义安省（曾经最坚定的越南独立同盟堡垒）发生了一场暴动，北越不得不出兵平定叛乱。越共减轻了土地改革力度，但并没有完全放弃这一举措。土地改革计划的受益者，也就是广大农民成了支持北越政府的中坚力量。反对推进激进改革计划的胡志明，后来诚恳地向这些改革受害者致歉。

土地改革被搁置后，该党看清了当务之急是处理南方事务，当地的反叛力量不断增加。此时，河内的"南方优先"派地位上升，由黎笋（Le Duan）和黎德寿（Le Duc Tho）领导的"南方优先"派终于在1975年完成了越南的统一大业。

---

[1] 斯坦利·卡诺（Stanley Kamow），《越南：一段历史》（*Vietnam：A History*）（纽约：维京出版社，1986年），第281页。

但北越政府经历了多年时间，才能够有效接应南方力量。同时，有关全面内战的消息，也逐渐让越南和美国卷入南方的冲突。

…………

在 50 年代晚期，处境堪忧的南方越南独立同盟几乎没有任何武器。但他们还是拥有革命宣传力量——统一越南的美好愿景，并且他们富有组织能力，这是他们与法军作战时掌握的经验。此外，尽管吴庭艳试图加大对所有南方越南独立同盟的控制力度，越南独立同盟仍然占据着他们与法军作战时的大片根据地，尤其是与柬埔寨接壤，流经西贡附近省份，以及 1 号公路 ［从西贡北部到北纬 17 度的路线，长 250 英里，被法国人称为"失乐街"（Street Without Joy）］的湄公河三角洲。1 号公路沿线的战略港口城市是岘港，美军于 1965 年春曾在附近首次与敌军交手。

政府力量与游击队力量发生了冲突。从 20 世纪 50 年代末开始，随着人民反抗力量增长，叛军从越南共和国（南越政府，他们得到了先进的美国军备，但组织腐败、领导落后）那里缴获了更多武器。在 1960 年初，叛军缴获了来自西贡 9 英里外的富美兴哨所的第一批重要武器。[①] 越共从南越政权中夺取了更多武器和物资，装备比以前更加先进，他们开始将吴庭艳称为自己的"后勤军士"。

1960 年 12 月，由前越南独立同盟和共产党领导的各个反对组织和政党，组建了越南民族解放阵线（NLF）。吴庭艳在其美国顾问的怂恿下，将所有反抗力量都扣上了共产党的帽子。所以，越南民族解放阵线也被称为越共（或越南共产党）。一开始，民族解放阵线认为"共产党"这个标签是一个侮辱，但后来逐渐将其视为一种荣耀。原先将他们蔑称为"越共"、"Charlie"或者"Gooks"的美军士兵，后来也不得不对他们刮目相看，将其尊称为"查尔斯先生"（Mr. Charles）。

在 1961 年之前，这些反抗军不过是一种不成气候的麻烦。在候任总统约翰·肯尼迪与艾森豪威尔见面讨论世界事务时，即将离任的艾森豪威尔并不认为应该对越南的情况加以重视。当时，越共仍然孤军作战，没有得到河内的任何物

---

① 威尔弗雷德·G. 伯切特（Wilfred G. Burchett），《越南：游击战的内幕》（*Vietnam: Inside Story of the Guerrilla War*），第 3 版，（纽约：国际出版社，1968 年），第 110—111 页。

资支援，偶尔才能得到北部党员历尽艰险、千里迢迢来到南越为他们捎来的一些建议。

越共力量就在这种情况下潜滋暗长，不断扩大规模和实力。当吴庭艳将本地乡绅换成自己的官僚，以便控制农村地区时，这些不速之客就成了越共刺杀的目标。为了保护南越的农村，吴庭艳在 1962 年采取大规模昂贵的举措，通过建立战略村重新安置农村村民。事实证明，这种做法只会适得其反。这些被迫背井离乡，离开世代扎根的故土的农民，自然对南越政府更加怀恨在心。吴庭艳这些心狠手辣的举措只不过是将村民推向了反抗军的怀抱。

吴庭艳的政府在城市较受欢迎，但即便是在这里，他的个人崇拜作风还是遭到了反对。吴庭艳的政治理论根基就是所谓的"人格主义"，这种信条混合了天主教和主张顺从的儒家传统。它主张个人自由要服从社会集体的利益，个人要忠于位高权重的统治者，它实际上意味着绝对服从专横的独裁君主。同时，吴庭艳还在自己身边安插了许多亲信，其中包括他自己的兄弟。最臭名昭著的就是秘密警察头目吴廷瑈——他是吴庭艳的胞弟，如果没有此人的帮衬，吴庭艳根本没法治理国家。

吴庭艳从来不信任自己的军队，这也是有原因的。有一些部属向他效忠（通常由天主教将领指挥），但他并不愿意拿这些军队来对抗越南，而是用他们来看农护院，作为总统府邸的御卫，对抗他不信任的军队将领，以免重现 1960 年 11月由伞兵发起的政变（这次政变最终还是失败了）。1962 年 2 月，两名对他怀有怨气的空军官员（试图刺杀吴庭艳，至少是有意挑起反对他的人民起义）炸毁了总统府。吴庭艳九死一生地躲过了一劫。吴庭艳将这次袭击称为一次"独立行动"，并把自己侥幸逃脱称为"神灵保佑"。

南越政府倒台

1959 年 7 月，越共渗透进西贡北部边和市的大型军事基地，他们在那里刺杀了两名美国军官，这是美军在越南第一批阵亡的军人（美军后来在越南的丧生人数超过 5.8 万人）。

刚开始，越共以典型的游击队作战方式，先伏击后撤退，躲过南越军队猛烈的炮火。但是，1963 年 1 月，一支准备充分的越共部队在湄公河三角洲的 Ap Bac

村（西贡西南 40 英里）附近，首次与南越军队进行了一场近身肉搏战。事先已经掌握了南越军队作战计划的越共死亡 18 人，但他们杀了 80 名南越军队官兵和 3 名美国顾问，还摧毁了 5 架直升机和 3 辆装甲运兵车。吴庭艳政府声称南越政府的胜利，而冲向战场的美国记者却看出来了，这分明是越共重创了由美国顾问指导、装备精良的南越政府军。这是一个令人震撼的征兆，它为后来发生的事件奠定了基调。

吴庭艳固然偏袒天主教少数派，但应该也不至于与佛教多数派进行不必要的对抗，毕竟后者的领袖在政治上都比较被动，另外他们常戴着有色眼镜看待越共和共产党。没错，吴庭艳和佛教徒的确应该成为联合反对越共的同盟。可是，吴庭艳偏偏要与佛教徒为敌。

1963 年 5 月，在越南顺化市，正值佛祖诞辰的那一天（这也是佛教徒最欢喜最重要的佛教节日），吴庭艳禁止佛教徒使用彩旗来庆祝节日。他只允许人们升上红黄色的南越国旗，可是在该月初，吴庭艳还破例让天主教徒升上黄白教旗，允许他们庆祝吴廷俶（吴庭艳的哥哥）担任天主教顺化总教区总主教的 25 周年纪念日。在军队和警察未提前警告人群，射杀了 9 名游行示威的佛教徒之后，吴庭艳将此事归咎于越共，但没有人相信他。抗议活动愈演愈烈，有一名高僧以自焚方式表达了抗议。他在西贡广场上保持坐禅的姿势，往身上浇淋自制的汽油，而后点火自焚。在其后数周，有多名僧侣也效仿了这种做法。世界各地的报纸和电视都记录了这些自焚事件，它成了指控吴庭艳政府的罪证。作为国家第一夫人的吴廷琛夫人，却用"烤肉"这个词来嘲讽这种自焚行为，她说"让他们去烧吧，我们负责鼓掌就行"。

包括亨利·卡伯特·洛奇（Henry Cabot Lodge）在内的美国官员对西贡发生的事件感到十分惊骇，并因此判断吴庭艳政府必须换人了。中情局因此示意南越政府官员采取行动，后者就在 1963 年 11 月初对吴庭艳等人下手了。但他们并没有像肯尼迪政府所设想的那样，将吴庭艳和吴庭琛流放到海外，而是将两人都谋杀了，此举惊动了美国的政要。至死追随吴庭艳的爱德华·兰斯代尔，就这么眼睁睁看着自己的事业化为灰烬。在南越，几乎没有人哀悼吴庭艳，甚至还有人上街庆祝他去世的好消息。

接替吴庭艳掌权的新派系（一个军事统治集团）立即得到了肯尼迪政府的承认，但事实证明新的南越政府在处理国家事务上并不比之前的吴庭艳更高明。

在其后一年半时间中，越共势力显著增长。

约翰逊之战

在肯尼迪当政期间，美国在越南的兵力从原来的 900 名顾问（从艾森豪威尔政府开始）增长至 1.65 万人，还包括"特派人员"。肯尼迪被刺杀后，林登·约翰逊于 1963 年 11 月 22 日成为新任总统，美国很快就将派驻越南的人员扩增至 2 万人以上，不过他也清楚这还是不够对抗势力不断扩大的越共，到 1965 年初，越共就已经胜利在望了。

极为讽刺的是，约翰逊还质疑美国介入越南事务究竟是不是一个明智之举。1964 年 5 月，极为受挫的约翰逊在与参议院前顾问理查德·罗素（Richard Russell）的电话交流中表示，越南就是"我遇到过的最大的麻烦……情况还会变得更糟"。"（越南）对我们来说究竟有多重要？"罗素想知道他的答案。约翰逊回应称，越南和老挝对美国来说都"不值一提"。但他就是不能全身而退，因为共和党会抨击他的这一主张。约翰逊表示"这是他们唯一能抓到的把柄"[①]。也就是说，约翰逊这个骄傲的德州人并不想成为首任输掉战争的美国总统，所以除了向越南派兵，他就别无选择了。

为了给自己出兵找到充分的理由，约翰逊辩称中国共产党就是南越发生革命的幕后主使。如果南越沦陷，其他国家也会像多米诺骨牌一样随之倒下。这是 1954 年艾森豪威尔首次公开提出的假想。这场战争被描绘成一场国际冲突，而不是南越的内战。因此，美国不应该在此时撤出越南，坐视"民主的"南越被"外部共产主义势力所侵略"。

在 1964 年总统选举中，约翰逊的竞争对手是共和党的"鹰派"候选人巴里·戈德华特（Barry Goldwater），后者认为应该向越南派遣海军陆战队，这样就可以立即结束战争，回国举行胜利游行。约翰逊扮演的是"和平鸽"的角色，他向选民保证"我们不应该将美国小伙子千里迢迢地送到异乡，替亚洲小伙子担起他们应该自己承担的责任"。不过他也提到了自己"捍卫南越自由"，并停止

---

① 约翰逊与罗素的电话交流，1964 年 5 月 27 日，约翰逊总统图书馆，Tape WH6405. 10, Side A。

"共产党入侵"的使命。这只和平鸽就不得不证明他也有雄鹰一样的利爪。在该年 8 月，也就是发生北部湾事件期间，约翰逊盼到了机会。

在 1964 年 11 月选举之前的 8 月份，五角大楼报告称有一艘军舰——驱逐舰"USS 马克多斯"号在越南北部湾遭到了北越的鱼雷艇攻击。约翰逊声称此次攻击发生在公海（也就是国际海域），这是一种公然的挑衅。实际上，这艘驱逐舰当时正在执行美国政府情报部门国家安全局（NSA）的任务，它已经进入北越 12 英里的领海范围，在那里收集电子情报，为突击队对抗北越的隐蔽军事行动（包括轰炸袭击）提供支持（自 1964 年 1 月以来就一直在执行这项任务）。简单地说，"马克多斯"号当时是在执行对抗北越的军事任务。

两天之后五角大楼再次报告军舰"遇袭"（这一次也声称是发生在国际海域），约翰逊借此要求国会授权他直接部署对抗北越的兵力。国会几乎没有经过深思熟虑，并根据几乎没有异议的一致意见（众议院全体同意，参议院 88 张赞成票对 2 张反对票），就通过了北部湾决议，授权他采取"一切必要措施来击退任何针对美国军队的武装攻击，并防止发生进一步的侵略"。约翰逊的支持者将此称为"相当于宣战的声明"。民主党人林登·约翰逊及其继任者共和党人尼克松，就将其作为在越南和附近国家展开大规模军事行动的合法依据。事实上并无证据显示美国军舰遭到了第二次袭击。北越始终否认这种说法，调查结果同样没有发现异样，就连美国国防部长罗伯特·麦克纳马拉（Robert McNamara）在 30 年后的回忆录中也指出，根本没有发生第二次袭击事件。[1]

在约翰逊于 1964 年 11 月以绝对优势击败对手戈德华特后，越南就成了"约翰逊之战"。总统的批评者（在那个时期仍然仅占少数）怀疑南越受到外国势力入侵，以及南越的民族解放阵线是河内政府傀儡的说法。河内和民族解放阵线都有相似的目标和共同的敌人，民族解放阵线无疑要寻求和接受河内的指导，当然也需要河内提供的物资支持。但民族解放阵线是为自己而战，至少在北越发生北部湾对抗事件之前是这样的。1965 年美军大规模出兵干预迫使北越也不得不采取大规模干涉行动。1966 年 6 月，蒙大拿州民主党参议员麦克·曼斯菲尔德（Mike Mansfield）批露，美国于 1965 年 3 月开始增加兵力时，南越的 14 万敌军

① 罗伯特·麦克纳马拉，《回忆：越战中的悲剧与反思》（*In Retrospect：The Tragedy and Lessons of Vietnam*）（纽约：Times Books/兰登书屋，1995 年），第 128-142 页。

中只有 400 人是北越军人，这一数字得到了五角大楼的证实。[1] 由国防部长麦克纳马拉委托进行的一项长期研究（后来被称为"五角大楼文件"）指出，北越兵力数量相当少。美国对越南事务如此惊慌失措，原因不在于北越的所作所为，而在于美国对无能的南越政权的失望，以及对越共获胜的恐惧。[2]

1965 年 2 月，由国务卿迪安·腊斯克（Dean Rusk）领导的美国国务院试图证明南越发生的战争是"北方的共产党入侵"的结果，并高调颁布了这份缺乏根据的白宫文件。该文件的主要依据就是美军从民族解放阵线收缴来的一些武器属于共产党的支持。但这个数据（在过去 18 个月中收缴的 7500 件武器中，仅有 179 件武器来自共产党，约 2%）只能证明民族解放阵线缴获的武器主要来自腐败无能的南越政府军，而不是外部共产党。[3]

在约翰逊于 1965 年 1 月宣誓就职后不久，他就下令采取"滚雷行动"（Operation Rolling Thunder），持续对北越发动空袭。1965 年 3 月，美国海军陆战队登陆岘港，看似想保护自己的军事机场（"滚雷行动"的重要成分）。不久之后，海军陆战队又展开了"搜索和毁灭"任务，扩大了行动范围。但岘港及其市郊一向是越南独立同盟和越共的势力范围，并不是那么容易平定。因为美军无法与行踪诡秘的敌人直接作战，他们就将大片区域划为"自由火力区"，歼灭其中任何可疑的目标。他们很快就将赢取民心抛到了脑后。1965 年 11 月，美军首次与北越人民军短兵相接，掀起了血腥的德浪河谷战役。

敌军"死亡人数"不断上升，但美军司令威廉·威斯特摩兰仍然需要更多部队增援。1965 年底，美军分遣队人数为 20 万；到 1967 年底时，这一数字将近 55 万，另外还有 100 万南越军队。美军面对的是 30 万越共战士（还有另外 30 万暗中辅助的南越人民）以及 14 万越南人民军。根据传统观点，美国和西贡与敌军的 3∶1 军力优势仍然不够，因为打败叛乱分子，尤其是有组织、专业且装备精

---

① 西奥多·德雷伯（Theodore Draper），"美国危机：越南，古巴和多米尼加共和国"，《评论》（Commentary，1967 年 1 月），第 36 页。

② 尼尔·希恩（Neil Sheehan）等人，《五角大楼文件》，（纽约：班坦图书公司，1971 年），61-64 文件，第 271-285 页。

③ 关于白皮书"来自北部的侵略"和 I. F. 斯通（I. F. Stone）的回答，请参阅马库斯·G. 拉斯金（Marcus G. Raskin）和伯纳德·B. 富尔编辑的《解读越南：关于美国外交政策和越南危机》，修订版，（纽约：Vintage，1967 年），第 143-162 页。

1966 年 7 月，美国海军陆战队在"黑斯廷斯行动"中进行的一次搜索和摧毁任务，目的是清除北纬 17 度以南的广治省的北越部队。（图片来源：美国国家档案馆）

良的叛军（特别是苏联和中国还向北越提供了军火），需要具备 10∶1 的优势。

同时，西贡政局并不稳定。军事政变成了南越平常的一幕。1965 年 6 月，又一轮政变让空军元帅阮高祺（Nguyen Cao Ky）和陆军将领阮文绍（Nguyen Van Thieu）掌握了大权。1967 年 9 月，阮文绍通过操纵选举成了南越总统，阮高祺则成为副总统。阮高祺解释称，如果让一介平民赢得选举，他就会用"武力"来回应，因为在一个"民主国家你有权利不同意其他人的观点"。[1] 阮高祺似乎觉得这么曲解民主的定义还不够，居然宣称自己心目中唯一的英雄就是阿道夫·希特勒。这次作弊的选举和阮高祺的言论，进一步揭露了美国为保卫南越民主而战的谎言。

1968 年新年攻势

约翰逊原本以为，轰炸北越进入南越的供应线路（俗称"胡志明小道"）

---

① 美联社，《纽约时报》，1967 年 5 月 14 日，第 3 页。

1965 年 8 月，美国国防部长罗伯特·麦克纳马拉和美军司令（1964—1968 年）威廉 C. 威斯特摩兰（William C. Westmorland）将军访问南越，会见越南军官。（图片来源：美国国家档案馆）

以及美军付出的巨大代价，最迟也会在 1968 年初总统竞选活动开始时取得胜利。但这个任务其实远比预想中更为艰巨。1965 年初，美军死亡人数为 401 人；到 1967 年末，战争开始升级陷入僵局时，美军阵亡人数超过了 1.64 万人。河内做到了五角大楼策划者认为不可能的事情，令美军为实现承诺而不断投入兵力。五角大楼的战争"心态"与北越政府如出一辙。北越共产党领导人黎笋相信到了一定时候，也就是死亡 4 万人时，美军就会从这场战争抽身而退。

美军的轰炸无法切断河内向南部输送越南人民军和供应物资的通道。越南人民军和越共遭受了巨大损失，但他们得到了愿意与外国侵略者决一死战的男女民众的支持，所以能够及时补充兵力。约翰逊政府面对不断起疑的公众，却只能坚称美军就快要胜利了。1967 年 11 月，威斯特摩兰发表了著名的宣言，声称战斗中的平静意味着"我们已经到达了一个重要的节点，马上就要看到结果了"。

但 1968 年越南农历春节发生的新年攻势，终于将美国人打醒，认清了可能不会盼来胜利的现实。从 1 月底开始，越共和越南人民军向南越全面发动了突袭。他们夺取了36个省会城市（总共44个省会），最令人意外的是，他们还向西贡发起了进攻，甚至连美国大使馆也遭到自杀敢死队的袭击。正如河内所预料的那样，这次进攻产生的心理和政治影响，粉碎了美国大众的胜利幻觉，他们曾以为"隧道尽头的微光"就在眼前，却只盼来了这样的幻灭。

美国开足火力，疯狂反扑。敌人死伤惨重，被驱逐出西贡和其他城镇。经过一个月的鏖战，威斯特摩兰宣称新年攻势对敌方来说是一个军事灾难，他们只不过是自寻死路而已。这倒不是一句空话，因为美军的反攻的确极大削弱了越共和越南人民军的实力。

在新年攻势期间，破坏尤为惨重的是美丽的顺化古城，湄公河三角洲槟椥省的城镇，还有美莱村。北越占领顺化之后，立即围捕和处决了3000名疑似与西贡政府勾结的市民。美军于2月末重新征服顺化之后，这座城市大部分已成废墟，多数历史建筑遭到破坏。

槟椥省的情况更恶劣，美军炮兵彻底将它摧毁了。在问到为何将这座城市夷为平地时，一名美国陆军少校的回答成了美国在越战中的墓志铭："为了拯救这座城市就必须摧毁它。"① 这是他唯一能想到的答案。美军插手越南事务不再是个明智之举。

又过了一年半，美莱村的故事才被曝光——美莱村大屠杀中有500多名越南人遇害，包括妇孺老人，他们都成了美军手下的冤魂，《生活》杂志的彩色照片记录了这惨绝人寰的故事。五角大楼（和国会）最初忽视了关于这场大屠杀的所有报告，后来又将罪名安在一名陆军中尉头上，尼克松总统后来又为他洗脱罪名，赦免了他。进一步的调查结果批露，美莱村事件并非孤例。

新年攻势对越共和越南人民军来说是一次军事挫折，却也是一次心理和政治上的胜利。河内在1968年总统选举这一年宣布，这场战争远未结束。约翰逊面对越来越多反对其越南政策的压力，被迫重新评估越南战争和自己的政治前途。甚至连曾经笃信美军会赢的国防部部长罗伯特·麦克纳马拉，也开始怀疑究竟有无必要继续打这一战。1968年3月初，约翰逊将国防部长换成了另一个鹰派成员

---

① 彼得·阿奈特（Peter Arnett），《我从战场归来：一位战地记者的回忆》（*Live from the Battle Field*：*From Vietnam to Baghdad——35 Years in the Worlds War Zones*）（纽约：Touchstone Books，1994年），第256页。

克拉克·柯立福（Clark Clifford），后者花了数周时间得出了美国已经在越南陷入死局的结论，认为美军是时候寻找退路了。

稻田埂上行进的美国海军陆战队员。（图片来源：美国国家档案馆）

1968 年 3 月，约翰逊接到了威斯特摩兰的申请，后者要求再增员 20.6 万士兵，威斯特摩兰始终坚称自己的军队就快胜利了。正值总统大选的年份，约翰逊已经无法将派遣到越南的部队增加至 75 万人。他的顾问劝说他以政治解决方案结束这场战争。在该月末，约翰逊终于在一次电视发言中对全国宣布，暂时停止轰炸北越，并表态他愿意坐下来与河内商谈解决问题。但真正令人意外的是，他在结束这次发言时宣布，他将不再角逐下任美国总统竞选。

河内早有与约翰逊谈判之意，但有自己的条件。1965 年 4 月的四点建议呼吁美国停止轰炸北方，所有外国军队撤出越南，遵守《日内瓦协议》（特别是要求建立统一的越南）以及越南人有权独自处理越南事务。作为谈判的先决条件，河内还坚持主张承认民族解放阵线的地位，并允许它参与谈判。约翰逊政府和西贡的将领却毫不动摇地拒绝与民族解放阵线进行任何往来。最终，约翰逊还是在这个问题上妥协，越南和美国于 1968 年 10 月开始在巴黎谈判，民族解放阵线和不情不愿的西贡代表也出席了谈判。

1969 年 12 月末或 1970 年 1 月初，在岘港西北 6 英里处，筋疲力尽的海军陆战队第 1 师经过 5 小时"挪动"至 190 号山。（图片来源：美国国家档案馆）

尼克松和越南化的战争

在 1968 年总统选举中，共和党候选人理查德·尼克松以最微弱的优势击败了约翰逊的副总统休伯特·汉弗莱（Hubert Humphrey）——毕竟后者是一个与战争挂钩，被日益增长的反战运动所蔑视的候选人。尼克松呼吁选民支持用他的"秘密计划"来结束这场他并没有直接发挥作用的战争。他似乎是最适合令美国从越南脱困的候选人，这场血战已经导致 3.4 万美军丧生。

尼克松在大选前夕最大的恐惧在于以协商解决的方式结束越战。西贡的南越总统阮文绍也完全不想达成和解，因为他害怕这会危及自己的利益。尼克松私下联系了阮文绍，（在违背联邦法律的情况下）为他开出了条件：如果阮文绍能够拒绝参与任何谈判，破坏与河内的会谈，尼克松若能获选为总统，他就会继续支持阮文绍。阮文绍果然从中作梗，破坏了和谈的计划，尼克松也兑现了他的承诺，又支持了阮文绍 4 年——代价就是多牺牲了 2.2 万美军。

数年之后，尼克松承认自己根本就没有关于结束越战的计划。但他清楚自己必须在下一任总统选举到来时，改变美国直接介入越南事务的现状。同时，他和自己的国家安全顾问亨利·基辛格（Henry Kissinger）仍然不放弃获胜的渺茫希望。尼克松和基辛格最终制定出了一个计划，但其作用却是让战争升级，其次就是所谓的"越南化"举措。美国总统再次宣布，美军会持续作战，死亡的会是亚洲人。随着南越政府军战斗能力增强，美国兵力损失逐渐减少。当时尼克松尊重约翰逊暂停轰炸北方的决定，但他并没有让出南越，后者仍在其支配之下，开足火力与北越对抗。战争越南化的趋势令美军数量和伤亡人数逐渐减少，但越南人却并不能幸免于难。

谈判

尼克松计划退出越战的第三个要点就是，向河内的赞助者（也就是苏联和中国）施压。但苏联和中国都不想帮他脱困。他们欢迎与美国缓和关系，但并不愿意帮助尼克松在南越获得胜利。1972 年 2 月，尼克松访华期间提到了越南问题，但中国毛泽东主席和总理周恩来都拒绝讨论此事。

尼克松的大选和他的求胜目的，导致他只能再次搁置与河内的谈判问题。直到 1970 年 2 月，尼克松的谈判代表基辛格以及北越代表黎德寿（Le Duc Tho）才在巴黎会面，重新磋商。

虽然美军兵力已从 1969 年 2 月的 54.2 万降至 1971 年 12 月的 13.9 万，印度支那地区的战火并没有减弱的趋势。事实上，心急如焚的尼克松为了剿灭越共和摧毁越南人民军的基地，甚至还将战火引到了老挝和柬埔寨。在 14 个月间（1969 年 3 月至 1970 年 5 月），尼克松下令向柬埔寨发动了秘密的 B-52 空袭，根据国际法和美国法律规定，这属于非法的战争行为。1970 年 3 月，中情局策划推翻了柬埔寨的中立统治者西哈努克亲王，扶持亲美将领朗诺（Lon Nol）上台。西哈努克已经尽力让柬埔寨在越战中独善其身，却还是无法阻止越共和越南独立同盟在柬埔寨东部建立根据地；他还允许中国通过西哈努克城的港口向他们提供补给。他也同样无法阻止尼克松向柬埔寨发动空袭。1970 年 4 月，尼克松下令美国-南越组成的联军"进军"柬埔寨。在两个多月时间中，超过 5 万美军和南越军队搜遍了柬埔寨东部的丛林，却一无所获，没有发现敌军的南部指挥总部。

美国国内反战主义者心有不忿，走上街头抗议政府扩大战争规模。此时，美国社会已经因为一系列问题而被撕裂，其中包括民权、贫困、妇女权力和文化问题（也就是政治权利所称的"特赦、讽刺和堕胎"问题），还有越战。尼克松于1969年11月在电视讲话中向他的政治基础——"沉默的绝大多数"发出的呼吁，加剧了美国社会被撕裂的现象；这个群体包括愤世嫉俗者、爱国者、敬畏上帝者、社会保守派（主要是南方的）白人选民，他们渴望更简单、更安宁的时代。在美国入侵柬埔寨之后，哥伦比亚大学和其他高校的反战学生（尼克松将他们称为"讨厌鬼"）准备停课抗议。他们的意图是"把战争带回国内"，在某种意义上说，肯特州立大学校园发生的事情就体现了这一点，俄亥俄州国民警卫队的成员于1970年5月4日在这里的反战集会活动中枪杀了4名学生（另有9人受伤）。

1967年10月21日，反战示威者在华盛顿特区五角大楼与宪兵对峙。（图片来源：美国国家档案馆）

1971年3月入侵老挝南部的事件证明，战争越南化就是一个失败。南越政府军为了控制"胡志明小道"，在美国空军的支持下进入老挝，结果被北越的人民军所击溃。电视台将惊恐万状的南越军队抓住撤离的直升机，拼命想逃离北越反击战的画面发送回美国。

1972 年选举近在眼前，尼克松不得不将美军剩余部队召回美国，并决定要用哪种对策来保住面子。更复杂的情况在于，河内从 3 月末开始，越过北纬 17 度发动了"东部攻势"。为了阻止北越进攻，尼克松下令向北越发起最致命的轰炸行动——"后卫行动"。轰炸目标包括北越的工厂、桥梁、港口和发电站等基础设施，向北一路逼近河内。

在双方酣战期间，基辛格和黎德寿重新在巴黎开启双方一再被搁置的会谈。这一次，他们确定了全面的解决框架。最终，尼克松同意了河内一贯的要求：撤出所有美军，保留在南越的越南人民军。而河内则承诺释放美军战俘——其中多为在北越被俘虏的海军和空军人员。但对于河内的另一桩要求，尼克松始终不愿意松口，那就是放弃阮文绍的南越政府。他认为这是一个关乎国际声誉的问题——大国不可以对自己的盟友背信弃义。河内最终在这一点上达成了妥协，这意味着美国可以继续援助西贡，双方进入了可以签署所谓的"和平条约"阶段。但这种协议的目的也只不过是让双方走向和平而已。

在 1972 年总统大选前夕，基辛格宣布"和平近在眼前"。双方签署的初步协议规定，美国需在停火后 60 天内，彻底将美军剩余部队从越南撤出，河内将释放所有美国战俘，并由越南人民以政治方式自主解决南越的问题。但还是有一个遗留问题，它实际上在 1968 年就存在了——阮文绍拒绝接受这些条款。为了说服阮文绍，基辛格前往西贡对他恩威并施，含糊地承诺美国会继续保护南越政府，包括再提供价值 10 亿美元的军备。

为了体现美国继续捍卫阮文绍政府的决心，尼克松对北越发动了最后一次残酷的惩罚——"后卫行动 2"，对河内和海防市进行了又一轮轰炸。这场日夜不停的空袭（代号"圣诞轰炸"）始于 12 月 18 日，一直持续到了 12 月末，两座城市大部分地区都只剩瓦片。这次轰炸并没有让 1973 年 1 月最终签署的协议条款产生任何重大变化。该协议的条款实际上就是基辛格与黎德寿在 10 月份就已经商定的内容。心虚的尼克松唯恐被人认为是弱者，大言不惭地宣称是他把敌人炸回了谈判桌。

河内的胜利

这个协议并没有为越战画下句号。双方仍在持续交战。南越军队虽然有美国提供的军火，却仍然不是北越人民军的对手。美国公众舆论也让尼克松十分难堪，无法撤回军队甚至是收回空袭的命令。而国会考虑到国内民情，还是选择切断对南越的进一步援助。

1972 年，越南广治省附近的 1 号公路上的难民。(图片来源：美国国家档案馆)

此外，现在的尼克松已深陷水门事件丑闻，这也是战争的直接后果。1971 年 6 月，曾担任美国对越南政策管理人员的丹尼尔·埃尔斯伯格（Daniel Ellsberg，他后来又积极反越战）将五角大楼文件泄露给媒体（包括《纽约时报》和《华盛顿邮报》），其中内容是由国防部原部长罗伯特·麦克纳马拉委托撰写的越南战争历史。尼克松对机密资料外泄的事件怒不可遏，他在白宫组建了一个反间谍的"水管工"小组，其任务是阻止情报泄露，并针对破坏其总统任期的埃尔斯伯格和其他"颠覆者"展开调查。由于一些尚不明确的原因，"水管工"小组于 1972 年 6 月闯进了民主党全国委员会在水门的总部，也就是华盛顿的一家酒店的公寓楼。他们就此被捕，由于这些不法行为的证据牵涉尼克松本人，他就命令下属作伪证，也就是撒谎。但不幸的是，尼克松之前的谈话已经做了录音，记录下了他自己的罪行，不清楚他究竟是出于什么原因，没有销毁这些证据，结果导致尼克松被国会弹劾。面对即将被罢黜的事实，尼克松主动下台，由副总统杰拉尔德·福特执掌大权。

最终在 1975 年初，北越在将南越一分为二的北部高地发动了袭击，令南越军队惊慌失措，大批将领弃军而逃。预期中的西贡战争从来就没有发生。1975 年 4 月，北越军队如入无人之境，轻松挺进西贡。美国大使馆一片混乱，剩余的美国人员和越南军人疯狂抢占机位，都想挤进仅存的几辆直升机外逃。

5.8 万美军在越南丧生，还有 30 多万人受伤。这场战争令美国国库痛失 1650 亿美元，造成美国通货膨胀，背上国债，出现了国际收支不平衡的问题。它还令美国年轻人产生了新的激进主义和政治意识。但它也产生了一个更为强大的保守政治反冲，这在下一代美国人中表现依旧明显。

1995 年，曾担任美国国防部部长，并且是美国参与越战主要策划者之一的罗伯特·麦克纳马拉出版了自己的回忆录，他在其中承认美国"其实本可以也应该在 1963 年底就撤出南越"。因为在那个时候，只有 78 名美军人员在越南牺牲。麦克纳马拉在回忆录中列出了美国犯下的 11 个主要错误，其中包括误判了北越的实力和决心，低估了越南的民族主义力量，不了解越南的历史和文化，并没认识到现代技术战争的局限性。

这一场战争更让印度支那人民造成了难以估量的损失。美国统计南越军人死亡人数超过 20 万，而敌军（民族解放阵线和越南人民军）几乎有 50 万人牺牲。我们永远不会知道究竟有多少平民丧生，有多少人沦为难民。在 2002 年的一次采访中，麦克纳马拉认为在印度支那的死亡人数为 340 万。① 这个国家遭受的实际损失也相当惊人。美国在印度支那投下的炸弹比它在整个二战中向敌军扔下的数量多三倍以上。此外，它还向 500 多万英亩土地投下了"橙剂"这种强大的致癌化学除草剂。

---

① 埃罗尔·莫里斯（Errol Morris，导演），纪录片《战争之雾：罗伯特·S. 麦克纳马拉生平的 11 个教训》（*The Fog of War: Eleven Lessons from the Life of Robert S. McNamara*）（2003 年）。

持续的越南悲剧

北越获胜后，南越人以为他们将迎来尼克松所预料的复仇性"大屠杀"。但这种结果并未出现，那些西贡政权的高官和军事官员却遭到了严重的惩罚，通常财产被充公，被逮捕判刑，被发配到偏远的"劳改"营做苦役。西贡重新被更名为胡志明市，该地的酒吧、妓院和舞厅全部被关停。

不到一年时间，越南深陷严重的经济问题。政府计划快速恢复南方的农业生产，以便辅助北方工业发展，但这种设想显然是一种盲目的乐观。越南政府以提供住房、农田和粮食的承诺，将大批无业的城市居民引入农村"新经济区"。他们当中许多人不久就因为无法忍受艰苦原始的农村环境而逃回城市。更为雪上加霜的是，南部地区连续三年遭受大旱和洪涝。

越南也没有得到国际救助。越南无法吸引外资，而没有外资的帮助，经济恢复的希望就很渺茫了。尼克松曾经答应的经济援助根本就没有到位。美国甚至还向国际借贷机构施压，要求它们拒绝向越南放贷。面对越来越多的困难，河内被迫向苏联寻求援助（苏联当时也遭遇了严重的经济危机）。越南对苏联的依赖，导致其与中国关系进一步恶化，中国直到 1978 年才向河内提供了少量援助。

柬埔寨困境

大屠杀事件的确发生了，只不过不在越南，而是在附近的柬埔寨。美国于1973 年初撤出越南时，也减少了对柬埔寨朗诺政府的军事支持，当时后者已被本土共产党军队红色高棉所围困。1975 年 4 月，就在北越攻入西贡之前，红色高棉攻入了柬埔寨首都金边。

就这样，柬埔寨在波尔布特（Pol Pot）领导的共产党政府之下，很快进入了一个恐怖统治的时代。理论上看，共产主义革命在继承现有的资本主义工业基础时，会将资本家对资产的所有权移交给工人。但红色高棉却立志彻底根除旧秩序，完成任何革命政权都没有做到的创举，重建一个新社会。波尔布特的理想社会与马克思主义信条截然不同，它要求人们回归土地，回到 12 世纪时的吴哥窟黄金时代。他将所有城市人口赶到农村，违者格杀勿论——而这些抗命不从的人民包括旧政权的成员、受过西方教育的精英、城市居民，还有一切真正或疑似"革命敌人"的群体。在 3 年时间中，红色高棉就屠杀了 170 万柬埔寨人——几乎占据全国人口的 1/5。

波尔布特还拒绝承认法国殖民时代划定的柬埔寨边界。为了重划边界，他甚至还向附近的泰国和越南（他曾经与越南共产党政权合作过多年）发动进攻。和许多柬埔寨人一样，波尔布特具有强烈的反越情绪，他对柬埔寨东部大量的越南人口感到不安。1978 年，他向这些越南人发起了猛攻，犯下了滔天罪行。在波尔布特在柬埔寨发起的大屠杀中，越南人（以及其他少数族群）遭遇了种族灭绝。

河内曾经想与波尔布特协商解决问题，却无果而终。1979 年 1 月，越南出兵柬埔寨试探虚实[①]，打散了红色高棉的军队，占领了金边，扶持前红色高棉官员韩桑林（Heng Samrin）担任亲越政府的新领导人。但越南占领金边并没有为柬埔寨带来和平，约 17 万越军仍在清扫波尔布特余党，后者撤退到柬埔寨西部的丛林，在此继续隐蔽作战。

尽管越南结束了红色高棉的统治，国际社会还是迟迟没有肯定越军的义举。只要越南还是苏联的代理人，美国和中国就会继续支持红色高棉——中国为其提供了军事援助，卡特和里根政府则为之提供外交和经济援助。中国甚至于 1979 年 2 月出兵"教训越南"。在美国与越南交战之后不久，中共就与越共对阵，这足以证明美国关于越南共产党的胜利就是中国的胜利这种判断真是大错特错。

到 80 年代末，冷战基调不断降格时，柬埔寨终于迎来了破解僵局的机会。新任苏联领导人戈尔巴乔夫与海外的第三世界代理人脱离关系，结束了为越南提供的经济和军事援助。1989 年，越南从柬埔寨撤军，留下了一个亲越的金边政府。

到 1991 年夏，苏联解体，美国解除了苏联威胁，美国和中国对柬埔寨也就失去了兴趣。联合国这才能够介入，以政治方案解决柬埔寨问题。西哈努克也结束在中国的流亡生活重归故国，1993 年在联合国的监管之下，柬埔寨举行普选，保皇派上台执政。年迈多病的波尔布特仍然滞留在泰国边境附近的丛林中。1998 年 4 月，当一名红色高棉派系成员准备将他移交政府接受审判时，波尔布特因突

---

① 作者关于越南出兵柬埔寨，并未指出其真正意图，即越南建立"大印度支那联邦"、实现地区霸权的企图，请读者明断。编者注

发心脏病去世。

印度支那战争的另一个结果就是产生了大量逃离越南的难民，估计有150万越南人漂洋过海逃离故土，其中有许多"船民"在南中国海因为海难而溺亡，或者死于海盗袭击。

在1975年西贡沦陷后，就出现了第一波船民，当时约有10万人逃离了越南。在1978—1979年，柬埔寨和越南交战期间，第二波更大规模的难民逃离越南。他们逃到了附近的马来西亚、泰国、新加坡和菲律宾，但这些国家都不欢迎越南难民。1979年7月，联合国与越南达成一致意见，要求控制越南难民外流的现象。联合国还向"第一避难所"国家（例如马来西亚）提供救济，并得到了其他国家关于接受难民的承诺。

这些离开越南的难民，大部分是很早就在越南经商的华人，他们是1979年初政府关于废除"资产阶级贸易"政策的受害者，当时政府还引进了一项货币改革，导致他们积攒数代的财富几乎一夜蒸发。奇怪的是，共产党当局在向他们许多人提供援助的时候，却以收取黄金的形式向每人征收价值2000美元的出境费。在北越，与中国短暂的边境战争导致当地25万华人（原本华人数量将近30万）被驱逐。

第十一章
国际关系缓和，两极世界结束

具有讽刺意味的是，在 1965—1973 年美国直接介入越南，反对国际共产主义的这几年中，美国居然逐渐改善了与两个共产主义大国之间的关系。在该时期快结束时，冷战出现了几个意想不到的转折。先是苏联与美国关系缓和，美国和中华人民共和国之间也实现了关系正常化。在 1972 年春，尼克松总统这位总是主张对越南、苏联和中国共产党强硬的典型反共主义者，居然访问了苏联和中国。以苏联和美国为中心的两极世界终于走到了尽头。

美国和中国，关系正常化

中苏关系破裂为美国提供了一个千载难逢的机会。20 年后，美国才盼到了趁苏联与中国相互为敌，实现自身利益的机会。

从 1949 年开始，苏联就在打一手人尽皆知的"中国牌"。莫斯科利用 1950 年与中国缔结的军事盟约，在远东沿着黄海布下了对抗美国的防线。但 20 年后，中苏交恶，双方边境冲突为宣告这一纸盟约失效。中国与美国恢复邦交，为其赢得了更安全的外交环境，20 世纪 70 年代初的美国很想试试能否用"中国牌"来挑战苏联和北越的利益。

在过去 20 多年中，中美并没有正式建交（不过两国代表的确经常会面讨论相关事务）。数任美国总统均谴责"红色中国"对爱好和平的亚洲人民来说就是一个威胁，也是一个粗暴不负责、不值得与之建交的野心政权和联合国成员。美国维持着与台湾当局的关系，坚持认为它是中国的合法政府，并承诺要保卫它免受"共产党入侵"。为此，美国和台湾当局于 1954 年 12 月签下了《共同防御条约》。中国谴责这两者结盟以及美军驻扎台湾的行为，认为这是"帝国主义入侵"以及干涉中国内政的表现。同时，美国阻止了中华人民共和国进入联合国，用自己的军事基地弧（从韩国、日本到中国台湾、菲律宾、南越）将其包围起来。美国还针对中国所有贸易实行严格的禁运政策，拒绝中国人入境。

这不仅仅是一种相互为敌的关系，两个敌对国都要求自己的冷战同盟提供支援。支持中国的（至少在前十年）是苏联，苏联在东欧的附庸，以及世界其他地方的共产党。苏联一开始支持用中华人民共和国取代"台湾当局"在联合国的席位。为"自由世界"发声的美国则向其盟友施压，要求它们支持自己的中国政策。但英国和法国却无视美国的这一要求，分别于 1950 年 1 月和 1964 年 1 月承认了中华人民共和国。1949 年，只有共产主义国家承认中华人民共和国；在 50 年代和 60 年代期间，最新独立的前欧洲殖民地也开始承认中国，中国就这样逐渐摆脱了外交孤立局面。

美国不遗余力地谴责"红色中国"以及它的"暴行"。中国认为美国是它的"头号敌人"，并不断声称美帝国主义才是世界和平的主要威胁。中国指责美国暗藏侵略野心，它在中国东部边缘布置的军事基地就是明证。而美国则指出中国干涉朝鲜战争，以及 1962 年的中印边境战争，就是中国具有侵略性的证据。中国（以及一些西方国家）反击称在这两次战役中，中国都只是在合法保卫自己的边疆。

中苏关系破裂并没有改善中美关系。中美关系反而还恶化了，因为中国（而非苏联）提出了更强烈的反美主张，美国和苏联则于 20 世纪 60 年代末开始关系缓和。

但中美之间这场看似漫长无休的敌对，突然就在 70 年代初结束了，成了现代外交史上最戏剧性的转折。1971 年 7 月 15 日，美国共和党总统和强硬的反共人士尼克松宣布了一个惊人的决定，他将应中国政府邀请，前往中国讨论两国建立正常关系的事务。他透露其国家安全顾问基辛格已秘密访华归国，后者已同周恩来总理做好了尼克松访华的安排。

在前一年，尼克松政府就开始向中华人民共和国提出了微妙的主张。两国大使在波兰华沙定期会面密谈时，美方就已经表达了改善两国关系的意愿。他在 1971 年 2 月的"世界局势"电视讲话中，将中国政府称为中华人民共和国，而不再是其通常所用的"红色中国"或"共产主义中国"这种称呼。中国也注意到了美国政府首次公开使用中国正式名称的举动。这些动作为后来的"乒乓外交"打开了局面。中国邀请美国乒乓球队参加中国的锦标赛，周恩来向他们发送了温馨的邀请函，并提到他们的来访"为中美两国人民的关系翻开了新的一页"。① 尼克松则宣布解除美国对中国的贸易禁运，中国则以促成基辛格秘密访华作为回报。

1972 年 2 月，尼克松开始了为期两周的访华之旅，他在中国受到了热烈欢迎。他在北京机场率先向周恩来伸出了自己的手，而在 18 年前，美国国务卿杜勒斯在日内瓦会议上还曾经故意怠慢周恩来，拒绝与之握手。大批随行的美国记者和电视摄像人员记录下了这历史性的一幕，初次为美国人民揭开了共产主义中国神秘的面纱。在这两周时间中，美国新闻工作人员拍摄了大量中国及其人民的照片和画面。他们也见证了尼克松这位尖刻的反中国共产党人士极不寻常的表现，看到他向年迈的毛泽东致敬，与中国最有才能的外交官周恩来共同为两国友谊举杯祝酒。对中美两国来说，这都是震撼人心的 180 度大转弯。

乍一看，这似乎有点讽刺，尼克松这个保守的共和党反共人士居然会成为第一个访华，并与共产党政府接触的总统。但这个任务就是落在了这个政治家的头上。民主党总统可能会觉得这是一个极其艰难的任务。民主党依旧不能放下过去将中国拱手让给了共产党这个心结。而一位坚定的反共信念的共和党总统，在扭转美国对华政策上遭遇的阻力显然更小。

无论如何，中美关系正常化就是一个迟到的历史性事件。双方都清楚，结束对抗要比继续敌对更符合自身利益。试图"光荣地"从越南抽身而退的尼克松，希望中国向北越施加一点压力。但中国却并没有这个打算。此外，他们还向他明确表态，中国也很难驾驭顽固的越南人。在越南问题上（这也是尼克松访华的主要原因），尼克松只能空手而归。

中国需要的是结束外交孤立局面以对抗苏联威胁，因为中苏自 1969 年 3 月在乌苏里江发生边境冲突之后关系不断恶化。从那时起苏联极大增加了在中国北部边境部署的兵力，还配备了先进的战术核武器。中国希望通过与美国拉近关系，降低苏联率先进行核攻击的可能性。中国还希望借此打开联合国的大门，解决台湾问题。尼克松和基辛格认为世界出现了新的权力平衡，中国也扮演着一个重要角色。他们希望美国在与苏联打交道的过程中，"中国牌"也能派上用场。

---

① 徐中约，《中国近代史》（*The Rise of Modern China*），第 3 次修订版，（纽约，牛津大学出版社，1983 年），第 373 页。

中美改善关系的主要障碍就是台湾问题。中国认为台湾是中国的一部分，而美国认为台北的"台湾当局"才是代表整个中国的合法政府。另外，美国还同台湾签署了《共同防御条约》。尼克松所谓的"两个中国原则"主张在外交上承认两个中国政府。但北京和台北都坚决拒绝了这个原则。两者都不愿意妥协，都坚称自己才是代表整个中国的合法政府。

台湾似乎是一个棘手问题，但后来也轻松解决了。在基辛格和周恩来前往上海制定解决方案时，中方重新主张他们早在1958年9月就提出的长期建议。他们再次主张美国承认台湾是中国的一部分，最终"解放"台湾岛属于中国内政，应通过和平手段解决，具体时间有待确定。另外，在这种安排之外，美国必须解除与台湾当局的军事同盟关系。当时的艾森豪威尔政府拒绝了这个"无法接受"的提议，宣布台湾是一个"主权国家和可信赖的同盟"①。

但这一次，基辛格和尼克松却迅速接受了中国的解决方案。他们并没有纠结于"无法接受"的问题。美国最终还是接受了中华人民共和国政府是代表中国的唯一合法政府，将最后一个有待解决的问题留给中国人自己处理。至于台湾当局持续要求"独立"的主张，美国既没有支持也没有表示反对。

在尼克松即将结束访华时，美国在措辞严谨的《上海公报》中承认所有中国人都认为"只有一个中国，台湾是中国的一部分"。一个中国的立场不容置疑。在只有一个中国的前提下，尼克松政府希望"由中国人自己和平解决台湾问题"。但中国政府也从来没有明确承诺放弃使用武力统一台湾。② 在其后数年，中国多次威胁要武力收复台湾，尤其是在回应"一中一台"的主张时。

过去，美国曾投票反对以中华人民共和国取代台湾当局在联合国的席位。但在尼克松访华之前，美国就清楚它根本无法阻止这个趋势。1971年10月，中华人民共和国以唯一的中国合法政府的身份进入联合国，取代了之前台湾当局的席位。

尼克松与毛泽东的峰会并不是中美关系正常化的终点，而是一个开端。这距

---

① 美国对外关系，《中国1958—1960》（China, 1958—1960），第19卷，第190-191、193-195、209-216页。

② 美国对外关系，1972年2月27日联合声明，1969—1976，第17卷，《中国》，1969—1972，2013文件。

离中美关系完全正常化，包括美国正式承认中华人民共和国，以及美国同台湾当局断交，还有一段路程。与此同时，中美还要根据《上海公报》的精神，在对方的首都建立联络办事处，展开科学、技术、新闻、体育和贸易方面的一系列交流。

直到 1979 年 1 月，双方才建立完整的外交关系。双方正式建交之所以延迟了 7 年，有两大原因，分别是两国的政治领导人问题，以及美国与台湾当局的军事联盟问题。在美国方面，尼克松深陷水门事件丑闻并最终被迫辞职。而中国的毛泽东和周恩来在 1976 年相继过世，为继任者留下了一系列有待解决的问题，直到 1978 年邓小平上任之后才算恢复了稳定。

所以后来就是由吉米·卡特总统和邓小平一起处理最后的细节。双方谈判于 1978 年 12 月达成了协议，其中条款内容包括美国正式结束与"台湾当局"的外交和军事关系，恢复美国与中华人民共和国的完整外交关系。但该协议允许美国同台湾人民保持商业和文化交流。美国和台湾当局于 1979 年 12 月 31 日解除军事同盟关系，随后就是美国立即与中华人民共和国建立全面的外交关系，邓小平对美国进行国事访问。美国通过解除与台湾当局军事同盟关系做出了许多让步。

这个协议对台湾当局是一个严重打击，当时的台湾仍然由蒋经国领导的国民党所控制。美国为安抚"台湾当局"，通过了《与台湾关系法》，确认美国将与台湾人民保持友好关系，并认为任何以武力方式解决台湾问题的举措"在美国看来都是一个严重的问题"。

为了与拥有 9 亿多人民的中国政府建交，美国就和同仅管理 1700 万中国人的台湾当局断交了。中美关系正常化极大减缓了东亚的紧张局势，也为中国贸易创造了极大的便利，让中国得到了其急需的资金和技术。美国希望能够打开庞大的中国市场，以此抵销美国在其他市场的贸易逆差。但在 1996 年初，美国就发现这个希望破灭了，中国成了对美国贸易顺差最大的国家（超过了日本）。

中美关系的历史性突破，也为中日关系破冰打开了新局面。刚开始，尼克松宣布访华的消息令日本人大吃一惊，这不是因为他们反对美国总统访华，而是他们实在是毫无心理准备，他们认为美国应该事先咨询他们的意见。日本首相佐藤荣作（Sato Eisaku）曾经好几年吹捧日本政府与美国推心置腹的关系。为了不伤害日本与美国的牢固关系，他一贯抵制所有要求与中国关系正常化的公众压力。日本人看到美国没有问过日本（美国的主要亚洲盟友）就转变了对华政策，无异于自己的脸被扇了一耳光。

日本人终于从"尼克松冲击"中回过神来后，他们也制定了与中国恢复邦交的计划。日本首相田中角荣追随尼克松的步伐，接受了1972年9月的访华邀请。田中角荣是日本首位访华的元首。这也是中日敌对近一个世纪后，两国首次改善关系的举动。田中角荣在中国懊悔地表达了自己对两国过去"不幸经历"的遗憾，他宣布日本"十分清楚……（它）过去在战争中对中国人民造成的巨大伤害，并深深为此自责"。①

田中角荣和周恩来之间的谈话也达成了建立全面外交关系的协议。根据该协议条款，日本确认它承认中华人民共和国是唯一合法的中国政府，台湾是中华人民共和国领土不可分割的一部分。中国则放弃了数十亿美元的战争赔款，同意停止抗议《日美安全保障条约》，放弃抗议日本同台湾进行贸易往来。中日还同意协商新的和平友好条约，该条约于1978年8月生效。改善双边关系让中日都收获了巨大的成果，尤其是两国贸易逐年增长。中日是天然的贸易合作伙伴；中国可以向资源短缺的日本提供原材料，而日本则可对华输出技术、机械和成品。

再次受到怠慢，台湾当局指责华盛顿和东京都被北京所蒙蔽。但台湾当局别无选择，只能先保证维护硕果仅存的一点对外关系，尤其是与美国、日本和西方国家的商贸关系。

东西方关系缓和

中美邦交正常化发生在一个广泛的外交破冰时代。它反映了东西方冷战思维的重大变化。最开始时，双方坚持的立场就是要先解决中国、德国、韩国和越南分裂的问题，否则彼此势不两立。但在20世纪60年代中期，这些交战国认为贸易、国际旅行和联系，以及军备限制等领域的关系正常化，可能有助于解决更大的问题——分裂的国家实现统一、核军备竞赛，甚至还可能结束冷战，所以它们放弃了对峙的立场。结果就促进了各国关系缓和，缓解了国际关系的紧张局势。

………………

冷战创造出了两个德国——与西方结盟，最终加入北约的西德，以及由苏联

---

① 美国对外关系，《中国 1958—1960》（*China, 1958—1960*），第19卷，第751页。

扶持，加入了华约组织的东德。二十世纪五六十年代保守反共的西德政府（尤其是阿登纳当政时期）认为东德不是合法的政府，拒绝承认东德或与之打交道。西德领导人认为德国是一个整体，声称他们代表所有德国人，凡越境进入西德的东德人，自动授予其公民身份。他们认为西德首都波恩只不过是一个临时国家的临时首都。德国真正的政治中心在柏林。

阿登纳通过1955年的"哈尔斯坦主义"（Hallstein-Doktrin，以西德外交部长哈尔斯坦命名）表达了自己的立场。它宣布西德不会承认任何与东德建立外交关系的国家（除了苏联）。这意味着西德不会同苏联在东欧的代理国家往来。西德也无意掀开铁幕。

从1966年开始，西德新外交部长维利·勃兰特扭转了阿登纳的立场，率先迈出了与东欧共产主义国家建交的步伐。他愿意承认自苏联红军进入欧洲中部以来，已经存在20多年的政治现实。美国总统林登·约翰逊对勃兰特的举措早有预料，他指出德国只能通过缓和国际关系才能实现统一。换句话说，勃兰特和约翰逊都认为缓和关系是实现德国统一的前提，而阿登纳和哈尔斯坦却认为先有统一的德国，才能够改善与苏联阵营的关系。勃兰特和阿登纳追求的目标相同，都是为了统一德国。但他们采用的方式却截然相反。

勃兰特否定哈尔斯坦主义，这意味着他愿意承认东德的现状。为此，他必须接受两个德国在战后的边界，这也是二战的一个后果。已经成为西德总理的勃兰特愿意承认奥得尼斯线就是东德与波兰的边界。在二战结束时，这些新边界就已经存在了，当时苏联将波兰西段边界外推了75英里（进入西里西亚，该地区在战前曾是德国领土），到达奥得河和西尼斯河。西里西亚有600万德国居民，其中许多人在二战时就已经死亡，其他人在红军到来之前就外逃了，剩余的200万人几乎都被驱逐了。德国还失去了东普鲁士这个德意志帝国最靠东的省份。苏联占领了它的北部，波兰控制了它的南部。德国还放弃了捷克斯洛伐克的苏台德区，英法两国在1938年默认了希特勒对该地区的控制权。捷克人在战争结束后，立即驱赶了居住在苏台德的300万德国人。①

阿登纳政府无比固执地拒绝接受将德国领土出让给波兰。而勃兰特却愿意接受奥得尼斯线。另外，在该线以东，也就是现在的波兰地区仅有少量德国人居留

---

① 关于二战后的领土移交情况，见第2章，"冷战格局正式成形"。

1970 年 12 月，西德总理勃兰特在波兰首都华沙，为一位无名战士的陵墓献上花圈。

（图片来源：德国信息中心）

此地。勃兰特也不敢指望德国收复东普鲁士。因为这样做会引发又一场大战，只会让波兰和苏联走得更近（如果波兰和苏联在 1945 年有什么共识的话，那肯定就是德国人必须割地赔偿他们的战争损失）。勃兰特还放弃了收回苏台德区的要求。这是勃兰特争议最少的举措，因为该地区在二战前就是捷克斯洛伐克的领土，希特勒强占该地区也正是导致二战爆发的事件之一。苏德台区在二战后归还捷克斯洛伐克一直就是早有定论的主张。但事先并没有决定的问题就是那些在此地居住了好几个世纪，最后却被驱逐的德国人。

苏联和东德想要的可不仅仅是西德承认新边界。它们还想让西德承认东德政府，这样才好给东德正名。但承认东德政府就会破坏西德代表所有德国人的宣言，这是勃兰特和任何西德领导人都不愿意看到的情况。

两个德国政府开始对话协商问题。1971 年 3 月 19 日，勃兰特和东德总理维利·斯多夫（Willi Stoph）在东德的爱尔福特举行了历史性的会谈（但东德真正掌握实权的人物却是教条主义共产党领导人沃尔特·乌布利希）。这次会面促成了东西德在 1972 年签署的基本条约。西德并没有在外交上完全承认东德，但该条约的确主张保持"睦邻友好"关系，也鼓励促进双方的文化、私人和经济自然接触。铁幕出现了部分裂口。

勃兰特与东欧接触成了所谓的"新东方政策"，其内容包括与苏联和其他东欧国家缓和关系。1968年，西德同南斯拉夫建立了外交关系。1970年，西德和苏联在苏联签署了互不侵略条约。在同一年，勃兰特还前往华沙与波兰政府签署了相似的条约，正式接受了奥得尼斯线。

但并非西德所有人都愿意接受这些新界线。批评者指出西德的立场（已经在50年代初提出来）并没有变化，至少没有正式变化。直到德国与波兰、苏联签署和平条约，正式标志着第二次世界大战结束，人们才会在法律上最终接受这些边界。在这些条约获得批准之前，法律并不会承认这些战后边界。在70年代末东西方关系恶化时，包括总理赫尔穆特·科尔在内的西德保守派，还是坚持这个主张，导致德国边界问题仍然有待解决。①

关系缓和与勃兰特的"新东方政策"为美苏军备限制谈判，包括SALT I（《第一阶段限制战略核武器条约》）SALT II（《第二阶段限制战略核武器条约》）（见第20章）谈判打下了基础，这直接促成了1975年8月在芬兰赫尔辛基举行的欧洲安全会议。苏联早在1954年就提议举办这种会议，在60年代晚期再次提出了这个主张，希望借此确认二战后的结果。因为没有正式条约或会议承认东欧重新划定的地图和建立的新政府，苏联就不断怂恿各方召开这种会议。他们希望在1975年的赫尔辛基会议上让各国达成这种共识。

赫尔辛基会议的参与者包括所有欧洲国家（除了阿尔巴尼亚）以及美国和加拿大。《赫尔辛基协议》确认了欧洲在二战后的边界，但认为这些边界可以通过和平方式发生变更。北约和华约同意观察对方的军事举措，避免误判对方的意图。最后，该协议所有签署国承诺进行更广泛的东西方接触，以保障本国公民的人权。但东欧对公民权利的定义与西欧并不相同，这一点就成了美国后来在70年代晚期暂停与苏联缓和关系的中心问题。

---

① 伯恩特·康德拉（Bernt Conrad），"奥得尼斯线的定义"（How Definite Is the Oder-Neisse Line?），《世界报》，1984年12月24日；重印于《德国论坛报：政治事务评论》（The German Tribune：Political Affairs Review，西德政府的一个刊物），1985年4月21日，第15-16页。另见西德信息中心的每周通讯《德国周刊》，华盛顿特区，1985年6月21日，第1页。

美苏关系缓和还为限制疯狂无度的核军备竞赛奠定了基础。在 1972 年之前，美苏之间的核武库都在无度膨胀，双方都制造出了足以毁灭对方好几次的军火。在这个基础上再添置武器似乎已经没有什么意义了。到 1970 年，苏联认为自己的军力已经赶上美国，差不多能和对方平起平坐了。当时美国的战略核武库拥有 3854 枚核弹头，苏联共有 2155 枚核弹头。

美苏于 1975 年签署《赫尔辛基协议》时，双方关系达到了缓和的最新高度。但在此之后，美苏关系开始恶化，到 1980 年时，关系缓和已经成了过眼云烟。与苏联缓和关系从来都不是许多美国高层决策者赞成的举措，他们认为缓和不过是一个权宜之计和痴心妄想。他们警告称，任何人都不应该同一个主张挑起世界革命的意识形态体系打交道。他们抓住一切机会破坏美苏关系的缓和。最终，许多自由主义者加入了他们的行列。这些自由主义者以及强硬派成了新保守主义者，或称"新保守派"，他们对从罗纳德·里根到乔治 W. 布什的美国总统外交政治产生了重大影响。

由于冷战加剧，美国开始重新评估苏联的军事实力和意图。1976 年，中情局局长乔治 H. W. 布什引进了一批冷战斗士（也就是所谓的"B 小组"），他们否决了中情局对苏联军费的估计结果。据 B 小组称，苏联的军费投入要比中情局估算的结果多了将近两倍。他们这个结论，令苏联的意图与军力再次成了美国关注的焦点。记者、编辑、政客和学术界很快就接受了这些新数据，这个现象也就成了冷战最新阶段的新正统观念。这并不是新保守派最后一次挑战中情局的权威，他们最大的成功是在 2003 年怂恿美国对伊拉克发动战争。

中情局的专业人士在 1983 年提前给国会的报告中，撇开了乔治 H. W. 布什和 B 小队，重新确认了他们最初评估的苏联军费。他们将 B 小组估计的苏联军费削减了一半以上。B 小组的调查结果得到了许多支持，却几乎没有什么人在意中情局宣布其独立不受外界干涉的声明。北约于 1984 年 1 月的调查报告也遭遇了同样的结果，该报告称苏联自 1976 年以来的军费投入实际上已经降至其国民生产总值（GNP）的 2.5% 以下，而 70 年代初的这一数据则是 4%~5%。

这些组织重新评估的苏联军费投入，远不如 B 小组的评估结果深入人心。共和党总统候选人罗纳德·里根在一次竞选演讲中提到美国在军备竞赛上已经落后于苏联，并因此收获了极高的支持率。他承诺要恢复美军力量，正是这个诺言让他赢得了 1980 年的总统大选，当时在任的吉米·卡特总统在 11 月的大选之前，无法兑现让伊朗释放美国人质的承诺，导致他争取连任失败（见第21章）。B小组的调查结果和伊朗人质危机，以及充斥美国电视屏幕的燃烧美国国旗的画面，的确重新点燃了美国人的爱国情感，再次唤醒了他们的尚武精神。

苏联的所作所为同样影响了两国关系的改善。苏联人对关系缓和的定义一向与西方不同。他们坚信自己有权像过去一样，处理自己的外交和国内事务。他们认为自己在非洲的举动对美苏关系没有影响。但许多西方人对于苏联在非洲的活动却有着截然不同的看法。在勃列日涅夫于1975年签署《赫尔辛基协议》的同一时期，苏联就开始向安哥拉、索马里、埃塞俄比亚和莫桑比克输送军火，还用苏联飞机将古巴战士运送到安哥拉和埃塞俄比亚，为非洲当地的士兵提供培训。

苏联与索马里共产党领导人西亚德·巴雷（Siad Barre）在20世纪70年代早期就建立了亲密关系。从1976年末开始，苏联却向埃塞尔比亚共产党领导人门格斯图·海尔·马里亚姆（Mengistu Haile Mariam）输送军火。在1978年，索马里和埃塞俄比亚共产党政府为了争夺索马里边境的奥加登省的一边沙漠而交战，苏联被迫从两者中选择一边站队。最后苏联选择了支持埃塞俄比亚（美国后来曾向西亚德·巴雷提供武器，卡特政府并不太关心此人的共产党身份）。

苏联在越南也有代理人，后者的军队于在1978年12月攻入了柬埔寨首都金边。1979年12月，苏联军队进军阿富汗以支持当地倒台的共产党政府。在1981年，波兰共产党政府下达戒严令，迫使苏联阵营中唯一的独立工会就范。虽然这两起事件都是发生在共产主义阵营的内部冲突，对西方来说，苏联及其代理人这些举动就是在向西方发起挑战。在政治观念胜于事实的情况下，美苏关系缓和并不现实。

苏联在其国内的举动也破坏了双方关系缓和的基础，尤其是大举限制犹太移民的问题。苏联将打算离境的犹太人作为东西方较量的筹码。在70年代期间，约有27万犹太人离开苏联。到了美苏关系缓和的末期，犹太人离境数量大幅减少。此外，最著名的核物理学家安德烈·萨哈罗夫（Andrey Sakharov）等异见分子不是被囚禁就是被流放，这些举措都违反了《赫尔辛基协议》的精神。所以，美苏关系缓和当然就成了过往。1981年1月上台的里根总统无意改善美苏关系。他更希望将苏联妖魔化成一个"邪恶帝国"。直到1985年戈尔巴乔夫在苏联掌权时，美苏才真正开始改善关系。

二战后的世界史

对抗与共存：70亿人的70年

[法] 维恩·马克威廉姆斯　[法] 亨利·皮尔特罗夫斯基

著

范斌珍　陆丽婷　余小梅

译

THE WORLD SINCE 1945

下

湖南人民出版社

第四部分

第三世界国家

东西对抗显然是二战后国际关系的主要基调，但从 20 世纪 70 年代开始，国际关系的另一个裂口——南北差距也开始日益扩大。"北方"是指现代工业国家，它们多数分布在北半球温带地区，而"南方"则是贫穷的落后国家，多数位于地球赤道地区。这些南方国家广泛分布在非洲、拉美和亚洲的南部地带。它们有时候也被婉称为"发展中国家"，但其中有些国家根本谈不上发展，或者可以说是"欠发达国家"。

最近，这些国家又通称为"第三世界"，但它们现在普遍被称为"南方国家"（这两个术语实际上是同义词，都用来指代经济欠发达，尤其是在工业方面比较落后的国家）。这些南方国家的主要特征就是普遍贫困落后。

我们在第 12 章主要讨论南方国家面临的经济困境。我们首先讨论了南北国家之间的鸿沟，以及南方国家经济发展滞后的原因。我们特别关注这些国家在农业和工业发展上的人口因素和问题。本章其余内容讨论的是极大影响许多南方国家的窘况，以及它们在 20 世纪 90 年代尤为严重的问题——外债危机。其中许多国家（甚至巴西、墨西哥和阿根廷等具有工业基础的国家）都欠下了大笔外债，不管是本金还是利息都已经超过了它们的偿还能力。

经济和政治发展可以是相辅相成的关系，当然也可能相互制约，这一点在非洲表现得尤为明显，这就是第 13 章的讨论主题。所以我们有必要同时探索南方国家经济问题中的政治因素，以及政治问题中的经济因素。我们讨论了撒哈拉以南非洲国家独立后的政治形态，探究了这些国家刚成立的民主政府的灭亡以及后来普遍出现军政府统治现象的原因。我们还注意到了这些国家在 90 年代初出现的新兴民主力量，但它们最终并没有取得什么成果。

非洲国家在独立后新出现的军政府统治力量，在拉美却是历史悠久的现象。

拉美国家无论大小，在二战后的经济发展普遍令人失望，愤愤不平的阶级（主要是工人和无地的农民）依旧是长存了数个世纪的特权阶级统治之下的牺牲品。在第14章，我们探究了以阿根廷、巴西、智利和秘鲁等国家为代表的政治模式——民主统治与军政府两大派系的对抗。之后我们讨论了墨西哥艰难的经济发展和政治进步等现象。中美洲的这些问题更为严峻，有几个中美国家（尤其是尼加拉瓜和萨尔瓦多）已经成为革命的温床，这也是美国关心的一大问题。最后，我们分析了以哥伦比亚为中心的拉美毒品交易，以及美国在巴拿马介入与此相关的事务等问题。

在第15章，我们将目光转向东亚，讨论中华人民共和国是如何将一个大国的经济发展推向正轨。作为世界上人口最多的国家（1990年人口就超过了10亿），中国面临着如何养活不断增长的人口，以及维护社会秩序的问题。中国是一个独特的存在，并不仅仅是它的社会主义属性，从70年代末开始，中国新任领导人邓小平重视发展经济，我们在此章讨论了邓小平的经济改革政策。

第16章的重点是南亚和东南亚，主要讨论世界第二人口大国印度、巴基斯坦和孟加拉国所经历的考验和苦难。我们还简要地介绍了东南亚的印度尼西亚、泰国和马来西亚的政治和经济波动，以及菲律宾的政治问题（1986年菲律宾推翻了腐败的独裁政府）。

第十二章
经济发展挑战

除了东西方意识形态分歧，这个世界还有富国和穷国之分。其中许多国家就是第三世界运动的组成部分，它们希望在美苏对抗状态下保持中立。最终，"第三世界"变成了穷国的同义词。

20世纪50年代中期，法国记者杜撰出了"第三世界"一词来描述既不属于西方世界又不在共产主义阵营中的国家（不过它们随着时间发展还是偏向了其中一方）。1955年4月，这些国家领导人在印度尼西亚的万隆召开了首届亚非大会。最先提出不结盟第三世界运动概念的人是印度总理贾瓦哈拉尔·尼赫鲁。早在1947年，印度才刚脱离英国独立，冷战格局已经形成之时，尼赫鲁就宣布"我们不会与任何一方结盟"，既不会倒向共产主义也不会同西方阵营联合。[①] 七年之后，他在万隆呼吁各国组成"不结盟区域"作为两大阵营之间的缓冲，以免在两者交战时殃及自身。[②] 参加万隆会议的代表批评"任何表现形式的殖民主义"，直接抨击在亚非地区的残余西方殖民势力，以及苏联在东欧驻军的现象。

出席这些会议的代表人物除了尼赫鲁之外，还有纳赛尔（埃及）、苏加诺（印度尼西亚）、周恩来（中国）和南斯拉夫的铁托，（南斯拉夫于1948年就宣布脱离苏联的控制，但也没有倒向美国）。这些参会者代表着全球半数以上的人口，他们具有许多共性。他们都是二战后为了争取民族独立，摆脱殖民控制的英雄人物。但现在他们更需要关注的是提高人民生活水平这种更为庸常的任务。他们都排斥资本主义这种前殖民国家的经济模式，选择了更为多样化的社会主义模式。他们都宣布不在冷战中结盟，但有些人还是会向苏联或西方阵营倾斜。至于他们究竟倾向哪一边，取决于他们从美国或苏联得到的援助的多少。这些国家很难保持严格意义上的中立，部分是因为超级大国不断拉拢这些不结盟国家。

---

① 尼赫鲁在印度制宪会议上关于外交政策的讲话，1947年12月4日，桃乐茜·诺曼（Dorothy Norman）主编，《尼赫鲁：前生六十年》（*Nehru: The First Sixty Years*）（纽约：John Day，1965年），第353-356页。

② 见尼赫鲁在万隆会议上的讲话，G. M. 卡欣（G. M. Kahin），《亚非会议》（*The Asian-African Conference*）（纽约伊萨卡岛：康奈尔大学出版社，1956年），第54-72页。

·············

"第三世界"这个词演变成了"南方国家"。由于全球约 3/4 的财富是由人口相对较少的北方国家所生产和消耗，南北分化问题日益成了全球关注的重点。西德外交部长勃兰特（后来成了国家总理）于 20 世纪 60 年代晚期提出的观点，让这个概念愈发广为世人接纳，他指出东西分歧可以消除，但南北差距却是更难解决的问题。

90 年代初，南北之间的贫富分化从表 12.1 的人均国民生产总值（GNP）即可看出端倪。

贫困的南方与富裕的北方之间不断扩大的差距，成了 1981 年 9 月在墨西哥坎昆召开的国际会议的关注点。该会议呈现的数据显示，自称为"发展中国家"的 140 个国家占据了全球 75% 的人口，但其收入仅占全球的 20%。这些国家虽然也在发展，但它们与北方国家的差距在 80 年代进一步扩大（见表 12.2）。

表 12.1　1990 年人均国民生产总值

北方国家	
美国	$ 21790
瑞士	$ 32680
日本	$ 25430
西德（统一前）	$ 22320
南方国家	
撒哈拉以南非洲	$ 340
东亚和太平洋地区（不含日本）	$ 600
南亚	$ 330
中东和北非	$ 1790
拉美和加勒比海地区	$ 2180
世界	$ 4200

来源：世界银行，《1992 年世界发展报告》，第 196，218—219 页。

表 12.2　1985 年北方与南方国家人均国民生产总值与平均寿命

	北方国家	南方国家
人口	11.8 亿	37.6 亿
年人均 GNP	$9510	$700
人均寿命	73 岁	58 岁
年人口增长率	0.6%	2.0%

来源：人口资料局，《1986 年世界人口数据表》。

　　1985 年南方国家年人均 GNP 为 700 美元这一数据掩盖了各成员国之间的巨大财富差距。实际上，多数撒哈拉以南非洲国家的人均 GNP 远低于 700 美元。据世界银行的数据显示，1984 年，埃塞俄比亚的人均 GNP 仅为 110 美元（在所有非洲国家中最低），之后依次是马里（140 美元）、扎伊尔（140 美元）和布基纳法索（160 美元）。[①] 此外，多数非洲国家的经济增长率都很低。至少有 14 个登记为"负增长"的非洲国家出现了人均 GNP 下滑的情况。例如，扎伊尔就出现了-1.2%的经济增长，乌干达在 1972—1982 年间出现了-3%的增长。

　　更为雪上加霜的是，这些国家在贫富差别上出现的巨大鸿沟。欠发达的南方国家之间的财富分配不均要比北方工业发达国家更严重。[②] 农村劳动者普遍贫困，尤其是无地的农民，但无数城市居民也同样生活艰难。经济学家常引用的全国人均数据包括，极富裕者的平均财富，以及子女营养不良的穷人所持有的一丁点财富。20 世纪 80 年代中期，全球至少 1/5 人口居住在极端贫困的环境中，遭遇长期饥饿和营养不良等问题。但从那时起，贫困率却开始减少。然而这种不断减少的贫困率，起源于人为设置的低标准。根据世界银行的定义，只有日常生存所需成本不超过 1.25 美元的人才算是真正的贫困人口。

---

　　① GNP，或称国民生产总值，是指一个国家每年生产的财富（包括所有商品和服务）。另一个指标 GDP，或称国内生产总值，是指商品、服务和开支（包括工资）的市场价值。人均 GNP 或 GDP 是将一国生产的财富除以全国人口计算出来的结果。

　　② 见保罗·哈里森（Paul Harrison），《走进第三世界》（*Inside the Third World*），第 2 版，（纽约：企鹅出版社，1984 年），第 414-415 页。

人口因素

人口增长是持续贫困的一大因素。在 20 世纪时，世界人口增长极其惊人，南方国家最为迅速。人类经历了 500 万年才让世界人口在 1800 年左右增长至 10 亿。但增长至 20 亿人时，却只用了 130 年左右（也就是在 1930 年）；到 1960 年时，人类只用了 30 多年时间人口总数就达到了 30 亿；到 1975 年，只用了 15 年时间就增长至 40 亿；到 1986 年只用了 11 年就增长至 50 亿（见表 12.2）。之后又用了 14 年时间（到 2000 年）才到达 60 亿，这说明人口出生率开始下滑。但之后又仅用了 12 年（在 2012 年）就突破了 70 亿大关。

从 20 世纪 60 年代中期开始，人口出生率有所下降。1964 年人口出生率达到峰值 2.4‰。到 90 年代中期，人口出生率降至 1.5‰，到 2012 年则降为 1.1‰。

人口统计学家们一致认为，世界人口终有一天会达到零增长，但没有人知道这一天究竟何时到来。1968 年，生物学家保罗. 欧利希（Paul Ehrlich）重提在 1789 年颇为盛行的托马斯·马尔萨斯（Thomas Malthus，英国经济学家）的观点，即人口增长会加重食物和资源短缺，导致严重的灾难。[①] 欧利希也因此成为一个国际媒体名人。但也有人持有怀疑观点。1980 年，欧利希和经济学家朱利安·西蒙（Julian Simon）针对五大商品金属的未来价格进行了一次著名的预测。西蒙允许欧利希挑选金属和时间框架。欧利希打赌称这些金属愈发稀有的倾向会抬升它们在未来十年的价格；而西蒙则打赌称它们的价格会下降。最后西蒙轻松获胜。当欧利希把打赌会涨价的金属名单交给西蒙时，后者一句话也没多说，也没有承认自己可能会输。2013 年，欧利希仍然捍卫自己的观点，甚至表示自己的预言可能还"过于乐观了"[②]。但导致许多人营养不良和饥饿的元凶并非人口过度增长，而是贫困，也就是人们无力购买自己所需的食物这种现象。

---

① 保罗·R. 欧利希（Paul R. Ehrlich），《人口炸弹》（*The Population Bomb*），纽约：百龄坛出版社，1968 年）；托马斯·马尔萨斯（Thomas Malthus），《马尔萨斯人口论》（*An Essay on the Principle of Population*，1798 年）。

② 迈克尔·查尔斯·托拜厄斯（Michael Charles Tobias），《欧利希因素：与保罗·R. 欧利希博士讨论人类命运简史》（The Ehrlich Factor：A Brief History of the Fate of Humanity，with Dr. Paul R. Ehrlich），《福布斯》，2013 年 1 月 16 日。

在南方国家，人口增长率远高于北方国家。在二战之后，南方国家经历了一次真正的人口爆炸增长，出现了空前的人口增长率。例如在20世纪80年代晚期的非洲，许多国家的人口增长率超过了3%，还有些国家甚至超过了4%。这意味着他们在不到一代人的时间中就增加了两倍，甚至是三倍的人口。在70—80年代时期，非洲3%的人口增长率几乎是欧洲的9倍，是美国和加拿大的3倍。相比之下，某些工业国家（尤其是东德、西德、奥地利和日本）的人口则保持稳定状态（几乎没有增长），甚至是出现了负增长。这方面的鲜明对比可以见表12.3，即尼日尔与荷兰在2013年的人口出生率。这些国家为数不多的工业和农业产量，通常很快就被过度增长的人口所消耗。在23年时间中，非洲的4.5亿人口翻倍增长；2013年，该地区人口就突破了10亿大关。肯尼亚在70年代的人口增长率为3.5%；到80年代中期，增长至4.2%。肯尼亚的生育率（每个妇女所生的子女数量）为8.0。这些数据是历史最高纪录之一。1969—2009年的40年间，肯尼亚的人口从1100万增长至3900万，增长了3.5倍。但肯尼亚并非孤例，卢旺达、布隆迪、津巴布韦、坦桑尼亚、乌干达、加纳和利比亚每年的人口增长率都逼近4%。

表12.3　人口统计差距：尼日尔与荷兰

	尼日尔	荷兰
人口（2013年）	1690万	1680万
预计人口（2050年）	6580万	1790万
2050年预计人口在2013年基础上翻倍增长	3.9	1.1
每位妇女的终身生育数量	7.6	1.7
每年生育人口	845000	176000
每年死亡人口	195000	141000
15岁以下人口所占百分比	50%	17%
65岁以上人口所占百分比	3%	16%
65岁以上人口所占百分比（2050年预计数据）	3%	27%
出生时的预期寿命（所有人口）	57岁	81岁
婴儿死亡率（每1000人中存活的人数）	5.1%	0.37%
每年婴儿死亡人数	43000	650

来源：人口资料局，《2013年世界人口数据表》。

如何解释南方国家人口爆炸增长的原因呢？在最短的时间内，这些国家的死亡率出现了下降，而出生率却有增无减或者保持恒定。引进现代医药，根除传染病（例如天花），改善公共卫生和教育，这些因素都减少了婴儿死亡率，提高了人均寿命，但生育率却并没有相应减少。在多数发展中国家中，多数家庭至少有4个孩子，在农村地区甚至超过了5个孩子。在这些国家中（与19世纪的欧洲发展中国家相似），一户家庭中的子女越多，其农田或工厂的劳动力就越多，就能够更好地帮忙父母赚钱补贴家用。拥有庞大的家庭是摆脱贫困的一大途径，因此多生子女是一个经济而合理的选择。

南方国家人口过量增长通常要归咎于男性，他们通常厌弃人工控制生育的手段，并且认为多生子女（尤其是儿子）是一种年富力强和一身正气的标志。但往往是由妇女来承担生育子女和照顾大家庭的责任。当然，在许多南方国家中，妇女通常也和男性一样希望多子多福。

由政府和国际机构推进的计划生育措施初步取得了不尽相同的成果。中国出现了最显著的出生率下降现象，中国政府推行了严厉的计划生育措施，其中包括医疗辅助服务、免费堕胎（甚至接近于费用全免）、公共教育、社会压力和经济制裁等手段。其他国家由政府支持的家庭计划生育举措则取得了一定的成功，尤其是韩国、哥伦比亚、毛里求斯、斯里兰卡、阿根廷、乌拉圭和埃及。印度的计生项目结果则不尽相同，在公共教育更为普遍的地区效果较为明显，在其他地区则不然。

南方国家的人口过度增长，往往还会伴生大批农村人口涌入城市谋生的现象，而城市原本就已经十分拥挤，无力接纳多余人口，1940年，南方国家城市人口为1.85亿；到1975年，这一数据增长超过4倍，达到了7.7亿。在20世纪70年代初，有1200万人（估计每天有3.3万人）进入南方国家的城市。[①] 在20世纪初，世界最大的城市已经成为工业和经济中心（例如纽约、芝加哥和伦敦）。到20世纪末，南方国家的城市——墨西哥城、圣保罗、布宜诺斯艾利斯、首尔、加尔各答和开罗则后来居上，取代了这些北方城市。其中多数城市规模过于庞

---

① 迈克尔·查尔斯·托拜厄斯（Michael Charles Tobias），《欧利希因素：与保罗 R. 欧利希博士讨论人类命运简史》（The Ehrlich Factor: A Brief History of the Fate of Humanity, with Dr. Paul R. Ehrlich），《福布斯》，2013年1月16日，第145页。

大，无法统计具体的人口数量，毕竟每天都有成千上万新居民涌入这些城市。在1950年的非洲，仅有3个城市的人口达到50万；35年后，该地区出现了29个至少是同等规模的城市。肯尼亚的城市人口在10年间双倍增长。老挝、尼日利亚人口从1970年的30万急剧增长至1983年的300多万。2013年，世界前100个特大城市名单就包含许多南方国家的城市。

这些城市通常可以提供比农村更多更好的就业机会、医疗服务和教育，却无法容纳新涌入的庞大人口数量。它们无法为数量庞大的新居民提供足够的就业、住房、卫生和其他服务，导致许多人仍然无业，生活贫困。这方面的例子就是墨西哥城。其人口在10年间翻倍增长超过1800万，有1/3以上的新人口居住在违章建筑群中，这里是世界上最大的贫民窟之一。其他南方国家城市也出现了相同的情况，其中许多是世界著名的贫民窟，例如里约热内卢偷工减料的贫民窟。在开罗，估计有50万人居住在古老的墓地，还有数百万人住在曼斯亚特·纳赛尔（也称为"垃圾城"）；在加尔各答，该城市的1000万人口中有近100万人流落街头；在秘鲁首都利马郊区，临时搭盖的陋屋随处可见。这样庞大而密集的不满人群，就居住在上流社会华丽的阴影之下，有时候甚至与政治权力中心仅有几步之遥（许多特大南方城市就是国家首都），这无疑会增加政治动荡的风险。在孟买，其2000万人口中有半数人出生在贫民窟，不得不在城市的废弃垃圾中寻找一线生机。在孟买中还有赫赫有名的富人住宅大厦"安迪利亚"（以一座神话中的小岛命名），该楼有27层，占地面积40万平方英尺，楼高570英尺，拥有极为奢华的便利设施，包括9部电梯、直升机场、游泳池和50座的电影院。

与人口过度增长伴生的另一个最严峻的问题则是如何养活这些人口。在20世纪60年代，北方国家的电视开始播放埃塞俄比亚和索马里大规模饥荒造成的悲剧，但多数观众仍然不知道其他非洲国家（包括苏丹、肯尼亚、莫桑比克、乍得、马里和尼日尔）还有无数挨饿的难民。世界各地发生的饥荒程度各不相同，主要取决于各国对饥饿的定义是什么，但南方国家无疑有庞大的人口（可能有10亿人）长期遭受营养不良的问题。

20世纪80年代末，国际机构将人口过剩列为威胁人们生活质量的主要因素。联合国人口基金于1989年在《阿姆斯特丹宣言》中强调"妇女是发展过程的中心"，她们的选择自由"对未来人口增长率具有重要决定作用"①。如果不尊重妇女的法律、社会、教育和生育权，解决人口快速增长的希望将会很渺茫。经济合作与发展组织（经合发组织）在1989年也发表了类似的宣言。它强调"必须让妇女作为决策制定者，完全参与人口计划的规划和执行过程"②。

世界银行的第15个年度《世界发展报告》（1992年）首次将人口过快增长与环境恶化、经济增长缓慢、医疗水平下降，以及生活水准下降相联系。国际机构清楚有效执行生育计划并非易事，因为这通常会与（但不限于）伊斯兰、印度教和罗马天主教等信徒根深蒂固的文化和宗教价值观相冲突。例如，教皇约翰·保罗二世就在其通谕"新事通谕一百周年纪念"（1991年5月）中像以往一样谴责所有"压制或摧毁生命之源"的措施，他宣称计划生育就像"一种'化学战争'，是毒害无数无助人类生命的凶手"③。

但自从20世纪60年代中期以来，世界还出现了另一个人口趋势，那就是人口出生率大幅下降，从原来的2.4%降至该世纪末的1.5%。这个世界正在缓慢走向零增长的生育率，每个女性平均生育2.1个婴儿。

传统观点认为，人口出生率下降与经济繁荣发展有关。但这个理论仍然站不住脚，因为有许多穷国在不断普及计划生育观念。孟加拉国就是其中一例，该国不但是世界最穷的国家之一，还分布着广泛的穆斯林人口。伊斯兰教义禁止实行计划生育，但该国还是有40%的女性采取了一些计生措施。人们的观念从"发展是最好的避孕手段"转变成了"避孕药是最好的避孕手段"。④在1994年4月的联合国人口控制会议上，南方国家的女权主义者的统计数据显示，受教育程度更

---

① 关于《阿姆斯特丹宣言》文本内容，见《人口与发展评论》（Population and Development Review），1990年3月，第186-192页。

② 关于经济合作与发展组织的声明文本，见"人口与发展——DAC总结"（Population and Development—DAC Conclusions），《人口与发展评论》，1990年9月，第595-601页。

③ "教皇约翰·保罗二世的现代发展观"（Pope John Paul II on Contemporary Development），《人口与发展评论》，1991年9月，第559页。引文摘自该通谕的第4章。

④ 该声明来自约翰·霍普金斯卫生与公共卫生学院及《美国人口统计学》编辑布赖恩·罗比（Bryant Robey），摘自威廉K.史蒂文斯（William K. Stevens），"贫困地区成功降低生育率挑战旧理论权威"（Poor Lands' Success in Cutting Birth Rate Upsets Old Theories），《纽约时报》，1994年1月2日，第8页。

高的女性具有较低的生育率。[1]

到 2013 年底，世界人口达到 72 亿。中国拥有 13.5 亿人口，依旧是全球第一人口大国，其次是印度，拥有 12.2 亿人口，很可能在不久的将来就会超过中国。[2] 非洲仍然是人口增长最快的大陆，现有 10 亿人口，预计将在 2050 年翻倍。在 21 个人口出生率最高的国家中，有 19 个位于非洲；在 17 个人口生育率最高的国家中，有 15 个位于撒哈拉以南非洲。[3]

耕地困境

20 世纪 60 年代晚期至 80 年代晚期，南方国家的粮食产量年增幅约 3.1%，但人口增长却迅速消耗了这些粮食增加量。多数亚洲国家在农业生产上都取得了显著发展，但有 55 个南方国家（多数位于非洲）在 1970 年后的人均粮食产量出现了下滑。在 70 年代初，南方国家还是纯粮食出口国，但到了 80 年代初，它们已经变成了纯进口国。

许多南方国家（它们全部以农业为主）无法提高粮食产量，实现自给自足，主要有以下几大原因：

1. 自然因素。多数南方国家位于热带地区，气候非常炎热，经常遭遇旱灾、暴风雨、飓风和洪灾。土地沙漠化是非洲面临的一大问题，撒哈拉沙漠的边界不断南下，入侵撒赫勒地区（从西非向东到达苏丹的地区）。非洲的东部和南部地区常年遭遇干旱。

2. 滥用土地。有大量表层土壤常年被风雨侵蚀，部分是气候条件造成的，部分是人为活动所致。

3. 原始的耕作方式。南方国家多数农民使用简单的工具，甚至只有锄头这种工具，多数人仍在使用牲口犁地。这些农民买不起现代耕作设备。在某些国家，采用传统方式和工具的密集耕作方式仍然很有效，尤其是亚洲的稻田，但在

---

[1] 苏珊·希拉（Susan Chira），"控制世界人口的妇女运动新计划"，《纽约时报》，1994 年 4 月 13 日，第 A1、A12 页。

[2] 中央情报局，《世界各国年鉴》，2013 年。

[3] 中央情报局，《世界各国年鉴》，2008 年。

其他许多地区（尤其是非洲），用手工工具在焦土上耕作是一种低效的生产方式。在某些非洲国家，农业生产主要由妇女来完成。非洲男人一般是猎人和牧人，耕地主要是妇女的任务。由于野生动物减少，狩猎的男性也相应减少。但这些男性不屑于亲自下田，他们要么只会监督妇女下地劳作，要么另谋出路。1985年的联合国报告《世界妇女状况》估计，非洲有60%~80%的农活仍然由妇女完成。①

4. 土地分配不均。在南方国家，农业生产不济的原因还在于，绝大多数农民没有土地，还有许多人是背负着高额租金的佃农。1984年，一份国际调查报告指出，8%的地主占用了拉美80%的农地，最穷困的农民（在全部的土地所有者中占比66%）仅掌握了4%的土地。②

5. 缺乏发展农业的资金。南方国家中负责生产粮食的农民通常缺乏灌溉系统、现代设备、化学肥料、存储设备和改良的运输工具。而这些国家的政府又经常不愿意或者无法为其提供购置这些设备的资金。

6. 单一经济作物。在许多南方国家中，富有的地主（包括跨国企业）掌握了拥有最佳灌溉系统的最优质土地，并用来种植花生、可可、咖啡等用于出口的经济作物，而不是用来生产国内所需的粮食，其依据是经济发展有赖于向发达国家出售经济作物。这种举措只会让联合果品和雀巢公司获利，并导致其国内粮食生产不足。农业生产依赖出口型的单一经济作物，还导致这些发展中国家受到世界市场支配，容易在激烈的市场竞争中受到价格波动的消极影响。在农产品出口价格急剧下降，而生活必需的进口产品（尤其是石油、肥料和成品）价格上涨时，就会给这些国家带来灾难性的打击。

但应该对这些问题负责的主要是政治领导人而不是农民。为了解决这些问题，政府必须展开重新分配土地的计划，推行多样化的农业生产方式，建设灌溉系统、道路和存储设备、化肥厂和农业学校。但推行这些举措离不开大笔资金，稳定的政治环境，以及强有力的政府领导集团，而这些国家通常都不具备这些要

---

① 世界银行总裁巴伯·康纳布尔（Barber Conable）在世界银行–国际货币基金组织联合会议上表示，女性承担了全球2/3的工作，但只得到了全球10%的收入，占有的财产不足世界的1%。因此，妇女依然是"全球最贫困的人口"。克莱德·法恩斯沃思（Clyde Farnsworth），"世界银行行长概述战略"（World Bank Chief Outlines Strategy），《纽约时报》，1986年10月1日，第D23页。

② 哈里森，《走进第三世界》，第455页。

素。比起向贫乏的农业部门注资，人们更乐于投资建造摩天大楼和喷气式飞机。

有许多南方国家主要靠海外救济的粮食来养活人民。这些援助举措固然可以惠民，符合人道精神，但它却不能从根本上解决问题，事实上，这些援助通常并没有发放到最需要的人民手中。

实现工业化的前提条件

在获得独立后，这些前殖民地希望以独立国家的身份快速实现发展，以便缩小同发达国家的差距。它们将工业发展视为实现经济现代化的主要路径。但它们在此过程中往往忽略了农业及其在经济发展过程中的作用。它们希望迅速发展，却总是沮丧地发现工业发展是一个艰难的过程。这些南方国家往往缺乏以下实现工业化的先决条件（最小必要条件）。

1. 资本积累。它们可以通过这些渠道获得用于建设工厂和购买设备的资金：世界银行、外国势力（通常要求对该国进行政治或军事渗透）、重税（通常会导致民不聊生），或者出口原材料或经济作物。最后一种资本积累方法通常会造成事与愿违的结果——重视经济作物，忽视粮食生产的农业国家后来还是得花钱，需要经常从发达国家进口昂贵的粮食。所以它们的资金只会外流，无法积累财富。

南方国家多年接受海外输入的大笔资金，但通常因为处置不当，将其浪费在没有生产力的项目上，如用来强化军队建设（其作用是控制人民），或者直接流入腐败官员的私囊。这些国家的掌权者经常将资金用来购置昂贵的进口商品（各种奢侈品、武器、汽车）或建设机场、酒店等，而不是用来改善工业和农业发展基础，令其惠及广大人民群众。因此在南方国家城市中经常出现严重的贫富分化现象——在城市的这一边出现豪宅，另一边则是洋铁皮搭盖的贫民窟。

此外，过于依赖外部经济援助也会产生一系列严重的后果，导致外国势力干涉这些国家的主权。这些发展中国家欠下的巨额外债，让它们的命运再一次被成为其债务人的前殖民领主捏在手中。

2. 技术。要与工业国家竞争，发展中国家就必须迅速采纳新技术。但转移技术是一件复杂的事情，让一个被传统束缚的社会接纳和部署新技术是一个缓慢的过程。同时，发达国家的技术变化日新月异，发展中国家在这方面远远落后于前者。

3. 教育。工业社会需要的是有知识有文化的劳动力，比如装配线工人、工程师和经理人等人才，而南方国家在普及教育方面依然前路漫漫、困难重重。

4. 有利的交易条件。国际贸易体制是由二战后工业发达的西方国家设计的，也主要是为这些国家的利益服务的，它当然就不可能照顾发展中国家的需求。南方国家寻求的是能够保证其出口商品最低购买价格不低于固定水平的贸易协议。但同时，它们又希望能够维持本国进口商品的高关税，以便保护本土工业。

5. 政治稳定。经济发展需要稳定的环境。国内冲突和战争会破坏经济发展，消耗贫乏的经济发展资源（自从 1945 年以来，几乎所有战争都发生在南方国家，其中包括：中国、韩国、越南、伊朗、伊拉克、阿富汗、埃塞俄比亚、安哥拉、乍得、尼日利亚、黎巴嫩、印度、巴基斯坦、萨尔瓦多、尼加拉瓜等）。即使是没有卷入战争的南方国家也在自己并不需要，也无力负担的高端武器上投入了大笔费用。这些昂贵的武器必须是工业化国家——主要是美国和苏联的产品。

南方国家的债务

非洲和拉美

20 世纪 70 年代还出现了一种可能造成严重国际影响的现象——南方国家对工业发达的第一世界欠下的债务不断增长。想发展经济的国家传统上还是得靠海外资金输血。英国、荷兰、美国和俄罗斯的工业革命就是这种典型。外来资金（海外销售的利润、贷款，或者资金投入）很早就是加速昂贵的工业化进程的催化剂。

十月革命之前的沙俄就严重依靠外国资金和外国工程师来开启本国的工业化进程。相比之下，斯大林在 20 世纪 30 年代领导的工业革命，则主要是在没有外来援助的情况下完成的。在 60 年代初，苏联成了许多新独立的南方国家效仿的榜样。但它们的经济规划者却发现，自己的经济基础与斯大林继承的沙俄工业相比，竟是如此原始落后，所以它们别无选择，只能依靠工业国家提供的资金。

在 70 年代石油危机之前，这些国家对外国资金的依赖始终保持一定的限度。它们合理地（有时候甚至是少量地）分配这些借来的资金——直到"石油美元"

（即石油富国投入西方银行的资金）泛滥，引起这些银行大量放贷，南方发展中国家大量借贷的狂潮。这些银行似乎愿意无限放贷，而借款人也似乎愿意无限背债，两者一拍即合。外资承诺可以让这些国家摆脱蛮荒，实现高速经济发展，并以此获得偿还能力（虽然利息很高）。到80年代中期，拉美和非洲国家背负的债务超过了惊人的5000亿美元，远远超出了这些债务国的偿债能力。许多国家面临破产，而如果他们违约，就会给借贷机构和国际银行体系造成重大破坏。

非洲

非洲债务具有政局不稳的根源，独立后的非洲国家政权更迭频繁，分裂运动和内战不断。第一批牺牲者是新兴的民主机构。因为第一批独裁者想保留自己掌握的权力，他们就会将政治和军事放在第一位，无暇顾及经济发展问题。宝贵的资源都被军方挪用，但军队的主要职责却不是保家卫家，而是镇压国内反抗力量。

政治不稳定导致欧洲人大批离去，一同撤走的还有他们的技能和资本。通过武力实现独立，以及镇压暴力运动之后民心依旧不稳的新兴国家更是如此。阿尔及利亚、莫桑比克、安哥拉、津巴布韦（前南罗德西亚）、刚果（前比利时殖民地）和肯尼亚就是这种典型。欧洲移民大量外逃，严重破坏了许多非洲国家的工业基础，导致它们持续依赖原始的农业部门。

直到70年代晚期，非洲经济才开始蹒跚而行，但之后又因为一系列不利条件，导致非洲经济发展寸步难行，结果就是非洲大部分国家走向破产。第一个因素就是石油危机引发的原油价格上涨。这场危机对穷国的危害远甚于对西方工业国家的影响，毕竟后者更有办法应对油价上涨的问题（虽然撒哈拉以南非洲有几个产油国，例如尼日利亚和喀麦隆因为新上涨的油价而获利，但该地区大部分国家都受到了重创。80年代初油价开始回落时，尼日利亚又成了损失惨重的国家，陷入了债务缠身和政局动荡的境地）。对西方国家来说，石油危机造成了全球经济衰退，这就进一步减少了它们对原材料的需求。铜矿、矾土（铝土矿）和钻石价格也随之下跌。农业出口产品价格也出现下滑，这就给以农产品为主的非洲经济体造成了大面积的破坏。可可、咖啡、棉花、花生等经济作物出现了令非洲出口国无所适从的价格下滑。1979—1980年后，非洲商品出口价格跌幅高达30%。而同一时期，西方制造的商品（例如机械、工具、电子设备和武器）价格却在持续上涨。

外币（尤其是美元）升值，更是令这些国家雪上加霜。由于这些国家的债务是以美元进行计算，80 年代初的美元购买力更是对这些债务国的支付率造成了严重破坏。它们不得不用具有更强大购买力的美元来偿还债务，这意味着南方国家得出口更多商品来还债。这种情况以及高利息付款，导致非洲国家不得不偿还远高于自己实际贷款的数额。

由于 80 年代上半期非洲国家对工业发达国家欠下的债务不断增长，这个世界最贫困的大陆就成了一个资本净输出地区。非洲国家平均要用 25% 的外汇收入来偿还外债。为了偿还债务，这些国家不得不牺牲自己的经济和社会发展计划（尤其是医疗和教育计划）。经过 30 多年时间，它们面临的困境仍然没有改善。在 1970—2003 年，非洲国家借贷 5400 亿美元，并偿还了 5800 亿美元（本金加利息），却仍然还有超过 3000 亿美元的债务余额——其北部的阿拉伯国家欠债 1080 亿美元，撒哈拉以南非洲欠债 1940 亿美元。①

非洲已经陷入一个既无法偿还债务，又不能再借到足够资金的死局。1980 年之后，非洲得到的大笔外资开始减少。非洲大陆已步入一个死循环，承诺在无限期的时间内，向西方工业工家及其银行连本带息偿还债务。在这种情况下，它们对西方欠下的债务就成了一个固定的包袱，因为它们根本没有能力偿还一点本金（也就是债务本身）。非洲国家在 1987 年和 1990 年间的外债增长见表 12.4。

不难预料，非洲领导人会将此归咎于国际银行体系的问题。1985 年 7 月，非洲政府首脑在埃塞俄比亚首都亚的斯亚贝巴举行非洲统一组织（非统组织）会议，以期改变这种惨淡的局面。他们将部分过错归因于"不公平和不平等的（国际）经济体系"，但也承认干旱等自然灾害，以及"某些国内政策弊病"是造成非洲问题的原因。非统组织主席兼坦桑尼亚总统朱利叶斯·尼雷尔（Julius Ny-erere）暗示要成立一个违约者组织，取消政府之间的贷款债务，调整利率以避免因违约导致国家破产。非洲政客认为自己的国家债务是非法的"恶债"，能够在国际法律中找到依据。而西方放贷者则认为这些债务是合法且具有约束力的国家

---

① 非洲行动，"关于 100% 取消非洲债务的非洲行动声明"（Africa Action Statement on 100% Debt Cancellation for Africa），2005 年 9 月 25 日；中央情报局，《世界各国年鉴》，2008 年。

义务。双方的任务是找到彼此都能接受的折中方案。但债务国不可以就此解除债务，毕间这是发达国家普遍遵守的契约。①

表 12.4　1987—1990 年非洲国家的外债增长情况

国家	1987 年债务（美元，以 10 亿为单位）	1990 年债务（美元，以 10 亿为单位）	1987—1990 年增长百分比
尼日利亚	28.7	36.1	26
科特迪瓦	13.5	17.9	33
苏丹	11.1	15.4	39
扎伊尔	8.6	10.1	17
赞比亚	6.4	7.2	13
肯尼亚	5.9	6.8	15
坦桑尼亚	4.3	5.9	37

来源：世界银行，《1989 年世界发展报告》，第 205 页；世界银行，《1992 年世界发展报告》，第 258 页。

西方国家又花了十年时间来讨论减免债务，甚至是撤销债务的问题——但仅针对最为贫困的国家。"巴黎俱乐部"是最富有国家官员的非正式组织，它在 20 世纪 90 年代中期寻求解决发展中国家巨额债务的办法，这笔债务已经达到了 2 万亿美元。世界银行与国际货币基金组织（IMF）也追随该俱乐部在 1996 年的"重债穷国"计划，向 41 个最穷的国家（其中 3/4 属于非洲国家）减免债务。到 2006 年 7 月，有 21 个国家被 IMF 和世界银行免除了 100% 的债务，其他国家也得到了大幅减免债务的帮助。到 2005 年，约有 1/3 债务被免除，但这些重债穷国仍有 900 亿美元的债务余额。② 2013 年 9 月，有 39 个"重债穷国"得到了 IMF

① 罗伯特·库特纳（Robert Kuttner），"我们不应该偿还的债务"（The Debt We Shouldn't Pay），《纽约书评》，2013 年 5 月 9 日。

② Jubilee USA Network，"未完成的国际债务议程"（The Unfinished Agenda on International Debt），Spotlight，2006 年 7 月；"非洲被撤销了 3500 亿美元债务"（At Last, S350 Billion Debt Write-off in Sight for Africa），《东非人报》（The East African），2005 年 4 月 18 日。

债务减免依计划的帮助。①

拉丁美洲

20 世纪 70 年代晚期，拉美出现了与非洲类似的严重经济衰退，原因也和后者雷同。70 年代的油价上涨以及农产品价格下跌，导致当地人民生活水准明显下降。

拉美很早就是个富有经济前景的地区，其中以巴西这个看似潜力无限的国家最为典型。巴西根据其未来收入预测，在 70 年代借入了巨额资金。但不到 10 年时间，这种借款狂潮就开始成了巴西的噩梦。到 1987 年时，巴西外债超过了 1200 亿美元，在 2003 年则突破了 2200 亿美元。巴西可以选择的最佳做法就是连本带息还款，避免国家宣告破产。如果巴西走向破产，那么它威胁的就不仅仅是本国经济健康发展，还会对国际银行体系造成破坏。为此，尽管巴西已经欠下巨债，它依旧能够源源不断地借到外债，直至有一天能够偿还本金。

阿根廷是另一个欠下大笔外债的拉美国家。它一贯拥有强大且富有活力的经济，所以相对容易借到外债。但持续的军事政权（1976—1983 年）削弱了其经济活力。残暴的政权（见第 14 章）和 1983 年与英国在福克兰群岛②交手的败战，令其在该年恢复了平民统治。当时，阿根廷的外债已经达到 2400 亿美元左右，超过了任何人的估计。新平民政府发现，其军事活动所欠下的债务是这一数字的两倍，达到了 4800 亿左右，欠下的外债在当时的发展中国家排名第三（仅次于巴西和墨西哥）。

70 年代晚期的石油危机刚开始并没有损害墨西哥的经济。相反，这场危机还让墨西哥成了受益的一方，因为该国可能是全球石油储量最多的国家之一。石油的确有可能解决墨西哥的经济问题，该国经济问题部分起源于庞大且迅速增长的人口，脆弱的工业基础，以及低效了农业体系。墨西哥之所以能够借到大笔外债，这与仍然保持较高水平的石油价格有关。总之，墨西哥是以未来当筹码，所以才会有恃无恐地借贷。到 1981 年底，其外债已经达 550 亿美元左右。4 年之

---

① 国际货币基金组织，"重债穷国的债务减免计划"，2013 年 10 月 1 日。
② 阿根廷称其为马尔维纳斯群岛。编者注

后，该数据突破了 1000 亿美元。

到 1990 年，拉美主要的债务国已经通过增加出口，出售股份，以及放贷者撤销债务等途径，减免了不少债务。但其外债数额仍在不断增长。在 1980 年中期，拉美欠下了国际贷款机构 3600 亿美元；到 2007 年，这一数据突破了 8200 亿美元。与过去一样，该地区主要的贷款国是巴西（债务数额达 2240 亿美元）、墨西哥（高达 1800 亿美元）以及阿根廷（高达 1360 亿美元）。智利、委内瑞拉、哥伦比亚、南非和秘鲁（按降序排列）欠下了 500 亿~310 亿美元不等的债务。[①]到 2012 年末，巴西和墨西哥的外债分别达 4280 亿和 3520 亿美元，但由于它们经济状况得到改善，其债务也变得更加可控。[②]

南方国家持续贫困

在 20 世纪 60 年代，许多南方国家获得独立之后，富国和穷国之间仍然存在巨大的鸿沟。到 20 世纪末，多数国家之间的差距则进一步扩大。虽然多数工业国家的人均 GNP 持续上升，南方国家的这一数据却鲜有增长，有时候甚至没有变化。工业国家的人均 GNP 仍然超过了南部最穷国家同一数据的 100 倍。

但需要注意的是，GNP 数据并不能反映发展中国家人民生活水准的全貌，毕竟多数南方国家的经济根本谈不上发展。GNP 数据一般会保守估计穷国的实际收入，因为这些国家许多人民是通过物物交换或实物支付方式（例如交换服务，或者分粮制）来解决生活需求，我们无法计算这种非正式交易额，因此它们无法体现在 GNP 数据中。为了突破可度量的经济统计数据来评估人们的生活质量，联合国开展了一项"人类发展"调查，根据卫生保健、预期寿命、教育水平、获得清洁饮用水，以及收入等指标，对世界各国进行评估和排名。但根据联合国于2000 年 6 月发布的"人类发展指数"报告显示，即使是按照这种评估方式，南方国家依旧排名垫底，倒数 24 个国家都是非洲国家。2012 年的排名榜单几乎没有变化，但同时也出现了"南方国家崛起"的迹象，它体现在土耳其、墨西哥、

---

① 中央情报局，《世界各国年鉴》，2008 年。
② 中央情报局，《世界各国年鉴》，2013 年。

南非和印度尼西亚的经济得到了发展。①

　　但并非所有南方国家在 20 世纪末依旧深陷贫困的泥潭。有些国家取得了一定的经济增长，还有一些国家，尤其是东亚（特别是韩国和中国）获得了显著成果，甚至跻身新兴工业国家之列。

---

　　① 联合国，"世界各国人类发展排名"，2000 年和 2013 年。在 2000 年的南方国家中，古巴排名最高（第 56 名），其次是伯利兹、巴拿马、委内瑞拉、哥伦比亚和巴西。

第十三章
非洲

在 20 世纪 60 年代早期，多数非洲国家刚刚获得独立，自豪的非洲领导人宣告非洲即将迎来新时代的曙光。摆脱欧洲殖民主义枷锁的非洲人对新政治和经济秩序满怀信心，相信非洲大陆终会改变经济落后的面貌，打破依赖西方的局面。但 60 年代早期获得独立的狂欢，很快就被更忧郁的现实所湮灭。一年年过去了，非洲经济发展、民族自力更生以及非洲团结依旧遥遥无期。它们独立 40 年后，这些梦想依旧没有实现，多数非洲国家愈发贫困，甚至比以往更加依赖外援。经济下滑，持续贫困，国内动乱，官僚腐败，粮食歉收，饥荒蔓延，疾病丛生，人口膨胀，城市恶化，失业严重，难民增长等一系列问题笼罩着整个非洲大陆。

许多问题都属于人祸，政治动荡加剧了非洲人民遭遇的灾难。非洲国家接二连三地出现了民主政治破产，军政府上台的现象，还有些国家出现了多起军事政变。许多国家因为民族冲突而深陷内战。通常是由拥有武装部队的势力最先挑起内乱。

非洲拥有全球最低的经济增长率，最高的婴儿死亡率，以及最高的人口增长率。在 70 年代期间，非洲人口增长速度是粮食增长速度的两倍。其后数年，非洲人民一直饱受长期营养不良和饥饿的折磨。在 70 年代初，可能有多达 20 万埃塞俄比亚人死于饥饿，10 年后的又一场饥荒（比前一次更广为人知）再次夺走了几乎同等数量的生命。

埃塞俄比亚惨绝人寰的饥荒现象，导致苏丹、乍得、尼日尔和马里等因撒哈拉沙漠扩张而致国民长期营养不良和濒于饿死的情况无人重视。肯尼亚、乌干达、加蓬和莫桑比克等非洲南部国家也同样备受干旱折磨。联合国机构的非洲经济委员会报告称，1960—1975 年，多数非洲国家的经济并没有出现明显的好转。1960 年，非洲尚且能实现 95% 的粮食自足，但 25 年之后，除了南非之外的每个非洲国家都成了纯粮食进口国。

目前非洲最富裕的国家是南非，只有它成了撒哈南以南非洲国家经济普遍下滑趋势中的异数。在 80 年代，南非的人均收入超过 3023 美元，远高于其他任何非洲国家。这里的白人生活水准在全球名列前茅，而数量是白人三倍的黑人，却只能得到仅为白人工作者 1/6 的薪水。尼日利亚虽然是非洲人口最多的国家，但因拥有丰富的石油储量，在独立后繁荣发展，却因为政治腐败和 70 年代的油价波动而导致经济崩溃。在 1973 年之后的 10 年，从人均 GNP 增长率可以看出，以黑人为主的非洲国家不是在艰难地维持经济发展，原地踏步，就是出现了经济下滑的情况。根据世界银行数据，只有贝宁、博茨瓦纳、喀麦隆、刚果人民共和国、科特迪瓦和卢旺达略微实现了一点发展。有 14 个国家出现了人均 GNP 下滑的情况。① 最不幸的是那些原本具有经济发展潜力，在独立后头 10 年取得了进步，后来却出现了倒退现象的国家，比如加纳、尼日利亚、肯尼亚、乌干达、赞比亚和扎伊尔。

撒哈拉以南非洲政局不稳

非洲问题本质上既有经济层面的因素，又有政治上的根源。经济灾难必然引发政治动乱；反过来，政治问题当然也会威胁经济发展。获得独立的非洲国家见证了国内民主制度被侵蚀，逐渐被军阀政治所取代的过程。在初步试行议会民主制度之后，民选政府通常会为了保留权力，淘汰或破坏选举过程。随后，军事政变（而非普选方式）就成了政治权力变迁的主要手段。独裁统治成了非洲的普遍现象，3/4 的非洲政府实行一党专政或被军事强人控制。撒哈拉以南非洲仅有数个国家允许反对党参政议政，在 1991 年之前没有一个非洲国家领导人是通过选举上台的。在这种情况下，政治镇压手段成了国家统治的常见现象。在乌干达、津巴布韦、扎伊尔和几内亚，政治异见者通常都会遭到屠杀。非洲领导人通常都是一手腐败贪污，一手镇压革命。

殖民余孽

许多非洲领导人习惯性地将本国问题归咎于欧洲人长达一个世界的殖民统治。非洲人对欧洲人依附了一个世纪之后，的确无法很好地担起建设国家的重任。而欧洲人又撤离得如此突然，只给他们留下除了少数非洲精英之外，根本就

---

① 世界银行《亚特拉斯方法》（Atlas，1985）（华盛顿特区：世界银行，1985 年）。

没有留下多少人能够认同或理解的政治制度。此外，欧洲人也没有为这些殖民地的经济发展做出多少贡献。他们在这里主要创办出口咖啡、可可、铜矿和钒土等商品的企业。独立后的非洲国家继承的经济体系主要针对的是出口业务，而不是生产国内消费的商品。但这些出口导向型经济体会直接与前殖民领主挂钩，同附近的非洲国家没有什么关联。

欧洲殖民统治遗留的最大祸害或许就是人为地划定了非洲各国的边界。在19世纪，欧洲人根本没有考虑非洲的种族分布情况，在仓促之下为之划定了界线。有一名英国专员事后还打趣道："那时候我们只是拿一支蓝铅笔和一把尺子，在旧卡拉巴尔（Old Calabar）这里画一条线，在约拉（Yola）那里画一条线……回想当时的情况，我面前就坐着一名本地酋长……他居然都不知道我在做的事情……就是给他的领地画线。"① 尽管如此，新成立的非洲国家还是保留了这些边界，以减少种族冲突和分裂战争。欧洲人划定的这些边界令新独立的国家面积远超过殖民前的部落，因此可以容纳更多民族。这样的国家当然就要比小型部落更难管理国内事务。撒哈拉以南非洲只有莱索托和斯威士兰两个国家保持了民族统一的特征。其他都是由多个民族组成的国家。最极端的例子就是尼日利亚和刚果（前比利时殖民地），它们居然有200多个语言、历史和传统各不相同的民族。这些新国家都是人为制造的产物，它们的统治者面临的艰巨任务就是为原有的民族配置强行叠加一个新的国家身份。在多数情况下，民族认同感要超越爱国情感这种相对较新的陌生概念——这对建设国家来说是一个不利因素。结果就会产生血腥的内战、民族分裂的战争，甚至是灭族大屠杀。种族冲突在20世纪60年代的比夫拉战争期间，夺走了许多尼日利亚人的性命；在20世纪60年代、70年代和90年代的卢旺达和布隆迪也发生了这种惨剧；20世纪90年代的南非以及20世纪70年代后期的达尔富尔也出现了相同的一幕。

部落文化并非殖民统治遗留的问题，而是非洲历史固有的产物。部落文化贯穿整个殖民时代，在某些地方甚至因为殖民政策而被强化，在另一些地方则有所弱化，但在非洲独立之后仍然具有强大的影响力。通常而言，非洲人会对家庭和自己的族群（部落）最忠诚。由于非洲人相对缺乏地理迁移，一个民族的人民通

---

① 摘自 Arthur Agwuncha Nwankwo 和 Samuel Udoehukwu Ifejika，《比夫拉：建国梦》（*Biafra：The Making of a Nation*）（纽约：普雷格出版社，1970年），第11页。

常会牢牢扎根故土并与他人混居。政府通常为某个主要民族发言，并牺牲其他民族的利益。

部落文化与政治腐败盘根错节，紧密相连。在以亲属为基础的非洲社会中，部落元老不但拥有为本族制定规矩的决策权，还有权为本族成员分配财富。因此这里的政治通常退化成部族的夺权之争。比如，肯尼亚独立后最主要的受益族群就是基库尤人。

肆意横行的腐败现象与个人崇拜的结合，令非洲发生了一些世界上最极端的暴行。不少统治者居住在帝王般奢华的宫殿中，拥有无数豪车，在西方银行中还有巨额存款。穷奢极欲的典型代表人物当属中非共和国皇帝让-贝德尔·博卡萨（Jean-Bedel Bokassa），他在 1977 年自己的加冕礼上就花费了 2000 万美元——占该国收入的 1/4。他所穿戴的长袍点缀了 200 万颗珍珠，价值达 17.5 万美元，头上的皇冠装饰着一颗 138 克拉的钻石，价值 200 万美元。而这个国家的铺面道路却不足 170 英里。两年之后，博卡萨政权就被推翻了。

多数新独立的非洲国家都继承了议会制，这种制度要求由国家总理掌握执政大权，而总理又必须是由民选的立法机关选举出来的人物，并且要向立法机关述职。通常情况下，总理会通过修宪令自己掌握更多执政权力，获得更长的任期。他们要确保自己能够执掌大权，而不是听命于立法机关。由于缺乏抑制其新权威的手段，这些领导人都会拒绝让反对党参政。他们声称反对党是分裂分子，是威胁政治稳定的因素，甚至是没有爱国之心的群体，所以应该废除这些反对党。他们否决了"忠实反对派"的主张，也就是不承认忠于国家，当选后也有资格上台的反对党向执政党提出异议的权利。

非洲独裁者上台后通常会党同伐异，将地方官员替换成自己的亲信，控制所有的消息渠道（报纸、广播、电视），通过媒体大搞个人崇拜，塑造自己的高大形象。如果这些手段都失败了，他们就会用武力镇压异见者，并对人民实行恐怖统治。

非洲政坛的军事化统治

非洲领导人并不总能保证军队对自己绝对忠诚而毫无二心，这也是他们的致命弱点。在许多非洲国家，军事叛乱分子常会用军事独裁者来替代政治独裁者。[①] 1966 年加纳推翻了克瓦米·恩克鲁玛政权，令非洲大陆兴起了军事政变之风，到 1980 年，这个地区已经发生了不下 60 起政变。1963—1972 年，贝宁就发生了 5 次军事政变，还有另外 10 次行动未遂的政变。野心勃勃的官员并不缺乏推翻腐败统治者的理由。有些人承诺要通过政变将权力归还给代表平民的政客，但鲜有人真正兑现诺言。还有些统治者，比如扎伊尔的约瑟夫·蒙博托（Joseph Mobutu）会先脱下戎装再担任总统；但其他人依旧会成为军事政变的受害者。早期多数政变是由高层官员执行，但随着时间发展，低层官员甚至是无委任令的官员也可以端起枪杆子夺权。在塞拉利昂，陆军上将于 1967 年夺权，但几个月后就被其他军官推翻，而后者也很快又被军士发起的叛变所废黜。

大众总是对每个新上台的军事独裁者抱有幻想，最后总是难免幻灭，发现新任领导人并不比前任更有执政能力。由于这些统治者往往要比前任更残暴，腐败程度也不输前任，他们很快就失去了民心，这就为其他觊觎大权的军官创造了机会。

加纳是率先在非洲实现民族自决的国家，其首任领导人恩克鲁玛在 20 世纪 60 年代继承的可是一个人均收入在非洲排名第二的国家。作为泛非洲主义的倡导者，恩克鲁玛成了整个非洲解放和团结的代言人。他的经济计划（基于他所谓的适用于"加纳情况"的"非洲社会主义原理"，但他从来没有充分说明原因）蕴含着工业国有化和国家计划的思想。[②] 但加纳经济却主要依赖农业生产。到 60 年代，由于可可的全球价格大幅下跌，以可可作为主要经济作物的加纳就成了首当其冲的受害者。在独立之后 10 年，可可价格下跌至原来的 1/3。

1964 年，恩克鲁玛宣布所有反对党均为非法组织。他奢侈腐化，个人崇拜，

---

① 值得注意的例外情况包括塞内加尔的利奥波德·桑戈尔（Léopold Senghor），科特迪瓦的费利克斯乌弗埃-博伊尼（Félix Houphouët-Boigny），肯尼亚的乔莫·肯雅塔，坦桑尼亚的朱利叶斯·尼雷尔（Julius Nyerere），赞比亚的肯尼思·卡翁达（Kenneth Kaunda），几内亚的塞孔·图雷（Sekou Touré）和博茨瓦纳的塞雷兹·卡马（Seretse Khama）——他们全部掌权 15 年以上。

② 阿马·比内（Ama Biney），《克瓦米·恩克鲁玛的政治社会思想》（*The Political and Social Thought of Kwame Nkrumah*）（纽约：帕尔格雷夫麦克米伦出版社，2011 年），第 87 页。

以及独断专行的作风，令许多加纳人心生不满。在经济困难和民心不稳的压力之下，心性反复无常的恩克鲁玛将反对党领导人和批评者投入了监狱。后来，就在他远访中国期间，加纳军队于1966年2月推翻了他的政权。

在其后数年，加纳经历了一轮又一轮政变，成了非洲政局不稳的缩影。1966年夺权的军官曾信誓旦旦地承诺要将权力归还给大众，但在1969年就被另一群初级军官所推翻。加纳政权曾一度出现平民与军事统治更迭的现象。1979年，一名年轻的空军中尉杰瑞·罗林斯（Jerry Rawlings）通过军事政变上台。他曾许诺要推行民主政治，所以就主动下台，直到1981年末才再次通过武力夺权。尽管他的统治存在不少问题，罗林斯依旧深受民众欢迎；1992年和1996年，他又多次在多党选举中获胜。2000年，他再次决定退位（服从宪法关于总统任期不得超过两届的规定），要求保持选举的"公正、真实和真诚"。[①]

乌干达的伊迪·阿明（Idi Amin）犯下的暴行堪称非洲军人之最。1971年，军官阿明发动政变，结束了密尔顿·奥博特（Milton Obote）的独裁统治。阿明很快就找到了乌干达经济和社会弊病的替罪羊，将此归咎于几个少数民族部落和该国的东亚居民（主要是印度人）。1972年，阿明强力驱逐了5万名亚洲人，此举严重损害了该国经济发展，因为这些亚洲人多为商人和专业人员。由于经济情况恶化，阿明又采取了严刑拷打、公开处决和暗杀迫害等方式来强化统治。在被推翻之前，阿明屠杀了约25万民众，有将近同样数量的乌干达人外逃，导致乌干达经济一片混乱。阿明在多次针对他的谋杀行动中侥幸脱身，最终于1979年被一支坦桑尼亚军队推翻，后者在此扶持了一个平民政府。1980年，密尔顿·奥博特重新上台。奥博特的军事"清洗行动"从来就没有令乌干达恢复社会秩序。最后，奥博特也成了和阿明一样的刽子手，屠杀了许多平民，导致大量难民外逃。

比夫拉战争

尼日利亚还出现了另一个军政府，为世人带来了一个种族战争的深刻教训。

---

① 路透社，"加纳反对党在选举前回归"（Ghana's Opposition Ahead in Early Election Returns），《纽约时报》，2000年12月8日。

在非洲独立早期，没有一个国家在克服种族不和的问题上多费心思，但也没有一个国家在独立之后因种族冲突而出现更多惨案。刚获得独立的尼日利亚是非洲人口最多也最富裕的国家之一，当时是一个拥有3个自治区的联邦共和国，每个自治区都由一个主要族群控制，分别是北部的豪萨-富拉尼族（多为穆斯林，人口约1500万）、西部的约鲁巴族（1500万人）和东南部的伊博族（1000万人）。获得独立之后，这三大族群之间关系紧张，唯恐自己落于下风。独立的尼日利亚的第一次人口普查增加了人们的疑虑，让其中两大族误以为北方人准备废除分权的封建制度。这次人口普查由北方人主持，他们宣布北方地区的人口占绝大多数，因此要建立一个由豪萨-富拉尼族人占主导的政府。这次人口普查打破了尼日利亚的权力平衡，影响了该国政治氛围，也为后来发生的一系列政府危机埋下了伏笔。①

1966年1月，一些军官（主要是伊博人）发动了政变，建立了一个以 J. T. 伊龙西（J. T. Ironsi）上将领导的军政府。② 以穆斯林为主的北方人对以天主教徒和受过良好教育的伊博人心存忌惮，因为后者在英国的统治之下掌握了商业和政治特权。北方人认为这次政变是一次意图摧毁豪萨-富拉尼寡头政治的行动。

在1966年5月末，北方上将雅库布·戈翁（Yakubu Gowon）发动了政变，劫持（后来还谋杀）了伊龙西及其政府成员。从这时候开始，尼日利亚掀起了第一轮攻击伊博人的运动，北方地区最先屠杀了成千上万伊博人，总共有200万伊博人被迫外逃。1966年7月，尼日利亚的伊博士兵惨遭屠杀。为了实现本族自保，一个伊博兄弟会号召全国各地的同胞"回家"。1967年5月30日，陆军中校 C. O. 奥祖武（C. O. Ojukwu）在埃努古（尼日利亚南部城市）发表了比夫拉共和国（以大西洋比夫拉海岸命名）的独立宣言（其中多数内容摘自托马斯·杰斐逊起草的美国《独立宣言》）。该独立宣言指出了伊博人拥有自由和安全等不

---

① 莫伊比·阿莫达（Moyibi Amoda），"冲突背景：从1919年到1964年的尼日利亚政治历史摘要"（Background to the Conflict: A Summary of Nigeria's Political History from 1919 to 1964），Joseph Okpaku 主编，《尼日利亚的民族困境：一名非洲人对比夫拉冲突的分析》（Nigeria: Dilemma of Nationhood: An African Analysis of the Biafran Conflict）（纽约：Third Press，1972年），第59页。

② 大卫·兰波（David Lamb），《非洲人》（The Africans）（纽约：兰登书屋，1982年），第309页。

可剥夺的权利。现在他们面临的难题就是如何捍卫比夫拉的独立权。

比夫拉军队很快发现自己是在孤军作战。在非洲的 50 多个国家中，只有 4 个国家和欧洲的法国承认比夫拉独立。法国之所以承认比夫拉独立是因为该地位于尼日利亚富含油矿的东南角落，拥有该国最大的油田和唯一的提炼厂。而非洲国家虽然多次谴责欧洲殖民者强行为它们划分国界，却并不愿意让这种分裂国家的行为得逞，以免本国分裂势力效仿。

戈翁认为这起叛乱是尼日利亚的国内事务，不容他国干涉。联合国和世界其他国家都尊重了他的决定。就算英国和苏联等大国介入，它们支持的也是统一的尼日利亚，而非分裂势力。英国希望维持它对统一的尼日利亚的政治和经济影响力。另外，在比夫拉宣布独立一周之后，中东爆发的七日战争封闭了苏伊士运河，尼日利亚的石油对英国来说意义重大。苏联则希望扩大自己在非洲的影响力，因此为戈翁的军队（很可能获胜的一方）提供了现代武器。这是现代史上非洲国家首次使用外援武器作战的情况，但也是最后一次。这些获得外援武器的好战分子之后又破坏了安哥拉、莫桑比克、埃塞俄比亚和索马里大部分地区。

比夫拉军队在 30 个月后就失败了。他们因为战场失利，遭遇空袭，以及大面积的饥荒而死伤无数。伊博人在 1970 年 1 月就投降了。戈翁强调不要采取报复行动，让伊博人重新回归尼日利亚社会。有一名尼日利亚陆军上校在事后向美国记者描述称："这就好像足球赛的裁判一吹响口哨，大家就端起枪上阵了，然后又若无其事地回去干活了。"①

外国势力干涉

在非洲独立时期，非洲领导人希望摆脱对外国势力的依赖，坚持要求"用非洲方法解决非洲问题"。但政治和经济不稳定，却给外国干涉势力制造了机会。成立于 1963 年的非洲统一组织（非统组织）从来就没有真正实现过非洲的和谐统一。这些非洲国家始终彼此不和，多数国家与前殖民领主的关系，远比与邻国更亲近。他们持续依赖欧洲的经济和军事援助，欧洲人也继续介入非洲事务，以

---

① 大卫·兰波（David Lamb），《非洲人》（*The Africans*）（纽约：兰登书屋，1982年），第 309 页。

便保护在当地的投资项目。法国驻守非洲的军力超过 1.5 万人，对非洲采取了高度的军事干涉行动。随着非洲经济发展与工业化国家之间的差距不断扩大，尤其是在 20 世纪 70 年代的石油危机之后，非洲人更加依赖外援，并且更容易受到外部势力的干涉。而这些外部势力并不局限于前欧洲殖民领主，它们还包括美国和苏联这两个迫切需要扩大在非洲影响力，并遏制对方势力的超级大国。

中国也在争取扩大自身在非洲的影响。中国在非洲最大胆的举措就是在 20 世纪 70 年代建设了长 1200 英里的坦赞铁路，将内陆国家赞比亚与坦桑尼亚的港口城市达累斯萨拉姆连接起来。这个耗资 5000 万美元的项目（雇用了 2 万多中国人和 5 万多非洲工人），之前曾被英国、加拿大、美国拒绝，只有中国毅然拿下了这个项目。美国之前错失了在非洲扩大影响力的机会，在 1956 年拒绝了埃及关于投资建设阿斯旺水坝的请求，结果给苏联创造了机会，导致埃及一度成为苏联在该地区的代理人。

美国和苏联都为非洲国家提供过安全部署、武器和经济援助，它们的目的是扩大自身的政治影响力。虽然美国为非洲提供的发展援助要比苏联更多，但美国在非洲并没有得到更多支持。这一点在联合国表现最为明显，非洲国家和苏联（都持有反殖民主义观点）经常能够同声相应，而美国却很少得到这些国家的支持票。

在非洲独立后的早期，马克思列宁主义在非洲颇为盛行，许多非洲新任领导人喜欢用这种思想体系来解释本国过去遭受的殖民剥削和新殖民主义现象。新殖民主义的主要理论家就是加纳的恩克鲁玛，他对新殖民主义的定义就是，通过经济手段实施的殖民主义。[①] 恩克鲁玛等人将马克思列宁主义加以改造，作为其政治管理和执行国家计划的范本。这些政府（比如几内亚和安哥拉）与苏联建立了紧密联系，但它们从苏联得到的发展援助却极为稀少。有些非洲领导人（比如恩克鲁玛和坦桑尼亚第一任总统尼雷尔）提出了自己的"非洲社会主义"概念，将马克思主义思想与本土的非洲理念相结合进行治国，无视后者通常定义模糊，并且与马克思和苏联体制缺乏关联的现实。无论如何，人们总是很难区分名义上的社会主义以及宣称是资本主义的非洲国家，因为它们都普遍存在控制国家计划

---

① 克瓦米·恩克鲁玛，《新殖民主义：帝国主义最后的舞台》（*Neo-Colonialism: The Last Stage of Imperialism*）（纽约：国际出版社，1966 年），序言。

和经济的现象。有两位著名的非洲专家表示："非洲社会主义和资本主义国家的区别通常表现在语言上，而非事实上的差异。"它的主要表现并不在于意识形态，而是它们从何处得到援助。[①]

超级大国之间的直接对抗始于20世纪70年代中期，当时葡萄牙结束了在非洲南部的殖民统治。葡萄牙撤出非洲令当地陷入了社会动荡，除了政权不稳之外，另一个表现就是黑人主导的非洲国家与罢免了白人至上政权的南非之间的缓冲。南非于1975年发现自己受到了莫桑比克马克思主义政权的威胁，莫桑比克（前南罗德西亚）于1980年将权力移交给了黑人政府，后来获得独立的博茨瓦纳、赞比亚和其他非洲黑人国家都反对南非的种族政策。为此，南非开始军事干涉安哥拉、莫桑比克和莱索托的事务。

南非违逆联合国的要求，继续占领附近的纳米比亚，阻挠该国获得独立。1975年，南非在纳米比亚扶持了一个傀儡政府，并承诺要让该国实现独立。纳米比亚最大的政党是左翼的西南非洲人民组织（SWAPO），该组织虽然没有上台执政，却得到了其他非洲国家的支持，继续用游击队为纳米比亚独立而战。

安哥拉则是外国势力严重干政的最为典型的例子。这里的外来势力包括美国、苏联、中国、古巴、扎伊尔和南非。葡萄牙于1975年4月撤出安哥拉之后，该国就有3个自称是安哥拉马克思主义者的革命组织争相夺权。成立于1956年的安哥拉解放运动（MPLA）控制了首都罗安达。于1962年成立的安哥拉解放阵线（FNLA）则占领了北部多山地区。1966年成立的安哥拉彻底独立全国联盟（UNITA）代表该国最大的族群奥文本杜人，分布在安哥拉中部和南部地区。

美国和苏联都指责对方干涉安哥拉内政，同时又声称自己是为了伸张正义，不满对方在安哥拉胡作非为才介入安哥拉事务。MPLA获得了苏联的经济和军事支持，得到了数千名古巴顾问和一支扎伊尔部队的帮助。FNLA和UNITA分别得到了中情局和南非的经济支持和秘密军事援助。到了1975年年末，胜利在即的MPUA组建了一个新安哥拉政府。

美国的杰拉尔德·福特政府及国务卿基辛格拒绝接受这个政府，不愿意让苏联得逞。美国继续向UNITA叛军提供军事援助，南非在当地的军事干预，令安

---

① 罗兰·奥利弗（Roland Oliver）和安东尼·阿特摩尔（Anthony Atmore），《1800年以后的非洲》（*Africa Since 1800*）（纽约：剑桥大学出版社，1981年），第330页。

哥拉在随后几年内战不断，民不聊生。

撒哈拉以南非洲经济困境恶化

20世纪80年代全球多数人口的生活水平普遍提升（除了那些还处于战争中的国家，比如阿富汗、尼加拉瓜、萨尔瓦多、柬埔寨、伊朗和伊拉克），最典型的例外就是撒哈拉以南的非洲。

从1965年到80年代末，撒哈拉以南非洲的人均收入仅仅增长了0.6%。[1] 总体来看，该地区年均经济增长率为3.4%，仅略超过人口增长率。从1970年至1987年，该地区农产品产量增长率下滑；其增长率不足人口增长率的一半，两者分别是1.4%和3.3%。萨赫勒地区（撒哈拉以南的直接气候过渡地带）日益干涸，部分原因就是农业生产力下降。

此外，无论撒哈拉以南非洲自获得独立以来，在经济发展上取得了多大进步，总会迅速被庞大的增长人口所消耗。世界银行报告总结称"人类历史上从来没有出现如此迅速的人口增长"。自加纳独立以来的半个世纪中，撒哈拉以南非洲人口翻倍增长至将近10亿。人口增长过快的结果往往就是饥荒，将近1/4的人口面临"长期的粮食短缺"问题。撒哈拉以南非洲拥有全球最高的生育率和婴儿死亡率，在当地最贫困的国家（布基纳法索、埃塞俄比亚和马里），有1/4的儿童活不到5岁。

在20世纪80年代，这里的人均收入和粮食产量持续减少。撒哈拉以南非洲在世界市场的出口份额从1970年的2.4%下降至1987年的1.3%。根据世界银行报告所述，该地区经历了"加速的生态退化"。其中有几个国家（包括加纳、利比里亚和赞比亚）从中等收入国家跌入了低收入国家之列。1987年，该地区的4.5亿人口仅生产了相当于比利时的1000万美元财富。1987年世界人均GNP为

---

① 世界银行，《撒哈拉以南非洲：从危机到可持续发展：一个长期视角研究》(Sub-Saharan Africa: From Crisis to Sustainable Growth: A Long-Term Perspective Study)（华盛顿特区：世界银行，1989年），所有数据均来源此处。

3010 美元，而撒哈拉以南非洲仅为 330 美元。①

另一个可以追溯到 20 世纪 60 年代的问题就是，这些国家有大笔公共支出流向了军队。世界银行强调称，低军费投入与良好的经济表现具有直接联系。它还首次简明而含蓄地提到了官员腐败问题，"这些国家很难根除坏习惯"。有无数外援资金持续流向这些官员的海外私人账户。而承担监督人职责，不受限制的新闻媒体在这里实在是太罕见了。这里经济表现最好的国家（博茨瓦纳和毛里求斯）的军费投入都比较低，采用的是议会民主制，并且拥有议论自由的媒体。

20 世纪 90 年代初期的非洲：民主的呼唤

在 20 世纪 90 年代初冷战结束之后，苏联和美国就失去了继续支持非洲独裁者的动力。世界领先的国际借贷机构（尤其是国际货币基金组织和世界银行）愈发强调非洲只有在出现足够负责的政府时才可能解决经济问题。英国外交大臣道格拉斯·赫德（Douglas Hurd）在 1990 年宣称："我们不会用稀有的援助资源，支持采取压迫政策、腐败管理和浪费且声名不佳的经济体制的政府。"② 法国总统密特朗也在法非首脑会议上传达了类似的信息，表示"没有民主就没有发展，没有发展就不会有民主"。③

90 年代初，来自学生、学者、工会（通常包含政府员工）以及穷人的政治压力，对多年来无视舆论批评的独裁者发起了挑战。示威者走上街头游行，反对党领导人要求召开"国民大会"讨论必要的政治变革，其中一个普遍要求就是进行多党选举。

贝宁总统马蒂厄·克雷库（Mathieu Kérékou，上台 17 年的军事独裁者）迫于政治压力，召开了一场这种会议，该会议要求他主动下台，任命临时总统，召开总统选举并起草新宪法。克雷库接受了这些提议，并在 1991 年 3 月的选举中

---

① 这些数字适用于所有"报告国家"，但不包括苏联及其阵营的大多数国家——但如果将这些国家列入其中，相关数字并不会发生明显的变化。见世界银行，《1989 年世界发展报告》（华盛顿特区：世界银行，1989 年），第 165 页。

② 摘自"非洲民主"（Democracy in Africa），《经济学人》，1992 年 2 月 22 日，第 21 页。

③ 摘自"Under Slow Notice to Quit"，《经济学人》，1991 年 7 月 6 日，第 43 页。

以一比二的劣势输给了竞争对手，成了首位因落选而下台的非洲领导人。

但多数非洲政治强人并不甘愿如此惨淡地退出政坛。这方面的例子就是自1965 年就上台的扎伊尔独裁者蒙博托。1990 年 4 月，他宣布结束一党专制的政府，并承诺接受自由多党选举。但在召开选举时，蒙博托却得到了 99％以上的选票，根本谈不上自由选举。中非共和国的强人总统安德烈·科林巴（André Kol-ingba）承认了反对党的权利，并计划于 1992 年 10 月举行选举，但之后又突然逮捕了反对者。另一个例子就是肯尼亚总统丹尼尔·阿拉普·莫伊（Daniel arap Moi），他谴责多党选举运动，认为这种行为是"垃圾"和动乱的祸根。1990 年 7 月，肯尼亚警察向数百名要求释放反对党人的和平示威者开枪，打死了至少 26 人，关押了 1000 多人。经过一年半的政治动乱和西方政府中止对肯尼亚的经济援助之后，阿拉普·莫伊才在 1991 年 12 月同意承认反对党的合法地位。但在进行选举时，他又操纵了投票结果，让自己理所当然地继续掌权。1990 年 10 月，科特迪瓦爆发游行示威，要求总统菲利克斯-乌弗埃·博瓦尼（Félix Houphouët-Boigny，非洲最和善的独裁者之一，从 60 年代初开始掌权）接受反对党，但他还是使用手段让自己赢得了后来的选举。

到 20 世纪末，非洲的 55 个国家中仅有 3 个国家出现了新闻自由，分别是南非、塞内加尔和马里。① 1986 年，非洲统一组织才推出了《非洲人权和人民权利宪章》（African Charter of Human Rights and the Rights of Peoples）。该宪章解释了人权的概念，但它不同于西方对人权的定义，后者强调的是保护个人不受国家强权欺凌的权利。非洲的传统组织（无论是家庭还是国家）都享有更高的地位，而个人的权利则受到了限制。例如，它所说的集会权利具有"必要的限制"，个人自由必须与他人的权利（也就是集体安全、习俗和社会利益）相协调。非统组织并不太愿意对成员国的行为加以谴责，即使是对它们以国家之名违反人权的情况也不例外，比如中非共和国皇帝博卡萨在 1972 年就授意他的士兵进入牢房镇压动乱，屠杀犯人并将他们的尸体肢解，挂到外面示众。②

---

① 对科特迪瓦异见记者 Charles Gnaleko 的采访，"Pressefreiheit gibt es nur in drei von 55 Staaten"，《法兰克福评论报》（Frankfurter Rundschau），2000 年 4 月 13 日，第 11 页。

② 莱因哈特·缪勒（Reinhard Muller），"Die Gruppe ist wichtiger: Die afrikanische Charta der Menschenrechte"，《法兰克福汇报》（Frankfurter Allgemeine Zeitung），2000 年 5 月 24 日。

20 世纪 90 年代的非洲战乱

纳米比亚、安哥拉和莫桑比克

冷战的结束令纳米比亚、安哥拉和莫桑比克这三个非洲南部饱受战争之苦的国家直接受到了影响。苏联领导人戈尔巴乔夫撤销了对安哥拉左翼政府的经济援助，撤走了驻守安哥拉和纳米比亚的古巴军队。1988 年 12 月，古巴迫于美国和苏联压力，同意将其军队撤出安哥拉，南非也将军队撤出了纳米比亚。联合国谈判代表组织两个派别（还是在美苏的支持之下）起草了一份非洲最为民主的宪法，之后又举行了一次非洲最自由公正的选举。1990 年 3 月，纳米比亚政府在西南非洲人民组织领导人萨姆·努乔马（Sam Nujoma）的带领下，庆祝该国结束了 75 周年的殖民统治和 23 年的游击战争。

与此同时，安哥拉的内战和外国势力干涉仍未止步。苏联/古巴支持的若泽·爱德华多·多斯桑托斯（José Eduardo dos Santos）领导的 MPUA 政府，与美国/南非支持的乔纳斯·萨文比（Jonas SavimbiUNITA）领导的游击队依旧冲突不断。萨文比自称是一名毛泽东主义者，他将自己的军事战役比作毛泽东的"长征"。美国对萨文比的暴行视若无睹（人权观察报告称此人活活烧死了当地的巫师），只关注他与苏联支持的古巴军交战的情况。萨文比的确是美国政坛和宗教界颇受欢迎的人物。1986 年，里根总统还邀请他去白宫做客，并盛赞他"为自由而奋斗"的精神。可冷战一结束，双方就没有交战的动力了，葡萄牙以调停者的身份介入了纳米比亚事务。最后，双方于 1991 年 5 月达成了一份并不稳定的协议，要求安哥拉推行市场导向型的经济改革，将两支军队并入同一支国家军队，并于 1992 年末进行选举。这个突破性的进展（至少在当时是这样）结束了安哥拉持续 16 年的内战，这场战争给该国造成了严重的破坏，夺去了 30 多万人的生命，使安哥拉成了世界上人均截肢比例最高的国家。①

双方又签署了新停战协议，为安哥拉 1992 年 9 月进行的首次自由多党总统竞选铺平了道路，这是一场相对没有违规行为的选举。多斯桑托斯（Dos Santos）在大选中胜出，但萨文比指控这次选举存在舞弊行为，在选举结果出来之前就对此指责不休。萨文比成了一个被孤立的国际贱民，继续进行自己的武装反抗，直到 2002 年 2 月才被政府军所俘获和击毙，安哥拉内战就此结束。

莫桑比克也发生了类似的一幕，该国是非洲南部另一个葡萄牙前殖民地。该国由苏联支持的马克思主义政府与南非支持的右翼叛军民族抵抗运动（Renamo）组织展开了旷日持久的内战，最终双方也通过协议方式收兵。政府军与民族抵抗运动组织于 1992 年 9 月达成了和平协议，结束了这场极其血腥的恶战（内战夺去了将近 100 万人的生命）。双方在此基础上，在联合国监督之下进行了选举，并获得了为该国人民救急的外部援助。1990 年，莫桑比克成为世界上最穷的国家，人均 GNP 仅为 80 美元，难民数量在全国的 1500 万人口中占 1/4，超过 300 万人食不果腹。②

苏丹，埃塞俄比亚和索马里

非洲战乱和饥荒最严重的国家莫过于埃塞俄比亚和索马里，这里的饥饿、疾病和人民迁移现象极其常见。1990 年，苏丹和埃塞俄比亚发生了旱灾，导致庄稼歉收，饥荒接踵而至，迫使农夫不得不食用所剩无几的动物和粮食种子。但这场灾难的主因却是无休无止的内战。

苏丹的政府军（集中在北方）与南方的苏丹人民解放军之间的战争具有很深的民族和宗教根源。在以穆斯林人口为主的北方，阿拉伯和埃及在当地的影响力很强大；而在南方主要是黑皮肤的非洲人，许多人信奉基督教，拒绝让北方人

---

① "安哥拉开始走出战争的创伤"（Angola Moves to Put Aside the Devastation of War），《美国新闻与世界报道》，1991 年 5 月 13 日，第 50 页。在这场长达 16 年的战争中，苏联向其输入了 1100 名顾问，5 万人的古巴军队，每年投入 5 亿～10 亿美元来支持这个左翼政府；美国每年至少投入 6000 万美元来支持萨文比的游击队。克里斯托弗·奥格登（Christopher Ogden），"安哥拉之痛的终结"（Ending Angola's Agony），《时代》周刊，1991 年 6 月 3 日，第 22 页。

② 世界银行，《1992 年世界发展报告》（华盛顿特区：世界银行，1992 年），第 211、218 页。

占据优势，包括奴役南方人——但此事引起国际关注时，喀土穆（苏丹首都）政府否认了这一点。1989年，双方的和平协议受到了阻碍，当时由奥玛·阿·巴希尔（Omar al-Bashir）领导的一支军队派系在喀土穆夺权，意图建立一个伊斯兰国家。双方持续交战导致800多万苏丹人陷入食物极度短缺的困境，其中许多难民住在地处偏僻、交通不便的地区，陆地运输的食物根本无法送到他们手中。

2003年4月，苏丹达尔富尔地区出现了另一轮灾难。从2003年4月至2008年夏，联合国估计该国死亡人口将近30万——多数人死于饥饿和疾病，另有220万人沦为难民。

达尔富尔（字面是"富尔的土地"，位于苏丹西部省份）地区的动乱，本质上是游牧的阿拉伯人与长期在本地耕作的土著富尔人之间的冲突。这两个民族曾经可以共存，甚至还通过婚，富尔人早在数个世纪前就开始变成穆斯林。但是在70年代中期，一场持久的干旱正好撞上人口爆炸增长的时期，① 农民和牧人就断断续续产生了纠纷。② 喀土穆由阿拉伯人掌权的军政府当然会偏袒游牧民族。2003年4月，这场冲突再起血案，由苏丹人民解放军组织的达尔富尔军宣称政府歧视和剥削富尔人，攻击了军事要塞，摧毁了直升机和飞机，杀死了100多名士兵。当时的巴希尔政府正在寻找解决方法，结束苏丹南部长达21年的战乱。

焦头烂额的喀土穆政府无力应对两场战争，只好向一名阿拉伯酋长穆萨·希拉（Musa Hilal）求助，后者的家族很早之前就已经同达尔富尔地区的黑人结怨。在90年代期间，苏丹政府曾以谋杀、持械抢劫和逃税的罪名囚禁了希拉。现在政府释放了希拉，后者很快就组建了一支掠夺军"贾贾威德"（意思是"邪恶骑兵"或"土匪"），他们得到了政府的支持，在达尔富尔地区有恃无恐地烧杀抢掠，无恶不作。

而这场冲突的起源不仅仅是土地之争。从80年代晚期开始，阿拉伯人就在利比亚的穆阿迈尔·卡扎菲（Muammar Qaddafi）的影响下，寻求在撒哈拉以南非洲建立一个"阿拉伯地带"。贾贾威德宣称他们（而不是非洲黑人）才是这片

---

① 苏丹人口出生率在世界排名前列；中央情报局在2014年统计该国每年人口出生率为2.64%；中央情报局，《世界各国年鉴》（华盛顿特区：中央情报局，2004年）。

② 1987—1989年，有2500名富尔人和500名阿拉伯人死于战乱。萨曼莎·鲍尔（Samantha Power），"死在达尔富尔"（Dying in Darfur），《纽约客》，2004年8月30日，第61页。

土地的原住民，阿拉伯人为该地区带来了文明，他们根本不可能是强盗，而是保护人民的"圣战者组织"（自由战士）。

这场持久战逐渐成为世界媒体的头条新闻。2004 年 4 月，美国总统布什抨击了喀土穆政府在"达尔富尔地区的暴行"。联合国秘书长安南提到了这场"军事行动"的前景。① 同年 7 月，美国国会在福音派天主教信徒（他们很早就呼吁国际社会制止喀土穆政府针对苏丹南部天主教同胞展开的暴行）的影响下，通过了一项谴责达尔富尔"种族灭绝"的决议。这是美国首次使用这种严厉的措辞来描述一场持久的屠杀行为。美国国务院还没有发表这样激烈的言辞，但国务卿科林·鲍威尔也在 2004 年 9 月首次提到了这场种族灭绝。2004 年 8 月，联合国安理会威胁喀土穆政府在 30 天内解除贾贾威德的武装，否则就要对其进行经济制裁。喀土穆回应称这种要求毫无根据，还提到了美国也无法令伊拉克的好战分子缴械投降。30 天过后，布什政府（已经在伊拉克过度驻军）和联合国都没有办法对达尔富尔的暴行展开进一步行动。最后，联合国和非洲联盟只好向达尔富尔派出了维和部队和救济人员，但基本上于事无补。

2008 年 7 月，国际刑事法庭检察官西班牙人路易斯·莫雷诺-奥坎波（Luis Moreno-Ocampo）起诉巴希尔犯下了战争罪。而深藏在喀土穆的巴希尔自恃地处偏远，莫雷诺-奥坎波根本逮不到他，对这些指控不屑一顾。

达尔富尔地区的暴行仍然没有得到解决，到 2011 年 7 月，苏丹北部的穆斯林与南方的基督教徒和万物有灵论者之间漫长的战争才终于告一段落，并由此成立了南苏丹这个非洲新国家（它拥有从苏丹南部分割出来 1/3 的领土）。在历史上，苏丹北方和南方的这两个民族曾经分别是奴隶和奴隶贩子，北方人曾在阿拉伯人称为"苏丹"（即黑人土地）的地方猎捕南方黑人。在 50 年代，英国曾打算建立一个独立的南方国家，但事后不了了之。

过去的非洲领导人都不赞同任何让国家分裂成多个实体的主张，但这一次就不同了。南非、尼日利亚以及其他 31 个非洲国家领导人都出席了这个新国家的独立典礼，甚至是苏丹总统巴希尔，联合国秘书长潘基文，以及非洲以外的官员

① 1987—1989 年，有 2500 名富尔人和 500 名阿拉伯人死于战乱。萨曼莎·鲍尔（Samantha Power），"死在达尔富尔"（Dying in Darfur），《纽约客》，2004 年 8 月 30 日，第 61 页。

（美国、中国、挪威）也出席了。

南苏丹经历了整整一代的战乱，约 200 万人在动乱中丧生。没有多少人知道如何治理或开发这个国家的矿藏和田地。南苏丹的主要资源是石油，这也正是北方不愿意放弃这块地，以及中国代表出席其独立典礼的一大原因。但南苏丹的问题在于，它唯一的输油管道流经北方，需要向北方缴纳超高的"过境费"。①

南苏丹独立两年之后，还是难以摆脱与其他许多新独立的非洲国家一样的宿命。又有分别代表各自族群（该国至少有五六十个民族）的两个政党向对方开战了。该国传出了践踏人权和大屠杀的消息之后，联合国安理会再次派遣维和部队深入动乱之地，但仍然没有找到能够中止战乱的军事解决方案。

…………

1974 年 9 月，82 岁的基督教徒皇帝海尔·塞拉西（Haile Selassie，自 1916 年开始统治埃塞俄比亚，最初是摄政王，后来正式称帝）这个曾经的非洲独立和反抗殖民主义的象征，被由海尔·马里亚姆·门格斯图（Haile Mariam Mengistu）领导，自称为马克思主义者的军事派系所推翻。至止，皇帝（被许多埃塞俄比亚人视为耶稣的化身）终于变成了埃塞俄比亚的一个中世纪历史符号。海尔·塞拉西的政权并没有拯救这个国家，而是令该国出现了经济倒退、饥荒和政治镇压等现象。他并没有为缓解埃塞俄比亚长期饥荒的现象做出什么举措，而是大力镇压报道这些情况的媒体。

新政府在这方面的表现也不过如此。苏联领导人勃列日涅夫认为这是一个在非洲扩大苏联影响力的好机会，就开始为该国政府提供经济和军事援助，总计价值超过了 110 亿美元。经济混乱、门格斯图的暴政，以及持续的种族冲突令埃塞俄比亚人的生活质量再次下滑。门格斯图试图推行广泛的土地改革计划，但只是造成了又一起农业灾难，其改革的结果导致该国出现多年的森林砍伐、过度耕作和干旱。

对抗门格斯图的力量包括维护民族利益叛军，如蒂格雷省人民革命民主阵线和厄立特里亚人民解放阵线。厄立特里亚早在 1952 年，也就是联合国将厄立特里亚（之前是意大利在红海沿岸的殖民地）并入埃塞俄比亚时，就开始进行非洲

---

① 乔恩·李安德森（Jon Lee Anderson），"暴力史"（A History of Violence），《纽约客》，2013 年 7 月 23 日，第 49–52 页。

最漫长的独立斗争。具有讽刺意味的是，厄立特里亚叛军领导人本身也是马克思主义者，却要反抗亚的斯亚贝巴的马克思主义政府。蒂格雷省的许多叛军也是马克思主义者。

1990 年，在戈尔巴乔夫"新思维"的影响下，苏联切断了对埃塞俄比亚的军事援助，叛军很快就占据了上风。1991 年 4 月，叛军攻入亚的斯亚贝巴，厄立特里亚解放了自己的故土，门格斯图逃离了埃塞俄比亚。亚的斯亚贝巴的列宁雕像被众人推倒。新的梅莱斯·泽纳维（Meles Zenawi，埃塞俄比亚人民解放阵线领导人）政府同意接受国际监督，于 1993 年 5 月针对厄立特里亚的独立问题进行公投。公投结果与之前的结论一样，厄立特里亚最终还是独立了。

············

埃塞俄比亚附近的索马里，自穆罕默德·西亚德·巴雷（Mohammed Siad Barre）上台后也经历了 21 年的动乱。西亚德·巴雷同样是通过武力夺权，最初的支持者是苏联，后来则是美国。但他失去对边远地区的控制权时，就在 1991 年 1 月被驱赶下台，留下一个没有集中权力的索马里政府。由于各部族都在争夺对摩加迪沙（索马里首都）的控制权，导致索马里因野蛮的战乱、掠夺和饥荒而变成不毛之地。装配着步枪的吉普车在摩加迪沙大街上横冲直撞，其中许多武装人员是尚未成年的战士。在 1991 年最后 3 个月中，估计有 2.5 万人（多数是平民）被杀或在战争中受伤，还有 25 万首都居民被驱逐。

旱灾与战祸令索马里出现了现代史上最严重的饥荒。红十字会、CARE 和"拯救儿童"（英国慈善机构）等非政府组织的救济机构每天都为该国输送成千上万吨食物，但还是有许多索马里内陆地区甚至是摩加迪沙部分地区的饥民无法得到救济。而这些用来救灾的食物通常总会被交战的军队所截获。1992 年年中，联合国安理会不得不派出一支 500 人的武装部队，将一批紧急食物护送到索马里。联合国救济代表团在机场就遭到袭击，运载救济食物的船只无法在码头卸货。1992 年 12 月，联合国同意美国总统布什提出的请求，派遣一支主要由 2.5 万名美国人员（包括中情局、海军陆战队和美国陆军）以及其他来自各国的 1.3 万人组成的联合国部队入驻索马里，监管当地的食物和药品分配情况。此时，估计已有 30 万索马里人死于饥饿，该国的 600 万人口中有 1/3 因挨饿而濒于死亡。

布什原先认为这只是一个短期的纯人道主义任务。但联合国秘书长布特罗斯·布特罗斯-加利（Boutros Boutros-Ghali）宣布推出一个规模更大的任务——

解除索马里军阀的武装，为该国建立稳定的政治秩序。新任美国总统比尔·克林顿接受了这个主张。

刚开始时，由美国领导的干预行动取得了令人满意的结果。救济食物送到了无数患病和挨饿的人民手中。但后来克林顿总统又授权美军介入追捕索马里军阀，也就是对该国持续动乱负有最大责任的穆罕默德·法拉·艾迪德（Mohammed Farah Aidid）。在他的部队于1993年6月伏击并杀死24名巴基斯坦籍联合国维和部队士兵之后，国际社会愈发重视将此人缉拿归案一事。1993年10月，美军游骑兵向艾迪德总部发起了一次不成功的空袭，结果损失了两架黑鹰直升机，引发双方激烈交火，导致18名美军士兵丧生，80人受伤。从政治立场来看，更糟糕的是艾迪德军队甚至还将美军士兵尸体拉到摩加迪沙大街上示众。克林顿政府立即止损，从索马里撤军，毕竟当时美国国内反对介入索马里事务的呼声也在日益高涨。最后，这次损失惨重的联合国行动遭到了政治和军事上的失败。但从人道主义角度来看，它的确缓解了索马里的紧张状况。联合国援助加以1994年的粮食丰收，终于结束了索马里饥荒。

布隆迪和卢旺达的种族暴乱

非洲黑人在独立运动之后爆发的最血腥的种族对抗，莫过于大湖地区的布隆迪和卢旺达的图西人与胡图人之间的冲突。没有人清楚这两个民族的来源地。胡图人先于图西人来到大湖地区，他们来自非洲之角附近，可能是在400~500年前从埃塞俄比亚来到这里。图西人是游牧民族，而胡图人是耕地的农民。到19世纪中叶时，根据最早的可靠记录显示，这两个民族形成了共同的文化（精神信仰、烹饪方式、民间习俗）和语言，两族之间不时会有通婚的情况。当时两族之间的民族特征并不明显，并不太容易对两者加以区分。胡图人和图西人通常没有很明显的特征，饲养牲口的胡图人可能会变成图西人。

比利时殖民者（与20世纪之交的许多欧洲人一样）怀有很深的种族成见，比利时人通过颁发民族身份证，强化了图西人和胡图人的阶级和种族意识。比利时人格外优待人口为少数的图西人（在该国人口中约占15%），在教育、就业和从政机会上为其提供优惠政策。比利时人贬低占据多数的胡图人（在该国人口中约占85%）。到1962年比利时撤出该国时，两族人已经结下深怨。此外，殖民地时期使用的种族身份证仍然具有效力，这也是双方交恶的一大根源。

在比利时人离开后，胡图人与图西人就开始争权。1965 年，图西极端分子刺杀了获得任命的卢旺达胡图人总理 3 天之后，胡图军官就掀起了一场政变。图西人采取了极其残忍的报复手段，试图清除独立后的第一代胡图政治领导人。1972 年，在胡图人发起又一轮起义之后，图西人在布隆迪展开了一场只有"种族灭绝"才足以形容的大屠杀。在 3 个月时间中，图西人就杀害了近 25 万胡图人，并清洗了军队、政治和商界中的胡图分子。此外，双方都展开了种族大清洗。至此，比利时人对两个部落区别对待的虚构说法，终于变成了现实。图西人和胡图人彼此忌惮，开始编造自己过往的历史神话，而这又进一步强化了双方的区别，加深了彼此的恐惧和仇恨。①

1987 年，图西将领皮埃尔·布约亚（Pierre Buyoya）试图令布隆迪两个民族达成和解，但由于双方猜忌过深，最终还是没有成功。1988 年 8 月，图西人政权与布隆迪北部的胡图人发生冲突，揭开了又一轮暴行的序幕。胡图和图西暴徒再次不择手段地相互残杀。图西人控制了布隆迪，直到 1993 年 6 月该国选举出了首位胡图总统梅尔希奥·恩达达耶（Melchior Ndadaye）。6 个月之后，也就是在 1993 年 12 月，以图西人为主的军队刺杀了这位总统，引发了又一场流血冲突。仅在 6 个月时间内，两族交战过程中估计有 5 万~10 万人死亡，还有 60 万难民逃到了邻国。

而附近的卢旺达发生的大规模屠杀，很快就将布隆迪种族冲突的存在感压了下来。自 1973 年就开始统治卢旺达的尤维纳利斯·哈比亚利马纳（Juvenal Habyarimana）总统在"胡图力量"的口号下，将许多图西人放逐到附近的扎伊尔。1990 年，被放逐的图西人组建了卢旺达爱国阵线（RPF），以期夺回在卢旺达的政治权力。同年 10 月，RPF 军队入侵卢旺达，结果又开启了一轮对抗图西人的暴力斗争。

这场严重的暴行产生的直接结果就是，1994 年 4 月，哈比亚利马纳被刺杀，其乘坐的飞机经过基加利（卢旺达首都）时被击落。胡图战士将总统遇害一事归咎于图西人，并立即展开了报复行动，不加选择地屠杀所有图西人以及温和派的

---

① 菲利普·古勒维奇（Philip Gourevitch），"深受荼毒的国家"（The Poisoned Country），《纽约书评》，1996 年 6 月 6 日，第 58-60 页。

胡图人——尤其是与图西人通婚的胡图人。这些好战分子强迫其他胡图人也加入这场屠杀的狂欢，否则就对他们大开杀戒。这些暴徒使用一切可用的武器（包括机关枪、砍刀、长矛、匕首和棍棒）挨家挨户地搜查和屠杀这些无辜之人。他们将这些人驱赶到包括教堂在内的建筑中，然后放火其将活活烧死。在这场灭族大屠杀中，胡图人在3个月时间中杀害了约80万人，其中多数是图西人。

有位作家将卢旺达称为"一颗落在非洲赤道中心的小卵石，成了这个世界最容易被忽视的大陆上毫不起眼的存在"。这种说法十分适合描述这场大屠杀的情况。克林顿派往联合国的大使玛德琳·奥尔布赖特（Madeleine Albrigh）虽然十分清楚这场大屠杀的规模，却选择无视卢旺达发生的一切，世界其他国家包括联合国也同样保持了沉默。[1]

最后，图西人还是根据自己的惯例，进行了还击和报复。图西人积极支持RPF，他们的军队直攻基加利，驱逐了胡图政府及其军队。1994年7月，RPF领导人保罗·卡加梅（Paul Kagame）组建了一个新政府，令一位温和派的胡图人担任有名无实的总统，他自己则担任副总统和国防部长。掌握实权的卡加梅采取了终止暴行的举措。卢旺达的大屠杀结束时，在这个原本有800万人口的国家中，有80万~100万人在不足两个月的时间中被杀害，这是史上在如此短暂的时期内发生的最大规模的屠杀。[2] 仅在基加利就有10万人惨遭屠戮。

这些流血冲突造成了影响巨大的难民问题。有110万~150万难民（主要是怕死的胡图人）涌入附近的扎伊尔，还有35万人逃向了坦桑尼亚，给救济人员带来了巨大的压力。捐赠国和国际救济机构为他们送来了食物和药品。虽然人们向该地区送去了价值14亿美元的救济物资（占1994年全球救济总额的1/4），依旧是杯水车薪，无法解决问题。成千上万的难民在难民营中死于饥饿和疾病。联合国同卢旺达新政府协商将难民遣送回国的方案，保证胡图难民安全回国，但并没有多少难民愿意回去。卢旺达已经成了饱受创伤的人民迫切想遗忘过去的地方，如果有人问起这些惨剧，许多人只会回答："我不记得了。"

---

[1] 蒂姆·刘易斯（Tim Lewis），《重生之地：卢旺达自行车队的渺茫希望》（*Land of Second Chances：The Impossible Rise of Rwanda's Cycling Team*）（科罗拉多州波尔得市：Velo Press，2013年），第8页。

[2] "审判种族灭绝"（Judging Genocide），《经济学人》，2001年6月14日。

联合国和其他任何国家都没有介入干预这场屠杀。后来，联合国于 1994 年在坦桑尼亚的阿鲁沙设立了一个类似于纽伦堡和东京审判战犯的法庭。该法庭接受了庞大的工作量，需受理超过 10 万桩指控"种族灭绝"罪行的案件。收集了三年证据之后，法庭终于在 1998 年 9 月进行第一次定罪。那些被定罪的人包括一个小镇的胡图市长让-保罗·阿卡耶苏（Jean-Paul Akayesu），罪名是煽动胡图同胞杀害图西人，以及前卢旺达总理让·坎班达（Jean Kambanda），他成了第一位被判定犯下种族灭绝罪的政府首脑（坎班达被定罪后来也成了 2008 年起诉苏丹总统巴希尔的参考依据）。该法庭还确立了一个国际法先例，认定强奸也是种族灭绝的一部分。

阿鲁沙的审判过程不但极其缓慢，规模也非常有限。图西人抱怨起诉过程太漫长，并且只有 63 人被判种族灭绝罪。此外，图西人还拒绝该法庭调查自己的卢旺达爱国阵线犯下的罪行。

保罗·卡加梅总统试图消除暴行的根源，也就是人为造成的两族分歧。要求国人从此不再有种族之分，只能是卢旺达人。曾有一段时间，该做法对这个饱受创伤的国家颇为管用，但人们心头固有的那种民族意识和分歧却很难一笔勾销。

在种族灭绝期间，全世界都遗忘了卢旺达；后来为了纠正过去的错误，约有 300 个非政府组织（多数来自美国和英国）来到卢旺达，其结果就是卢旺达的教育体系从法语变成了英语。此外，在 2009 年 11 月，卢旺达还加入了英联邦，成了第二个之前不属于大英帝国的英联邦成员（第一个是 1995 年 11 月加入的莫桑比克）。

扎伊尔冲突

1996 年，胡图－图西战争蔓延到了扎伊尔，卢旺达的胡图好战分子与扎伊尔军队联手，驱逐该国东部地区的图西土著。扎伊尔的图西人则得到了卢旺达和乌干达同胞的武装支持，还击并重挫了胡图人，因此又制造了一波难民潮。扎伊尔东部的图西人则与洛朗·德西雷·卡比拉（Laurent Désiré Kabila）结盟抗敌，后者有 30 多年时间一直想颠覆扎伊尔领导人蒙博托的政权。卡比拉年轻时是扎伊尔总统帕特里斯·卢蒙巴（Patrice Lumumba）的马克思主义支持者，他也认识古巴革命者切·格瓦拉。但格瓦拉对他们的会面感到失望，他在日记中提到卡比拉的部队缺乏纪律，而且卡比拉本人"过于沉迷于酒色"。① 在1965年蒙博托上台后，卡比拉就逃到了扎伊尔东部，他在那里发起了数次行动想推翻蒙博托的政权，但都没有成功。他得到了苏联和中国的少量支持，但他的主业是进行象牙、黄金、钻石、酒精走私和买卖妓女等黑色交易。

到20世纪90年代中期，蒙博托年事已高且疾病缠身，他的腐败政权已经失去了民心。《经济学人》指出扎伊尔在蒙博托的领导下"经历了远超过腐败的灾难"。他参与了"自上而下的窃国勾当……他的银行账户与国库难分彼此"。面积相当于西欧的扎伊尔却只有200英里的铺面道路；其首都金沙萨90%的人口属于无业游民。由于缺乏民众支持，蒙博托政权就像纸牌屋一样轻轻一碰就崩塌了。

卡比拉承诺要为国民带来自由与民主。他还否定了自己过去的马克思主义信仰。他表示："那是30年前的事情了，俄罗斯领导人鲍里斯·叶利钦（Boris Yeltsin）30年前也是个马克思主义者呢。"他的部队于1997年5月进入金沙萨，他宣布要建立新的国家秩序并将国家更名为"刚果民主共和国"。那些饱受折磨，盼望辞旧迎新的人民，当然也希望挥手告别30年的罪恶统治，但他们终究还是空欢喜一场。卡比拉将自己对抗蒙博托的漫长斗争比作"在土地上施肥"，并宣布现在"是时候收割庄稼"了。② 现在轮到卡比拉的人来采摘胜利的果实了，他们又开启了一轮践踏人权的暴行。不到一年时间，卡比拉就面临一场东部省份发起的叛乱。获得乌干达、布隆迪和卢旺达支持的刚果图西人开始反抗卡比拉这位昔日的战友。在金沙萨，同情叛军的士兵与忠于卡比拉的部队发生冲突，卡比拉得到了安哥拉、纳米比亚和津巴布韦军队的支持，所以依旧能够在位执政。这是非洲独立以来形势最复杂的一场战争，有人将其戏称为"非洲第一次世界大战"或者"非洲大战"。

到2000年底，刚果东半部地区被叛军和外国侵略者所占领。乌干达得到了分裂的刚果地区最大的份额。刚果的基伏省出产的黄金和钻石带动了基加利市场

---

① "洛朗·卡比拉"，《经济学人》，2001年1月18日。
② "洛朗·卡比拉"，《经济学人》，2001年1月18日。

的发展，卢旺达因此获利。① 在 2001 年 1 月，卡比拉被自己的警卫暗杀。他的儿子约瑟夫继承了一个因持续战乱、疾病、混乱和饥荒而四分五裂的国家。

到 2008 年，这场战争已经让约 540 万刚果人丧生（自 1945 年以来，只有长达 30 年的印度支那战争死亡人数超过了刚果动乱）。联合国维和部队效率有限，只够勉强保护自身的安全。2008 年 10 月，图西异见分子劳伦特·恩昆达（Laurent Nkunda，拥有长期的屠杀纪录，包括使用童子军）上将占领了刚果东部的北基伏省。恩昆达此举是想保护图西人，以免后者被胡图人攻击，但他也同样觊觎刚果的财富，例如用于制造手机和电子游戏设备的稀有金属矿。联合国部队对恩昆达夺权一事并无回应，任凭当地掀起又一轮大屠杀，产生又一波难民、饥荒和疾病（主要是霍乱）。

尼日利亚

在石油丰富的尼日利亚，萨尼·阿巴查（Sani Abacha）上将于 1993 年 6 月通过政变夺权。他贪婪无度，其家庭财富估计总值达 30 亿~60 亿美元。他将政治对手投入牢狱，或者通过射击队或绞架进行处决。1995 年 11 月，他无视国际声援抗议，将 11 名活动分子绞死，其中包括著名作家和环保主义者肯萨罗-维瓦（Ken Saro-Wiwa）。萨罗-维瓦和其他活动分子出身于奥格尼这个小型族群（约50 万人），他们批评阿巴查的独裁统治以及通过尼日利亚的石油产业掠夺该地区财富的行为。

尼日利亚是世界上最大的石油出口国之一，但许多人民却生活在赤贫状态中。多数人没有干净的饮用水，得不到足够的医疗照护，也没有电力可用。阿巴查的继任者奥卢塞贡·奥巴桑乔（Olusegun Obasanjo）承诺要恢复民主结束腐败，但这是一项艰巨的任务。自从独立以来，尼日利亚被军政府统治了 10 年之久，实在很难根除这种军事统治的遗毒。更糟糕的是，尼日利亚面临的是积重难返的贫困问题。据世界银行数据显示，2010 年有 1/3 的尼日利亚人每天开支仅为1.25 美元，有半数人每天生活费用不超过 2 美元，而顶端的 10%人口却占据了全

---

① 卡尔·维克（Karl Vick），"刚果需要领导人"（Congo Looks for Leadership），《华盛顿邮报》，2000 年 10 月 30 日，第 A1、A22 页。

国 40%的财富。

2000 年 2 月，北部的卡杜纳省爆发动乱，400 多人丧生，其中多数为基督教徒，这是强行实施伊斯兰教法的结果——北部是穆斯林人口占多数的地区。从 2001 年开始，位于博尔诺州东北部的一个基地组织分支博科圣地（"西方教育有罪"）展开了为建设"纯净"的穆斯林国而战的斗争，它攻击的目标是警察局、教堂、酒吧、世俗学校以及国际机构。2011 年 8 月，"博科圣地"的自杀性爆炸者在联合国驻尼日利亚首都阿布贾的总部引爆炸弹，造成 21 人死亡，73 人受伤。"博科圣地"要求学校推行伊斯兰教课程，砍断盗窃之人的手，针对其他罪行公开鞭笞处罚，禁止妇女外出工作，甚至不准女人与男子共乘公共交通工具。[①]

而该国政府却无力处理任何一个尼日利亚问题。自萨罗－维瓦被处决以来，尼日尔三角洲的污染日益加速。在拉哥斯这个特大城市，该市在过去 15 年的人口增加了一倍，达到 2100 万，而人民生活水平却不断下降。城市中的失业率接近 50%。尼日利亚在 2010 年的人均国民收入仅为 1170 美元。[②] 该国人口在 2013 年达到 1.7 亿，预计到 2050 年就会超过美国。[③]

津巴布韦

在伊安·史密斯（Ian Smith）的领导下，南罗德西亚的白人依旧顽固地抵制吹遍非洲大陆的"改变之风"，结果就造成了当地近 20 年的战乱，约 3 万人因此丧生。最后，罗伯特·穆加贝（Robert Mugabe）领导的独立运动获得了胜利。穆加贝领导之下的黑人政府承诺让黑人和白人达成和解，并于 1980 年掌权，改国名为津巴布韦。

当时，邻国莫桑比克和坦桑尼亚总统告诉穆加贝"你拿到的是非洲的宝石，

---

① 道格拉斯·法拉（Douglas Farah），"伊斯兰教法撕裂尼日利亚"（Islamic Law Splits Nigeria），《华盛顿邮报》，2000 年 8 月 31 日，第 A24、A28 页。

② 伊丽莎白·拉塞尔（Elisabeth Rosenthal），"尼日利亚人口抢夺全球问题的焦点"（Nigeria's Population is Soaring in Preview of a Global Problem），《纽约时报》，2012 年 4 月 15 日，第 1 页；世界银行数据。

③ "尼日利亚人口预计 2050 年超过美国"（Nigeria Expected to Have Larger Population than US by 2050），《卫报》，2013 年 6 月 13 日。

要小心看管"。津巴布韦拥有良好的铁路系统、道路，以及运转良好的水力发电系统。它出产大量出口农产品（玉米、花生、菠萝、杧果和苹果），还有原材料（黄金、铬和铂）。黑人虽然没有政治权力，但在经商方面颇有建树。①

在白人移居者丧失政治主导权后，他们的数量从1975年的27.8万骤减至2000年的7万人。不过仍然留守非洲的白人却掌握着大量土地。1979年，英国政府与穆加贝达成的一项协议规定，白人农场主不会在没有得到补偿的情况下丧失地权，所有土地均必须根据自愿买卖的原则移交地权，伦敦将注资帮助津巴布韦将土地移交给黑人农民。但这些转让基金很快就落入了穆加贝及其同党的私囊。

穆加贝及其支持者最重视的是敛财，而不是国家的福祉。到20世纪90年代末，津巴布韦就成了被人遗忘的废墟。这里曾经有全非洲最先进的电话系统，但此时只剩下零星地区可以通话。本地农业部门依旧采用原始的耕作方式。36%的人口生活在贫困中——日均收入不足1美元。26%的年龄介于15~49岁的人口患上了艾滋病。人均GNP为620美元，通货膨胀率超过了25%。失业率高达30%，劳动者的工资在90年代缩水1/3。② 在1998年8月，穆加贝将国家稀有的一点资源挪用到了刚果战乱，津巴布韦在刚果的驻军多达1.1万人。

为了巩固日益下降的支持率，穆加贝于2000年2月举行了一次公投，要求选民同意他延长任期。他想在不给补偿的情况下处置那些白人的土地，白人依旧控制着该国4500块大型农田，占津巴布韦可耕作土地的1/3。这些农场主也是津巴布韦经济领域中最有生产力的代表人物，他们生产了该国70%的出口农产品，雇用了约30万黑人劳动力。在以黑人为主的选民否决了公投之后，穆加贝依旧宣布白人农场主就是"津巴布韦的敌人"，并鼓励津巴布韦解放战争中的老兵夺取这些白人农场，驱逐原来的农场主，恐吓黑人劳动者，在必要时甚至杀害抗命不从者。这些老兵谋杀了白人移民以及穆加贝的黑人政治反对者。到2004年时，

---

① 莫桑比克总统萨莫拉·马谢尔和坦桑尼亚总统朱利叶斯·尼雷尔，引自多丽丝·莱辛（Doris Lessing），"非洲宝石"（The Jewel of Africa），《纽约书评》，2003年4月10日，第6页。

② "愤怒的穷人"（Poorer and Angrier），《经济学人》，1998年8月15日；西蒙·罗宾逊（Simon Robinson），"权力的暴徒"（Power to the Mob），《时代》周刊，2000年5月1日，第42~46页。

津巴布韦几乎没有白人农场主留存了。这些人员大批外逃，令该国农业生产一落千丈，外汇收入也随之下跌。玉米的收成下降了67%，烟草收成下滑75%。① 到2008年时，津巴布韦的经济已是一片惨淡。

在刚独立的时候，津巴布韦货币与美元还大致能够平价交易。现在两者以3万津币对1美元的价格正式交易。人民的人均寿命也从60岁降至37岁，是世界最低水平。该国还面临基本物资短缺的问题，包括玉米、食用油、汽油、糖和盐。失业率高达85%。三分之一人口离开了津巴布韦，多数人逃到了南非，但这些难民并不被南非所接受。但穆加贝还是厚颜无耻地坚称津巴布韦不存在危机。

2008年3月，84岁高龄的穆加贝在总统选举中败给了摩根·崔凡吉莱（Morgan Tsvangirai）领导的"民主变革运动"（简称民革党）。穆加贝最初决定下台，退休享受自己的奢侈生活，但军队统帅康斯坦丁·芝文加（Constantine Chiwenga）告诉穆加贝，他不能单独做出这样的决定。经过一个月的延期，津巴布韦经过再三考虑，终于宣布崔凡吉莱并没有赢得绝大多数选票，只能算是微弱优势——支持率为48%，而穆加贝为43%，因此必须重新选举。与此同时，军队也执行了自己的"胁迫，恐吓，殴打和流离失所"计划。最初是毒打反对者。之后在5月初，穆加贝的支持者在偏远农村柯恩拿（Choana）街头横行霸道（当地居民普遍支持崔凡吉莱），造成了7人丧生。这一幕在别处也不断重演。② 成百上千平民和80多位崔凡吉莱党的成员被谋杀。崔凡吉莱被毒打了一顿之后，流亡海外。他回国后就经历了被逮捕，获释又被逮捕的波折。最后，他放弃了竞选，到荷兰大使馆寻求庇护。6月，穆加贝以一边倒的优势赢得大选，并在两天之后宣誓就职，开启自己的第6个任期。

国际社会对此表示愤慨，最终还是同意通过提供经济鼓励措施，包括承诺解除经济制裁，与穆加贝政府达成一项不成文的协议。根据该协议内容，崔凡吉莱于2008年9月成为总理，但穆加贝依旧是军队最高首领。这绝不是一个完美的解决方案，但它至少向破解这个政治死局迈进了一步。2013年，89岁高龄的穆

---

① 萨曼莎·鲍尔斯（Samantha Powers），"如何消灭一个国家"（How to Kill a Country），《大西洋月刊》，2003年12月，第86–100页。

② 克雷格·提姆别克，"穆加贝的暴力镇压"（Inside Mugabe's Violent Crackdown），《华盛顿邮报》，2008年7月5日，A1页。

加贝以61%的赞成票，在广泛违规的操作下获得连任时，外界几乎没有人再关注津巴布韦发生的一切。

塞拉利昂和利比里亚

就在西方世界关注津巴布韦少数白人移民的命运时，一个更可怕但却普遍被忽视的情景在塞拉利昂持续上演。从1991年开始，自称拥有超自然力量的福戴·桑科（Foday Sankoh）组建了革命联合阵线（Revolutionary United Front，简称RUF）。由于该国政府抵抗力量薄弱，桑科轻而易举地控制了塞拉利昂的黄金和钻石来源。桑科及其支持者明确表示他们会采取一切手段来控制大权和财富。1999年1月，他们将首都弗里敦1/3的房屋付之一炬，屠杀了6000人。一支8700人的联合国部队对他们也无可奈何，无法令其解除武装；RUF还虏获了500名联合国维和人员，不过后来还是释放了他们。

桑科的军队通过这场有组织的暴行，做尽了烧杀抢掠、奸淫破坏的勾当。他们砍下了估计1万名儿童的四肢，他们将年仅10岁的儿童强征入伍。桑科将自己的某次军事行动称为"自给自足"（Operation Pay Yourself），鼓励自己的部属抢光他们所能找到的一切财物。到2000年，有10万~20万人在该国的冲突中死亡。[1]

但没有一次动乱引发过海外的强烈控诉。美国总统克林顿（1993年在索马里尝到了教训，现在又被卷入科索沃战争）以及非洲其他大多数国家，还有全世界对塞拉利昂的事情并不是很上心。这一次轮到伦敦来收拾残局，毕竟塞拉利昂曾经是英国的殖民地。2000年，英国军队以格杀勿论的军令击溃了RUF军队。英国指控桑科的17桩战争罪，但审判还没开始，桑科就因中风去世了。

桑科并非其屠杀行径中唯一的罪人。他得到了邻国利比里亚的一位军事冒险家查尔斯·泰勒（Charles Taylor）的支持，利比里亚也是一个在近代史上多灾多难的国家。1980年4月，由军士长塞缪尔K·多伊（Samuel K. Doe）领导的叛

---

① "2000年人权观察报告"，致科菲·安南的书信，2000年11月29日；Udo Ulfkotte, "Kurzsichtigkeit ist die Amme der Gewalt"，《法兰克福邮报》，2000年5月20日，第1页。

乱推翻了威廉·特尔伯特（William Tolbert）的政府，后者是前利比里亚奴隶与美国人的后裔，其家族自1847年就开始统治利比里亚。这个前美国奴隶摇身一变，就成了自己祖国的殖民者和压迫者。多伊这个利比里亚土著（来自克拉恩族）谋杀了特尔伯特，标志着利比里亚土著首次统治利比里亚。多伊迅速将自己提拔为上将，然后通过执行大规模处决行动来巩固自己的势力。他的克拉恩支持者积极扩大了战争，占领了他们所能夺取的一切。

1989年，另一名美国和利比里亚后裔泰勒挑战多伊的权威时，利比里亚陷入了最血腥的内战，只有处决多伊（死在另一个敌对阵营的手中）的时候才暂时消停。之后又轮到泰勒对利比里亚进行洗劫和恐怖统治。泰勒的军队在利比里亚和附近的塞拉利昂无恶不作，却几乎没有受到任何处罚。估计有15万~20万利比里亚人在此期间死亡，1/3人口沦为难民。2001年联合国经济制裁和七支叛军崛起，逐渐打压了泰勒的势力。最后，泰勒逃离出境，接受了掌管尼日利亚的军事将领提供的政治庇护。

针对南斯拉夫的种族灭绝暴行，联合国于2002年设立了新的国际刑事法院（ICC），这是第一个永久战争罪法庭，其目的是将罪大恶极的战犯绳之以法。如果他们的祖国"无法或不愿意"对其进行裁决，那就由这个法庭代劳。这场裁决持续了将近三年时间，但尼日利亚政府最终还是屈从了国际压力。2006年3月，该法院将泰勒移交给塞拉利昂首都弗里敦的特别法庭。泰勒成了首个被起诉的非洲国家在任领导人（南斯拉夫前总统斯洛博丹·米洛舍维奇是首个被海牙国际刑事法庭起诉的国家领导人）。泰勒被指控在塞拉利昂犯下了11项战争罪（由埃伦·约翰逊·瑟利夫领导的利比里亚新政府似乎并没有兴趣将泰勒送审，泰勒在利比里亚依旧拥有强大的势力；此外，约翰逊·瑟利夫也不认为泰勒是一个罪犯，而仅仅是"一介凡人，凡人都会犯错"[①]）。最后，针对泰勒的审判被移交给海牙国际刑事法院（ICC），泰勒在海牙想方设法拖延审判进程。直到2012年4月，他才终于被定罪，被判50年监禁。泰勒不服提出上诉，声称他是被西方国家的阴谋所陷害，但上诉法院在2013年9月还是维持了原判。

…………

---

① 约翰·李安德森（John Lee Anderson），"打败军阀之后"（After the Warlords），《纽约客》，2006年3月27日，第64页。

2011 年 3 月，海牙国际刑事法院指控独立领袖乔莫·肯雅塔（Jomo Kenyatta）之子乌呼鲁·肯雅塔（Uhuru Kenyatta）践踏人权，包括谋杀和奸淫等罪名。这些指控的罪名可以追溯到 2007 年的总统大选（当时肯雅塔以基库尤候选人的身份参选）。2013 年 3 月，乌呼鲁·肯雅塔在另一场充满违规操作的总统大选中胜出。刚开始时，英国和美国并没有及时承认 2013 年选举的结果（英国甚至拒绝提及肯雅塔的名字），在肯尼亚最高法院承认选举结果之后，他们才姗姗来迟地向肯雅塔道贺。非洲联盟很不满海牙国际刑事法院受理的 8 起案件都涉及非洲领导人。这是有原因的。在非洲之外还有许多国家元首其实也应该被起诉，比如智利的奥古斯托·皮诺切特（Augusto Pinochet）、秘鲁的阿尔韦托·藤森（Alberto Fujimori）……非洲联盟还认为在任的总统可以免于被起诉。而肯雅塔却并不需要担忧。肯尼亚的经济表现良好，外国投资者对其政治现状颇为肯定，而五角大楼则将肯尼亚视为在东非展开军事行动的理想基地。[①]

撒哈拉以南非洲的艾滋病问题

在 20 世纪 90 年代，撒哈拉以南非洲的 AIDS（获得性免疫缺陷综合征，简称艾滋病）肆虐横行，患病比例达到空前水平。在 80 年代初至 2000 年间，死于艾滋病的非洲人（1900 万）远超过全球在战争中死去的人口。每天约有 6000 名非洲人死于艾滋病，上百万人感染 HIV（人类免疫缺陷病毒），导致其天然免疫系统遭到破坏，而这就是艾滋病的根源。撒哈拉以南非洲人口占全球的 10%，在全球感染 HIV 的人口中，该地区高达 70%（全球感染 HIV 人口为 3430 万，该地区就达到了 2450 万）。患病率最高的是津巴布韦、赞比亚、博茨坦瓦和南非。博茨坦瓦拥有世界最高的艾滋病感染率——35% 的人口携带艾滋病毒。

南非是撒哈拉以南非洲最后一个被艾滋病光顾的国家。在 20 世纪 80 年代，人们认为这种传染病的主要感染者是白人同性恋者。但不到 10 年，1/10 以上的南非人口都染上了艾滋病，几乎所有受害者都是黑人。到 2000 年，南非的感染

---

① 联合国数据。Marion Aberle, "Sog des Verderbens"，《法兰克福邮报》，2000 年 7 月 8 日。另见 Brigitte Schwartz, "Fluch der Jungen"，德国《明镜周刊》，2000 年 7 月 3 日。相比之下，北美和欧洲的感染患者加起来所占比例也不到 1%。

者超过了世界上任何国家。在曼德拉担任南非总统的五年时间中，他对这个问题关注有限。直到1998年他才开始重视这个问题，但此时已有20%的南非孕妇感染了HIV。曼德拉的继任者塔博·姆贝基（Thabo Mbeki）及其卫生部长否认了HIV引发艾滋病的说法，并将其归咎于吸毒、酗酒、贫困和经济不发达等原因。在此期间，这种疾病仍在不断扩散。滋生这种病毒的温床包括矿工的公共宿舍，这些工人普遍连续数月与家人分离，一年难得团聚几次。这里的性交是最常见的艾滋传播途径，导致1/3以上的年轻人（无论男女）感染艾滋病。他们回家后，又会把这种疾病传染给家人。HIV还会加快肺结核的传播速度，在矿工之间表现尤为明显。关于性和艾滋病的话题在这里依旧是禁忌。

姆贝基政府拒绝为AZT（艾滋病防护药，具有抑制该病毒的作用，在多数情况下，可以防止感染艾滋病的孕妇将病毒传染给婴儿）提供基金。这种昂贵的药品必须与其他贵重的药品同时使用才有效用。

2000年1月，防治艾滋病首次被提上了联合国安理会的议程。同年4月，国际货币基金提出经济发展与对抗艾滋的斗争存在关联。5月，美国政府宣布这种疾病会威胁国家安全。更残酷的事实是，艾滋病首先威胁的是穷国的劳动力（介于15~49岁），这一群体的患病风险最高，有95%感染HIV的患者是不发达国家的人民。国际劳工组织预测，若不对这种传染病加以控制，到2020年撒哈拉以南非洲就会面临至少欠缺2400万劳动力的困境。联合国调查预测撒哈拉以南非洲至少有半数15岁的少年会死于这种疾病。到21世纪初，面对下一代可能患病的风险，撒哈拉以南非洲许多政府才终于开始重视艾滋病教育和采取预防措施。[①]

在2009年和2011年期间，联合国旨在根除撒哈拉以南非洲艾滋病的计划取得了显著成果。感染HIV病毒的人口下降了25%，因艾滋病而死亡的人口也减少了32%。联合国报告称，在21个"重点国家"中，新感染艾滋病毒的儿童下降了24%，这是针对感染的孕妇进行了产前护理所取得的成果，更多人口接受了HIV病毒检查，并且得到了HIV治疗。尽管如此，撒哈拉以南非洲仍然是世界HIV患病率最高的地区。

---

① 约书亚·哈默（Joshua Hammer），"肯尼亚大锅"，《纽约评论》，2013年5月9日。

第十四章
拉丁美洲

拉丁美洲包含南美大陆的 13 个国家，墨西哥，中美洲的 6 个国家以及分布在加勒比海的岛屿。拉美是全球南方世界的一部分，具有许多南方国家的特点，例如经济不发达、贫困、财富分配不均、高人口出生率、高文盲率、政治不稳定、军事政变频繁、独裁政权、外国势力干涉，以及狂热的民族主义情绪。墨西哥、巴西和阿根廷等几个国家保持了令人瞩目的经济发展，达到了中等收入国家的 GNP 水平。

殖民地遗毒

与非洲新兴独立国家不同的是，拉美国家在独立过程中并没有经历太多磨难。大多数国家在 19 世纪就脱离西班牙获得独立，到 1945 年时它们独立已经超过 100 年了。但殖民地时代的遗毒影响至今，成了拉美政权更迭的原因之一。西班牙和葡萄牙殖民者来到这个新大陆的目的并不是为当地人造福，而是掠夺他们的财富。他们离开时为拉美国家留下的是复杂的多种族社会，传统贵族和贫穷的下层阶级之间存在明显的沟壑。

拥有特权的精英主要是西班牙后裔，以及后来的欧洲新移民，他们控制了这些国家的经济命脉、政治和军事权力，并且彻底主宰混血人种、印第安土著和非洲奴隶后裔的命运。

从土地所有权上就可以看出特权阶级（可以视为寡头政治）以及无权无势的下层阶级之间的巨大鸿沟。这是全世界土地分配差别最明显的地区。从这些国家传统上看，1%的人口占据了超过 2/3 的农田。精英所拥有的"大领地"（通常超过了 1000 英亩）通常并没有完全投入耕作。因此，这种土地大部分处于荒废状态。1966 年调查显示，在智利和秘鲁有 82%的农田属于"大领地"，"大领地"

平均面积要比"小领地"（多数农民持有的小块土地）大 500 倍以上。① "小领地"的产出往往会让小家庭难以谋生。在厄瓜多尔和危地马拉，十之八九的农场小到不足以养活农场主一家人。此外，许多拉美国家大部分农村人口根本没有土地，只是"大领地"农场主的雇农而已。甚至是在多年零星的土地改革之后，这种土地分配不均的现象依旧没有发生变化。有些拉美国家（例如墨西哥和智利）制定了土地改革计划，但却很少能够完整地实施计划，重新分配的农田数量很有限。

"大领地"的荒废现象就是拉美农业产出难以满足本国人民需求的根源。因此，拉美需要进口大量粮食，而进口这些产品的高额成本又会危及本国经济发展。农业发展低迷，农村人口贫困，均对工业发展产生了消极影响，因为多数人口过于贫穷，导致他们无力购买工业制造产品。

"美帝国主义"

从 19 世纪 20 年代开始，美国这个"北方的庞然大物"开始向其南方的拉美国家施加影响力。拉美的民族主义具有"反美帝国主义"的特点，它反映了美国对拉美的支配和干涉模式。

美国根据 1823 年的门罗主义，宣称自己是西半球的特殊角色，是其南部弱小国家的保护者。在 19 世纪 90 年代，美国单方面扩大了其直接干涉拉美事务的权力（以 1904 年的"罗斯福推论"最为典型）。美国开始在拉美扶持代理人，并派出海军陆战队保护美国在当地的投资项目。这种干涉不可避免地招致拉美人民的恐惧和憎恨。1933 年美国总统富兰克林·罗斯福的"好邻居"政府，令美国与拉美紧张的关系有所改善。但这并不意味着美国已经放弃炮舰外交政策；只不过是将它作为迫不得已的下策而已。

在二战之后，美国通过向拉美提供军事和经济援助，借此加强与拉美国家的联系。美国在冷战中逐渐占据优势的情况，让美国的西半球外交政策充满反共意

① 保罗·哈里森，《走进第三世界：贫困解析》（*Inside the Third World*：*The Anatomy of Poverty*）第 2 版，（纽约：企鹅出版社，1984 年），引用美洲农业发展委员会调查报告，第 108−109 页。

识形态特征。美国向拉美政府施压，要求它们与苏联断绝往来，将本土共产党列为非法组织，并将其援助计划的重点转向支持当地的军队而非经济发展。

肯尼迪总统在 1961 年提出的野心勃勃的"进步联盟"计划就有两个方面的考虑。其一是承诺在 10 年时间中为拉美经济投资 200 亿美元，从而削弱整个拉美地区的左翼运动的力量。其二是提出了建立民主政府的主张。与此同时，它还针对军事和警察提供了更多援助，因为这两者是支持右翼独裁者的重要支柱。肯尼迪于 1961 年 3 月，在准备入侵卡斯特罗领导的古巴的最后阶段，宣布了"进步联盟"计划。

"进步联盟"计划增加了拉美对美国的经济依赖和债务负担。它还导致美国对拉美政策的优先事项出现错乱，让美国分不清究竟应该关注当地的工业项目、社会改革、救济穷人，还是支持军队镇压左翼运动——不明白究竟该与之成为"好邻居"还是推行炮舰外交。

美国企业在拉美投入了巨资。它们在当地购置土地、矿产和油田，利用当地的廉价劳动力建立了产业。与此同时，该地区成了汽车、机械和武器等美国制造产品的倾销市场。在 20 世纪 50 年代，拉美的每部电话均来自国际电话电报公司（ITT）；若当地政府（例如巴西和智利）威胁到其垄断地位，它就会毫不犹豫地介入干涉和镇压那些反对派。在 20 世纪 60 年代的巴西，拉美 55 个最大的农场中，就有 31 个属于外国人（多数是美国人）。在 70 年代，阿根廷的 10 大农场中，有 8 个为外资所有，该国 50% 的银行属于外国人。[①] 美国商界一向认为，美国军队应该保护美国产业，所以他们积极游说美国政府保护他们投资的产业。这些企业与美国的意识形态和战略目标密切合作，两者都以维护政治稳定为首要目标，并积极扶持拉美的军事强人。

经济和政治模式

在二战之后，工业革命成了许多拉美国家追求的梦想。几个拉美大国在战后

---

① E. 布拉德福德·巴姆斯（E. Bradford Bums），《拉美简史》（*Latin America：A Concise Interpretive History*），第 3 版，（新泽西州恩格尔伍德克利夫斯：Prentice-Hall，1982 年），第 214 页。

的确取得了令人瞩目的工业发展。这些政府在这一举措中扮演重要角色，在重工业投入巨资，并设立了高进口关税，目的就是为了结束对国外的依赖。但这种工业进步只发生在几个国家中。阿根廷、巴西和墨西哥在 20 世纪 60 年代晚期的拉美工业产出中占 80%。

虽然工业发展可以产生较高的 GNP 数据，适度提高人民生活水准，但它在无法实现预期结果时也会让这些国家遭遇到挫折。工业发展令中产阶级得以成长，这一群体希望分享更多的国家财富，在政治发展过程中发挥更多作用。中产阶级通过政党发展了政治需求，但仍然无力挑战得到军队支持的传统地主权贵。

城市劳动阶级规模也在不断增长，但多数人依旧生活贫困，这个阶层希望通过工会和政党实现涨薪的梦想。但工人组织不断增长的激进倾向，令中产阶级心生恐惧，导致他们站到了保守派，也就是寡头政治和军队的一边。软弱的中产阶级，强权的寡头政治和军队，贫困劳苦大众无法参与政治活动，以及工人阶级的激进主义，导致这些国家建立民主政府的举措受到阻碍。

军队干政在拉美具有悠久的历史。自二战以来，这里就发生过多起军事政变，在短暂时期（1962—1964 年）内就有 8 个国家被军队夺权。在没有外敌入侵的情况下，这些军队的职责就是保卫国家，具有爱国主义和保守倾向的军官往往是维持现状的支持者。

另一个由来已久的殖民余毒也强化了军队的统治权——拉美多由具有个人崇拜倾向的政治强人治国，例如阿根廷的胡安·贝隆（Juan Perón）、智利的皮诺切特、多米尼加共和国的拉斐尔·特鲁希略（Rafael Trujillo）以及古巴的卡斯特罗。这些国家元首最早出现在 19 世纪初的独立运动期间。他们拥有超过宪法的政治权力，也就是不受法律限制的特权。

南美洲：军官和文官统治之间的动荡

阿根廷

战后的阿根廷经历过 4 个独特的政治阶段：胡安·贝隆（1946—1955 年）统治之下的 10 年独裁，长达 10 年且不甚成功的民主政府尝试（1955—1965 年），17 年的军事独裁，短暂被贝隆重新掌权所打断（1965—1982 年），并在 1983 年恢复了表面上的民主。

胡安·贝隆的统治具有独特的性质，它同时包含了民粹主义、独裁、资本主义和国家社会主义元素。作为曾经的军官，贝隆于1946年获选为总统，主要得到了劳动阶级的支持，这是他曾经担任劳工部长所经营的结果。他致力于让阿根廷摆脱被外国支配的命运，实现自力更生的举措最初获得了成功，他的支持率一度高涨。他买断了外资企业，创造了销售农产品的政府委员会，补贴工业发展，扩展社会服务，扩大教育范围，强化工人的权利。与此同时，他还通过弹劾最高法院增强了自己的个人权力，颁布了扩大自身权力的新宪法，通过极大增加军队预算取得军队的支持。他还通过自己年轻貌美的妻子伊娃·贝隆（Eva Perón）赢得了国民好感，他为贝隆夫人拨款用于建造医院、学校，并向穷人发放食品和衣服。

贝隆经济计划在1950年开始运行不畅，但阿根廷在不到一年时间中就陷入了经济危机，农业和工业产量下降，工资减少，失业率增长，通货膨胀严重。面对国内抗议的声音，贝隆使出了独裁手腕，打压媒体和政治反对者。由于失去公众支持（部分原因是贝隆夫人于1952年离世）以及持续增长的经济动乱，不堪压力的贝隆变得更为性情古怪、反复无常。他与罗马天主教会结怨（部分原因是后者拒绝为贝隆夫人追封圣名）也导致他失去了更多民心。教会还反对他将自己的意识形态"贝隆主义"替代学校传授的教义。贝隆针对天主教报纸进行审查，逮捕教士，并禁止教会游行。罗马教皇庇护十二世（Pope Pius XII）将其逐出了教会。1955年9月，军人也抛弃了贝隆，迫使他流亡西班牙。

军队想清洗阿根廷的所有贝隆派人士，但仅取得了有限的成果。军队首脑废除了贝隆制定的宪法，以及贝隆的政党，并逮捕了其领袖。贝隆在其后17年中依旧流亡海外，但他对阿根廷政治产生了深远的影响，其政党（虽然被官方除名）依然是一支不容小觑的力量。

阿图罗·弗朗迪西（Arturo Frondizi）通过1958年2月的选举上台，他继承了一个在政治上支离破碎，在经济上通胀严重，寸步难行的国家。弗朗迪西向外国利益集团示好，令外资控制本国石油产业的行为，引发了爱国主义者的强烈愤慨。他同军队的关系变得很紧张，当他向左翼分子寻求支持时，军队领导人就开始起兵造反了。为了在1962年的大选中争取支持，弗朗迪西不得不承认贝隆党的合法地位。在贝隆党大获全胜之后，军队就介入干预了。军队再次夺权，逮捕了弗朗迪西，并再次废除了贝隆党。

1972 年，贝隆党派再次赢得大选，结束了军队统治者专政的时代。1974 年 7 月，贝隆在任上逝世，他将权力移交给自己的第三任妻子伊莎贝尔，后者恰好是副总统。但她的能力并不足以管理这样一个深陷困境的国家，军队在 1976 年再次介入，推翻了贝隆党政权——这已经是 1930 年以来的第六次军事政变。

由豪尔赫·拉斐尔·威德拉（Jorge Rafael Videla）领导的新政权是阿根廷史上最残暴无道的政府。威德拉架空了国会、政党和工会，将所有权力集中到了由 9 名成员组成的军事委员会手上。军队展开了一场针对任何颠覆分子和批评者的政治迫害运动。只有几百名被杀害的人士属于左翼游击队，其余绝大多数人是和平活动分子。布宜诺斯艾利斯的军政府首长宣称"我们要杀光所有颠覆分子"，之后就是颠覆分子的同伙、同情者，然后就是中立人士，最后连怯懦者也不放过。军队杀害的人数高达 3 万，许多人遭受了严刑拷打，还有些人"无故失踪"（包括那些在大西洋上空被推出飞机的遇难者）。从 1977 年 4 月开始，那些痛失子女的母亲开始走上布宜诺斯艾利斯中心的五月广场进行抗议（至少有 3 名母亲最后也失踪了）。

因为政府镇压异见分子的行径已经人尽皆知，1982 年，军队发动了对外战争，试图转移国内对经济危机和"肮脏战争"的注意力。这些军事将领声称阿根廷拥有马尔维纳斯群岛的主权，该岛被英国所占领并被称为福克兰群岛，距离阿根廷海岸 300 英里左右。阿根廷陆军和海军付出惨重代价并成为英军手下败将时，该军队派系更加声名狼藉。军队不得不进行选举，并于 1983 年 10 月将权力交还给平民政府。

阿根廷新总统劳尔·阿方辛（Raul Alfonsín）是激进党领袖，也是首个在公开选举中击败贝隆党的候选人。人们将他的当选视为恢复社会秩序和法理的前兆。阿方辛谨慎地推进了针对其前任的刑事诉讼，那些因"肮脏战争"而被定罪者被判处长期监禁。阿方辛还成功地辞退了 50 名将领。但一系列兵变阻碍了进一步诉讼流程。国会颁布的新法律规定被告有权利辩称他们只是"服从命令"，纳粹战犯在二战后的纽伦堡审判中也多次使用了这种虚假的辩护理由，但并没有改变审判结果。

阿方辛还面临着全球通胀率最高和负债最高的经济问题。1989 年他任期将满时，阿根廷的通胀率上涨至每年 7000％，并且债务危机仍未解除。此外，

1976—1989 年间，阿根廷的个人所得每年缩水超过 1%。①

新任总统卡洛斯·梅内姆（Carlos Menem）通过他所谓的"和解行动"，特赦了那些将领，并在之后又推行了一次大赦，他试图将这些将领的罪行一笔勾销。这些得到特赦的人员包括"肮脏战争"的总策划者威德拉本人，他之前已被判处终身监禁。

但这个问题并不能就此一赦了之。1998 年 6 月，法院推翻了梅内姆的特赦令，判定威德拉等犯下了诱拐儿童和谋杀儿童母亲等罪行的军官并不能享受特赦政策。"肮脏战争"的幸存者（主要是失踪人员的母亲和妻子）持续数年要求伸张正义，要求找回失散了 30 多年的孩子，这些孩子后来证明被与军方有关的夫妇所收养。②

梅内姆根据国际货币基金组织的建议，设计了临时经济改革方案，将阿根廷比索（得到该国外汇储备的支持）与美元挂钩。梅内姆还出售了电话、航空、铁路、电力、水力系统甚至是退休金系统等政府资产。他还向国际投资者开放了阿根廷市场。而国际货币基金组织也为其提供了新贷款，帮助阿根廷调整庞大的外债结构。1991—1997 年，阿根廷经济平均增长 6.1%，是拉美地区增幅最大的国家——阿根廷曾短暂成为全球化的模范之一。

但该国的债务调整却收效甚微，因为阿根廷的外债持续增长，到 1998 年已达 1550 亿美元。加入全球经济体导致阿根廷企业大量破产，无法与外国企业竞争，失业率攀升，公债逐渐增长。虽然梅内姆令养老金系统实现了私有化，阿根廷依然有责任处理其余领退休金的老人和失业者的问题。但由于低效的税收制度，阿根廷很快就陷入了资金短缺的困境。阿根廷比索于 2001 年开始急剧贬值，不再受到外汇储备支持，到 2002 年 2 月，比索兑美元的币值下降了一半。中产阶级的存款大量蒸发，储蓄者无法通过银行取出自己的资金，也找不到偿还债务的渠道。人均收入从原来的 7000 美元下降至 3500 美元，失业率猛涨至 25%。其结果包括犯罪率上升，棚户区扩大，离婚率升高，以及出现饥饿现象。到 2003

---

① "不平行的衰退"（A Decline Without Parallel），《经济学人》，2002 年 2 月 28 日。

② 路易斯·马库斯·奥坎波（Luis Marcus Ocampo），"刑罚之后的思考：阿根廷大型犯罪之后的正义"（Beyond Punishment: Justice in the Wake of Massive Crimes in Argentina），《国际事务杂志》（1999 年春季）；"过去的挑战"（The Challenge of the Past），《经济学人》，1998 年 10 月 22 日。

年2月，据该国政府数据显示，58%的阿根廷人口被定义为穷人。[1]

结果就造成了史上最大的外债违约问题。阿根廷于1913年就已跻身世界10大富国之列——排名甚至在法国和德国之前，因此遭遇了史无前例的经济灾难，陷入其近代史上最严峻的经济衰退时期。10年之后，该国经济依旧难以脱困。昂贵的进口能源极大地消耗了该国外汇储备，而高通货膨胀率（2013年达25%）也严重影响了投资环境，并进一步对储蓄账户造成了破坏。贫富差距也明显扩大。穷人寻求政府的帮助，富人也需要政府来保护他们的利益，因为许多富人居住的地方与穷人的贫民窟仅有一墙之隔。[2]

巴西

巴西在南美洲是一个独特的存在，因为它拥有葡萄牙（而非西班牙）背景，以及丰富的自然资源和庞大的国土面积。巴西面积占南美大陆1/3，2013年人口超过2亿，排名世界第六。自从1825年葡萄牙正式接受巴西独立之后，这个国家就开始满怀希望地奔向自己的前程。

但在巴西民主选举的政府无法处理本国疲软的经济问题，不能进行激进的改革之后，这个国家也步入其他南美国家的后尘，出现了军事强人当政的现象。

在二战后的头10年，民主选举的总统实在难以应付因政府大量举债而引发的高通货膨胀率，这方面的例子就是儒塞利诺·库比契克（Juscelino Kubitschek）政府。库比契克积极推进工业发展，但又很依赖挥霍无度的政府开支。他最奢侈的工程就是建立一个壮观的新首都巴西利亚，该市远离人口密集的海滨地区。这座新首都是巴西未来的象征，还带有刺激巴西内陆经济发展的意图。

库比契克的继任者在这个政治中心施行了偏左的政策。若昂·古拉特（João Goulart）提出了广泛的土地改革计划，降低了国家的文盲率（文盲占全国人口的40%），并提升税收以增加收益。1964年，他下令征收本国最大的一些地产。这些举措让他赢得了农民和工人阶级的支持，却触怒了拥有土地的权贵、中产阶级

---

① 见"阿根廷的无底洞"（Argentina's Bottomless Pit），《经济学人》，2004年8月8日，以及彼得·格雷斯特（Peter Greste）的"阿根廷的无底洞新纪录"（Argentina's Poor Hit New Record），BBC新闻，2003年2月1日。

② "重建批判"（Reconstructive Criticism），Economist.com，2013年10月28日；"门口的野蛮人"（Barbarians at the Gate），《经济学人》，2013年10月26日。

和军队。古拉特宣布推出中立的外交政策，并保持与苏联的外交关系（其前任已同苏联重新建交），宣布巴西共产党的合法地位，并开始赢得该党的支持，这一系列举措也惹恼了美国。古拉特挥霍无度的经济政策与库比契克如出一辙，也造成了通货膨胀，再加上他偏左的政治政策倾向，导致他丧失了中产阶级的支持。巴西军事将领得到了美国总统林登·约翰逊的支持后，在 1964 年 4 月逼迫他辞职。次日，约翰逊就承认了巴西新成立的军人独裁政府，并向其示好。

这一轮的军政府统治持续了 20 年。他们将巴西的问题归咎于平民政客的作为，压制反对派，强制执行了财政紧缩计划，将共产党列为非法组织，并且大规模逮捕共产党人和疑似共产主义者。他们通过一系列"制度性的行为"逐渐限制了国会的权力，赋予总统更大的权力，剥夺了政党的选举权，还企图压制工会。

这些严苛的财政紧缩计划解救了巴西经济，并且在军政府统治的 20 年时间中，巴西出现了其史上最快的经济增长率。1966 年，巴西的 GNP 增长率为 4%；在 70 年代初，这一数据达到了 10%。巴西自二战以来，首次实现了贸易顺差。但这种经济上的成就并不持久，部分是因为受到 70 年代石油危机的严重影响，部分是由于军队领导人令国家背负了庞大的外债。此外，工业发展并没有提高绝大多数巴西人的生活水平，因为人民的工资并没有实现增长。在此期间，生活成本的增长速度超过了工资增长速度。此外，军政府也无意推行土地改革，没有推出任何改善农村贫困人口生活处境的举措。

按照南美洲的标准来看，巴西军政府的统治已经算比较温和了。巴西军队将领处决了 200 人（阿根廷军政府的处决人数多达 3 万人），导致数百人被迫流亡。巴西 29 年来的首次自由选举发生于 1989 年 3 月，当时平民政府通过选举重新上台。年轻有魅力，并且口才出众的保守派政客费尔南多·科洛尔·德梅洛（Fernando Collor de Mello）在大选中击败了左翼候选人路易斯·伊纳西奥·卢拉·达席尔瓦（Luiz Ignacio Lula da Silva）。科洛尔·德梅洛做出了让巴西实现民主和繁荣的一贯承诺，但巴西在他的统治之下，出现了前所未有的个人腐败现象（以出卖政府合同为主要贪腐手段），最终导致他在 1992 年主动离任。

2002 年 10 月，巴西政治急剧左转。路易斯·伊纳西奥·卢拉·达席尔瓦（通常称为"卢拉"）第四次参选总统，并以较大优势胜出。他执政治国的经历简直就是从一穷二白到国富民强的过程。卢拉出生于一个拥有 22 个子女的文盲农民家庭，从一个擦鞋童成长为圣保罗的激进汽车工会领袖。他后来组建了拉美最大的左翼政党——劳工党。

卢拉上任时继承的是一个陷入水深火热的经济体。2003 年，巴西货币雷亚尔贬值 40%，造成巴西公债不断攀升。国际金融界担心巴西也会像阿根廷一样拖欠外债。但卢拉在选举之后立即放弃了他之前的那套切·格瓦拉作风，行事一本正经，也不再提及之前做出的关于背弃债务的承诺。他已经控制了党内的激进分子，并与中间偏右的自由党结成了联盟。他提醒巴西人："对于如此庞大的社会债务，我们不能寄希望于靠奇迹来解决问题。"[1]

卢拉的前财政部长将其称为"终极实用主义者"。他的确更新了巴西的国际金融债务情况，并在 2005 年底之前全额偿还了国际货币基金组织的贷款，在其后两年还出现了盈余。巴西有数十年时间一直是新兴国家中最大的负债国，但在 2008 年 1 月却首次成为债权国。在卢拉的务实领导原则之下，巴西成了世界第八大经济体（后来很快就晋升为第六大经济体）。随着外资加入这个生机勃勃的经济体，巴西中产阶级开始从原来的 1/3 人口增长至半数人口。

卢拉的外交政策同样很保守。他希望扮演敌国（例如委内瑞拉总统乌戈·查韦斯与美国）之间的调解人。在此过程中，他遭受了两方的批评，但这并没有阻止他进行调解的举措。他曾向英国广播公司（BBC）表示，世界经济问题并不像右翼势力所说的那样，是由非洲或拉美移民造成的；他的观点在西方引起热议。他表示，2007—2008 年全球经济下行是金发蓝眼、假装自己"无所不知"的融资人的"非理性行为"造成的。

在卢拉任期内，巴西举办了两大国际赛事，分别是 2014 年的足球世界杯和 2016 年的夏季奥林匹克运动会。长期受到自卑感压抑的巴西人（美国总统里根曾在一次国事访问中，在敬酒时将其称为"玻利维亚人民"）终于迎来了扬眉吐气的时刻，他们宣布巴西再也不是"新兴"国家，巴西将通过这些体育赛事一展大国风采。[2]

卢拉的任期内也出现了一些丑闻，但这并不会直接损害其个人形象。他以

---

① "从乞丐到总统：卢拉的斗争正式开幕"（From Pauper to President：Now Lula's Struggle Really Begins），《经济学人》，2003 年 10 月 31 日。

② 拉里·罗特（Larry Rohter），《巴西崛起：一个国家的变形记》（*Brazil on the Rise：The Story of a Country Transformed*），（纽约：Palgrave Macmillan，2010 年），第 224-225 页。

61%的支持率赢得了总统大选；2010年他下台时，支持率依旧高达87%。卢拉的继任者迪尔玛·罗塞夫（Dilma Rousseff）这位农民出身的左翼人士（曾被军政府监禁和折磨）也变成了务实主义者。

罗塞夫继承了一堆巴西政府的问题。该国出现了与全球一致的贫富差距持续扩大的趋势。里约热内卢因贫富差距而声名远扬，从山上俯瞰这座城市，映入眼帘的就是世界闻名的贫民窟。巴西人民抱怨自己缴纳第一世界的税费，却只能享受第三世界的服务——低劣的学校教育、医疗服务和道路交通。

公共汽车和地铁票价在圣保罗引发了自发性的示威活动，最终蔓延到了80个城市。人们批评的一个目标就是投入世界杯和奥运会赛事的数百亿美元开支。一致认为本国政治腐败的巴西人确信政客和承包商分割了高额利润。但国际足球管理机构FIFA（国际足球协会）却坚持要求将里约的马拉卡纳体育场等场地建造为世界一流的设施。

智利

智利与其他拉美国家不同的一点在于，它在1973年以前并没有被军政府统治。智利人有理由自豪，他们是拉美最有秩序和民主的国家。但智利最终也难逃被外国干政的宿命，成了遭遇美国干涉最严重的南美国家。

对美国商业利益集团来说，智利是它们在南美投资比重最多的国家。美国公司掌握了智利的铜矿及其他许多产业。智利政治左转时，对此提高警惕的不光只有智利的保守派人士。美国也不会袖手旁观，任凭这个国家走向共产主义。

在20世纪60年代，美国支持的是智利的温和保守派政府，例如基督教民主党领袖爱德华多·弗雷（Eduardo Frei）的政府。但智利权贵却认为弗雷的渐进式改革（降低文盲率，扩大社会服务，温和的土地改革）还是过于激进了，而工人阶级和左翼政府却又认为这些举措太过保守，似乎只有中产阶级和美国对弗雷的表现感到满意。

在1970年的选举中，智能政坛的两极分化现象进一步加剧。马克思主义者萨尔瓦多·阿连德（Salvador Allende）作为左翼联盟"人民团结联盟"候选人，以微弱优势胜出，成了世界首位通过自由选举上台的马克思主义国家元首。阿连德内阁成员多为社会主义者和共产党员，他们拒绝武装革命，要求和平过渡到社会主义。因此，阿连德和同苏联共产党打交道的西欧社会民主党人更有共同点。

阿连德令美国和智利合资的铜矿和硝酸盐公司、银行实现了国有化，并扩大了弗雷时期就展开的土地改革，限定了物价的最高水平，同时提高了工人的工资水平。提高工人待遇就是他的"超额利润学说"的一部分——美国公司拿走了智利的财富，而智利的工人却只得到了微不足道的补偿。[1] 这些举措受到了绝大多数智利人的欢迎，却让美国在智利的公司、政治右翼分子和美国产生了戒心。

阿连德上台时，智利已经处于经济萧条状态。在其任期的第二年，智利经济进入了一片混乱，通货膨胀率已经暴涨到失控。阿连德的政策固然有利于解决这些问题，但国际铜矿价格急剧下跌却让智利经济遭到了重创。1972 年中期，阿连德的支持基础只剩下工人阶级和穷人。保守势力（尤其是军人）开始组织反抗运动。一场破坏严重的全国性卡车司机罢工（由中央情报局秘密支持的一项行动）进一步加重了智利的两极分化。已经做好最坏打算的阿连德及其支持者开始武装工人队伍，而军队也在准备一场政变。1973 年 9 月 11 日，空军轰炸了总统府。陆军参谋长奥古斯托·皮诺切特（Augusto Pinochet）下令其将领不要与阿连德谈判。皮诺切特表示，如果活捉了阿连德，"我们就用飞机把他运送出国，但飞机会在半途中坠落"。[2] 阿连德最终在被军队包围的时候自杀了。

美国势力已经深深渗透智利政坛。1970 年，尼克松政府试图阻止阿连德掌权，但没有成功，就转而搅乱其统治秩序，动摇阿连德政权。即使是在水门事件闹得沸沸扬扬，满城风雨的情况下，尼克松还是没有放松对阿连德政权的破坏。尼克松的国家安全顾问基辛格将阿连德称为整个拉美的威胁，他曾经公开宣称："我不明白为什么我们要因为一个国家的国民不可靠，就任凭他们走向马克思主义。"[3]

尼克松政府曾通过中情局资助阿连德的对手 800 万美元，并切断了向智利提

① 奥斯卡·瓜迪奥拉-里维拉（Oscar Guardiola-Rivera），《死亡预言报道：反对萨尔瓦多·阿连德的政变，1973 年 9 月 11 日》（*Story of a Death Foretold*：*The Coup Against Salvador Allende*，*11 September 1973*），（纽约：Bloomsbury，2013 年），第 91，218-219，313 页。

② 奥斯卡·瓜迪奥拉-里维拉（Oscar Guardiola-Rivera），《死亡预言报道：反对萨尔瓦多·阿连德的政变，1973 年 9 月 11 日》（*Story of a Death Foretold*：*The Coup Against Salvador Allende*，*11 September 1973*）（纽约：Bloomsbury，2013 年），第 329-330 页。

③ 引用沃尔特·艾萨克森（Walter Isaacson），《基辛格传》（*Kissinger*：*A Biography*）（纽约：Touchstone Books，1993 年），第 290 页。

供的所有贷款、经济援助和私人投资。有人怀疑美国直接参与了智利的军事政变，但华盛顿方面并不承认，并一直将相关文件作为机密加以保存，直到 20 世纪 90 年代末克林顿政府解密这批文件时，才证实了外界的这种猜测。① 包括皮诺切特在内的许多智利军官（与其他拉美国家一样），曾在美国驻巴拿马的一家陆军学校受训。

皮诺切特领导下的新军事派系针对左翼分子和任何疑似与阿连德存在关联的人，迅速展开了残酷的迫害。新政府抓获的政治犯挤满了一个大型足球场和牢狱，还杀害了大约 4000 人。新政府通过"死亡蓬车队"（Caravan of Death）运动逐一处决了"颠覆分子"。在皮诺切特的领导下，拉美出现了首批人口"神秘失踪"的情况，这种操作后来也扩散到了其他拉美国家。皮诺切特还领导了"秃鹰行动"，这是由 6 个国家（智利、阿根廷、巴西、乌拉圭、巴拉圭和玻利维亚）的军事强人组成的镇压反对者的运动，其行动范围甚至还蔓延到了欧洲和美国。1976 年 9 月，该行动成员在华盛顿特区的谢里登圈暗杀了阿连德政府的外交部长奥兰多·勒特里尔（Orlando Letelier）。基辛格也知道"秃鹰行动"的存在，事实上他还支持该行动打压在阿根廷流亡的智利左翼人士。他敦促阿根廷外交部长"快速"行动，并"迅速恢复秩序"。② （秘密警察兼国家情报部门前负责人曼努埃尔·康特拉斯上校于 1993 年被判入狱，因为他参与了 1976 年谋杀勒特里尔的行动。法庭并没有理会他所称的自己只是服从皮诺切特之命的辩词。）

皮诺切特邀请美国铜矿公司回到智利，中止了该国的土地改革运动，将所有左翼政治组织列为非法组织，并解散了国会。这一系列行动都得到了美国的支持，但他也因此失去了民心。尽管他已下令禁止所有反政府的游行示威活动，但还是有成百上千群众于 20 世纪 80 年代末走上大街，抗议政府的军事独裁统治。皮诺切特终于在 1990 年做出让步，允许进行针对是否继续实行军政府统治的全民公决。这是智利 20 年来的首次自由选举，人们一边倒地支持恢复平民政府统治。但皮诺切特依旧凭借自己撰写的宪法条款，把持着对军队的控制权。该宪法

---

① 1998—2004 年，美国国家档案中有 1.6 万个与皮诺切特相关的文件被解密。见彼得·科恩布鲁（Peter Kombluh），"智利文档项目"，www. gwu. edu/~nsarchiv/。

② 奈特·里德（Knight Ridder），"智利高等法院做出判决，皮诺切特也难逃法网"（Pinochet Is Not Immune, Chile's High Court Rules），《巴尔的摩太阳报》，2004 年 8 月 27 日，第 18A 页。

还让军队成了"制度保卫者",这意味着他们有权介入自己认为必须采取行动的事务。①

皮诺切特于1988年3月放弃了对军队的控制权,但后来又成了"终身参议员",这个地位可以让他获得特权,可以免于因经济问题(藤森因该问题而受指控)而导致的牵连。他通过引进"休克疗法"(大举砍削政府工资和津贴,并重整税务系统),在6个月内打破了通胀周期。但在民众选择中胜出的藤森,却很快变成了军事统治的舵手。在"休克疗法"遭到公众抵制后,他就搁置了宪法,关闭了立法议会,掌握了紧急行政权。

藤森在对抗秘鲁"光明之路"(具有暴力革命和走私毒品性质的马克思主义运动组织)的12年战争中取得了令人瞩目的成就,因此广受赞誉。"光明之路"将贫困农民组织起来对抗警察和军队的暴政,其终极目标是推翻政府。结果双方陷入了极端野蛮的内战,导致约6.9万秘鲁人死亡,有些人直接被杀,有些人"下落不明",他们多数是安第斯山脉地区的土著克丘亚人。这场内战产生的财政损失估计达220亿美元。②

"光明之路"创始人阿维马埃尔·古兹曼(Abimael Guzman,曾经是一名哲学教授)等领袖被逮捕之后,这场战争才终于落幕。这些领袖被判处终身监禁。藤森打败"光明之路"的成就,以及推进经济进步的举措,令其在1994年再次当选为总统。

但藤森的财政紧缩计划,只有小部分人口获益,其中包括财政部的人和国际投资者。藤森采取措施,确保秘鲁偿还国际货币基金组织的债务。与此同时,秘鲁人的工资却下降了10%,绝大多数秘鲁人(约占总人口2/3)依旧生活在穷困之中。但这些问题都没有阻止藤森继续将自己标榜为"真正的民主"卫士和平

---

① 蒂娜·罗森堡(Tina Rosenberg),"永远的力量"(Force Is Forever),《纽约时报杂志》,1995年9月24日,第46页。
② "光明之路卷土重来"(The Shining Path Revisited),《经济学人》,2003年9月4日。

民，虽然他实际上主导了军权。①

1992 年 7 月，直接听命于军队总司令尼古拉斯·赫莫萨（Nicolas Hermoza）上将的一支敢死队（最终也等于是听从藤森的指挥）诱拐和谋杀了拉康杜塔大学的 9 名学生和一名教授。当法院最终对 12 名敢死队员判刑时，藤森推动国会通过全部赦免从 1980 年 5 月到 1995 年 6 月被判决侵犯人权罪的人。②

1996 年 12 月，秘鲁又出现了另一个左翼政党帕克·阿马鲁（Tupac Amaru），该政党名称起源于 1572 年被西班牙人绞死的印加末代统治者，以及 1781 年被西班牙人折磨至死的同名人士。藤森宣称他击溃了这场叛乱，但帕克·阿马鲁却在日本大使馆举办的一场圣诞派对上劫持了 400 个人质，该组织要求政府释放被秘鲁军事法庭审判入狱的同党。这场人质危机持续到 1997 年 4 月，部分原因在于日本政府坚持要求以谈判方式进行解决。最终，秘鲁派出突击队攻入日本大使馆，杀死了其中所有的帕克·阿马鲁成员，同时也导致一名人质和两名突击队员死亡。对藤森来说，此举又给他的个人功绩添上了辉煌的一笔。

1996 年，藤森在国会的绝大多数支持者重新解释宪法，规定总统有两个任期（每任 5 年），让他获得了继任的机会。他遣散了对此持有异议的法官。报纸开始为藤森大唱赞歌，拒绝为他站队的报纸编辑就会被国家情报局局长弗拉基米罗·蒙特西诺斯（Vladimiro Montesinos）所威胁，后者的总部素有"小五角大楼"之称，拥有直接听命于他的敢死队。蒙特西诺斯得到了中央情报局的支持，尽管中情局很早就清楚他和藤森参与了强取豪夺、盗窃、毒品走私、酷刑和谋杀等罪行。③

---

① 吉列尔莫罗·恰布伦（Guillermo Rochabrun），"藤森政权背后的实权"（The De Facto Powers Behind Fujimori's Regime），《NACLA 美洲报告》（NACLA Report on the Americas，1996 年 7—8 月），第 22-23 页。关于经济改革对整体人口的影响，见曼努埃尔·卡斯蒂略·奥乔亚（Manuel Castillo Ochoa），"藤森和商业集团：一种棘手的伙伴关系"（Fujimori and the Business Class：A Prickly Partnership），同上，第 25-30 页。

② 恩里克·奥邦多（Enrique Obando），"藤森和军事：便利的结合"（Fujimori and the Military：A Marriage of Convenience），《NACLA 美洲报告》（1996 年 7—8 月），第 31-36 页；又见还有"解密：拉·康杜塔大学失踪案"（Anatomy of a Cover-Up: The Disappearances at La Cantuta），人权观察/美洲报告摘要，同上，第 34-35 页。

③ 凯文·G. 霍尔（Kevin G. Hall），"中央情报局向蒙特西诺斯支付百万美元"（CIA Paid Millions to Montesinos），《迈阿密先驱报》，2001 年 8 月 3 日。

2000 年 4 月大选时，藤森遇到了强有力的竞争对手亚历杭德罗·托莱多（Alejandro Toledo）。印度后裔托莱多是一个政治新手，他的政党"秘鲁希望"也承诺为秘鲁创造一个光明的未来。托莱多以强大优势位居第二，迫使秘鲁国民不得不重新进行一次竞选。托莱多拒绝在没有防止舞弊的保证措施之下参加第二轮选举，藤森拒绝按照托莱多的提议来行事，继续行使自己第三个任期的权力，无视邻国、美洲国家组织，以及过去支持他的美国针对此事的非议。

紧握权力的藤森终于在 2000 年 9 月开始让步，当时他的得力助手蒙特西诺斯（Montesinos）被人偷拍到贿赂反对党政客的视频。10 天后，蒙特西诺斯就逃离出境了。因为无法在海外得到政治庇护，他就回到秘鲁躲藏了起来。两周之后，也就是在 2000 年 11 月，藤森逃到了东京，在那里通过传真宣布辞职。但秘鲁国会并不同意他主动辞职，国会指控他玩忽职守，并宣布他的德行有亏不适合继续任职。秘鲁政府发起了一项调查，捅出了藤森和蒙特西诺斯暗中经营敢死队（例如暗杀拉康杜塔大学师生的事件），盗用公款和强取豪夺等罪行。蒙特西诺斯最终被逮捕，被送上法庭受审。他最终被定罪并判处 20 年监禁，被关进卡亚俄最安全的监狱（讽刺的是，这座监狱正是他和藤森建造的，被关进这座监狱的还有"光明之路"的领袖阿维马埃尔·古兹曼）。

作为一名政客，藤森强调他出身寒微，甚至穿着农村印第安人的衣服参加了竞选。但在他掌权的 10 年时间中，秘鲁全国普遍贫困的局面没有得到改善。在20 世纪 90 年代，秘鲁贫困率徘徊在 50% 左右，41% 的人口每天生活费用不足 2美元。① 但藤森和蒙特西诺斯却从来没有担心自己会入不敷出。透明国际组织认为这两人"以前所未有的方式掠夺了秘鲁的资源"。蒙特西诺斯私吞了约 20 亿美元；藤森则带着约 6 亿美元的财富潜逃出境。②

藤森有 5 年时间都在东京享受逍遥法外的奢侈生活，成了日本右翼圈中的名人。日本授予了他公民身份，保证他不会被秘鲁引渡。日本不会像对待普通刑事犯一样将他交给秘鲁。但在 2005 年 11 月，藤森却莫明其妙地返回了秘鲁，公然

---

① 世界银行，《2000/2001 年世界银行发展报告：向贫困宣战》（*World Bank Development Report* 2000/2001：*Attacking Poverty*）（纽约：牛津大学出版社），2000 年，第 281 页。

② 新闻稿，"透明国际组织呼吁日本引渡藤森"（Transparency International Calls on Japanese Government to Extradite Fujimori），2003 年 8 月 27 日；"比你干净"（Cleaner-Than-Thou），《经济学人》，2004 年 10 月 7 日。

表示要再次参选总统。这很可能是因为日本发现了他在国际社会中的尴尬地位。他在国际刑警组织最想缉拿人员的名单之列，秘鲁也多次要求日本配合将他引渡回国。年届 67 岁，自称为"最后的武士"的藤森剩下的最后一点体面就是返回秘鲁，接受正义的审判。2007 年 12 月，在一审中，藤森否认了所有的指控罪行，但还是被判 6 年监禁。2009 年 4 月和 7 月，藤森再次被判处反人类罪（部分证据来源于解密的美国文件上），并因谋杀、诱拐和贪污被判处最高 25 年的监禁。

藤森最后的机会就是他的女儿藤森庆子。作为秘鲁国会议员，腾森庆子一向就是严肃法纪，严格惩治所有罪行的代表人物。现在她却参与总统竞选，以便将其父解救出监狱。所有独裁者都会保留相当规模的拥趸，藤森也不例外。在 2011 年 6 月的决定性选举中，滕森庆子败给了奥利安塔·乌马拉（Ollanta Humala）。所以她父亲还是只能在牢狱中等待天命，但他却违背秘鲁法律规定，使用 Twitter 和 YouTube 公开对乌马拉进行人身攻击。

政治左转倾向

在 20 世纪 90 年代晚期，拉美的政坛开始出现了偏左的风气。其中的主力是委内瑞拉的乌戈·查韦斯。1992 年 2 月，他和 200 名军官发起了一场失败的政变，并因此导致他们在狱中被关押了两年。1998 年，查韦斯作为绝大多数无依无靠的委内瑞拉人民的代表，参加了总统竞选。他竞选时将自己标榜为"玻利维亚革命"卫士，并承诺要实现南美民族解放运动传奇人物西蒙·玻利瓦尔（Simon Bolivar）的理想。查韦斯在任时设立了许多以玻利瓦尔形象为主的广告牌，上面还有后者在 1829 年的名言："美国似乎注定要以自由之名让美洲人民深陷悲剧。"

与 19 世纪的委内瑞拉平民主义者相比，查韦斯受到的马克思主义影响较少，他在首都加拉加斯边缘地带的贫民中具有较高人气。他为这些贫民投入大笔石油美元建造学校、流动厨房、小型合作企业以及医疗中心。他出生贫寒，经历过少数人富得流油，多数人却难以谋生的年代，所以他关注土地和石油财富的重新分配问题。石油是委内瑞拉的经济支柱。石油占委内瑞拉出口额的 80%，占其 GDP 近 30%，占全国败政收入的 50%。

查韦斯的革命不可避免地触及了委内瑞拉权贵的利益，后者是查韦斯所称的"讨厌的寡头"，查韦斯所倡导的"共享民主"让他们如临大敌，他们有生第一次尝到了被逐出权力中心的滋味。查韦斯还同古巴的独裁者卡斯特罗建立了亲密的关系，并以石油交换1万名古巴医务人员，让从来没有看过医生的贫民得到了医疗服务。富有个人魅力的查韦斯紧随南美国家统治者的步伐，试图不断扩大自己的权力——并为此而增强惠民力度，控制媒体，限制法院的权力，还制造黑名单。但查韦斯依旧很得人心，赢得了7次全国选举。但2007年12月，他试图通过全民公投进行修宪，为无限总统任期铺路时，却遭到了委内瑞拉全国人民的反对。他的一个支持者表示，查韦斯"想开一张空头支票，但那是不可能的"。尽管如此，2009年3月，一意孤行的查韦斯还是赢得了第二轮公投，为这位相对年轻的54岁政治强人创造了紧握权力的机会。

2002年4月，乔治 W. 布什政府支持了一场推翻查韦斯的政变，结果以失败告终。2006年9月，查韦斯在布什颠覆其政权的第一天，在联合国大会上发表讲话表示："恶魔昨天来到这里，现在仍然能嗅到硫黄的味道。"

查韦斯于2013年3月去世，留下一个经济状况漏洞百出，人权纪录劣迹斑斑的国家。妇女和土著人民权利的确进一步扩大了，但法院和媒体依旧遭到了打压。委内瑞拉出现了严重的经济问题，这是其竞争对手最常攻击他的弱点。但该国人口营养不良和贫困率还是减少了一半（贫困率从54%降至26%），穷人也得到了更好的教育和医疗服务，这些成就正是他最后一次竞选时依然可以获得54%支持率的原因。

南美出现了许多效仿查韦斯的政客，但没有一人可以像他这样彻底。其中最著名的是首位玻利维亚本土总统埃沃·莫拉莱斯（Evo Morales），他是一位46岁的阿马亚印第安人，之前是一名可可农夫。印第安土著经历了4个多世纪才在1952年结束了农奴的命运，后来又经过近半个世纪才入主总统府。

在20世纪90年代初至2005年12月，莫拉莱斯领导的争取社会主义运动党（Movement Toward Socialism）赢得大选，导致玻利维亚这个南美最穷的国家也开始唯美国马首是瞻，遵循所谓的"华盛顿共识"，削减了社会开支以换取外资和美国承诺的繁荣前景。该国削减了开支（并就此抑制了恶性通货膨胀），引进了外资，但繁荣的希望仍然渺茫。该国腐败现象依旧猖獗，每年人均经济增长率不足0.5%，半数玻利维亚人每天生活成本不足2美元。莫拉莱斯没有依照华盛顿共识的精髓，持续推进经济私有化，而是将以石油和天然气为代表，主要让外国投资者受益的企业收归国有。

其他中间偏左的拉丁美洲总统，承诺大量投资社会项目来缩小贫富差距，但他们采取了更温和的方法，以便实现国家计划与私有市场之间的平衡。①

墨西哥

墨西哥问题的根源可以归咎于1910—1917年血腥革命引发的政治经济后果，在那场革命中有150万人丧生，约占该国人口的10%。直到20世纪20年代晚期，革命制度党上台执政，并开始组织各族人民建设国家时，墨西哥才实现了稳定。这种现象促使工人、农民、官员、大型企业经营者、小企业主和教师与执政党进行交涉，令其成为协调各族群利益的仲裁者。革命制度党富有技巧地组建了政治联盟，少量下放任免权，与竞争党派合作，偶尔在党内执行一些改革，控制媒体舆论，并在必要时采取欺骗和镇压手段。在任总统经常会内定继任者。革命制度党领导的政府制造了该国表面风平浪静的假象，但并没有解决深层的社会问题，以至于人民的不满情绪周期性地发酵成动荡的局面。

1910年革命始于自由主义人士挑战波菲里奥·迪亚斯（Porfirio Díaz）的独裁专制，很快就演变成了由埃米利亚诺·萨帕塔（Emiliano Zapata）和潘乔·维拉（Pancho Villa）领导的激进农民革命，要求重新分配土地，获得"土地与自由"。当时，该国96%的农村家庭没有土地，而不到850户家庭却掌握了墨西哥97%的可耕作土地。② 墨西哥1917年宪法承诺要重新分配土地，但在平民主义总统拉萨罗·卡德纳斯（Lázaro Cárdenas）上台（1934—1940年）前，只有10%的农民享受到了土地改革的好处。

卡德纳斯分配的土地超过了之前任何一位墨西哥总统。农民的灌溉土地增加了4倍，但土地分配在1938年3月因为陆军将领抱怨卡德纳斯的改革太过分了

---

① 2006年，委内瑞拉、巴西、智利、玻利维亚、乌拉圭、阿根廷和尼加拉瓜分别出现了一位这种总统。

② 朱迪思·金特尔曼（Judith Gentleman），"墨西哥：革命"（Mexico：The Revolution），巴巴拉·A. 泰拉贝尔主编，《拉丁美洲历史和文化百科全书》（Encyclopedia of Latin American History and Culture），第4卷，（纽约：Charles Scribner's Sons，1996年），第15页；Alma Guillermoprieto，"萨帕塔的传人"（Zapata's Heirs），《纽约客》，1994年5月16日，第54页。

而停止。① 卡德纳斯随后将焦点转移到"帝国主义干涉"问题上，针对的是控制了墨西哥经济，特别是石油部门的外国企业。卡德纳斯宣称将这些企业收归国有的时机已经成熟。此举得到了大众的一致支持，数百万墨西哥人为国家赔偿基金捐款，帮助凑齐了补偿石油公司所需的2亿美元。②

在革命制度党的领导下，墨西哥政府实施人均收入增长4倍的国家资本主义举措，令该国实现了数十年的持续增长。1940—1960年，墨西哥制造业生产增长了365%，钢铁产量增长了934%，汽车产量增长451%，农业产出增长218%。在此期间，该国人口增长78%。③ 但贫富差距在二战后持续扩大，导致人们的期望、幻灭和异议都在增长。

20世纪60年代的经济下行令墨西哥政府受到重挫。1968年10月2日，成千上万名游行示威者（多数为学生）聚集在墨西哥城的特拉特洛尔科广场，抗议政府统治之下的警察暴行、政治腐败和经济困难等问题。军队开枪射杀了至少300位平民，迅速终结了这场游行示威活动。10天之后，墨西哥城举办了奥林匹克运动会，这是首届在发展中国家举办的奥运会。阿兹特克体育馆点燃奥运圣火时，军队和坦克在电视摄像机的镜头之下监视着整个过程。

大屠杀并没有解决革命制度党的问题，而是引发了一场事关该政党合法地位的危机。20世纪70—80年代，革命制度党展开了针对反对者的"肮脏战争"，其中有许多反对者早就对1968年发生的大屠杀心怀恨意。在这30年时间中，革命制度党一直否认曾经发生过这场大屠杀（以及其他罪行）。最后，墨西哥终于开始同自己的过往达成和解。2002年2月，报纸上出现了特拉特洛尔科广场大屠杀的照片，法院也开始追究相关人物的罪责。但在针对如何处置内政部长路易斯·埃切维里亚（Luis Echeverría）的问题上，法院却存在难以弥合的分歧。最终法院判定这并不能算是大屠杀，并且当时也已经过了诉讼期限。

① 詹姆斯·W. 威尔基（James W. Wilkie），《墨西哥革命：1910年以来的联邦支出和社会变革》（*The Mexican Revolution：Federal Expenditure and Social Change Since 1910*）（伯克利：加州大学出版社，1970年），第193-194页。

② 詹姆斯·D. 科克罗夫特（James D. Cockcroft），《墨西哥：阶级形成，资本积累和国家》（*Mexico：Class Formation，Capital Accumulation，and the State*）（纽约：每月评论出版社，1983年），第136-138页。

③ 威尔基，《墨西哥革命》，第222-225，128-129，195-197页。

1970 年，埃切维里亚担任总统时，异议者（包括学生、记者、游击队员和"解放神学"实践者）在贫民区和农民群体中得到了广泛支持。在民众要求创造更多就业岗位的压力之下，埃切维里亚不得不抽出更多时间和资金来解决问题。为了保住人民的饭碗，政府的对策是保证破产企业继续运营，并增加外债——却没有可以偿债的财政收入。埃切维里亚执政时，墨西哥外债数额为 50 亿美元，其继任者何塞·洛佩兹（José López, 1976—1982 年）上台后，外债增加了 4 倍，达到 200 亿美元。洛佩兹在 70 年代末的石油危机爆发期间开始掌权，所以坐拥丰富的石油储量的墨西哥还是可以借到更多资金。在他任职期间，墨西哥的公私部门又借债 600 亿美元。到 1982 年 8 月，墨西哥已经无力偿还巨额外债，这种情况就触发了拉美债务危机。

在 20 世纪 80 年代初，墨西哥北部（摆脱革命制度党的干预）进行了选举，这种情况暴露了革命制度党的软肋，说明该党已经失去了数个本土族群的支持，让国家行动党这个拥有商界基础的中间偏右政党登上了舞台。在 80 年代中期，该国兴起了一场环保抗议运动，部分原因在于墨西哥城出现了严重的空气污染现象。之后又遇到了 1985 年 9 月的大地震（8.1 级），超过 1 万人在这场灾难中丧生。之后，夸乌特莫克·卡德纳斯（平民总统拉萨罗·卡德纳斯的儿子）与革命制度党决裂，成了中间偏左联盟的候选人。他在 1988 年的总统选举中，与革命制度党候选人卡洛斯·萨利纳斯角逐总统之位。在选举前两天，卡德纳斯的两名得力助手被杀害（这个案件至今没有破解），在投票结束后几个小时，统计票数的计算机又崩溃了。等到计算机重新运行时，卡洛斯·萨利纳斯以超过 50% 的票数赢得了选举。几个月之后，革命制度党破坏了选举流程。

现在，墨西哥经济依旧在 60 年来最严重的衰退中挣扎。1980—1993 年，墨西哥年产量平均下降了 0.5%。墨西哥与国际借贷机构（例如世界银行和 IMF）达成协议，争取到了更多借贷额度。在此期间，它还与加拿大和美国达成了《北美自由贸易协定》。拉萨罗·卡德纳斯在 30 年代的"反帝国主义运动"就此成为遥远的过去。

加入危险隐伏的全球经济体，也让墨西哥付出了巨大的社会代价——迫使墨西哥执行深度的结构调整来满足债权国的要求，例如取消关税，撤销经济管制，国有企业私有化和劳动力"灵活化"（字面意思就是，让劳动力更灵活，更符合工厂业主的要求）。总之，工人必须以更低的工资，付出更多劳动力。国家否认工会自由结社的权利，并动用警察和军队来对付工会。曾经强大的工会就此丧失了经济和政治权力。

恰帕斯州

1994 年 1 月 1 日，墨西哥又遭遇了另一场危机，这一次是发生在恰帕斯州（在危地马拉边境），以印第安人为主的农民起义。这是由萨帕塔民族解放军（纪念 1910 年革命的一位英雄埃米利亚诺·萨帕塔）组织的叛乱，叛军夺取了几座城市和大领地，并将它们变为公社农场。他们坚称根据 1917 年宪法规定，这些土地理应归他们所有。

1994 年的萨帕塔主义者认为土地是革命的核心问题。从 20 世纪 80 年代中期经济向私有化过渡开始，那些农民仅有的一点土地也落入了大地主手中。当萨帕塔党人占领了圣克里斯托瓦尔-德拉斯卡萨斯（San Cristobal de las Casas）的法院时，他们立即烧毁了存有地契的市政档案。他们谴责政府选举作弊，要求实现区域自治，并宣称他们不会再任凭革命制度党、警察、军队或大地主豢养的恐怖主义势力"白卫兵"的施虐。①

恰帕斯州是这个穷国中最穷的一个州。墨西哥联邦政府对该州的拨款还不足全国平均水平的一半。恰帕斯州需要铺面道路、充足的学校、电力（该州拥有可向其他州输出能源的大坝）以及医疗设施。恰帕斯州有大量人口是玛雅印第安土著（占 26.4%，该族群在全国人口中占 7.5%）；有 1/3 人口不说西班牙语；将近 60% 的工人收入低于全国最低日均工资水平（3.33 美元）；19% 劳动力仅能以最低限度的生活费勉强度日。粮食产量仅能勉强养活过去 20 年翻倍增长的人口，而咖啡这一主要经济作物的价格却急剧下跌。

在《北美自由贸易协定》生效那一天，墨西哥爆发了叛乱。萨帕塔党人将这个与美国和加拿大达成的协定视为墨西哥印第安人的"死契"，导致无力与北美制造商和粮食生产商竞争的印第安人走向末路。在充满个人魅力且神秘的副司令马科斯（Subcomandante Marcos，他用滑雪面罩遮盖了自己的脸）的领导下，他

---

① 帕克·伊格纳西奥·泰伯二世（Paco Ignacio Taibo II），"恰帕斯影像：萨帕塔！凤凰崛起"（Images of Chiapas：Zapatista！The Phoenix Rises），《民族报》，1996 年 3 月 28 日，第 407-108 页。

们宣布他们为所有争取民主、土地和自治权的墨西哥人代言。卡洛斯·萨利纳斯政府丑闻缠身，失去了绝大多数民心，只能派军队去镇压叛乱。估计他们在此过程中杀害了 145~400 人。最后，萨利纳斯同意与叛军谈判，后者虽然军力不强，但在互联网上却有大量拥趸。

萨帕塔党人经历了将近 20 年，才在恰帕斯州建立了自治区，安置了 12 万~15 万人。他们在教育、妇女权利和人民生活水准上取得了显著进步。萨帕塔党已成为全球无组织抗议运动的一部分（其中包括纽约的"占领华尔街"，西班牙的"Angry Ones"和激进的墨西哥学生），令原本根深蒂固的势力产生了动摇。2012 年 7 月，革命制度党重获政权时，萨帕塔党宣布他们不会放弃自己来之不易的收获。①

革命制度党被击败

萨帕塔党绝非唯一对墨西哥政治体制不满的群体。有 200 万中产阶级（包括小型店主、商户、农场主等在 20 世纪 90 年代中期因经济衰退受到重创的群体）组建了自己的抵抗力量巴尔松（El Barzon），声势浩大地谴责政府丧失抵押品赎回权的听证会。另一个群体公民联盟（the Civic Alliance）则派遣了选举观察员到各个投票站进行监督，防止革命制度党选举舞弊。国家主教会议则支持由恰帕斯州的罗马天主教主教塞缪尔·鲁伊斯·加西亚（Samuel Ruíz García）调解叛军和当局之间的谈判。

革命制度党的政治垄断局面正在瓦解，因为它已经无法履行其政府的职能——不能调和各个利益集团相争而产生的冲突。持续的腐败（包括盗用国库资金）以及有待解决的 1994 年和 1995 年的政治谋杀案件，进一步动摇了该党的合法地位。1996 年，中间偏右政党国家行动党有 4 个成员当选为州长，治理全国1/3 的人口。

从 2000 年 7 月的总统选举也可以看出，民众对革命制度党的不满情绪也在不断增长。国家行动党候选人兼富有的商人维森特·福克斯（Vicente Fox）主张

---

① 尤安·格里罗（Ioan Grillo），"萨帕塔党人回归：墨西哥叛军大势犹存？"（Return of the Zapatistas：Are Mexico's Rebels Still Relevant?）《时代》周刊，2013 年 1 月 8日。

进行全面的政治经济改革，并以明显优越击败了革命制度党候选人，结束了该党71年垄断政坛的局面。这是独立委员会首次监督总统选举过程，所以革命制度党就无法从中做手脚。

在福克斯及其继任者费利佩·卡尔德龙（Felipe Calderon）的领导下，墨西哥经济取得了发展。之前移民到美国的墨西哥人也开始回国。作为南美毒品产地和利润丰厚的美国市场之间的桥梁，贩毒集团在墨西哥的活动日益猖獗。装备精良、资金充足的贩毒分子收买了官员和记者，或干脆暗杀了他们（有时与警察和军队相勾结）。还有许多受害者下落不明。在卡尔德龙打击贩毒集团的6年持久战中，约有10万人因此死亡。

墨西哥不稳定的形势为革命制度党创造了可乘之机。该党于2012年7月重返政坛，其候选人恩里克·佩尼亚·涅托（Enrique Pena Nieto）以38%得票率赢得了总统大选。

中美洲的革命和反革命

中美洲的政治斗争起源于19世纪，因深度的社会分化而加剧。在20世纪70年代，该地区成为美苏争霸的战场之一时，中美洲的政治斗争又卷土重来。这场斗争的其中一方是掌握了政治权力，拥有军队支持的地主，另一方是几乎没有土地，更谈不上政治权利的绝大多数民众。

美国于19世纪90年代开始直接介入中美洲事务，并在1898年美西战争之后加大了对这一地区的干涉。美国扮演了西半球警察的角色，对加勒比海的干涉尤为典型，用西奥德·罗斯福的话来说就是，美国不能容忍"长期的胡作非为"。它将该地区视为美国的"后院"，也就是自己的势力范围，所以必须保卫自己在该地区的政治、经济和军事利益。

用官方语言来讲，美国在中美洲的目标就是捍卫民主。1913年，威尔逊总统发表了著名的言论，表示他会"教南美洲共和国如何选出正确的领导人"。[①] 但

---

① 摘自1913年11月13日，与英国外交部的代表威廉·泰瑞尔（William Tyrell）爵士之间的对话。阿瑟 S. 林克（Arthur S. Link），伍德罗·威尔逊，第2卷，《新自由》（*The New Freedom*）（新泽西州普林斯顿：普林斯顿大学出版社，1956年），第375页。

拉美的军政府却另有想法。此外，美国对该地区实行的民主举措，通常要让位于另一个主要任务——实现政治稳定和保护美国利益。20 世纪 60 年代初，肯尼迪总统如此描述了中美洲的困境：

按优先顺序排列，针对这三种可能性：体面的民主政权，延续特鲁希略政权（多米尼加共和国的右翼独裁政权）或卡斯特罗政权（古巴的左翼独裁政权）。我们应该先锁定第一个目标，但在我们确信自己能够避开第三种情况之前，我们真的无法放弃第二个目标。①

美国的问题就在于缺少肯尼迪所谓的"体面的民主政权"。这一地区的继任政府只能从类似特鲁希略和卡斯特罗的政权之间做出选择，它们最终都会站到特鲁希略这一边，而后宣布自己也是"自由世界"的一员。美国的确还反对过民主选举出来的改革派政府，例如危地马拉在 20 世纪 50 年代的哈科沃·阿本斯（Jacobo Arbenz）政府。

古巴在 1959 年革命后成了美国眼里容不下的一颗沙子。与拉美其他的革命者不同，卡斯特罗拒绝接受古巴与美国之间的不平等关系（这种关系始于 1898 年美国从西班牙手中夺取古巴之时）。黑手党和美国公司控制了大部分古巴经济部门。哈瓦那最有权势的人就是美国大使。卡斯特罗坚持要求以有偿方式将美国产业收归国有（由政府接管），并根据社会主义路线重新调整古巴经济结构。②在与美国的对话陷入僵局时，卡斯特罗同苏联达成了贸易协议，以古巴蔗糖换取苏联的石油和机械。

还没有受过这般忤逆的美国就采取了经济禁运的制裁手段加以报复，还断绝了与古巴的外交关系。之后还策划颠覆卡斯特罗政权，并在 1961 年的猪猡湾遭遇惨败（见第 4 章）。中情局试图暗杀卡斯特罗，但后者却在苏联的协助下巩固了政权。1962 年的古巴导弹危机导致美国向苏联许下了不侵犯古巴的承诺，但继

---

① 摘自亚瑟·M. 小施莱辛格（Arthur M. Schlesinger Jr.），《一千天——约翰·F. 肯尼迪在白宫》（*A Thousand Days：John F Kennedy in the White House*）（波士顿：霍顿·米夫林出版公司，1965 年），第 769 页。

② 卡斯特罗提出要为美国财产支付补偿，但仅以企业提交的税收数据作为补偿根据。但美国公司却认为应该以它们所记录的账目为补偿依据。斯蒂芬·E. 安布罗斯（Stephen E. Ambrose），《全球化崛起：1938—1970 年的美国外交政策》（*Rise to Globalism：American Foreign Policy，1938—1970*）（纽约：企鹅出版社，1971 年），第 269 页。

任美国政府，无论是民主党还是共和党当政，都没有办法忍受自己"后院"存在其他激进政权，有一个古巴就已经够美国焦头烂额了。

尼加拉瓜

中美洲的另一起重大革命暴力运动于20世纪60年代在尼加拉瓜爆发。在1972年夷平马那瓜（该国首都）大部分地区的特大地震之后，该国局势更为动荡不稳。尼加拉瓜的统治者是索摩查（Somoza）家族，他们于20世纪30年代初期在美国海军陆战队的帮助下（1911—1932年，美国在尼加拉瓜断断续续地派遣了驻军），掌握了该国政权。富兰克林·罗斯福总统评论称，这个王朝的创始人安纳斯塔西奥·索摩查·加西亚（Anastasio Somoza García）是一个"畜生，但（他）是我们的畜生"。[①] 索摩查·加西亚的贪婪无度恶名远扬。该家族的末代统治者小安纳斯塔西奥（Tachito）于1979年逃离出境，带走了约1亿~4亿美元，其中多数是盗用国库的资金。

1972年的大地震更是暴露出了索摩查家族及其私军国民警卫队的贪婪。他们很早就参与了夺取土地和进行黑色交易的行为——包括拿工程回扣、妓院、赌博和课税等。当该国首都遭到致命重创时，国民警卫队的所有军规法律顷刻颠覆。这些士兵公开掠夺物资，索摩查及其官员在处理用于救济地震难民的外国捐赠财物时，私吞了大笔钱款，还倒卖了赈灾物资。

到1974年时，索摩查树敌众多，其中包括罗马天主教会和中产阶级，这两者都无法原谅他在地震后的作所作为。1978年1月，索摩查的职业杀手暗杀了佩德罗·杰奎因·查莫罗（Pedro Joaquin Chamorro）这名敢于公开针砭时弊的《新闻报》编辑。查莫罗被杀害事件激发了针对索摩查的大规模抗议活动。1977年，吉米·卡特总统上任并将人权放在首位时，索摩查再也无法指望美国帮他摆平国内叛党了（不过美国依旧向他出售军火）。国卫警卫队处决了上千人，但此时已经太晚了。叛军已经形成气候，索摩查大势已去，无法靠血腥镇压来挽回政权了。

尼加拉瓜的暴乱于1979年6月被美国公众知晓，因为尼加拉瓜国民警卫队

---

① "我是钱普"（I'm the Champ），《时代》周刊关于索摩查的报道，1948年11月15日，第43页。

308

逮捕了 ABC 新闻记者比尔·斯图尔特（Bill Stewart），还强迫他下跪并处决了他。斯图尔特的摄像人员将这一幕拍摄下来，并于数小时后在美国电视台播放。此时卡特政府才切断了与索摩查的军火交易。一个月后，也就是 1979 年 7 月，将国库洗劫一空的索摩查逃离了尼加拉瓜，留下一个惨遭浩劫的国家。该国死亡人口约 4 万~5 万人，20%人口无家可归，还有 4 万儿童沦为孤儿。该国工业基础沦为废墟，索摩查主义者的掠劫令这个国家背上了 15 亿美元的外债。

革命联盟桑地诺解放阵线进入索摩查总统府，并掌握了国家政权。桑地诺解放阵线的名称起源于奥古斯托·桑地诺（Augusto Sandino），他是 50 年前被第一任索摩查领导人杀害的革命者。卡特并不待见这个左翼政党，但还是提供了适当的援助，以便向该国施加一定的影响。但随着尼加拉瓜革命持续左转，遭遇幻灭的卡特中断了对尼加拉瓜的所有经济援助。

桑地诺解放阵线建立了新的国家秩序，包括将土地收归国有，实行新闻审查制度，关押政治犯，推行工业国有化政策，建立军事化政府，并实行保密的选举流程。但他们也扩大了医疗保健服务，施行了一定的言论自由举措，展开扫盲运动，重新分配土地，在经济发展过程中保留了半数私营产业。总之，桑地诺解放阵线政府成了一边巩固权力，一边解决紧迫的社会和经济问题的典型革命事例。

美国和尼加拉瓜之间的博弈于 1981 年，也就是里根总统上台后开始升级。里根取消了针对尼加拉瓜的所有援助，并展开了颠覆桑地诺政权的中情局秘密行动，因为后者收取了东欧共产主义国家（尤其是苏联）的援助（但也得到了法国和西德等西欧国家的援助），这在美国看来是十恶不赦的大罪。此外，在 1981 年 3 月之前，桑地诺政权还向附近的萨尔瓦多左翼叛军送去了少量军火。在里根政府看来，桑地诺政权已经成了苏联在中美洲扩张的先锋。

中情局组建了反对桑地诺政权的"尼加拉瓜反抗军"，并向他们提供了军火。反抗军的领导人是前国民警卫队成员，因为与索摩查沾亲带故，所以在尼加拉瓜不得人心。里根不得不大费周章地向国会和美国公众介绍尼加拉瓜反抗军，试图说服美国人支持他援助这支军队，但在越战之后，美国社会就十分警惕自己的国家再次被卷入一个陌生国度中的内战。但当桑地诺政府的中心人物丹尼尔·奥尔特加（Daniel Ortega）飞往苏联寻求经济援助时，美国国会就批准了对反抗军的财政援助计划，但这种援助只能用于"人道救助"而不是军事目的。

里根政策的目的就是对桑地诺政府施压，直到他们"跪地求饶"。有许多拉美国家，所谓的孔塔多拉集团（包括墨西哥、巴拿马、哥伦比亚和委内瑞拉）则要求以政治协商方式进行解决。这个集团提议所有外国（包括古巴、苏联和美国）顾问和士兵离开中美洲，也就是让该地区实现政治和军事中立。孔塔多拉集团还指出美国的中美洲军事遏制政策只起到了反作用——到1981年，桑地诺军队的规模扩大了一倍，萨尔瓦多革命者的军力也增加了3倍。

桑地诺政权宣称他们愿意服从孔塔多拉集团的解决方案；但里根政府却拒绝了这个主张，因为该方案会导致桑地诺政权继续执政。里根指派中情局在邻国洪都拉斯武装和培训尼加拉瓜反抗军。中美洲就此成为另一个东西对抗的第三世界战场。在1983年4月的国会讲话中，里根将尼加拉瓜与全球冷战联系起来：

如果中美洲落入共产主义怀抱，我们在亚洲、欧洲的地位将如何？像北约这样的联盟又会出现什么后果？……我们的信誉就会崩塌，我们的联盟就会瓦解。①

虽然有美国的援助，尼加拉瓜反抗军还是没有取得军事上的重大进展。他们缺乏民众基础，几乎没有打败桑地诺军队的胜算。鉴于公众反感美国介入尼加拉瓜事务的舆情，美国国会暂时中止了对反抗军的援助。里根决定通过其他途径为其提供资助，于是就催生了畸形的"伊朗-尼加拉瓜反抗军事务"。国家安全委员会的官员制定了一项复杂的计划，即通过以色列中间商，将向伊朗秘密和非法销售导弹的所得利润转账给尼加拉瓜反抗军。负责通过白宫地下室执行这一操作的奥利弗·诺斯（Oliver North）上校，还从私人捐赠者和友邦政府那里筹集资金——这一切都违反了国会关于禁止向尼加拉瓜反抗军提供进一步军事援助，以及同伊朗进行交易的法律规定。这些非法的秘密操作于1986年11月被公诸于世，成了人们热议多年的消息（堪比尼克松时代的水门事件），因为这些事情引发了关于伦理、法律和权力的许多问题。尽管里根持续为自己辩护，早前还对援助尼加拉瓜反抗军一事颇为犹豫的国会，这一次却坚定地拒绝再提供军事支持。1986年6月，世界法院（荷兰海牙国际法院）首次对美国做出判决，裁定美国违反国际法，开采尼加拉瓜的港口，并试图颠覆其主权政府。

在1987年，哥斯达黎加总统奥斯卡·阿里亚斯（Oscar Arias）发起了一个新和平计划，赢得了5个中美洲国家领导人的赞许。阿里亚斯计划要求这些国家停战，进行大赦，实现新闻自由、自由选举，停止一切外来军事援助，并削减军

---

① 里根出席国会联席会议的讲话，《纽约时报》，1983年4月28日，第A12页。

力。无条件地接受阿里亚斯和平计划，让奥尔特加赢得了对抗美国的外交胜利，令孤立的尼加拉瓜反抗军走向了末路。

但奥尔特加的问题还远未结束，桑地诺政府现在要处理的危机是远比尼加拉瓜反抗军或美国更能威胁其生存的危机——经济衰退。索摩查洗劫国库、与尼加拉瓜反抗军开战、美国贸易禁运、失去外国信贷、恶性通货膨胀以及桑地诺政府本身管理不当，都是造成经济衰退的原因。尼加拉瓜人均 GNP 急剧下滑，从 1980 年的 1000 美元降至 1993 年的 340 美元。[①]

1990 年 2 月，桑地诺政府以身犯险，进行了一场自由无限制的选举。但结果却出乎他们的意料，由比奥莱塔·查莫罗（Violeta Chamorro，索摩查于 1978 年暗杀的《新闻报》发行人的遗孀）领导的 14 个反桑地诺政党组成的联盟赢得了国民大会 90 个席位中的 52 席。10 多年的战争和贫困，让人们对桑地诺政府失去了信心。奥尔特加勉强接受了选举失败的结果，并同意将其执政根基——7 万桑地诺军队移交给新政府。

查莫罗采取了中间派立场和安抚政策，同时也密切关注着军方（当时的军队首领仍然是桑地诺军官）以及前尼加拉瓜反抗军的动向。虽然和平（至少是结束了公开战争）的确为国民带来了好处，但无能的查莫罗政府却并没有推进经济改革或者让尼加拉瓜摆脱困境的打算。该国依旧严重依赖有限的外国财政援助。同时，政治暴力运动依旧此起彼伏，因为一些"卷土重来"的革命者（左翼的前桑地诺士兵和右翼的前尼加拉瓜反抗军）之间的斗争仍未结束。尼加拉瓜依旧是个萎靡不振的国家，约 60% 人口生活贫困。在 20 世纪末，它成了西半球最穷的国家。奥尔特加试图重获总统大权，并于 2006 年第三次参选。他在国内事务上更为保守，在对外政策上依旧保持着明显的反美倾向。

萨尔瓦多

20 世纪 70 年代初的萨尔瓦多也出现了同尼加拉瓜相似的一幕。该国农村出现了意在推翻寡头政府的叛乱，该政府主要由 14 个大家族构成。寡头统治者和前经济部长豪尔赫·索尔·科斯特拉诺斯（Jorge Sol Costellanos）对萨尔瓦多的

---

① 世界银行，《世界发展报告：一体化世界中的工人》（*World Development Report*: *Workers in an Integrating World*）（纽约：牛津大学出版社，1995 年），第 162 页。

阶级结构定义如下：

它不同于贵族统治，虽然我们也的确存在这种现象。它是一种寡头统治，因为这些家族掌握并经营着萨尔瓦多几乎所有能够获利的产业。咖啡令该国在 19 世纪末产生了寡头政治，从此该国经济发展就被寡头所掌控。①

索尔还指出 14 个大家族（或者更准确地说是宗族）控制了 70% 的私人银行、咖啡种植、糖厂、电视台和报纸。1984 年，萨尔瓦多每年人均 GNP 约 710 美元（穷人所得还不及这个数目），约为美国 GNP 的 6%。

萨尔瓦多革命始于 40 年前的事件。1932 年，不断恶化的经济形势（受到美国经济大萧条和农产品价格下跌的影响）以及由奥古斯汀·法拉本多·马蒂（Augustín Farabundo Martí）领导的共产主义运动，导致该国爆发了农民起义。缺乏组织和军火成了这些农民的致命伤，毕竟拿大刀的农民根本不敌荷枪实弹的军队。在数天时间中，由马克西米利亚诺·埃尔南德斯（Maximiliano Hemández）上将领导的军队就屠杀了 3 万农民，马蒂也因此被俘和处决。但这场起义却深深嵌入了这个国家的集体记忆之中。埃尔南德斯同时成了解放和镇压的标志，对萨尔瓦多产生了深远的影响。

1932 年的大屠杀令这个国家产生了令人不安的稳定假象，直到 1972 年全国大选才打破了局面。基督教民主党的平民候选人何塞·拿破仑·杜阿尔特（José Napoleon Duarte）及其竞选队友吉伦莱诺·翁戈（Guillenno Ungo）提倡重新分配土地，并就此击败了军方候选人。心有不甘的寡头政治和军队将领逮捕了杜阿尔特，对他严刑拷打之后，将他驱逐流放。

军队派遣敢死队不加选择地展开屠杀，总计杀害了成千上万名男女老少。1980 年 3 月，圣萨尔瓦多（萨尔瓦多首都）的罗马天主教大主教奥斯卡·阿努尔福·罗梅罗（Oscar Arnulfo Romero）在做弥撒时被人射死在圣坛上。中情局十分清楚这些刺客的底细，知道他们是罗伯托·道布伊松（Roberto D'Aubuisson）的敢死队成员。中情局告知里根政府，道布伊松是"富裕地主的主要亲信，也是杀害了上千名疑似左翼分子和左翼分子同情者的右翼敢死队指挥官"。中情局指出道布伊松还参与了非法毒品交易、走私军火和杀害罗梅罗等事件，甚至还提供

---

① 保罗·希斯·霍费尔（Paul Heath Hoeffel），"寡头失势"（The Eclipse of the Oli-garchs），《纽约时报杂志》，1981 年 9 月 6 日，第 23 页。

了挑选刺客的详情。① 里根政府并没有宽恕道布伊松的罪行，却继续支持了他的政府。

解放神学

罗梅罗遇害事件令拉美的主要政治趋势急剧转向。在 20 世纪 60 年代，传统上主张维持原状的天主教会开始重新审视自己的使命。许多神职人员开始致力于改善虔诚教徒的物质生活状况，尤其是农村的牧师，他们发现自己根本无法一边向信徒宣扬永生的救赎，一边无视他们遭遇的暴力和欺凌，结果就产生了传统的神职人员与像罗梅罗一样倡导"解放神学"的教士之间的分歧。这场运动或许可以追溯到教皇约翰二十三世、教皇保罗六世和第二次梵蒂冈议会（1963—1965）的通谕。1968 年，150 名拉美天主教主教参加了在哥伦比亚的麦德林举行的第二次代表大会。巴拿马大主教马科斯·G·麦格拉思（Marcos G. McGrath）表示教会的使命就是"将永生的救赎与现世的正义革命行动相结合"。② 这些主教批评了导致下层阶级陷入贫困和挨饿的"惯性暴力活动"，以及牺牲穷人来获利的外国投资者。但他们的批评对象除了资本主义还有马克思主义，因此他们寻找的是第三种出路。他们宣布资本主义和马克思主义都是有辱人类尊严的思想。资本主义以资本为首……目的是追逐利益，而马克思主义虽然在意识形态上看似具有人道精神，但它关心的是作为集体的人，在实际行动中又会转变成一种极权的国家集权主义。③

在农村的教士组建了基本社区和合作社，帮助改善当地人民的生活状况，后者常年遭遇警察和军队的暴行，被贫困、文盲所困，并且缺乏医疗设施。当拉美主教第三次代表大会于 1979 年在墨西哥普埃布拉召开时，拉美大部分地区的政坛已经出现了激进派教会的身影。"解放神学"运动谴责了国家和游击队的暴力

---

① 克利福德·克劳斯（Clifford Krauss），"文件称美国明知杀戮真相，还与萨尔瓦多右翼分子密切往来"（US Aware of Killings, Kept Ties to Salvadoran Rightists, Papers Suggest），《纽约时报》，1993 年 11 月 9 日，第 A9 页。

② 马科斯·G. 麦格拉思（Marcos G. McGrath），"Ariel or Caliban?"《外交事务》（1973 年 10 月），第 85，87 页。

③ 摘自该主教的"正义文件"，马科斯·G. 麦格拉思（Marcos G. McGrath），"Ariel or Caliban?"《外交事务》（1973 年 10 月），第 86 页。

行为、资本主义和马克思主义，但其最大的直接攻击目标是企业，严厉指责这些企业所谓的贫穷是经济发展的必然现象，资本主义可以消除贫困这类说辞。

玛利诺外方传教会修女伊塔福特和其他 3 位修女于 1980 年在萨尔瓦多遇害之前不久，曾经指出"基督教的基层社区是拉丁美洲军事独裁势力的最大威胁"。这正是军事独裁者，尤其是萨尔瓦多统治者所持有的观点。早在 1972 年时，萨尔瓦多的敢死队就开始谋杀神职人员，有时候会肢解他们的尸体，以达到杀一儆百的目的。寡头政治斥责教士是共产党，并煽动人民要"爱国——杀死教士！"在介于麦德林和普埃布拉大会之间的年份（1968—1979），军政府或其亲信在萨尔瓦多杀害、折磨、逮捕或驱逐了约 850 名修女、主教和牧师。罗梅罗大主教遇害是解放神学运动的捍卫者遭遇的最大暴行。[1]

············

里根政府忽略了萨尔瓦多暴行的社会、经济和政治根源，它更情愿认为这场暴乱起源于外部势力干涉。它认为法拉本多·马蒂民族解放阵线（马解阵线）组织的叛党是一个与尼加拉瓜、古巴以及苏联有染的共产主义威胁。它强化了军事举措，但自始至终都在佯装寻求政治解决方案。在美国的监督下，萨尔瓦多展开了总统选举，并在 1979 年选举中令杜阿尔特重新上台。然而，让杜阿尔特掌权却只不过是美国装点门面的幌子，因为如果没有他，美国就找不到为该国提供军事援助的合理借口。杜阿尔特当选让里根政府得到了底气，辩称萨尔瓦多正在推行改革，其军队的人权记录正在改善。但该国的暴力运动在选举之后仍未停歇，时运不济的杜阿尔特根本无力结束这种局面，敢死队还是在暗中执行一些不能见光的任务。

到 1989 年时，萨尔瓦多已经历了 9 年战争，虽然得到了美国的 33 亿美元经济援助，但这个国家还是没有什么变化。该国游击队（被一名观察者称为"南美最训练有素，最有组织纪律和献身精神的马克思列宁主义叛军"）控制了该国

---

① 威特·拉菲伯，《不可避免的革命：美国在中美洲》（*Inevitable Revolutions: The United States in Central America*）增订版，（纽约：W. W. 诺顿出版社，1984 年），第 219-226 页；蒂娜·罗森博格（Tina Rosenberg），《该隐的孩子：拉丁美洲的暴力和暴力分子》（*Children of Cain: Violence and the Violent in Latin America*）（纽约：企鹅出版社，1992 年），第 219-270 页。

1/3 的土地，并不时进攻首都和其他地方，从而引起了世人关注。①

1989 年 11 月，一支敢死队闯进了 6 名耶稣教士的屋子，杀死了这些在天主教大学任教的人员，以及他们的厨师和女儿。新选举的总统阿尔弗雷多·克里斯蒂亚尼（Alfredo Cristiani）是右翼的萨尔瓦多民族主义共和联盟（National Republican Alliance Party）候选人，该政府接受了美国的军事援助，并向华盛顿保证会针对该案展开彻底调查，将凶手绳之以法。1990 年 1 月，该政府逮捕了 8 名军人，指控他们谋杀了教士。该案的元凶被定罪，但又于 1993 年 4 月在特赦令之下被释放。

1989 年 3 月，萨尔瓦多民族主义共和联盟同意参与竞选。萨尔瓦多民族主义共和联盟在该年 11 月的暴行，让乔治 G. 布什政府隐隐担心他们的军事行动会不会获得成功。民族主义共和联盟只有在保证与国际共产主义画清界线的情况下，才有可能得到美国的军事援助，在冷战濒于终结之时，美国威胁要停止援助萨尔瓦多的消息变得更加可靠，民族主义共和联盟也变得更容易妥协。

1990 年 5 月，苏联和美国同意支持联合国安排的萨尔瓦多和平谈判，最终于 1992 年 1 月达成了和平协议。该协议结束了一场恶战，在过去 12 年中有将近 8 万人因此丧命。针对让叛军解散军队的协议，叛军要求政府保证承认马蒂民族解放阵线的合法政党地位，并在两年内裁减一半的萨尔瓦多军队。该协议还要求进行土地改革，以及司法和选举改革，并组建了联合国真相委员会，调查该国践踏人权的情况。

在这些践踏人权的事件中，最骇人听闻的是发生在 1981 年 12 月的大屠杀，超过 700 位农民（不支持叛军的福音派基督教徒）在偏远村落厄尔蒙左提（El Mozote）死于美国训练的精英部队"阿特拉卡特营"（Atlacatl Battalion）之手。1982 年，里根政府多次愤怒地否认曾经存在这场大屠杀，不过里根政府实际上非常了解真相。在萨尔瓦多，厄尔蒙左提依旧是军队免于因侵犯人权而受到追责的靠山。② 真相委员会的调查报告有充分证据表明，这场大屠杀由军官和右翼敢死

---

① 詹姆斯·勒莫因（James Le Moyne），"被遗忘的萨尔瓦多战争"（El Salvador's Forgotten War），《外交事务》（1989 年夏季），第 106 页。

② 马克·丹纳（Mark Danner），"厄尔蒙左提的真相"（The Truth of El Mozote），《纽约客》，1993 年 12 月 6 日，第 50—133 页；后以图书形式出版，名为《厄尔蒙左提大屠杀》（*The Massacre at El Mozote*）（纽约：兰登书屋，1994 年）。

队执行，但民族主义共和联盟政府无视了这个事实。该政府在 1994 年通过了一项法律，赦免了所有军官——虽然有无可辩驳的证据表明他们参与了厄尔蒙左提的大屠杀。对萨尔瓦多来说，由平民控制军权（民主政府的基本原则）依旧是遥不可及的目标。

1984 年 5 月，在美国国会威胁要中止援助的压力之处，有 5 位国民警卫队军人因 1980 年谋杀了 4 名美国修女而被定罪。这是萨尔瓦多史上第一起军人因为这种罪行而被送审的案件。但那些下达命令的始作俑者，例如国民警卫队指挥官欧亨尼奥·维德·撒桑诺瓦（Eugenio Vides Sasanova）以及国防部长何塞·吉列尔莫·加尔卡（José Guillermo García）因大赦而逃过了起诉。他们隐退到了美国佛罗里达州，在美国法律之下接受审判，但针对他们的起诉却无法判定他们与犯下谋杀罪的凶手存在直接关联。

拉美毒品交易

从 20 世纪 70 年代初开始，美国总统尼克松首次在美国展开"反毒品战争"，之后历届美国政府都大力投入资金打击毒品交易，但收效甚微。其主要关注点就是禁止毒品从拉美，尤其是从哥伦比亚流入美国。哥伦比亚在 80 年代的毒品卡特尔（垄断企业）极为闻名，承包了美国市场 80% 的可卡因交易。可提取可卡因的古柯树，在哥伦比亚、玻利维亚和秘鲁等赤道地区生长繁茂。古柯为当地农民创造了经济来源，同时也造成了执法机关腐败，收受犯罪集团贿赂的现象。麦德林市的毒品卡特尔的运作方式就像大型跨国企业一样。美国药品执法局官员统计称在 20 世纪 80 年代期间，该市每年毒品交易利润高达 50 亿美元，成千上万的人（包括古柯种植者、加工者、配送员、政客、警察和法官）从中获利。如果无法用贿赂买通相关人员，毒枭就会诉诸恐吓和暴力手段迫使对方屈服。

1989 年 8 月，哥伦比亚政府高调向该国的毒品卡特尔宣战。该国总统比尔希略·巴尔科·巴尔加斯（Virgílio Barco Vargas）下令军队采取行动，烧毁古柯树，摧毁毒品加工设施，并没收了毒枭头目的房产。这些卡特尔的反应就是枪杀政客和法官。1989 年 11 月，麦德林卡特尔宣布他们引爆了一架哥伦比亚喷气班机，杀害了 107 名机上人员。次月，它又引爆了积极参与反毒斗争的国家安全局总部，用半吨炸药摧毁了六层楼的总部，造成 52 人死亡，约 1000 人受伤。

这些毒枭最恐惧的是该国与美国达成的引渡协议，因为该协议允许在美国审判他们的罪行。1987 年 2 月，卡洛斯·莱德（麦德林卡特尔的一名创始人，拥有约 25 亿美元）落网，并被引渡到美国，各种罪行加起来被判处了 135 年监禁。

在克林顿在卡塔赫纳中途收手的事件发生三年之后，布什政府又引进了一个颇具雄心抱负的反毒运动"哥伦比亚计划"，在美国的支持下，哥伦比亚政府根据该计划向哥伦比亚革命武装力量（FARC）发起了进攻。哥伦比亚国防部长宣布"风向已经转变，胜利就在眼前"。并补充表示"不会出现一场大战役和滑铁卢的结果"。① 这只是一种委婉的说法。FARC 继续开展活动，即使是其创始人曼纽尔·马鲁兰达（Manuel Marulanda）于 2008 年 3 月亡故（享年 77 岁）时也不例外。

从尼克松展开反毒品战争以来，这场运动几乎没有什么实质性的收获。在美国，这场斗争的结果就是造成监狱囚犯数量大幅增长（人均水平和世界绝对人数都居于领先地位）。化学药品喷洒古柯田和摧毁毒品实验室并非理想的成功衡量标准，人们很快又重新种植古柯，重建了实验室（通常只是临时搭建的棚屋）。这场反毒运动中的一名联合国专家宣布："哥伦比亚是世界唯一需要解决 10 次才能根除问题的国家。"

毒品贩卖持续冲击全球市场，导致这些毒品价格稳步下降。在美国，可卡因价格从 20 世纪 80 年代初的每克 600 美元跌至 90 年代中期的 200 美元以下，到 2005 年已经跌至 100 美元左右。全球需求不断增长（尤其是在欧洲），但毒品交易（无论是在哥伦比亚、危地马拉、墨西哥，还是阿富汗）总有办法满足需求。

2008 年 6 月，世界卫生组织报告称美国虽然颁布了严厉打击毒品的法律，但其人均可卡因（以及大麻）用量却在世界各国中遥遥领先。美国的大麻人均用量居然比荷兰还多两倍，要知道在荷兰吸食大麻是合法行为。

原本是为了便利墨西哥与北美之间商品流通的《北美自由贸易协定》，就这样变成了走私毒品的优惠政策。墨西哥成了转运毒品的中心，以及毒品卡特尔构建其毒品帝国的战场。2005 年，运毒司机（通过 500 万辆卡车，以及 9200 辆汽车）运载小包装的毒品，从墨西哥边境进入美国。

---

① "只许获胜，不许失败"（Victories，but No Waterloo），《经济学人》，2004 年 7 月 15 日。

而反毒品战争的成本却不断攀升。这场运动展开 40 年后，现在每年的成本可能高达 400 亿美元。美国在这场失败的战争中投入的成本相当于越战的损失（2007 年达到 6000 亿~8000 亿美元）。①

巴拿马通道

乔治·布什上任第一年，就与巴拿马的军事强人曼纽尔·诺列加（Manuel Noriega）展开了一场口水战。巴拿马原来也是美国的一个盟友，现在却被怀疑是哥伦比亚毒品流向美国的通道。在反抗桑地诺解放阵线的战争中，诺列加也拿过中情局的薪酬，后者曾每年为其支付 25 万美元，以换取加勒比海地区的情报。里根政府对诺列加侵犯人权的行径睁只眼闭只眼，针对诺列加折磨和杀害反对派，在国内烧杀劫掠，经营妓院，非法交易毒品，并且（于 1984 年）在选举中舞弊的行为，美国选择了视而不见。但在 1987 年，当美国得知诺列加行为越界，还同时向古巴的卡斯特罗提供情报时，它就无法坐视不理了。卡特总统派遣到巴拿马的特使安布勒·摩丝（Ambler Moss）表示诺布加"同任何人——包括我们、古巴人还有其他国家都能做生意。我们曾将他称为租赁上校"。布什总统可不能容忍这种背叛，他指控诺列加也参与了国际毒品卡特尔的活动。但早在里根掌权时，美国就已经得知诺列加与毒品交易脱不了干系。②

诺列加不肯屈从美国要求他下台的压力，还将自己标榜为被"北方大国"所欺凌的拉美小国斗士。1987 年，美国坦帕市和迈阿密市的大陪审团控告诺列加参与非法毒品交易的行为。在 1989 年圣诞前夕，布什派遣了 2 万大军将诺列加缉拿归案。这场正义行动的确抓到了这名罪凶，但美国也为此付出了昂贵的代价。

① 胡安·福雷罗（Juan Forero），"哥伦比亚古柯躲过了美国的铲除计划"（Colombia's Coca Survives U. S. Plan to Uproot It），《纽约时报》，2006 年 8 月 19 日；肯恩·狄尔莫塔（Ken Dermota），"落雪"（Snow Fall），《大西洋月刊》，2007 年 7 月/8 月，第 24-25 页；约旦·史密斯（Jordan Smith），"美国的大麻、可卡因、香烟消费排名第一"（U. S. Ranks #1 in Consumption of Pot, Cocaine, Smokes），《奥斯汀编年史》（Austin Chronicle），2008 年 7 月 23 日。

② 蒂姆·科利（Tim Collie），"诺列加全面突破，奋力攀升"（Noriega Played All Angles in Ascent），《坦帕论坛报》，1989 年 12 月 25 日，第 22A、25A 页。

数百名巴拿马人（多数为平民）以及 23 名美国士兵死于这场战斗，还造成了巴拿马城的财物受到破坏，商店遭到洗劫，小型商户总计损失达 10 亿美元。

入侵巴拿马是美军 1945 年以来的首次海外军事干预行动，它并不以反共为出兵理由，这是冷战开始降格的一个标志。但布什还是直接站到了苏联领导人米哈伊尔·戈尔巴乔夫的对立面，后者宣称没有一个国家可以占据法律或道德的制高点而干涉他国的内政。

在迈阿密，一身戎装的诺列加站在联邦法官面前，声称自己只是一个"战俘"。法官则认为他是一个普通罪犯。1992 年 4 月，诺列加因多项指控被定罪，包括收受麦德林卡特尔的百万美元贿赂，并被判处长期徒刑。他成了第一位在美国法院被判罪的外国元首。他于 2008 年 9 月出狱，但他的麻烦却远未终止。他在法国又接受了一轮审判，当时他在没有出庭的情况下，因洗钱而被判处 10 年监禁。2011 年 12 月，他又回到巴拿马继续坐牢。

第十五章
中华人民共和国

20 世纪是一个交织着社会经济试验以及剧变的时代，作为世界第一人口大国，中国同时具备了这两个特征。中国共产党为改造旧中国的顽疾所付出的努力的确值得研究，不仅仅因为这是一项规模庞大的任务，更因为中国新领导人持久的毅力和决心。

香港回归

二战后，英国殖民统治地区香港一跃成为新兴的亚洲资本主义金融中心。英国于 19 世纪通过"炮舰外交"将香港从中国强行租借出来，在中华人民共和国成立后依旧用殖民统治的方式控制着这一地区。中华人民共和国成立初期，因国际环境的影响，让香港回归的条件尚不成熟。最后中国政府决定采用务实主义的观点来看待英国在香港的殖民统治，认为香港是中国与西方保持经济往来的某种机遇。

英国的香港总督在此管理了一个蓬勃发展的经济体，据称香港是当时世界上最自由的地方之一。作为金融、贸易和保险中心，香港在 20 世纪 80 年代也实现了高度工业化发展。欣欣向荣的商业环境吸引了大批西方国家和日本的投资者，进一步刺激了这个地区的经济增长（1980 年至 1992 年的平均增长率为 5.5%）。虽然香港存在大量贫困人口，但其人均 GNP 在 1992 年达到了 15360 美元。香港用财富堆起了一地繁华，高楼大厦凌空而起，路面上车水马龙，挥霍无度的消费者摩肩接踵。

20 世纪 70 年代，伦敦和北京开始讨论 1997 年香港回归的问题。国际商业利益集团开始担心自己在香港的投资，若造成外资撤离香港，有可能引发一场金融混乱，英国迫切需要得到中方承诺有序过渡的早期协议。而中国政府也希望保持香港的金融优势，因为它对中国经济的发展具有重要作用。

1984 年，中英发表联合声明，拟定了 1997 年香港回归的框架方案。它规定香港将作为中华人民共和国的特别行政区，拥有高度的自治权，维持香港经济现状 50 年不变。香港通过这种方式保持了稳定。该协议还规定香港地区的华人（占人口 98%）将在回归之后自动成为中国公民，但他们可以在此日期前自由离开香港。

随着回归之日渐渐到来，这个协议产生了效果。香港的经济发展不但没有出现衰退，外资和国内的投资还出现了增长。在 1996 年，距离回归仅有一年时间时，香港政府还将创下历史纪录的 210 亿美元投资金额投入了一系列新项目中，包括新的香港国际机场，通向机场的高速铁路，新建的超级高速公路以及港口隧道等。

但就算投资者仍然对香港的前途满怀信心，还是有许多香港居民表示出了悲观情绪。在 20 世纪 80 年代末，每年约有 5 万人迁出香港（主要迁往加拿大、澳大利亚和美国）。大笔财富和受过良好教育的香港居民的外流现象，反映出香港人对回归后香港地区情况的不确定感。政府也做出了大量努力以安抚香港人民。

1997 年 7 月 1 日，人们终于盼到了香港回归祖国的这一天。这个主权交接仪式既是中国举国相庆的盛典，又是英国怀旧伤感的时刻（它见证了日不落帝国时代在亚洲的终结）。不过从许多方面来看，香港从英国殖民统治地区过渡为中华人民共和国的特别行政区，整个过程还算顺利，香港也保持了继续繁荣发展的势头。

之后中国又迎来 1999 年末恢复对澳门行使主权的重要时刻。除了台湾问题，中国与印度、越南以及中国南海仍然存在领土争端。

凭借不断扩大的经济规模，中国实现了多年韬光养晦的夙愿。在中国人看来，这个国家正在重归大国、强国的体面地位。2008 年夏季，中国举办了声势浩大、举世瞩目的北京奥运会，向世界展示它的新实力。

中国西部自治区

中国分布广泛的铁路系统加强了西部两个主要民族——维吾尔族和藏族与全国其他地区的联系。到 2000 年，新疆维吾尔自治区首府乌鲁木齐市早已开通铁路；到 2003 年，铁路已延伸到喀什这座更偏远的西部边陲城市。

2006 年，西藏自治区首府拉萨市的铁路通车。这是世界上海拔最高的铁路，也是一个跨越数百英里终年冻土，在超过 1.3 万英尺海拔上建设起来的工程奇迹。2006 年 7 月 1 日，在中国共产党成立 85 周年纪念日这一天，从格尔木发车的首列火车行驶 700 英里，开向拉萨。这条铁路拉近了"世界屋脊"与中国其他地区的距离，加快了西藏的经济发展速度。

中国认为铁路是一个进步的象征。中国政府向西藏自治区输入大量资金，用于改善当地的基础设施——电气、通信、交通、农业、商业、公共教育和医疗保健。中央推进了教育改革，以便改善西藏普遍存在的文盲现象，帮助西藏人在新经济环境中找到更好的就业机会，摆脱贫困。总之，中国对西藏的投入远非三言两语就能道尽。历史上，这一地区实行由喇嘛统治、高度分层的封建神权政治，民众普遍是文盲，经济效率低下，就算不是彻底的奴隶社会，也依旧存在广泛的奴役现象。

第十六章
印度次大陆和东南亚

喜马拉雅山脉将世界上人口最密集的两个国家——中国和印度分割开来。第二次世界大战之后，印度面临很多中国也存在的社会问题，其中最为突出的就是不断激增的人口问题。印度次大陆上的印度、巴基斯坦和孟加拉等国家人口总和占世界的1/5。二战后，印度和次大陆其他人口密集国家均采取抑制人口快速增长的措施，提高人民生活水平。尽管这些国家都面临很多共同问题，但他们并没有和平共处。印度和巴基斯坦之间爆发多次冲突，同时两国还要应对国内严重的动乱问题。维持大批军队以应对国内外紧急事件，有限的国力资源被消耗殆尽。

要谈二战之后的印度就得谈人口和贫困问题。1947年印巴分治时期，印度的人口大约为3.5亿，此后印度人口以每年3%的速度持续增长。这意味着20世纪50年代其人口每年增加500万，60年代每年增加800万，70年代每年增加1300万。新德里一个电子展提醒印度人1992年7月中旬他们的人口达到8.68亿，每小时增加2000人，每天增长48000人，一年即增加1750万人。① 2000年，印度人口达10亿，几乎是1947年的3倍，2013年达13亿。而且，40%的印度人聚居在恒河流域，这里人口密度位居世界前列。尽管在20世纪80年代中期，印度有8个城市人口超过100万，80%以上的印度人依旧住在农村。

印度的首要任务是让所有本国人吃饱。政府将人口控制放在非常重要的地位。然而，印度的人口控制计划，在农村地区收效甚微。那些不怎么识字且迷信的村民依然墨守根深蒂固的古老观念：大家庭是福，代表着财富和安全。此外，印度人应对高婴儿死亡率的一个办法就是生更多的孩子。由于计划生育的实施，出生率略有下降，但死亡率也下降了，两者抵消。因此，人口过剩依然对印度经济构成了压力。

印度独立之后，食品生产稳步增长，但仅勉强满足需求。总的来说，产量的增长率略高于人口增长率。印度农业是以小规模、自耕自给农场为特色，这是单位面积产量最低的一种农业生产方式。农用设备不足、灌溉水源普遍短缺、传统

---

① "人口评论"，《巴尔的摩太阳报》，1992年7月12日，第2A页。

型的社会体系、大范围的营养不良增加了印度的社会问题。营养不良会让国家陷入一种恶性循环：营养不良和疾病导致农业生产力低下，低生产力反过来又导致贫困和饥饿。

同其他农业国家一样，印度富有的地主和广大贫困无地农民之间存在一条巨大的鸿沟。将土地分给儿子们又使得人均耕地过少，难以维持一家人的生计。因此，农民常常被迫借高利贷，以维持日常所需。农民往往又无力偿还债务，只好卖掉他的小块土地。结果是无地的人增加，有钱的人占地更多。

美国赞助的"绿色革命"（1965 年开始实施）和农业机械化增加了农产量。绿色革命引进了新研发的作物——高产品种小麦和水稻，以及种植新谷物的耕作技术（重点是灌溉）。[①] 1964—1972 年间，印度部分地区小麦和水稻产量翻了一倍。然而，事实证明绿色革命是一把双刃剑。印度这场革命仅惠及少数农民——能够负担新种子和新增灌溉设备、化肥以及种植这种高产作物的人工等支出的富裕地主。农村人口大部分是拥有小块土地、无地和旱地的农民，缺乏种新作物的资金或借钱途径。他们不仅不能从粮食增产中获益，实际上他们的利益还受到损害。产量增加降低了谷物价格，这意味着那些依然用传统方式耕作的农民收入减少了。绿色革命使富人更富穷人更穷。

农业机械化起初是要增加拖拉机的使用，起到的作用与绿色革命差不多。一方面，它有助于粮食产量的增加，另一方面，机械化只能使那些买得起昂贵的新设备的人受益。甚至，拖拉机的使用极大地降低了对务农人员的需求，减少了很多就业机会，增加了失业人员。越来越多的贫困印度村民被迫捡柴火和动物粪便当作燃料。所以，即便是发展也能滋生贫穷。

无地农民无法在农村谋生，就到城市去，但他们在城市里的生活比他们在村庄的生活好不了多少。孟买和加尔各答（1995 年和 2001 年由原来的 Bombay 和 Calcutta 分别重新命名为 Mumbai 和 Kolkata）有大量的人无家可归、衣食不保，许多人就住在大街上，死在大街上。20 世纪 80 年代中期，加尔各答有 1100 万人口，大约有 90 万人住在大街上，居无定所。

---

① 多谷少茎作物的开发是洛克菲勒和福特基金支持的长年科研成果。理想条件下，新研制的水稻作物每英亩粮食产量翻倍，生长周期减半。

印度经济发展

在独立之后的头 20 年里，印度工业产量增加，获得了一定成功。印度选择一种混合经济模式，像钢铁、采矿、运输和电力等重要行业实行国有化——也就是归政府所有和运作。1951 年，政府启动第一个五年计划，实现了增加工业产量的相对较小的目标。1961 年，第二个五年计划结束时，贾瓦哈拉尔·尼赫鲁总理承认印度"需要更多的五年计划，推动从牛粪能源时代进入原子能时代"。[1] 尽管一些大型现代化工厂建起来，但大部分印度工业规模小，缺乏现代设备。

印度经济总体增长稳定但增长率不是特别高。印度国民生产总值年均增长率保持在 3%~4%。[2] 工业部门受过教育的精英、技师、技工的收入与那些没有技术的劳动者以及传统部门的农民收入差距很大，许多没有工作的和未充分就业的城市居民更是如此。

印度为南方国家大多数问题所羁绊：缺乏资金、难以吸引外资、缺乏教育、缺乏技术。除此之外，或许印度还面临其独有的社会保守主义问题——传统的重压，特别是印度教宗教传统，印度人生活的多数方面都是围绕这一传统。古老的种姓制度残余妨碍着社会阶层流动和进步。印度民族和语言多样性也阻碍着现代化经济发展。然而，另一个阻碍印度经济增长的因素是持续不断的人才流失。许多接受海外教育的印度科学家和工程师选择不回国，留在西方国家，他们在这些国家可以享有职业发展机会、现代技术和本国没有的物质条件。

经济发展的一个先决条件是蓬勃的国内市场或国际市场。印度本国群众因贫困、缺乏购买力，从而形成疲软的国内市场。20 世纪 70 年代的石油危机和全球通货膨胀、经济萧条使得印度几乎不能维持贸易顺差。长期以来，贸易赤字以及需要资金支撑持续的工业化，周期性的食品短缺迫使印度极度依赖外来贷款和食品进口。然而，绿色革命的后果之一是农产品产量增加，印度在 20 世纪 80 年代

---

① 转引自斯蒂芬·华沙、C. 大卫布鲁姆威尔和 A. J. 图地斯科的作品《印度出现：从起源到现状印度简史》，（旧金山：第阿波罗出版社，1974 年），第 132 页。

② 世界银行，《全球发展报告 1984》（纽约：牛津大学出版社，1984）。1955—1970年，印度国民生产总值年均增长率为 4.0%；20 世纪 70 年代，下降到 3.4%。这两个阶段人均国民生长总值增长率分别为 1.8% 和 1.3%。

早期成为一个农产品净出口国。

1971 年，美国总统理查德·尼克松终止了美国对印度的发展援助，部分原因是印度在孟加拉独立战争中打败了巴基斯坦，也因为尼克松蔑视总体上"邪恶"的印度人，特别是印度总理——"老巫婆"英迪拉·甘地。① 此外，尽管印度在冷战时期官方表态中立，但因为美国和巴基斯坦之间密切的军事联系，印度倾向苏联，结果苏联成为印度的首要外援国。第一个五年计划之后的几十年里，印度接受了比其他发展中国家更多的来自世界银行和亚洲发展银行以及日本的外援，但其人均收入依然处于世界最低水平。

政治稳定是发展中国家的重要条件。印度相对稳定——至少在开始的时候。印度有基于英国模式的职能议会系统，也有一个主导的执政党——国大党的持久统治，以贾瓦哈拉尔·尼赫鲁为首的持续领导。尼赫鲁从 1947 年印度独立到 1964 年去世，一直领导印度。他的女儿英迪拉·甘地从 1966—1984 年统治印度（除了短暂的间歇）；她的儿子拉吉夫·甘地领导印度到 1989 年。

独立之后，印度领导人面临着一个重大的任务：团结来自不同民族、宗教、语言的多个小群体。一个或另一个民族、宗教群体和印度教大批信徒之间时不时地爆发暴力冲突，使得形势紧张。20 世纪 70 年代中期，由尼赫鲁后来由英迪拉·甘地引领的印度政治共识开始分崩离析。70 年代早期石油价格急剧增长，印度经济受到损害，不满情绪增加，铁路工人威胁要让铁路系统瘫痪，大众的恼怒喷涌到了大街上。为了应对局势，英迪拉·甘地于 1975 年 6 月提出长达 21 个月的"国家紧急状态"，并搁置议会，加强出版审查，逮捕政治异见人士。当甘地呼吁选举时，紧急状态才结束，随后她未能入选，这是国大党首次选举失败。紧急状态投下了长长的阴影，因为它削弱了印度政府承诺遵守宪法宗旨的公信力。极右的印度教团体成为此事的主要受益方，在此之前该团体被小心翼翼地排除在政治之外。在甘地 1975 年逮捕的印度教沙文主义者当中就有 20 世纪 90 年代晚期成为右翼执政联盟的成员，包括后来成为总理的阿塔尔·贝哈里·瓦杰

---

① "尼克松不喜欢'巫婆'英迪拉"，BBC 新闻，2005 年 6 月 25 日；详情见尼克松与基辛格交谈录音，1971 年 11 月 5 日，会见甘地之后。

帕伊。①

印度、巴基斯坦和孟加拉

在外交事务上，印度总理尼赫鲁努力遵守"共存"原则。他拒绝被卷入冷战，力图作为中立的和平力量发挥印度的道义影响力。这为其在一些群体中赢得了国际声望。德怀特·艾森豪威尔总统的国务卿约翰·福斯特·杜勒斯认为在全球的善恶斗争之中，保持中立是最不道德的。然而，尼赫鲁的中立丝毫没有缓和印度与近邻——中国和巴基斯坦之间的矛盾，与中国之间旷日持久的边境争议导致印度军事开支的大幅增长。

印度与巴基斯坦的关系从印巴分治时期就紧张。印度和巴基斯坦双方都声称对克什米尔这个人口稀少的山区邦拥有主权。尽管联合国努力维和，1948年和1949年，印度和巴基斯坦还是在克什米尔问题上发生了冲突。印度实际控制了克什米尔大部分地区，巴基斯坦一再要求在那里进行全民公决，印度对此置若罔闻。巴基斯坦对克什米尔声称主权是基于该地区大部分人都是穆斯林这个事实，这也是巴基斯坦为什么要通过全民公决的方式解决纷争的原因。印度声称主权主要是出于克什米尔本地印度教统治精英（尼赫鲁诞生于这一精英团体）明示愿意作为印度的一部分。

中国和印度声称对阿萨姆平原北部的喜马拉雅山脉南部边远山坡拥有主权，双方都以19世纪英国测绘员画出的不同边界为依据。新德里认为自己的诉求没有商量的余地，拒绝了北京方面一次又一次的外交努力。1962年10月，在一次短暂的边境战争中，印度军队屈辱战败，之后，北京重划高海拔的喜马拉雅山脉的边界线。②

印度和巴基斯坦之间关系依然紧张。在20世纪40年代晚期划定的停火线边的小冲突更加频繁发生。1964年5月尼赫鲁死后不久，巴基斯坦出兵要军事解决克什米尔问题。1965年8月，当巴基斯坦的部队穿过分界线，冲突立刻升级为一

---

① P. N. 达，《英迪拉·甘地，"紧急情况"和印度民主》，新德里：牛津大学出版社，2000。

② 原文如此。中印双方围绕边界问题的谈判一直在进行。——编者注

场短暂、激烈但充满着不确定因素的战争。巴基斯坦空军依赖美国制造的佩刀战斗机（F-86 Sabre）和星式战斗机（F-104 Starfighter）；印度依赖各式各样的英国轰炸机和苏制安东诺夫-12轰炸机和米格-21战斗机。要是哪国可以宣布战争胜利的话，那就是印度，但它的成功几乎不是决定性的。

到现在为止，印度和巴基斯坦冲的突具有了重要的全球意义。莫斯科方面非常乐意向印度提供援助，从而扩大苏联在南亚的影响力。对此，华盛顿政府增加对巴基斯坦的长期军事援助。支持巴基斯坦的另一个国家是中华人民共和国。具有讽刺意味的是，巴基斯坦的两个赞助方——美国和中国在冷战期间是死敌。

20世纪60年代，巴基斯坦面临着与印度相似的经济问题。它还被另一个问题困扰，这个问题根源在一个国家分成两个部分这一特殊情况。西巴基斯坦是首都所在地，与东巴基斯坦隔着印度。这两个部分的文化和政治差距甚至更大。东巴基斯坦人是孟加拉人，除了信仰伊斯兰教之外，他们与西巴基斯坦人几乎没有什么共同之处，西巴基斯坦人属于几个民族——最大群体是旁遮普人。尽管巴基斯坦人口大多数在东巴基斯坦，但其政治和军事力量则集中在西巴基斯坦。然而，根据宪法，由于东巴基斯坦只拥有五个省份的一个，因此在议会中只占20%的席位。国家财政预算只有35%安排用于东巴基斯坦，东巴基斯坦只不过是西巴基斯坦商品的独销市场。

20世纪70年代晚期，东巴基斯坦遭受一场可怕的自然灾害，随后是一次人为的灾难，孟加拉的挫折感爆发了。11月，一场强劲的龙卷风携带着巨浪引发大面积的洪灾，使将近20万人死亡，100万人无家可归。政府没有进行有效的救援进一步地向孟加拉人证明了政府漠视他们的问题，由此滋生了孟加拉的分离主义。东巴基斯坦受到这次洪灾的持久影响，接着遭遇第二次灾难——西巴基斯坦军事力量为了垄断议会发起了袭击。

1970年12月，国家大选中，支持提升东巴基斯坦地位的孟加拉人民联盟领袖谢赫·穆吉布·拉赫曼赢得大多数选票。驻扎在西巴基斯坦的执政党首脑亚哈·甘将军，佐勒菲卡尔·阿里·布托政府对选举结果表示震惊。他们不接受这一结果，并在东巴基斯坦实施戒严。1971年3月，甘将军的军队进攻东巴基斯坦，首先袭击了孟加拉的人民联盟领导人。逮捕了孟加拉人民联盟的穆吉布之后，巴基斯坦军队攻击孟加拉民众，屠杀了大约300万平民，大约有1000万受到恐吓的孟加拉人逃到印度。

孟加拉武装反抗的主要形式是长期的游击战。1971 年 12 月，印度在英迪拉·甘地的带领下，抓住了这个机会，对西巴基斯坦给予了沉重一击（印度从未与东巴基斯坦发生过争吵）。两周激烈战斗后，印度将西巴基斯坦军队逐出东巴基斯坦。印度在东巴基斯坦决定性的胜利使孟加拉国诞生了。

尼克松和他的国家安全顾问亨利·基辛格反对孟加拉独立，谴责印度侵略。尽管西巴基斯的残酷被广为报道，但尼克松和基辛格依然支持西巴基斯坦。虽然白宫其他官员承认西巴基斯坦的执政是"恐怖统治"，但他们俩却对暴行轻描淡写。美国在达卡（孟加拉国的未来首都）的领事阿切尔·布拉德在他的外事电报中谈到种族灭绝。[1] 然而，尼克松和基辛格更愿意用纯粹的地缘政治学话语来看待这个危机。他们更担心印度这个"苏联助手"在摩拳擦掌地展露军事力量。他们忽视这次战争的地方原因，而将它视为苏联和美国代理人之间的战争，己方即巴基斯坦输掉战争让他们很难接受。

尼克松和基辛格极为轻率地督促中国代表巴基斯坦进行战争干预。这样一来可能会触发南亚强国之间卷入战争。苏联具有支持印度的义务，美国必须支持巴基斯坦和中国。印度与巴基斯坦之战也给正担心被人看成弱者的尼克松一个展示自己勇气的机会。他在将美国军队摆脱越南战争泥潭之时，需要在西贡和河内向越南人展露其坚韧和决心。[2]

首先，美国和中国拒绝在外交上承认独立的孟加拉国，但最终他们还是承认了，并为它 1975 年加入联合国创造了条件。随着美国对孟加拉国外交上的认可，一些孟加拉国急需的经济援助也运送到位。

1971 年的战争让巴基斯坦冷静下来。巴基斯坦现在只有西巴基斯坦，人口也减了一大半，它转向战后恢复和整顿。军政府统治结束，亚哈·甘将军辞职，将权力移交给了佐勒菲卡尔·阿里·布托，布托属于巴基斯坦人民党，在 1970 年选举中居第二位。布托执政后第一个举措就是释放穆吉布，安排他回到孟加拉国，他后来成为该国总统。布托也看到了与印度缓和关系的好处，为此，他同意

---

① 盖丽·J. 巴斯.《带血的电报：尼克松，基辛格和一次遗忘的大屠杀》，纽约：波左伊书社，2013 年。

② 1971 年南亚危机中，尼克松和基辛格视英迪拉为"苏联走狗"，《国家安全档案》，2005 年 6 月 29 日。

1972 年会见英迪拉·甘地。在印度 1974 年 5 月成功试射所称的"核武器"之前，印度和巴基斯坦关系大幅改善。印度通过展示它的核能力最终更加确立了作为南亚主要军事强国的地位，但同时也引发了巴基斯坦的恐惧。

诞生于灾难中的孟加拉国，懂得独立不会极大地改善人民的生活。战后，印度命令 1000 万孟加拉难民回到自己惨遭蹂躏的土地上。洪灾造成的损失和战争让这个国家破败不堪，无法应对饥荒和疾病。穆吉布政府不仅面对一个贫困的民族，还面对犯罪、腐败和大混乱问题。政府 1974 年宣布紧急状态，1975 年曾经受欢迎的穆吉布在一次军事政变中被杀死。接下来的几年里，长期不合的军事派别使得孟加拉国政治长期不稳定。

孟加拉，世界上人口最密集的国家，成了贫困的同义词。孟加拉与美国佐治亚州差不多大，2013 年人口达到近 1.65 亿，年人均国内生产总值达 2100 美元。[①]人口在膨胀，但可用土地太少。一半农业人口人均拥有不到一英亩的土地——这不够养活一个六口之家。自 20 世纪 90 年代中期以来，孟加拉国内生产总值年均增长率能够维持在大约 5%。然而，到 2010 年，近一半人口仍然生活在世界银行定义的贫困线以下，人均每天生活费不到 1.25 美元，营养不良的发生率堪称世界之最。[②]

1980 年以来的南亚

印度

20 世纪 80 年代，印度次大陆人民的生活水平稍有改善。印度和巴基斯坦工业增长缓慢但稳定，城市建设在增加、农业产出更高、中产阶级不断扩大。然而，由于持续的人口增长，两国在人均国民生产总值上还是处于世界穷国之列。人口增长威胁到两国的经济未来，所以两国都力争控制人口增长。然而，过去的

---

① 中央情报局，《世界各国年鉴》，2013。
② 世界银行，"孟加拉国的世界银行"，2004 年 9 月；世界银行，"一天 1.25 美元标准下贫穷人口比例"，2013。

计划生育政策几乎没有成功。活跃分子希望展开女性运动反抗男性主宰的社会原则。①

20 世纪 80 年代，印度面临北部旁遮普邦锡克分裂运动。锡克人的宗教融合了印度教和伊斯兰教，锡克人大约占印度人口的 2%。但他们在旁遮普邦占绝大多数，他们试图建立自己独立的国家。锡克人要求建立伽里斯坦独立国，他们变得越来越不安，印度警察也同样不安起来，他们努力搜寻锡克军事力量，不时地借法律之名折磨和谋杀嫌疑人。1984 年 6 月，英迪拉·甘地的安保部队突袭了锡克人的阿姆利则金庙，1200 人死亡，上千人被拘捕（死亡人数依然有争议）。成千上万的锡克人沦为政治犯，既没有罪名也没有审讯。1984 年 10 月，甘地的两个锡克人保镖将她杀死。暗杀事件之后，印度暴乱导致数以千计的锡克人死亡。

英迪拉·甘地的继任者是她的儿子拉吉夫·甘地，他继续对锡克人进行压制。1987 年 5 月，连续 4 个月不断升级的暴力冲突期间，安保军官杀死了 500 多名锡克人，之后，拉吉夫·甘地对旁遮普邦实施直接管制，驱散了民选的由锡克温和派组成的邦政府。

1989 年 11 月，国大党在议会选举中以微弱劣势被击败，拉吉夫·甘地辞去总理职务。两个临时政府努力应对步履蹒跚的印度的经济和宗教、民族纷争。1991 年 5 月，拉吉夫·甘地力图再次当选时被刺杀，成为前所未有的恐怖主义自杀式炸弹袭击的牺牲品。他同他妈妈一样被暗杀，是少数民族独立运动的牺牲品。他的死亡是印度泰米尔猛虎解放组织所致，他们感觉甘地在对抗斯里兰卡这个岛国的佛教锡兰大众、争取独立时背叛了他们。

…………

超过 25 年以来，泰米尔猛虎组织这个少数群体，梦想着从东部和北部斯里兰卡脱离出来建立独立的泰米尔国。1976 年他们由普拉巴卡兰领导和组织起来，1983 年开始克服各种困难展开一场旷日持久的民族解放战争。作为少数民族，泰米尔人占斯里兰卡人口的 12%，猛虎们只能依靠游击战和恐怖手段。他们发明了装满了炸药的自杀背心，随后其他人开始效仿。猛虎组织牺牲了很多自杀式炸弹袭击者（大约 200 人），没有其他组织可与之相比，甚至远远超出了更为出名的

① 斯蒂夫·可，"迅速增长的人口威胁到印度的未来"，《华盛顿邮报》，1990 年 1 月 21 日，第 H7 页。

组织如哈马斯。他们忠诚的"黑色猛虎"分队里既有男性也有女性自杀式炸弹袭击者。他们是唯一刺杀了两个国家首脑，即拉吉夫·甘地和斯里兰卡总理的恐怖组织。

尽管猛虎组织成员是印度教家庭的后代，但他们的社会和政治取向（至少理论上）是马克思主义。普拉巴卡兰受到马克思、拿破仑和亚历山大大帝思想以及泰米尔民族主义的影响，精通传奇和历史。然而猛虎组织成员所拥护的马克思主义或许会让马克思和列宁震惊，他们俩都不会用刺杀的方式。

最后，在26年的恐怖袭击之后，猛虎组织没有任何成绩可言。2009年5月，普拉巴卡兰在一次火箭弹袭击中身亡，之后，猛虎组织被彻底打垮。猛虎组织成员作为自己土地上的二等居民，一定曾有正当的不满情绪。他们在占多数的锡兰人（占总人口的近3/4）掌控之下受到的歧视，也是事实。但当他们要让别人看到自己悲伤的时候，整个运动就变成了自杀性的。猛虎组织成员不接受妥协，认为妥协是一种背叛。超过4万猛虎组织成员和大约同样数量的平民死亡之后，这个行动就结束了。他们放下武器之后，他们的政党泰米尔国家联盟最终在地方议会选举中以压倒性胜利胜出，获得少量的地方自治权。

············

20世纪90年代初，印度外债高达710亿美元，外汇储备逐渐减少。至今，因为苏联的解体，它不再能依靠苏联支援。因此，印度在废除40年前尼赫鲁建立的中央计划经济体系方面跨出了历史性的重要一步。

印度寻求通过获取国际货币基金组织和世界银行紧急贷款解决其收支危机。反过来，这些国际机构要求印度大幅削减政府开销和废除烦琐规则，降低进口关税，吸引外来投资，放松利率以鼓励私有企业发展。结果是持续性的经济增长。

然而，印度在管控宗教极端分子方面不太成功。1992年12月，印度遭到宗教暴力破坏，这次暴力冲突发生在印度教派和穆斯林教派之间。在阿约提亚这个传统的印度教之神罗摩王子诞生地，印度教狂热分子推倒了一座摩戈尔国王巴布于1528年在印度教神庙废墟上建起来的穆斯林清真寺，由此爆发了战斗。这是自1947年印巴分治以来，印度教徒第一次彻底摧毁一座清真寺。很快暴力蔓延至其他城市。恢复秩序之前，超过1200人死亡，4600人受伤。这是印度教和穆斯林教自1947年以来最惨重的一次冲突。

印度教民族主义者的热情高涨，1998年3月，国大党失去了政治专权，取而代之的是阿塔尔·比哈里·瓦杰帕伊领导下的印度教印度人民党（BJP）。印度人民党由 1947 年的印度教极端分子的直系后代构成，人民党的目标是努力将印度变成一个印度教统治的国家，遏制穆斯林以及其他少数宗教和民族的权力，其最极端的成员公开表达对阿道夫·希特勒的崇拜。

印度人民党计划号召脱离尼赫鲁和甘地倡导的宽容的政治传统。自从尼赫鲁拒绝"印度教的巴基斯坦"这个提法以来，在过去 40 年里尼赫鲁和甘地的政治传统一直被奉为信条。然而，当面临强烈反对的时候，尼赫鲁又放弃了这一理念，试图打造一个依据法律的多民族、多教派的世俗国家。

从未消失的反对派现在当权。印度人民党带着复仇的心态决定改写历史。历史学家认为印度是一个印度教国家，印度教最重要的圣书《吠陀经》是印度文化的唯一源泉，印度河流域（恰好在穆斯林控制的巴基斯坦）是印度 5000 多年文明的诞生地。充斥着印度教教义的种姓体系是万物的自然安排。伊斯兰教只是近来才传入印度，而且是强行推行的。印度人民党发言人主张所有印度人包括穆斯林人和基督教徒应该改诵《吠陀经》。

瓦杰帕伊任职期内最大的污点是 2002 年古吉拉特邦暴乱，比十年前发生在阿约提亚的宗教暴力事件还要严重。59 名印度教徒在一辆火车上暴死之后（显然是一场偶发事故），印度教极端分子发起了暴行。他们强奸了成百上千的妇女和女孩，抢劫商店，杀死了将近 2000 名穆斯林人，引发大约 20 万人的难民潮。人权观察组织指责印度政府协助警察参了集体杀戮，向印度教杀手泄露穆斯林家庭住址。①

瓦杰帕伊号召对巴基斯坦采取更严厉的立场。他公开宣布印度拥有核武器库——所有前任印度政府都很谨慎地选择不公开。巴基斯坦政府多年来一直发展自己的核武器库，回复告诉印度和世界说自己也早已加入了核俱乐部。

1998 年 5 月，印度进行了 5 次地下核爆炸，展示自己的核能力。作为回应，巴基斯坦进行了 6 次核爆炸。一时间，南亚核战争阴云密布，一触即发。最终，双方让步。这种故作姿态让瓦杰帕伊冷静了下来。2003 年 4 月，他宣布与巴基斯坦就克什米尔问题展开对话。他也同中国和美国建立了密切的关系，这不是一般

---

① 人权观察，2002 年 4 月报告，"我们没有得到命令避免贵国参与和共谋古吉拉特群体暴力活动"。

的功绩。

在瓦杰帕伊领导下，印度继续将本国经济与全世界经济联系起来。他继续打破贸易壁垒，消解国家垄断，将国有资产卖给私人投资者。不断崛起的中产阶级在信息技术、加工业务外包以及生物技术方面找到工作。尽管4年里人均收入从370美元到480美元不等，它依然处于世界最低行列。

2004年春天，瓦杰帕伊对赢得再次当选信心满满，却意外被击败。当国大党重新掌权的时候，所有专家措手不及。然而，国大党领袖索尼娅·甘地（拉吉夫·甘地的遗孀，出生于意大利），在印度教民族主义者大肆抱怨一个非本土出生的总理时，竟拒绝就任总理一职。国大党然后就转向锡克人曼莫汉·辛格（首位从少数宗教群体中出生的总理）。辛格在1991—1996年间担任财务部长，已经开始了改革计划，继续开展对外经济开放。

很大程度上这次选举的结果是那些被落在后面的，特别是农村穷人愤怒所致。私有化已使许多人丢了工作，削减了政府工作的数量，物价上涨。印度人民党的口号是"闪亮的印度"，它在海内外有钱的阶层中受到欢迎，但新自由主义政策在民众中引发了浩劫。没有节制的贪婪导致了证券市场和银行诈骗、贩毒和政治腐败的发生。2002年，将近3500万人失业，数量仍在上涨，即便是受过教育的人也不好找工作。自杀率——特别是在那些全球化市场里无力竞争陷入更深的债务的农民当中，急速上涨。40%的人口生活在贫困线以下；47%的孩子营养不良；缺乏干净水；联合国人权发展指数显示印度从1999年第115名2001年下降到127名。全球8亿生活在温饱线（定义为一天获得热能1960卡路里）以下的人，有2.23亿人住在印度。[①]

然而，与此同时，另一种潮流正在形成。庞大的中产阶级在增长，2002年估计在100万~300万人之间，占总人口的1/10~1/4。[②] 中产阶级逐渐能够拿可支配收入去购买持久耐用的商品——电器、电子产品和机动车辆。自20世纪60年代初以来，经济年增长率持续超过6%，中产阶级是受益方。截至2012年，印度

---

① 潘卡米·施拉，"印度：受忽略的大多数胜出！"《纽约书评》，2004年8月12日，第30-37页。

② 克里斯提安·梅也，南希·伯撒，"印度中产阶级新数据"，全球发展中心，2012年11月，第9页。

人均国内生产总值为 1500～3900 美元，不可否认，分配不太平衡。①

巴基斯坦

在 20 世纪 80 年代后期以及 90 年代，巴基斯坦政治局势不稳。1988 年以前巴基斯坦一直在军事强人穆罕默德·齐亚将军的统治下，他无视批评人士恢复文官统治的呼吁。齐亚主张国家紧急状态是必要的，因为巴基斯坦西北边界阿富汗国内正在打仗。阿富汗遭受战争蹂躏，上万难民流入巴基斯坦，耗费巴基斯坦的财力，威胁巴基斯坦国内安全。齐亚也指向潜在的印度侵略的威胁——这是巴基斯坦的心头大患。

齐亚在一次飞机爆炸中丧生——显然是一次暗杀，1998 年 8 月军政统治突然结束。11 月议会选举，巴基斯坦回归了文官统治。这次选举对于贝·布托来说是一次惊人的胜利，她成为伊斯兰国家的首位女性政府首脑。她是巴基斯坦最后一位平民领袖佐勒菲卡尔·阿里·布托的女儿，阿里·布托于 1974 年被免职，1979 年被齐亚将军处死，而她现在继任齐亚的总理职位。贝·布托在美国和英国接受了教育，于 1988 年早期从延期的流亡中回国，目的就是要领导一次国家运动反抗齐亚。

贝·布托对权力的掌控是脆弱的。反对党、军事力量和保守神职人员处处警惕，以防她犯小错误。她艰苦地工作，统治一个被南半球所有问题困扰的国家，同时还要满足巴基斯坦军事领导人——他们始终不信任她。布托设法一方面实现增加社会开支的承诺，另一方面，巴基斯坦急需贷款，作为条件，国际信贷机构要求实行财政收缩，她要兑现财政紧缩计划。在她就任的第一年，布托政府在苏联军队撤出邻国阿富汗的谈判中发挥了关键的作用，同时为驻扎在巴基斯坦的阿富汗叛军提供官方支援。

布托作为一个自称的民主天使出现在巴基斯坦的政治舞台上，喜欢"我们人民"这个口号，受到了年轻的巴基斯坦人的支持。然而，军队急于找借口除掉她，以防她变得更受欢迎。尽管腐败、民族暴力对巴基斯坦而言不是新事物，但

---

① 第三世界国家数据：人口增长、经济、中产阶级、贫困人口，在可衡量范围内分布不均。印度人均国内生产总值数据，比如世界银行和中央情报局的数据，存在很大差异。

足以让他们除掉布托。1990 年 8 月，她和她丈夫被指控滥用权力和行为不端。米扎·阿史拉姆·贝格将军是她失败的幕后力量，他憎恨布托试图控制军队。

1990 年 10 月议会选举的赢家是纳瓦兹·谢里夫，他立刻兑现竞选承诺——建立一个伊斯兰国，《古兰经》成为至高无上的法律，生活的各方面都遵从其权威。然而谢里夫政府在对付普遍存在的腐败、反复的暴力事件（比如绑架索求赎金）、高涨的外债以及与印度关系恶化等问题上毫无成效。此外，巴基斯坦遭遇了一次外交和经济挫折，美国为了反对巴基斯坦的核武器试验撤回了每年 5 亿美元的援助。

在旁边等待机会的贝·布托 1993 年 10 月在一次激烈的竞选中险胜谢里夫。在她任前总理期间，她的政府就不稳定。尽管她在两个关键的外交政策问题上维护了巴基斯坦的立场，如克什米尔领土纠纷问题和巴基斯坦发展核武器问题，但她的政敌指责她外交上不够强硬。1994 年 8 月反对党领袖谢里夫公开宣布巴基斯坦制造了核武器，甚至威胁会在下一次克什米尔战争中攻打印度，她的处境变得更加艰难。这样一来，谢里夫打破了政府在核能力问题上长期的沉默，恶化了与印度，甚至美国的关系。

1997 年 2 月，布托再次与纳瓦兹·谢里夫交换位置，而谢里夫这个军人出身的穆斯林，现在得到了这个统治巴基斯坦但几乎不太可能做成的工作。当巴基斯坦最高法院开始对谢里夫腐败指控举行听证会时，他指使乌合之众包围了法院，解雇了首席法官。同时，这个国家很多地方仍处于混乱中，不同民族宗教和政治团体之间宿怨已久，诉诸暴力。谢里夫忽视了这个国家的基础建设，健康医疗、教育和公共交通等基础服务水平也大幅下降，经济衰退让一切变得更糟糕。

为了转移人们对其腐败和国内社会混乱的关注，谢里夫允许伊斯兰军人在克什米尔问题上与印度开战。在 1999 年初，巴基斯坦"自由战士"踏过了"控制线"，这条停火线 1972 年由印巴双方确定。这条分界线延伸到海拔近 5800 米处喜马拉雅山脉的锡亚琴冰川。将分界线画到冰川被认为是毫无意义，因为没有人要冰川。然而现在，巴基斯坦"志愿兵"和印度士兵在打一场最无意义的战争，在这个严寒的冬天，在所谓的"第三极"荒凉的冰川地带战斗、死亡。然而，谢里夫坚称巴基斯坦狂热分子脱离了他的控制，要在克什米尔战斗到"流尽最后一滴血"。

1999 年 10 月军队逮捕了谢里夫，从而结束了 22 年毫无成效的腐败的文官统治。军队总司令穆萨拉夫将军是这次政变的领袖，他受到世界广泛的批评，他们批评他将一个民选领导人赶下台，但许多巴基斯坦人却感到松了一口气。现在又是军人试图让巴基斯坦处于可控制的状态。

东南亚

为了寻求安全，特别是要应对共产主义的威胁，东南亚 5 个非共产主义国家——印尼、马来西亚、泰国、新加坡和菲律宾在 1967 年成立了东盟组织（ASEAN）——它最初的目标是"促进地区和平和安全"。

对越共的担忧成为东盟国家的黏合剂，他们因而组建了东盟。1973 年美国从印度支那撤军，1975 年越南和柬埔寨共产党获得胜利，1978 年年底越南入侵柬埔寨，这些在东盟成员国之间引发了对共产主义扩张的忧虑。这种担忧成为要建立更强的外交关系和强化自己军队的动力——但不建立地区军事联盟。

冷战结束，东盟成员国扩大到 10 个，包括柬埔寨和越南，这两国曾是东盟最为提防的国家。现在东盟的重心集中在更大的地区经济合作上，如成员国之间关税减免。东盟国家之间贸易往来增多，有力地推动了该地区特别是印尼、泰国和马来西亚等国的经济增长。

印尼

20 世纪 40 年代晚期，印尼独立，需要承担重大挑战性的使命：团结分布在成千上万个岛屿上的各族人民（世界第五大人口国），让国家成为一个发挥作用的实体。当时语言和民族数超过 700 个。可以理解的是，印尼国家格言是"差异中的统一"。穆斯林人口超过 2.5 亿，占总人口的 86%，印尼显然是世界上最大的伊斯兰教国家。印尼许多少数民族近 300 年都处于荷兰殖民统治之下，除共同信仰伊斯兰教之外，它们几乎没有什么共同之处。

印尼革命领袖、新任总统苏加诺几年以来一直致力于仿效西方议会民主制，但至 1957 年则不再推行。取而代之的是他所谓的"指导下的民主"，一种无异于独裁的统治体系。苏加诺的统治未能大幅刺激经济增长，但他通过不断倡导民族主义，努力平息了民众增加的不满。同时，许多不再幻想抱有的印尼人加入了拥有 200 多万人，逐渐军事化的印尼共产党（首字母缩略后为"PKI"）。苏加诺的"指导下的民主"得到支持，依靠的是一个由军队、印尼共产党和宗教派别（多为穆斯林）组成的不稳定的联盟。印尼属于第三世界的中立国，接受了苏联和中国的大量援助。

独裁者要么利用军队进行统治，要么控制军队。1965年10月，苏加诺领导的政变失败，未能将军队司令斩首（尽管6名将军被杀），由苏哈托（如很多印尼人一样，只有单名字）将军带领的军队进行了复仇反击。将军们让民众相信印尼共产党是政变（而不是苏加诺）的幕后支持者。印尼共产党否认是政变的共谋，但无人相信。参加或同情印尼共产党的平民和军官被包围清洗。6个多月时间里，军队在平民的帮助下杀戮了大约50万效忠印尼共产党的人，河流和运河里堆满了尸体。中央情报局称它是20世纪"最惨烈"的大屠杀。它标志着苏加诺"指导下的民主"统治的结束和苏哈托"新秩序"的开始，接下来的30年，印尼处于亲美军队的独裁统治之下。

早些时候，几任美国政府企图推翻苏加诺的统治。中央情报局暗中为反苏加诺分子（人称苏哈托派别）提供援助，并切断了对苏加诺政府的经济支援，然而，美国此举毫无效果，1964年3月，苏加诺告诉美国，"让你的支援见鬼去吧"。他能从别处获得支援。中央情报局建议在印尼采取干预措施，"作为未来行动的榜样"（在其他地方也有此举，如1970年在智利）。①

20世纪70年代，苏哈托看上了位于印度尼西亚群岛东南边缘的帝汶岛的东半部。东帝汶与印尼其他地方很不相同。东帝汶作为葡萄牙的殖民地，被葡萄牙统治了400多年，1974年独立。东帝汶人说葡萄牙语（除母语外），几乎所有人都是天主教徒。1975年12月，东帝汶的左翼群体争权夺利，苏哈托在美国的帮助下派出军队称其为印尼领土。杰拉尔德·福特政府向印尼军队提供了武器，但国会规定这些武器只用于"防御"目的。1975年12月，福特和国务卿亨利·基辛格在雅加达会见了苏哈托，在那里，通过点头—眨眼——这个在美国国务院圈子里称为"大眨眼"，他们为苏哈托入侵开了绿灯，行动就在"空军一号"飞离印尼空域之后的第二天开始。同对参与拉丁美洲"秃鹰行动"暗杀者一样，基辛

---

① 皮特·达乐·斯克特，"美国与苏加诺的下台，1965—1967"，太平洋事务（夏季1985），第240页，253页，263页。

格对苏哈托给出了相同的建议："重要的是无论你做什么速战速决。"① 接下来的23年里，从福特到克林顿，美国先后5位总统都支持印尼对东帝汶实行残酷的占领。

印尼入侵，东帝汶发起了一场持久而艰苦的独立战争。东帝汶的反抗和苏哈托军队大规模部署武力，导致接下来的20年里超过20万人死亡。鉴于死伤人数占东帝汶人口的1/3，死亡人中多数是非作战人员，但被有意射杀，这场屠杀或许更应该被称作种族灭绝。

苏哈托在促进经济发展方面更为成功。他寻求外商投资，特别是石油公司的投资，极大地增加了印尼的石油产量。20世纪70年代，高油价推动经济持续发展。到20世纪80年代初，石油占印尼出口收益的78%。80年代中期，油价大跌，政府施行改革，削减了政府开销，实行多种经营，降低了对石油收入的依赖，甚至吸引了更多的外商投资和合作企业。

要是只根据国家的国民生产总值评判苏哈托作为印尼领导人的成绩，那么他成绩会很不错。但经济增长却掩盖了军政独裁、腐败放纵、公开任人唯亲、财富分配严重不均等严重社会问题。在苏哈托统治下，在牺牲了其他地方的利益的前提下，财富主要流向主岛"爪哇帝国"，特别是首都雅加达。上亿美元的新增财富流入苏哈托本人和他家族手里。② 甚至在1997年东亚金融危机（始于泰国）在印尼爆发后，苏哈托（当时已76岁）自信自己精选的顾问团在1998年3月还是会选他担任总统，开始第七届5年任期。随着经济的崩溃，印尼现金卢比对美元贬值70%，对此，他要付出政治代价。世界银行分析师指出近代史上没有哪一个国家在如此短时间内出现如此剧烈的财富贬值。③（对比之下，苏联经济崩溃

---

① 杰夫里·A. 文特斯，"美国媒体和媒体失职应为东帝汶悲惨负部分责任"，雅加达线上邮报，2002年5月28日。亦见约翰·皮尔格，"东帝汶之行：死亡之地"，《民族报》，1994年4月25日。这里，基辛格或许无意识地引用了麦克白在谋杀邓肯时的旁白："要是干了以后就完了，那么还是快一点干。"

② "印尼要调查苏哈托自1966年来聚敛的财富"，《巴尔的摩太阳报》，1998年6月2日，第10A版。他和其家族聚敛的财富估计各方数据差别很大，但有人估计约为400亿。

③ 福罗依得·诺里斯，"亚洲，证券比在29日蒸发得更快"，《纽约时报》，1998年1月11日，第BUI页；"印尼快速由富转穷"，《巴尔的摩太阳报》，1998年10月8日，第2A页。

历时多年。）一年之内通货膨胀率达 70%。大面积失业，大约有 2/3 的人生活在贫困线以下，买不起一天最低所需的 2000 卡路里的食物。这导致了社会出现抢劫、暴力，特别是针对少数民族华裔，因为华人被当作这次金融灾难的替罪羊。

1998 年 1 月开始，学生们天天走上街头，要求苏哈托下台，与警察和军队发生了冲突。随着危机的加剧，曾在苏哈托任期内获得大量的好处，享有特权的军队，在这时候为求自保也抛弃了他。5 月，苏哈托将权力交给其老友巴哈鲁丁·优素福·哈比比。

哈比比施行政治改革，旨在抚慰抗议者和外国批评人士。1999 年 6 月议会选举，年老、温和的穆斯林学者阿卜杜勒·拉赫曼·瓦希德当选。他就任后的第一个命令就是将受到美国培训的武装军事力量从政治中分离出来。2000 年 2 月，他遣散了对东帝汶的"肮脏的战争"负主要责任的军队司令（和防御部长）维兰托。

1999 年初，苏哈托下台后，哈比比同意在联合国支持下，8 月就东帝汶是否独立问题进行全民公投。然而，驻东帝汶的印尼军队司令威胁道：如果东帝汶独立，"一切将被摧毁，东帝汶将倒退到 23 年前"[①]。不顾全副武装的民兵组织（受到印尼军队的利用）的威胁和针对平民的致命袭击，近 80% 的东帝汶人投票支持独立。正如扬言的一样，民兵组织实施暴行，摧毁了很多东帝汶的基础设施，杀害了 3000~7000 人，将 15 万~20 万人遣送到西帝汶。他们也杀害了几名没有武装的联合国工作人员，幸存下来的人逃往附近的澳大利亚。印尼国家人权委员会后来公平地指责维兰托没有就大屠杀采取任何阻止措施，因此负有"道义责任"。当无助的联合国不能阻止暴行的时候，澳大利亚终于决定采取行动。澳大利亚军队在东帝汶岛登陆，驱赶了印尼军队和民兵组织，恢复了秩序。随后东帝汶成为联合国最新成员国，重建被摧毁的东帝汶是一项艰巨的任务。

瓦希德面对另一个紧迫的问题：亚齐省和伊里安查亚省不断高涨的独立运动。他对他们提出联邦主义的解决办法，就是对这两地共同进行局部控制，迄今为止是不可想象的一个让步。最大的挑战是位于印尼群岛远端最西部的亚齐省。亚齐省——"麦加的走廊"，8 世纪，首先接触伊斯兰教。这里的人们极其重视

---

① 托诺·苏拉南上校，转引自俄哈得·豪波德，"背叛与出卖？"《法兰克福汇报》，1999 年 9 月 18 日，第 12 页。

宗教，拒绝外来控制。荷兰人用了超过25年的时间才在19世纪末占领亚齐省，即便如此，亚齐省也从未完全地被平定。1945年，亚齐省人民独立热情空前高涨，当苏加诺和之后的苏哈托实行强硬的手腕对他们进行镇压时，人们更加失望。亚齐省石油工业所创造的大量财富并没有造福人民，投资学校或医院，而是流向了雅加达。1976年，自由亚齐运动（FAM）宣布独立，不出所料，军队迅速反应，90年代，虐待和杀害近5000名亚齐省人。

2004年12月，印度洋发生历史上最高级别的里氏9级地震，引发了大海啸，对几个国家造成了很大的破坏。亚齐首当其冲遭受重创，被毁坏程度堪比曾经的日本广岛。海啸之后，2005年8月，印尼新政府和自由亚齐运动实现停火，结束了长达29年的内战。雅加达授予亚齐高度自治权，自由亚齐运动组织也同意解除武装。

伊里安查亚是新几内亚岛最西边的半个岛屿，在印尼群岛的东部边陲，自1961年以来（当时还在荷兰统治之下）一直抱有脱离印尼的梦想。荷兰于1969年将该地区交给印尼之后，苏哈托压制当地的独立运动。伊里安查亚拥有丰富的自然资源，包括世界利润空间最大的铜矿和金矿。然而，这些矿场仅为土著人提供了不到300个就业岗位，其他11000名工人来自印尼甚至海外地区。还有其他人同瓦希德一样认为，特别在东帝汶之后，再失去一个省将意味着印尼开始走向灭亡。瓦希德早些时候谈及过联邦主义，但在2000年12月出尔反尔，当时军队在伊里安查亚发起镇压，杀害和拘捕了高举分离旗帜的示威者。

泰国

泰国以自身证明了这样一个公理，即"地理就是历史"。夹在英国殖民地缅甸和法国印度支那之间，泰国没有沦为殖民地，因此，没有经历那些二战后为了独立而战所带来的痛苦和破坏，此外，它的统治王朝在殖民时期也保留了下来。泰国政治稳定有助于经济增长，增加农产量和外来投资，外来投资使得刚刚诞生的工业基础有了发展的可能。

不是所有阶层都能享受到新兴的繁荣发展；的确，长期受难、拿不到足额工资的工薪阶层从自己劳动创造的国家收入中只分得了一点点。此外，泰国的政治传统是遵从国王，根深蒂固的庇护式关系比民主更利于军事统治。20世纪30年代，军队成为主导政治力量，只不过偶尔让位给平民统治，而非军事力量管理国家往往不稳定。

因此，当将军们 1991 年 2 月控制了政府之后，各种事件都依照传统模式展开。政变在首都曼谷引发了愤怒的反军队游行。示威者们要求修订宪法，保护社会不受军事统治。游行规模扩大，且发展为动乱，从 1946 年以来一直在位且极为受人尊敬的泰国国王普密蓬·阿杜德进行了干预，号召各方接受旨在强化民众统治国家的新宪法。

素金达·甲巴允将军领导的军队拒绝对抗议者让步。1992 年 5 月，3 天里 5 万名士兵驱散了手无寸铁的平民，实弹射杀了 100 多人。全世界各地都能在电视上看到血腥场面，唯独泰国不能，因为军队控制了媒体。国王普密蓬·阿杜德再次调停，结束屠杀。① 素金达将军被迫辞职。新组成的平民政府寻求打破了军队 60 年掌权不放的局面。近期的屠杀调查导致 4 名主要军官下台。

军队影响力受到遏制，但没有根本消除。泰国没有文官控制军队的传统，这使得军队依旧插手各个领域，通过权力博弈，继续掌权，包括警察和重要的国有工业（如电信、航空、海上运输和货车运输）。当泰国最富裕的他信·西那瓦 2001 年当选总理时，他认定自己不够富有，他利用职位为自己和密友谋取更多的财富。军队可以接受这个，但不能接受他信同盟和其家庭成员取代军队人员的职位。当 2006 年军队推翻他信政府时，军队挥舞的旗帜是君主传统，声称代表国王行事。军队除掉一个独裁者或许对国家有利，但军队也撕碎了旨在让军队远离政治的宪法条例。② 国王多数时候代表军队干预政治。几年来，这也削弱了法治。2008 年，他信的支持者们（曾受益于廉价的医疗、小额信用贷款和顾主提供的就业机会），再次走上街头，这次，他们抗议曾经受人尊敬，但现在很虚弱年迈的国王（因为国王一次次地支持了军事政变）。曼谷出现了壮观的他信"红衫"支持者，示威抗议皇室的"黄衫军"。泰国将面对这样的将来：议会体系依旧薄

① 国王在巴黎的女儿从电视新闻里看到大屠杀，国王才从女儿处得知。"优雅的几个月"，《经济学人》，1992 年 6 月 20 日，第 32 页。国王为观众召见了将军和反对派成员。他们跪在国王面前，国王下令立刻恢复原有秩序——这是全世界包括泰国在电视上看到的一幕。

② 约沙·可兰帝克，"坦克开进泰国"，《华盛顿邮报》，2006 年 9 月 24 日，第 B3版；马克·毕森，阿乐可斯·J. 巴拉米，《稳住东南亚：安全部门改革策略》，（伦敦：劳特利奇，2008 年），第 5 章，"泰国：军队统治，又回来了？"第 97-126 页。

弱，广受尊敬的君主制幻想破灭，军队随时干预统治。

马来西亚

1947 年，马来西亚一度获得独立，渐渐发展为第三世界经济进步的代表国之一。马来西亚自然资源丰富，如锡和天然气，石油储藏，各种各样的农产品，它还努力发展自己的基础产业，1960 年基础产业产值仅占国内生产总值的 10%，而 2008 年增加到近 50%。

截至 20 世纪 90 年代，工业制造品占马来西亚出口的一半，成为世界最大的半导体出口国（虽然只是在一段时间内）。马来西亚经济实力的最佳体现就是光芒闪烁的首都吉隆坡，拥有当时世界上最高的建筑，1483 英尺高的马来西亚双塔。截至 2012 年，这个曾经以农业为主的国家人均国民生产总值为 1.72 万美元。①

马来西亚经济发展要求政治稳定，政治稳定又需要各民族之间和平共处。马来西亚诞生于原来称作马来亚半岛的地方，半岛包括泰国南面的马来半岛，南端的新加坡岛城，东面 1000 英里波尼欧（Borneo）岛上的沙巴，沙捞越地区。1965 年，新加坡脱离出来成为一个独立的城市国家，其他联邦被重新命名为马来西亚。它的人口组成中有 50% 是马来人，36% 是华人，9% 是印度人。马来西亚的议会组建目的是让马来人当权（操纵选举，必要时派出军队），让少数民族满足于经济发展并在议会中享有限制代表权。

1969 年大选中，马来人为主的联盟党失去大多数选票，导致华人和马来人之间发生了 4 天的流血冲突。政府宣布国家进入紧急状态，解散国会，调来军队恢复秩序。马来西亚实行的"新经济政策"是在牺牲华人和其他少数群体利益的基础上，保障马来人的特殊社会地位。《惩治叛乱法》禁止人们对敏感问题提出批评，意味着马来人享有特权。

20 世纪 70 年代中期，主要由石油和天然气出口驱动的经济年增长近 8%，社会趋于稳定。新财富有利于许多受教育的马来人和华人，从而缓解了民族紧张气氛。财富由富人向穷人滴流的经济模式也让底层阶级受益，他们享有新学校、电气化工程、自来水、柏油路，结果是民族紧张局势缓和。少数马来西亚人依旧有

---

① 中央情报局，《世界各国年鉴》，2012。

抱怨，但他们不愿走上街头进行抗议。相反，他们宁愿"通过谈判解决冲突，通过走动促进和谐"。①

马来西亚集中发展出口业，逐渐依赖国际贸易和外来投资。总理马哈蒂尔（1981—2003年任职）愿意加入国际经济体系走向世界，但他也大声批判西方价值观。严格说来，他敦促人民"向东看"。他说亚洲问题需要亚洲式解决方法。他不想与英国这个马来西亚前殖民主有什么关系，号召人民"不要购买英国货"。他宁愿学习日本。尽管美国是马来西亚主要外国投资方，他依然尖锐地批评美国。他特别批判西方民主实行的双重标准——说一套做一套。相比之下，马哈蒂尔体现了足够的一致性。他的亚洲式管理方法包括：拒绝1948年联合国人权宣言，实行出版审查制度，在不审判的情况下监禁异议人士。他认为亚洲人需要经济增长，而不是自由权。

在任总统期间，美国总统乔治·W. 布什批评马来西亚苛刻的安全法，称没有一个国家不审判而监禁人民。但当布什2002年5月邀请马哈蒂尔到总统办公室时，他说这位马来西亚独裁者是一个在"全球反恐战争中"果敢的盟友。似乎是印证马哈蒂尔对西方双重标准的批评，布什在他们会见期间抓住机会严厉批评古巴菲德尔·卡斯特罗没有举行自由选举和释放政治犯，却忽视马哈蒂尔在这些问题上极为类似的做法。当被记者问到他是否改变了对马来西亚残酷的法律的观点时，布什拉长了脸说"我们的立场没有改变"②。当时马哈蒂尔就坐在旁边，眼都没眨一下。

新加坡

新加坡，绝大多数是华人，20世纪60年代经济实现腾飞，比多数其他东亚国家发展早10年。在李光耀任总理期间（1959—1990年），这个城邦成为世界上最繁荣的国家之一，2012年人均国民生产总值约达6.14万美元。③ 2013年，政治稳定、人口增长得到控制、教育水平高、劳动力训练有素、经济管理有效、

① A. B. 山撒，"不要有冲突，但马来西亚统一难"，《东亚论坛》，2013年9月20日。

② 大卫·E. 桑格，"白宫对于专制君主：马来西亚可以，古巴不行"，《纽约时报》，2002年5月15日。

③ 中央情报局，《世界各国年鉴》，2012。

出口型经济规划、自由市场体系共同为530万新加坡人创造了奇迹。新加坡处于东南亚海上走廊的中心，是东亚各国货物往来的交通枢纽，它也成为主要的地区金融中心。

李光耀是马来西亚总理马哈蒂尔想要效仿的优秀亚洲领导榜样（二战之后，实际上所有东亚领导人都持有相似的政治理念，只有受美国监视的日本除外，美国监视日本防止回到亚洲式的统治模式）。

李光耀的高压统治大大越过了传统政治界限。他努力让新加坡没有污点、没有犯罪、合乎道德、社会淳朴（虽然邪恶被宽容，但将邪恶藏在暗处）。他擅长制定社会和道德标准，并用严厉的法律来确保这些标准的执行。例如，禁止男人留长头发和随地丢垃圾。违法者受到逮捕、罚款、监禁。李光耀坚信鞭笞有益，他在小学就读英国寄宿名校时就感受到这一点（这让他受益）。私藏毒品，即便量少，也会受到死刑处罚。李光耀也不允许有异议。他认为约束个人自由，不是管制而是家长式的引导，都会有利于塑造出更加自律和高效的人，这些习惯利于提高生产力和改良社会。

卸任总理职位之后，李光耀被授予"新加坡总理顾问"的新称号。在这个位子上，他继续发挥巨大的影响力，新加坡立法机关曾一度考虑用 Lee 的名字重新给城邦名字命名，以向年近93岁的 Lee（李光耀）致敬。

菲律宾的独裁统治与革命

20世纪70年代，东亚多数国家经济发展迅猛，菲律宾却没有。菲律宾作为一个群岛国家，曾经是西班牙殖民地（1571—1898），后来是美国殖民地（1898—1946），艰难维持经济发展。自1946年7月获得独立之后，维持表面的民主制度。在几任独裁统治之下，特别是马科斯的20年统治时期，菲律宾在两个阵线上都丢失了地盘。当1965年马科斯上台时，菲律宾与中国台湾地区、新加坡和泰国齐头并进。然而，1986年他被赶下台时，其他国家人均收入高出菲律宾3~4倍。此外，菲律宾外债高达270亿美元，无力偿还自1983年以来所借本金。

马科斯陷入管理不善和腐败的漩涡。1965年，他作为社会改革家当选为总统，随后屈服于菲律宾政治传统中常见的庇护式腐败模式。对于马科斯而言，管理菲律宾让他获利颇丰，他明确表示他将一直任职，即使宪法明确规定每届总统任期4年，最多可任两届。当第二个任期结束时，他发布戒严令，称取消选举是因为共产党叛乱增加。他把宪法搁置在一边，然后起草一个新的宪法，允许自己再任一届总统，给予自己广泛的权力。他围捕和囚禁政治反对派和批评他的记者们。一直以来，马科斯和他的妻子伊梅尔达通过私收外援和向企业要回扣变富。

马科斯将自己称为这个国家不可或缺的领袖。他称自己是一名从未失算的律师，一个从未打过败仗的英勇的军官，一个赢得了国家花魁芳心的情人，一个伟大的运动员、神枪手、好父亲、忠实的天主教徒和诚实谦卑的人。起初，他的妻子伊梅尔达是一个受欢迎的前菲律宾小姐，这为他个人崇拜增添了额外的吸引力。美国几届政府对马尼拉发生的一切视而不见，反而推崇马科斯为一个坚定的反共分子、民主的旗帜。军事管制9年之后，1981年美国副总统乔治 H. W. 布什访问菲律宾时，布什告诉马科斯，"我们热爱你对民主原则和民主进程的坚守"①。

只要马科斯保证政治稳定，保护大量美国在菲律宾的金融投资，保留两个庞大的对美国在东亚的战略利益至关重要的基地——苏比克海军基地和克拉克空军基地，美国政府就对他显示出极大的宽容。马科斯熟练地拿基地来换得美国政府提供的更多经济和军事援助。

然而，20世纪80年代初，在副总统布什访问菲律宾前后，马科斯政府开始瓦解。1981年，他释放最大的政敌阿基诺二世，允许他到美国进行心脏手术。要是1973年进行了总统选举，阿基诺二世很可能获胜；1983年8月他结束了流亡回到菲律宾，计划领导一次运动将马科斯赶下台。就在即将踏上机场柏油马路时，他被射杀。为了应对民众愤怒，马科斯派一个委员会调查这个暗杀事件。经过很长时间的深思熟虑之后，委员会报告说：阿基诺二世是一次军事阴谋的牺牲者，此次密谋上及总参谋长，马科斯的堂兄法比安·维尔将军。长达8个月的审判裁定可想而知：维尔和其他24名军队被告被宣判无罪。同时，一股强烈的反对力量集结在阿基诺二世的妻子科拉松·阿基诺周围。因为马科斯在国内外都失去了信任，主要因为暗杀阿基诺二世引发了资金逃离，经济很快恶化。在腹地，

①　转引自威廉·修沃，"推迟访问马尼拉"，《纽约时报》，1983年9月8日，第A23版。

共产党领导的新人民军频繁造反。

迫于不断增长的压力，马科斯这个顽强的独裁者（迄今赢得了所有选举），同意 1986 年 2 月举行总统选举。一决胜负的舞台已搭好，从各方面来看就像一场道德剧——圣人般的科拉松·阿基诺反对失信的马科斯。尽管 68 岁的马科斯看起来生病了（遭受肾病的折磨），受到媒体的广泛攻击，他对获胜仍有信心。他看起来泰然自若，根本不为支持阿基诺的巨大人群所困扰。阿基诺以"克莉"和一个谦卑的妻子身份现身，呼吁回归民主、正直和正义。她毫不犹豫地指责马科斯是"谋杀我丈夫的头号嫌疑犯"。① 选举日逼近，似乎克莉的"人民的力量"会将她推向胜利。大企业和中产阶级在抛弃马科斯，天主教堂公开支持阿基诺。然而，许多人害怕讳莫如深的马科斯花钱请人去参加自己的政治集会，将会千方百计地操纵选举结果。

选举结果不确定，双方都声称自己胜利了，指责对方欺诈。尽管证据显示马科斯任命的选举委员会干预了选举和在选票统计上有欺诈行为，马科斯还是继续举行自己的就职仪式。美国总统罗纳德·里根对选举结果的认可给了他胆量。② 这让里根处于与菲律宾天主教会对立的位置。在天主教枢机总主教辛海棉鼓励之下，上万人走上街头表达对阿基诺的支持，要求马科斯下台。这时，马科斯的国防部长和几名高级军官改变了立场。这次事件的高潮来了：亲马科斯的部队朝抗议者营地进发，他们被阿基诺的支持者和跪在停滞不前的坦克面前祈祷的修女组成的人墙挡住。在这个紧急关头，里根安排飞机将马科斯运送到夏威夷。伊梅尔达和马科斯带着他们敛集的数十亿美元逃离。克莉·阿基诺宣布赢得民主革命的胜利。

在反抗独裁和腐败斗争大获全胜之后，这位毫无经验的新总统得面对国家治理和恢复支离破碎的经济这些难题。她迅速恢复民权，释放政治犯，清除政府中亲马科斯的人，实施政治改革。阿基诺家族拥有大面积的土地，她在竞选期间承诺土地改革，但后来，她对此表示不感兴趣，更没有实行社会变革。旧寡头政治集团的权力和经济体系保持不变。国家依然背负沉重的外债，需要将国家出口收

---

① 转引自"民主的考验"，《时代》周刊，1986 年 2 月 3 日，第 31 页。
② 威廉·发夫，"独裁统治衰败的废墟"，《巴尔的摩太阳报》，1986 年 2 月 17 日，第 9A 版。

入的 1/3 拿来弥补这个债务窟窿。1988 年，菲律宾获得国际货币基金组织和几个欧亚国家提供的 100 亿美元的发展基金，但收效甚微，依然是少数人富裕和多数人挣扎在贫苦线上。1990 年 2 月，阿基诺任职第四周年前夕，人民权力只不过变成了遥远的记忆。她实际上已经失去了各阶层人民的拥护支持。

阿基诺面对的问题之一是美国两大军事基地——苏比克湾海军基地和克拉克空军基地的地位。民族主义团体认为这两大基地是对菲律宾主权的侵犯，构成了社会危害，是核战争的袭击目标。阿基诺愿意续签 1991 年 9 月将到期的基地租赁协议，但她明确表态新宪法规定菲律宾领土内禁止核武器。

1991 年发生的两大事件意外地解决了有关军事基地的问题：冷战突然结束和火山大喷发。前者让美国重新考虑其亚洲安全需要，后者为撤出基地提供了充足的理由。6 月，皮纳图博火山这座休眠了 600 年的火山喷发了，向空中喷射大量的烟柱，粉状灰尘弥漫于周边地区，附近的两个基地也被火山灰覆盖。克拉克空军基地被埋在火山灰下，美国决定放弃这个基地，决定不再花约 5 亿美元进行挖掘。很快，菲律宾参议院否决了苏比克海军基地 10 年延长租赁，美国也决定撤离。从 1898 年美西战争之后（除 1942—1944 年），美国一直驻军菲律宾，至此宣告结束。

火山大喷发和美国两大基地的撤出给了本来停滞不前、债务缠身的菲律宾经济沉重的打击。火山喷发和基地关闭致使 68 万个工作岗位丧失。

菲律宾仍然需要从根本性上进行政治社会改革，同时还面临着左翼和右翼的反抗。身心俱疲但个人仍受欢迎的阿基诺 1992 年决定不再竞选。带领菲律宾走出贫穷、经济停滞和政治腐败的重任落到了她的继任者肩上。直到新旧世纪交替，菲律宾经济受到外包业务和电信业、电脑芯片生产和海外汇款的刺激，开始大幅增长。2012 年菲律宾人均国民生产总值大约是 4500 美元，[①] 但它还有很长的路要走。

---

① 中央情报局，《世界各国年鉴》，2012。

第五部分

新格局的出现

历史进程曲折多变，而历史的巨轮始终破浪向前。因此，世界在二战结束之后30年的形势格局与1945年三大巨头作为战胜国建立的世界格局必然大不相同。随着"新纪元"的到来而构建的世界新秩序具有很强的稳定性，但终究会有结束的一天。自1789年法国革命以来，没有哪个国际权力机构能持续存在40年之久。①

时代变迁常常伴随一声巨响，比如君士坦丁堡城墙倒塌、攻占巴士底狱及二战的结束；历史的变化有时也如同小猫踏步，悄然无声，毫无知觉，但最终却声势浩大。1979年，在二战结束至今的中间时间点上，世界迎来了重大变化，在当时并不是显而易见，这种变革创造了"新的世界格局"，这就是第五部分的标题内容。

历史学家克里斯蒂安·卡尔写道，这些变革之父是"陌生的叛逆者"，他们各有特色而迥然不同，著名的有中国的邓小平，大英帝国的玛格丽特·撒切尔，伊朗的赛义德·鲁霍拉·霍梅尼以及波兰的教皇约翰·保罗二世。

1979年，伊朗推翻了君主制，取而代之的是霍梅尼军队支持的伊斯兰神权制（这是第21章讨论的主题）。后来是人质危机，进一步破坏了德黑兰和美国以后近30年的关系。1979年，苏联政府和美国政府干预阿富汗国内事务，在世界上最穷的一个国家里触发了一场代理人战争，阿富汗是欧萨马·本·拉登的未来避

---

① 法国革命体系随着1815年拿破仑的失败而结束，"恢复"后的保守性秩序只持续到1848年。到1871年，德意统一之战重绘了欧洲版图，而第一次世界大战（1914—1918）又摧毁了这一版图。一战后形成的国际体系一直延续到第二次世界大战（1939—1945）的爆发。克里斯提安·卡尔认为战争形成的国际秩序持续34年，从1979年开始分崩离析。

难所。与此同时，在邻国巴基斯坦，穆罕默德·齐亚总统支持阿富汗叛乱分子，加速了巴基斯坦的伊斯兰化。这些事件直接导致"9·11"事件和阿富汗及伊拉克战争的爆发（见第22章节）。

1979年，教皇约翰·保罗二世首次踏上回国（波兰）之路，此举为波兰团结工会的崛起以及东欧政治动荡奠定了基础（第19章谈到）。同年，邓小平开始在中国进行改革开放，采取市场经济模式，经过这一改革，中国跃升为世界第二大经济体。1979年，作为西方"市场改革"呼声最大、最高的倡导者，玛格丽特·撒切尔在英国上台执政（第二年政见相同的罗纳德·里根当选美国总统）。第17、18章将讲述在"市场改革"的保护下的经济全球化和东亚崛起。"改革"伴随的是美国和其他工业国家，尤其是大英帝国的"缓慢衰退"（如记者所言）。①

1979年，在美国形成的道德多数派，是宗教教条主义抬头的另一个征兆。同样在1979年，苏联经济停止增长。这种趋势在知识界和政治家之间引发了激烈的讨论，这被证明是米哈伊尔·戈尔巴乔夫的"新思维"的前奏（第19章所谈主题）。同年，国际紧张局势没有缓和，美苏核军备竞赛升级（见第20章），这是一个危险的趋势，需要对貌似难以驾驭的问题找到新方法。②

本书最后一章讨论另一个话题，似乎是无中生有的问题，即2010年开始的"阿拉伯之春"。然而，这依旧是一个变化着的话题，是对古老的阿拉伯政体有力的挑战。然而就本书而言，这是一个有待揭示的转折点。

---

① 乔治·帕克，《放手：新美国的内部历史》（纽约：法拉，斯塔斯和吉劳克斯，2013）。帕克讨论了35年之久（1978—2013）的"富兰克林·罗斯福共和国"的瓦解和传统美国规范的回归。这个进程有着全球启示意义，包括社会安全网的碎裂和集团权力的增加，集团不再是过于强大而不会失败，而是太强大甚至无法对其起诉。

② 本节归纳选自克里斯蒂安·卡尔作品《奇怪的叛逆者：1979年和21世纪的诞生》，纽约：基础书籍出版社，2013。

第十七章
经济全球化

自从欧洲探险时代以来，现代国际贸易一直不断扩张。例如，荷兰阿姆斯特丹城因为全球化、消费主义、资本主义方面成为先驱，地位突出，一个世纪之后，亚当·斯密斯才高度赞扬自由市场的好处。核心问题总是讨论贸易组织的性质是什么。一种思想流派认为商业应该为了国家利益，依照重商主义原则进行管理。这恰逢君主统治的欧洲民族国家的崛起，君主们力图控制贸易来充实自己的皇室财政。重商主义要求贸易顺差，突出体现在金银流入国家首都——里斯本、马德里、巴黎和伦敦。

质疑此观点的人认为商务相对自由，首先是为个体企业利益服务，如亚当·史密斯1776年在其经典著作《原富》里所提出的。这里诞生了这样一个观念：私人经济活动必须是自由竞争。他们又说"自由"贸易不管对企业家还是对整个社会都是有益的。渐渐地，西方世界（即欧洲及其海外地盘，如美国、澳大利亚等）一波又一波地开始迈向自由贸易模式。

然而重商主义和自由贸易倡导者之间的争辩从未停歇。自由贸易也从来不是绝对自由的。自由贸易总受到一些国家限制，如一些国家反复躲在经济壁垒之后寻求保护——主要以关税的形式，抵制竞争者，竞争者往往被妖魔化成剥削者。

美国对1929年证券市场崩盘的反应清晰地证明了这一点。为了保护国家经济，国会通过了《斯姆特–霍利关税法》（1930年），即将关税提高50%。美国贸易伙伴以同样的方式回应，一场贸易战发生。20世纪30年代的大萧条是由于定价过高的证券市场急剧崩溃所导致，更是因为贸易战所导致。二战结束之前，西方盟国采取措施确保历史不再重演。盟国下决心处理战后预期中的经济下滑问题，但不采取国家措施。1944年7月，在新罕布什尔州的布雷顿森林庄园，43个盟国代表会面促成恢复战后国际贸易。他们建立了国际货币基金组织，旨在恢复大萧条时期被破坏的多国国际支付体系。截至2012年，188个国家加入了该组织。①

国际货币基金组织的资金由成员国提供的资金组成，美国是最大的出资方。为此，美国有权决定该组织的支出方式。借方事实上无法履行偿还义务的时候，货币基金组织会起到金融救助者的作用，采取措施消除"不良贷款"（即违约）的影响，避免国际支付系统崩溃。作为最终贷款方，特别是对最穷国，货币基金组织提供贷款，召集愿意提供信贷的银行。但该组织同时要求借贷国遵守贷款条款。它最有力的武器是能够扣留追加的资金，这些资金旨在让贫穷的负债国能支撑下去。随着时间的推移，这样的强硬措施引起了南方国家的不满，因为国际货币基金组织似乎对建立国际债务体系和救助富裕国家的私人贷款机构更感兴趣，而不是帮助困境中的借贷国。

国际货币基金组织让许多民族和政治家引火烧身，他们感到自己沦为了发达国家的牺牲品。国际货币基金组织辩护人回应说该组织为每况愈下的借款方提供了亟须的资金让他们恢复金融健康。但借款方必须控制额外开销确保财务完善，对提供贷款者履行金融义务。该组织由于确立还款条件而遭遇集体反对，货币基金组织很快从救助者变成为鞭笞他人的人。

另一个布雷顿森林会晤成立的机构——即世界银行于1946年开始运行，为世界提供专项金融援助。它最初的启动资金来自成员捐献，但现在大部分流动资金来自世界货币市场。它的运作模式与银行相同，贷款（常常是高利率），然后加成贷出。

盟国胜利者开创了另一个组织——关贸总协定（GATT），最初只有23个成员国。② 经过九轮漫长的谈判（最后一轮是始于2001年的多哈回合贸易谈判），关贸总协定获得极大的成功，将世界工业产品关税从40%降到5%。它是自拿破仑时代以来首个削减贸易壁垒的多边协议。

关贸总协定创建之初仅为权宜之举，成立了近半个世纪，发挥了重要作用。1995年，经过重组纳入世贸组织（WTO），该机构的目的是进一步推动贸易自由化。2013年，其成员国有159个。世贸组织是一个永久性的国际机构，负责裁定

---

① 唯一的例外是古巴和朝鲜（以及安道尔公国、摩纳哥公国、列支敦士登公国和瑙鲁公国）。

② 1995年关贸总协定解散时，成员国有125个。

贸易纷争。它要求所有被认定限制自由贸易的国家改变自己的行为或接受制裁。

欧盟

体现自由贸易的最好的例子就是欧盟。欧盟前身是成立于1952年的欧洲煤钢共同体，成立的目的是促进战后重建所需建筑材料等商品的国际贸易。成员国包括法国、西德、意大利、比利时、荷兰和卢森堡。依据1957年的《罗马条约》，他们成为欧共体（EC）六大创始国，也被称为共同市场，这是走向消除所有贸易壁垒、创建一体化市场的第一步。

欧共体创始人是两个法国人，外交部长罗伯特·舒曼和经济学家金·莫奈特。舒曼出于政治考虑，而莫奈特追寻的是贸易高效。当时西欧经历有史以来最具破坏性的战争，民众努力寻找出路，欧共体创始人的愿望是通过成立欧共体让西欧国家互相依存，通过此举可以改变他们的心理。在二战结束5年后的1950年5月9日，舒曼在这个历史性的公告中宣布煤钢共同体首要的目的是建立和平，特别是德法之间的永久和平。

舒曼的公告标志着后来成为欧盟的机构的诞生。半个多世纪以来，它不仅维持了过去互相仇视国家之间的和平，还创造了基于互相理解的真正和平。或许无须惊讶，2003年9月，在舒曼去世40周年，罗马天主教教皇梅斯向梵蒂冈递交了一堆文件支持为舒曼行宣福礼的请求。然而，要舒曼进入天主教圣人组成的先贤祠，教会要证明舒曼创造了奇迹。长达几个世纪的民族仇恨得到缓和，或许可以证明他创造了奇迹。

欧共体打破了西欧国家诸多森严的贸易壁垒。但是，很多壁垒仍然存在。此外，一些国家不时倾向于用民族的方法解决他们经济的问题，难以形成"一个更完美的联合体"。但在20世纪80年代初，过去支持政府调节与控制经济的法国和西班牙社会主义者承认市场经济优于计划经济，他们开始赞美竞争和去经济调控的好处。

1985年3月，12国政府首脑组成的欧洲议会宣布要在1992年前建立一个一体化的市场。在其1985年"完善内部市场"白皮书上，议会号召消除一系列领域的国家规则和调控政策，支持超国家的调节。这是一个巨大的工程，涵盖279个领域，包括从劳动和妇女权利到银行、运输、通信、保险、农业补贴、边境管制、移民、污染和健康医疗标准等方面。它甚至还号召统一货币即欧元，结束 11 个国家使用不同货币的局面。欧元是为了简化商务流程，去除烦琐昂贵的货币兑换过程。据估算，对于所有欧共体成员国的游客，换成本地货币将有 47% 的经济损失。①

法国是首个迈向一体化市场的国家，其时恰逢法国在"欧洲"的弗朗索瓦·密特朗领导之下，而不是"民族主义者"夏尔·戴高乐的统治时期。1984 年 1 月，密特朗成为欧共体部长理事会主席，在担任主席期间，他促成欧洲经济和社会一体化。一位法国外交官说，密特朗任欧洲部长议会主席期间，信仰幡然改变。② 西德总理赫尔穆特·科尔认为强劲的德国经济只得益于国家经济壁垒的消除。英国首相玛格丽特·撒切尔长期以来是自由竞争资本主义的倡导者，没有理由反对自由市场。

完全融合背后的驱动力是商业精英，这不是一场民众运动。实际上，许多欧洲人对此有忧虑。例如西德人担心南欧的移民会大批涌入。20 世纪 60 年代，西德工厂从土耳其、南斯拉夫和希腊招聘了大量的"外来工人"，他们中许多人没有回国。北部工人担心从南方国家如葡萄牙、西班牙和希腊来的移民竞争，南方生活水平达不到北方生活水平的一半。工人们也害怕消除壁垒意味着工厂迁到工资低、社会福利少的国家（历史确实发生过）。

20 世纪 80 年代晚期，欧共体 4 个主要成员国（西德、法国、意大利和英国）国民生产总值在世界位居第三到第六。西德人口是日本的 1.5 倍，美国人口的 1/4，1988 年成为世界最大的出口国，首次超过美国，领先势头保持到 1989 年。西德 1989 年商品贸易余额是 610 亿美元，与日本的持平，1990 年超过日本。③

为了实现经济完全一体化，1991 年 12 月欧共体国家在荷兰的马斯特里赫特城召开会议，经过很长时间的讨论后达成一个条约，深化联盟合作。条约核心是

---

① 比利时和卢森堡使用同一种货币。斯坦利·霍夫曼，"欧洲共同体和 1992"，《外事》（1989 年秋），第 28 页。

② 安德鲁·莫拉维斯科，"商讨单一行动：欧共体内的国家利益和传统治国之道"，剑桥，MA，哈佛大学欧洲研究中心，讨论稿 21，n. d.，第 14-15 页。

③ 经济合作与发展组织（OECD），1989 年 12 月；郝华德·罗文，"下一个权力中心波恩"，《华盛顿邮报》，1990 年 1 月 7 日，第 H1，H8 版。

要求统一货币，即欧元，建立一个共有银行。取消使用各国货币，边界便没有存在的必要。因此，边境控制计划关闭，外来人员无论到达哪个边境（领空或海港）都被清除。马斯特里赫特城条约先重申了1985年白皮书的目标，然后在条约中新增了部分条款。这是一份典型的欧洲社会民主文件。呼吁建立经济社会标准，对环境、劳动法律、最低工资标准、休假和产假等方面进行了规定。所有公民将自由选择工作和生活；甚至还享有本地换届选举权。

然而，只有《马斯特里赫特条约》得到批准后，才能生效。12个国家中9个国家很快批准通过了。但在丹麦、爱尔兰和法国需要通过全民公决进行批准。1992年6月，丹麦这个欧共体第三小成员国以微弱的优势投票否决了《马斯特里赫特条约》。

丹麦投票突出显现了人们对于《马斯特里赫特条约》的不安。这种不安的"加深"是由商业和统治精英一手造成的。与公众的质疑发生了冲突，公众感到政治家前所未有地为了一个超国家共同体而屈服国际主权，在迈向政治、社会和经济融合方面走得太远、太快。丹麦人不一定反对的是统一化的欧洲，而是反对把该机构设在布鲁塞尔，机构官员坐在世界上最高、带有三个侧楼的办公楼里，让他们成为丹麦助力车的最大速度的决议机构。[1] 欧共体也面临着受卷土重来的德国控制的危险。

在这一点上，不止丹麦担忧。没有人预料到德国会统一，德国统一之前，1992年的各项计划已经起草好，当时西德在同等国家中是首个（然而是同等）。早些时候，法国人用控制德国马的法国骑手作隐喻。然而，德国统一，这匹马甩掉了它的骑手，飞奔到东边，要回了它以前的势力范围。[2]

丹麦在第二轮全民公决中对修改后的条约投了赞成票，之后，《马斯特里赫特条约》最终于1993年11月生效。在这一时刻，欧洲共同体有了一个新名字，反映了它致力于融合的决心。从此，欧洲共同体被称为欧盟（EU）。

尽管《马斯特里赫特条约》得到批准，在深化这个进程上有一定的悲观看

---

① 《柏林人报》，1992年6月5日，"对丹麦公投新闻评论"，《德国新闻》，1992年6月5日，第3页。

② 科诺·科鲁兹·欧布里恩，"追逐一只山羊：民族主义与一个联邦欧洲冲突"，《泰晤士报文学副刊》，1992年3月12日，第3-4页。

法。特别是英国的领导人，对深层次的一体化再三思考。此外，欧盟的扩大（2007 年有 27 个成员国）使得跨政府程序更加难以操控。随后几年，更多民众公开表达"欧元–悲观主义"。特别是在德国和英国，许多人不喜欢单一货币体系——被嘲笑似地称为"世界货币"，反而宁愿保留他们自己国家的货币。然而，他们的情绪与政治家的愿望和权力相抵触。深化进程，也就是牺牲本国立法，给予欧洲议会更多的权力的过程，这个过程不会中断。

欧盟于 2002 年 1 月 1 日采用欧元。然而，英国、瑞典和一直存疑的丹麦保留了本国货币。新银行纸币上图案是开着的门窗和桥梁，象征着欧盟的使命：融合一个近代史上目睹了空前流血事件的欧洲大陆。

为了加入该联合体，成员国需要满足"欧元趋同标准"。他们的政府财政赤字和外债需要在可控范围内。然而，这些规定被无视，当时的欧盟成员国都被准予加入"欧元区"。那些拒绝加入的都是出于自愿。标准松意味着负债很高的南部国家地区——希腊、西班牙和葡萄牙以及爱尔兰采用了欧元。

在批准《马斯特里赫特条约》之前，欧盟就同意增加成员。1989 年 7 月，在象征着欧洲分裂的柏林墙倒塌的前 4 个月，奥地利第一个寻求加入欧盟。1955 年奥地利和以前的侵略国之间签订的条约阻止了该国加入任何与德国有经济或军事关系的组织。西方强国（美国、英国和法国）不反对奥地利加入欧盟。主要是苏联不愿再次看到德奥合并或吞并奥地利，再创大德意志国。然而，早些时候，米哈伊尔·戈尔巴乔夫称文化和经济一体化的欧洲是"我们共同的家园"。他不反对奥地利加入欧盟。

瑞典于 1991 年 7 月申请加入欧盟，芬兰和挪威跟着在 1992 年 3 月申请加入。但是，基于 1948 年条约，芬兰与苏联有着紧密的贸易和军事关系。芬兰自二战以来失业率最高，达 20%，它把欧盟视作救命稻草。此外，欧盟为芬兰提供了一扇窗口，使其有机会成为西欧的一部分。自然，苏联政府没有反对。

1994 年 6 月，奥地利选民以多数票通过了加入欧盟的决定。然而，斯堪的纳维亚的支持和反对的票数很接近。农民们反对将他们的市场对南部国家商品开放。瑞典和芬兰的投票者以微弱优势批准了加入欧盟的意向。但挪威民众投票（同 20 年前）否决加入欧盟的提议，宁愿自行其是。挪威农业和能源能够自给自足（靠的是北海石油），它的商业渔民不想葡萄牙和西班牙商船来到他们的海域。

1995 年 1 月 1 日，奥地利、芬兰和瑞典三国加入欧盟，欧盟成员国人口由

3.49 亿增长到 3.7 亿，且国民生产总值上涨 7%。欧盟的经济规模现在比美国的大 10%。仍然有更多的申请国——多数是东欧国家，在等待加入欧盟。欧盟最初的倡导者甚至也对预计中的扩张产生了疑惑。其一，欧盟行事原则是步调一致，这在一个大幅扩张的联合体内很难实现。其二，新加入的成员国是否能够满足严格的许可要求——环保标准、低失业率、低的国家运转赤字，切实可行的私有经济和稳固的民主机构。

欧盟前倡导者认为核心应该还是在融合上，也就是说联盟的纵向深化，而不是横向扩张。持此观点的有西德前总理赫尔穆特·施密特，欧洲委员会前主席雅克·德洛尔。德洛尔担心欧盟扩大至东欧后，将变成一个自由贸易区，将牺牲《马斯特里赫特条约》规定的共同社会和政治理想。然而，怀疑人士失败了。2004 年 5 月，欧盟又接纳 10 个国家为成员国：波兰、捷克、斯洛伐克、立陶宛、拉脱维亚、爱沙尼亚、斯洛文尼亚、匈牙利、马耳他、塞浦路斯希腊族部分。2007 年，欧盟接纳了罗马尼亚和保加利亚。几十年来，土耳其寻求加入欧盟，但它的申请一直被推迟，部分原因是欧盟成员国必须是真正的民主国家。此外，由于土耳其有穆斯林人口以及大部分地区位于小亚细亚，许多欧洲人不确定土耳其加入欧盟是否合适。

这些成员国加入欧盟后，欧盟人口升到 4.9 亿（美国只有 3.05 亿）。因为最新加入欧盟的成员国相对比较穷困，欧盟总体人均国内生产总值下降到 3.29 万美元（对比美国为 4.58 万美元）。①

欧盟自从成立以来，一共有 5 次扩张。在前四次，新加入的成员国必须达到严格的标准。他们需要财政稳健（没有无法偿还的债务），且必须是真正的民主国家。发生在 2004—2007 年的第五次扩张，这些规定放宽了。由于强调扩张至东欧，欧盟变成了一个无组织的实体，既有发达国家又有发展中国家。在允许较穷困国家如西班牙和葡萄牙加入时，就显示出这种趋势了。这些国家以前有大量的补贴，加入欧盟后就没有了。德国在税收上有巨大的增长，在经济上支持东德加入欧盟，但它不愿再补贴其他穷国。

15 年里，加入欧盟的成员国数量增加了一倍，由 12 个国家增加到现在的 25 个国家。欧盟扩张恰逢欧洲经济增长放缓，人们因而不可避免地产生了"欧元怀

① "欧洲联盟经济 2008"，中央情报局，《世界各国年鉴》，2008。

疑论"，狂热的民族主义抬头。欧盟的成立其实就是为了抑制这类倾向，然而这些怀疑论和民族主义又卷土重来（特别是新加入的国家）。人们越来越发现自己是一个有着自己的风俗、语言和图腾的部落成员。他们指责其他人——如移民、犹太人和罗马人（吉普赛人），为自身的问题寻找替罪羊。穷困小国逐渐憎恨德国带来的阴影。希腊人想起二战时期希特勒军队占领他们的国家。

在横向扩大了成员国之后，欧盟又面临更为复杂的任务：深化联盟。2004 年 10 月，25 个欧盟成员国首脑签署了欧洲宪法，计划两年之内由民众投票批准。在许多人看来，历史上第一个那样的跨国实体的设想是试图创立"欧洲合众国"。

新起草的宪法充分体现了 18 世纪启蒙运动的传统。它赋予欧盟一系列民权，类似于美国宪法中的"权利法案"。然而，两者有区别，欧洲人具有社会民主的传统，对民权做出了不同的定义。欧洲宪法特别强调"全世界和平、正义、团结"的重要性。关于生命权利的一条规定是反对死刑。美国人广泛讨论将来社会扶助问题，如社保问题。然而，欧洲人视"社会救助"为一项"不可或缺"的"权利"，比如全民医疗保障制度。

2005 年春天，越来越多的法国和荷兰人拒绝投票赞成批准难懂的复杂宪法。结果是修订条约，精简条文（不再称为宪法），2007 年 12 月在里斯本签署。2009 年 10 月，最后一批不让步的爱尔兰人最终投了赞成票。截至今日，这个条约像一系列的修正案，它的性质却没有几个人懂。

欧盟竭力解决条约问题，希腊却迎来了最为严峻的一次危机。希腊政府从来就没有达到加入欧盟规定的赤字和债务限制标准。希腊的公共债务很高，而且还在不断增加（部分原因是广泛的逃税行为）。希腊的经济受到始于 2007 年的全球"大萧条"的影响，失业率达到了 20 世纪 30 年代以来前所未有的水平（2013 年 5 月，失业率高达 27%）。希腊政府寄希望于美国高盛集团投资公司以便控制自己的债务，但情况变得更糟。当高盛集团带着上千万美元的盈利撤走的时候，希腊陷入更深的债务困境，高盛集团盈利是利用了复杂的换汇换利契约，而希腊官员根本不懂（哈佛大学、亚拉巴马州和杰斐逊镇以及德国普福尔茨海姆城落入同样的圈套)。①

德国总理安吉拉·默克尔要求希腊向外国（主要是德国）贷款方偿还大批的债务。希腊被困在欧元区。要是希腊有自己旧货币德拉马克，它或许还可以找到自己的解决方法（如让自己的钱贬值）。2001 年希腊放弃了德拉马克使用欧元之后，在希腊度假变得更加昂贵（旅游业在希腊是支柱产业），游客转而去了土耳其，那里里拉比欧元便宜多了。在采用欧元之前，去希腊的游客比去土耳其的游客超出了百万以上，截至 2012 年，2/3 的游客去了土耳其。②

欧盟的提供贷款方愿意延长对希腊的信贷，但代价是沉重的——大力削减公共支出：退休工资、学校财政支出、食品补贴和医疗保障。最终是民众为银行家和政治家的大手大脚付出了代价。

截至 2013 年，经过漫长的 5 年大萧条，希腊依旧位于全球经济危机的中心。除了经济困难重重之外，希腊还被政治极化困扰——欧盟一直努力消除这种趋势。新纳粹分子，如金色黎明，该组织试图恢复希腊古代辉煌，召开排外的"民族觉醒"会议，其间，他们散发希特勒的宣传部长约瑟夫·戈培尔的日记。新纳粹分子和政治左派带着不同意见，走上街头，他们展开了激战。这让欧洲人想起来 1920 年代和 1930 年代的一系列事件，这些事件让法西斯分子在德国以及其他地方掌权。

欧盟南部梯队的其他成员国也遇到类似的问题，再一次事关债务问题和入不敷出问题。西班牙是一个最揪心的例子。它的经济下滑是由于众所周知的"屋子里最聪明的人"，而不是后来看到自己失业的工人。西班牙为吸引外国客户，进行了过度建设——很多开发是沿着地中海岸，但并没有大批的游客到来。银行向开发商提供低息贷款，使用他们从外国贷款方主要是德国借来的钱。欧洲中央银行和西班牙政府尽力将他们救出困境，但银行持续倒闭。资本枯竭，工人失业，不能偿还的贷款以及抵押增加。2013 年，失业率约为 26%。年轻人是最后被雇佣、最早被解雇的一批人，失业率达 55%。抗议的学生们被称为是 "Ninis—Ni

① 比特·巴尔利，"高盛投资集团如何帮助希腊掩盖其真实债务"，德国《明镜周刊》，2010 年 2 月 8 日；尼古拉斯·顿巴和艾利扎·马丁努兹，"客户揭开高盛对希腊的秘密贷款"，彭博新闻社，2012 年 5 月 5 日。

② 葛来阁·帕拉斯特，"我的肥大的希腊部长"，《副杂志》，2013 年 5 月 21 日。

Estudio No Tra-Bajo"，即既不学习也不工作的人。他们成为愤怒和迷失的一代，许多人盼望离开西班牙。[①]

西班牙欠银行和国际货币基金组织的债务超过1万亿，占其国内生产总值的80%，由此产生的利息高达国内生产总值的1/4。

20世纪80年代：三大经济超级强国

20世纪80年代末，包括美国和日本在内的欧共体的竞争对手，日渐关注这个新兴的团体。欧洲共同体强调自己对国际贸易的承诺以打消海外人士认为欧洲共同体在建"欧洲堡垒"的疑虑。确实，欧洲共同体成员国总出口（包括成员国之间的进出口）达到国际贸易的20%，相比之下，与美国的贸易量占15%，与日本的贸易量占9%。为了事先阻止欧洲贸易保护主义的影响，日本和美国公司积极寻求在欧共体成员国家立足市场。美国电话电报公司为了绕过原产地规则，将意大利通信公司"引进"到意大利。丰田在英国投资10亿美元建汽车工厂。对于日本人而言，核心问题是市场准入。要是建起壁垒来，日本公司希望在欧共体国家建立工厂，从而可以成为欧共体内部公司。为此，日本在欧共体国家的直接投资从1984年的10亿美元增加到1989年的90亿美元左右。

1987年之后，欧共体打击东亚公司（特别是日本公司）的"倾销"行为，起草了"原产地规则"和"当地成分要求"。这些措施意在阻止东亚将各种"螺丝刀"组装厂之类的工厂建在欧洲（螺丝刀原产地在欧洲）。

欧洲人在对待日本投资上存在分歧。玛格丽特·撒切尔政府支持日本投资以振兴经济，1989年，100家日本人开办的工厂雇佣了2.5万多名英国工人。但许多欧洲工业家担心日本无限投资将会导致日本掌控整个经济部门。

20世纪60年代，美国国民生产总值占世界的33%，而到1989年所占比例跌至20%。美国现金账户贸易赤字（即商品和服务业贸易加上美国海外投资赚的钱减去在美国投资公司里工作的外国人的工资），达到1250亿美元，日本的盈余升至720亿美元，中国台湾地区是700亿美元，德国是530亿美元。20世纪80年代，一方面，日本和亚洲新兴工业国家，西德以及欧共体，发展势头正猛，另一

---

① 尼克·鲍姆伽顿，"宿醉"，《纽约客》，2013年2月25日，第38-47页。

方面美国却在挣扎。美国高额的国内债务是一个入不敷出的国家反复出现的症状：消费过度，无力偿还债务。

20世纪80年代，日本同美国的年贸易余额累积大约500亿美元，如此大的贸易不平衡注定会引发摩擦。困扰美国的许多经济问题都是美国自己一手造成的：巨额的国防预算（大约每年3000亿美元），牺牲长期投资，寻求短期利益（最终导致劣质的工艺和随之而来的市场份额丧失，尤其是汽车行业），以及向竞争者开放市场。

20世纪70年代的石油危机重创了美国汽车工业，美国生产的是高油耗的大型车，而当时世界需要小型省油的汽车。德国，特别是日本从中获取了相当大的利益，因为他们已经生产出市场所需的小型车和低油耗汽车。日本也从生产需求量大的相对便宜的高质量相机、电视机、音响设备和录像机等消费品中获利。

开放的美国市场（部分归因于冷战），刚好满足了日本的需求。在华盛顿的五角大楼和国务院制定的外交政策青睐于建立一个强大的美日同盟，而商务部和财政部为贸易逆差和国家财富的外流苦恼。

为了使国际贸易顺利进行，商品的流通必须是相对均衡的，贸易逆差会不可避免地导致纷争。美国先后与日本和中国出现贸易逆差，就是一个很好的例子。20世纪90年代末，中国贸易盈余以前所未有的惊人速度在增长（参见表17.1）。

但美国依然是经济发展的火车头，通过从海外购买大量商品拉动其他国家经济发展。但与美国贸易产生巨大顺差的不止日本和中国，美国贸易赤字不断刷新（参见表17.2），1998年赤字保持在1660亿美元，1999年跃升到2650亿，2003年为4950亿，2012年达5400亿美元。[①]

20世纪80年代，美国兴起排日风潮，许多人将美国经济下滑归因为日本贸易壁垒。这些壁垒可以算是非正式、"非关税"性的限制（包括现金贬值，人为造成日本商品在国外低廉），这使得美国公司打入拥有1.2亿多富裕买家的有利可图的日本市场极为困难。

----

① 美国统计局，外贸分布，"FT900：美国国际商品和服务贸易"，2009年3月13日，www. census. gov/foreign-trade，附件1；罗伯特·E. 斯科特，"2012年美国贸易赤字下降"，经济政策研究所，2013年2月11日。

表 17.1　中国现金账户余额，1996—2010（10 亿美元为单位）

1982	第一批现金账户数字公布
1995	1.6
1996	7.2
1997	29.7
2003	45.9
2005	160.8
2006	249.9
2007	371.8
2008	426.1
2010	305.4

来源：中华人民共和国国家外汇管理局，www. chinability. com/CurrentAccount。

欧洲人也抱怨进入日本市场的渠道有限。1989 年，西德影响力大的新闻周刊《明镜周刊》发表了一系列抨击性文章指责日本不公平的贸易操控行为。日本并非对贸易不感兴趣，也不只是要获得市场份额，而是要通过打击其竞争对手来完全主控某些部门，通过一些不公平的手段（如倾销、窃取技术、价格操控）、将外来竞争者排斥在本国之外。《明镜周刊》说日本国际贸易与工业部不仅组织贸易，还是一个经济战争机器的指挥部，他们的使命是主导市场。① 不只有《明镜周刊》持有这样观点，从 20 世纪 80 年代晚期开始，大量的书籍和文章都不认为超级自由市场政策是日本取得商业成功的原因。

表 17.2　美国与最重要贸易伙伴之间现金账户贸易赤字（以 10 亿美元为单位）

	2001	2003	2005	2007	2012
中国	83	124	202	258	315
日本	69	66	83	84	76
加拿大	52	51	78	68	31

---

① "Der Krieg fmdet längst statt"（"战争早就开始"），德国《明镜周刊》，1989 年 12 月 6、13、20 日。

	2001	2003	2005	2007	2012
墨西哥	30	40	49	74	61
德国	29	39	50	44	59

来源：美国统计局。

20 世纪 90 年代早期，在美国，一些人推动世界经济融合，另一些人力争采取措施反对不公平竞争，他们之间产生了分歧。但世界各国之间形成的互相依存关系已根深蒂固，支持后者的人面临更艰难的困境。

仅举几例说明全球各国相互依存的关系。通用汽车不再把自己看成美国公司，而是一家国际集团。克莱斯勒汽车公司与三菱汽车公司合作，持有合作公司50%的股份，在美国生产汽车，同时持有日本三菱汽车 15% 的股份。三菱汽车公司生产的汽车除了销往日本国内市场，还销往国际市场。其他生产商（通用汽车、福特和几个英国公司）与日本汽车制造商建立了类似的合资企业。1998 年，克莱斯勒汽车公司与声望很高的德国汽车生产商戴姆勒–奔驰合作，新的企业集团的领导是德国籍人士。许多美国制造或英国制造的汽车，大量部件产自日本。日本汽车制造厂宏达将美国俄亥俄州工人生产的部分汽车海运到日本。

20 世纪 80 年代早期，美国率先展开与加拿大和墨西哥的《北美自由贸易协定》（NAFTA）谈判。《北美自由贸易协定》的目标是建立一个拥有 4 亿消费者的自由贸易区。

《北美自由贸易协定》的渊源可追溯到 20 世纪 80 年代中期，当时墨西哥决定加入全球经济，开始对外国商品和投资者开放市场。当时，墨西哥已累积了巨额外债，达 1000 亿美元。债权国中有美国银行，他们敦促墨西哥国有企业私有化，一些墨西哥企业确实廉价出售给了这些债权国。1986 年，墨西哥加入关贸总协定，降低了保护性关税——有些商品关税高达 100%，被削减到 20% 或更低。墨西哥的外来投资开始增长。1986—1991 年，美国投资从 50 亿美元增加到 116亿美元，美国对墨西哥的出口从 120 亿美元上升到 332 亿美元。《北美自由贸易协定》的目标是取消墨西哥、美国和加拿大的所有关税（与美国已签订了自由贸易协定，1989 年 1 月生效）。《北美自由贸易协定》也要保护北美投资者在墨西哥的权益，让墨西哥对外资开放，进入全球经济，以避免未来采用激进的政治手段来解决经济问题。

1990年6月，美国总统H. W. 布什和墨西哥总统卡洛斯·萨利纳斯首次倡议《北美自由贸易协定》，赞扬它是"经济发展、创造就业机会和开发新市场的强力发动机"，这立刻引起了有关《北美自由贸易协定》优缺点的激烈讨论。墨西哥、美国和加拿大的企业董事会会议几乎都支持《北美自由贸易协定》。5位美国前总统和国务卿都支持该协定。300位最有名的美国经济学家签字支持。为了获得国会批准，比尔·克林顿总统需要让民众相信该协议会带来很多好处。[1]他反复地承诺《北美自由贸易协定》将会在美国创造上万个高技能型和高薪就业机会。

然而，也有一些人对《北美自由贸易协定》心存疑虑。1994年1月1日，北美自由贸易总协定开始生效，墨西哥的恰帕斯州开始反抗，原因是该协议使得外国人可以购买更多的墨西哥土地。加拿大和美国工人表达了担心，他们认为与工资低的墨西哥工人竞争会降低自身的生活水平。1989—1993年，在《北美自由贸易协定》生效之前，同墨西哥的自由贸易协定让美国制造业失去36万个就业机会。美国劳工-工业组织代表大会联合大会（AFL-CIO，美国主要的劳工联盟）估计《北美自由贸易协定》生效后，美国将让墨西哥获得50万个制造业就业机会（因为墨西哥平均工资只有美国的1/7）。一位该组织的官员预测得很准确：

"没有说出来的是你在增加5000万个低薪墨西哥工人，他们中许多人对于美国劳动力来说是技术工。（他们）不是分布在太平洋地区，而是在我们的邻国，好像是我们的另一个州。"[2]

1993年10月，美国工人的担忧没有减轻，克林顿总统呼吁大集团发誓不会将就业机会外包给墨西哥，但克林顿发现自己的话没有人接受。当时情况是：墨西哥的尤卡坦州可以用时薪不到1美元雇到工人（包括额外补贴），每一位受雇的工人年可存1.5万美元。

《北美自由贸易协定》于1994年1月1日生效，当时墨西哥经济已经萧条，

---

[1] 北美自由贸易协定不是一个条约（要参议院以2/3的投票批准）而是"贸易协定"，这需要国会两院绝大多数票通过。

[2] 转引自克莱德N. 法恩沃斯，"在北部早期贸易协定干了些什么"，路易斯·尤奇特尔，"北美自由贸易协定和就业机会：一场数字战，无人能清点"，《纽约时报》，1993年11月14日，第IE页。

总统埃内斯托·塞迪略引入极端措施，偿清墨西哥债务。墨西哥人只好吞下一颗苦药：塞迪略采取了提高税收、降低工资等举措，让墨西哥商品在世界经济中更具竞争力（劳工联盟被迫接受实际工资被削减8%的事实）；提高利率；减低基本商品如食品、公交和汽油的国家补贴价格；削减社会项目上的开支（如养老金）；常常以特价把国有企业卖给政治家好友。

塞迪略非常严厉的措施维持了很长时间，解决了国际投资者的关切。1995年3月，当他提高税收时，华尔街接到了这个消息，反响热烈。美国证券市场指数上扬，比索增值18%。这些措施让墨西哥产生了更严重的倒退，有100万工人失业。失业、财政紧缩和比索币价下降，使很多墨西哥人的购买力下跌高达50%。中产阶级的一些人曾希望过上更好的日子，却遭到了更严厉的打击。

《北美自由贸易协定》使位于墨西哥边境的外国公司下属的组装工厂工人工资下跌。这些组装公司经过改组，即降低工资、解雇工人，在全球市场上变得更有竞争力（毕竟，他们的竞争对象不仅是美国工人，还有中国工人）。墨西哥农民也感到了《北美自由贸易协定》的影响，他们突然面对美国、加拿大效能高的农场的竞争（运进来大批的加工好的肉、奶粉、玉米和其他商品）。

《北美自由贸易协定》是一个前所未有的实验。它标志着第一次充分发展的经济体首次同意消除所有针对一个低工资的发展中国家的贸易壁垒，这个低工资国家最低日薪只有4.2美元。

《北美自由贸易协定》主要使投资者收益，他们获得推动工厂重新安置的一系列新权利和特权。《北美自由贸易协定》首先是一个投资自由协定而不是贸易自由协定，它照顾雇主的利益，在一个监管放开的全球市场，这些老板可以从一个国家搬到另一个国家，以尽可能最低的价格购买劳动力商品。

《北美自由贸易协定》生效10年后，墨西哥和美国的工人们几乎没有什么可以值得喝彩的事情。在墨西哥的投资2001年是1994年的5倍，但是钱的流动没有变成就业机会。此外，墨西哥制造业工人工资下降了13.5%。自1994年以来，墨西哥最低日薪一直保持在4.20美元。在美国，《北美自由贸易协定》导致近

88 万个工作机会丧失。① 克林顿高薪工作的承诺从未兑现过。《北美自由贸易协定》也使美墨、美加之间的贸易赤字创下了纪录。

《北美自由贸易协定》主要的对象国是墨西哥，墨西哥的经济在 21 世纪的第一个 10 年出现好转。世界银行将其列入中上等收入国家名单，经济实力增强，流失到美国的工人减少。工人外流趋势首先出现在 2007—2008 年的经济崩溃时期。美国高失业率和蓝领工人工资的下降导致更多墨西哥人回到本国而不是移民到美国。尽管墨西哥经济转好，2010 年大约有一半人口依然生活贫困。此外，在拉丁美洲，墨西哥的贫富差距最大。

全球化：良药还是诅咒？

20 世纪 80 年代，长期都在进行的国际经济融合加剧。"全球化"要求商品和服务不受限制地跨国流动。"自由贸易"的倡导者预计会促进各个国家的繁荣。美国总统比尔·克林顿特别喜欢宣传全球化的福音。他和其他人将全球化作为一种"万灵药"：消除国家壁垒，让经济增长更快，生产出更多的商品，这些商品可以以更低的价格买到，因此，最终每个人都受益——商家、消费者、穷国和富国。这些倡导者说：水涨船高。然而，全球化与物理原则和市场规律没有任何关系，而与市场的操控有着方方面面的关联。

全球化依赖那些控制经济力量杠杆的人做出下意识的决定。要求去调控（减少政府对经济的控制），将更多的国有资产和公司私有化（进行私人经营，成为私人所有），财政紧缩（减少政府预算）以及贸易自由化（降低关税及其他自由贸易壁垒）。这种方案被称为"华盛顿共识"。国际货币基金组织和世界银行视其为他们提供金融支持的准绳。申请金融支持的国家必须满足这些严格而让人痛苦的条件，当他们的政治家和民众抱怨的时候，他们确信痛苦只是暂时的。

1997 年，几个东亚国家（韩国、印度尼西亚、泰国和马来西亚）看到自己的货币急剧贬值。国际货币基金组织、世界银行以及各个工业化国家来帮助他

① 大卫·培根，"北美自由贸易协定遗产——利益和贫穷"，《旧金山纪事报》，2004 年 1 月 14 日；詹姆士·克斯，"10 年以前，北美自由贸易协定诞生"，《今日美国》，2003 年 12 月 30 日。

们，提供了高达 1000 亿美元的巨额贷款，来支撑他们的本国货币。随着紧急财政援助而来的是著名的国际货币基金组织的"原则"，要求接受贷款国进行经济"自由化"，即将他们的货币贬值。国际货币基金组织认为，这些东亚国家的经济已经受到估值过高的货币、负债累累的银行、过度的政府干预和"裙带资本主义"（政客、大企业和银行之间密切的关系）的连累。在这种情况下，良药苦口利于病，这些国家摆脱了倒退的困境。

拉美的全球化，如同其他地方一样，要求对经济去调控、私有化和平衡预算。政府大幅度削减开支，他们砍掉了"可被牺牲的"项目，如医疗、教育和福利等社会支出。这个方法刺激了经济增长，但没有消除贫困。在拉美和加勒比地区，那些日薪 1 美元收入的人的比例从 1987 年到 1998 年的 12 年里保持没变。[①]

世界银行承认贫困是"大部分地区都有的全球性问题"。1990—1998 年，靠一天不到 2 美元生活的人数量从 21 亿上升至 28 亿（几乎占世界人口的一半），其中有 12 亿人靠一天不到 1 美元生活。[②]（新兴国家的贫穷比例极难统计。世界银行认为每个人一天只靠 1.25 美元生活即为贫困，而中国设定的标准是 1.80 美元。）[③] 在非洲——最贫困的大陆上，许多国家 80%~90% 的人靠一天不到 2 美元生活。

世界银行也指出世界上最富有的 200 个人的财富加起来比最贫穷的 20 亿人收入加起来还要多。20 年急速发展的全球化没有解决财富分布不均的问题，反而加大了这种不平衡。2013 年，最富有的 300 个人的财富等于世界上 70 亿人口中最贫穷的 30 亿人的财富之和。

最反对全球化的组织之一是工会。工会组织担心自己国家工人失业（大公司搬迁到海外利用低廉的劳动力），同时，他们强烈批评公司对海外工人的剥削以及工人缺乏工会权利。全球化在一些不允许工会存在的国家里具有很大的摧毁性。

---

① 世界银行，《世界发展报告 2000/2001：向贫穷开战》，纽约：牛津大学出版社，2000 年，第 23 页。

② 世界银行，《世界发展报告 2000/2001：向贫穷开战》，纽约：牛津大学出版社，2000 年，第 vi, 3-6, 23, 280-282 页；约瑟夫·斯蒂格利茨，《全球化和它的不满》，纽约：诺顿，2002，第 259 页。

③ "世界——阶级贫困"，《经济学人》，2013 年 2 月 27 日。

反全球化团体愤怒了，其中有环保主义者、工会、人权活动分子和所谓的G-77（77国集团，也是世界最穷国家），① 1999年11月，世界贸易组织在西雅图开会，大规模抗议爆发，抗议者明确表达了这种愤怒。抗议者打断了会议进程，与警察和州国民警卫队发生直接冲突，他们试图宣传自己的目标，这一行动作为重要新闻见诸报端。

由于全球化在20世纪80年代开始加速，发达国家的工人工资总体下滑。全球化变成了一场竞次之战。2001—2007年，全球经济以4%的速度增长。然而，工资仅增长了1.9%。利润大部分被投资者（股东）瓜分，工人却没有。这个趋势形成是因为一个经济学家所称的劳动力"大翻倍"，中国、印度和苏联加入了资本主义市场体系之后，劳动力从15亿增加到30亿。如此短的时间内，劳动力资源前所未有地得到扩充，使工人们对阵其他越过边界的工人们，从而总体上压低了工资。②

华盛顿共识的辩护人继续说经济增长最终会解决贫困和财富分布不均的问题。一些人认为全球化导致了财富分配日益不均，全球化是导致贫困的罪魁祸首，世界银行和国际货币基金组织加重了这个问题。他们对华盛顿共识辩护人发起了挑战。一段时间之后，曾经坚固的世界银行和国际货币基金组织共识开始出现裂缝。约瑟夫·斯蒂格利茨，这个世界银行前首席经济学家，曾任克林顿总统的经济顾问开始怀疑这个共识，他批判去调控、私有化以及紧缩计划是发展中国家的万能药，他坚称光靠市场是不能解决贫困问题的。反而，他倡导在"自由市场原教旨主义"和政府绝对的计划之间的"第三种路径"。斯蒂格利茨承认世界银行和国际货币基金组织1997年将东亚经济救出了困境，但他将这次危机的起源归结为世界银行和国际货币基金组织的官僚施压于私人投资者，使得他们做出了鲁莽的决定。③ 斯蒂格利茨和世界银行、国际货币基金组织的其他一些人正走

① 七十七国集团与七国集团（代表7个头号资本主义国家，俄国加入后，七国集团就成为八国集团）。

② 国际劳工处，《全球工资报告2008/09：最低工资和集体还价》（日内瓦：国际劳工处，2008年11月），第59-60页；预知"大一倍"，请看理查德·弗里曼的作品，如"大一倍：新全球劳工市场的挑战"，2005年，亚特兰大大学，劳工政策讲座。

③ 斯蒂格利茨，转引自道·恒伍德，"斯蒂格利茨和改革的局限"，《民族报》，2000年10月2日，第20, 22页。

向那些街头抗议者的意识形态阵营。

诺贝尔经济学奖近些年来的获得者是自由市场的倡导者，1998 年和 2001 年得主是批判自由市场的阿马蒂亚·森和约瑟夫·斯蒂格利茨。阿马蒂亚·森是一位专门研究社会福利的印度经济学家，在给他颁奖的时候，诺贝尔委员会解释森的著作关注到社会最穷的人分配到的资源是少之又少，"在探讨关键的经济问题时回到道德的层面"。森没有用精密的计算机生成计算公式（如其他经济学家所做），而是提出了一个简单的论点：是贫穷，而不是食品缺乏导致了饥荒。他注意到，1974 年孟加拉国大饥荒期间，工人们就是没有钱去买养家糊口的食品。[1]森的注意力放在 21 世纪面对的大挑战上：如何更公平地分配世界经济体创造的惊人财富？

不仅是发展中国家有收入不平等的问题。发达国家也受到这个问题的困扰。在世界发达国家里，美国收入分配差距最大。2013 年 11 月，在珍妮特·耶伦成为美国联邦储备委员会新任主席的审议听证会上，这个问题被提出来。耶伦指出，因为不成比例的财富份额掌握在最富有的 10% 的人手里，这威胁到整体经济。它限制了中产阶级的购买力，而中产阶级对于强劲的经济是必不可少的。耶伦还说自从 2007 年到 2008 年的经济危机以来，所生产的 95% 的财富流入到了处在社会顶层 1% 的人手里。[2] 国际劳工组织的一份报告称美国的分配不均问题亟须解决。[3] 日本呈现出类似的趋势。日本社会的多变性、任人唯亲、持续不断的竞争、对富人税收的大幅降低以及人口老化等特点，导致出现了过去无法想象的日本社会分配不均问题。这一现象在发达国家中最为严重。[4]

跨国公司不仅变得更富，也更有权力。2008 年，将卸任的乔治 W. 布什政府提出世界最广泛的自由贸易区，即跨太平洋伙伴关系协议，旨在更深入地融合美

---

[1] "研究福利和饥饿的专家赢得诺贝尔经济学奖"，《巴尔的摩太阳报》，1998 年 10 月 14 日，第 14 页。同见阿马蒂亚·森，《贫穷和饥饿：应得的权利与权利的剥夺》，纽约：牛津大学出版社，1981 年。

[2] 安妮劳瑞，"复兴让富人更富"，《纽约时报》，2013 年 11 月 18 日。2012 年，10% 的社会上层获得国家一大半的收入（最上层的 1% 获得 24%），是一个世纪以来出现的最大贫富差距。

[3] 萨瓦多·巴波恩斯，"美国极度不平等的现象"，Inequality. org，2013 年 6 月 8 日。

[4] 橘木俊诏，"日本的不平等和贫穷"，《日本经济评论》，2006 年 3 月，第 4-5 页。

国、澳大利亚、文莱、加拿大、智利、日本、马来西亚、墨西哥、新西兰、秘鲁、新加坡、越南和有望加入的其他国家经济。它是全球化最为极端和最合乎逻辑的例子。

对所倡议的跨太平洋伙伴关系协议性质的考虑是秘密进行的，但一旦细节被泄露，反对的声音开始积聚。政治左派和右派都抱怨代表着上千个国际集团的说客正在起草该协议。美国国会成员被告知谈判在极其保密的情况下举行，就是怕遇到反对意见而不是国家安全问题。

总统贸易促进权2002年首次使用，巴拉克·奥巴马打算快速审批这个协议，以多数票在国会强行通过，没有修订案也没有允许该协议在委员会被毙掉。国会只有要么不审查就批准或者直接驳回。要是国会不作为，这个跨太平洋伙伴关系协议将于2014年写进法律。宪法授权国会而不是白宫有权调节涉外商务，这现在是毫无关系了。

当维基解密2013年11月公开了该协议草案的时候，美国和其他地方对该协议的反对高涨。小一点的美国贸易协定在过去得到快速审批（尼克松时代），但这种情况下，奥巴马走得远了点。维基解密证实了人们的怀疑。该协议被抨击给外国公司"优待"，其中包括这些公司有权起诉外国政府和公民妨碍公司追逐利润。一个世纪前，美国总统西奥多·罗斯福狠狠地训斥金融家J. P. 摩根时，责备多个公司。现在，国外和国内公司开始能够起诉主权国家。该协议要求由公司任命的3位法官组成私人贸易特别法庭，努力为公司取得赔偿金。万一政府官司失败，将由纳税人买单。该协议使得跨国公司的意志有望变成最高法律，批评人士称其为《北美自由贸易协定》的类固醇。

该协议下，主权国家将被他人做出的决定所约束。公共健康、食品安全、消费者保护、金融调整、环境和组织劳工的权利将落入公司的权限之内。早些时候，跨国公司被认定"太大了而无法倒闭"；现在他们开始是"太大了而无法控制"。一些跨国公司已经是"太大了无法起诉"。2012年12月，这个问题进入焦点，当时美国司法部门拒绝起诉英国最大的银行汇丰银行的职员，该行在美国依照一项联邦宪章运作。该公司承认自己违背了银行保密法案，为墨西哥和哥伦比亚以及"流氓"国家即伊朗、古巴、利比亚和缅甸的毒品贩子洗钱达数亿美元。汇丰银行毫不费力付了高额罚款——12.5亿美元，这大约是它一个月的盈利。该年年终，银行付给高层的绩效奖同一年前一样，没有一位汇丰银行官员受到犯罪行为指控。美国司法部长解释说，指控汇丰银行的话会对国家和全球经济产生负面影响。

石油输出国组织

自由贸易的鼓吹者亚当·斯密斯曾说当被市场这只"无形的手"调节得当时，自由市场运行效果最好。然而，让市场自己调控，意图良好，却常常在资本主义实践中搁浅（资本主义实践传统上是为了自身的利益来调节市场）。20世纪70年代的石油危机就是一例。1973年秋天，世界突然惊醒，发现石油产品供应不能满足需求。70年代前所未有的石油危机对全世界经济都产生了长期的不稳定影响，自1945年以来，世界越来越依靠石油作为工业、交通和加热的能源材料。

石油输出国组织（OPEC），该组织（一些人会说卡特尔）为石油短缺负责，他们说有限的化石燃料（特别是石油）正被过快消耗。全球政治家迅速起草法律意义上的补救措施，如保护能源、能源材料多样化和降低对外国石油的依赖，特别是使汽车能耗降低。1979年，第二次石油短缺没有第一次那样严重，但它更让人觉得世界正在用尽石油。然而，石油短缺是由沙特阿拉伯、伊朗以及西方石油公司人为造成的。

20世纪70年代，石油输出国组织由中东石油出口国（沙特阿拉伯、伊朗、伊拉克、阿拉伯联合酋长国、卡塔尔和科威特），还有四个非洲国家（阿尔及利亚、利比亚、尼日利亚和加蓬），两个南美国家（委内瑞拉和厄瓜多尔）以及印度尼西亚组成。没有加入石油输出国组织的石油输出国同等重要，但他们有充分的理由以该组织为榜样，特别是苏联（70年代和80年代是世界上主要的石油出口国之一）、墨西哥和加拿大。

当该组织密谋限制石油供应时，结果是20世纪20世纪70年代末原油价格上涨15倍，从一桶2美元上升到30美元（一度达40美元）。凭借70年代末他们生产了世界石油产量的63.4%，石油输出国组织能控制原油价格。

然而该组织的支配地位在80年代早期开始弱化，当时，全球石油供应渐趋过剩，市场开始见底。石油过剩是因为储存，世界范围内的经济倒退（减少了对所有燃油的需要），发现新的石油储藏（在阿拉斯加的北部山坡、北海和墨西哥），一旦油价上涨，全球石油产量也增加，即使在加油站缺油，石油还是过剩，这是一个冷酷和铁一样的事实。到1984年为止，石油输出国组织在全球市场的石油份额跌至42.8%；1985年，再降到30%。20世纪80年代中期，石油输出国组织的市场继续下滑，急需石油收入的成员国，开始分道扬镳，偷偷地销售配额以外的石油。石油输出国组织人为造成的石油短缺被基于供求规律的竞争所替代。

多年以来，墨西哥（尽管不是石油输出国组织成员国）与该组织的定价水准保持一致。但在1985年夏天，墨西哥确立了自己的定价政策，与石油输出国直接对抗，一桶原油的价格降至24美元。苏联效仿墨西哥，从而给了石油输出国组织额外的压力。石油输出国组织试图削减产量，重新人为地创造短缺迹象，但这次他们的行为几乎没有对价格产生影响。石油输出国组织产出下降到一天1450万桶，达20年以来最低生产水平。石油输出国组织的关键成员沙特阿拉伯为了支撑油价，将每天产量降到230万桶（几乎只有该组织给它配额的一半），是自1967年来的最低日产量。1985年夏天，在该组织石油部长会议上，他们围绕削减价格还是产量进行辩论。最终，石油输出国决定既降价又减产。1992年9月，厄瓜多尔的背叛鲜明地突出了石油输出国组织的困境，厄瓜多尔第一个离开了该组织（2009年，厄瓜多尔又重新加入该组织）。对于厄瓜多尔而言，石油输出国组织给成员国的配额已变得没有意义。没有石油输出国组织的限制，厄瓜多尔石油产量有望成倍增加。

1998年6月，油价跌到低谷，一桶油仅10美元，这是由于1997年亚洲金融危机导致石油需求急剧下降而石油又过度生产所致。石油输出国组织1998年的收入是800亿，扣除物价因素，是有史以来最低。为了弥补损失，石油输出国组织（得到非成员国的支持如挪威、俄国和墨西哥）在新一轮的需求上涨时削减了产量，从而使得每桶油价2000年秋达到38美元。然而，扣除物价上涨因素，每一桶油的价格还不到20世纪70年代的一半。

随着能源价格保持在相对较低的水平，保护石油再次成为马后炮。石油商人出身的美国副总统理查德·切尼在乔治W. 布什政府里负责美国能源政策，2001年4月他无耻地宣布"保护或许是一个个人美德的标记，但它不是一个稳健周全的能源政策充分的基础"①。

2007—2008 年石油价格巅峰（一度达到每一桶 150 美元）反映了一个事实——世界上的石油存储量或许停滞不前，导致价格永久走高。② 似乎世界最终开始用尽石油。③ 然而，导致更高价格的原因是全球上涨的需求，工业化国家、苏联阵营以及发展中国家都需要石油，中国和印度尤其如此。中、印两个国家加起来人口占世界的 1/3，经济体也在快速地走向工业化。

新的需求和战争、战争威胁（包括在公海的海盗，后者会破坏石油供应路线，将来市场上的投机者赌定价格将会持续上涨），抬高了价格（或许一桶油价格上涨了 10%)④。

石油的价格突然下降，从最高位 150 美元到 2009 年 3 月 50 美元以下，是因为一个突如其来的因素——2008 年的全球经济衰退，极大地减少了对石油的需求。此外，美国采用传统的水力压裂技术从地下深处的页岩提取天然气，天然气产量大幅提高，有利于美国经济，惠及居民用气。

无法解决的债务问题

20 世纪 80 年代油价的降低深刻地影响了石油输出国如墨西哥、委内瑞拉和尼日利亚的经济。他们从曾经昂贵的商品中获得更少的利润，现在他们还要应对大量的外债（当时借外债，时机一直很好，有充裕的"石油美元"——石油生产商投在西方银行的钱。那些钱使得他们可以借到额外的钱，但现在该还钱了）。

西方银行需要循环过量的石油美元，即他们需要找到自愿上门的借款方。最终他们在发展中国家找到了，但发展中国家无力偿还债务。20 世纪 80 年代中期，非洲和拉美外债加起来超过 5000 亿美元，墨西哥和巴西都欠 1000 亿美元。任何

---

① 转引自迈克尔·T.克莱尔，"价格浪潮的剖析"，《民族报》，2008 年 7 月 7 日，第 6 页。

② 马提·皮欧绰维斯基，"石油创下新纪录：这不是投机泡沫"，《石油时报》，能源情报集团，2004 年 10 月 11 日。

③ 迈克尔·T.克莱尔，"超越石油时代"，《民族报》，2007 年 11 月 12 日，第 17-21 页；美国统计局，外贸分部。

④ "投机者在发出正确的信号吗?"《石油情报周刊》，2008 年 6 月 30 日。

一个大国违约都可能引发经济危机，并在世界范围内产生影响。这将导致不可避免的紧缩信贷，随之而来的是国际贸易下滑，或许是全球经济衰退。

有时候负债国家增加了违约的恐怖，但他们痛苦地避免采用严厉措施，反而努力去兑现自己的义务。1987 年早些时候，巴西宣布停止偿还外债，巴西政府小心地讲清楚，这是一项临时紧急措施，最终希望找到一个解决办法。1987 年 3 月，一场毁灭性的地震切断了厄瓜多尔从内陆到海岸的主要石油管道，厄瓜多尔同样地暂时停止偿还外债。1985 年夏天，秘鲁新任总统阿兰·加西亚宣布本国将用 10% 的出口收入有限偿还外债，这是第一次一个借贷国家将偿还外债与还债能力联系起来。然而，负债国家首脑明白宣布破产是一种危险的方式，这将会让国家处在游离状态，使得他们无法再借到资金，引发经济报复。

拉美巨额的债务使得古巴共产主义者菲德尔·卡斯特罗作为该国的政界元老登上舞台中心。卡斯特罗敦促拉美国家团结起来，成为"借款方卡特尔（联盟）"，以达成更好的交易。卡斯特罗提出的例子是苏联一再取消对古巴的援助。[①]

捐赠国最终接受这样的事实：无论怎么办，一些债务就是无法追偿。20 世纪 80 年代晚期，一批捐赠国（包括加拿大、芬兰、德国、荷兰、挪威、瑞典和英国）将贷款转化为资助金（意味着不用偿还此贷款）。法国注销了向 35 个最穷非洲国家、金额达 24 亿美元的贷款，比利时也免除了 13 个非洲国家、2 亿美元的债务。然而，勾销的债务是相对较小的只涉及政府间的贷款。[②] 1999 年 6 月，日本同样也勾销了对世界上一些最贫穷国家 82 亿美元贷款中的 33 亿美元。然而，私有银行不会勾销借贷方的大批贷款。

债务危机要求重估国际借贷行为，是什么原因造成一些国家经济几乎没有增长从而导致无力偿还债务。1991 年，世界银行研究报告《管控发展：管理维度》得出的结论是：政府诚信问题、效率低下问题是问题的核心（过去世界银行不想惹麻烦，故避而不谈）。英国海外发展部得出类似的结论。英国海外发展部还花

---

① 约瑟夫·B. 特斯特，"古巴会晤激起对拉丁债务的同情"，《纽约时报》，1985 年 8 月 1 日，第 DI 页。

② 世界银行，《撒哈拉以南的非洲：从危机到可持续发展——长期视角研究》（华盛顿，DC：世界银行，1989 年），第 176–179 页。

重金在英联邦成员，如赞比亚、加纳和印度，培训地方官员，提高办事效率，减少普遍存在的腐败。该部还增加对私有非政府机构（NGO）的资助，试图绕开腐败的政府官员。例如，英国红十字会提供当地水准一流的医疗捐助。世界银行也称赞非政府组织在高效廉洁管理援助项目上如同"眼睛和耳朵"一样必不可少。①

偿还债务意味着吃下苦药让经济走上正轨。首先意味着提高税收，这可以通过各种方式实现：取消对食品的补贴，对燃油征收销售税，限制进口（特别是奢侈品）以及让钱贬值。然而，这些措施会带来政治动荡，因为它们不可避免地降低生活水平。如按国际货币基金组织要求偿还国际债务，会带来食品价格上升，这样导致民众极大的愤恨。那样的增长造成动乱，如在苏丹、突尼斯、多米尼加共和国、牙买加、玻利维亚和阿根廷。埃及总统胡斯尼·穆巴拉克对国际货币基金组织有一个著名的称呼，即"国际灾难基金"，引起了大家的共鸣。

穷国夹在两个令人讨厌的选择之间。违约会影响经济，引起政治动荡，但满足国际货币基金组织的要求也会如此。两种情况下，贫穷的南半球没有让经济发展必需的政治稳定基础。

20 世纪 80 年代见证了另一种加重债务国困境的现象：资金从穷国外逃到富裕的国家。如墨西哥，通货膨胀率损害了墨西哥银行的存款价值，所以存款的人寻求更安全的避风港如西欧和美国，那里通货膨胀率处于控制之下。自 20 世纪 80 年代以来，南部国家从资金净进口国变成净出口国，这种趋势扩大了富国和穷国之间以及南半球和北半球之间的差距。30 年后，这个问题依然没有得到解决。②

对随便借钱给那些几乎不能偿还债务的穷国的行为进行再评估，银行家回到了早期的财政保守主义。世界银行第二任行长尤金·罗伯特·布莱克（1949—1962）对向南部政治领导人提供金钱让他们加入西方意识形态阵营不感兴趣。他坚持钱应该投入一些创收项目上，然后用项目所得收入偿还债务。布莱克的财政保守主义让世界银行借出几十亿美元而没有出现违约情况，这是 80 年代放贷狂

---

① 巴巴拉·克罗塞特，"外来援助者改变了自己的方法"，《纽约时报》，1992 年 2 月 23 日，第 2E 页。

② 沙明·亚当，"新兴市场法案阻止资本外逃"，彭博个人金融，2013 年 6 月 13 日。

潮迫使国际借贷机构再次学到的一个基本教训。①

赞比亚就是穷国试图偿还外债却陷入困境的教科书般的例子。国际货币基金组织和世界银行制定出一个债务免除计划，即重债穷国行动倡议。借贷机构同意重组赞比亚债务，并另外投入资金——前提是赞比亚同意结构调整，即大幅削减国内支出，将节省的资金用于偿还外债。

在这个行动倡议下，赞比亚还债能力从 7000 万增长到 2 亿美元，增加的 1.3 亿美元意味着缩减重要社会服务。世界银行——这个新偿还计划的受益者赞扬赞比亚"改革的"医疗系统是非洲其他国家的楷模。这些"改革"确实让医院没有了长长的看病队伍，然而这不是因为服务效率提高，而是人们无法承担医疗支出。"改革"也引起营养不良，更多的人患上了本可以预防的疾病，人口寿命缩短。赞比亚有 20% 的儿童 5 岁前死亡。儿童特别是女孩辍学，挣钱补贴家里微薄的收入。小学入学率从 96% 降低到 77%。当赞比亚政府裁员减薪时，失业人数增加。② 有人会说造成这些问题的不仅仅是国际货币基金组织和世界银行，政府腐败、政治不稳定以及人权问题加重了赞比亚的社会问题。一般来说，这些问题都是由部分当权者有意识地做出的某些决定而造成的。

全球环境保护主义

20 世纪末，工业化国家逐渐关注全球变暖导致的气候变化问题。记载显示地球气温在 20 世纪稳步上升，达到有史以来的最高温。自 90 年代以来，每年都在刷新纪录。罪魁祸首是二氧化碳的排放，排放源主要是日益增加的汽车尾气，以及让热量留在大气层的温室气体。地球变暖不再是科学家们争论的话题，一些人甚至认为到 2100 年气温会升高 6 华氏度。带来的后果是大面积的干旱和沙漠化，摧毁性的沙尘暴更加频繁，海平面上涨达 3 英尺，人口密集和开垦出来的地方将被淹没。

---

① "尤金·R. 布莱克死于 93 岁；世界银行前行长"，《纽约时报》，1992 年 2 月 21 日，第 A19 页。

② 世界银行，世界银行发展报告，2000 年、2001 年，第 315 页；国际乐施会，新闻发布，2000 年 9 月 18 日，"重债穷国计划让穷国陷入重债：新分析"，www. oxfam-international. org；马克·利纳斯，"来自赞比亚的信"，《民族报》，2000 年 2 月 14 日。

环保组织，如美国的塞拉俱乐部一直以来坚持反对胡乱的工业扩张。他们责怪工业主义者大肆消耗地球原始资源，无节制地污染（特别在南方）土地、水和空气。

　　进入 21 世纪，美国依旧是世界上最大的污染国，中国紧随其后。各个国家都必须尽到有效防治污染的义务，特别是大国、富国。1997 年 10 月在京都国际气候变化大会上，各国首次达成了减排停止污染议定，150 国代表参加了大会。

　　引起大众高度重视的《京都议定书》呼吁 2012 年底至少减排 5%。美国新当选总统乔治·沃克·布什就职后不久，2001 年 4 月明确表示美国不会执行《京都议定书》，称其条款对美国经济发展不利，世界头号污染国直接退出了《京都议定书》。然而，俄国 2004 年 11 月批准《京都议定书》，随即生效。俄国成为该协定第 127 个签署国。但世界丝毫没有减少对内燃机的巨大需求。此外，中国作为发展中国家被赦免，美国旁观。

全球经济和大萧条

　　2007 年，全面影响世界市场的全球经济危机开始了，恰逢驱动全球消费的引擎——美国经济已经进入萧条。这种局面由来已久，过去种种不当——过度借贷、投机、俗称次贷的不良资产被当作稳健投资卖给轻信的买家，最终被华尔街套牢，结果造成生产率、就业和购买力下降。

　　这场危机的根源要追溯到 20 世纪 80 年代早期，当时一个新的正统经济模式逐渐取代了 20 世纪 30 年代的罗斯福新政出台的政策。新政切实减缓了大萧条的影响，立志打破过去的经济繁荣与萧条的交替循环。对比之下，新自由主义正统经济要求市场不受烦琐程序的制约。市场这只无形的手将真正地为了整个市场主体的利益而实行自行调节。然而，实际上银行家和资金经理在无形地控制着市场。

　　除货币供应调节，自由市场倡导者反对政府应在经济中扮演主要角色的观点。英国首相玛格丽特·撒切尔和美国总统罗纳德·里根等政治家们一致认同将经济交还给有利益关系的个体。里根总统有句名言："政府不能解决问题，它本身就是问题。"其他人希望政府完全退出人民的生活，想要看到政府"缩减到我们几乎可以将它淹死在浴池里"。正如批评家所称，自由市场正统主义者在 20 世纪80年代在美国政府权力阶层里的地位更加牢固。备受尊崇的美联储主席阿兰·格林斯潘是这些人当中的大师，他在四任政府里任职20年（1987—2006），根本不注意一而再的警告：一个浪潮正在海岸不远处积蓄能量。

金融机构变得毫无节制，自由地进行高风险和脱离监督的交易。银行对最具风险的信贷申请人延长了期限，这些申请人申请贷款时瞒报收入。银行重新打包"骗子贷款"，将其归类为"证券化"，转卖给华尔街投资者。将次贷以三A级投资进行售卖，批判人士指责这让人想起中世纪炼金术士试图让铅变成金子。[①]

不良资产抵押走向市场进行再循环是一件有利可图的事情，也让美国房地产市场形成了一捅即破的泡沫。许多人预测到无力偿还债务的过度贷款人会抛弃自己的房产抵押而全体违约。过度借款的银行（持有滞销房屋，却无法收回抵押借款）以及（目前持有不良资产的）投资公司纷纷破产。借款变得稀缺，所以削弱了资本体系，该体系必须在资本流通良好的情况下才能发挥作用。自大萧条时期以来都没有出现的通货紧缩，即资金收缩，现在成为现实。全球范围内，市场大跌，失业率上升。

濒临破产的公司有一些是世界上历史最久的投资公司、银行和保险公司。这次危机首先发生在华尔街，随后很快扩散到全球。各国政府立即出台措施拯救（再调控）金融机构和证券市场。法国总统尼古拉斯·萨科齐，最近赢得大选，大力拥护自由市场，现在向左倾斜。他认为（结果证明是有点为时过早）"自由放任"政策结束了，总是正确的全能的市场结束了。[②]

国际金融机构贷款太过度，无法对需要资金的股票持有人以及顾客兑现自己的义务。除非更权威的机构实施救助，否则这些机构将面临破产的危险。美国财政部长亨利·保尔森，在两任总统和美国国会的帮助下，伸出援手。因为这些集团"太大了而不能破产"，他号召美国国会用大量纳税人的钱救助这些机构。在即将卸任的乔治·沃克·布什的催促下以及当选的巴拉克·奥巴马支持下，国会

---

① 约瑟夫·斯蒂格利茨，《自由落体：美国、自由市场和世界经济的沉没》（纽约：W. W. 诺顿，2010年），第6页。

② 艾丽莎·吴车娃，"法国说'放任政策'资本主义完蛋了"，euobserver. com，2008年9月26日。

批准通过了高达万亿美元的一揽子救助计划。①

这些大型金融机构欣然接受这些款项，但不满足于各种限制规定。保尔森是投资公司高盛集团前领导人（该集团自身就有严重的金融问题），他认为没有任何理由给公司施加不必要的困难。在国会投票支持第一批 7000 亿美元救助计划 6 周后，在保尔森给不同的公司下拨了近 3000 亿美元之后，规章制度依然有待拟定。保尔森执意认为那些为全球金融崩溃负责的公司领导应该得到通行证。

布什和奥巴马政府面对经济崩溃均一筹莫展，他们对待世界最大的保险公司——美国投资集团（AIG）的方法就是一个明显的例子。美国投资集团是高盛投资集团旗下的分支机构，成立于 2000 年，充分利用了规章制度的缺乏，于 2000 年开始为国内外银行和投资机构的轻率借贷行为保险。该机构的首席执行官约瑟夫·卡斯诺 2007 年 8 月还在夸口说，"不管什么原因，几乎不可能看到自己公司任何一笔交易损失 1 美元"。② 然而，不到 12 个月，高盛集团不得不兑现超过 5000 亿美元的信用保险，给包括美国银行、花旗银行、高盛投资集团、兴业银行、德意志银行、英国巴克莱银行等全球老牌金融机构持有的不良贷款上保险，但高盛集团没有这 5000 亿美元。

美国投资集团的破产威胁到向它投保的机构的生死存亡。高盛集团对欧洲银行的债务一项就高达 3070 亿美元。2008 年 9 月，法国财政部长克里斯汀·拉加德（2011 年 6 月担任国际货币基金组织主席）恳求保尔森救助高盛集团以及法国的银行系统。美国财政部救助高盛集团，使得高盛集团可以救助欧洲和美国投机银行。

救助高盛集团（2009 年救助金额最终达到 1780 亿），则美国政府持有高盛集团 80% 的贬值资产。然而这家公司继续作为一个独立私人实体运行，开豪华派对，向曾经差点毁了高盛的人给予更丰厚的奖金。这些私有企业明白华尔街和大集团可以依赖政府救助，但缅因街等小公司和房屋持有者却不能指望政府如此

---

① 彭博新闻社，计算出美国政府 2008 年 11 月底，承诺 7.7 万亿美元（相当于美国每位居民出 2.4 万美元）用来紧急救助金融行业；马克·皮特曼，鲍勃艾沃利，"美国承诺最高 7.7 万亿美元用于解冻信贷（更新 2）"，Bloomberg. com，2008 年 11 月 24 日，www. bloomberg. com。

② ABC 新闻获得的录音；杰·沙勒，劳伦·皮埃尔，缇娜巴巴罗卫科，"高盛集团伦敦小办公室或许输大了"，2009 年 3 月 10 日，www. abcnews. go. com。

救助。

美国汽车制造商（通用汽车和克莱斯勒）得到政府 250 亿美元的紧急财政救助；2008 年 11 月，他们又要到一笔 250 亿美元的救助。然而这却不能改变总裁们乘着公司专机，在国会面前貌似毕恭毕敬，对于这笔钱的流向问题他们的回答却含含糊糊。通用汽车公司董事会表达了对自己的管理团队信心满满，好像这个公司刚刚打破了销售记录一样。

消费者忧心忡忡，减少了自由随意支出，导致全球失业率上升。在底特律，汽车制造商解雇了上万名工人；在俄罗斯，欧洲最高大楼的施工暂停；在中国，许多工厂关闭。大量公共和私人负债以及大规模的失业更是削弱了人们对经济的信心。负债金额达 4 万亿~5 万亿美元的新兴经济体，无法履行债务偿还义务。那些自由市场正统主义者曾经十分肯定自己懂经济，却对此次大萧条的结束时间和结束条件一无所知。

20 世纪 30 年代的大萧条结束了，工人们和农民们的购买力上涨了，随之而来的是巨大的政府赤字开支，因为这种赤字开支发展了很快到来的第二次世界大战中的军工业。然而自 20 世纪 80 年代早期以来，世界局势走向了相反方向，政府财政刺激减少到很弱，工人们看见自己的购买力减弱，同时富人变得更富。在 30 年时间里，美国出现了前所未有的财富分配严重不均问题，比 19 世纪晚期强盗贵族时代或者咆哮的 20 年代更甚。广泛的中产阶级，一度占人口的大多数，缩减到 50% 左右。工人在国家财富中所占份额下降，经济日益依靠富裕阶层的购买力。这不是刺激经济增长的有效方法。

第十八章
东亚的崛起

首先从第二次世界大战废墟中复苏的东亚国家是日本。从 20 世纪 40 年代末到 70 年代末，日本取得了惊人的"经济发展奇迹"。国土面积差不多等同加利福尼亚州，日本实际上缺乏现代工业所需的所有原材料，但在 30 年的时间里成长为世界第二大经济强国，[①] 其国民生产总值仅次于美国。但就人均产出而言，日本的工业生产力已经和美国相当。

1953 年，日本的经济产出达到了战前水平。这既是美国援助的结果，也得益于日本已有的资产以及发展的机遇和日本人的勤劳。1950 年朝鲜战争爆发，让日本有机会向驻韩联合国部队出售轻工产品，从而积累了资本，重建本国重工业。

美国对日本的援助形式各样，例如 20 亿美元的直接经济援助（分 5 年）。美国政府还说服其西方战时盟友放弃对日本赔款的要求、强制日本遏制通货膨胀、恢复财政偿付能力、向日本低价转卖专利、提供现代技术、对美国商品开放市场、说服其他国家恢复同日本的贸易往来、接受日本产业的保护性关税，并承担了日本防御的重任。这种援助不仅仅是对昔日敌国的善意表达，而且目的是建立一个具有战略地位的新冷战盟友。对美国感激涕零的日本人充分利用了美国提供的一切援助，但是，如果没有日本人自己的辛勤工作，经济复苏就不可能实现。

日本经济在 20 世纪 50 年代后期开始大幅增长，并持续到 20 世纪 60 年代。20 世纪 60 年代日本国民生产总值年均增长率约为 11%，远高于其他工业化国家。两位数的增长率一致持续到 70 年代，1974 年的全球石油危机让日本经济发展脱轨。很快有批评者指出日本经济的脆弱性表现在对于资源的依赖，有的人表示日本奇迹已经结束了。但是日本人做出了调整，减少了石油消耗并增强能源多样性，并于 1976 年重新走上正轨。直到 20 世纪 80 年代末，日本年均增长率约为4.5%，仍然走在世界工业国家的前列。

20 世纪 60 年代，日本经济超过了包括意大利、法国和英国在内的欧洲大多

[①] 苏联国民生产总值规模不得而知，但西方普遍认为截至 1980 年，日本的国民生产总值与苏联规模相当甚至更大。日本人均国民生产总值要大得多。

数工业强国，然后在 70 年代初超过了战后经济复苏速度同样惊人的西德。到 1980 年，日本一些现代工业产量排名第一。它造船业排名第一；事实上，在 20 世纪最后 25 年里，世界一半以上的吨级船舶由日本制造。日本在收音机、电视机和录像机等电子设备方面的生产能力超过了美国。日本汽车在全球市场中占有越来越大的份额，所以 1980 年日本成为汽车生产的世界领袖。20 世纪 70 年代，日本拥有世界上最现代化和最高效的钢铁工业。到 1980 年，日本蓄势待发，要在新的、十分重要的高科技产业，特别是电脑和微电子领域向美国发起挑战。

西方许多国家都倾向于贬低日本的成功，并用一些利己的借口或过时的观念来解释日本的成功（虽然这些说法并不完全错）——例如日本的廉价劳动力。他们说日本之所以具有竞争力是因为日本劳动力工资极低。这种论断针对日本 20 世纪 50 年代和 60 年代初的情况确实是准确的，但到 70 年代初，日本的工资达到了大多数工业国家的水平。还有人说是因为美国保障日本安全，日本国防开支低因而获益。[①]

然而，其他因素更能解释日本经济的快速增长。专门从事日本研究的学者已经举出了日本经济显著增长的一系列原因，其中许多是日本独有。

日本的政商关系是互补合作的关系而非敌对关系。国际贸易和工业部（MITI）制定了经济和工业协调发展的方针。政府和工厂参与长期规划，从而保证了政策执行的延续性。该方针针对性地指出哪些特定工业要增长，哪些工业要缩小规模或者解散。该方针还瞄准了日本将集中进军的国外市场。

日本的劳工管理体系强调工人与管理层之间要和谐共存，不要对抗。日本的终身就业体系根据工人的资历进行内部奖励，向对公司产生强烈认同感以及做出突出贡献的工人提供工作保障。反过来，公司也能依靠训练有素的忠诚员工的服务，通过多种管理计划激励员工士气和积极性，例如丰厚的奖金制度、教育福利、住房、保险和娱乐设施。日本有工会，但势力相当弱，他们与管理层的关系往往是合作而非对抗的。工人参与制定管理决策和质量控制，也符合雇主和雇员的共同利益。

---

① 从 20 世纪 50 年代开始，日本持续增加国防开支，截至 80 年代，国防预算占年财政预算的 6%，占国民生产总值的 1%，相比之下，美国国防开支占国民生产总值的 6%~8%。

国家控制的日本教育体系一、高标准而且极具竞争力。大学入学考试决定了一个人的未来，只有顶尖的学生才能考入顶尖的大学，毕业之后才能找到最好的工作。因此，各级学生都紧张备考入学考试，在日本被称为"考试地狱"。这种教育培养出来的人工作习惯好，社会受教育水平高。总体上，日本学生受到的教育不说比其他国家好，但教育时间投入是最多的。日本的一学年比美国多 60 天，日本的小学生通常每天放学后都要跟家教或者在私立学校学习好几个小时。教育部强调教育高标准，特别关注数学和科学学科。日本大学比美国培养出更多的工程师（甚至从绝对数量上看），助推了日本技术的进步。

日本人积极寻求新技术。他们比许多外国竞争者更快使用最新、最高效和最节省成本的技术对其钢铁厂进行现代化改造。20 世纪 60 年代初，奥地利开发出氧燃烧型炼钢炉时，日本人迅速购买了这些专利，并投入大笔资金使其工厂迅速改用该技术。这就能部分解释为什么尽管日本要跨越整个太平洋才能进口铁矿石、运出成品，而最终日本钢铁业还能够同美国竞争。日本迅速取得了在机器人技术和生产线自动化行业的世界领先地位。到 20 世纪 80 年代末，日本使用的工业机器人数量是世界其他地区总和的两倍多。①

日本的个人高储蓄率起到了重要作用。工薪阶层将工资的 18% 用于储蓄，而美国工人的储蓄率约为 6%。② 然后，银行将这笔剩余资金用于发展工商业。日本的公司出售股票，但其大部分资金来自银行，不像股东们，银行不收取季度利润。相反，银行为长期发展的企业提供资金，这些企业有时候在盈利前也亏损好几年。资本的灵活可用也使得工厂的现代化不断发展。

日本找到了海外营销的最好方式。日本的综合贸易公司在世界各地设立分支机构，他们收集数据并进行全面的市场调查。他们还与 MITI 一道制定最有利的贸易协议，确保重要原材料的长期供应，并引导日本在海外的投资。无论是作为可靠的买家还是技术和资本提供者，日本对于自然资源供应国来说是不可或缺的。

---

① 美国机器人研究所，《日本 1989：国际对比》（东京：经济科学和研究中心，1988 年），第 27 页。

② 日本工人存款率高的部分原因是政府税法规定以及养老金相对较低。还有其他原因，包括日本工人一年有两次可以获得一次性大额奖金的机会，加上传统的存钱习惯。其他亚洲国家与地区，如韩国和中国台湾地区，也有这样的存钱习惯。

日本和其他东亚国家一样也有自己独特的隐形力量推动经济增长。日本深受历史形成的文化特质的影响，如儒家倡导的权威接受论、父权制以及强调团体和谐、忠诚、纪律和责任感。集体主义高于个人主义。没有这些文化特质，日本的劳工管理体制几乎不可能实现。此外，历史偶然因素也让日本受益良多。日本的工业发展恰逢全球经济扩张，日本把握住了工业发展的时机，保障拥有利润丰厚的市场和资源。①

日本国防开支水平相对较低，这对日本的经济发展有利。这是二战后头二十年关键期日本经济重建的重要因素（当时美国认为保护刚刚进入非军事化的国家是应当的）。② 直至 1986 年，日本国防支出在 GDP 中的占比才超过 1%。到 2005 年，上升到 3% 后又再次下降。③

日本经济大发展的一个更重要的原因是整个冷战时期美国对日本实行的扶持政策。日本对于华盛顿政府出台的遏制政策有着重要的战略意义，因此美国能接受对日本的保护主义政策，本国却对日本产品敞开市场大门。随着日本工业竞争力增强和贸易顺差扩大，美国政治家和公众对扶持日本越来越不能接受的。那个时候，另一个可以解释日本经济快速发展的普遍性原因是扭曲的自由市场规则。

美日经济关系中的种种问题

20 世纪 80 年代：日本的经济繁荣

在 80 年代，美日的双边贸易达到了当时两国历史上最大的海外贸易量（美加贸易规模更大，但美加贸易属于海外贸易）。在 1964 年之前，日本对美国贸易存在逆差，也就是说，日本的贸易出口量少于进口量。从那时起，美国对日本的贸易逆差到 1972 年上升到 10 亿美元，1978 年达到 120 亿美元，到 1987 年达到

---

① 美国确定某些国家，特别是德国和日本，都有同等的渠道获得便宜的原材料，寻求原材料是他们侵略政策的主要原因，导致了第二次世界大战。

② 查尔末·约翰逊，《MITI 和日本奇迹：工业政策的发展，1925—1975》，斯坦福：斯坦福大学出版社，1982 年，第 15 页，"很高的国防开支对于经济状况几乎没有影响。"

③ "日本放下了国防开支象征性的上限"，调查者通讯社，1986 年 12 月 31 日；内尔·维因伯格和吉由·米那米，"前线"，Forbes. com，2005 年 9 月 19 日。

560 亿美元。① 这是两国到那时为止最大的贸易不平衡。

20 世纪 80 年代，尽管许多经济学家和政府官员意识到美国工业竞争力不断下降是造成贸易不平衡的重要原因，但"抨击日本"成为华盛顿政府最受欢迎的消遣方式之一。消费者发现日本制造的产品，特别是汽车和电子设备，比美国制造的产品质量更好、价格更低。

尽管如此，日本确实从事"倾销"（将其产品以亏损价或低于日本国内的价格销售到海外）这种贸易行为，同时通过实行高关税、进口限额和各种非关税壁垒来保护自己的市场免受外国进口的冲击。美国政界人士呼吁对日本采取"强硬"的贸易政策和经济制裁。他们认为，如果日本不降低贸易壁垒，那么美国必须针对大量涌入的日本产品设置壁垒。里根总统与前任总统持相同意见，反对采取保护主义政策，他们清楚地知道采取贸易保护主义可能引发一场有损双方利益的贸易战。

华盛顿政府联合日本政府，强调了美日两国关系的积极方面，美国驻日大使迈克·曼斯菲尔德喜欢称美日关系为"世界上最重要的双边关系，没有之一"。②尽管双方一直谈合作伙伴关系，但美国政府方面一直向日本政府施加压力，日本对美国一再提出的要求勉强做出让步。一方面，日本"自愿"同意对美国的出口限额；另一方面，美国试图通过消除日本的贸易壁垒来撬开日本对美国产品的市场大门。在 20 世纪 60 年代，日本同意对其出口到美国的纺织品进行配额，在 70 年代限制钢铁出口，并在 1981 年自动对销往美国的汽车进行限额。日本也开始在美国建造汽车制造工厂，以平息日本汽车制造商抢夺美国工人就业岗位的争论。从 20 世纪 60 年代后期开始，日本逐渐降低关税和配额，提高在日外国商品的市场竞争力。

然而，日本继续坚持保护本国农民的政策，避免国外牛肉、橙子，特别是大米等食品供应商带来的冲击。经过多年的艰苦谈判，美日双方就牛肉和橙子达成了过渡时期协议。哪怕需要支付高于世界大米价格 7 倍的价格，日本仍旧坚持以

---

① 日本也累积了大量的盈余——1987 年与欧共体的贸易获得 200 亿美元，欧共体国家要求实行保护，以免受日本进口影响，这个呼声在美国更加强烈。日本也同多数亚洲国家有大量的贸易盈余。

② 约翰·E. 伍德鲁夫，"任期最长的美国驻日大使曼斯菲尔德将卸任"。《巴尔的摩太阳报》，1988 年 11 月 15 日。

自产的大米作为主食。日本方面声称日本已是世界上美国农产品的最大进口国，试图回击舆论的批评。

美国政府认为，日本通过各种非关税壁垒来阻止美国产品进入市场，如限制性的许可证、繁复的清关程序、严格的安全标准、极其复杂的分销制度以及奇怪的采购规定等。美国政府特别瞄准的经连会是日本非正式但强大的集团网络，它控制流通系统，排挤外来供货商。这些复杂的问题涉及日本特定的商业体系和文化模式，总之很难改变。

里根政府希望美元疲软（降低美国商品的价格）将增强美国商品在日本市场的竞争力。然而，美元疲软也降低了日本在美投资的成本。这一点加上美国的高利率吸引了更多日本投资者，积累了大量资金的日本人疯狂收购美国的银行、企业和地产。最明显的例子是日本投资者在夏威夷、加利福尼亚州和纽约市进行的大量收购。美国参议员欧内斯特·霍林斯主张对日本进行报复性制裁，指责里根的货币政策将美国全国上下变为"庭院拍卖会，外国人用抵押拍卖价就可购买到我们的资产"。[1]

到1982年，日本在生产和销售芯片（特别是当时最先进的64K RAM芯片）方面短暂领先了竞争对手美国。[2] 20世纪80年代初，日本在美国挖掘到了一个蓬勃发展的市场——VCR（录像机），这是一款美国发明但因商业利润微薄而抛弃了的产品。日本也不断赢得包括精密工具、乐器和电动工具等在内的工业产品在美国的市场份额。与此同时，日本非军事技术研发支出超过美国，日本在重要的新兴领域的科研计划，特别是机器人技术、磁悬浮技术、光纤技术和超导技术等，要么是领先美国要么是对美国领先地位形成了挑战。

20世纪80年代中期，美国迅速从世界主要债权国变成最大的债务国。日本则迅速成为世界主要债权国。20世纪80年代后期，日本对美国货币市场造成重大冲击。到20世纪末，全球10大银行中有8家是日本银行，20%的美国国债被

---

① 厄尼斯特·F.霍林思，"我们赢得冷战却输掉贸易战"，《巴尔的摩太阳报》，1989年12月15日。

② 参见克莱德·V.普拉斯托维支，《贸易之地：我们如何让日本掌握了我们的未来又如何夺回来》，第2版。纽约：基础书出版社，1989年，第二章。截至1982年8月，日本人夺得世界芯片市场份额的65%。1980年，当美国还在努力将64k芯片拿出实验室时，日本人已经生产出256k芯片的原型。

日本金融公司购买。东京证券交易所的资本价值超过纽约证券交易所，而大阪证券交易所的资本价值超过伦敦证券交易所。①

20世纪90年代：日本经济长期低迷

1991年1月海湾战争期间，日本宪法规定禁止派遣军队支持联合国联盟。许多西方国家认为日本应该参与这场战争，在某种程度上保护其石油来源。在经过数月的议会讨论之后，日本政府承诺支付130亿美元的战争费用，并且通过向海湾派遣扫雷舰队为海湾战争战后维和行动做出贡献。海湾战争在日本引起了关于使用自卫队参加联合国维和行动的激烈辩论。日本国会通过此项立法，为日本在联合国行动中发挥作用铺平了道路，此次联合国行动旨在结束长达10年的柬埔寨内战。这是自二战以来日本首次在国外部署军队。

美国对日本的批判一直持续到20世纪90年代初，当时的民意调查显示日本在美国的受欢迎度大幅下降。② 1991年12月珍珠港事件50周年纪念的媒体报道以及日本政治领导人几次批美作战有违道德的不当言论（实际上是种族主义言论），使得美国民众对日敌意不断增强。迈克尔·克赖顿在畅销小说《旭日东升》（后被拍成电影）中描绘了一幅日本在暗中寻求摧毁美国经济的负面形象。

而且，关于美日经济关系新修正主义的观点受到欧美国家的青睐。包括卡雷尔·范·沃尔夫兰、莱斯特·苏洛、詹姆斯·法洛斯和克莱德·普雷斯托维茨在内的作家认为，日本的政治经济与西方市场经济有着根本的区别，它独特的运作方式使其在国际经济竞争中具有明显的优势。他们认为，日本商业活动主要是由重商主义者驱动的，即出于民族考虑，如同与世界其他国家处于战争状态一样。对于日本企业来说，仅仅赚钱还远远不够；他们的目标是控制市场。詹姆斯·法洛斯认为，日本的成功部分取决于操纵"市场，'扭曲价格'，这是在工业竞赛中奋起直追的核心特点"。③

---

① 理查德·W.怀特，甘特·A.保利，《第二次浪潮：日本在金融业对全球的进攻》，纽约：圣·马丁出版社，1987年。

② 艾德文·雷斯乔色，东亚研究中心，《美国和日本1992：寻求新角色》，华盛顿特区：约翰·霍普金斯大学出版社，1992年，第51-58页。

③ 詹姆斯·法洛斯，《看着太阳：新东亚经济和政治体系的崛起》，纽约：范特奇出版社，1995年，第203页。

20 世纪 90 年代初，在日本经济陷入漫长的衰退期之际，美日针锋相对的贸易关系得到缓解。经济过热导致的经济泡沫破裂。房地产市场和股票市场曾飙升到令人眩晕的高度，后来急剧下跌，导致日本金融机构面临严重的债务问题，不良贷款高达数十亿美元。国内生产总值年增长率几乎没有增长，接下来的 20 年平均增长率仅为 0.9%。在此期间，平均失业率远高于 4%，这对日本来说是高得离谱的。① 工业生产和投资减少，储蓄和利率也随之下滑。企业缩减开支、减少工资，违背了雇主与工人之间的社会契约。日本的终身就业制开始瓦解，越来越像美国的方法协定。②

据估计，1992—1996 年的 5 年期间，日本企业和家庭总计有 7.2 万亿美元的经济损失，这迫使政府在 20 世纪 90 年代末推出大约 1 万亿美元的经济刺激计划。③ 然而，日本还是拥有巨额的国际收支顺差和外汇储备，由世界顶级技术驱动的庞大而精密的工业生产能力。而且，在这个长达 20 年的低迷时期，日元兑换外汇的价格保持稳定，人民生活水平只略微下降。奇怪的是，长期的经济衰退对日本与美国之间的贸易失衡几乎没有什么影响。实际上，日本的双边贸易顺差仍在进一步缓慢增长。尽管日本减少购买国外和国内商品，美国市场对日本商品的需求依然强劲。

日本也面临着日益紧迫的人口问题——人口老龄化。老龄人口（60 岁以上）比例居世界第一，14 岁以下人口比例则为世界最低。不断降低的出生率是日本人口老龄化的主要原因：2007 年出生率居世界最低，降至平均每个女性生 1.25 个孩子，而维持人口稳定需 2.07 个；另一方面的原因是，日本平均寿命也在不断增加，达 82 岁，属世界人均寿命最长国家。按照这个趋势，2040 年日本的人口将比 2010 年减少 20%。④ 人口减少主要是由于实施了几十年的生育控制措施以及初婚年龄增大，女性倾向于推迟到 25 岁之后结婚，或者不结婚。人口老龄化造成劳动力减少，损害了经济持续增长。有人说可以通过开放让移民来弥补劳动力短缺，但日本的政治领导人固守成规、惯性束缚，和大多数人民一样，决心维

① data. worldbank. org/indicators

② 立克·沃兹曼，"日本：重新思考终身就业"，《彭博商务周刊》，2009 年 9 月 4 日。

③ Shigeyoshi Kimura，"日本责怪经济不作为"，美联社，1998 年 12 月 12 日。

④ "日本人口负增长是一个定时炸弹"，《日本时报》，2013 年 4 月 17 日。

护他们的民族纯洁性，坚决反对这一提议。

…………

2011年3月，日本遭受了可怕的自然灾害，又因人为因素加重险情。日本北部海岸发生了9.0级地震，是有史以来最大的一次地震，形成了巨大的海啸，袭击了人口稠密的沿海城市，造成约2万人死亡。海啸还破坏了福岛第一核电站，造成大规模的核危机。在接下来的几天里，东京电力公司（TEPCO）的工作人员竭尽全力试图阻止该工厂6座反应堆熔毁，但依旧无济于事。洪水破坏了冷却反应堆的电动发电机，6个反应堆中有两个因过热发生爆炸，放射性物质泄漏到空气中。内部装设新发电机抽海水来冷却余下的反应堆，导致更多含放射性物质的海水被排到日本海水中。问题仍未得到解决，因为从反应堆中分离出放射性燃料棒非常困难。福岛遇到的问题比1986年切尔诺贝利核电站爆炸要大得多，后者只用混凝土覆盖反应堆草草了事。

这已经不是东京电力公司——全球最大的私营电力公司第一次没能妥善处理核电厂的问题，它还不止一次地要应对地震灾后问题。2007年7月发生的地震迫使它关闭了世界上最大的柏崎刈羽核电站（截至本书文本完稿，该核电厂仍然未能正常运行）。事实证明，在日本这个地震多发的国家，这座核电厂并不具备抵御8.15级地震的能力。之后，东京电力公司否认出现任何辐射泄漏——只是后来被迫改口承认。

2009年8月，正当世界核协会这个宣传核电的行业游说组织即将授予东京电力公司前任高管荣誉的时候，日本核监管机构宣布该公司已伪造了至少10年的安全记录。东京电力公司后来承认，1977—2002年，共有200次提交经过篡改的安全记录。

正如它的企业文化一样，东京电力公司在福岛事故之后再次否认了问题的严重性，并且不得不再次承认自己没有说实话。这一次的环境灾难再次引发了对核电未来发展的质疑。有几个国家，特别是德国，已经决定转向其他能源。

福岛发电厂附近的居民被命令撤离到30公里半径以外，两天内多达15万人离开家乡，在离家很远的地方安顿下来。远在200英里以外的土地受放射性尘埃污染，导致全国范围内对农产品安全问题的担忧。核反应堆熔毁后，其余大部分核电厂关闭了一年多。由于日本超过50%的能源是核能源，所以必须启动电力配给，这迫使工厂在较低配置的基础上运作。这造成了生产损失和随之而来的出口收益减少以及工人收入和购买力下降。同时，福岛地区仍然是一个无人居住的荒地。

亚洲四小龙

到 20 世纪 80 年代，太平洋的亚洲海岸又涌现出了 4 个发达富裕的国家和地区：韩国、新加坡和中国台湾、中国香港。亚洲"四小龙"和日本一样创造出了自己的经济奇迹。他们的表现，特别是他们出口导向型产业的强劲发展，再加上日本的出色成就，在 20 世纪 80 年代引发了对即将到来的"亚洲世纪"的预测。"四小龙"向美国大量出口，也是造成美国巨额贸易赤字的一个主要原因。美国与"四小龙"的贸易差距从 1980 年的 36 亿美元增加到 1987 年的 350 亿美元以上。

"四小龙"与日本都有特定的背景特征，这些特征在 20 世纪 70 年代和 80 年代造就了其显著的经济表现——平均每年 8% 的增长率。"四小龙"都受到华人历史文化的影响，特别是儒家价值体系根深蒂固。看起来似乎正是这种长期被西方（和西化的亚洲人）嘲笑为过时且阻碍现代进步的哲学孕育了这些特质和态度：和谐、纪律和尊重教育。儒家思想成为东亚资本主义发展的重要组成部分。

促进"四小龙"经济成功的其他因素毫无疑问还包括日本模式和海外涌入的投资和技术。他们也因廉价的劳动力而受益。他们的专制政府将经济发展置于最优先发展地位，并展示了国家为了发展经济的强大力量。他们强调公共教育、技术发展和计划生育。① 与日本一样，他们强调以出口为导向的产业发展，并利用全球贸易体系的优势，畅通无阻地进入利润丰厚的市场。

韩国和中国台湾地区各自都有一种紧迫感，确立了目标，动员人力和物质资源来加强军事和经济基础建设。在这两地，冷战的急迫形势促成了独裁统治，但经过几十年强劲的经济增长和现代化发展，富裕的中产阶级声称自己需要政治自由化。

---

① 斯蒂芬妮·库克，《凡人之手：原子时代的警示史》，墨尔本：麦克弗森出版社，2009 年，第 388，391 页。

韩国

20世纪50年代韩国还是一个悲惨贫穷、饱受战争蹂躏的第三世界国家，但在90年代初期已经成为一个工业化快速发展的国家。因为大部分矿产和电力都位于北方，大部分农地都位于南方。韩国和朝鲜都在国家分裂中遭受了苦难。第二次世界大战后，由于二战前日本人的建设，总体上，韩国经济基础设施较大多数第三世界国家要好，特别是交通和通信。但是朝鲜战争同时摧毁了这两个地区，特别是美军轰炸后的北方农村地区。

韩国在朝鲜战争结束10年后的20世纪60年代中期开始经济腾飞。20世纪70年代初期，其经济年均增长率超过14%，而在经历了80年代初期的短暂放缓之后，1986年和1987年再度攀升至12%。1964年，韩国的人均国民生产总值仅为103美元；到1994年，它已经飙升至8260美元。

韩国的复兴主要发生在朴正熙将军19年的独裁统治时期。1961年通过政变上台执政的朴正熙把经济增长列为第一要务。其政府主导的工业化发展计划，支持大型工业企业（资金来源于美国和日本提供的扶持发展贷款）。朴正熙在日本军队接受过训练，熟悉日本的组织方法，经常借鉴日本的经济发展模式。

1979年朴正熙暗杀事件并没有结束韩国的军事统治，因为他的接班人是另一位将军全斗焕。当学生强烈抗议继续实施军事专政时，全斗焕实行扩大军事管制，封闭大学，解散国民议会，禁止所有政党活动，并抓捕学生领袖。1980年5月，光州上演了最残忍的镇压行动，可能有多达3000名平民抗议者被警卫部队击毙。韩国发生的镇压惨剧得到了美国吉米·卡特政府的默许，他们知道军事高压手段即将行不通。当时美国政府的目的是防止韩国成为另一个伊朗，而一年前伊朗的街头示威游行打倒了美国支持的独裁者（见第21章）。① 虽然20世纪80年代的学生动乱没有停止，但韩国经济工业化继续高速推进。韩国的工厂继续为世界市场生产出有竞争力的优质商品。

---

① 参看查莫斯·约翰逊，《反弹：美国帝国的代价和后果》，纽约：亨利·霍尔特，2000年，第112–116页。约翰逊的描述基于美国记者提姆·史洛克作品。韩国政府只承认有240人死亡。

韩国艰难的民主之路

1988 年 9 月首尔夏季奥运会充分展示了韩国这个现代化国家。据预测，人们担心其间可能会发生朝鲜恐怖行动或学生示威破坏比赛。全斗焕拒绝了反对党提出的选举法改革请求，即总统由选举直接产生，之后，示威游行愈演愈烈，局势更加动荡不安，之前由大学生带头，后来许多新的中产阶级加入了游行。为了防止血腥对抗导致奥运会被取消，全斗焕选择退位。1987 年 6 月，他任命他的军事学院同学卢泰愚为他的继任者，卢泰愚宣布将于 12 月举行大选，届时他将作为总统候选人参选。在韩国首次自由总统选举中，卢泰愚以微弱的优势当选，仅仅因为两位受欢迎的反对派候选人——"两金"（金大中和金泳三）近乎平分反对票。

1988 年夏季和秋季，韩国由于奥运会在国际上备受瞩目，政治局势持续稳定。但之后很快再度引起政治积怨。在国民议会中，卢泰愚的政治对手要求对他的前任全斗焕将军就腐败问题进行审判。由于全斗焕在光州的大屠杀行为，学生们要求判全斗焕死刑。学生们还抗议他们眼中军事政府的保护者——美军继续驻扎韩国。在外交方面，卢泰愚取得了一些惊人的突破，与苏联和中国建立了外交与经济关系。

1992 年 12 月的总统选举开创了两名平民候选人金大中和金泳三同时参加竞选的先例。金泳三最终取得选举胜利，上台后，采取大胆举措，推行迫切需要的政治改革。约束内部安全机构的权力，并逮捕被指控贪污的军官。

为安抚学生，金泳三承诺对 1980 年的光州大屠杀进行全面调查并承诺赔偿遇难者家属。但是当时，学生们想要的不止这些。学生们要求以屠杀和腐败罪行对前总统全斗焕和卢泰愚实施惩罚。1995 年 11 月，卢泰愚承认接受了一些大的商业集团（其中包括现代和三星）高层的巨额贿赂，操纵了 6.53 亿美元的行贿资金，他随后被捕。在那次轰动的审判中，全斗焕因 1979 年军事政变和光州大屠杀而被判有罪并被判处死刑（随后被改判为长期监禁）。卢泰愚因受贿 50 万美元被判处监禁 22 个月。

朝鲜战争 40 年后，韩国看似终于迎来了民主，这一切并没有美国政府的支持。

最终，"两金"中的另一位金先生继而领导韩国。韩国反对派领袖和民主倡导者——金大中，于 1998 年 12 月赢得总统职位（金大中曾被韩国中央情报局绑架，因煽动罪被判监禁和死刑，后被金泳三无罪释放）。金大中接手时的韩国经济，受到了 1997 年席卷东亚的经济危机的重创。仅在 1997 年，韩元兑美元汇率下跌 54%，国内生产总值下降 5.8%，大型公司倒闭，其中包括无法收回已发放贷款而资不抵债的银行。

国际货币基金组织、世界银行和 8 个捐助国提供了一个 570 亿美元的巨额救助方案。金大中随后根据捐助者的要求采取了一些艰难的改革措施。他调控金融行业，抑制通货膨胀，为外国投资者提供额外的法律保护，并清理疲软企业。两年的改革使经济复苏，到 1999 年，韩国的工业生产出现了 20 年来最大的增长。

分裂的韩国：南北对抗

朝鲜战争后，朝鲜和韩国继续武装自己以抵抗对方的攻击。在北方，金日成利用斯大林主义模式巩固政权，在 20 世纪 60 年代初经济和军事实现了显著复苏。金日成偶尔会在非军事区内派遣突击队员，甚至在 1968 年派出特工暗杀韩国总统朴正熙。狙击朴正熙没有成功，却错杀了他的妻子。

朝鲜对韩国的政策态度摇摆不定，令人困惑，一方面进行威胁与挑衅，另一方面则呼吁进行谈判。朝鲜在 2.5 英里宽的非军事区之下挖掘隧道，宽度足以让大量军队潜入南部。他们于 1978 年在板门店袭击了美国边防部队，带着斧子杀死了两名美军。1983 年他们企图在全斗焕总统访问缅甸期间对他进行暗杀；刺杀虽然失败，但是他们引爆的炸弹炸死了 17 名韩国人，其中包括 4 名内阁成员。1987 年，他们在一架韩国客机上引爆炸弹，飞机上 115 名乘客全部遇难。朝鲜的鲁莽挑衅引发了韩国对于战争的讨论，并且韩国还得到了美国的支持。朝鲜长期以来的目标之一是让美国从韩国撤军。然而，对韩国的袭击只使得 20 世纪 80 年代期间在韩美军仍然保留 4 万人的庞大驻军量。美国特遣队装备了战术核武器，美国政府明确表示将用以对付朝鲜的全面攻击。①

1985 年 3 月，苏联米哈伊尔·戈尔巴乔夫上台后，力图结束冷战，国际政治

---

① 大卫·李斯，《现代韩国简史》，纽约：西坡科里书社，1988 年，第 168 页。在 1975 年，美国国防部秘书詹姆士明确表示朝鲜进攻美国，美国将不会卷入"无止境的军事行动"，而是"直击内心"。

环境大幅改善。朝韩关系迎来缓和的新机遇。苏联和中国不太愿意支持朝鲜首都平壤危险而不稳定的政权。此外，他们寻求与繁荣的韩国进行业务往来。韩国总统卢武铉于1990年6月与戈尔巴乔夫会晤，并签署了两国建立外交关系和贸易关系的协议。他还赢得了戈尔巴乔夫对韩国加入联合国的支持。依靠苏联行使否决权，朝鲜一直反对朝韩两国任何一方加入联合国。1991年9月，朝韩两国同时被联合国接纳为联合国成员。

卢泰愚向朝鲜统治者金日成施压，要求他参加和平统一的谈判。1990年，朝韩之间的直接对话结果让人意想不到，他们签署了一项互不侵犯条约和朝鲜半岛禁核的协议。后一项协议尤其引人注目，因为朝鲜的秘密核弹项目是韩国主要关注点。美国和韩国要求朝鲜接受国际原子能机构（IAEA）的检查，但金日成坚决否认他正在制造核弹，并拒绝接受检查。

1992年8月，金日成突然改变立场，同意开放核设施并接受检查。国际原子能机构的审查人员认定，朝鲜已经建造了一个钚再加工工厂，但还没有制造出一颗原子弹所用的原料。然而，平壤拒绝让核查人员看到其全部的核设施，韩国和美国对此问题依旧不确定。

1994年7月，82岁的金日成去世，他是世界上在位时间最长的统治者。他的继任者是他52岁的鲜为人知的儿子金正日。和他的父亲一样，金正日也在国内推行个人崇拜，这是一个无所不知、永远不会犯错的"敬爱的领袖"。

这个未经历史检验且反复无常的领导人很快就遭遇一系列困境的考验，最突出的问题是经济衰退。事实上，朝鲜的人均收入是韩国的1/5。[①] 多年来，脆弱的朝鲜经济是靠援助以及与苏联的优惠贸易来支撑的。在苏联自身的金融危机中，戈尔巴乔夫大幅削减了对朝鲜的支持，并在20世纪80年代末彻底结束了支持。结果，本已落后的朝鲜经济急剧下滑，在20世纪90年代缩减了一半。

接下来1995年发生了严重的自然灾害，洪水泛滥，淹没了朝鲜。洪水摧毁了水库、农场、牲畜、道路、桥梁、学校和超过100万吨的储备粮。联合国官员宣称朝鲜的粮食短缺形势在世界上最为严峻。每天的口粮配给为450卡路里，虽

---

① "押注韩国"，《经济学人》，1991年12月21日，第27-28页。1990年，韩国比朝鲜人均收入高5倍，外贸高出20倍；朝鲜在军事上的花销占国内生产总值的20%以上，韩国军事开销仅占国内生产总值的4%。

然少但并不是每个人都能吃到。① 朝鲜接受了韩国的 15 万吨大米捐赠。然而，虽然朝鲜花了不少工夫才弄到捐赠，但却没有向国民透露粮食的来源。1996 年春，美国、韩国和日本提供了价值 1500 万美元的额外食品援助。在接下来的几年里，朝鲜放下了自己的骄傲，接受了来自资本主义敌人的粮食、化肥和其他援助。

尽管如此，金正日还是没有放弃对韩国的挑衅，继续对美国和日本嗤之以鼻。1999 年 8 月，朝鲜向日本试射了一枚中程导弹。金正日宣称，这不是一枚军事导弹，而是用来发射卫星的火箭，它"无意中"偏离了航线。

韩国新当选的总统金大中决心寻求与朝鲜和平相处的方式。从他上任之日起，为了和平统一，他实施了"阳光政策"。1998 年 2 月，金正日突然对"阳光政策"做出了和平的回应。他呼吁"和谐共存、共同繁荣、共谋福利、相互协作、同胞团结"。② 不久之后，1999 年 5 月，平壤同意接受美国特使的访问，美国和朝鲜之间的外交关系破冰。朝鲜还同意派遣一名高级外交官前往华盛顿参加会谈。为了做出响应，韩国向朝鲜提供了额外的粮食救济、化肥和其他援助，而此时朝鲜的饥荒正在恶化。为了谈判和援助计划的实施，韩国官员和商人特地前往朝鲜（这在以前是不可能的）。朝鲜同美国和日本官员之间的交流不断增加。

2000 年 6 月在平壤举行的历史性的"两金首脑会议"，似乎标志着朝韩关系的重大突破。民选产生的韩国总统金大中和朝鲜领导人金正日举行了面对面会谈，并宣布愿意和解。他们讨论了一系列问题，包括愿意为朝鲜最终的统一而努力。他们还呼吁开放 1953 年设立的朝韩边界，让数千个家庭团聚。韩国宣布愿意投资朝鲜发展经济。这次外交会议就像一场戏剧，接下来双方开展了让人信心倍增的举措，包括被迫分离的家庭进行第一次互访，各自的国防部长进行第一次会谈，开通全副武装的边境地区的高速公路和铁路，以及停止相互攻击。

2000 年的峰会为朝鲜与美国的会谈铺平了道路。美国国务卿奥尔布赖特访问平壤被誉为外交上的突破。然而，双方都承认，这只是第一步，实现统一的道路将是漫长而艰难的。金大中因"阳光政策"获得 2000 年诺贝尔和平奖。然而后来这一荣誉大打折扣，因为 2003 年调查显示，他曾秘密地、非法地贿赂了金

---

① 华特·鲁素·米德，"在朝鲜，方法多于悲伤"，《纽约时报杂志》，1996 年 9 月 15 日，第 50 页。

② "朝鲜向韩国主动示好"，《巴尔的摩太阳报》，1998 年 2 月 26 日，第 14A 版。

正日，以同意此次峰会的召开。事实证明，金正日对于和平会谈的意愿，是建立在大量的金钱（大概5亿美元）之上的，并不是发自内心的。[①]

2001年1月，乔治·布什就任总统时，朝鲜和韩国的初步谈判遇到了障碍。布什反对"阳光政策"，也不想与金正日进行谈判。在9·11恐怖袭击事件之后，他把朝鲜、伊拉克和伊朗一起纳入他的"邪恶轴心"。因此，他声称有权对朝鲜发动预防性战争（所谓的"先发制人"），就像他即将对伊拉克采取的行动一样。和平之路受阻，金大中竭力想让布什明白，发动对朝战争是韩国最不想要的。它的首都首尔距离非军事区只有30英里，并且在朝鲜的火箭发射装置的射程之内，很容易受到攻击。

金正日用他唯一的一张牌回应了布什。2002年10月，他宣布重启朝鲜的铀、钚加工项目。布什的焦点都放在阿富汗和伊拉克，对朝鲜表达的重要性不屑一顾，没有给出任何有意义的回应。他坚定地拒绝了金正日与美国举行双边会谈的要求，金正日希望签订停战和平条约和互不侵犯条约，正式结束朝鲜战争。2006年10月，朝鲜引爆了第一枚核武器——钚弹。这引起了布什的注意，他同意恢复克林顿政府10年前就发起的双边会谈。新一轮谈判取得了一些成功。2008年6月，朝鲜炸毁了宁边核反应堆的冷却塔，随后在2009年2月又重启核试验，朝鲜还试射了一枚能够打到阿拉斯加和夏威夷的新型火箭，再次威胁美国。

中国台湾地区的经济增长

20世纪60年代开始，中国台湾地区大刀阔斧地进行了一系列经济改革。国民生产总值从1960年80亿美元上升到1986年的725亿美元。70年代，台湾保持着两位数的增长率。1969—1988年，台湾的年对外贸量从22亿美元增长到1000亿美元。通过大量出口，截至1988年，中国台湾地区积累了超过700亿美元的外汇储备，仅次于日本。

韩国和中国台湾地区有几个共同特点，与其他两个亚洲"四小龙"不一

---

① 安东尼·法欧拉，"南北朝鲜紧张局势缓和，美国努力调节"，《华盛顿邮报》，2004年7月25日，第A16版；Sung-Yoon Lee，"接触朝鲜：韩国被乌云遮挡的阳光政策的遗产"，美国企业研究所，2010年4月19日。

样——这两个地方都高度军事化。他们大量的军事设备和军事预算负担似乎刺激了经济发展而不是拖累经济。而且，外部存在的威胁，也使他们产生了一种紧迫感，朝着一个目标前进，这对于经济的发展是有益的。

中国台湾地区的经济成功还可归因于其他内部因素，包括日本建造的基础设施、1949 年从中国大陆涌入的受过高等教育的人才、美国给予的 25 年的经济支援、美国对中国台湾地区商品开放市场、台湾地区管理者促进发展的经济政策和勤劳的台湾人民。20 世纪 50 年代，一场席卷台湾的改革开始了，农业生产稳步增长，为资金的积累和工业发展所需的投资铺平了道路。截至 20 世纪 60 年代，台湾工业从内销转换为出口型生产。被中国台湾地区廉价高质量的劳动力所吸引，美国和日本公司大量投资，台湾本地企业家和工人迅速吸收了现代技术。20 世纪 70 年代晚期，台湾倾向于资本密集型和知识密集型的工业，这种转变在80 年代获得了红利。80 年代末，电子产业取代了纺织业成为主导出口行业，中国台湾地区成为世界上出口微型电脑和电脑零部件的佼佼者之一。

邓小平的经济改革

1979 年，中国共产党来了一个急转弯，邀请外国资本家来中国开办工厂。中国有很多优势——一个有序的社会以及廉价守纪律的大量劳动力。2003 年，中国时薪平均为 62 美分，在 10 年后，时薪增长了不止 3 倍，但还是远低于工业国家的工资水平。这个过程逐渐为人所知，外包带来的就业机会也不是新事物。过去，跨国公司将自己的工厂设到国外。美国公司很久以来都将制造厂设在拉丁美洲。然而，中国的发展从范围上来说前所未有。

同日本和亚洲"四小龙"的经济表现一样让人印象深刻，中国的经济发展也是让人惊叹。在不到 40 年的时间内，创造了如此巨大的财富，这样的发展速度前无古人。1979 年，中国人均收入是 182 美元，贸易赤字在 11.2%。从那时起，中国的国内生产总值平均增长率接近 10%。中国在国际贸易中的增长，更为让人惊讶，达到 16.3%。截至 2009 年，中国成为中等收入国家，人均国内生产总值达 3688 美元。①

这项改革始于 1979 年实行"责任制"的农地承包制度。农民们与国家签订协议，由此获得土地、种子和农具。他们上缴了协议规定的国家粮食之后，保留剩余的粮食，然后在新设的开放市场上销售。个人获利，使得农业更高效，从而增加了整体粮食产量。

这个制度让旁观者认为更像是资本主义而不是共产主义。确实，这与中国共产党前期强调的共产主义有很大的不同。邓小平，一个无畏的务实家，决心采取一切政策让中国经济加速发展。在他的指导下，中国共产党称"实践是检验真理的唯一标准"。② 这条新的道路符合邓小平的早期说法，不管白猫还是黑猫，抓到老鼠都是好猫。苏联领导人曾经批判毛泽东过左，现在又认为邓小平过右。据说一位苏联游客评价说："如果这是马克思主义，那我得重读马克思作品。"③ 中国共产党称它是"具有中国特色的社会主义"。中国共产党的权威党报《人民日报》1984 年 12 月确认中国共产党重新定义了马克思主义，该报称党应该还要学习经济学理论。毕竟，马克思撰写的专著是在 100 多年前。马克思的一些理论不再适应当前形势，因为马克思恩格斯和列宁从没有经历过当前的时代。所以我们不能使用马克思主义和列宁主义作品来解决我们当下的问题。④

中国在 20 世纪 60 年代中期还清了苏联的债务之后，没有任何外来直接投资（FDI）。邓小平上任时，中国经济与世界完全隔绝。这一切都需要改变，而且要快。资本主义者以及外国人，可以在社会主义的中国开办工厂，依然是一个极不寻常的想法。1979 年是中国关键的一年，中国有了外商投资法，外商可直接投资。但是，外商直接投资只限于中国"四个经济特区"，有限地联合企业进行试运行。1984 年，法律进一步做了修改，为外商直接投资的加速增长搭好了舞台。

---

① 贾斯丁·余飞林，"中国奇迹揭秘"，在上海世界计量经济学大会上的发言，2010年 8 月 19 日，第 1 页。

② Immanuel C. Y. Hsu，《现代中国的崛起》，纽约：牛津大学出版社，1983 年，第804 页。

③ 转引自约翰·F. 邦斯，"广东依靠非马克思主义性质企业蓬勃发展"，《纽约时报》，1985 年 11 月 11 日，第 A1 版。

④ 1984 年 12 月 7 日《人民日报》头版评论，转引自"中国称对马克思主义生搬硬套是愚蠢"，《纽约时报》，1984 年 12 月 9 日。

中国经济增长首先是受益于自己的资金投入、高储蓄率以及将利润投入到进一步的发展过程中。外来投资也起到至关重要的作用，很多是来自日本和亚洲"四小龙"的投资，他们早期的经济奇迹保障了中国的经济发展奇迹。难以精准预测外来直接投资在中国范围有多大。一些投资是打算投但从没投的；一些投资来自香港地区，由中国大陆银行资本再投回中国内地。但总数巨大，稳步增长，到 2010 年达到巅峰值 1000 亿美元。从 1984 年到 2014 年的 30 年里，被利用的投资超过 1.3 万亿美元。[①] 在 21 世纪初期，工业化经济合作与发展组织的外来直接投资的一半都投到了中国。

邓小平一打开国门迎接外来资本，多国集团（外来全球公司）都纷纷涌向中国。一个接一个，外国公司停止了在本国的股份，牢牢地在中国扎根。传统的美国品牌——苹果、耐克——不再打上"美国制造"的标记。"意大利"手袋打上了"中国制造"的标记，但他们只专注在最小的边袋。富士康，这个中国最大的私企原本就来自中国台湾地区。

30 年来，跨国公司是促进中国工业增长的一个主要因素。在 1995—2007 年期间，他们承担了中国出口的近 60%。流入中国的外国权益资本数目有史以来最为广泛。中国商务部认为外来直接投资占了中国工业产出的 30%（以及 22% 的工业利润），还占据了出口和进口额的一半以上。外来直接投资是中国高增长率的一个要素，或许增加了 3~4 个百分点。[②] 中国还获得了世界银行提供的低息贷款和资助，在发展中国家，中国与世界银行签订了大部分的国际合同。[③]

为了实现利润最大化，公司必须压低工资。2006 年一项新的法律让雇主更难以微薄的工资来欺骗工人。美国商务部驻上海办事处和美中商会坚决反对这项法律，他们威胁要将美国企业搬到其他国家去。

外资企业是中国经济增长的另一个助因。20 世纪 90 年代末，接受外来投资

---

① 世界银行，世界发展指标。

② Data. worldbank. org；世界银行，"外商直接投资：中国故事"，2010 年 7 月 16 日；约翰·沃利，先新，"中国和外来直接投资"，《布鲁克林贸易论坛》，2007 年，第 61—62 页，第 73 页；欧阳建玉，"中国外商直接投资以及对制造业增长的影响"（海牙：社会研究所，发言稿系列第 237 号，1997 年 1 月）。

③ 郝华德·史内德，"惠顾中国，美国买单"，《华盛顿邮报》，10 月 15 日，第 A15 版。

的企业出口超过全中国的一半；在电子和通信方面，出口占 95%。相比之下，非外资企业（也就是说，中国本国公司）产品出口只占 17%。1995—2004 年，外资企业雇佣的劳动力比例降低，但他们的生产总量为中国国内生产总值的 20%～30%。[1]

外资企业也在加速技术转换和培养管理人才方面发挥了作用。外资企业比本地公司创造了更多的高薪就业机会，而且提供的在岗培训有助于培养一支更高效的劳动力队伍。他们还迫使国内公司学习合资企业和外来竞争者的管理经验。

最初设想中国人会为美国市场生产廉价商品（即便是要损失美国制造业就业机会），他们会购买美国高端先进商品。表面上看是双赢格局，但中国人并没有购买到美国货。中国人储蓄率高，家庭总收入的 25% 用于储蓄，而美国储蓄率不到 4%，这是贸易失衡的主要原因之一；美国消费者每月花 350 亿美元买中国商品和服务，卖给中国的商品和服务只有 110 亿美元。[2]

解放经济将中国从计划经济的无产者社会转变为一个生机勃勃的消费者社会。中国人民总体上更加富裕，吃、穿和住方面比过去任何时候都更好。私人企业、追求利润、投资、追求个人财富不再是禁忌而是受到鼓励。邓小平曾提出"致富光荣"。富有创新精神的中国人在私人企业上获得成功，他们以各种引人注目的方式展示了自己新挣到的钱，如购买豪宅、汽车和出国旅行。尽管当局担心他们的行为会引起憎恨，但他们还是要鼓励人们追求利润。

1993 年对于中国是具有特别发展意义的一年。中国的国内生产总值上涨 13%，工业产出上涨 21%，外贸增长 18.2%。仅此一年，中国获得的外资金额达 270 亿美元，是同年获得外资最多的国家，14 万个外资企业成立。[3]

中国新财富掀起了一股建筑狂潮。现代高层建筑在大小城市拔地而起，高速公路和铁路连接贯通各个城市。小城镇和渔村突然演变成新兴都市，里面有大工厂，有供来自边远农村来的工人高层公寓。上海的转变尤为惊人。1993 年，上海

---

① 沃利，先，"中国和外来直接投资"，第 63—64 页；陈述寻，查尔斯·沃尔夫，Jr.《中国，美国，全球经济》（三塔·莫妮卡，CA：兰德公司，2001）；黄亚盛，"中国经济中外来投资企业的作用"，第 147 页，155—158 页。

② 亚当·大卫森，"来吧，中国，买我们的货"，《纽约时报》，2012 年 1 月 25 日。

③ 舍尔·奥维尔，《天命：企业新一代、异议人士、波西米亚人和技术寡头》，纽约：西门和舒斯特，1995 年，第 433 页。

有 2000 多个项目，外商投资近 350 亿美元，超过 120 个跨国公司在上海建立了分部。① 长江三峡工程是世界上最大的水力发电站，成为中国工业跳跃式发展的巨大缩影。长江三峡比胡佛大坝大 5 倍，截流 370 英里长的水域而形成一个水库，是世界上最大的人工水利设施。

经济的突飞猛进让人们把注意力从政治上转移到了其他方面。但如此高速发展的同时，出现了一些问题。中国政治家清楚伴随着经济发展滋生的腐败问题和财富集中在少数人手里威胁到了社会的稳定。中国共产党警告各级干部要"既严于律己，并且要加强对亲属和身边工作人员的教育和约束，绝不允许以权谋私，绝不允许搞特权"。

2006 年，中国超过英国成为世界第四大经济体（继美国、日本和德国之后）；到 2010 年，仅次于美国。巨大的外贸盈余（2007 年，同美国一国贸易盈余就达 2500 亿美元）标志着中国成为世界工厂。在工业化程度最高的省份广东，雇用了大约 1800 万工人，比整个美国的劳动力还要多（1400 万）。广东一个特别的工业公司——总部在中国台湾地区的富士康是世界最大的电子装配商，拥有 20 万名员工。②

这个规模和速度的历史性转变不可能是单一因素造成的，必定会有其他许多原因。离开能干的企业家、工程师和政策制定者，以及全球经济一体化的话，中国崛起是不可能的。外国公司也为工业化提供了发展模式、资本、技术和金融支持。

经济可持续的快速发展是具有历史意义的现代现象。在工业化革命之前，革新幅度小，几乎没有改变跨世纪的各族人民生活水平。但一旦工业革命进入到更高的状态，得力于科学实验，一项革新接着另一项革新出现了。这个过程在 19 和 20 世纪加速了。

赶上其他经济体变成一个相对容易的过程。这些新兴工业化国家不需要什么代价地接收早期的革新技术和资金。从一个较低发展水平起步，他们的经济迅速

---

① 舍尔·奥维尔，《天命：企业新一代、异议人士、波西米亚人和技术寡头》，纽约：西门和舒斯特，1995 年，第 433 页。

② 詹姆斯·法洛斯，"中国制造，世界购销"，《大西洋报》，2007 年 8 月 7 日。

发展，比那些已经稳固的国家要快得多。美国和德国与英国的差距缩小，然后在19世纪末超过了英国。二战之后，日本缩短了与美国的差距。之后，韩国缩短了与日本的差距。中国被邀请加入世界经济之时起，中国就开始缩短了与工业化国家的距离。①

30年来，中国工人的工资一直被压低。然而，2007年开始，劳工的缺乏导致流水线上工人工资按技术要求水平上涨了10%～30%。越南的人均工资是中国的1/4，因此能够吸引越来越多的外资，但中国还是外资的主要投资地。2007年，中国吸引了830亿美元的投资。然而，越南只有中国人口的1/16，吸引了178.6亿美元的巨额投资。②

———————————

① 林，"中国奇迹揭秘"，第2-5页。

② 可斯·布拉什尔，"投资者寻求亚洲其他国家取代劳动力昂贵的中国"，《纽约时报》，2008年6月18日；布兰德·杰瑞米·巴拉切，"中国热作用于美国血汗工厂游说团"，《亚洲时报在线》，2007年4月5日，www.atimes.com。

第十九章
俄罗斯：苏维埃帝国的余晖

1964 年，勃列日涅夫上台，他对改革兴味索然。很快，他的前任赫鲁晓夫提出的经济改革就被束之高阁，此后，苏联进入长达 17 年的停滞期，唯有政权更替方能扭转局面。1979 年，苏联各部委不再公布任何统计数据，拒绝将生产力、医疗保健和生活水平远远落后于西方国家的事实公之于世。1985 年 3 月，戈尔巴乔夫当选为苏共中央总书记，他立即采取了一系列备受关注的举措，试图改造并挽救苏联。

戈尔巴乔夫主张一种新的开放态度，即赋予苏维埃公民和官员等人不仅可以讨论国家优点而且也可讨论国家缺点的自由权。苏联共产党机关报《真理报》开始报道切尔诺贝利核事故、洪水、黑海船舶碰撞、贪污腐败、掩盖丑闻、粗制滥造、警察滥用职权等天灾人祸。一部部闻所未闻、见所未见的电影场场爆满。戈尔巴乔夫改革由此拉开了序幕。

戈尔巴乔夫的"新思维"

戈尔巴乔夫上台时，苏联民众和西方对其知之甚少。1984 年 12 月，戈尔巴乔夫应邀访问伦敦，首次亮相世界舞台的他让世人看到了他与前几任苏联领导人的不同。1955 年，赫鲁晓夫出访，不无恶意地向接待他的东道国透露苏联可能会发展破坏性核武器，让此次访问变了味。而戈尔巴乔夫在访问期间，强调了解除武装的必要性，回首了苏联与英国的战时同盟，并对英国在考文垂一战中的惨重损失表示遗憾。戈尔巴乔夫并未例行前往位于海格特墓地的马克思之墓，而是参观了威斯敏斯特教堂。英国保守党首相，人称"铁娘子"的撒切尔夫人说："这个人不错。我们可以跟他打交道。"

很快，戈尔巴乔夫在 1985 年 2 月的演讲中再次引起了轰动，他宣称苏联需要彻底改革。"重新洗牌，沉迷于徒劳的会议"，抑或是"空谈"，都已于事无补。① 他无疑是一位改革者，他明白政治是一门"可能"的艺术。在他当选党内总书记后的第一次讲话中，他重申了对原价值观念的重视，很好地安抚了右翼势力。但随后，他的行动表明他将进行的是一场彻底的"改革"，抑或说重建。为此，需要"新思维"。

戈尔巴乔夫的目标包括中央计划工业园区以及斯大林早在 20 世纪 20 年代后期就提出的集体农庄。他结束了国家和有组织宗教之间漫长而疲劳的冲突，终结了对本国知识分子的孤立，号召被驱逐者重返家园，派遣人数空前的苏联公民前往国外，允许西方出版物在苏联销售，迫使苏联的保守派历史学家正视过去，打破了一党垄断的局面。他还重新界定了苏联对中国、东欧、西方以及南半球国家的立场，并下令从阿富汗撤军。戈尔巴乔夫做了任何苏联领导人都做不到甚至不会尝试去做的事情——他彻底颠覆了"克里姆林宫学"。

戈尔巴乔夫呼吁开诚布公地讨论，"实事求是地认识事物"。为此，他必须给社会，而不仅仅是执政党，发声的权利。因此，Glasnost（开放，在俄语中代表"声音"）成了第一要务。1986 年 4 月，苏联的开放政策迎来了最严峻的考验，当时位于乌克兰共和国切尔诺贝利的一座核电站发生了反应堆熔化和爆炸，随后，放射性物质蔓延至白俄罗斯、斯堪的纳维亚半岛，并进入德国，向南扩散至意大利。苏联技术正在污染戈尔巴乔夫早期提出的"欧洲共同家园"。戈尔巴乔夫曾经说过，承认错误是"戒骄戒满的最佳良药"。但切尔诺贝利核泄漏事故发生后的 19 天内，克里姆林宫未发出任何文件承认发生灾难。最后，戈尔巴乔夫在全国电视台发表讲话时承认，作为苏联技术实力象征的核电站——已经失控。

戈尔巴乔夫借切尔诺贝利核事故削弱了党内一度阻挠改革的保守派势力。他曾多次利用政治、自然和表面上看似人为的灾难和挫折。

艺术家和作家很快就考验了所谓开放的极限。其结果是多年前创作的一众作品惨遭"抽屉待遇"，等待着重见天日。其中就有阿纳托利·雷巴科夫所写的《阿尔巴特的孩子们》，这部小说以 1933—1934 年斯大林统治的初期为背景，还有电影《我们的装甲列车》，是对斯大林遗留问题的批判性分析。

---

① "团结统一之路"，普拉维什卡，1985 年 2 月 21 日；苏联报时事文摘，1985 年 3 月 20 日，第 7 页。

对开放的严酷考验与克里姆林宫对待流亡的索尔仁尼琴的作品如出一辙，其小说《伊凡·杰尼索维奇的一天》在 1962 年轰动了苏联文坛。赫鲁晓夫曾借索尔仁尼琴对苏联监狱系统的披露诋毁斯大林。然而，在其后期作品中，尤其是其三卷本小说《古拉格群岛》中，索尔仁尼琴将矛头直指备受尊崇的列宁——他在苏联的地位不亚于圣人。《古拉格群岛》的出版首先就遭到了戈尔巴乔夫及其中央政治局的反对，理由是它破坏了"我们赖以生存的根基"。但是，数千封来信和电报所表达的公众压力对苏联文化史产生了前所未有的影响。1989 年 6 月，戈尔巴乔夫通告中央政治局，索尔仁尼琴的作品出版与否应当由编辑而非政党决定。在销声匿迹了 25 年之后，索尔仁尼琴的作品得以重新与苏联读者见面。[①]

苏联历史学家大都对戈尔巴乔夫的"新思维"不感兴趣。但 1988 年初，几大历史期刊的编辑部都重新洗牌。1988 年，史学杂志《苏共党史问题》（Voprosy istorii）2 月刊中的头篇文章称，是时候讨论迄今为止列为禁忌的事件了，比如斯大林的大清洗、哈萨克斯坦农业集体化的"悲剧"以及民族问题。各大历史杂志纷纷响应，着笔讨论赫鲁晓夫的政治复兴以及斯大林大清洗的受害者，甚至还发表了托洛茨基的文章《斯大林历史造假学院》。在苏联偌大的列宁图书馆里，"新"书籍——几十年前就已出版随后又被列为禁书的书籍依然对读者开放。[②]

大多数知识分子摆脱了以往的束缚，表达出明显的西方自由价值观。他们支持非政府组织"Memorial"——该组织旨在纪念斯大林大清洗的受害者。但所谓开放也赋予反西方反自由派作家发声的机会，一切都表明本土主义传统依然根深蒂固。他们的组织 Pamiat（追忆）追忆了与 Memorial 截然不同的历史。Pamiat 并没有将斯大林主义的遗留问题视为国家困境的根源；相反，它指责犹太复国主义者。在 Pamiat 组织眼中，斯大林扮演了专制但正直善良的沙皇的角色，他惩罚了恶人，还带领国家成为军事和工业大国。

工业

戈尔巴乔夫提出经济改革时，认为这是一个循序渐进的过程。然而，很明

---

① 大卫·雷姆尼克（David Remnick），"索尔仁尼琴——生命中崭新的一天"，《华盛顿邮报》，1990 年 1 月 7 日，B3 页。

② B. 米诺诺夫（B. Minonov），"Otkryvaia dver'v'spetskhran'"，《真理报》，1988 年 9 月 10 日，第 6 页。

显，重建是一件极其困难之事，加之工厂和集体农场的工人及管理者对戈尔巴乔夫改革所持的怀疑甚至愤恨的态度。他们已经习惯按部就班地完成各部交代的任务，对于他们而言，根本没有理由搞什么新模式，更何况这种新模式下未能完成任务的人还要冒受惩罚的风险。20世纪60年代中期，总理柯西金也曾寻求重组经济，让工厂自负盈亏。1965年，责任制成为柯西金所领导的改革的口号。然而，这一试验很快就被保守派画上了句号。

大多数民众都期待国家能够解决他们的问题，这一态度已渗透进他们的血液中。当戈尔巴乔夫提出面包、牛奶、公寓、教育、医疗、运输等政府补贴将告一段落，谈及要关闭效率低下的工厂并提高物价时，他戳中了民众的痛处。改革的威胁不仅是物价的抬高，还会带来失业。过去的相对安全开始让位于未来的不确定性。

农业

1987年11月3日，在纪念十月革命70周年的讲话中，迫于保守势力的压力，戈尔巴乔夫依然捍卫斯大林的集体化政策，称其为国家必需。但就在随后的1988年10月，他在电视讲话中又提出要进行彻底的变革。他强调，农民必须再次成为"土地的主人"。5个月后的1989年3月，他拎着箱子走进党的决策机构——中央委员会，并对苏联农业的失败进行了总结。他说，斯大林通过人为地降低农产品价格压榨农民。随后上台的赫鲁晓夫和勃列日涅夫投入巨资以期提高生产力，消除集体农庄和国有农场出现的浪费现象，但效果甚微。现在是时候撇开高层决策，转而从实践中学习，并汲取美国、中国、印度和绿色革命的经验教训。①

1989年4月9日，政府颁布了一项立法，允许私人和集体从国家租赁土地、房屋及建筑物、矿藏、小型工厂和机器，租期"最长50年乃至更长"。苏联塔斯社（TASS）称该立法旨在推动建立私人家庭农场。

党的角色

1989年春天，戈尔巴乔夫成立了一个新的立法机构——苏联人民代表大会，

---

① "如何看待当前状况下苏联共产党的农业政策"，《真理报》，1989年3月16日。

其中大多数代表都通过自由选举产生，还纳入了许多党外人士。党内候选人即使是在没有对手的情况下所获选票依然寥寥，苏联共产党的赢弱显露无遗。

但戈尔巴乔夫并未呼吁废除 1977 年宪法第六条，该条授予共产党垄断政权的权力。没有苏共中央委员会的赞成票，他无权这么做。然而，废除第六条的呼声越来越高。1990 年 1 月，戈尔巴乔夫出访立陶宛（该国的共产党已经实行多党制和选举合法化）维尔纽斯期间宣称"我们不应像魔鬼惧怕熏香一样害怕（多党制）"。[①] 1990 年 2 月初，在苏共中央委员会紧急会议期间，经过 3 天的激励讨论，苏联共产党出人意料地合法化了反对党。苏联共产党——伟大的列宁遗产，苏联唯一的驱动力，沦为 1990 年"二月革命"的牺牲品。

民族问题

戈尔巴乔夫对开放的强调开启了对苏联民族问题的讨论。苏联 2.82 亿人口中俄罗斯人占了 1.45 亿；其他斯拉夫人中有 5100 万乌克兰人，1000 万白俄罗斯人。数百年来，乌克兰人和白俄罗斯人形成了自己的民族意识，他们中有许多人都在寻求从苏联独立出来。

1917 年的共产主义革命发生时，这个帝国尚有 100 多个民族，在过去的四个世纪里，已经逐渐被纳入俄罗斯这个国家之中。但苏联的官方说法却是，革命在各民族之间形成了新的社会意识，使他们愿意栖居在全新的苏维埃共和国内。即使在宪法允许的情况下，也没有任何一个民族要求脱离苏联，这一事实证明新的共产主义意识已经解决了民族对立，苏联公民已经组成了一个幸福的大家庭。

开放政策彻底击碎了官方说辞。各种讨论揭示了少数民族根深蒂固的不满情绪，但倒不见得针对占统治地位的俄罗斯民族，而是各民族之间互相反目。至少有 14 个非俄罗斯民族共和国寻求经济和政治上的自主权，或许就像瑞士那样——一个拥有 4 个民族的国家同时允许 4 种官方语言。戈尔巴乔夫赞成这种做法，因为它能使苏联团结在一起。

该提议在非俄罗斯人民中几乎没有吸引力。他们反而说帝国被肢解了，是对俄罗斯历史的完全颠覆。被授予"伟大"称号的俄罗斯君主（伊凡三世、彼得

---

① 引自埃斯特尔·B. 费恩（Ester B. Fein），"戈尔巴乔夫暗示他将接受多党执政"，《纽约时报》，1990 年 1 月 14 日，第 1 页。

一世和凯瑟琳二世）凭借扩张帝国的边界而获得这一殊荣绝非巧合。现在所有这一切都变得岌岌可危。

波罗的海国家的诉求最为激烈，包括立陶宛、拉脱维亚和爱沙尼亚，民族主义者开始挑战戈尔巴乔夫所谓"民主化"的极限。首先，他们要求经济自治，声称他们只是想支持改革——让头重脚轻的经济得以分权而治。其次，他们坚持并获得了重升旧旗帜的权力，公开信奉他们自己的宗教信仰并重写历史。他们谈到未来要派出自己的队伍参加奥运会，他们的共产党坚持要求独立于苏联的权力。最后，无可避免地谈到了脱离。

波罗的海国家的激进主义可以追溯至其近代历史。两个世纪以来，他们一直是俄罗斯帝国的一部分，但第一次世界大战结束后，他们独立了。但是，这种独立只持续到了1940年。第二次世界大战前夕，希特勒和斯大林签订了一项互不侵犯条约，并根据秘密协定的附加条款，决定瓜分东欧。波罗的海国家向斯大林屈服，但后者却驱逐、杀害了成千上万的可疑民族主义者。开放政策对斯大林时代的批判性检讨不能回避臭名昭著的《苏德互不侵犯条约》。苏联官方历史学家经过多番深刻反省和犹豫，终于承认，确实有过一款违反国际法的秘密议定书。

1989年12月，立陶宛共产党投票决定从苏联独立。国家改革运动组织萨尤迪斯要求：（1）"自由和独立"和废除希特勒–斯大林协定；（2）撤销"常驻苏军"；（3）对"立陶宛公民及其流亡者的种族大屠杀"以及苏联造成的环境破坏予以弥补；（4）根据1920年和平协定，重建立陶宛和苏联之间的友好关系。

1990年1月，戈尔巴乔夫高调出访立陶宛，企图以分离主义的危险性说服立陶宛人民。他恳求、哄骗，甚至不加掩饰地威胁，但都无济于事。当他乘坐专车驱往机场时，人群中满是起哄。苏联外交部发言人格拉西莫夫说，立陶宛从苏联独立出去必须按照程序来。立陶宛人很快做出回应称，两国何来的结合，只有绑架和强奸。两个月后的1990年3月11日，立陶宛通过自由选举的新议会单方面宣布独立。

民族主义者的不满情绪并非都是针对俄罗斯人的。当立陶宛人示威抗议俄罗斯人时，立陶宛的波兰少数民族则抗议并入波兰。几乎每个苏维埃共和国都对邻国有领土主权要求。信奉基督教的亚美尼亚人和阿塞拜疆讲突厥语的什叶派穆斯林之间的冲突最为血腥。当戈尔巴乔夫给了亚美尼亚人发言权后，他们立即要求归还本属于亚美尼亚的历史疆域纳卡——这一土地在1923年被斯大林划给了阿塞拜疆政府。

亚美尼亚的民族意识深受 1915 年土耳其人大屠杀的影响，有 150 万亚美尼亚人惨遭杀害。[①] 土耳其人借机侵占了亚美尼亚人的大片土地，其结果是，亚美尼亚民族主义的象征——圣经山亚拉腊山，被划入土耳其境内，与亚美尼亚首都埃里温隔界相望。

1988 年 2 月，在几天的时间里，约有 10 万人聚集在埃里温示威反对阿塞拜疆，同时也反对苏联和共产主义。该月底，阿塞拜疆人在首都巴库以北的城市苏姆盖特策划了一次大屠杀，残忍杀害了 32 名亚美尼亚人。

1988 年 6 月，亚美尼亚共产党投票表决夺回纳卡，阿塞拜疆共产党则投票表决进行防御。苏联共产党的民族路线第一次出现了分裂，随即相互开战。唯有苏联介入之后，才减少了更多流血事件的发生，但恐惧和仇恨依然存在。1988 年 12 月的一场地震摧毁了亚美尼亚东部的大部分地区，造成数万人死亡，看到自己讨厌的邻国受难，阿塞拜疆人的心底万分高兴。

1990 年 1 月 13 日，苏姆盖特大屠杀再次上演，而这次的目标是巴库，至少有 60 名亚美尼亚人被阿塞拜疆人杀害。戈尔巴乔夫宣布该地区进入紧急状态。当他发现他的禁令并没有起到任何作用时，他派遣苏联军队和内务部部队进驻巴库，他解释说他已别无选择，因为"两方都已经失去了理智"。[②]

……

戈尔巴乔夫改革是历史进程的产物。自 1917 年以来，曾经支持列宁和斯大林的社会条件发生了重大变化。1964 年至 80 年代中期，拥有高中及以上学历的苏联公民从 2500 万人激增至 1.25 亿人。[③] 1956 年赫鲁晓夫发表讲话，从根本上否定斯大林时，全国一半以上的人口仍然生活在农村；到了 80 年代后期，这一数字已降至约 1/4。戈尔巴乔夫接手时，苏联已经是一个拥有庞大的且极为城市化的中产阶级的国家。他那一代人（他出生于 1931 年）伴随着赫鲁晓夫的"解

① 具体人数不详。土耳其政府反感任何提及大屠杀的只字片语，否认其曾经发生过，只承认土耳其和亚美尼亚的暴力事件，双方都有一些伤亡。

② 以斯帖·施拉德（Esther Schrader），"巴库难民庆祝阿塞拜疆人被屠"，《巴尔的摩太阳报》，1990 年 1 月 23 日，第 4A 页。

③ 杰里·F. 霍夫（Jerry F. Hough），"戈尔巴乔夫的政治学"，《外交》（1989—1990 年冬），第 30 页。

冻"和对斯大林的抨击走向了政治成熟。戈尔巴乔夫的改革成为改革者和根深蒂固的历史——几代沙皇和政府所赋予国家的集权和不容异说的传统之间的战争。

1988 年 12 月，西德知名新闻周刊《明镜》将戈尔巴乔夫评为"年度风云人物"，这是该周刊首次给予一个人如此高的评价。它把他比作西方派彼得大帝、新教改革家马丁·路德和解放者亚伯拉罕·林肯。1990 年 1 月，《时代》周刊将他誉为"十年风云人物"。然而，掌声似乎给得太早，他就好比还在穿过尼亚加拉大瀑布的中途徘徊的走钢丝的人。

苏联的解体

戈尔巴乔夫的改革使得其与右翼势力更加疏远了，在他们看来，戈尔巴乔夫不可挽回地瓦解了苏联社会，同时也得罪了认为改革还不够深入的左翼人士。到了 1990 年秋天，左右两翼都希望他下台。

经过多年的权衡考量，戈尔巴乔夫及其经济顾问认为，放开物价（由供求决定）和谋取私利的权力不单单就是罪恶的，而更是能够推动经济的正向力量。换言之，苏联将使资本主义合法化。90 年代末，戈尔巴乔夫表示接受沙塔林的激进提议，后者长期以来一直反对苏联高度集中的计划经济体制。沙塔林计划提出要在 500 天内将苏联体制过渡到当时所谓的市场经济——资本主义的化名。然而，沙塔林对自己如此大胆的提议可能带来的经济、社会和政治后果却一无所知。

此时，戈尔巴乔夫开始向右翼靠拢。他惧怕政治局委员叶利钦领导的左翼所谓"民主反对派"势力，后者曾在 1990 年 7 月高调退出苏联共产党。叶利钦的目的不外是苏联解体。为了帮助自己对抗叶利钦，戈尔巴乔夫自甘与反对改革的保守派阵营为伍。

1991 年 4 月，戈尔巴乔夫和叶利钦开出了苏联权力下放的处方。共和国在地方层面上几乎可以行使无限制的权力，而苏联将继续执掌货币、外交和国防等事宜。

同年 6 月，叶利钦赢得总统大选的历史性胜利，当选当时苏联最大的组成部分——俄罗斯联邦的总统。他是首位通过全民选举产生的俄罗斯国家元首。随着政治浪潮向左倾斜，戈尔巴乔夫委任经济学家亚夫林斯基，并在哈佛和麻省理工学院的经济学教授的帮助下，发起了一场旷日持久的资本主义试验。

眼见自己的权力被不断削弱，绝望的苏共党员在一系列事件的刺激下发动了军事政变。1991 年 8 月 19 日，戈尔巴乔夫还在克里米亚度假时，苏联军方和准军事组织领导人——国防部长亚佐夫、秘密警察（克格勃）局长克留奇夫和内政部长普戈派出坦克开进莫斯科街道，宣布进入紧急状态。戈尔巴乔夫新近任命的亚纳耶夫（副总统）和帕夫洛夫（总理）宣称戈尔巴乔夫因病无法履行总统的职责。在当晚的新闻发布会上，亚纳耶夫表示，"他的朋友戈尔巴乔夫"有朝一日会以另一个身份重返政坛。几乎没有人相信他的说辞，而且戈尔巴乔夫本人抑或他的医生都没有在场证实戈尔巴乔夫的病情，而一名颠覆分子摄影师捕捉到了亚纳耶夫颤抖的双手。

从列宁时代开始，共产主义思想就强调行动的统一。然而，在未遂政变期间，这一点却被抛之脑后。这些叛变者在绝望之中匆忙举事，事先没有任何计划或协调。① 他们甚至没有招募统一的军人。不少指挥官虽然对改革带来的变化深表不满，但他们也不愿意将枪口对准自己的同胞，其他指挥官也公开反对政变。在克格勃和党内也存在类似的分歧。政变就这样失败了，几乎没费一枪一弹。叛变者只有一线希望：苏联各界会默不吭声地接受权力的转移。早在 1964 年，党内领导层换届时，克格勃就惊讶地发现，居然没有一个人为赫鲁晓夫示威或发声。但这一次就不同了，叶利钦总统站在议会大楼"白宫"前的一辆坦克上，谴责政变并要求释放戈尔巴乔夫。

叛变者一味讨伐苏联共产党和苏维埃政府首脑戈尔巴乔夫，却从未考虑到政治权力已经在整个苏联分散。1991 年 6 月叶利钦当选俄罗斯总统已经形成了"双重权力"的局面：叶利钦和戈尔巴乔夫的地位实际上是平等的。如果叶利钦被捕，且戈尔巴乔夫接受权力交接（3 天来他一直被这样施压），这场政变可能就成功了。

叶利钦控制了发动政变的苏联共产党，也间接控制了苏共总书记戈尔巴乔夫，并无限期地禁止苏联共产党在俄罗斯领土上活动。叛变者本是为了保住苏联，不想却加速了它的消亡。到 1991 年底，自 1917 年布尔什维克夺取政权后即

---

① 见在 V. A. Zatova 和 T. K. Speranskaia 对叛变者的审问，奥古斯特-91（莫斯科：Politizdat，1991），第 253-271 页。

飘扬在克里姆林宫上空的镰刀锤子红旗徐徐降下，代之而起的是白、蓝、红三色的俄罗斯国旗。

现已独立的联邦继承了瓦解的经济。到 1990 年，苏联完全陷入了与西方 30 年代所经历的大萧条同样严峻的萧条。正是在这次大萧条中，叶利钦让俄罗斯完全接受了资本主义。资源分配网络被破坏，工厂不得不自行获取必要的物资。民族紧张局势加剧了经济混乱局面。亚美尼亚人不再向苏联的机床厂供应零件，俄罗斯人拒绝向伏尔加河上具有独立意识的鞑靼斯坦的大型卡车工厂运送钢材，造成工厂闲置、商店空置，生活水平持续下降。

共产主义政权在东欧的崩溃结束了克里姆林宫所实行的经济一体化体系——经济互助委员会（COMECON，经互会）。举例来说，这意味着曾经有约一半的药品都需要从经济互助委员会贸易伙伴获得的苏联，本就艰难的医疗保健系统更加大幅度运转失灵。匈牙利人仍然愿意向俄罗斯出售巴士，但也只是为了硬通货——也就是西方货币。

为了缓解物价上涨的冲击，叶利钦政府大印钞票。最终导致到 1992 年时，通货膨胀率已高达 2000%，政府预算赤字也攀升至 25%。相对于不断放开的物价，工资不升反降，到了 1991—1992 年冬季，90% 的俄罗斯人的生活水平都低于官方最低生活水准。[①]

叶利钦及其经济顾问致力于"大交易"计划——加入全球市场经济和国际货币基金组织的门户。该计划以获得资本主义国家的援助为基础，后者正沉浸在其意识形态战胜苏联的欢欣中。不幸的是，货币市场已经枯竭。美国总统里根为谋取军事优势大量借款。全球经济的衰退和日本股市的崩盘——从 1986 年开始，暴跌约 60%——结束了廉价资本时代。德国政府向苏联提供的援助比其他任何国家都多，但德国为两德统一付出了巨额代价，德国政府也没有多少余钱可用。

国际货币基金组织愿意向苏联各共和国提供借款，前提是他们能够平衡预算，偿还债务，并采用可兑换货币，允许外国投资者的利润出境。此外，国际货币基金组织还要求放开价格（特别是能源），听任亏损企业倒闭，并保护外国投

---

① 莱斯利·盖尔勃（Leslie Gelb），"俄罗斯之崩塌"，《纽约时报》，1992 年 3 月 30 日，第 A17 页；史蒂芬·格林豪斯，"拯救世纪之关键人物"，《纽约时报》，1992 年 4 月 26 日，第 3 版，第 1，6 页。

资的不可侵犯性。只要原来以每桶 3 美元售给苏联消费者的石油价格上涨至世界市场 19 美元的价格，西方的投资和技术就会如约而至。

俄罗斯向资本主义的过渡产生了一群私人企业家（最近才被称为资本主义剥削者）和贫穷、饱受屈辱和痛苦的大多数，他们无法理解自己伟大的祖国是如何一步步沦落到今天的地步的。1992 年秋天，苏共接受审判，但俄罗斯人更关心他们的经济情况。一位政治评论员表示，在过去即使想象这样的审判也可能会遭到逮捕，但现在没人关心。①

…………

苏联解体后，民族问题依然存在。亚美尼亚人口最为单一，约 90% 的公民都是亚美尼亚人。但在拉脱维亚，34% 是俄罗斯人，38% 是哈萨克斯坦人，还有 13% 是乌克兰人。②

格鲁吉亚的政治问题在所有苏联加盟共和国中是最为严峻的。格鲁吉亚西部的阿布哈兹和南奥塞梯（斯大林将其从俄罗斯本部的北奥塞梯分离出来）等省份与格鲁吉亚有着不同的、自己的历史和语言，他们都宣布脱离格鲁吉亚独立。

1991 年 5 月，反共格鲁吉亚民族主义者加姆萨胡尔季阿成为首个民主选举产生的苏维埃共和国前总统。他也是第一位当权的持不同政见者，过去曾表达过对西方政治理想的赞赏。但短短几个月内，加姆萨胡尔季阿就开始逮捕政治对手——他的话不禁让人想起斯大林——他指责他们是间谍、土匪和罪犯，是"人民的公敌"。在高涨的沙文主义和偏执狂声潮中，他企图禁止异族婚姻，他指责说，俄罗斯人是要"稀释格鲁吉亚人种"。③ 1991 年 9 月，他宣布国家进入紧急状态。在接下来的内战中，加姆萨胡尔季阿的追随者与他的对手之间发生了激烈的战斗，摧毁了首都第比利斯的中心。加姆萨胡尔季阿出逃后，胜利一方寄希望于戈尔巴乔夫的前外交部长谢瓦尔德纳泽，希望他能稳定格鲁吉亚的局势。

动辄指责戈尔巴乔夫拒绝波罗的海国家独立的叶利钦，在与格鲁吉亚接壤的

---

① 亚历山大·帕姆皮安斯基（Aleksandr Pumpianskii），"Sud na partiei, kotoraia byla pravitel'stvo" Novoe vremia，第 42 期（1992），第 5 页。

② 《巴尔的摩太阳报》，1991 年 4 月 28 日，第 11 A 页；基于《欧洲世界年鉴》、1989 年苏维埃人口普查和《世界年鉴》。

③ 乔·默里（Joe Murray）在接受加姆萨胡尔季阿（Gamsakhurdia）的采访中："大本营之外，"《巴尔的摩太阳报》，1991 年 10 月 30 日，第 9A 页。

穆斯林车臣印古什自治共和国和伏尔加河沿岸的鞑靼人分别于 1991 年 11 月和 1992 年 3 月宣布独立时，也不得不对付其俄罗斯国土上的分离主义者。

一个更加危险的事态开始萌芽：呼吁进行"种族大清洗"。俄罗斯人要求驱逐苏联的犹太人和阿塞拜疆人，车臣印古什人被驱逐出伏尔加格勒，而斯塔夫罗波尔也企图赶走亚美尼亚家庭。位于北高加索的库班，俄罗斯哥萨克人穿起他们的传统服饰，强烈要求驱逐讲突厥语的梅斯赫特人。①

叶利钦统治时期

最能体现叶利钦对资本主义的拥护的，是其将国有资产转让给与其政府有关系的个人。曾经一度是苏联赚取西方货币主要来源的石油和天然气工业，如今落入私人手中，忙于榨取国有资产。即使按照苏联标准，这种情况也是腐败无疑了。② 在争夺战利品的斗争中，盗窃、勒索，甚至谋杀肆虐，落后者遭殃。落后者发现，随着国家补贴被逐一取消，苏联安全保障的漏洞越来越大。通货膨胀掏空了数百万公民的储蓄。愤世嫉俗者说："我们以为共产党宣扬社会主义的（繁荣）和资本主义的（万恶）是在骗我们，事实证明，只有社会主义的（繁荣）是骗人的。"③

经济浩劫导致了俄罗斯议会的叛变。1993 年初春，叶利钦想要解散议会，举行新的选举，议会反击并企图弹劾他。最后事件通过暴力解决。1993 年 9 月 22 日，已经习惯以强制性法令治国的叶利钦签署了 1400 号法令，要求解散议会。议会拒绝乖乖听命，议会大厦——即所谓的白宫，变成了一个被铁丝网包围的对抗性武装营地。10 月初，1 万名反叶利钦的示威者冲破警察的阻挡，前往国家电

---

① 加林娜·科瓦尔斯卡亚（Galina Kovalskaia），"Kavkaztsamv Stavropole doroga zakazana"，Novoe vremia，第 28 期（1992），第 8-9 页。

② 曹勒斯·A. 梅德韦杰夫（Zhores A. Medvedev），"财产权"，《In These Times》，1993 年 4 月 19 日，第 29 页；斯蒂芬·F. 科恩（Stephen F. Cohen），"美国政策与俄罗斯的未来"，《国家》，1993 年 4 月 12 日，第 480 页。

③ 被斯蒂芬·F. 科恩（Stephen F. Cohen）引用，《失败的改革：美国与后共产主义俄罗斯的悲剧》（Failed Crusade: America and the Tragedy of Post-Communist Russia），纽约：诺顿出版社，2000 年，第 115 页。

视台大楼（严重倾向叶利钦），试图控制大楼。叶利钦下令炮轰白宫——这个在 1991 年 8 月还作为民主和反共象征的同一座大楼。俄罗斯短暂的民主试验宣告结束。

叶利钦解散了议会，叫停了宪法法院，并查封反对派的新闻报刊和电视媒体。曾经闪闪发光的白宫上半部分被坦克炮火熏黑，144 名俄罗斯人倒在战火中。整个镇压过程中，西方列强拒绝谴责叶利钦，继续称他为"民主人士"，宣称是激进分子迫使他付诸行动。1993 年晚些时候颁布的新宪法赋予了叶利钦在几乎没有立法机构的情况下掌权的权力。

第一次车臣战争

接踵而来的是车臣暴力事件。1994 年底，叶利钦决定不再容忍车臣——俄罗斯 89 个联邦主体之一的独立主张，于是发动了车臣战争。作为苏联解体的总设计师，叶利钦绝不允许他的俄罗斯联邦解体。

位于北高加索地区的穆斯林车臣，在俄罗斯军队旷日持久的武力镇压下，于 19 世纪中叶被俄罗斯控制。第二次世界大战期间，德国人开进高加索时，一部分车臣人本着"敌人的敌人就是朋友"这一古老的训示，开始与德国侵略者合作。战后，车臣人为此付出了沉重的代价。斯大林使出了集体惩罚的手段，包括将车臣人（连同该地区的其他民族）驱逐到中亚和西伯利亚。赫鲁晓夫在 1956 年的秘密报告中将驱逐车臣人列为斯大林的罪行之一，并于 1957 年允许车臣人重返故里。但车臣人永远不会忘记苏维埃国家对他们的所作所为，一有机会就宣布独立。

3 年来，叶利钦一直无视车臣的独立主张。但车臣反政府武装领袖杜达耶夫提醒俄罗斯人，北高加索地区是基督教和伊斯兰世界针锋相对的交会地。他预言高加索地区的所有穆斯林都会奋起反抗，西伯利亚将脱离联邦，俄罗斯远东地区将与东亚结盟。"高加索地区的俄罗斯种族主义"，他预示性地补充道，"必不免受罚"①。

叶利钦决定采取行动。但俄罗斯军队未能如愿地速战速决，而是遭到车臣武

---

① 引自迈克尔·斯佩克特（Michael Specter），"暴力脱离俄罗斯母亲"，《纽约时报》，1996 年 1 月 21 日，第 6E 页。

装分子的致命伏击。特别是在首府格罗兹尼，俄罗斯的强硬回应使整个城市变成了废墟。到 1996 年底，估计有 4.5 万人死于车臣，近 200 万人成为难民，[①] 格罗兹尼的电视画面让俄罗斯人记起二战的毁灭性后果。

当叶利钦发现车臣的抵抗比预期的更加强硬时，他转而寻求通过谈判解决问题。他所能取得的最好结果，就是 1996 年 8 月签署的停火协定，规定将车臣问题搁置 5 年。然而，车臣人的独立诉求从未停止过。车臣叛军领导人马斯哈多夫断言："车臣从来没有签署过任何承认车臣是俄罗斯的一部分的文件，且永远不会有这样一个车臣。"[②]

1996 年大选

没有几个人认为叶利钦会有多大机会赢得 1996 年的总统大选。民意调查显示，只有 10% 的选民打算将自己的选票投给他。车臣战争的不得人心、犯罪率大幅上升、叶利钦身体欠佳以及金钱和政治权力集中于财富新贵（俗称"黑手党"）手中，都削弱了他的民意支持率。共产党候选人久加诺夫更可能赢得这场大选。

然而，叶利钦及其顾问不会轻易服输。1996 年 3 月，当叶利钦获胜的希望变得渺茫时，他计划采取所谓的"强硬选项"。以炸弹威胁为借口，他声称要解散议会，并取消选举。同时，他走"温和选项"路线：利用政府控制的电视（播放共产党暴行的镜头），并用钱讨好选民。正如叶利钦的一位顾问直言，"即使叶利钦输了，他也不会将政权拱手让给共产党。他不止一次这样说过"。[③] 久加诺夫是不会被允许获胜的。

1996 年 4 月，叶利钦在民意调查中超越了久加诺夫，并以较大的优势赢得了大选。选民，甚至是那些因经济新秩序备尝艰辛的人，最后都不愿意将自己的未

---

① 对死亡人数的估计千差万别，其中最高的有 8 万人，根据迈克尔·斯派特的"亚历山大·伊万诺维奇·列别德之战"，《纽约时报杂志》，1996 年 10 月 13 日，第 44 页。

② "最高叛军领袖说，车臣永远不会成为俄罗斯的一部分"，《巴尔的摩太阳报》，1996 年 10 月 7 日，第 7A 页。

③ 谢尔盖·卡拉加诺夫（Sergei Karaganov）向大卫·雷姆尼克（David Remnick）评论道，"克里姆林宫之战"，《纽约客》，1966 年 7 月 22 日，第 50 页。2000 年 10 月，叶利钦在他的第三本回忆录中证实了这一说法。

来交到一个毫不羞耻地歌颂斯大林且承诺回归已经折戟的经济政策的共产主义者手中。久加诺夫没有提出任何新想法，甚至懒得改一改他的政党的名字。

在 6 月大选前的 10 周里，叶利钦毫不掩饰地利用了其作为现任总统的权力。他颁布法令，将最低养老金翻倍，且立即生效，并补偿那些被恶性通货膨胀掏空储蓄的人。他对学生、教师、退伍军人、单身母亲、小企业以及农工、军事和航空综合企业显示出极大慷慨。他的助手公然分发现金。一个接一个的地区被选出来并给予特殊待遇和补贴——从俄罗斯的中心地带到西伯利亚最远处。

一个在沃尔库塔煤矿工作的女工向叶利钦索要并收到了一辆车，这件事被国家电视台播报。叶利钦的"慷慨"使俄罗斯财政困难重重，前前后后竟耗资 110 亿美元。此次大选也成为历史上最昂贵的政治竞选。国际货币基金组织（该组织与叶利钦资本主义改革的正常进行利害攸关）又提供了 102 亿美元贷款，用以支付他的巨大开支。①

整个大选中，华盛顿对俄罗斯的政治、经济局势熟视无睹，克林顿政府声称这只是从计划经济向市场经济过渡的阵痛期。然而，到 20 世纪末，大约还有一半的人口仍然生活在官方每月 30~35 美元的贫困线以下，可能还有 25%~30% 的人接近贫困线。"在现代和平时期"，政治学家斯蒂芬·科恩指出，"还从未有如此多的人口如此处于贫困线以下"。②

普京统治时期

1999 年，因身体不适和法律明令禁止三连任的叶利钦开始寻找退休的机会，同时设法避免对其财务和其他违法行为的刑事调查——正如他的一位总理所威胁的那样。在罢免了一个又一个总理后，他终于找到了一位自己中意的人，即苏联秘密警察克格勃的成员——默默无名的弗拉基米尔·普京。在叶利钦任期内，普京被提为克格勃改革后的继承者俄罗斯联邦安全局（FBS）的总负责人。普京毫

---

① 雷姆尼克（Remnick），"克里姆林宫之战"，第 49 页。丹尼尔·特瑞斯曼，"为什么叶利钦赢了"，《外交》（1996 年 9—10 月），第 64-77 页。

② 科恩（Cohen），失败的改革运动，第 49 页。根据世界银行的数据，约有 1/3 生活在贫困中；《2000/2001 年世界发展报告：向贫困宣战》（*World Development Report* 2000/2001：*Attacking Poverty*），纽约：牛津大学出版社，2000 年，第 281 页。

不犹豫地给了叶利钦免费通行证。由此，1999 年除夕之际，一条令人震惊的消息席卷了俄罗斯，普京接替叶利钦担任代总统直至 2000 年 3 月的总统大选。叶利钦间接地对过去所犯的"错误"向俄罗斯人民道歉，但他已不会为此受到惩罚。

第二次车臣战争

第一次车臣战争之后，车臣武装分子将车臣当作一个独立的，虽然几乎没有任何功能的国家来治理，现在滋养了各种犯罪活动：贩卖奴隶、走私毒品、营运盗窃车辆，制假、劫持人质。普京上台的两天前，一群激进的车臣人袭击了邻国塔吉斯坦，声称要建立"独立的塔吉斯坦伊斯兰国"，希望鼓动伊斯兰反俄暴动。普京回应了这一挑衅。5 天后，俄罗斯轰炸机飞抵车臣，一场大战在即。3 周后，连环爆炸事件震惊俄罗斯。大多数俄罗斯人坚信，爆炸是车臣恐怖分子制造的。虽然目前尚不清楚谁该为血腥事件负责，但普京有理由开战。他要为最近的爆炸事件以及俄罗斯在第一次车臣战争中的失败复仇。

这一次，俄罗斯军方没有直接开进格罗兹尼，指望速战速决。而是进行了一场大规模的袭击，造成数万车臣人死亡，其中大部分是平民。格罗兹尼和其他地区的叛军据点几乎都被夷为平地。整个世界都在大加挞伐地袖手旁观，不愿卷入遥远的高加索地区的战争。武装分子失掉格罗兹尼之后，撤退到山区，发誓要继续战斗。冲突已不仅仅是一场脱离俄罗斯的战争，它染上了种族和宗教色彩，俄罗斯人对抗车臣人以及基督徒对抗穆斯林。

普京的外交政策难以捉摸，但他认为俄罗斯必须再次扮演一个大国的角色。有鉴于此，他强调需要强大的国家和爱国主义。重点是行政权力和纪律，而不是民主。他给他的人民"法律独裁"，加上，"因为我选择重写历史"①。

2002 年 10 月，41 名车臣恐怖分子，包括几名"黑寡妇"（被俄罗斯夺去亲人的妇女）在莫斯科大剧院挟持了 700 名人质。营救行动出现严重失误，导致 129 名人质丧生（恐怖分子也被就地枪决）。随后的几个月里，车臣人袭击了俄罗斯南部的一列火车、俄罗斯设在格罗兹尼的军事指挥基地以及俄罗斯的一个地铁站。2004 年夏季末，执行自杀式袭击任务的"黑寡妇"击落了两架俄罗斯客

---

① 安德鲁·迈耶（Andrew Meier）和尤里·札拉克维奇（Yuri Zarakhovich），"普京加强掌控"，《时代》周刊，2000 年 5 月 29 日，第 24 页。

机。2004 年 9 月，车臣人占领了俄罗斯南部别斯兰的一所学校，场面令人触目惊心。普京拒绝与叛变的车臣人谈判，派出军队进行营救，但营救行动又一次以失败告终。335 名死难者中，绝大多数都是儿童。随后，普京立即下令结束地方长官的普选，并建立了单一指挥系统，以加强"国家统一，防止进一步发生危机"。车臣的抵抗被一步步碾碎，俄罗斯政府方得以宣布（过度乐观地）其反恐行动于2009 年 4 月正式结束。2013 年 12 月下旬，距离索契冬奥会还有 6 周，在伏尔加格勒的一辆电车和火车站发生的两起自杀式炸弹袭击，导致至少 34 人死亡，两起袭击相隔仅一天。

在叶利钦任期内，新闻媒体一直处于无暇顾及的状态。但普京很快向俄罗斯境内的独立之声宣战。当自由欧洲电台/自由电台的记者安德烈·巴比茨基细数第二次车臣战争的野蛮行径时，普京策划并绑架了巴比茨基。普京指责巴比茨基"站在敌人的一边"，他所做的是"比开机关枪还危险"。① 最后，很大程度上是因为国际社会的强烈抗议，巴贝茨基才得以释放。其他记者就没那么幸运了。2006 年 10 月，严厉指责车臣军阀以及俄罗斯在车臣的野蛮行径的评论家安娜·波利科夫斯卡娅遭到枪杀，她生前曾多次收到死亡威胁。普京又转而反对 Media-Most，一家发行日报并设有广播电台和 NTV 的公司，该公司是俄罗斯唯一一家不受政府控制的电视网络。2000 年 6 月，该公司负责人弗拉基米尔·古辛斯基被捕并被短暂拘留。他对克里姆林宫里腐败的曝光，如切肤之痛；古辛斯基的电视台还讽刺了普京。

即使是地位高、有势力的人也没有幸免于难。2003 年 10 月，全球最富有的人之一——尤科斯石油公司的首席执行官米哈伊尔·霍多尔科夫斯基被捕后，对普京的公开批评宣告结束。官方说法是，霍多尔科夫斯基被指控逃税；但真正的原因是他的政治野心，他胆敢挑战他所称的普京腐败"操纵的民主"。最后，霍多尔科夫斯基被判入狱 9 年（后来又增加了几年），其他大亨迅速向普京表示忠心。（2013 年 12 月，在索契奥运会前的几个星期里，为了提升俄罗斯的形象，普京释放了霍多尔科夫斯基和其他政治犯。）

2006 年 11 月，一名前 KGB–FSB 官员亚历山大·利特维年科，在钋 210 中毒

---

① 埃米·奈特（Amy Knight）引用，"先下手为强"，《泰晤士报文学增刊》，2000年 6 月 9 日。

22 天后惨死。在 FSB 队伍中持不同政见的利特维年科被撤职、短暂监禁后，逃往伦敦并取得了英国国籍。在他认为安全的避风港内，利特维年科继续批评普京，指责他和他的 FSB 与基地组织恐怖网有联系，同时策划了俄罗斯的暴力事件然后嫁祸给车臣人。苏格兰场坚信安德烈·卢戈沃伊就是杀害利特维年科的刺客，得逞后卢戈沃伊设法回到了莫斯科，在那里他成为极端民族主义圈子里的英雄，甚至赢得了杜马选举。伦敦方面要求引渡卢戈沃伊；苏联则否认他曾参与利特维年科的谋杀案。

在普京看来，俄罗斯的强大离不开其军事实力。他曾被拍到驾驶一架苏-27 战斗机飞往格罗兹尼，并登上不幸的"库尔斯克"号核潜艇。2000 年 8 月，挪威的地震学家在巴伦支海观察到两次强烈的爆炸。"库尔斯克"号核潜艇是俄罗斯最先进的核动力弹道导弹潜艇，5 年前刚刚服役，这会已经被炸得四分五裂（后来才知道是俄罗斯自己的鱼雷所为）。普京对这场灾难可谓"反应迟钝"。潜艇内的幸存水手不断锤击舰体，直至氧气耗尽。这场灾难、普京政府的反应之慢以及俄罗斯潜水员在打开舱盖上的无能，反映了俄罗斯军事力量的糟糕状况。

随着时间的推移，俄罗斯的经济开始复苏，这主要归功于能源价格的大幅增长，克里姆林宫开始在国际事务中扮演更加自信的角色——有时是"好斗"的角色。俄罗斯宪法限制了备受欢迎的普京的任期，最多连任两届，每届任期 5 年。但他不愿就这样安享晚年，他同总理梅德韦杰夫只是交换了工作的头衔而已。2008 年 3 月，梅德韦杰夫当选普京的统一俄罗斯党的总统候选人，普京移驾梅德韦杰夫的总理办公室，从那里他继续发挥他的巨大影响力。不出所料，普京在 2012 年 5 月再次当选为总统。

非俄罗斯继承国

一些苏联加盟共和国，特别是爱沙尼亚、拉脱维亚和立陶宛，成功建立了运转正常的民主国家。但在大多数情况下，民主之路却是相当困难的。高加索和中亚一直饱受种族冲突和政治权力争夺的困扰。举行选举时，又常常被篡改或完全被操纵。例如，1996 年 9 月，乌兹别克斯坦总统伊斯兰·卡里莫夫以 99.6%的选票再次当选为总统，但这个国家既没有言论自由也没有新闻自由。

1994 年 7 月，白俄罗斯的选民选出了一位保守的总统亚历山大·卢卡申科——一名对改革毫无兴趣的共产党官员。相反，卢卡申科呼吁回归不远的过去。他认为私有化是对国家的剥夺，并坚定维护集体农业和国家对工厂的控制。他所崇拜的英雄中有一位是费利克斯·捷尔任斯基——传奇的苏联秘密警察的创始人。

卢卡申科宣称，白俄罗斯的统治应当由"一个强人"掌管。他撤掉了国内最大的报纸的编辑，要求想要出国旅行的公民向有关当局登记。他谴责示威者是"人民的公敌"，指责美国国务院鼓动首都明斯克地铁工人罢工。在 2004 年 10 月的全民公投中，他操纵选举，获得了修改宪法的权力，允许他竞选第三届总统任期。之后，2010 年时，他又赢得了第四个总统任期，获得了近 80% 的选票。当示威者抗议选票造假时，警察驱散了示威队伍。

2003 年，阿塞拜疆、亚美尼亚和格鲁吉亚的选举都受到了操纵。11 月，1991 年上台执政的格鲁吉亚总统谢瓦尔德纳泽操纵了议会选举。12 年之后，腐败和违反法治的行为使其民意支持率大幅下降。当大规模的示威游行反对他时，军队和警察都不支持他。2004 年 1 月，格鲁吉亚发生血腥的"玫瑰革命"，35 岁的萨卡什维利（一名曾留学美国的律师）执掌了格鲁吉亚的大权，但事实证明，他又是一个崇尚无限权力的格鲁吉亚人。

帝国的没落

粗略一瞥苏联在 20 世纪 80 年代中期的全球地位，它是欧洲和亚洲土地上一支强大的力量。然而，东欧动荡不定的社会表明他们并没有承认其从属于苏联利益的地位。在亚洲，一个敌对的中国在中苏边界牵制了 1/3 以上的苏联军队。霍梅尼的伊朗伊斯兰政府丝毫没有掩饰其对苏联世俗、无神论政府的厌恶，而自 70 年代初以来就由社会主义政权执掌的阿富汗被血腥的内战搞得支离破碎，扬言要推翻首都喀布尔里的克里姆林宫傀儡。

阿富汗危机

1979 年 12 月，苏联集结了 8 万人的部队，出兵阿富汗，震惊世界。自第二次世界大战结束以来，苏联首次派兵进入超越其势力范围的地区。

1973 年以来，阿富汗的政治走向一直"左倾"，但通常都将其视为一个中立的国家，是第三世界的一部分，不在任何世界大国的势力之内。直到 1973 年，美国和苏联在阿富汗（地球上最贫穷的国家之一，1979年的人均国民生产总值仅为170美元）的争霸都毫无结果。①

美国的回击

苏联的入侵对美国而言来得很不是时候。首先，美国国内有很多人对美军其时在越南的失利并不满意。其次，1979年出现了10年来第二次石油短缺。第三，伊朗人质危机（11月4日才刚刚开始）突显了美国权力的限制。这些都使美国产生了挫折感和好斗心。

国内政治压力要求美国总统卡特回击入侵。1980年正值总统大选前夕，卡特根本担不起"失去阿富汗"的指责。阿富汗本是一个非常贫穷的国家，在国际力量对比中意义不大，一夜之间凸显了其现代史上无与伦比的重要地位。

美国对苏联入侵背后的动机几乎没有任何争论。美国中央情报局（CIA）解释说，苏联正面临着石油供应急剧下降的"切肤之痛"，入侵是为了将苏联军队开进波斯湾地区利润丰厚的油田。中央情报局局长特纳说："苏联已经表明，中东石油不是西方的独揽之事。"（中央情报局后来收回声明，承认苏联不会在近期内遭受石油短缺的困扰②）

卡特没有更好的选择。直接对苏联挑起战事是不可能的，他只能威胁苏联退出阿富汗，否则他将剥夺美国运动员参加1980年莫斯科夏季奥运会的机会。苏联人因抵制而感到"很受伤"，因为他们曾指望通过奥运会确立苏联为世界两大国之一的地位。他们未理睬卡特的最后通牒，在美国和其他西方国家缺席的情况下举办了奥运会。卡特也叫停了美国对苏联的粮食出口。然而，农产品在世界市场上供过于求，于是苏联人轻易将其订单转向更加可靠的来源。卡特寻找愿意帮助其一同遏制苏联的国家，从而拉近了美国与中国的距离。美中一同秘密地向阿富汗人提供了与苏联人作战的武器，并让沙特阿拉伯承担了大部分的费用。苏联

---

① 世界银行1979年的阿富汗数据将其列为"低收入发展中国家……收入低于每人每天约1美元"。世界银行图表集，www. worldbank. org。

② 美联社，"中情局局长称：苏联面临石油危机"。《巴尔的摩太阳报晚报》，1980年4月22日，第A5页。1981年9月，美国中央情报局宣称苏联的能源前景看起来"足以维持到本世纪"。伯纳德·格维茨曼（Bernard Gwertzman），"美国中情局称，苏联有能力提高石油和天然气产量"，《纽约时报》，1981年9月3日，第A1，D14页。

人做出反击，加强了驻阿富汗的军力，很快，这支部队就超过了10万人。

阿富汗的入侵导致缓和结束。苏联人不可能一边指望冷战的解冻，同时还想着干预其他国家的内政。苏联回应说，缓和不会妨碍克里姆林宫扮演大国的角色，也不会阻止克里姆林宫划分自己的势力范围——正如美国在越南所做的那样。

苏联在阿富汗的目标

苏联入侵阿富汗的目的是为了帮助邻邦社会主义国家整顿混乱的政治局势。苏联不想失去阿富汗，因为根据冷战的简单算术，一方的挫败意味着另一方的胜利。目的是为了避免丧失声望和形象，而非对国家安全的理性分析。它基于别人从自己的不幸中可能得出的结论。

政治动荡一直是阿富汗的标志。1973年，左派王子穆罕默德·达乌德放逐了他的堂兄查希尔国王。1978年4月，达乌德在努尔·穆罕默德·塔拉基领导的马克思主义人民民主党发动的政变中丧生，后者与苏联建立了更密切的关系。塔拉基随后也在哈菲佐拉·阿明领导的第三次左派政变中被杀害。阿明才是苏联入侵的目标，所有的血拼都发生在阿富汗的共产党派系内。

人们可以从这里找到苏联入侵阿富汗的另一丝线索。塔拉基和阿明之间出现了不和，塔拉基希望依靠苏联的支持，阿明则指望美国。众所周知，阿明曾多次与美国驻阿富汗大使阿道夫·杜布斯会面。他们之间发生了什么世人并不清楚，但苏联人担心会发生最糟糕的情况。对于苏联人而言，阿明正在步埃及国家元首萨达特的后尘，后者于1972年将两万名驻埃及苏联军事顾问驱逐出境，随后邀请美国军队入驻。相比其他方面，对阿富汗外交叛变的恐惧（从苏联转向美国）促使苏联出兵阿富汗。

克里姆林宫的担忧并非没有依据。中央情报局局长罗伯特·盖茨在他的回忆录中证实，在苏联入侵前6个月，美国已开始协助阿富汗武装分子。卡特总统的国家安全顾问兹比格涅夫·布热津斯基同样承认，卡特于1979年7月3日签署了第一道向武装分子提供援助的指令，希望此种挑衅会导致苏联入侵。[1] 事实证明美国并未久等。

1979 年，塔拉基已经是第 13 次请求苏联提供军事援助，但每次都被拒绝。勃列日涅夫告诉他："我们不能这样做。这只会给对手可乘之机——无论是你的对手还是我们共同的对手。"但塔拉基被阿明谋杀之后，克里姆林宫一反其正确的判断，出兵阿富汗，以恢复秩序并进行复仇。[2] 苏联突击队员杀死阿明，并让他的对手巴布拉克·卡尔迈勒取而代之。克里姆林宫随后宣称，苏联是受阿富汗政府相邀采取行动。

以自由、伊斯兰教和反共产主义的名义，穆斯林自由派或正如他们自称的自由派战士起来反抗喀布尔继承马克思主义的政府。长期以来，对抗中央政府一直是阿富汗的一个特点，阿富汗边远地区的地方统治者不无妒忌地捍卫着他们的自治。这次他们还有别的怨气，他们的传统社会（即使在殖民统治时期也丝毫未受影响）被迫进行社会和经济转型。对社会改革的不满情绪很深。例如，男女混合寄宿制学校的创建，导致了 1979 年 3 月阿富汗西部的叛乱。以残酷的手段消除穆斯林面纱和嫁妆，对问题的改善毫无助益。

克里姆林宫担心激进的伊斯兰教进入中亚，苏联的 5000 万穆斯林大部分都居住在那里。苏联军队进入阿富汗后，调动了来自中亚的新兵——该举动符合动用最现成的储备军的标准流程。然而，穆斯林士兵不想与他们的族裔和宗教同胞作战。一些士兵开了小差，而另一些士兵则投靠了武装分子。3 个月内，苏联军队开始调用政治上更可靠的斯拉夫军队。

与世界其他地区的游击组织不同，阿富汗武装分子没有任何社会、政治或经

① 雷蒙德·L. 加特霍夫（Raymond L. Garthoff），《缓和与革命：从尼克松到里根的美苏关系》（Détente and Revolution：American-Soviet Relations from Nixon to Reagan）（华盛顿，布鲁金斯学会，1985 年），第 887-965 页；查尔莫斯·约翰逊（Chalmers Johnson），"取消 CIA！"《伦敦书评》，2005 年 10 月 21 日，第 25 页。

② 迈克尔·多布斯（Michael Dobbs），"秘密记事追溯克里姆林宫之挥戈"，《华盛顿邮报》，1992 年 11 月 15 日，第 AI，A32 页；克里斯蒂安·帕伦蒂，"意识形态和电"，《国家》，2012 年 5 月 7 日，第 32 页。另见克格勃上校亚历山大·莫罗佐夫（Alexander Morozov）的回忆录，其在 1975—1979 年期间任喀布尔情报行动副手，"Kabul'skii rezien,"Novoe vremia，第 38-41 期（1991）；"克格勃和阿富汗领导"，Novoe vremia，第 20 期（1992）。

济改革方案。没有扫盲运动（1979 年，小学入学率为 30%，大部分还是在城市；成人识字率为 15%），没有妇女权利宣言，没有医疗计划（出生时预期寿命只有 36 岁，而西方工业国家是其两倍），也没有选举村委会等政治试验。全球南方游击队运动研究专家杰拉德·查利亚德总结道："目前的阿富汗抵抗运动看起来（更）像是一场（反对首都的）传统叛乱……而非现代游击战争。当代的游击队运动，只有肯尼亚的茅茅党（50 年代初）在其战略和组织方面初露端倪。"① 在命运的曲折转变中，美国——工业革命以及议会民主制的先行者，成为阿富汗武装分子的主要军火供应商，后者从七世纪的阿拉伯获得启示。

不久，外国伊斯兰圣战组织开始涌向阿富汗，主要是通过沙特阿拉伯的努力招募的。美国中央情报局和国务院对他们的到来表示赞赏，且事实上，尽管他们的反美情绪一再被警告，但美国仍想方设法增加他们的人数。②

苏联撤出阿富汗

戈尔巴乔夫接手了他的军队无法打赢的战争。阿富汗武装分子装备精良，决心反抗。例如，他们致命的、有效的、由美国制造的毒刺地对空导弹击落了多架苏联飞机（包括客机）。戈尔巴乔夫不愿接受苏联在南方边界的失败，于是将战争逐步升级。但他明白，如果他想结束冷战，他的军队将不得不离开阿富汗。当苏联最终撤军时，他表示入侵阿富汗并不只是勃列日涅夫的又一个错误，而更是一种犯罪。

但苏联的撤退不会是单方面的。戈尔巴乔夫坚持要求且美国总统里根同意阿富汗不能与西方结盟。1989 年 2 月 15 日，最后一批苏联军队撤出阿富汗，留下总统穆罕默德·纳吉布拉领导的亲苏政府。

此前，戈尔巴乔夫宣布反对勃列日涅夫主义——苏联有权干涉其他共产主义国家的内政，从阿富汗撤军标志着这一主张的终结。这场战争夺去了约 100 万阿

---

① 杰拉德·加里安德（Gerard Chaliand），来自阿富汗的报告，纽约：企鹅出版社，1982 年，第 49 页。

② 史蒂夫·科尔（Steven Coll），《幽灵战争：中情局、阿富汗和本·拉登秘史，从苏联入侵到 2001 年 9 月 10 日》（*Ghost Wars: The Secret History of the CIA, Afghanistan, and bin Laden, from the Soviet Invasion to September 10, 2001*），纽约：企鹅出版社，2004 年，第 155-156 页。

富汗人的生命（总人口1500万）。500万~600万人成为流落到巴基斯坦和伊朗的难民；另有200万人在阿富汗境内流离失所。对农业、工业、发电站、学校和医院造成的有形损坏估计达200亿美元，对于这样一个贫穷国家来说，这是一笔不小的费用。①

浩劫余波：内战

然而，武器和弹药仍然从各种渠道涌入阿富汗。由于阿富汗抵抗力量极其分裂，喀布尔政府在苏联军队撤退后幸存下来——如果只是暂时的话。但1991年12月，苏联停止向纳吉布拉供应武器，美国也停止向圣战者组织交付武器，但后者仍能从伊朗、巴基斯坦和沙特阿拉伯获得武器。纳吉布拉只能依靠自己的力量了。1992年1月，纳吉布拉镇压军队叛变失败，他的将军感受到了他的脆弱，开始改变立场。1992年4月，纳吉布拉谈判将政治权力移交给圣战者组织，然后在喀布尔的联合国大院内避难。

当圣战者组织围住喀布尔，注定短命的纳吉布拉预言性地告诉记者，阿富汗的世俗领袖、美国以及"世界其他文明国家"面临着一个"共同任务"，一场反对宗教激进主义的"联合斗争"："如果原教旨主义进入阿富汗，战争将延年不断。阿富汗将成为世界毒品走私的中心……［并］成为恐怖主义的中心。"② 然而，西方却没几个人重视纳吉布拉的警告。

喀布尔落入宗教激进主义者什叶派古勒卜丁·希克马蒂亚尔（美国援助的主要接受者之一）的手中。1992年4月，塔吉克族裔艾哈迈德·沙阿·马苏德领导的联军从北部进入喀布尔，驱逐了希克马蒂亚尔。得到伊朗什叶派支持的希克马蒂亚尔继续在喀布尔南部丘陵地带顽固抵抗。1992年8月，他发动了一场致命的炮火袭击，导致1200多名居民丧生。在对立的军阀军队之间的战争中，纳吉布拉倒台后的一年内，喀布尔遭受的死亡和破坏比前14年的革命、外国入侵和内战更加严重。随后3年的继续轰炸使100万居民的城市化为废墟，造成多达1万人死亡，使一半人口沦为难民。

一段时间内，一个又一个腐败残暴的伊斯兰政府争夺喀布尔的控制权，但随

---

① "Spravka 'NV,' " Novoe vremia，第17期（1992），第26页。
② 科尔（Coll），《幽灵战争》（Ghost Wars），第234页。

后阿富汗见证了又一个最极端的穆斯林运动组织——塔利班，于 1994 年 8 月在巴基斯坦军事情报部门——三军情报局的帮助下成立。塔利班组织的一部分包括前伊斯兰神学院的学生——事实上，塔利班在普什图族语中意为"学生"——其中许多人来自巴基斯坦和其他伊斯兰国家的边界。在其最高领导人独眼穆罕默德·奥马尔的领导下，塔利班极其厌恶对伊斯兰教并不特别感兴趣的军阀的腐败和派系斗争。相比之下，塔利班呼吁阿富汗政府服从 7 世纪编纂的古兰经律法。塔利班作为无法无天的军阀外可接受的选择，很快就获得了民众的支持。在它所统治的地区，女子学校被关闭，妇女被关在家中，允许执行公开处决，窃贼被砍断左手惩罚。

1996 年 9 月，塔利班已经控制了阿富汗的一半以上土地，开始了对喀布尔的最后一搏。在占领喀布尔后，塔利班所做的第一件事就是在联合国大院内抓住纳吉布拉，割了他的下体，将他殴打至死，并将他浸过血的躯干挂在水泥柱上示众，以警告所有反对塔利班的人。

塔利班的第二项举措就是禁止妇女外出工作。如果妇女走出家门，必须穿着传统的罩袍——从头到脚覆盖身体的衣服——遮住自己。塔利班还命令政府官员蓄胡须，关闭喀布尔的唯一电视台（因为伊斯兰教将人类图像的复制等同于邪神崇拜），并禁止西方音乐和其他娱乐活动，如放风筝。

塔利班最终控制了 3/4 以上的阿富汗，但战斗远未结束。阿富汗的历史——中央与各省之间的斗争——还在继续。当塔利班移师进入喀布尔以北 90 英里处的潘杰希尔山谷时，乌兹别克和塔吉克军队阻挡了他们的去路。

波兰和波兰团结工会

1970 年 12 月，波兰共产党选举爱德华·吉瑞克为第一书记，他接手统治日益激进的国家。吉瑞克的任期恰逢德国总理维利·勃兰特推行东方政策，东西方之间的紧张局势缓和。缓和促进了东西方贸易的增加，由西方银行家提供担保，这些西方银行家提供越来越多的"石油美元"——产油大国的存款。与他节俭的前任瓦迪斯瓦夫·哥穆尔卡不同，吉瑞克开始大量借贷。到 1973 年，波兰欠西方银行 25 亿美元；到 1982 年，债务增加超过 10 倍，达到 270 亿美元。随着西方资本和商品的大量涌入，机器、粮食和消费品增加——生活水平提高了，但欠债终归要还钱。

1980 年 7 月，还钱的时候到了，当时的吉瑞克政府为了还清外债，宣布提高食品价格。该公告引发非法罢工和示威游行，也促成了波兰团结工会的形成。

过去，政府做出经济让步以收买罢工工人。然而，这一次，工人们拒绝上钩。格但斯克巨大的列宁造船厂的工人坚持让政府做出革命性的让步。他们要求任何解决方案都必须包括全国的工人，而非仅仅某一个团体。他们的要求促成了团结工会的成立，这个联盟一度代表了这个有着 3500 万人口的国家的 1000 万人口。团结工会领袖莱赫·瓦文萨成为波兰最有影响力的人物之一。

在绝大多数人口和罗马天主教会的支持下，团结工会逼迫政府做出了一个又一个让步。在随后的 16 个月中，波兰吸引了全世界的注意力，因为它让不可能的事情发生了。根据马克思主义的意识形态，波兰工人们是在对抗自己，因为理论上他们是"生产资料"——工厂的所有者。因此，工人对其工作罢工，既不合逻辑也不合法。然而，罢工的权利是团结工会从共产党得到的第一个也是最重要的让步。团结工会成为东欧唯一不受政府控制的联盟。

团结工会进而提出了更高的要求。它打破了政府对信息媒体的垄断。它有权出版未经审查的日报；甚至还可以使用广播和电视。它从国家手中夺取了建立纪念碑以纪念在 1956 年和 1970 年骚乱期间被枪杀的工人所必需的物料。最后，团结工会还获得了以不记名投票方式进行自由议会选举的权力。

面对团结工会的要求，波兰共产党瘫痪了，也产生了严重分歧。一些党员公开支持团结工会；还有一些党员甚至退党加入团结工会。波共开始寻找一位像拿破仑那样的救世主来控制革命。它转而求助于一位极具道德权威的人——雅鲁泽尔斯基将军，将军在 1970 年和 1976 年担任国防部长期间拒绝对工人使用武力，宣称"波兰军队绝不会向波兰工人开枪"。1980 年，波共推荐雅鲁泽尔斯基将军为总理，又在 1981 年 10 月将其推为党内第一书记。

雅鲁泽尔斯基深知自己的位置并不稳固。他现在担任着波兰的三大政治职位，但仍无法有效执政。团结工会领袖瓦文萨不担任任何政府职务，却和他是平等的。

党内强硬派对政府向团结工会的让步深表不满。而团结工会的强硬派则认为工会与波共不能共存。一直强烈反对波共的雅采克·库隆简洁地指出：政权要么

"灭亡，要么定会毁灭团结工会，除此之外别无他法"。①

1981 年 12 月 12 日，激进的团结工会呼吁进行公民投票，它确定自己肯定会赢。事关共产党的命运，波兰和苏联政府警告说，要小心团结工会企图夺取政权。

苏联的勃列日涅夫和政治局明白，一旦干预，将会付出沉重代价，可能会引发《华沙条约》两个最重要成员之间的战争，而此时苏联军队正深陷阿富汗战争。此外，1980 年 11 月，苏联军队在波兰边境集结部队以震慑团结工会，但事实证明这是一场灾难。招不到后备军，其他人则不响应号召，许多人开小差跑回家，当局想惩罚他们也只得放弃。②

团结工会呼吁全民投票后的第二天，雅鲁泽尔斯基的安全部队逮捕了工会领导层并宣布戒严令——此举有效地宣布了团结工会的不合法，并重新确立了波共的首要地位。西方普遍认为苏联对雅鲁泽尔斯基的行为负有直接责任，但并没有确凿的证据。毫无疑问，雅鲁泽尔斯基做了苏联所一直要求的——恢复秩序，但他也明白要么他自己来做，要么克里姆林宫会替他来做。

团结工会在过去 16 个月里所取得的伟大胜利现在基本都消失了。波兰安全部队恢复秩序的行动非常高效，令大多数旁观者感到震惊（包括团结工会本身）。然而，雅鲁泽尔斯基和波共并没有赢得全国人民的认可，波兰历史的这一章远未结束。

奇迹之年

在欧洲，1989 年被称为"奇迹之年"。那年伊始，苏联所有的附属共产党组织都被其牢牢控制住了。然而，到了年底，斯大林在 1945 沿着苏联西部边界建

---

① 迈克尔·道布斯（Michael Dobbs）、K. S. 卡罗尔（K. S. Karol）和德萨·特雷维桑（Dessa Trevisan），《波兰、团结工会、瓦文萨》，纽约：麦格劳希尔出版社，1981 年，第 70 页。

② 安德鲁·考克伯恩（Andrew Cockburn），《威胁：苏联军事机器内幕》（*The Threat: Inside the Soviet Military Machine*），第 2 版修订版，纽约：兰登书屋，1984 年，第 111-114，178-180 页；迈克尔·T. 考夫曼（Michael T. Kaufman），"一名叛逃者说，集团已准备好粉碎团结工会"。《纽约时报》，1987 年 4 月 17 日，第 A9 页。

立起来的共产主义国家阵营已不复存在。

1989 年的事件凸显了东欧政府几乎没有得到民众支持的现实。过去，一旦某个国家共产党出现被自己的国民反抗的迹象，苏联就会出面干预——如 1953 年 6 月干预东德，1956 年干预匈牙利，以及 1968 年干预捷克斯洛伐克，干预和威胁一直维护着一种平静的假象。

戈尔巴乔夫在执政早期多次宣称勃列日涅夫主义已经灭亡，没有任何国家有权将自己的意志强加给另一个国家。1988 年 12 月，当他向联合国传递出此信息后，东欧共产党明白他们现在孤立无援，苏联不会再帮他们解围了。

在第一个十年，当共产党建立大型工厂时，东欧国家的经济表现相当不错。它想要验证的是共产主义体系能否保持高产、吸收新技术，并生产出更为复杂的各种产品。但当它无法做到时，结果是，在 1989 年，每个东欧国家与西方相比，都比 20 世纪 70 年代贫穷得多。例如，1987 年，波兰和匈牙利的人均国民生产总值只有西德或瑞典的 14%。[①] 而且此时，铁幕早已不再是信息流动的障碍。许多东德人居然经常通过有线电视收看西德的电视节目。这和来自西方的源源不断的游客让东欧人清楚地看到了自己的落后有多少。

波兰

"大坝的裂缝"首先出现在波兰。在雅鲁泽尔斯基宣布戒严后，他发现没有团结工会他根本无法统治波兰，尤其是在经济持续恶化的情况下。1989 年 1 月，雅鲁泽尔斯基别无选择，只能与团结工会被监禁的领袖恢复谈判。4 月，波共再次给予团结工会合法地位。更重要的是，波共同意 6 月进行议会选举。当波共坚持团结工会在议会中的代表权仅限于议席的 35% 时，遭到了团结工会的反对。随后，波共同意设立一个民主选举的上议院或参议院，僵局才得以打破。波共认为，团结工会将赢得参议院的选举，但在下议院，波共肯定能保持其领导地位。

参议院选举中，100 个竞争席位有 99 个被团结工会赢得。结果说明对共产党的支持率已经下降到了最低水平。波兰人讽刺波共为"已知的唯一一个受害者将

---

① 世界银行，《世界发展报告 1989》（华盛顿特区：世界银行，1989 年），第 165 页。

自己钉死在十字架上的'耶稣受难记'"。① 在团结工会在参议院选举中大获全胜后，在过去 40 年中也仅仅是充当共产党造势者的农民党，突然转向并在下议院选举中加入团结工会，他们一起组成了一个多数联盟。在议会制度下，双方现在有权建立一个新的政府。1989 年 8 月，新议会选举塔德乌什·马佐维耶茨基为总理，这是自第二次世界大战结束后，东欧的第一位非共产主义领导人。

马佐维耶茨基飞往苏联，请戈尔巴乔夫放心，他的政府并没有打算像 1956 年匈牙利共产党人那样试图退出《华沙条约》。此外，团结工会还同意克制使用 1981 年使用过的煽动性语言——建议废除波兰共产党，无论怎么说，波共已基本上变得无关紧要。戈尔巴乔夫告诉马佐维耶茨基，他无意援引勃列日涅夫主义。相反，他对华沙发生的事件表示欣然接受。

马佐维耶茨基政府现在不得不重拾一个深陷债务且搁浅在中央计划浅滩上的经济。1990 年元旦，政府取消了波兰公民早已习以为常的众多补贴。面包价格上涨了 38%，许多民众用于取暖的煤炭价格上涨了 600%。汽油和汽车保险价格大幅上涨，迫使一些波兰人上交他们的汽车牌照。② 这种休克疗法的主要倡导者包括西方银行、政府以及国际货币基金组织，他们都坚持认为波兰必须理顺其国库，才有资格获得援助。

波兰取缔中央集权计划经济是东欧最为大胆的。然而，到了 1991 年夏天，政府开始停止一部分自由市场政策，以避免发生民变。政府通过保持国有工厂的稳定发展和对某些货物征收保护性进口关税来抑制不断上升的失业率。曾设想过"大爆炸"式转型到资本主义的经济学家们开始谈到十年来的演变。

东德

1989 年夏末，匈牙利士兵开始拆除沿奥匈边界的防御工事，这是实际拆除铁幕的首例。匈牙利共产主义政府已经授予其公民持有护照的权利，并享有旅行和移民自由。此外，匈牙利没有阻止东德人走同一条路去西德。尽管在官方上仍然是共产主义国家，但匈牙利已经成为一个可能会使共产主义东德流血的伤口，这

---

① "东欧调查"，《经济学家》，1989 年 8 月 12 日，第 10 页。

② 克雷格·惠特尼（Craig Whitney），"东欧加入自由市场，初尝阵痛"，《纽约时报》，1990 年 1 月 7 日，第 E3 页。

是自 1961 年以来——柏林墙筑起以来——东德第一次损失数以万计的公民。1989 年 9 月，1.2 万名东德人用了 3 天时间进入奥地利。其他东德人则经过捷克斯洛伐克和波兰离开东德。东德的华沙条约盟友成了东德人抛弃在他们眼中像船一样下沉的国家的途径。

东德固执的共产党主席埃里希·昂纳克宣称他会安然度过风暴。但 1989 年 5 月，东德共产党操作了地方选举后，民间团体抗议的声音越来越大，特别是新教教会领袖越来越谴责政府。随后发生了夏季大逃离。更有甚者，1989 年夏天许多城市都出现了示威活动，特别是在莱比锡，越来越多的民众要求变革，同时坚持"我们哪也不去"。昂纳克命令人民警察——令人又憎又怕的斯塔西，采取"任何手段"镇压"反革命"。1989 年 10 月 9 日晚，在匈牙利成为畅通无阻的避难通道一个月后，也是戈尔巴乔夫出访东柏林纪念东德国家建立 40 周年的第二天，莱比锡决战拉开了序幕。戈尔巴乔夫明确表示他不是来支持昂纳克的，而是向他道别。他提醒东德政治局，一个孤立于人民的政权就失去了存在的权力。在 10 月 9 日的示威游行中，东德共产党没有诉诸武力。9 天后，政治局迫使昂纳克下台，转而支持他的接班人埃贡·克伦茨。

1989 年 11 月 9—12 日，100 多万东德人涌入西柏林，受到了热烈的欢迎。（图片来源：德国信息中心）

克伦茨上任后的首次出访就来到了莫斯科，他煞费苦心地将自己描述为戈尔巴乔夫"新思维"的信徒。克伦茨坚称群众抗议活动是变革的良性体现。他说，示威者想要"更好的社会主义和社会改造"。

1989 年 11 月 6 日，在一个风雨交加的寒夜，50 万人走上了莱比锡街头，德累斯顿、爱尔福特、什未林、哈勒、科特布斯和卡尔马克思城也都举行了集会。德累斯顿游行是当局批准的，由市长和改革派地方党的领导人领导。这次游行是该城市首次正式批准的反政府示威活动。仅仅在不久之前还是政府轰动性的让步，现在已经不够了。11 月 9 日，一个历史性的公告宣布东德人可以通过申请护照，迁徙到西德。想要去西柏林的东德人还可以通过分隔东西两德的关卡畅行无阻。柏林墙倒塌了。

然而，革命的逻辑要求措施不彻底是不行的。如今，持不同政见者要求废除宪法第一条，该条授予共产党独享政权的特权。1989 年 12 月 1 日，东德共产党妥协了，废除了第一条，为自由选举扫清了道路。

两德统一

柏林墙的破口将德国统一纳入议程。美国、苏联和欧洲各国都在为不可避免的时刻做准备。

自 1949 年 5 月和 10 月西德和东德政府分别宣布成立后，德国的分裂就成了板上钉钉的事实。然而，西德政府官方拒绝德国的永久分裂，而且德国不只是被一分为二，而是一分为三。自 1945 年以来，波兰和苏联管制下的西里西亚、波梅拉尼亚和东普鲁士的问题依然存在。

1989 年 11 月西德总理科尔谈到统一时，苏联宣称，只因为东德人能够前往西德，并不意味着两德自动统一。科尔的言论在西方也遭受冷遇。第二次世界大战的同盟国和大多数欧洲人并不乐意在欧洲腹地重建一个强大统一的德国。这样的可能性让人回忆起德国那段灰色的历史。

1990 年 10 月，当西德政府筹备两德统一并决定将首都从波恩迁往柏林时，它没有与同盟国加以磋商。德国正式接受二战胜利者制定的边界，同时也损失了东普鲁士以及奥得河和奈瑟河以外的土地，此举消除了邻国特别是波兰的恐惧。

随着苏维埃帝国的衰落，统一的德国的经济成为欧洲最强大的经济体。1991

年 8 月莫斯科政变失败后，德国率先承认了波罗的海国家的独立地位。在南斯拉夫，德国承认斯洛文尼亚和克罗地亚等分立共和国，并说服其不情愿的欧共体伙伴也这样做，这标志着德国与欧洲共同体（EC）和美国分道扬镳。海湾战争期间，德国派出空军中队前往土耳其，这是自 1945 年以来德国首次出兵国外。1992 年夏天，德国海军在南斯拉夫远海岸的亚得里亚海升起旗帜，协助联合国实施对塞尔维亚的禁运，这在德国政府看来甚至是不值得提交议会讨论的就事论事的措施。

德国率先向东欧提供经济援助。一方面是为了防止东欧经济崩溃的可怕后果——难民向西迁移。西德已经在为其不得人心的事实——约 10% 的人口都是外国人——苦苦挣扎。作为居民，无论是工人还是难民，他们都有权获得资源消耗已经到了极限的政府提供的服务。其结果是排外情绪有所反弹；1992 年，发生了 2000 起针对土耳其人、非洲黑人和犹太人的袭击事件（包括一些致死事件）。袭击者一般都是年轻的男性，毫不掩饰地宣称自己是新纳粹分子。到 1992 年底，德国统一的喜悦气氛被怨恨、暴力和经济停滞所替代。

德国统一后，柏林墙的所有物理痕迹几乎都被抹去了。但东西德人之间的心理鸿沟依然存在。自 1933 年以来，东德经历了连续两次独裁，先是纳粹，后来是共产党。他们过去的经历与西德不同，公开民主的政治话语对他们中的许多人而言还很陌生。统一也意味着东德经济企业被抛入了一个他们几乎没有生存机会的市场。在巨额资金投入的协助下以及不得人心的大幅税收增加的情况，东德的经济复苏进程缓慢。在纪念统一 20 周年的时候，这笔费用已接近 2 万亿美元。[①]

匈牙利

在波兰的团结工会大肆挑战共产党的权威的时候，匈牙利的声势虽然要小得多，但却带来了类似的结果。

1956 年，苏联军队击溃匈牙利叛乱后，卡达尔·亚诺什上台。然而，到了 20 世纪 60 年代末，卡达尔及其政党谨慎地开展国内改革计划——按照东欧的标准，这是非常不同凡响的。在逐渐摆脱苏联模式的同时，卡达尔向苏联保证，他无意破坏他们的东欧帝国。

---

① 路透社，"研究显示两德统一成本高昂：报告"，2009 年 11 月 7 日。

卡达尔的改革包括小规模的资本主义试验，匈牙利产生了混合经济。但经济的"制高点"——重工业、交通运输业和银行业仍然掌握在国家手中。与此同时，允许经营雇用不超过 3 名员工的小型营利性私营企业，如工匠店、餐馆、酒吧、小吃摊和汽车修理厂。西方记者称它为"匈牙利共产主义"，匈牙利人谈到了"资本主义改造的共产主义"。

从严格的马克思主义观点来看，匈牙利的改革可谓异端行为。但马克思从来没有浪费时间讨论理发店老板或街角的卖花女的不正当。他的《资本论》揭示了诗人威廉·布莱克所谓的早期工业革命的"黑暗的撒旦磨坊"。

1985 年 6 月 8 日，匈牙利选民投票选举议会和地方委员会代表，其中至少有两名候选人竞选几乎所有的席位。这是根据 1983 年修订法律为选民提供选择的第一次选举，在苏联集团国家中是独一无二的。

1988 年 5 月，党内改革派把 76 岁的领袖卡达尔挤到一边。它为卡达尔受害者的死后平反铺平了道路。在匈牙利，这是自 1956 年以来首次可以提到 1956 年革命时期匈牙利党主席伊姆雷·纳吉以及曾与苏军战斗的少将帕尔·毛莱泰尔的名字。他们被卡达尔处死并弃尸——双手仍然绑在背后，丢入一个没有标记的乱葬岗。他们的名字已经从官方的历史中消失了，但他们还存在民族的集体记忆里。1989 年 6 月，为纳吉及其同仁举行了庄严的再葬仪式，并在国家电视台现场直播，使得对他们的平反达到高潮。

1989 年 9 月，匈牙利共产党改名为社会党，议会重新修改宪法，允许在来年春天进行多党选举。1989 年 10 月 23 日，1956 年反抗苏联的起义 33 周年之际，议会宣布匈牙利不再是"人民共和国"，而是改名为匈牙利共和国，议会大楼上空的红旗缓缓降落。1990 年 3 月和 4 月的两轮选举摧毁了社会党仍然执掌大权的所有幻想。选民将议会中的多数席位投给了匈牙利民主论坛——一个右倾民粹主义、民族主义联盟组织。其领导人姚哲夫随后与其他保守党派建立了联盟。社会党赢得了 8% 的议会席位，匈牙利的共产主义试验宣告结束。

捷克斯洛伐克

1989 年共产主义的第四张多米诺骨牌是捷克斯洛伐克。反对共产党政权的最初力量包括知识分子和学生。站在反对派中心的是七七宪章——以 1977 年 1 月请求民事权利的录入请愿书命名。其领袖是在布拉格之春期间担任该国外交部长的吉里·哈耶克和持不同政见的作家瓦茨拉夫·哈维尔。自 1989 年 6 月以来，又有 4 万名公民签署了另一份请愿书，并在全国各地散发，要求释放所有政治犯、言论自由和集会自由以及独立的新闻媒体，捷克斯洛伐克的"天鹅绒革命"拉开了序幕。

只要示威人群相对还比较少——1989 年 1 月有 2000 人，而 1989 年 11 月初仍只有 1 万人——警方还能靠逮捕和时不时的毒打维持秩序。生活水平较高的工人还未急于参与其中。当他们也加入时，他们使布拉格圣瓦茨拉夫广场示威者的人数激增。1989 年 11 月底，共产党政权像空中楼阁一样轰然倒塌。

几乎整个国家都反对共产党，连血腥镇压都无法挽救它。1989 年 11 月 29 日，共产党同意放弃政权垄断后，事态迅速发展。反对派建立了临时政府，直到选民（自 1948 年以来）成功选举出国家首个自由选举的政府。在当年早些时候曾因反政府活动被捕入狱的哈维尔当选为新总理。亚历山大·杜布切克——1968 年布拉格之春的设计者之一，成为国家新总统。

在 1989 年 12 月的华沙条约会议上，1968 年入侵捷克斯洛伐克的 5 名参与者——苏联、东德、波兰、匈牙利和保加利亚——正式承认入侵是非法的，并承诺将来绝不干涉对方的内政。它标志着全盘否定勃列日涅夫主义。戈尔巴乔夫政府发表了另一份声明，承认干预的种种理由都是"毫无根据"的、"错误的"。[①]

哈维尔特别提醒说，捷克斯洛伐克是中欧而不是东欧的一部分，他首次正式访问的城市不是莫斯科，而是柏林，然后是华沙。"这不是与苏联的分道扬镳"，一名外交部官员解释说，"但却是倾向西欧和中欧的新取向"[②]。

1992 年夏天，捷克东部的好战分子斯洛伐克人要求脱离他们的捷克"表亲"。1918 年，捷克斯洛伐克正式宣告成立由捷克马萨里克领导的捷克和斯洛伐克联邦。从一开始，斯洛伐克人就反对捷克的统治，特别是捷克人从未兑现让他们自治的承诺。很显然，捷克人几乎没什么温情想要维系其与其忘恩负义的"表亲"的联盟。1993 年元旦，捷克斯洛伐克正式分裂为捷克共和国和斯洛伐克。

---

① 请参阅《纽约时报》中的语句，1989 年 12 月 5 日，第 A15 页。
② 戴安娜·琼·斯彻姆（Diana Jean Schemo），"苏联军队开离捷克土地"，《巴尔的摩太阳报》，1990 年 1 月 6 日，第 2A 页。

保加利亚

紧随其后的是保加利亚——华沙条约最忠诚的成员国。自 1954 年开始执政的 78 岁高龄的共产党首脑日夫科夫没有任何下台的迹象，但是他的长期执政遭到了普遍的反对。1984 年，他强迫 100 多万穆斯林土耳其少数民族使用斯拉夫名字，使得保加利亚人和土耳其人之间由来已久的争端重演。1989 年 5 月，他强迫 31 万土耳其人移民。他不仅损害了保加利亚的国际地位，而且人员外流也给国家经济造成了严重破坏。1989 年，日夫科夫将其儿子安排到中央文化部，连他的老盟友都抛弃了他，政治局要求他辞职。

为了安抚人民，当局指控日夫科夫贪污、任人唯亲，但为时已晚，越来越多的反对人群要求政治改革。1990 年 1 月 15 日，保加利亚共产党屈服于民众压力，同意放弃其政治领导角色，举行自由选举。1992 年 9 月，在历时 18 个月的审判之后，时年 81 岁的日夫科夫因贪污近 100 万美元而被判处有期徒刑 7 年（因身体状况不佳且年老，改判为软禁）。日夫科夫成为首个被后共产主义法庭判决的苏联集团领导人。

罗马尼亚

1989 年，最后也是最不可能被推翻的共产主义独裁者是自 1965 年就掌权的尼古拉·齐奥塞斯库。齐奥塞斯库制定了独立于苏联但又不违背《华沙条约》的外交政策。罗马尼亚保留不参加条约所规定的年度军事演习的权力，在 1967 年第三次中东战争之后继续承认以色列，并拒绝参加 1968 年入侵捷克斯洛伐克的行动。1984 年，齐奥塞斯库蔑视苏联领导的抵制洛杉矶夏季奥运会运动的要求，罗马尼亚代表团在开幕式上受到了热烈的欢迎。西方对特立独行的罗马尼亚给予了最惠国待遇，美国总统尼克松和卡特高调出访布加勒斯特。他们无视齐奥塞斯库政权是华沙条约成员国中最残暴的事实，对罗马尼亚独裁者交口称赞。

齐奥塞斯库做了一般独裁者想都不敢想的事情。罗马尼亚将偿还其 100 亿美元的外债，而不顾及社会后果，其结果是国内人民生活水平急剧下降。大量的食物被出口；工作时间增加到每周 6 天；汽油价格上涨；公寓在冬天仅有 11 摄氏度（50 华氏度）左右；限量供电；医院物资匮乏。拥有 2400 万人口的罗马尼亚，一个农业大国，沦落到节衣缩食的地步，被戏称为"爱国者"的猪脚依然丰富；它们是猪仅剩的部分，其他部分已全部用于出口。

齐奥塞斯库的作风让人想起斯大林和意大利的法西斯统治者墨索里尼。他撕掉了"同志"的标签，开始称自己为"Conducator"或领袖。与斯大林如出一辙，齐奥塞斯库并不通过其政党而是借助秘密警察（the Securitate）进行执政。共产党的存在仅仅是为了使齐奥塞斯库的统治合法化。罗马尼亚电视台最显著的特点是赞颂齐奥塞斯库和他的妻子埃琳娜——国家的第二号人物，他们的儿子尼库被培养成其父亲的接班人，其他四十名亲属也都在政府内任职。

一位共产党官员解释了齐奥塞斯库的治理方法："世界上的一切制度都基于奖罚机制。而齐奥塞斯库只使用惩罚。不被惩罚就已经是奖励了。"①

主要外债偿还后，罗马尼亚的经济状况还是一成不变。齐奥塞斯库继续压榨民众，为其大规模的建造计划——他那"妄自尊大"的纪念碑筹资。在社会主义胜利大街上那座13层、有着1000个房间的白色大理石的共和国大楼里，有1.5万名工人被征用。为了给宫殿留出空间，近4万人被迫搬迁，许多历史建筑被摧毁，其中包括16世纪的勇士米哈伊修道院，米哈伊于1600年将瓦拉几亚、摩尔达维亚和特兰西瓦尼亚统一为现代的罗马尼亚。齐奥塞斯库亲自监督施工，每周莅临2~3次。他的其他计划包括将特兰西瓦尼亚的好几个城镇夷为平地，其中许多是德意志族和匈牙利族的世居地，是他们的祖先跨越7个世纪所建立起来的。

特兰西瓦尼亚的蒂米什瓦拉市点燃了让看似坚不可摧的齐奥塞斯库独裁统治垮台的火花。1989年12月初，政府决定驱逐持不同政见的匈牙利新教牧师拉撒路·透克斯。透克斯的教区居民公然反抗当局，随后蒂米什瓦拉各界人士加入其中，经济利益在此起到了一部分作用。10月份，额外的食物被限量供应——在一个拥有大型食品加工厂和面包房的城市，对透克斯一无所知但上交了用于出口的食物的工人加入到示威者队伍中。

其他东欧共产党的垮台没有造成任何伤亡，但罗马尼亚注定会与众不同。齐奥塞斯库效仿别国的经验，派秘密警察进入蒂米什瓦拉。领袖——"民族的英

---

① 引自威廉·普法夫（William Pfaff），"岌岌可危之地的变革"，《巴尔的摩太阳报》，1989年12月22日，第17A页。

雄，人民杰出的儿子"开始谋杀他自己的人民。① 如果警方停止不交出其杀害之人的尸体的做法，暴力可能就奏效了，雪上加霜的是，秘密警察将尸体抛弃在城郊的一个乱葬岗中。示威者要求"把尸首还给我们"。

在布加勒斯特的一次演讲中，齐奥塞斯库发誓要惩罚"恐怖分子和流氓"。这一言论——在当局组织起来的看似平常温顺的人群之前——演变成一场灾难，变成了反齐奥塞斯库的示威游行。齐奥塞斯库讲话未结束就逃离了总统府。那时，他也失去了对军队的控制。他从来没信任过军方，这是有充分理由的。在向人群开了几枪之后，士兵们将枪口转向了警察。齐奥塞斯库和他的妻子逃跑了，但也难逃被抓的命运。

齐奥塞斯库被移交军事法庭，被指控种族灭绝（谋杀6万罗马尼亚公民）、盗窃、掠夺国库。埃琳娜·齐奥塞斯库称最后一项指控是"挑衅"。毫无改悔之意的齐奥塞斯库否认所有指控，并声称仍是罗马尼亚的领导人。1989年圣诞节，行刑队让这一切尘埃落定。罗马尼亚电视台展示了一盘审判录像带以及穿戴整齐的齐奥塞斯库夫妻俩的遗体。

临时政府的首脑是伊利埃斯库，在20世纪50年代，他曾在莫斯科学习，是戈尔巴乔夫的同班同学，也是20世纪60年代后期蒂米什瓦拉的政党领袖。伊利埃斯库公开质疑齐奥塞斯库的经济措施，因而受到很多党员的青睐。表面上，新政府遵循其他东欧国家确立的先例。它宣布罗马尼亚不再是一个社会主义国家，给食品商店上货，将工作时间减少到每周5天，将电价降低一半以上，允许每户农民留出一亩地用于私人耕种，处决齐奥塞斯库后废除死刑，解散秘密警察，并承诺在1990年4月举行自由选举。政府还逮捕了齐奥塞斯库的心腹，包括整个政治局和秘密警察的高级军官，承诺惩罚"旧政权的所有为恶者"。

然而，罗马尼亚所发生的既不是政治革命，也不是社会革命。齐奥塞斯库是被他自己的追随者处决的，其中包括伊利埃斯库，而后者现在正设法保住自己的性命。他们的目标是消除独裁者，而非专政。被称为"红色贵族"的政党领袖，

---

① 玛丽·巴蒂亚塔（Mary Battiata），"国家暴力引发叛乱"，《华盛顿邮报》，1989年12月31日，第AL页。

一定要强调政治革命的神话。①

尽管如此，罗马尼亚已经走上了一条可行的民主之路。这个国家从未知晓现代党派制度、可靠的政治知识分子或自治教会。罗马尼亚的政治文化充斥着诡计、阴谋和对权威的屈从。

齐奥塞斯库死后6个月，马克思主义者伊利埃斯库在法西斯主义中找到了安慰。他宣布组建一支国民警卫队（让人联想起二战时期罗马尼亚的法西斯铁卫团），还逮捕了反对派领袖。自始至终，他都坚称自己是捍卫民主。②

到21世纪初，罗马尼亚仍然是一个向民主过渡的社会。它饱受普遍的经济和政治腐败的折磨。它寻求加入欧盟，但该组织一贯坚持其成员遵循民主的规则。

民主和经济困境似乎并不契合。齐奥塞斯库死后，接踵而至的是毫不留情的经济崩溃。40％的人口每月生活费不足35美元，低于国际贫困线的每天2美元。例如，曾经雇用7000名工人的庞大克拉约瓦重型机械和工具厂，10年后仅雇用了800人。③

2000年的总统选举中，名誉扫地的伊利埃斯库与图多尔竞争，后者曾经是齐奥塞斯库的宫廷诗人，极端民族主义大罗马尼亚党的领袖。图多尔宣称，罗马尼亚的统治只能是"枪杆子说了算"，他还扬言要"用卡拉什尼科夫冲锋枪"终结腐败。他仍将齐奥塞斯库称为"伟大的爱国者"，他的党派出版物充斥着责骂"肮脏的犹太人"、"法西斯主义的匈牙利人"和"罪恶的吉普赛人"的文章和漫

① 爱德华·贝尔（Edward Behr），《吻不能咬之手：齐奥塞斯库的兴衰》（*Kiss the Hand You Cannot Bite*：*The Rise and Fall of the Ceauşescus*），纽约：Villard Books 出版社，1991年，第13章，第251-268页。贝尔引用了罗马尼亚的一句谚语："只有愚人才会为更换统治者而手舞足蹈。"安东尼娅·拉多斯（Antonia Rados），Die Verschwörung der Securitate：Rumäniens verratene Revolution（汉堡：Hoffmann und Campe 出版社，1990年）；巴赫罗马斯·格里尔（Bartholomäus Grill），"Revolution der Funktionäre"，德国《时代周报》，1991年1月11日，第30页。

② 威廉·普法夫（William Pfaff），"罗马尼亚一路向'前'"，《巴尔的摩太阳报》，1990年6月21日，第11A页；美联社，"伊利埃斯库就职宣誓捍卫民主"，《巴尔的摩太阳报》，1990年6月21日，第4A页。

③ 《纽约时报》通讯社，"罗马尼亚选民举棋不定"，《巴尔的摩太阳报》，2000年11月26日，第29A页。

画。伊利埃斯库——两个恶魔中略好的那一个，轻而易举地击败了图多尔。跟随图多尔，罗马尼亚毫无机会加入欧盟；跟随伊利埃斯库，它的机会稍稍大了点。然而，2004 年欧盟新纳入的 10 名成员中并没有罗马尼亚。它还得等到 2007 年，还是在进行了几轮改革之后。

阿尔巴尼亚

1944 年恩维尔·霍查建立的共产主义阿尔巴尼亚成为下一个牺牲品。霍查政权是斯大林主义和毛泽东主义的混合体，它比齐奥塞斯库政权更具压迫性。贫穷、孤立的阿尔巴尼亚是世界上唯一一个官方无神论国家，被告者往往不经审判就被处决，或者突然失踪，他们的亲属也受到连带惩罚。1985 年 4 月，霍查去世，接任的阿利雅继续执行霍查的政策。然而，1989 年之后，国内愈加动荡不安，阿利雅开始引入改革。例如，他废除了"宗教宣传罪"，允许自由选举，此次选举在 1992 年 3 月终结了共产党的统治。

南斯拉夫

共产主义南斯拉夫是由 8 大民族地区拼接而成的，由 6 个共和国——波斯尼亚、克罗地亚、马其顿、黑山、塞尔维亚和斯洛文尼亚——以及塞尔维亚的科索沃和伏伊伏丁那两个正式自治省组成的。铁托的父亲是克罗地亚人，母亲是斯洛文尼亚人，他尽其所能说服他的人民将八大民族地区视为国家的成员，而非一个个族群。为此，他建立了一个没有任何主宰关系的联邦，虽然在数量上和历史上占统治地位的是塞尔维亚人。

铁托深知种族斗争对南斯拉夫——字面意思是"南斯拉维亚"，一个在奥斯曼土耳其帝国统治崩溃后于 1918 年人为地建立起来的国家——造成的隐患。1974 年宪法授予民族地区一定程度的自治权。因其人口庞大，塞尔维亚国籍仍然是平等者中的首席，但无论如何是平等的。铁托在世的时候，南斯拉夫一直保持着非凡的凝聚力。1980 年，铁托去世后，南斯拉夫开始解体。

共产党新任首脑塞尔维亚裔的米洛舍维奇剥夺了在科索沃省占多数的阿尔巴尼亚族的自治权。米洛舍维奇的举动表明他想建立一个凌驾于其他民族之上的大塞尔维亚。1989 年 6 月 28 日，他带领 100 万塞尔维亚人进入科索沃示威，纪念科索沃战争（穆斯林土耳其人击败了基督教东正教塞尔维亚人）600周年，这一举动可谓火上浇油。米洛舍维奇宣布是时候重建塞尔维亚昔日的荣耀了。①

虽然大多数南斯拉夫人都是斯拉夫裔，但他们之间存在着严重分歧。西部的斯洛文尼亚和克罗地亚人受到罗马天主教的影响，而东部的斯拉夫人（包括塞尔维亚人和马其顿人）信奉东正教。南斯拉夫有相当一部人是穆斯林（阿尔巴尼亚人和波斯尼亚人）土耳其几世纪统治下的遗产。更糟糕的是，多样化的人口散落分布。南斯拉夫是东西方基督教和伊斯兰教不协调的拼凑物。

独断的塞尔维亚民族主义激起了其他共和国的恐惧。从苏联的独立运动中得到启发，他们开始寻求脱离。1991年6月，位于南斯拉夫西北角、拥有200万人口的斯洛文尼亚率先揭竿起义。随后，更大、更强的克罗地亚共和国如法炮制，紧接着的是波斯尼亚。1992年1月，德国率先正式承认斯洛文尼亚和克罗地亚，欧共体其他成员也纷纷效仿。美国仍然抱着希望，寄望南斯拉夫还能以某种可行的方式再次统一。但在1992年4月，布什政府与欧共体统一步调，承认斯洛文尼亚、克罗地亚和波斯尼亚。

一场血腥的战争酝酿完毕——也是自1945年以来欧洲大陆上的第一次战争——以塞尔维亚人为主的南斯拉夫军队入侵克罗地亚。1992年1月，双方在联合国调停下实现了停火。由31个国家组成的1.44万名蓝盔联合国部队执行欧洲大陆首次这样的军事部署，但部队并没有作战任务，他们此次派遣只是为了将交战双方分开。

波斯尼亚

波斯尼亚的族裔构成是所有共和国中最复杂的：92%是斯拉夫裔，但44%是穆斯林，31%是信奉东正教的塞尔维亚人，17%是信奉天主教的克罗地亚人。②在克罗地亚一度受阻的米洛舍维奇掉头转向波斯尼亚，他的行动表面上是为了保

---

① 6月28日是圣维塔节。正是在1914年的6月28日，塞尔维亚民族主义组织黑手党的成员加夫里洛·普林齐普（Gavrilo Princip）暗杀了奥地利王位继承人斐迪南大公，从而导致第一次世界大战的爆发。

② 赫尔辛基欧洲安全与合作委员会，《波斯尼亚-黑塞哥维那独立公投，1992年2月29日至3月1日》（The Referendum on Independence in Bosnia-Herzegovina，February 29-March 1，1992）（华盛顿特区：美国政府印刷局，1992年），第3页。

护受到威胁的少数东正教塞尔维亚人。他向波斯尼亚的塞尔维亚民兵部队提供武器，后者随后围攻首都萨拉热窝。围困历时1000多天，是历史上最长的一次。

它演变成了一场极其残暴的战争。塞尔维亚人建立了集中营进行"种族清洗"，同时还伴随着强奸、酷刑、屠杀、强行将逃难的平民驱逐出境。这让人想起斯大林和希特勒此前在欧洲犯下的罪行。塞尔维亚作恶者知道他们可能会面临战争罪的指控，因此他们经常戴着滑雪面具。到1992年，南斯拉夫共有大约250万难民，是自1945年以来欧洲规模最大的难民潮。

塞尔维亚沙文主义者米洛舍维奇变成了南斯拉夫及其人民、城市、经济和货币（通货膨胀率每年高达25000%，使得南斯拉夫第纳尔变得一文不值）的毁灭者。就在1989年，欧洲人还在对大陆的精神重生而欢欣鼓舞。但在1992年，欧共体、联合国和美国就遭到了致命的塞尔维亚沙文主义的挑衅。

南斯拉夫被分为5个独立的实体：南斯拉夫残存国家（包括塞尔维亚、一度自治的科索沃和伏伊伏丁那省，以及黑山共和国）、斯洛文尼亚、克罗地亚、波斯尼亚和马其顿。

联合国的武器禁运令确保了波斯尼亚穆斯林几乎不能从外界得到帮助。波斯尼亚塞尔维亚人转而从塞尔维亚的同族者手中获得了大量武器。以其总统卡拉季奇和部队总指挥姆拉迪奇将军为首的波斯尼亚塞尔维亚人宣布成立从波斯尼亚共和国分裂出来的分离主义塞尔维亚共和国。

但这对嗜杀成性的姆拉迪奇来说还不够，他将自己视作塞尔维亚历史的维护者。对他而言，过去和现在没有多少区别。他将20世纪90年代的暴力行为视为塞尔维亚历史的一部分。塞尔维亚人再次为拯救欧洲于伊斯兰教的水火之中而战。①

随着暴行的证据越来越多，联合国和北约组织越来越难以袖手旁观。1994年2月，随着塞尔维亚人在波斯尼亚东部取得进展，联合国宣布若干地区为"安全"庇护所。北约空军将保护这些地区。但1994年4月，北约第一次对戈拉日德附近的塞尔维亚部队进行空袭时，塞尔维亚人袭击了所谓的"安全"地区。1995年，他们劫持了270名联合国维和人员，并将他们铐在要轰炸的目标上。被

---

① 罗伯特·布洛克（Robert Block），"疯狂的姆拉迪奇将军"，《纽约书评》，1995年10月5日，第7-9页。

劫持人质的一半以上都是法国让维耶将军的部队，他谈判释放人质，但代价是停止对塞尔维亚人的进一步空袭。这笔交易让联合国无能为力，斯雷布雷尼察的4万名波斯尼亚穆斯林（虽然名义上还处于联合国的保护之内）现在失去了任何防卫措施。

1992年初夏，美国收集到证据证明塞尔维亚人在大规模屠杀穆斯林。根据间谍卫星情报显示，在布尔奇科北部城镇，塞尔维亚人将3000名穆斯林男子赶到一个废弃的仓库，折磨并杀害了他们。卫星甚至还拦截到了电话通话，在通话中姆拉迪奇提到他打算清洗戈拉日德和泽帕。① 1995年7月，塞尔维亚人又在斯雷布雷尼察制造了一起屠杀，造成6000~8000名穆斯林男子和男孩死亡。据目击者称，姆拉迪奇也在屠杀现场。这次，美国驻联合国大使马德琳·奥尔布赖特披露了美国间谍飞机拍摄到的新挖坟墓的照片。

1993年5月，联合国安理会设立了南斯拉夫问题国际刑事法庭，这是自第二次世界大战结束后纽伦堡和东京审判以来的第一个这样的法庭。1996年5月，一名为塞尔维亚人战斗的年轻克罗地亚人埃尔德莫维奇成为第一个认罪的战犯。他承认在斯雷布雷尼察谋杀了数十名手无寸铁的穆斯林男子。他辩护道，由于恐有生命之忧，他只好遵从命令。②

1995年夏末，当克罗地亚军队夺取克罗地亚东南部的控制权时，掀起了反对塞尔维亚人的浪潮，造成超过17万名塞尔维亚人因害怕而逃离。10月，交战三方（现已精疲力竭）同意停火并在美国进行谈判。

波斯尼亚穆斯林恳求国际社会不要承认伴随着种族灭绝和"种族清洗"的波斯尼亚的分裂，但依旧无济于事。1995年11月签订的《代顿和平协议》接受了波斯尼亚的一分为二——塞尔维亚人控制的塞尔维亚共和国以及波斯尼亚克罗地亚人和穆斯林联邦。协议序言中提到了"人的尊严""正义"和"宽容"，但实际上奖赏了塞尔维亚人的种族灭绝。一小支北约部队被留下来监视尚不确凿的停火。

---

① 查尔斯·莱恩（Charles Lane）和托姆·夏克尔（Thom Shanker），"波斯尼亚：中情局隐瞒了什么"，《纽约书评》，1996年5月9日，第10-15页。
② 欧洲安全与合作委员会，"南斯拉夫战争罪之起诉：最新情况"，"欧安会文摘"（1996年5月），第13，21-27页。

名义上，波斯尼亚仍是一个分裂成两个共和国的国家。截至 1996 年 6 月，共有 131.925 万波斯尼亚难民逃亡到并不欢迎他们的欧洲国家。他们无法回到他们从前曾被"种族清洗"过的住所。① 留在波斯尼亚的穆斯林依然苦痛交加，世界几乎没有采取任何行动保护他们。

科索沃

波斯尼亚分裂后，重点转移到了南斯拉夫的科索沃省。科索沃 90% 的人口是阿尔巴尼亚穆斯林，在贝尔格莱德米洛舍维奇的保护下由占少数的塞尔维亚人统治。1999 年初，阿尔巴尼亚科索沃解放军（KLA）与塞尔维亚当局之间的致命暴力开始升级。

这一次，克林顿政府——主要是在国务卿奥尔布赖特的推动下，决定采取行动。它不会像对最近巴尔干地区的其他战争那样袖手旁观。此前，胡图人在卢旺达剿杀图西人时，第三世界领导人批评西方不作为。这一次西方将采取行动。

克林顿深知他不能指望联合国，因为俄罗斯一定会在安理会行使否决权。俄罗斯与塞尔维亚有着历史上的关系：俄罗斯人和塞尔维亚人都是斯拉夫人，他们都信奉东正教，过去俄罗斯曾援助塞尔维亚人对抗土耳其人、奥地利人和德国人。而且，克里姆林宫正对北约近期的东扩感到不满。克林顿政府很费了一番力气说服其北约盟国加入到科索沃的战斗中，但最终他们加入进来，一致赞成联盟不能忽视欧洲大陆上再次发生的种族灭绝可能。

当米洛舍维奇拒绝克林顿要求其从科索沃撤军时，北约开始了一场持续了 78 天（1999 年 3 月 24 日至 6 月 9 日）的空战。尽管南斯拉夫对北约成员国没有任何威胁，但北约在这里首次投入战斗，充其量，这只是维护北约成员国自尊的一场战争。

这场战争恰恰触发了西方所恐惧并试图避免的对阿尔巴尼亚人的种族清洗——伴随着纵火、强奸和大屠杀，估计有 85 万难民前往阿尔巴尼亚和马其顿边界。

空战共出动了 1100 架飞机，飞行 3.8 万架次，是历史上空中力量最集中的

---

① 联合国难民事务高级专员提供的数字，"关上的大门"，《经济学家》，1996 年 9 月 28 日，第 64 页。

一次。科索沃塞尔维亚军队遭到数千枚"精灵"炸弹和巡航导弹的袭击。在这场单纯依靠空中力量取胜的史无前例的战争中，北约没有损失一兵一卒。它被称为第一场"电信战争"，是首个由远程控制进行的"虚拟战争"，飞行员使用最先进的计算机显示器引导他们的炸弹击中目标。

北约一直竭力坚持它所发动的战争是针对米洛舍维奇政府的，而不是针对塞尔维亚人民的。塞尔维亚平民的"附带损害"相对较小，特别是考虑到持续空袭的规模。100多次投错地方的突袭，造成大约500名平民丧生。空袭结束后，轮到科索沃军实施报复。在战后8个月里，有25万名科索沃塞尔维亚人被赶出家园。

当米洛舍维奇同意退出科索沃时，战争结束了。在国内政治压力下，米洛舍维奇同意在2000年9月举行总统选举。出乎他的意料，获胜者竟是社会党候选人科什图尼察。起初米洛舍维奇拒绝承认失败，但当街头示威变得无法控制时，他终于下台了。

科什图尼察并没有比米洛舍维奇更倾向于接受科索沃的失败以及塞尔维亚人被驱逐出他们认为是他们自己国家的土地。2000年12月，双方仍在科索沃和塞尔维亚之间的3英里缓冲区互发迫击炮。科什图尼察警告说，阿尔巴尼亚人在科索沃宣布独立会引发又一场巴尔干战争。

北约的参战并不是为了建立一个独立的科索沃国。然而，一旦塞尔维亚军队离开，科索沃独立就只是时间问题了。以鲁戈瓦为首的事实上独立的科索沃临时平民政府能够与科索沃解放军——一个嗜好暴力、非法行为——包括走私毒品和枪支、勒索和谋杀的军队相抗衡。2006年1月鲁戈瓦去世后，科索沃解放军夺取了政权。新任总理是前科索沃解放军游击队领袖哈辛·塔奇，他以无情著称。

匪夷所思的是，西方领导人采取了遏制科索沃零星暴力的立场，它必须获得权力上的独立。在没有进行任何公开讨论的情况下，乔治·W. 布什政府——与德国、法国和英国一道——双手合十，在2008年2月承认了最贫穷也是最不稳定的欧洲国家，现在被称为科索沃共和国。自1919年以来，一直是南斯拉夫拼图上一块的地区的分离现在完成了。塞尔维亚人——将科索沃视为他们遗产的一部分——谴责美国，其中一些人闯进美国驻贝尔格莱德大使馆并烧毁了几个房间。①

对暴力事件负主要责任的 3 名男子中，只有一人很快被捕。2001 年，米洛舍维奇成为二战后第一位面临战争罪和种族灭绝罪指控的国家元首。米洛舍维奇在海牙国际刑事法庭上为自己辩护，将诉讼拖延了多年，直到他在 2006 年 3 月因心脏病发作死亡。

1995 年，波斯尼亚塞尔维亚领导人卡拉季奇和姆拉迪奇因种族灭绝罪被起诉，他们就此躲藏起来。2008 年 7 月，卡拉季奇最终被捕时，他向米洛舍维奇学习，将审判拖延多年。姆拉迪奇躲过了 16 年的抓捕，直到 2011 年 5 月才被逮捕。但是，当 2013 年 11 月正式开始对他的审判时，一个起诉失误导致起诉年老多病的将军的案件无限期中止。

---

① 马克·克莱默（Mark Kramer），"欢迎来到科索沃——下一个失败国家?"《华盛顿邮报》，2008 年 3 月 2 日，第 B3 页。

第二十章
核军备竞赛

冷战导致核军备竞赛泛滥，美国和苏联争先恐后、互不相让。一方的核武库扩大了、武器技术进步了，另一方必须迎头赶上。军备竞赛头 30 年的各种研究指出，200~300 枚核弹头就足以彻底摧毁每一方。到 20 世纪 50 年代后期，美国的战略核武库大到惊人，苏联也不甘落后。然而，这些武器只起到了威慑作用，因为一旦将其投入第一次打击，必定会招致同样的报复。"过度杀伤"——足以多次摧毁敌人的能力，已经成为约定俗成的惯例，因此也就被合理化了。核武器储备本身就成了目的。

美国国防部长罗伯特·麦克纳马拉在 1964 年承认，400 兆吨（相当于 40 亿吨炸药）的核力量足以维持所谓"MAD"（Mutually Assured Destruction 的缩写，意为同归于尽）的恐怖平衡。然而，在麦克纳马拉讲话的当口，美国已储备了 1.7 万兆吨核力量，相当于摧毁苏联所需数量的 40 多倍。

几十年来，与维持、装备和部署大型武装力量的成本相比，核武器一直被认为是相对便宜的。这些核弹，用美国的话来讲，提供了"价廉物美的划算交易"。这些核弹本身确实相对便宜。然而，核威慑力量需要的不仅仅是核弹制造。1998年，布鲁金斯学会的一项研究计算得出，自 1940 年以来，核武计划的各个组成部分——研究、开发、制造、部署本身、指挥和控制、防御和拆除——花费了美国 5.8 万亿美元，平均每个公民 21646 美元。①

在整个军备竞赛期间，美国一直保持着领先地位，尽管有政治言论说美国在轰炸机和导弹方面与苏联仍有差距。竞选总统期间，约翰·肯尼迪指控艾森豪威尔政府玩忽职守，让苏联在导弹竞赛中领先。肯尼迪当上总统后，1961 年，五角大楼的文职部门宣布美国拥有第二次打击能力——即报复的能力，这种能力比苏联可能进行的第一次打击更为强大，至此，这一神话尘埃落定。美国霸权的冷酷事实，加上苏联在翌年古巴导弹危机中蒙羞，将两项议题提上克里姆林宫议程：

---

① 沃尔特·平卡斯（Walter Pincus），"研究表明，自 1940 年以来，美国在核军备方面花费了 5.8 万亿美元"，《华盛顿邮报》，1998 年 7 月 1 日，第 A2 页。

缩小与美国的导弹差距；与美国谈判，建立两个超级大国之间的大致核平等。

古巴导弹危机具有发人深省之效，带来了东西方关系的逐步改善。紧张局势的缓和促使美苏签订多个条约，限制核军备竞赛的进一步升级。首先就是 1963 年签署的《部分禁止核试验条约》，该条约禁止在大气层、外层空间和公海进行核试验。美国和苏联随后将核武器试验转入地下，从而限制了环境污染。另有 100 多个国家也签署了该条约。值得注意的是，已经是核大国的法国未签署该条约，紧接着在 1964 年，中国也成为核大国，两国都在 1992 年加入该条约。

其他协议接踵而至。其中包括禁止在太空和地球轨道上使用核武器的《外层空间条约》（1967 年）；《不扩散核武器条约》（1968 年），苏联、美国、英国和其他 83 个国家承诺防止核武器和技术的扩散；《海底公约》（1971 年），该条约禁止在超出国家 12 英里界限的海底使用核武器；1972 年的《生物武器公约》，该条约禁止生物武器的开发、生产和储存。

限制战略核武器条约

超级大国仍然继续开发、测试新武器并部署更多的弹头，以扩大其核武库。20 世纪 60 年代末，美国和苏联一致认为有必要限制无休止的军备竞赛了，于是展开了限制战略武器谈判（SALT），其目的是限制昂贵的、可能引发严重灾难的核军备竞赛。谈判开始时，双方都已拥有足够多的武器可以多次摧毁对方。SALT 旨在为军备竞赛带来有度和理性元素。

表 20.1 核武器术语表

英文	中文
ABM	反弹道导弹：用于摧毁敌方来袭导弹的防御性导弹。
ASAT	反卫星导弹：用于摧毁地球轨道上的卫星的导弹；SDI 的核心组成部分。
ICBM	洲际弹道导弹。
INF	中程导弹：见下文的"战区武器"。
IRBM	中程弹道导弹〔如潘兴 II 型（Pershing II）和 SS-20 型〕。

英文	中文
MIRV	分导式多弹头：一枚载有几枚小型导弹的弹头，每枚弹头都能够击中不同的目标。
NMD	国家导弹防御系统：美国的反导弹防御系统计划；SDI 的简化版。
NPT	《不扩散核武器条约》。
payload	有效载荷：以百万吨计量的核弹头破坏力（1 百万吨相当于 100 万吨炸药；1 千吨相当于 1000 吨炸药）；一枚爆炸力约 12 千吨的炸弹摧毁了广岛，造成至少 7 万人死亡；在 20 世纪 70 年代，美国战略核弹头的平均有效载荷超过 4 百万吨，是广岛原子弹的 300 多倍；而苏联核弹头的有效载荷更大。
SALT	《限制战略核武器条约》，重点是战略和限制。
SDI	《战略防御计划》，星球大战的官方名称。
SLBM	潜射弹道导弹。
START	《削减战略武器条约》，重点是削减而非仅仅限制。
strategic weapons	战略武器：长距离携带核弹（通常超过 3000 英里），包括洲际导弹、轰炸机和潜射导弹。
tactical weapons	战术武器：短程战术核导弹（如核炮弹）。
theater weapons	战区武器：用于特定泛区域或战区（如欧洲或远东）的中程武器，也被称为 INF（中程核力量）。
warhead	核弹。

1972 年 5 月，尼克松总统和苏联首脑勃列日涅夫在苏联签署了《第一阶段限制战略核武器条约》（称为 SALT I）。其目的还算温和：限制部署 6000 英里或更大范围的战略武器，包括洲际轰炸机部队、洲际弹道导弹（ICBM）和潜射弹道导弹（SLBM）。然而，《第一阶段限制战略核武器条约》并未给任何一方的军火库带来影响；它只是为他们的破坏力设置了上限。但《第二阶段限制战略核武器条约》标志着双方相互磋商过程的开始。谈判人员表示希望随后的条约能够解决实际减少核武器数量这一更为困难的问题。

《第一阶段限制战略核武器条约》冻结了现有的洲际弹道导弹的数量，使苏联在洲际弹道导弹方面具有数量优势：1398 至 1052。尼克松政府为了安抚国内批评人士，主张该协议阻止了苏联部署更多的地对地导弹，特别是其最新的 SS-9 型导弹。① 此外，该条约使美国享有若干优势。它未提及美国洲际轰炸机（美国一直享有显著优势）、美国在欧洲中程导弹（这在 20 世纪 80 年代初成为主要问题）以及法国和英国的核武库等问题。苏联也接受了（如果只是暂时的）美国在战略弹头数量方面二比一的优势。

但该条约并未限制 MIRV（分导式多弹头），MIRV 允许导弹携带多个弹头，并瞄准不同的目标。当配备分导式多弹头时，很昂贵的导弹部分就可携带多个较便宜的弹头。在《第一阶段限制战略核武器条约》谈判期间，美国拒绝讨论苏联关于禁止配备分导式多弹头导弹的提议，因为在美国看来，它没有理由放弃其最重要的核武器优势，但美国谈判人员很快就有理由对他们的决定感到后悔。

《第一阶段限制战略核武器条约》并未奢望制止军备竞赛。首先，它并没有阻止武器质量的提高，因此武器越来越复杂，也更具有破坏性。由于发射器能够携带的弹头——实际造成伤害的部分——越来越多，因此强调限制发射器（即轰炸机、导弹和潜艇）的意义越来越小。

20 世纪 70 年代中期，苏联部署了自己的 MIRV 导弹后，MIRV 技术给予了它一定的有利条件。苏联的洲际弹道导弹比美国的洲际弹道导弹更大、威力也更强，因此能够携带多达 30 枚分导式弹头。相比之下，美国最大的洲际弹道导弹——民兵Ⅲ型（Minuteman Ⅲ）只能携带 3 枚弹头。美国需要第二个 SALT 协议，以限制每个洲际弹道导弹配备的多弹头数量。

1979 年 6 月，勃列日涅夫和卡特在维也纳会面，签署《第二阶段限制战略核武器条约》。该条约规定双方的导弹发射器最高限额为 2400 件，其中带有多弹头的导弹发射器不得超过 1320 个。此外，每枚导弹最多配备 10 枚弹头。如此一来，该条约设置了一个限制，以削弱苏联的战略优势——陆基洲际弹道导弹，但它也延续了苏联在洲际弹道导弹弹头方面 5：2 的优势。美国支持者认为，如果不是该条约的话，差距会更大。为了抗衡苏联强大的陆基核武库，《第二阶段限制战略核武器条约》给予了美国在其他武器种类，特别是潜射弹道导弹（SLBM）

---

① SS（地对地）是美国对苏联导弹的命名。每次苏联测试导弹，五角大楼即为其编号。

方面的决定性优势。

后来的事实证明，签约仪式成为缓和的最后一幕，那时，相互猜疑的气氛再次升温。美国国内批评与苏联谈判的声音越来越高，他们认为苏联不可能两者兼得：不可能在支持非洲和亚洲革命运动的同时与西方维持正常的关系。这些批评家坚持认为，缓和必须与苏联行为的改善相联系，尤其是苏联在外国的行为。1979 年 11 月，美国大使馆人员在伊朗被扣为人质，国际形势恶化，有人甚至指责苏联。8 周后，苏联军队入侵阿富汗。

美国方面的美苏关系缓和总是与苏联行为的变化相关联，尤其是在阿富汗。然而，苏联将美苏关系缓和定义为西方接受其与美国同等大国的地位。毕竟，苏联人认为，当美国在越南参加反对"国际共产主义"的战争时，他们已经使美苏关系正常化了。他们想传达的是，美苏关系缓和比越南更重要；但对美国而言，阿富汗比美苏关系缓和更重要。①

在美国，有一种怀疑称正是这种关系的缓和以及限制战略核武器条约的签署才使得苏联在核军备竞赛中领先。1980 年，对缓和批评声音最大的是共和党总统候选人罗纳德·里根，他宣称限制战略核武器条约打开了一扇"脆弱之窗"，而且只有一方——苏联忙于军备竞赛。他宣称，美国实际上是单方面解除了武装。这一政治论点使里根获得了相当广泛的关注。但实际上，美国在 20 世纪 70 年代就将其战略武器库翻了一番。到 1980 年总统大选时，苏联缩小了差距，但美国继续保持领先。这绝不是只有一名选手参加的竞赛。

核武器谈判成为新一轮冷战的牺牲品。美国参议院从未批准《第二阶段限制战略核武器条约》，部分原因是像里根这样的批评家再三强调其有利于苏联的观点。但里根出任总统后，他默认了限制战略核武器条约终究确实限制了苏联的战略优势。参谋长联席会议在敦促批准条约时，也承认了这一点，称其为"温和而有效的一步"。② 里根同意在未来五年内遵守《第二阶段限制战略核武器条约》未获批准的条款。即使在 20 世纪 80 年代早期美苏关系恶化的情况下，苏联各届领导人

---

① 乔治·阿尔巴托夫（Georgy Arbatov），阿瑟梅西考克斯，苏联科学院美国和加拿大研究所所长（带有乔治·阿尔巴托夫的苏联评论），俄罗斯轮盘赌：超级大国博弈，纽约：时代出版社，1982 年，第 177-178，182 页。

② 乔治·麦戈文（George McGovern），"《第二阶段限制战略核武器条约》：政治解剖"，《今日政治》（1980 年 3—4 月），第 64 页。

也都一直遵守《第二阶段限制战略核武器条约》（尽管其并无法律义务这样做）。

力量对比

到 20 世纪 80 年代中期，美国和苏联可交付使用的核弹头数量基本相同，但他们的交付系统配置却不同。

苏联"三位一体"核武器中，65％的核弹头部署在陆基发射装置中，27％部署在潜艇上，而只有8％（足以摧毁美国的数量）部署在洲际轰炸机上。苏联主要依靠其强大的陆基洲际弹道导弹，最多可携带 10 枚弹头。美国的导弹体积较小，搭载的弹头威力也较小，但准确性更高。因其导弹准确性低，苏联人转而依靠更大的弹头，因此在"有效载荷"或"百万吨级"方面享有优势（然而，随着导弹变得越来越准确，双方都降低了其弹头的爆炸力）。如果仅就有效载荷而言，那么苏联在核军备竞赛中处于领先地位；但如果考虑到准确性，那么优势就转到了美国。

更趋于平衡的（因此也更明智）美国的"三位一体"战略确保其51％的弹头部署在潜艇上，30％部署洲际轰炸机部队，只有19％部署在陆基导弹中。如果苏联人想要敲掉美国三位一体的任何一条腿，那么其他两条腿中任何一条的报复力量都足以保证可靠、有力的第二次打击。与苏联的核弹头不同，美国的大多数核弹头并不是陆地上的固定目标——可以从轨道上的间谍卫星得知其位置，而是在世界各大海洋中不断移动。

双方三位一体核力量构成的不同给找出一个公平的方案以阻止核军备竞赛带来了挑战。苏联拥有庞大的陆基力量，是不会让谈判丧失其优势的。① 然而，其部署在陆基发射井中的导弹是易受攻击的目标。此外，其陆基洲际弹道导弹使用液体燃料，因此发射速度较慢。相比之下，美国的导弹使用固体推进剂，因此可以迅速发射。为此，苏联最终设法解开了如何建立更小的、可移动的固体燃料洲

---

① 这是里根的"脆弱之窗"的根据：越来越精确的苏联陆基核武库足以压倒美国发射井中的导弹，从而威胁美国的存在。它忽略了美国潜艇和轰炸机足以让苏联人老实的事实。里根承诺，如果当选总统，他会关闭该窗口。1984 年，他宣布窗口已经被关闭，但他根本没有采取任何措施保护美国的陆基导弹。

际弹道导弹的谜。移动洲际弹道导弹为军备竞赛添加了一个新元素，确认其位置的难度越来越大。

在 20 世纪 80 年代前半期，双方以惊人的速度制造出更多、更精确的核武器。1981 年 12 月，苏联未能阻止美国部署中程导弹（潘兴 II 型）和巡航导弹，因此退出了日内瓦的削减军备谈判。直到 1985 年 3 月，谈判才恢复。在这 40 个月中，双方的战略核武库（20 世纪 80 年代前半期总共有 2000 个）每天都增加大约一个新核弹头。这还不包括双方仍在部署的中程武器。

在 20 世纪 80 年代中期，美国拥有了仅凭其战略中武库就能摧毁苏联 50 次的能力（见表 20.1）。其结果是，美国战略规划者失去了目标。核弹头的过量迫使他们寻找新的目标，例如乌克兰的谷物升降机和苏联轰炸机从美国返回时可能使用的露天场地——他们的机场已被摧毁。[①] 苏联也具有同样摧毁美国的能力。漫无目的地不断扩大核武库让亨利·基辛格在 1974 年质疑道："上帝啊，到底什么才是战略优势？……有它又能起什么作用啊?"[②]

中程武器

双方从 20 世纪 70 年代中期开始引进新一代尖端中程导弹，使得事态更加恶化。对于欧洲人而言，这些武器表明他们兴许会成为核战争的第一批伤亡者。

表 20.2　1985 年美苏战略武库比较

	核弹头数量	占战略武库的比重（%）
美国		
1035 枚洲际弹道导弹	2125	19
36 艘潜艇装有 640 枚导弹	5728	51

---

① 托马斯·鲍尔斯（Thomas Powers），"核冬季与核战略"，《大西洋月刊》，1984 年 11 月，第 60 页。

② 基辛格引用劳伦斯·弗里德曼（Lawrence Freedman）的《核战略的演变》（*The Evolution of Nuclear Strategy*），纽约：圣马丁出版社，1981 年，第 363 页。

续表

	核弹头数量	占战略武库的比重（%）
263 架 B-52 轰炸机，其中 98 架携带 12 枚巡航导弹	3072	27
61 架 FB-111 轰炸机	366	3
总计	11291	100
苏联		
1398 枚洲际弹道导弹	6420	65
62 艘潜艇装有 924 枚导弹	2688	27
173 架轰炸机，其中 25 架每架携带 10 枚巡航导弹	792	8
总计	9900	100

资料来源：《纽约时报》，1985 年 10 月 4 日。所有数字都是对机密信息的估计值。由五角大楼出版物、国际战略研究所、军控协会和国防情报中心编纂。

欧洲人以及苏联人因其遭受过的痛苦和失败，比美国大多数人都能更好地理解历史往往是悲剧。第二次世界大战所造成的破坏——一场以现代标准与原始武器作战的传统战争，整个欧洲都对其记忆犹新。柏林、斯大林格勒和其他许多城市依然保留着选出的废墟作为博物馆珍品，提醒着人们战争的发生。如果只是为了限制军备竞赛，坚持谈判是对注定没有赢家的核战争这一令人不安的事实的沉默致敬。从德国和苏联的废墟中，看不出到底是哪个国家打赢了二战，哪个国家输掉了二战。

最初，重点是战略性远程核武器。然而，从 20 世纪 50 年代开始，双方开始存贮大批中程武器。在 20 世纪 70 年代中期，苏联开始部署他们最先进的中程导弹——移动式 SS-20 型——足以摧毁欧洲国家的所有首都。SS-20 型导弹是对老式单弹头、液体燃料的 SS-4 型和 SS-5 型的显著改进，其射程超过 3000 英里，机动灵活，包含 3 个独立瞄准的弹头，且使用可快速发射的固体燃料发动机。这一克里姆林宫军事力量的新成员可能会在西方军事战略家中引起心理冲击。SS-20 型导弹并未改变核平衡，但它确实令人产生一种苏联的军备竞赛升级了的错觉——这一感觉基本上是正确的。

不出所料，美国以其在欧洲的中程武器、战斧巡航导弹和潘兴 II 型弹道导弹作为回击。移动缓慢的巡航导弹在接近目标时贴近地面，因此很难在飞行中发现并加以摧毁。战斧巡航导弹的射程约为 2000 英里，能够从西欧的土地上直达苏联。潘兴 II 型是一种射程超过 1100 英里的快速飞行导弹，其移动性、射程、准确性和速度使其成为美国军火库中首屈一指的武器之一。它可能被作为第一次打击武器，用于摧毁苏联指挥机构或"斩首"。"战略"和"战区"导弹之间的区别变得越来越模糊。例如，从怀俄明发射的民兵导弹（需要飞行 30 分钟到达苏联目标）和从西德发射的潘兴 II 型导弹（需要飞行 6 分钟）之间有什么不同？

核军备竞赛正变得越来越不合逻辑。原子弹让美国拥有了"终极武器"，但也只是让其对手在短短十年内面临被核毁灭的可能。同样，SS-20 型导弹也只是简单地让克里姆林宫在欧洲发生核大战的情况下占据一丝优势，前提是战争能够被控制在欧洲以内，但这是基本不可能发生的情形。当美国用巡航导弹和战斧导弹反击时，苏联就没那么有把握了。

为保证有效打击，巡航和战斧导弹必须部署在欧洲土地上。卡特和里根总统为了向北约盟国推销其部署进行了大量的工作。欧洲人也很明白苏联和美国的军火库有将他们的大陆变成核靶场的威胁。里根称："我能预见（欧洲的）哪个战场能用来打战术武器战争，而无须其推动任何一个大国按下（战略）按钮。"[1]但他的话毫无助益。在欧洲打一场有限核战争的可能，使北约内部产生了是否接受导弹部署的分歧。尽管如此，美国还是成功说服几个北约盟国接受了 464 枚巡航导弹和 108 枚潘兴 II 型导弹。[2]

这一轮竞赛的升级促使了自 1981 年春季伊始在日内瓦进行的一系列讨论。各方都试图消灭对方的导弹，同时坚持拥有自己的武器库。这是相持不下的处方。谈判者不是寻求妥协，而是迎合更多的观众，其国内民众以及不安的欧洲人。对自欺欺人的宣传和指责成为当日的议事日程。

---

① 勃列日涅夫和里根，"勃列日涅夫和里根论原子战"，发言稿，《纽约时报》，1981 年 10 月 21 日，第 5 页。

② 英国接受了 160 枚巡航导弹；西德接受了 108 枚潘兴 II 型和 96 枚巡航导弹；意大利接受了 112 枚巡航导弹；比利时和荷兰各接受了 48 枚巡航导弹。

两位首席谈判代表——苏联的尤里·克维钦斯基和美国的保罗·尼茨，最终达成了一个妥协方案，即所谓的林中散步方案（以他们在日内瓦森林公园漫步时而达成此方案命名）。方案要求在苏联的 75 枚 SS-20 型导弹（每个可携带 3 个弹头）和美国的 75 枚战斧巡航导弹（每个可携带 4 个弹头）之间取得大致的平衡。根据该项方案，苏联将不得不削减 SS-20 型导弹的部署，而美国则不得不放弃部署其潘兴 II 型导弹。苏联和美国的强硬派很快就谴责这种妥协。1981 年 12 月，美国按计划分别在英国和西德部署了第一枚巡航导弹和潘兴 II 型导弹，于是苏联人离开了谈判桌。僵局持续了三年半；同时，导弹部署仍在加速。

1985 年 4 月，在苏联和美国谈判人员在日内瓦恢复会谈后大约一个月，新一届苏联领导人米哈伊尔·戈尔巴乔夫宣布停止进一步部署 SS-20 型导弹，为期 6 个月，前提是美国停止在北约国家部署导弹。但戈尔巴乔夫的提议中没有任何建议表明苏联武器库的缩减。如果有的话，苏联的部署也已基本完成。苏联的姿态太无力，也太迟了。其结果是，苏联并未像林中散步方案中所提出的面临 75 枚飞行缓慢的巡航导弹，而是受到 54 枚致命的潘兴 II 型和 48 枚巡航导弹的威胁，而且还有可能有更多在等着苏联。而西欧则面临着苏联 414 枚 SS-20 型导弹中的 250 枚的威胁。

星球大战：战略防御计划

1983 年 3 月，里根总统将一项早就在筹划之中的军事研究计划公之于世，军备竞赛迎来了另一转折。这就是导弹防御系统，官方称为战略防御计划（SDI），俗称"星球大战"。其目的是在苏联以其强大而精确的陆基洲际弹道导弹——尤其是 SS-18 型首先开战时，用来保护美国的陆基导弹。通过这份声明，里根正式承诺美国将构建一个全新的未来防御系统，旨在解除苏联导弹库的武装。

迄今为止，对全面核战争的避免是基于其威慑力——恐怖平衡——基于双方都不想自杀的假设，确保相互摧毁（MAD）保持了和平。

20 世纪 60 年代后期，苏联人就在考虑构建自己的防御屏障，这是美国所无法接受的，这与苏联人不能接受"星球大战"是同样的道理。美国官员警告说，如果苏联构建反导弹防御系统，美国一定会采取反制措施。美国可以简单地扩大其弹头数量，以压倒苏联的防御。苏联的防御系统将带来新一轮的竞赛升级。美国最后说服苏联放弃了其导弹防御计划，由此达成的妥协协议——《反弹道导弹（ABM）条约》（1972年）允许双方各自构建两个有限的防御系统，这样双方都无须烦恼要将其防御系统完全开发利用。

《反弹道导弹条约》成为《第一阶段限制战略核武器条约》的重要组成部分，没有它，《第一阶段限制战略核武器条约》就不可能实现。美国是不会签署任何协议同意在苏联人忙着将一个旨在瓦解美国战略武器库的防御屏障落实到位的同时，冻结其导弹优势的。相互确保摧毁这一简单、残酷的威慑依然没有改变。

但在1983年3月，《反弹道导弹条约》批准11年后，里根宣布了他的星球大战计划——一个极其复杂的防御系统，计划在25年内完成。里根一直不待见承认苏联与美国平等的军备协议。这一点以及他对美国智慧和知识的无限信念使他选择了一个他认为会保护美国及其盟友且不会导致军备竞赛升级的计划。

里根的提议将使相互确保摧毁——他认为是不道德的，因为这是一个以可能毁灭美国为基础的战略——完全失效。他认为，能够在导弹击中目标之前击落导弹的高科技屏障将使核战争无法进行。他甚至建议，一旦美国科学家解决了如何拦截来袭的苏联洲际弹道导弹的谜题，美国就会把技术提供给苏联。核战争将变得不再可能，和平终将胜利。里根说，终极目标是"消灭武器本身"。①

对星球大战防御系统的评论各异。其理论基础不容指责，但实施如此惊人复杂的导弹防御系统还面临着严峻问题。首先，为保证有效，它必须是近乎完美的。鉴于苏联只需动用其2%的现有战略武库就能摧毁美国，因此星球大战防御系统90%的效率——据一些科学家称，这是能实现的最高效率——还不足够。相互确保摧毁仍将继续占据上风，因为苏联只需1万个核弹头中10%的数量就足以数次摧毁美国。尽管如此，在克里姆林宫看来，星球大战计划可瓦解其大半个核武库的威胁，这是它所无法容忍的。

星球大战防御系统威胁到军备竞赛的再次升级。苏联人可以选择接受美国的核优势，或者部署能够压倒星球大战防御系统的更多的导弹和弹头。不出所料，苏联人威胁要选择后者。

---

① 引用罗纳德·里根在"总统有关军费开支和构建新防御系统的演讲"，《纽约时报》，1983年3月24日，第A20页。

其次是星球大战的惊人成本。尽管已经面临每年超过 2000 亿美元的创纪录的联邦赤字，但里根仍要求在头 5 年提供 300 亿美元（1986 财年为 37 亿美元）的预算，用于研发。

再次是系统的复杂性。星球大战需要新一代传感器，用于监视、追踪和销毁敌方导弹。其运行必须天衣无缝，才能在数千个来袭中区分出弹头和诱饵。该计划还设想部署能量武器，以强大的激光武器为主，基于地面（通过环绕地球的巨大反射镜进行偏转）或在轨道上。这将使空间军事化，从而违反 1967 年的《外层空间条约》——国际空间法的一部分。整个计划中最关键的部分"系统概念和作战管理"，需要一个零错误的计算机系统，能够瞬间链接系统的各种元素。①

星球大战旨在保护美国免受导弹袭击，但该计划的组成部分也需要进行防御。轨道上的反射镜和间谍卫星将成为很容易被瓦解的公开靶子。

最后，苏联科学家们肯定会加班加点地寻求办法克服、压制、绕过和通过美国科学家所设想的任何导弹防御系统。

考虑到前述种种障碍，无怪乎五角大楼官员告知国会——后者将负责资助星球大战——这是一项长达 25 年的长期计划。然而，很快就有人提出保护陆基导弹的"临时部署"，这就将军方摆在首位，而平民只得等待。国防部前部长哈罗德·布朗承认，"技术上根本无法允许人口国防"②。

美国国内对星球大战的批评者担心，这会引起无休止的太空军备竞赛，而不会增加任何一方的安全性。里根的国防部长卡斯珀·温伯格在被问及他如何看待

① 韦恩·比德尔（Wayne Biddle），"对太空武器的要求反映早期目标"，《纽约时报》，1985 年 2 月 4 日，第 A10 页。世界的命运将掌握在电脑（或芯片和软件）手中。"兴许我们应该在 20 世纪 90 年代为总统搞个 R2-D2"，参议员保罗·特松加斯（D-MA）在国会听证会上嘲讽道，"至少他会一直在线。有没有人告诉总统他已经脱离了决策过程？"里根总统的科学顾问乔治·凯沃思回答说："我当然没有。"菲利普 M. 博菲（Philip M. Boffey），"星球大战和人类：未来之见"，《纽约时报》，1985 年 3 月 8 日，第 A14 页。1987 年 1 月，技术评估办公室认为，该软件无法进行性能试验，必须编写成"没有利用用于作战的数据或经验"。它必须依赖理论上的"和平时期测试"，但其"不能保证系统不会因为软件错误而在系统的第一场战役中面临灭顶之灾"。技术评估办公室，《战略防御计划：技术、生存能力和软件》（*SDI: Technology, Survivability, and Software*），新泽西州普林斯顿：普林斯顿大学出版社，1988 年，第 249 页。

② 哈罗德·布朗（Harold Brown），1983 年 12 月，在 Boffey 引用，"星球大战"，第 A14 页。

苏联单方面部署苏式"星球大战"时回答说，这样的行为"是我能想象到的最可怕的事情之一"。① 这正是为什么克里姆林宫一再威胁说它不会接受星球大战防御系统，且在必要时将参与外太空军事化。

戈尔巴乔夫的和平攻势

1985 年 3 月，米哈伊尔·戈尔巴乔夫上台后发动了"和平攻势"。他决心不仅要实施国内改革，而且还要改革对外关系。"我们会使你失去敌人"，他向西方宣称。他的第一步就是提出冻结苏联 SS-20 型中程导弹的部署。

很快，整个世界见证了戈尔巴乔夫与里根之间的多次首脑会议，里根此前坚决拒绝与苏联领导人坐下来谈谈。苏联领导人勃列日涅夫、安德罗波夫和切尔年科显然是垂死之人；此外，里根认为与他所谓的"邪恶帝国"的领导人之间没什么可谈的。1985 年 11 月，在中立国日内瓦，里根与戈尔巴乔夫首次成功会晤。里根态度的转变，有几个因素起了作用，国内指责他是自 1945 年以来第一位没有会见过苏联领导人的总统，他也意识到他所面对的是一个新式的苏联人。

会谈的第一要务就是最近欧洲中心地区的核军备升级：中程核力量（INF）的部署，如美国潘兴 II 型和巡航导弹以及苏联 SS-20 型导弹。让里根意外的是，戈尔巴乔夫突然重提美国的旧提议——即里根在 1981 年 11 月苏联第一次部署 SS-20 型导弹的前夕向勃列日涅夫提出的"零选择"：如果苏联没有部署 SS-20 型导弹，美国不会以其巡航和战斧导弹作回击。戈尔巴乔夫想要挽回勃列日涅夫犯下的错误；他将把苏联部署在欧洲的中程核力量全部撤回——如果美国也同样这么做的话。戈尔巴乔夫称美国虚张声势，如果里根拒绝"零选择"撤销所有的 INF，美国的立场就会像冷战宣传那样昭然若揭。

里根积极回应。经过一年艰难谈判后的结果是 1988 年 5 月的《中程核武器条约》，该条约销毁了射程在 310~3400 英里的所有类型的核导弹。在现场核查员的监视下，超级大国销毁了他们耗资巨大的武器——1752 枚苏联和 867 枚美国

---

① 卡斯珀·温伯格（Caspar Weinberger）引用，同上，第 A14 页。

导弹。①

于是，里根就能致力于他最中意的计划之一——削减战略武器谈判（START）。在他担任总统的早期，他就曾正确地提出，限制战略武器谈判基本无所作为。限制战略武器谈判只是将核军备竞赛限制在广义的范围内，然而这只不过是使双方都有可能扩充其战略武器库。在签署《中程核武器条约》时，美国的核导弹仍装载着 13134 枚战略弹头，而苏联的核武库也装备了 10664 枚战略弹头。② 里根认为是时候削减双方核武库的储备了。

里根在戈尔巴乔夫身上找到了共识。早在 1985 年 10 月，戈尔巴乔夫就提出将战略核力量削减 50%，这将降低苏联对美国陆基导弹的威胁。1987 年 10 月，戈尔巴乔夫在冰岛雷克雅未克首脑会议上竟然向里根提议拆除所有的战略核武器。一脸惊讶的里根差点儿接受他的提议，但被他持怀疑态度的顾问阻止了。他们担心没有核武器的世界会让西欧任由占优势的苏联军队摆布。

然而，戈尔巴乔夫带来的惊喜还未结束。1988 年 12 月 7 日，他在和平攻势中再次发起冲锋。他单方面宣布且没有任何先决条件地将苏联武装力量削减 10%（50 万名士兵），并在两年内削减 800 架飞机、8500 门火炮和 5000 辆坦克。提议还包括承诺在 1991 年之前让东德、匈牙利和捷克斯洛伐克的 15 个苏联卫星国中的 6 个脱离苏联。但最重要的是，戈尔巴乔夫承诺从中欧撤出苏联突击部队和用于过河的舟桥。戈尔巴乔夫的讲话标志着自 20 世纪 60 年代初以来苏联一直奉行的军事政策的 180 度大转弯，苏联对西欧的常规军事力量威胁即将被铲除。东德共产党领袖埃里希·昂纳克立即赞扬了他所称的苏联撤兵的"巨大历史意义"。③戈尔巴乔夫的讲话还震惊了美国防务界的诸多人士：一些人认为这是一场旨在解除西方武装的宣传攻势，甚至将其比作珍珠港事件。

对 1988 年 12 月 7 日戈尔巴乔夫讲话的批评者在一定程度上是正确的。那次演讲的第一个牺牲品是美国的短程长矛导弹——一种战术核武器的"现代化"计划。"长矛 II 型"是一种新型武器，其射程刚好低于《中程核武器条约》规定

---

① 苏联的 SS-20 型导弹每个可携带 3 枚弹头，因此苏联放弃了比美国多 3 倍的弹头。

② 军控协会、美国国防部、参谋长联席会议和军备控制与裁军署提供的数据，1988年 5 月 26 日，《纽约时报》，第 A12 页。

③ "Wirden euch des Feindes berauben", Dvr Spiegel, 1988 年 12 月 12 日，第 22 页。

的 310 英里的上限，因此有可能避开该条约的规定（即使不是文字规定）。长矛 II 型给美国持有 INF 武器提供了一个后门。

西德政治使长毛 II 型的"现代化"计划破灭了。强大的社会民主党反对派坚持认为短程导弹也必须拆除。"火箭弹越短，德国人就越是死定了"成为西德的口头禅。1989 年 2 月，社会民主党国家安全专家埃贡·巴尔向美国总统乔治·布什的国家安全顾问布伦特·斯科克罗夫特解释说，美国没有机会部署长毛 II 型。如果波恩的保守派政府屈服于美国的压力接受了这一武器，那么他的政党将赢得下一届选举，将武器拆除。① 西德外交部长汉斯·迪特里希·根舍出生于东德哈勒，他的亲人仍居住在那里，他宣称："我发誓要保护德国人民不受任何伤害，包括东德。"②

东德科学家加入了这场辩论。他们认为，即使在常规战争中，欧洲仍然会受到核放射污染。欧洲大陆装有 220 个民用核反应堆，如果遭到破坏，可能变成放射性地狱。由于其使用的燃料类型，它们会放射出比原子武器更大剂量的辐射。在西欧的莱茵河以及东德的哈勒和莱比锡等城市，大量的化工厂将对人类、植物和动物造成致命的毒害。即使是一场常规战争，也会使欧洲变成一个"原子、化学和基因污染的沙漠"，这将导致"侵略者试图征服的毁灭"。③

戈尔巴乔夫与新当选的分外小心的美国总统乔治·布什形成了鲜明的对比，后者还迟迟未能接受他也能在影响历史的进程中发挥作用的想法。1990 年 1 月，东欧共产党的垮台导致捷克斯洛伐克、匈牙利和波兰要求苏军在 1991 年底撤离其国家。这成了苏联军队何时撤离而非是否撤离的问题。此时，布什主动提出了将美苏两国在中欧的部队减少至 19.5 万人的建议。即使五角大楼的鹰派人士也不得不承认，自 1988 年 12 月 7 日戈尔巴乔夫发表讲话后的 14 个月里，苏联已经瓦解了入侵西欧的能力。布什的讲话在华沙、布达佩斯和布拉格以及苏联都受到了欢迎，因为这有助于苏联军队撤出东欧的前沿阵地。欧洲中心地带的军事对峙

① 克里斯蒂安·施密特·豪埃尔（Christian Schmidt-Hauer），"Die Armee gerat unter Beschuss"，《时代周报》，1988 年 11 月 11 日，第 8 页。

② "Unsere Antwort wird Nein sein"，《明镜周刊》，1989 年 5 月 1 日，第 21 页。

③ 东柏林国际政治经济研究所的沃尔夫冈·施瓦茨（Wolfgang Schwarz）在向东德部长理事会的一份报告中写道："DDR-Wissenschaftler warnt vor Atomverseuchung Europas"，《法兰克福评论报》，1989 年 6 月 21 日，第 2 页。

即将迎来了结束。

1992 年 10 月，在俄罗斯驻波兰的最后一支作战部队撤出后，波兰总统瓦文萨宣布："波兰的主权终于得到了确立。"后勤相关问题以及俄罗斯缺乏足够的居住空间以迎接撤回的部队，导致从新独立的波罗的海国家和东德撤军的时间拉得更长（1994 年才全部结束）。

削减战略武器谈判

1982 年开始的削减战略武器谈判进展缓慢，历时 8 年，在此期间，举行了 12 轮正式谈判、13 次外长会议和 6 次首脑会议，以讨论苏联和美国军火库均衡削减错综复杂的问题。直到 1991 年 7 月，各国元首才愿意签署条约。

奇怪的是，在莫斯科举行的签约仪式悄无声息——在完成一项最重要的核裁军条约，该条约扭转了 45 年的战略核军备竞赛后，这显然有点出乎意料。《削减战略武器条约》似乎有点虎头蛇尾，因为它迟迟未来，它的主要特征早已被人所熟知。另外，随着苏联形势的恶化和苏联军事威胁的消失，条约似乎已不那么重要。

然而，《削减战略武器条约》开创了新的局面，因为其要求削减而非仅仅限制战略武器的增长。到 1999 年，美国军火库将从 12646 枚弹头减少到 8556 枚，苏联将从 11012 枚减少到 6163 枚。《削减战略武器条约》对美国有着明显的优势，因为它将苏联的重型洲际弹道导弹削减了 50%，但却允许美国保留在潜射弹道导弹方面是 3∶1 的优势。然而，该条约并未限制核武器的现代化，它让美国自由地继续开发其最先进的美国 B-2 隐形轰炸机和三叉戟潜艇。

到 1991 年底，苏联已不复存在，美国现在所面对的是俄罗斯联邦总统叶利钦以及苏联其他 14 个继承国的首脑。叶利钦发表声明承诺支持《削减战略武器条约》以及戈尔巴乔夫裁军的承诺。然而，除俄罗斯之外，3 个新的主权共和国——白俄罗斯、乌克兰和哈萨克斯坦——在其土地上仍部署有核武器。3 国都宣布他们有意摆脱核武器。叶利钦确信俄罗斯具有足够的核威慑力，并且极大地需要削减军费以及获得西方的经济援助，因此他宣布将拆除更多的核武器。

1992 年 2 月，在美国举行的首次美俄（而非美苏）峰会上，叶利钦与布什签署了《友谊宣言》，同意进行新一轮谈判。4 个月的谈判达成了另一份令人吃惊的协议，该协议提议的战略核力量的削减幅度远远大于尚待批准的《削减战略武器条约》所要求的幅度。惯于哗众取宠的叶利钦给出了布什无法拒绝的提议。其结果是《第二阶段削减战略武器条约》，一份更加惊人的协议，要求在 10 年内将战略核武器减少到 3000~3500 枚。这大约是《第一阶段削减战略武器条约》所要求的数量的一半，相当于将现有战略核弹头减少 73%。布什和叶利钦协议最突出的特点是要求禁止所有多弹头陆基导弹，各方仅留下 500 枚单弹头陆基战略导弹。这代表俄罗斯放弃其在重型陆基导弹——一直被美国视作苏联的首次打击能力——方面的长期优势。在宣布这一让步时，叶利钦表示俄罗斯只需要"最低安全级别"的核力量。此外，他接着说，谋求核平衡导致俄罗斯"有一半的人口生活在贫困线以下"。[1] 作为对叶利钦让步的回报，布什同意其潜射弹道导弹的上限为 1744 枚，相当于削减了 70%。

哪些投掷系统将被销毁还尚待决定。到 1992 年底，双方达成妥协。俄罗斯同意美国将其战略轰炸机转为常规使用，而不是完全摧毁。美国反过来同意俄罗斯为削减开支而保留 90 个 SS-18 型导弹发射井，常规用于单弹头 SS-25 型导弹，同时还可保留其 170 枚 SS-19 型导弹中的 105 枚，前提是将其改装为单弹头。同样，美国将其民兵 III 型导弹改为携带单弹头。

里根很喜欢一句俄国谚语，"信任，但也要验证"[2]。这一次也是如此。只有在双方都接受了史无前例的验证步骤之后，妥协才能达成。

1993 年 1 月，布什和叶利钦在苏联签署了《第二阶段削减战略武器条约》，承诺两国将在 2003 年之前回到他们 20 世纪 70 年代初的水平——尚未配备多弹头和囤积导弹。就其本身而言，这是对盲目核军备竞赛的默认。表 20.2 提供了《削减战略武器条约》要求的裁减军备规模的比较数据。

---

① 约翰·F. 小库什曼（John F. Cushman Jr.），"参议院批准削减战略武器条约"，《纽约时报》，1992 年 10 月 2 日，第 AI，A6 页。

② 里根在签署《第一阶段削减战略武器条约》时再次提到这句俄罗斯谚语时，戈尔巴乔夫说："每次会议你都会提到这句谚语。"里根回答说："我很喜欢这句谚语。"

表 20.3 战略弹头级别和削减提议

	陆基（洲际弹道导弹）	海基（潜射弹道导弹）	空射（轰炸机）	总计
1991 年水平				
美国	2450	5760	4436	12646
苏联	6612	2804	1596	11012
				23658
《第一阶段削减战略武器条约》，1999 年之前实施；比 1991 年的水平削减 38%				
美国	1400	3456	3700	8556
苏联	3153	1744	1266	6163
				14719
《第二阶段削减战略武器条约》，2003 年之前实施；比 1991 年的水平削减 73%				
美国	500	1728	1272	3500
俄罗斯	500	1744	752	2996
				6496

资料来源：华盛顿战略军备控制协会。引自约翰·F. 小库什曼，"参议院批准削减战略武器条约"，《纽约时报》，1992 年 10 月 2 日，第 1，6 页。

然而，协议的批准被证明是艰难的。《第一阶段削减战略武器条约》的批准主要因苏联解体所造成的复杂情况而推迟。美国和苏联都希望确保所有四个拥有战略武器的苏联共和国都遵守该条约。1992 年 5 月，苏联的 4 个继承国——俄罗斯、白俄罗斯、乌克兰和哈萨克斯坦——签署了一项议定书，使其成为《第一阶段削减战略武器条约》的缔约国。4 国同意将其战略武器置于俄罗斯控制之下，按照条约规定将其拆除，随后签署《不扩散核武器条约》。美国参议院对这些安排表示满意，最终在 1992 年 10 月批准了《第一阶段削减战略武器条约》，一个月后，俄罗斯议会也予以批准。

乌克兰一反之前宣称的成为无核国家的意愿，对不求任何回报就放弃核武器又另有了想法，即要求为其疲软的经济提供大量财政援助。乌克兰要求有回报地解除武装指向了另外一个意料之外的问题：拆除和摧毁成千上万枚导弹以及回收曾一度是核弹的高成本。苏联共和国（包括俄罗斯）难以负担拆除如此多导弹的费用。为了完成此过程，一个国家财团（由美国领导）承担了费用。2013 年底，美国悄然完成了 475 吨多俄制军用级铀的回收，供美国核电站使用。

另一个问题就是净化环境的高成本。据估计，仅清理美国境内的核武器所造成的环境烂摊子就高达 3000 亿美元。[①] 在苏联，许多核武器基地的环境污染已经达到了"危机"的程度。

美国参议院于 1996 年 1 月批准了《第二阶段削减战略武器条约》；然而，在俄罗斯，该条约遭到反对。民族主义者和共产党人坚持认为《第二阶段削减战略武器条约》出卖了俄罗斯的利益。极端民族主义者弗拉基米尔·沃尔福维奇·日里诺夫斯基——杜马（议会）中的第二大党自由民主党领袖——无视该条约要求美国与俄罗斯平等削减这一事实，宣称削减核武器"使俄罗斯成为次要国家"，他的党派不会批准一个会"羞辱、冒犯或限制俄罗斯成为大国"的协议。[②] 直到普京在 2000 年 3 月当选总统后，杜马才批准《第二阶段削减战略武器条约》，普京还设法获得了《全面禁止核试验条约》的批准。

北约扩张至东欧

当戈尔巴乔夫同意从东欧撤出苏联军队时，他坚持，且布什同意，该地区仍作为北约各国与苏联之间的中立缓冲区。北约不得扩张至华约曾经占据的军事真空。但随着苏联突然解体，此后波兰、匈牙利和捷克共和国要求加入北约，以防俄罗斯的军事野心。

美国及其北约盟国试图"仁慈"地将扩张"赠予"苏联集团国家，主要意

---

① 乔治·彼得洛维奇（George Petrovich），"计算军备竞赛的成本"，《外交政策》（1991—1992 年冬季），第 87 页。

② 引自大卫·霍夫曼，"俄罗斯称大选之后投票表决武器条约"，《华盛顿邮报》，1996 年 2 月 1 日，第 A17 页。

在支持东欧民主，并设法"加强欧洲安全"。然而，俄罗斯人还牢记着德国和波兰此前发动的无数次入侵。1996年6月，俄罗斯外交部长叶夫根尼·普里马科夫在柏林举行的北约16国外长会议上警告说，北约扩张是"不能接受的"。

戈尔巴乔夫虽然不再执政，但他也加入了辩论，他指出，苏联从东德撤出的协议规定东德军队不得并入统一的德军中。他说，北约的"边界"不得向东扩张。北约的扩张只有一个意图——将俄罗斯从欧洲孤立，导致"非常难以预测的后果"。①

美国总统克林顿毫不理会这些警告，1999年，北约授予波兰、捷克共和国和匈牙利正式成员资格，完成了对苏联集团的第一次扩张。除了临时搁置批准《第二阶段削减战略武器条约》外，苏联几乎无计可施。北约采取这一野心勃勃的举动时，俄罗斯仍在遭受严重经济问题的困扰，其军工联合体大部分还处于混乱状态，其常规力量大幅削减。

北约是为了抑制铁幕对面的苏联军队而建立的，但如今铁幕、东欧的苏联军队或苏联已不复存在，北约又承担起一个全新的、五花八门的使命。它实现了建立一条分割欧洲的新军事分界线，一直延伸至欧洲的远东地区。叶利钦（以及戈尔巴乔夫）酸溜溜地抱怨，但由于俄罗斯仍遭受历史性经济崩溃的灾难，也无力反击。叶利钦所能做到的是得到克林顿的一个承诺，即北约不会一路扩张到俄罗斯边界。

美国没有给北约扩张的批评者发声的机会。1997年6月，保守的军控协会向克林顿发了一封公开信，警告说北约的扩张是"历史性的政策错误"，俄罗斯并没有"对其西方邻国构成威胁"，扩张可能会使北约吸收进"边界和少数民族问题严重的国家"。

下一届美国政府——乔治·W.布什不顾后果地推动又一轮北约扩张，直抵俄罗斯边界。2004年3月，北约新纳入的成员国中包括苏联的立陶宛、拉脱维亚和爱沙尼亚以及斯洛文尼亚、斯洛伐克、罗马尼亚和保加利亚共和国。2009年4月，奥巴马政府又带上了阿尔巴尼亚和克罗地亚。

为北约东扩辩解的论点之一，是它将支撑东欧羽翼渐丰的民主体制。然而，

---

① 米哈伊尔·戈尔巴乔夫（Mikhail Gorbachev），"Geroi' razrusheniia Sovetskogo Soiuza izvestny…" Novoe vremia，第2—3期（1995年），第27页。

始终坚持其成员国必须是民主国家（而北约成员国的标准从无此条）的欧盟，是实现这一目标的更佳媒介。普京别无选择，只能吞下这颗苦果，因为俄罗斯对此再一次无能为力。但随后布什政府进一步试图推动北约东扩，北约向格鲁吉亚和乌克兰开放成员国资格。此时，俄罗斯的经济和军事命运已然复苏。普京宣称他将采取措施（未特别指明）以防止北约的进一步扩张。普京坚称，北约不能越过底线。

布什政府与捷克共和国和波兰就在其境内部署反弹道导弹系统展开会谈后，美俄关系再次遭受挫折。表面上这些导弹系统是针对伊朗的，但俄罗斯领导人不愿接受此种解释。他们认为这是又一个针对他们的北约计划（2009年，奥巴马政府宣布取消部署这一系统）。另外，布什政府在2002年6月令人费解地单方面退出了《反弹道导弹条约》（没有这一条约就没有战略武器限制和削减条约）。

2008年，东山再起的俄罗斯（主要得益于能源价格上涨）重申了俄罗斯不会容忍北约扩张至格鲁吉亚或乌克兰的警告。连戈尔巴乔夫也指责布什政府故意破坏与俄罗斯永久和平的希望。他重提此前北约不会扩张至德国之外的承诺。"他们的承诺何在？"他质问道。在他看来，"每一位美国总统都必须挑起一场战争"①。

2008年4月，在布达佩斯举行的北约会议上，西欧成员国（以德国为首）阻止格鲁吉亚加入该联盟。然而，他们的决定对布什毫无效果，他继续施压要求给予格鲁吉亚和乌克兰成员国资格。曾留学美国的格鲁吉亚总统萨卡什维利——他对普京相当不屑，普京公开对此反击——坚称格鲁吉亚需要北约的保护，以使格鲁吉亚免遭与捷克斯洛伐克在1938年遭受的同样命运。

这一问题在2008年8月的俄罗斯-格鲁吉亚战争中受到了考验。目前亟待解决的问题是南奥塞梯和阿布哈兹，俄罗斯公开支持格鲁吉亚事实上的独立出来的省份。出于费解的原因，一个执掌只有460万人口（如果除去阿布哈兹和南奥塞梯的居民，人口会更少）的国家总统萨卡什维利，将其军队开进南奥塞梯。俄罗斯坦克不费吹灰之力就打散了格鲁吉亚的军队（部分由美国特种部队训练）。战后，普京宣布阿布哈兹和南奥塞梯现在成为独立国家。普京解释称，俄罗斯只是

---

① 阿德里安·布隆菲尔德（Adrian Blomfield）和迈克·史密斯（Mike Smith），"戈尔巴乔夫：美国可能挑起新的冷战"，《每日电讯报》，2008年5月7日。

效仿北约在南斯拉夫的所作所为——在克林顿的怂恿下，西方军事同盟从一直是俄罗斯盟友的塞尔维亚手里夺去了科索沃省的控制权。在布什政府的敦促下，欧洲国家于2008年2月早些时候承认科索沃的主权国家地位。

深陷阿富汗和伊拉克的布什根本无法采取行动。直接向格鲁吉亚提供军事援助可能会导致外高加索地区的战争，这是周转不灵的美国军队所无法打赢的战争。布什只剩下默然接受几百年来一直在其势力范围内的俄罗斯主权。美国军事力量在全球的扩张并没有让俄罗斯人受到美国地缘政治家希望他们得到的教训。

国家导弹防御系统

随着冷战的结束，星球大战似乎由此搁浅，尽管历届政府继续为该研究项目提供每年约30亿~40亿美元的资金，但随后一个由政治保守派、航空航天业和五角大楼组成的联盟谋求开发一个更温和的版本，现在该系统被称为国家导弹防御系统（NMD）。预计该系统的成本约为600亿美元，并不便宜，但与星球大战的预算（高达1万亿美元）相去甚远，其目的也相对温和——它旨在拦截朝鲜、伊朗和伊拉克等"无赖政权"发射的几十枚弹头。随着克林顿的任期行将结束，他留给他的继任者去决定是否继续推进这一有争议的武器系统。

在测试中，该系统的表现并不像宣传的那么好。测试表明，廉价的诱饵可以骗得过昂贵的拦截导弹。此外，国家导弹防御系统违反了1972年美国与苏联签订的《反弹道导弹条约》，没有这一条约，其他削减核武器条约将变得岌岌可危。俄罗斯人警告说，在美国通过国家导弹防御系统进一步"解除"其武装的同时，俄罗斯不会削减他们的武器库。同样拥有弹道导弹核威慑的中国，也反对该系统。

这些都没有对布什总统造成任何影响。他宣称美国将部署该系统，其主要目的是防止朝鲜的导弹。正是在这个时候，在2001年12月，布什通知俄罗斯美国退出《反弹道导弹条约》。俄罗斯和中华人民共和国的反应相对温和。首先，它们都不想再与美国搞僵关系；另外，两方都有足够的武器应对蹩脚的反弹道导弹系统。

大规模毁灭性武器的扩散

在各种大规模毁灭性武器中，核武器仍然是最危险的。化学和生物武器由于其性质而引起特别的恐怖，一想起这种武器本身就引起了深深的反感。当美国总统布什在伊拉克与萨达姆开战时，表面上称是为了消灭萨达姆的化学和生物武库，他在其同胞中引起了积极的共鸣，尽管过去常规武器显然制造了更大的"大规模杀伤"。

化学武器并不太适用于战场。在第二次世界大战期间，德国人使用了毒气，但他们对付的是手无寸铁的囚徒，而不是敌方士兵，是作为纳粹的"最后解决方案"——犹太人大屠杀的一部分。1988年3月，萨达姆用它对付哈拉布贾手无寸铁的平民（其中75%是妇女和儿童），但他对伊朗部队的毒气战却收效甚微。

要在战场上使用化学武器，条件必须恰到好处。1915年4月，德国人在伊普尔发起了毁灭性的毒气袭击，杀死了5000名法国士兵，这是第一次世界大战期间发动的第五次但却是第一次成功的此类袭击。德国人等待了6周才等到合适的风向和风速（风速不能超过7英里/小时，否则会减轻毒药的效力）。参与这场战争的西方军队，化学武器造成的死亡人数不到战场死亡人数的1%。他们很快明白，防护服和口罩很容易就能抵消化学武器的影响。生物武器在战时更难以有效使用。[①] 核弹仍然是最强大的大规模杀伤性武器。

表 20.4　部分国家预估核弹头一览表

	1990 年代早期	2008	2012
美国[a]	9680	3575	1700–2200[b]
俄罗斯[a]	10996	3340	1700–2200[b]
英国	260	160	160
法国	100~200	348	300
中国	100~200	200	现代化

---

① 威廉·K. 布卢伊特（William K. Blewett），"化学和生物威胁：性质和风险"，《HPAC 工程》（2004 年 9 月），第 2-4 页；威廉·布卢伊特（William Blewett），"75 年的化学战"，《巴尔的摩太阳报》，1990 年 4 月 20 日。

续表

	1990 年代早期	2008	2012
印度	不适用	50~60	制造更多
巴基斯坦	不适用	30~50	效仿印度做法
以色列	100~200	100~200	官方从未宣布
伊朗	无	无	2~10 年后
朝鲜	1~2	多达 10 枚	多达 10 枚

来源:《原子科学家公报》;国际战略研究所;斯德哥尔摩国际和平研究所,《经济学家》,"你究竟能有多低调?" 2008 年 3 月 27 日。

注:a. 仅战略弹头。b. 普京和布什于 2002 年 5 月签署的《削减战略武器条约》(SORT) 允许的最大限度;于 2003 年批准。

············

在超级大国忙于拆除数千枚核武器的同时,其他国家在暗中开发核武器。在 20 世纪 90 年代初,核扩散开始取代超级大国的核对抗,成为对国际安全的主要威胁。

1968 年的《不扩散核武器条约》(NPT) 要求没有核武器的签约国不得生产或接受核武器,并开放其核电设施供联合国国际原子能机构(IAEA) 核查。拥有核武器的签约国受条约约束,不得向非核国家提供核武器。直到 1992 年中国和法国才签署了《不扩散核武器条约》,从而将所有 5 个宣布拥有核武器的国家置于其管理之下。到那时,已有 149 个国家签署了该条约。然而,也有一些顽固分子,特别是印度、巴基斯坦、以色列、阿根廷、巴西和阿尔及利亚,所有这些国家都拥有处于不同发展阶段的核武器计划。这些国家因此超出了国际原子能机构核查人员的范围之外。已经签署了《不扩散核武器条约》的几个国家,例如伊拉克、朝鲜、南非、伊朗和利比亚,还是设法获得了核原料并开始了核武器开发计划。

20 世纪 70 年代秘密开始核武器计划的南非,在 1990 年关闭了核电站,签署了《不扩散核武器条约》,并向国际原子能机构核查人员开放了核设施。南非是唯一自愿放弃核武器计划的国家。1993 年 3 月,南非承认到 1989 年为止它已制造了 6 枚核弹,但在签署《不扩散核武器条约》之前已经将其销毁了。巴西和阿根廷在 20 世纪 80 年代都建造了大型铀浓缩设施，因此有生产核武器的潜力，但在 1990 年 12 月，他们接受了国际原子能机构对其核储备和设施的核查。①

随着苏联解体，其关键的核原料、技术和技术人员可能会流入最高竞价者手中，核扩散的危险增加。1991 年，苏联的核武器仍然有 4 万枚之多。在核武器工厂工作的 70 万人中，有 2000 多人接触过关键的技术信息。自 20 世纪 40 年代以来，苏联生产了约 100~150 吨武器级钚以及 500~700 吨浓缩铀（而制造在广岛爆炸的同样大小原子弹只需要使用不到 500 克浓缩铀）。问题是如何不让核燃料和技术落入未经授权的人或过去曾有过或有军事侵略倾向的统治者手中。

尽管从未证实以色列拥有核武器，但在 20 世纪 90 年代，以色列军火库中估计有超过 100 枚弹头。这是以色列 60 年代初开始努力的产物。与此同时，以色列为确保其他中东国家不能获得核武器能力而殚精竭虑。1982 年，以色列战斗机摧毁了伊拉克从法国购买的核反应堆，这是萨达姆核武计划的核心部分。2007 年 9 月，以色列摧毁了叙利亚的一座显然有潜力制造原子弹的核反应堆。2003 年，美国入侵伊拉克，表面上称是为了消灭伊拉克的"大规模杀伤性武器"——包括原子武器，但美国发现萨达姆还未重建 22 年前被以色列摧毁的核反应堆。当有人指出伊朗在研制核弹时，正是以色列比其他任何国家都积极主张对伊朗先发制人。

巴基斯坦在核扩散中扮演的角色

2003 年 12 月，美国和利比亚结束了长达 20 年的对抗，这场对抗始于里根政府时期，随后，利比亚特工在苏格兰的洛克比上空炸毁美国环球航空公司的一架客机，导致机上 259 人全部遇难，地面上 11 人死亡（见第 21 章），对抗上升到危机的程度。美国和利比亚铁腕人物卡扎菲之间的和解包括开放利比亚接受国际原子能机构的核查。

核查表明，卡扎菲确有一个尚未成形的核弹计划。利比亚以微不足道的金额——估计在 6000 万到 1 亿美元的价格从巴基斯坦购买了浓缩铀、钚、离心机浓缩设备和弹头设计。一名美国官员称其为"套餐"。然而，这些都毫无用处，

---

① 伦纳德·S. 斯佩克特（Leonard S. Spector），"忏悔的核扩散者"，《外交政策》（1992 年秋），第 26-27 页。

因为利比亚根本不知道该如何使用。

利比亚的核计划源自于民族英雄阿卜杜勒·卡迪尔·汗——汗研究实验室的负责人，巴基斯坦原子弹之父。除利比亚之外，汗还向伊朗和朝鲜等技术更先进的国家提供过核援助。

国际原子能机构负责人将汗的经营称为"名副其实的沃尔玛"。汗这样做主要是为了钱，但就朝鲜而言，他以核知识换取导弹技术。但这些都不是私下交易。如果没有巴基斯坦军方的协助，所有这些都无法实现，巴基斯坦军方提供了运输货物的飞机。

西方早已怀疑巴基斯坦在核扩散中所扮演的角色。尽管如此，布什总统在听到这个令人震惊的消息时也无能为力。他在对付阿富汗的塔利班和基地组织的战争中曾谋求巴基斯坦的支持，而且美军仍在巴基斯坦崎岖的西北边境省份寻找本·拉登。因此，他并没有质疑巴基斯坦军事独裁者穆沙拉夫将军的解释，后者称其军队也被孤狼的行为震惊。但穆沙拉夫更为他的利比亚"穆斯林手足"的表里不一感到恼火，他们透露了汗的所为。没有进行任何的公开指责，穆沙拉夫赦免了汗。[1]

朝鲜的核扩散

《不扩散核武器条约》体系面临的另一个严峻挑战是朝鲜的核武计划——汗黑市交易的又一受益者。在 20 世纪 80 年代，朝鲜就建造了核反应堆和一座能够将核废料转化为武器级钚的钚加工厂。西方不清楚的是，朝鲜是否成功制出了钚，如果是，量有多少。朝鲜领导人金日成一直守口如瓶。他否认拥有核弹或建造核弹的意图，并利用他人的恐惧巧妙地制造不确定性。情况确实令人忧心忡忡。拥有核武器的朝鲜可能会威胁韩国和日本，这两个国家都承诺放弃核武器（但受到美国的核保护）。此外，朝鲜核弹、导弹或出口到他国的技术可能给全球核不扩散努力造成威胁。

朝鲜在 1985 年签署了《不扩散核武器条约》，但随后在 1993 年 9 月，金日

---

[1] 西摩·M. 赫什（Seymour M. Hersh），"交易：为什么华盛顿对巴基斯坦的核走私商如此宽容？"《纽约客》，2004 年 3 月 8 日，第 32-37 页。汗在 2009 年 2 月被解除软禁。

成禁止了国际原子能机构核查人员的进一步监察。作为与美国高层直接会谈的承诺，金日成于1994年1月同意允许核查人员继续他们的工作。然而两个月后，当核查人员返回朝鲜时，他们被禁止进入关键的钚加工厂并禁止取样。

紧张局势迅速升级。克林顿政府响应联合国制裁呼吁，开始与中国和其他国家举行会谈，以争取支持这一制裁。朝鲜警告说，制裁无异于一场战争行为。1994年6月，美国前总统卡特访问平壤，使局势缓和下来。卡特从朝鲜领导人那儿得到承诺，只要美朝之间继续有诚意谈判，朝鲜将不会驱逐国际原子能机构核查人员。克林顿宣布，只有朝鲜"冻结"钚武器计划并接受国际监督，谈判才会重启。金日成表示同意，新一轮高级别会谈展开。谈判才刚刚开始，82岁的金日成就去世了。朝鲜政府在其新领导人——长寿的金日成之子——金正日的统治下重组，谈判被中止。

1994年8月，谈判得以重启。并签署了一项协议，据此朝鲜承诺冻结其钚生产，美国承诺以轻水反应堆取代朝鲜的石墨棒核反应堆，前者制钚的潜力要小得多。在新反应堆投入运行之前，美国、日本和韩国将向朝鲜提供燃料油以满足其能源需求。实际上，该协议为朝鲜停止违反《不扩散核武器条约》给予了丰厚的回报。

然而，就在协议签署后的4年内，金正日设法偷偷从巴基斯坦获得了建造铀弹的方法，开始了其规避条款之路。2001年9月11日之后，布什总统将朝鲜、伊拉克以及伊朗并列为"邪恶轴心"。朝鲜的铀弹成为金正日的最后王牌。2002年10月，"敬爱的领袖"主动提供了令人震惊的消息，称朝鲜已加入精选核俱乐部。深陷阿富汗并准备入侵伊拉克的布什未作任何回应。

效法他父亲的做法，年轻的金正日希望与美国进行双边会谈。他的议程中最重要的一项是不侵犯条约，即美国保证不攻打朝鲜，从而正式结束朝鲜战争。然而，布什拒绝与其厌恶之人会谈。布什转而威胁金正日要先发制人。布什的国防部长拉姆斯菲尔德之前已经宣布，美国有能力同时在伊拉克和朝鲜两线作战，这两国都因拥有大规模杀伤性武器而被布什孤立。然而，伊拉克事件打击了拉姆斯菲尔德的自信宣言。当美国明确意识到其已没有多余的兵力对付朝鲜时，布什一改姿态，佯装不成问题。

与此同时，朝鲜继续其铀和钚武器计划。2005年，金正日提出结束其核武器计划，以换取经济援助并改善与美国的关系。布什迟迟不予回应，金正日于2006

年 10 月继续进行地下钚弹试验。这引起了布什政府的注意。布什接受了一项类似于克林顿所敲定的协议，这是他曾经嗤之以鼻的一项安排。为回报经济援助以及将朝鲜从美国国务院的恐怖名单上除名，平壤同意结束其钚浓缩计划。为表诚意，2008 年 6 月，朝鲜炸毁了宁边钚反应堆的冷却塔。但仍有一些问题尚未解决，例如仍掌握在朝鲜手中的加工钚的数量，以及其铀加工能力的完整记录，还有朝鲜的导弹计划问题。2009 年 4 月，朝鲜在太平洋上空进行了导弹试验，7 周后又进行了第二次核弹试验和另一项落入日本附近海域的火箭试验。这一切都凸显了一个令人不安的事实：连续三届美国政府都没有准备好如何对付朝鲜。

2011 年 12 月，金正日突然去世，他的儿子金正恩接替了他，金正恩进行了第三次核试验（2013 年 2 月），并继续测试朝鲜的远程导弹。2013 年 3 月，他甚至宣称，他不再遵守自 1953 年 7 月即签署的朝鲜战争停火协议。两周后，美国军方派出可携带核武器的 B-2 隐形轰炸机在朝鲜附近进行远程演习。第二天，金正恩要求其导弹保持高度警戒。五角大楼加快了在关岛的导弹防御计划。在此期间，双方都时不时地试图重启谈判。①

印度和巴基斯坦的核扩散

拒绝签署《不扩散核武器条约》的印度早在 1974 年就开发并测试了一种"核装置"。印度一方面吹嘘其拥有核弹，另一方面又否认其拥有核弹。寻求对印度核弹形成威慑作用的巴基斯坦在 20 年后的 20 世纪 90 年代中期在外国的部分援助下终于成功开发了自己的核弹。它将这个秘密一直保守到 1998 年 5 月，印度和巴基斯坦接二连三地对其核武器进行地下试验。在印度引爆 5 枚核弹之后，其民族主义总理瓦杰帕伊解释称，这些试验纯属防御性质。这些事件让印度人民欢欣鼓舞，但却在全世界造成了强烈的谴责。主要的核大国以及其他国家都呼吁印度停止其核计划。印度本无意做得那么过火，但它确实宣布暂停进一步测试。主要大国警告巴基斯坦不要为追平印度而试验其核武器，但巴基斯坦完全没心思理会。两周内，巴基斯坦以 6 次地下核弹试验做回应。现在轮到巴基斯坦人欢欣鼓舞了。巴基斯坦效仿印度，宣称其试验也属防御性质。

这些试验引发人们担心克什米尔地区仍在继续的低烈度战争可能引发南亚核

---

① "朝鲜核计划时间表"，《纽约时报》，2013 年 8 月 6 日。

战争。印度和巴基斯坦之间的仇恨由来已久，它们的核对峙造成紧迫感，特别是因为两国都有能够发射核武器的导弹。然而这些试验起到了一种清醒作用。它们表明印度和巴基斯坦之间的恐怖平衡要求采取建立信任措施，这确实会逐渐改善他们之间的关系。

伊朗核扩散

伊朗在 20 世纪 70 年代初期——沙阿①时代开始了一项核武器计划，并在 1970 年加入了《不扩散核武器条约》，允许在没有事先通知的情况下进行核查。1979 年的伊斯兰革命导致伊朗核计划中止。在一定程度上，伊朗的核计划得以重启是美国的杰作。是它扶植了沙阿，后者将核能作为威望和现代化的象征。美国支持萨达姆的入侵（充斥着大规模杀伤性化学武器），向伊朗人强调他们孤立无助（特别是在美国一再发生政权更替威胁之后）。1984 年，霍梅尼政府秘密重启了伊朗从沙阿继承的核计划。

在苏联（后来是俄罗斯）、朝鲜和巴基斯坦的协助下，伊朗开始制定秘密武器计划。但伊朗只承认民用核电计划，而不是正在研制核弹。2001 年 9 月 11 日以后，布什宣布将伊朗——这一从 1979 年以来就与美国毫无外交或经济关系的国家，列为"邪恶轴心"，并多次扬言要先发制人地攻打伊朗。尽管面临美国的威胁以及联合国、美国和欧盟实施的经济制裁，伊朗依然无动于衷。2004 年 10 月，伊朗首席核谈判代表哈桑·鲁哈尼宣称"任何其他国家都无法阻止我们探索技术，这是伊朗的合法权利"。② 根据《不扩散核武器条约》的规定，伊朗确实有权进行核计划，前提是其不会用来制造核弹。

布什总统任期即将结束时，伊朗拥有了质量尚不稳定的核武器。2007 年 12 月，美国国家情报评估机构推断，伊朗已于 2003 年暂停其计划，但这并未阻止布什政府继续鼓吹伊朗仍试图建立核武库。布什不断重申，包括军事打击在内的"各种办法"都在"考虑范围之内"。2008 年美国总统竞选期间，所有主要候选人都对伊朗采取强硬立场，重申布什的立场，即伊朗是一个必须面对的威胁。然

---

① 沙阿是波斯语中古代皇帝的汉译。——译者注
② 美联社，"伊朗威胁终止与欧洲人的核谈判"，《巴尔的摩太阳报》，2004 年 10 月 28 日，第 14A 页。

而，在所有人当中，还是五角大楼的将军们采取措施制止了先发制人的打算。深陷伊拉克和阿富汗的他们对在中东挑起另一场战争毫无热情，他们深知这一场战争比其他战争更艰难。与伊朗的战争也势必会使美国在伊拉克的使命复杂化。伊朗在加沙（哈马斯）、黎巴嫩（真主党）甚至伊拉克（马赫迪军队、巴德尔组织和马利基政府）都有盟友。伊朗有能力在工业世界的燃料价格已经上升到——哪怕只是短暂的——创纪录的水平的时候中断波斯湾外的航运通道。2003 年，受到短期战争承诺的诱惑乖乖地跟随布什进入伊拉克的将军，现在对到了一旦开战即使是最周密的军事行动计划也会半途而废这一老生常谈有更深切的体会。

美国中央司令部总司令法伦上将以其个人的意志表示，与伊朗的战争"在我在任时不会发生"（鉴于其未经授权的声明，国防部长罗伯特·盖茨在 2008 年 3 月宣布法伦"自愿"退休）。盖茨和参谋长联席会议主席迈克·马伦上公开支持布什对伊朗的立场。尽管如此，他们呼吁政治解决方案。①

只要好战的布什和内贾德继续执政，谈判解决的可能性仍然很小。伊朗总统艾哈迈迪·内贾德以其反以色列言论著称，否认纳粹大屠杀，并坚称伊朗的核计划是伊朗自己的事情。他的继任者，伊朗前核谈判代表哈桑·鲁哈尼采取了不同的策略。他表示愿意与西方讨论一系列问题。他不但没有否认纳粹大屠杀，反而在推特上恭祝所有犹太人"新年快乐"。然而，以色列总理本雅明·内塔尼亚胡对此表示怀疑，他并不买鲁哈尼的账，称他是"披着羊皮的狼"。

在美国和伊朗进行了数月的秘密谈判之后，伊朗外长和 P5+1（联合国五大国和德国）在 2013 年 11 月达成了为期 6 个月的初步协议。根据协议，鲁哈尼（在伊朗最高领导人阿里·哈梅内伊的鼓舞下）宣布伊朗愿意允许其境内的联合国核查人员监视其核计划，确保其不会制造核弹。但他坚持认为，根据《不扩散核武器条约》的规定，伊朗有权实施民用核计划。问题在于军用核计划与核能和平应用之间并没有真正的分界线。

虽然不能确保万无一失，但联合国核查承诺使伊朗难以浓缩制造核弹必需的武器级铀——这是具有里程碑意义的协议的核心。另一个问题是如何处理伊朗只能用于核武器的 10 吨浓缩铀。伊朗的唯一民用反应堆是俄罗斯人建造、供给的，

---

① 托马斯·鲍尔斯（Thomas Powers），"伊朗威胁论"，《纽约书评》，2008 年 7 月 17 日，第 9–11 页。

据报道其燃料只够维持 10 年，因而没什么用处。伊朗还同意停止其可用于生产武器级钚的阿拉克重水反应堆。最后，伊朗放下其民族自豪感，接受了联合国核查人员对其核设施的日常监测。①

作为交换，在为期 6 个月的试验期间，伊朗获得了在一定程度上缓解其严厉国际经济制裁的首批款项。制裁导致伊朗经济严重收缩，通货膨胀率攀升至40%，失业率高达 30%。事实上，经济困境正是鲁哈尼当初能够赢得总统选举的主要原因。《经济学家》的一篇社论总结道，西方不是在"好与坏，而是坏与不那么坏"之间做选择。② 得到美国奥巴马批评者支持的内塔尼亚胡称其为"历史性错误"。

寻求《全面禁止核试验条约》

鉴于 1963 年签署的《部分禁止核试验条约》，5 个宣布拥有核武器的国家中的三个——美国、英国和苏联——将试验转入地下。但其他两个国家——中国和法国，仍在大气中进行试验。试验对于生产可靠的核武器至关重要（尽管计算机模拟变得越来越准确）。为了遏制核扩散，急需一个全面禁止核试验的条约来约束所有已经宣布和未宣布拥有核武器的国家。为此，联合国在 1996 年提出了一项《全面禁止核试验条约》（通常缩写为 CTBT）。

表 20.5　1945—1996 年已知的核试验

	大气层中	地下	总计
美国	215	815	1,030
苏联	219	496	715
法国	50	159	209
英国	21	24	45
中国	23	22	45
印度	0	1	1

---

① 斯蒂芬妮·库克，"洞察：将伊朗核计划纳入控制之下"，《能源导航》，2013 年11 月 29 日。

② "最好的与不太坏"，《经济学家》，2013 年 10 月 19 日。

来源：联合国；社会责任医师组织；芭芭拉·克罗塞特，"联合国批准一项条约以停止所有核试验"，《纽约时报》，1996 年 9 月 11 日，第 A3 页。

印度一再抵制这样的安排。它认为，禁止试验在有核和无核国家之间划定了界限，另外，《全面禁止核试验条约》并没有承诺有核国家销毁其核武器。1996 年 9 月，联合国大会对这一问题进行投票表决，最终以 158：3 的赞成票通过条约。印度（连同利比亚和不丹）投了反对票。为使该条约成为国际法，拥有核反应堆的所有 44 个国家的立法机构都必须批准这一条约。[①]

到 2004 年 9 月，已有 116 个国家批准了该条约（包括俄罗斯）。然而，在以北卡罗莱纳州共和党保守参议员杰西·赫尔姆斯（人称"不议员"）为首的参议院外交委员会谴责该条约，提出未来可能需要试验和问题验证，美国参议院在 1999 年 10 月否决了该条约。总统布什对批准该条约也毫无兴趣，给他的继任者奥巴马留下了又一项未竟事业。奥巴马寻求批准条约，但他必须得到反对派共和党的支持。然而，共和党人已发誓在任何事情上都不会赞成他的观点。

截至 1996 年 9 月，核大国共进行了 2045 次核武器试验，这些数字还必须加上最近印度、巴基斯坦和朝鲜进行的核试验（见表 20.4）。

---

① "美丽的红色余晖"，《经济学家》，1992 年 3 月 14 日，第 43 页。

第二十一章
伊斯兰教在中东和北非政治中露头

冷战在很大程度上是西方自由主义与苏联式共产主义之间的两极对抗，世界上大部分地区都在设法明哲保身。然而，20 世纪 70 年代，一支新的政治力量——伊斯兰武装成为焦点。武装分子试图复活"伊斯兰之家"——这一名词在穆斯林军队在 8 世纪征服了中东、北非和伊比利亚半岛的大部分地区后开始被采用。最终，"伊斯兰之家"从非洲大西洋沿岸延伸至亚洲印尼群岛最东端，从中亚延伸到苏丹。20 世纪 80 年代，其影响的人口接近 10 亿人。其目的是将伊斯兰信徒从外部势力——共产主义、现世主义、最重要的是西方——的消耗、专横的影响中解放出来。

伊斯兰教：理论与实践

伊斯兰教是世界第三大宗教，起源于中东。对于穆斯林来说，这是犹太人称为耶和华，基督徒称为上帝，穆斯林称为真主安拉的第三也是最后一个"真正启示"。

这一最终启示出现在 7 世纪的基督教时代，当时真主是在今天的沙特阿拉伯对他的先知麦加——伊斯兰教最神圣的城市——的穆罕默德说的。穆罕默德出生在偶像崇拜的社会——犹太人和基督徒社会，他受到阿拉伯占主导地位的宗教信仰——犹太教和基督教——的影响。事实上，这两种信仰正是穆罕默德教义的起点。他不厌其烦地证实，神已经将自己启示给了他在另一个时代的先知——包括亚伯拉罕、摩西和耶稣基督。确切地说，伊斯兰教承认犹太人和基督徒是"圣书的子民"，也就是上帝在新旧约中的启示。穆罕默德认为，未堕落的犹太教和基督教是伊斯兰教（字面意思是"服从"上帝）的早期表现，而亚伯拉罕是第一个穆斯林。然而，穆罕默德还坚称，基督徒和犹太人已误入歧途，忘却了神的诫命，玷污了最初的《圣经》。于是，上帝将自己启示给了先知中的最后一位——穆罕默德。伊斯兰教和基督教之间的联系正是如此，几个 7 世纪的基督教神学家认为伊斯兰教是一个异端基督教教义，类似于景教（一种解释为其有两种本性——神性与人性——可归因于耶稣)。①

伊斯兰教是犹太教的分支，且在较小程度上也是基督教的分支。它与犹太教的线性关系类似于基督教与犹太教的联系。曾经，包括穆罕默德在内的穆斯林在祈祷时都面向耶路撒冷。三种宗教都强调公正和同情。伊斯兰教相信天堂和地狱；上帝通过大天使加百列与穆罕默德对话（正如他与圣母玛利亚对话那样）；伊斯兰教信仰复活日和审判日，"只有上帝知道具体的时辰"。"从黏土创造出来的"信徒"将来一定会死去，并在复活日重获生命"，"这一天一定会到来"②。

阿拉伯人和犹太人都声称亚伯拉罕是他们的祖先。犹太人是亚伯拉罕次子以撒——亚伯拉罕之妻撒拉所生——的后代；阿拉伯人是亚伯拉罕长子以实玛利——撒拉的侍女夏甲所生——的后代。圣经预言亚伯拉罕的两个儿子将建立起伟大的民族。然而，《圣经》的记载强调神与以撒重结了与其父亲亚伯拉罕所立的约，而穆斯林则与亚伯拉罕的儿子们未做区别。伊斯兰学者争辩说，他们不相信神会独独偏爱一个儿子。在伊斯兰教教义中，犹太人和穆斯林之间的冲突发生在一个自相分离的家庭中。由于穆斯林和犹太人都将他们的宗教血统追溯至亚伯拉罕，因此他们都寻求控制埋葬着亚伯拉罕及其家人（主要是他的妻子撒拉和他的儿子以撒）的西岸城市希伯伦，也就不足为奇了。

真主对穆罕默德的启示被编纂成《古兰经》（字面意思是"背诵"神的话语）——穆斯林的真理圣书，包含着真主安拉对忠实信徒的指示。《古兰经》是真主的话，世代流传，是所有以前所写文字的完善与更正。

背离既定的信仰并不是微不足道的事情，因为《古兰经》试图用自称为唯一的真理或神的最终启示取代既定的信仰。穆斯林和犹太人之间的冲突始于穆罕默德时代，到如今已持续了数个世纪。犹太教和基督教都从未承认伊斯兰教的可信性。西方学者用"穆罕默德教"这一标签来形容伊斯兰教，这一名词是对穆斯林

---

① 一些西方学者认为，穆罕默德不认为自己"开创了一种新的宗教"，而是将"神给早期先知的启示……"带来了"圆满"。理查德·弗莱彻（Richard Fletcher），《基督教和伊斯兰教：从穆罕默德到宗教改革的基督教与伊斯兰教》（纽约：维京出版社，2004年），引自威廉·达尔林普尔（William Dalrymple），"关于穆斯林的真相"，《纽约书评》，2004年11月4日，第32页。

② N. J. 达乌德（N. J. Dawood）翻译，《古兰经》，第4版，（纽约：企鹅出版社，1974年），第220页，第23章：第14-16节；第375页，第4章：第87节。

的侮辱，因为它暗示着该教是一个人的发明，而不是神的最终启示。而伊斯兰教反过来否认了三位一体，因此也否定了耶稣基督的神性，正如一位历史学家所说的那样，这就相当于要求"基督教的本质的无条件投降"。① 但伊斯兰教承认耶稣是神所敬畏的先知之一。

穆斯林是指"服从"真主旨意的人。因此，伊斯兰教是一种包含人的全部存在的宗教。这是一种完整的生活方式，无论是世俗的还是宗教的。人的精神和世俗存在不可分割。因此，在一个伊斯兰国家，信徒不能区分世俗和宗教教法。所有的法律都必须以《古兰经》为依据；没有别的。穆斯林社会必须按照真主的话来统治，正如《古兰经》明确指出的，伊斯兰教是法律的宗教。

基本法都有其内在的简单性——伊斯兰教的"五大功修"。首先包括对世界上任何宗教中最短信条的肯定："万物非主，唯有真主，穆罕默德是真主的先知。"所有皈依伊斯兰教的人都必须在信徒的陪伴下宣读此誓。除此以外，无须进行任何其他仪式（皈依所固有的简单性部分地解释了伊斯兰教成为 20 世纪末非洲增长最快的宗教的原因）。其次，穆斯林有义务支付大约 5% 的义捐税（天课）。伊斯兰教强调慈善的重要性："无论你给予什么施舍……真主都看得清清楚楚……你所给予的任何施舍都将得到真主的报偿。"② 在伊斯兰国家，天课也是政府收入的来源。第三，穆斯林必须每天面向麦加祷告 5 次。宣礼吏（crier）在宣礼塔（尖塔）上呼唤信徒祷告：日落时分（昏礼）、夜间（宵礼）、黎明（晨礼）、中午（晌礼）和下午（晡礼）。第四，伊斯兰教要求在伊斯兰历的斋月里从黎明到日落期间不吃不喝、不行房事，以纪念安拉首次向穆罕默德启示《古兰经》。斋戒成为自我牺牲和克己的精神行为。最后，穆斯林必须至少去圣城麦加朝拜一次。

632 年，穆罕默德去世后，伊斯兰教在整个中东和北非迅速传播。随着伊斯兰教的传播，以大马士革和巴格达等城市为中心建立了世界上伟大的文明。然而，最终，伊斯兰教的黄金时代让位于欧洲的崛起，这可以追溯到中世纪的十字

---

① 阿尔弗雷德·纪尧姆（Alfred Guillaume），《伊斯兰教》，第 2 版，（纽约：企鹅出版社，1956 年），第 38 页。

② 达乌德（Dawood），《古兰经》，第 362-364 页，第 2 章：第 261-265 节，第 270-277 节。

军东征。在更近的时期，西方列强（尤其是英国和法国）在中东的穆斯林土地上强占了一席之地，直到二战后他们的控制才慢慢减弱。伊斯兰武装力求将伊斯兰世界从西方基督教持续的专横势力中解放出来，并重申在过去几个世纪里拒绝给予它的主权地位。与许多独立运动一样，它寻求重振过去的黄金时代。

什叶派和逊尼派

20世纪70年代，复兴、好扩张的伊斯兰教最明显、最激进的倡导者就是什叶派——伊斯兰教两个主要分支中较小的一支。另一支，逊尼派代表了通常所说的伊斯兰教的正统派，确切地说，约90%的穆斯林都是逊尼派。什叶派在非洲鲜为人知，无论是北部的阿拉伯人还是撒哈拉以南非洲地区的黑人。在东南亚、南亚的印度尼西亚、马来西亚、孟加拉国、印度、巴基斯坦以及西亚土耳其等国也是如此。麦加和麦地那圣地的守护者，沙特王室以及他们的臣民大多是逊尼派。然而在伊朗，几乎所有的穆斯林都属于什叶派。事实上，在伊朗什叶派已经成为国教。伊拉克和苏联阿塞拜疆共和国的大多数穆斯林也都是什叶派。在波斯湾地区的所有国家以及叙利亚、黎巴嫩、也门和中亚也有大量的什叶派。

伊斯兰教的分裂发生在穆罕默德去世后20年。前4位哈里发（真主所引导的人）——穆罕默德的继承者——是从众多侪辈中甄选出来的；之后，就变成了世袭。从一开始，穆斯林社区就继承问题出现了紧张局势。随着哈里发变得更加专横，他们越来越多地成为篡位者。有些人坚称穆罕默德的女儿法蒂玛的丈夫阿里才是真正的接班人。656年，在位的哈里发遇刺，引发了什叶派（shia，或支持阿里派）与逊尼派（surma，意为"惯例"或"习俗"，支持哈里发）之间的争斗。战争持续了1/4个世纪，直到681年在现今伊拉克发生的卡尔巴拉战役。在战斗中，阿里殉道而死。正是从这里开始，逊尼派确立了自己的统治地位，什叶派抵抗分子转入地下。这场斗争既是政治性的，也是宗教性的。逊尼派代表权威，而什叶派反对特权和权力，并支持被压迫者。什叶派从穆罕默德在麦加的行为中发现启示，在那里他首次确立了支持受压迫者的身份。例如，伊朗的什叶派与沙特政权进行了长期的斗争，试图以《古兰经》的教义重建社会和政治秩序。

在什叶派眼中，政治和宗教不可分割。服从政治权威从来不是什叶派行为的特点。在与根深蒂固的政治权力的斗争中，什叶派一再将政治不服从提升为宗教义务。1963 年，当伊朗国王以把政治留给政治家为条件给予其强硬的批评者阿亚图拉·鲁霍拉·霍梅尼自由时，霍梅尼回答说："伊斯兰的一切都是政治。"霍梅尼成为国王反对声音最高的对手，他指责国王将他的国家卖给美国当奴仆。1964 年，霍梅尼因公开拒绝承认政府、法院和法律而被短暂拘留。霍梅尼在获释 10 天后进行了他的首次政治布道。其中之一，他谴责 1964 年 10 月通过的一项法律，该法律授予美国公民在伊朗享有治外法权的权利，也就是根据美国法律而不是伊朗法律受审的权利。霍梅尼称该法律是"奴役伊朗的文件"，伊朗将沦为美国的殖民地。1964 年底，他再次被捕，并遭到了流放。①

逊尼派和什叶派都承认先知的允诺，即他的一个后代将"让世界充满正义和公平"。② 救世精神是什叶派信条的核心。他们期盼着一位伊玛目，一位受神委派的穆罕默德子嗣，他的使命是给予信徒精神的、政治的、有时是起义的指引。

作为一条原则，遵循惯例与传统的逊尼派主张社会、政治和宗教秩序的延续。他们强调对公民和宗教权威的认同和服从。与什叶派相反，逊尼派从穆罕默德在麦地那的事业中寻求启示，后者在那里建立了第一个伊斯兰国家，并以军事领导人、法官和导师的身份统治受真主话语教诲的人。

然而，以伊斯兰教为名的激进主义并不都是什叶派。在涉及腐败和压迫时，什叶派的愤怒并不那么强烈。伊朗、伊拉克、黎巴嫩和沙特阿拉伯的武装分子通常是什叶派穆斯林，而阿尔及利亚、加沙的哈马斯、阿富汗的塔利班以及基地组织的伊斯兰激进分子都是逊尼派。不论是什叶派还是逊尼派的伊斯兰武装，他们所寻求的都是消除羞辱、贬低"伊斯兰之家"的外国势力。阿尔及利亚的武装分子反抗仍然被法国文化一手支配的军事独裁统治；伊朗的武装分子抗击西方（首先主要是英国，后来是美国）势力；俄罗斯穆斯林（不管是什叶派阿塞拜疆人还是逊尼派车臣人或乌兹别克人）试图摆脱俄罗斯的统治，并梦想重振他们曾经辉煌的文明。

---

① 引用伯纳德·刘易斯（Bernard Lewis）笔下的霍梅尼，"霍梅尼是如何成功的"，《纽约书评》，1985 年 1 月 17 日，第 10 页。

② 什叶派信条的实质，伯纳德·刘易斯（Bernard Lewis），"什叶派"，《纽约书评》，1985 年 8 月 15 日，第 8 页。什叶派指出真主的旨意"帮助那些被压迫的人，使他们成为人类的领袖，并赋予他们崇高的传统，赋予他们在这片土地上的权利"。达乌德，《古兰经》，第 75 页，第 28 章，第 5 节。

伊朗革命

沙阿和美国

从第二次世界大战结束到 20 世纪 70 年代末，伊朗与阿拉伯邻国形成鲜明对比。国王巴列维似乎是动荡中东的一块坚定的岩石，是反对政治激进主义、宗教激进主义和苏联扩张主义的堡垒。即使在沙阿（伊朗国王）的统治遭到暴力抗议后，美国总统卡特仍然赞扬他在中东的稳定影响力。当然，没有充分的理由能够让人相信，尚在中年的、显然精力充沛的国王，会不再继续统治，而他的年轻儿子也不会继承孔雀宝座。

但是，伊朗最终被证明是美国对华盛顿当局知之甚少的外国领土的又一次介入。伊朗的表面稳定只是掩盖了其根深蒂固的暗流涌动。自 1941 年以来，沙阿统治了很长一段时间，但他的统治一直受到不稳定的困扰，美国决策者宁愿忽视这一难以忽视的事实，他们推断，激进的神职人员固然令人讨厌，但他们显然对沙阿毫无威胁。

激进的什叶派对伊朗国王的抵抗是贯穿伊朗历史的一条铁律，尤其是当沙阿与外国人达成交易，给予他们有利的经济让步时。例如，1872 年，纳西尔国王授予英国人保罗·尤利乌斯·德路特（Paul Julius de Reuter）如此全面的垄断权，以至于沙阿实际上已将国家出卖给了德路特。德路特在建设铁路、运河和水利工程、森林采种、使用所有未开垦的土地，以及银行、公共工程和矿山的运作方面获得垄断权。他向英国领导人乔治·寇松勋爵称这是"一个王国的全部工业资源完完全全地、离奇地交到外国人手中，这是多少人曾梦寐以求但却很少能实现的"[1]。1892 年，愤怒的暴民反对沙阿，要求废除给予一家英国公司生产、销售和出口烟草的垄断权。示威者成功促成了出让的废除。然而，纳西尔国王的麻烦依然存在，1896 年，他遇刺身亡。他的统治指向伊朗政治的一种递归模式：皇室与外国串通、暴徒走上街头，以及大多数沙阿不能保住权力。在过去的 360 年

---

[1] 罗伯特·葛莱汉姆（Robert Graham），《伊朗：权力的幻相》（Iran: The Illusion of Power），（纽约：圣马丁出版社，1979 年），第 33 页。

中，只有 4 位沙阿在仍然在位的时候自然死亡，其余的要么被废黜，要么被暗杀。属于什叶派的伊朗不是能够寻求政治平衡的地方。

纳西尔国王遇刺后，向英国、法国和俄罗斯等外国人出卖利益的做法仍在继续。1906 年，伊朗议会（Majlis）从沙阿手中夺走了这一特权，但这种做法仍在继续。这是最终自取灭亡的卡扎尔王朝（1779—1925）留下不满和愤恨的一个促成因素，取而代之的是一位军官——礼萨·汗上校，1926 年将自己加冕为礼萨王。

礼萨王对外国势力的做法与以往的君主如出一辙。1933 年，他向主要由英国人掌控的英伊石油公司给予了新的有利让步。他与英国的密切联系一直持续到二战，当时他一度倒向纳粹德国，扬言要夺取苏联在高加索山脉以北、位于里海西岸、主要在巴库周围的油田。德国人正欲与伊朗取得联络，结果是苏联人（控制了北部地区）和英国人（占领了南部地区）共同占领了伊朗。英国和苏联逼迫沙阿退位，支持他年轻的儿子，后者成为巴列维王朝的第二位也是最后一位国王。

伊朗的石油储备是巴列维王朝最大的财富来源。二战后，伊朗成为中东最大的产油国之一。伊朗自己的石油利润所得有所增加，但许多民族主义者并不满意，特别是在美国的阿美石油公司向沙特阿拉伯提出更优惠的条件之后。更重要的是，伊朗利润中的大部分仍然为外国投资者——主要是英国人——所持有。

礼萨·汗的儿子穆罕默德·礼萨（1941—1979 年在位执政）寻求用波斯过去的辉煌来确定他的统治特权。1971 年，他在波斯国王的古城波斯波利斯举行隆重的仪式，来自四面八方的宾客参加了庆祝活动。1976 年 3 月，忠实的议会制定了"君主制历法"，追溯至 2535 年前的居鲁士加冕典礼。其目的是将沙阿与伊朗辉煌的过去联系起来，并暗示几千年的历史延续。这并不太得大多数伊朗人的心，因为新的日历取代了伊斯兰历法，后者是以 622 年穆罕默德从麦加逃亡到麦地那的日期为准的。[①] 名义上是穆斯林，沙阿实际成为万王之王（沙沙）、神权

---

① 罗伯特·葛莱汉姆（Robert Graham），《伊朗：权力的幻象》（*Iran: The Illusion of Power*），（纽约：圣马丁出版社，1979 年），第 61 页。

统治的雅利安之光，一个自称有丰富宗教幻想的人。①

这一异乎寻常的景象使整个世界感到震惊，但许多伊朗人，尤其是什叶派神职人员，看待沙阿的眼光却不同。他们认为他是篡位者——不过是巴列维王朝短暂历史中的第二位——他曾在西方受过教育，并送他的儿子去那里学习。

1951年，以首相穆罕默德·摩萨台为首的伊朗议会挑战沙阿，投票赞成石油工业的国有化。英国宣布该项法律违法。美国总统杜鲁门试图斡旋争端，最终转而支持英国，但他拒绝参与伊朗的内政。然而，艾森豪威尔领导下的新一届美国政府却没有这样的顾虑，其国务卿约翰·福斯特·杜勒斯和他的兄弟——中央情报局局长艾伦——决定采取行动。杜鲁门认为摩萨台是阻碍共产主义杜德党壮志的障碍；杜勒斯兄弟认为摩萨台有助于最终推翻共产主义。

摩萨台对西方的挑战在伊朗社会引起了共鸣。随着紧张局势的加剧，中央情报局和英国情报部门策划驱逐摩萨台。美国通过切断援助和拒绝购买伊朗石油给伊朗施加经济压力。经济武器的使用反而激怒了首都德黑兰的武装分子。1953年8月，街头爆发的骚乱迫使沙阿逃往罗马。

中央情报局和英国情报部门迅速果断地采取行动。在伊朗军队和其他反对摩萨台的因素的帮助下，美英两国在沙阿流亡3天后就设法让其重返伊朗。街头示威将沙阿赶下了台；在同一条街上的反示威则营造了一种让他回归的政治气氛。

沙阿现在的宝座得益于他一直憎恨的外国势力。尽管如此，他与美国的关系升温了。对西方的石油出口增加，使伊朗成为美国产品最好的海外客户之一。沙阿采取措施，发起保守的"白色革命"，以期实现伊朗社会的现代化。然而，转变是需要付出代价的。它在一个新的特权阶层——这一特权阶层得益于沙阿与西方的密切联系——与该国其他多数人之间形成了一条鸿沟。太多的人被排除在外，沙阿的行为无可避免地会滋生怨恨。西方技术人员、工程师、军事顾问和销售代表的涌入让许多伊朗人感到不安。该国巨大财富的分配不均和随之而来的西化导致了传统的伊朗社会模式的扭曲。伊朗传统的自给自足已成为过去。到20世纪70年代，伊朗在很大程度上变得依赖外国进口，它甚至从国外进口粮食。由于伊朗的大部分财富都来自单一产品（出口收益的80%来自石油），因此它几

---

① 这里的雅利安人是指伊朗讲波斯语的人，原籍印度北部。这是试图用国家最早的历史来认定沙阿。

乎完全依赖西方。

沙阿花在外国产品上的大部分资金都用于购买现代军事装备，其中多数为美国制造。1972—1978 年，他订购了价值 195 亿美元的美国武器。石油收入越多，他购买的武器就越多。1973 年以后，政府大约 1/3 的支出都用于军备。

尼克松政府赞成这种做法：全副武装的伊朗有助于维护中东地区的稳定，特别是波斯湾，工业大国所依赖的大部分石油都通过这条航道运输。"尼克松主义"在这里似乎效果最好。尼克松主义最初是在越南战争结束时形成的，要求由美国提供武装（有时提供资助）的附庸国为美国的利益而参与真实的战争。1975 年，当美国军队从南越逃之夭夭后，这一设想破产了。在伊朗，这一设想却发挥得近乎完美。

20 世纪 70 年代初，伊朗将如何负担沙阿所要求的大规模军事装备还是个未知数。但幸运降临了，1973 年 10 月，第四次阿拉伯-以色列冲突——赎罪日之战引发石油输出国组织（OPEC）的石油禁运，石油价格翻番。沙阿率先要求提高石油价格，尽管它对美国经济造成了严重损害，但尼克松政府看到了一线希望——伊朗的军事实力将在不掠夺美国国库的情况下实现。尼克松政府的国务卿基辛格在他的回忆录中解释说："英国在 50 年代初期从伊朗撤出的真空现在受到苏联入侵和激进势力的威胁，将由与我们交好的力量填补……所有这些都可以在不占用任何美国资源的情况下实现，因为沙阿愿意以石油收入支付设备费用。"[①]

这一设想在伊斯兰武装分子将沙阿赶下台后出乎意料地分崩离析了。伊朗从此不再被"邪恶撒旦"（美国）的仆人统治，而是由什叶派神职人员统领。

霍梅尼归来

20 世纪 70 年代伊斯兰武装最广为人知的实践者就是鲁霍拉·霍梅尼，他拥有阿亚图拉（穆斯林宗教领袖）的尊称。霍梅尼要求将西方异教徒势力清除出"伊斯兰之家"。在霍梅尼和毛拉（穆斯林神学家）眼中，沙阿直接违背了伊斯兰教的历史和经典。在西方文明的包围中，沙阿几乎与他邀请到伊朗的数万名西方技术人员没什么不同。

---

① 亨利·基辛格（Henry Kissinger），《白宫岁月》（*The White House Years*），（波士顿：小布朗图书，1979 年），第 1264 页。

霍梅尼对沙阿的谴责起初效果不大，仅仅被视为流亡中的一位老人的喋喋不休和咆哮。但是，随着对沙阿不满的与日俱增，霍梅尼通过走私到伊朗的盒式磁带散布的布道开始产生效果。到 1979 年 1 月，除非臭名昭著的野蛮的萨瓦克（1957 年在 CIA 的帮助下成立的秘密警察）和军队愿意压制日益高涨的不满情绪，沙阿才能保住自己的王位。内战即将爆发。对军队的忠诚信心不足，也无法从卡特政府得到明确承诺的沙阿决定出逃。腐败、徇私、警察暴行、贫穷和奢侈并存、缺乏正义、外国人的势力都加速了巴列维王朝的灭亡。

20 世纪 70 年代后期的事件表明，沙阿所持有的只是对权力的幻想。1979 年 2 月，流亡巴黎的霍梅尼凯旋。在穆斯林神职人员的领导下，伊朗将进行精神和民族的复兴。毋庸置疑，在沙阿出逃的那些令人振奋的日子里，霍梅尼政权受到了广泛的支持。

但沙阿尚未正式退位。在 1979 年 1 月叛逃时，他强调他和他的家人只是出国待上一段时间。事实上，他承诺会回来。① 很明显，相较于现在统治德黑兰的反美武装人员，美国更加偏爱沙阿。武装分子担心 1953 年的事件会重演，当时中央情报局将暂时流亡罗马的沙阿送上了权力之巅。对美国政府有着强烈敌意，指责伊朗所有的弊病都是美国造成的激进分子煽动起了强烈的不满，反美示威活动成为家常便饭，霍梅尼流亡归来两个星期后，武装分子首次袭击了美国大使馆。这次袭击的组织者声称大使馆里设着中央情报局。这一次，霍梅尼的警察驱散了袭击者。

霍梅尼政府并没有专注于巩固权力，而是废除了授权美国在伊朗的军事任务的 1947 年法律，从而加剧了伊斯兰革命与美国之间的分歧。1979 年 10 月，沙阿抵达纽约接受治疗时，双方关系已经高度紧张。武装分子认为这是中央情报局试图让沙阿重新掌权的第一步，他们拒绝相信沙阿病了需要治疗。

11 月 4 日，一群激进的学生决定自己采取行动。他们爬过德黑兰美国大使馆大院的墙头，扣押了外交人员，并要求美国引渡沙阿回伊朗接受审判。只有这样，他们才会释放被捆绑并蒙住眼睛拘禁在大使馆中的 52 名人质。没有证据表明是霍梅尼下令学生做出这一明显违反国际法的行为。每天聚集在大使馆门前广

---

① 1980 年沙阿去世后，他的儿子成为王位继承人，许多伊朗流亡者将希望寄托在他身上。

伊朗革命的什叶派领袖阿亚图拉·鲁霍拉·霍梅尼
（1979 年）。（图片来源：伊朗驻美大使馆）

场上支持学生的人群让霍梅尼别无选择。然而，这有利于霍梅尼的目标的实现，因为它进一步激化了伊朗的政治。

美军直升机将美国大使馆人员载离西贡的画面还让人记忆犹新，人质危机就出现了。更糟糕的是，人质危机发生 8 周后，美国再次遭受严重挫折，苏联派出 8 万军队进入阿富汗（一个与伊朗接壤的国家）去拯救一个摇摇欲坠的共产主义政府。美国在伊朗的势力范围渐失，而苏联的势力范围渐长。美国在伊朗的失利，以及乍看上去似乎是苏联在阿富汗的胜利，给卡特的外交政策带来了头疼的问题，最终很大程度上导致了卡特在 1980 年总统大选中失败；至于阿富汗，除了拒绝出售粮食给苏联以及抵制苏联 1980 年的奥运会外，它别无所能。

由于卡特无法动摇选民对他犹豫不决和"懦夫"的不利看法，选民们把处理国家外交政策的机会给了说话强硬的共和党人罗纳德·里根。① 然而，在一次冒险尝试失败后，卡特还是设法争取释放了被扣压 44 天的人质。他与霍梅尼政府达成协议，将伊朗冻结在海外的多数资产（主要是存在西方银行的钱）还给伊朗，以换取人质释放。但是，与卡特有着私人恩怨的霍梅尼，坚持只要卡特担任总统，他就拒绝释放人质。里根宣誓就职后几分钟，人质就被释放了。

霍梅尼着手按照《古兰经》规定的约束着手建立伊朗伊斯兰共和国。1906年的伊朗世俗宪法让位给以伊斯兰法律为基础的新宪法。随着主权从沙阿转移到神职人员手中，其领袖阿亚图拉被指定为"最高领袖"。结果是什叶派神职人员与世俗政党之间发生血腥的内战。对革命的挑战主要来自左派的众多支派——马克思主义者、毛派分子和社会主义者，他们担心一个专政会被另一个专政所取代。霍梅尼革命的恐怖主义浪潮导致大约 1 万名伊朗人被处决；另有 50 万人（其中许多来自职业阶层）流亡海外，革命横扫了巴列维王朝的一切残余和西方势力。

霍梅尼的革命带来了土地的再分配，并为穷人提供了更多的医疗保健和教育机会。自革命以来，女性的大学入学率以及从事文职工作的就业人数有所增加。然而，在美国看来，革命最重要的方面是伊斯兰激进主义热情在伊朗境外扩张的威胁。确实，黎巴嫩、伊拉克、海湾国家和沙特阿拉伯的什叶派开始向伊朗寻求帮助。霍梅尼支持被压迫群众的革命观念以及他对西方的强烈反对在整个中东备受欢迎。在革命之前，美国曾认为共产主义对其在中东的地位构成了最大的威胁。革命之后，西方自由主义和苏联式共产主义不再是非此即彼，在任何情况下，这两种选择在中东地区都没有获得太多的青睐。伊斯兰武装直接挑战苏联和西方，成为一支不容忽视的力量。

革命运动都有一种自生自灭的趋势，使革命成为可能的激情不可能无限期地持续下去。只要霍梅尼还活着，并能启发他的追随者，革命似乎就稳固了。然而，1989 年 6 月霍梅尼去世后，许多伊朗人都期待改变，并与外界的关系正常化。什叶派领导下的伊朗在外交、经济、精神和智力方面都与世隔绝。被打上

---

① 因此，当 1986 年 11 月有消息透露里根——6 年来强烈谴责所有恐怖分子，并发誓永远不会与恐怖分子打交道——居然向劫持美国人质的黎巴嫩恐怖分子支付赎金，甚至向当时正与伊拉克长期血战的霍梅尼政府出售反坦克导弹，美国公众万分惊讶。

"恐怖主义国家"标签的伊朗，其部分官员因涉嫌参与恐怖主义行为而被要求在海外受审。神职人员禁止公开讨论、执行宗教法律、监管私人事务，并施加严格的新闻审查（例如，报纸编辑阿卜杜拉·努里被宣布为异教徒，并因质疑神职人员的绝对权力而激怒了宗教等级制度而被判处 5 年有期徒刑）。这个国家的许多年轻人都是二等公民，等待他们的是未知的前途。

两伊战争

1980 年 9 月，当伊朗还在革命和内乱中苦苦挣扎之时，伊拉克的萨达姆伺机入侵伊朗。萨达姆有三个目的：（1）摧毁霍梅尼的革命，他担心这种革命可能会传播给他的臣民——大多数是什叶派人士；（2）维护在底格里斯河与幼发拉底河交汇处——阿拉伯河争议领土的安全；（3）成为阿拉伯世界的最高领袖。

萨达姆企图通过维护阿拉伯河的安全夺取伊朗在河对岸的石油港口，然后向东进入伊朗，他预料伊朗的军官团和飞行员在清洗和开小差中损失巨大，因而无力备战。然而伊朗仍然有许多忠实的中级官员和飞行员，此外，伊朗还能够团结人民投入这场（让伊朗人想起波斯人和阿拉伯人之间历史上的争斗）战争。

伊朗成功地将其革命卫队（正规军）从 7000 人扩充至 20 万人，并组建了一支 35 万多人的新型民兵组织，准备打一场"圣战"。伊朗因此能够抵消伊拉克最初的优势——训练有素、装备精良的军队。双方势均力敌，任何一方都无法取得决定性的胜利。1982 年，伊朗反攻夺回失地，并在战场上俘虏近 6 万名伊拉克军人后，战争陷入僵局。

在这场冲突中，美国、苏联和欧洲国家都正式宣布中立。但随着战争的延续，超过 40 个国家向一方或另一方提供武器（包括美国在内的一些国家暗地里向两国出售武器）。以色列和美国向伊拉克提供武器以期将战争持续下去。1983 年，里根向伊拉克派遣了一名特使——拉姆斯菲尔德，目的是重建 1967 年断交的外交关系，并提供经济和军事援助。① 里根政府的援助包括数十亿美元的贷

① 1984 年 4 月，里根政府批准贝尔直升机公司向伊拉克国防部出售直升机，前提是这些直升机"不能以任何方式配置为军事用途"。国家安全档案在线，www2. gwu. edu/~nsarchive，国家安全档案馆，第 83 号电子简报，2003 年 2 月 27 日，第 55 号文件。

款、卫星监视伊朗部队运动、集束炸弹和毒气。这一切都旨在确保伊拉克不会战败。① 以色列国防部长伊扎克·拉宾坦率地说："我们不希望战争结束。"② 伊拉克也得到了担心伊朗革命思潮的国家的财政支持，诸如沙特阿拉伯和海湾地区的其他石油出口国家。

两国都深知石油在战争中的重要性，每一国都瞄准了对方在海湾地区的石油生产和运输设施。美国的一个主要目标是保持霍尔木兹海峡的畅通，这是从海湾到阿拉伯海的通道，大部分工业化国家的石油都通过该海峡运输。为此，美国海军于 1986 年 12 月接受科威特政府的请求，保护其油轮船队。科威特油轮因此"改旗易帜"，升起美国国旗，由美国海军舰艇护航。

这场战争也见证了自第一次世界大战以来首次大规模使用化学武器（双方都如此）。但只要交战方仅是互相残杀，外界都并不在意。在僵持不下的战争即将结束时，1988 年 3 月，萨达姆向其国民发动毒气袭击，目标是哈拉布贾市，这里居住着库尔德人——一群敌视萨达姆政权的非阿拉伯穆斯林。致命的化学物质导致多达 5000 名平民丧生。这一次，化学武器的使用在世界范围内遭到强烈谴责，因为它表明世界可能面临"穷人的原子弹"——正如一些人所称的那样——的新的潜在威胁。

长期的消耗战争给双方都造成了不可磨灭的影响。1987 年夏，萨达姆接受了联合国安理会的一项要求停战的决议。霍梅尼坚持了一年不肯妥协，要求萨达姆下台，伊拉克支付 1500 亿美元的赔款。但是，在经历了一系列军事挫折和石油利润减少之后，霍梅尼放弃了他的条件，在 1988 年 7 月宣布他必须饮下"这杯苦毒的酒"，接受联合国的和解方案。③

这场荒谬的长达八年半的战争没有赢家，每一方都遭受了近一百万人的伤亡和巨大的经济损失。可以说，伊拉克在战争中催生出了更强的军事力量（但战后它负债累累，要偿还科威特等债务国的大笔借款），但伊朗并未被击败，伊斯兰

---

① 肖恩·哈里斯和马修·M. 艾德，"独家：中情局档案证明美国帮助萨达姆用毒气攻击伊朗"，《外交政策》，2013 年 8 月 26 日。

② 引自曼苏尔·法尔杭（Mansour Farhang），"两伊冲突：两个暴君之间的无尽战火"，《国家》，1986 年 9 月 20 日。

③ 格雷厄姆·E. 富勒（Graham E. Fuller），"伊朗的战争与革命"，《当代历史》（1989 年 2 月），第 81 页。

革命依然完好无损。

黎巴嫩和利比亚的恐怖主义

在黎巴嫩，受宗教激进主义鼓动、挫败于以色列手中而灰心丧气的极端分子决定采取极端手段，针对以色列部队的自杀式袭击在黎巴嫩时有发生。他们将恐怖主义视为一种道德行动，而不管他们自己、他们的敌人，或者无辜群体要付出多大的代价。有时，他们的行动是为了达到特定的目的，例如要求以色列释放俘虏。以色列以武力表示回应。

美国在1983年代表黎巴嫩右翼基督教民兵政府进行军事干预，出动海军炮击山区的穆斯林据点，使美国也沦为恐怖主义的目标。作为报复，激进的伊斯兰主义者将西方人扣为人质。1984年3月，贝鲁特的亲伊朗什叶派组织——伊斯兰圣战组织绑架了中情局特工威廉·巴克利，并将他折磨杀害。在随后两年中，至少有二十多个来自西方国家的人——大学教授、记者、商人和神父——被伊斯兰圣战组织和黎巴嫩其他武装团体劫为人质。由于不知道绑匪的身份或人质扣押地点，西方政府根本无法实施救援。1986年1月，英国教会特使特里·韦特前往贝鲁特谈判释放外国人质，但他自己也被伊斯兰圣战组织劫持。虽然大多数人质最终被释放，但至少有10人被杀害。①

被持续的恐怖主义激怒并决心要将其制止的里根政府发誓要报复。美国发现了利比亚的独裁者穆阿迈尔·卡扎菲是一个可能的目标。强硬的泛阿拉伯极端主义分子卡扎菲支持巴勒斯坦解放组织，并公然威胁美国——因美国人擅自进入他声称是利比亚领海的锡德拉湾，这些都已经惹怒了里根。此外，卡扎菲在利比亚境内开设恐怖分子训练营，并向涉嫌恐怖主义的黎巴嫩极端主义组织提供资金支持。② 1986年4月，一次恐怖爆炸袭击了西柏林的一家迪斯科舞厅，造成两人死亡，其中一人是美国士兵，另造成204人受伤。里根指责卡扎菲并下令对利比亚

---

① 1991年8月至1992年6月，70名人质最终获释，有些人被关押了10年以上。

② 1989年10月，卡扎菲承认资助恐怖组织，但补充道："当我们发现这些组织造成的伤害远远超过对阿拉伯事业的利益时，我们完全停止了对他们的援助，并撤销了我们的支持。""卡扎菲承认支持恐怖分子，声称他犯错了"。《巴尔的摩太阳报》，1989年10月26日。

的黎波里和班加西实施惩罚性空袭。一枚炸弹落在卡扎菲住所的外面，虽然没有伤到他本人，但卡扎菲声称炸弹炸死了他的养女。美国空袭不过是一种沮丧和报复行为，其威慑作用值得怀疑。中东地区的恐怖主义有增无减。

两年后的1988年12月，一次恐怖袭击炸毁了一架途经苏格兰洛克比上空的美国民航飞机——泛美103号班机，造成机上259人全部遇难，地面上11人死亡。经过三年缜密的调查，调查人员确定了两名嫌疑人——利比亚的情报特工。在此期间，卡扎菲声明放弃恐怖主义，并从表面上抑制恐怖主义行为，以寻求改善与西方的关系，但他拒绝交出嫌疑人接受审判，显然是担心他们会供出他。英美两国寻求引渡，随后法国也加入英美行列，法国也在调查1989年9月法国航空公司在尼日尔遇到的一起爆炸，这起爆炸造成170人死亡。

走投无路的卡扎菲试图最好地利用一下糟糕的情况。联合国的经济制裁和外交孤立起到了一定的作用。在拖延了将近十年后，卡扎菲同意交出被指控制造洛克比空难的两名嫌疑人，根据苏格兰法律在荷兰受审。在他们被定罪两年后的2003年8月，卡扎菲承认了对爆炸事件负责，并同意向270名遇难者的家属赔偿近20亿美元。次月，他还同意向尼日尔遇难者家属进行赔偿。这两次清偿为利比亚重建与其他国家的正常关系奠定了基础，这些国家愿意既往不咎，与一个大肆杀戮者照常往来。正如里根所称的"中东的疯狗"——卡扎菲，变成了一名政治家。卡扎菲在2006年5月向一名西方记者宣称他和布什意见一致，都是在"为自由的事业而战"①。

海湾战争

1990年，伊拉克的萨达姆入侵邻国科威特，一时间，波斯湾——一直以来的西方殖民之地，穆斯林的冲突之所，现在世界上最富有的地区之一——成为暴力中心。

---

① 斯科特·麦克劳德（Scott MacLeod），"卡扎菲怎么变成一个好人了？"《时代》杂志，2006年5月16日。

心理战

1990 年 8 月 2 日，萨达姆发动了对科威特的全面入侵，并迅速征服了这个几乎没有防御能力的石油小国。科威特的统治者——埃米尔·谢赫·贾比尔·萨巴赫，及其家人和内阁逃往沙特阿拉伯。4 天后，联合国安理会一致投票通过一项全球贸易禁运决议，3 周后批准使用武力执行该禁运。

美国总统布什——前石油大亨，起初并没有感到惊慌。对于拥有科威特石油储备的他来说并不算什么，只要它能走向国际市场。在英国首相撒切尔告诫他"当断必断"之后，他率先驱逐了萨达姆。[①] 他接受了沙特阿拉伯提出的保护请求，命令实行"沙漠盾牌"行动——美国陆军大规模空运、出动飞机和海军舰艇——保护沙特阿拉伯及其油田，防止伊拉克的进一步入侵。与此同时，阿拉伯联盟国家召开紧急会议，21 个成员国中有 12 个投票支持出兵保护沙特阿拉伯。

在入侵前几周，萨达姆指责科威特在 OPEC 批准的石油生产配额上作弊。萨达姆向市场大量倾销石油，抱怨是科威特拉低了油价，剥夺了伊拉克急需的收入。他还指责科威特从横跨伊拉克-科威特边界的 Ramaila 油田窃取石油，并抱怨科威特拒绝注销它在伊朗战争期间给予伊拉克的十亿美元贷款。在科威特拒绝萨达姆要求赔偿伊拉克石油收入损失（约 140 亿美元）的三天后，萨达姆命令他的军队采取行动。随后，萨达姆重申旧时伊拉克对科威特的主张，宣布科威特为伊拉克的第十九个省。

当布什准备制止萨达姆"赤裸裸的侵略"时，几乎没有任何政府支持伊拉克。政治家们细数萨达姆的老底——他从暗杀者变为政治家，他将政敌就地处决，他在刚刚结束的与伊朗的战争中以及对他的库尔德子民使用毒气。他们指控他违反国际法，吞并了科威特，布什甚至将他与希特勒相提并论。

鉴于冷战已经结束，布什毫不费力就得到了联合国五大国的同意，迅速组织了一个强大的国际联盟。他还雄心勃勃地谈到构建"国际新秩序"，这表现出美国在苏联不复存在后成为唯一的超级大国的地位。布什预见了一个以美国为首的联合国维护国际和平与秩序的新时代。布什还把海湾危机看作是重振美国军事威

---

① 玛格丽特·撒切尔（Margaret Thatcher），《唐宁街的岁月》（*The Downing Years*），（纽约：哈珀柯林斯出版社，1993 年），第 823-824 页。

望和一扫美国"越南综合征"的手段。

布什对萨达姆的震怒掩盖了伊拉克攻打科威特前对他就伊拉克立场的担忧。1990年9月,巴格达发表了美国驻伊大使嘉士比女士在7月25日(攻打科威特一周前)与萨达姆最后一次谈话的谈话稿。根据谈话稿(美国国务院确认80%的内容属实),嘉士比女士曾说:"我知道你需要资金。我们明白这一点……你应该有机会重建你的国家。但我们对阿拉伯内部的冲突不发表任何意见,对你与科威特的边界分歧也是如此。"① 这位大使似乎在暗示,如果萨达姆入侵科威特,美国不会横加阻拦。

海湾战争后揭露的真相也表明,布什政府对1990年8月以前其与萨达姆的关系也远没有开诚布公。美国一直向萨达姆提供大量的经济、军事和情报支持,这是20世纪80年代初伊拉克与伊朗交战时期里根政府开始实施的政策之一。美国一直忽视萨达姆侵犯人权的种种罪行,将伊拉克从国务院的恐怖主义国家名单中删除,并压制有关伊拉克原子弹计划的警告。

布什决定介入将萨达姆赶出科威特的行动后,他否决了赞成全面战争的经济制裁行动。在他的敦促下,联合国安理会于1990年11月29日通过了(12票赞成,2票反对)678号决议,如果伊拉克在1991年1月15日前不离开科威特,就准许使用武力。现在只剩下48天的时间给联军做好参加由联合国批准的战争的准备。到1991年1月中旬,海湾地区集结了一支以美国为首的31国组成的联军——53万之多的美军、3.5万埃军、2.5万英军、2.2万沙特军队、1.9万叙利亚军队和5500名法军——总兵力近70万人。萨达姆回应说,如果战争打响,那将是一场可怕的"战争之母","死去的人数将不计其数"。②

非比寻常之战

代号为"沙漠风暴"的海湾战争几乎完全靠空袭作战。伊拉克飞行员选择不

① 引自吉姆霍·格兰德(Jim Hoagland),"谈话稿显示7月下旬美国对萨达姆的威胁表示沉默",《华盛顿邮报》,1990年9月13日,第A33页。1991年3月,在参议院外交委员会,嘉士比女士反驳了她与萨达姆谈话的伊拉克版本;然而,国务院却拒绝公开会议记录或与嘉士比的通信。

② 引自罗伯特·鲁比(Robert Ruby),"安理会批准使用武力",《巴尔的摩太阳报》,1990年8月26日,第1A页。

与联军飞机交战，驾驶他们的飞机前往伊朗。（他们这样做是因为没有其他国家愿意给予他们避难所。战后，心怀感激的伊朗人拒绝将他们遣返。）没有了伊拉克空军，联军战斗机随意袭击伊拉克目标。在头 14 个小时里，他们出动了 2000 多架次。对巴格达和伊拉克其他城市的全天候轰炸一直持续到战争结束。对战争的电视报道让观众见识了新型的、看似定位准确的高科技武器袭击毫无防御能力的伊拉克目标的壮观场面。

伊拉克用飞毛腿导弹袭击以色列，回击空袭，但都徒劳无功。尽管没有人因此丧生，但飞毛腿导弹袭击事件在以色列引起了极大的愤怒。更可怕的是，下一个飞毛腿导弹可能会携带化学武器。萨达姆希望这次牵制性攻击会引发以色列的军事回应，这可能会导致阿拉伯国家退出联盟。美国许诺摧毁飞毛腿导弹基地并向以色列提供爱国者防空导弹系统作保护，从而平息了以色列的怒火。

然而，备受关注的、可能很血腥的地面战争尚未打响。而这场地面战争只持续了 100 个小时。在美国陆军将军诺曼·施瓦茨科普夫的指挥下，联军遭遇的抵抗远低于预期。伊拉克引以为豪的共和国卫队撤出战斗，留下孱弱的、训练不足的、粮食匮乏又疲惫不堪的正规军，首当其冲迎接联军的进攻。

萨达姆别无选择，只能服从联合国第 660 号决议，该决议要求停火，同时要求伊拉克撤回到入侵前的界线内。他那因战败而士气低落的军队在"死亡公路"的撤退中——连接科威特及巴士拉的 60 英里高速公路——惨遭屠杀。袭击前方车辆堵塞公路后，美国飞机向撤退中的部队发动攻击。在那之后，一名美国飞行员解释说，这就像"在桶中捕鱼"。在那条高速公路上，数以万计的萨达姆撤退士兵丧生。①

在萨达姆最后一支部队撤离科威特前，他们肆意破坏，打开石油管道阀门，造成大量石油泄漏。另外，他们还放火烧毁了约 700 个科威特油井。

尽管联军取得了军事上的绝对胜利，但战争的结果尚未明朗。在战前和战争期间，布什都曾提到将萨达姆赶下台，并将他作为战犯审判，彻底摧毁他的军队，包括其大规模杀伤性武器。这些目标中，只有第一个目标实现了，赶萨达姆下台意味着将军队开进巴格达。正如布什后来在他的回忆录中写的那样：

---

① 乔伊斯·切蒂艾克（Joyce Chediac），"死亡公路上对撤退士兵的大屠杀"。她在纽约的委员会听证会上发表的报告，1991 年 5 月 11 日，deoxy. org/wc/wc-death. htm.

要赶萨达姆下台……就要付出无法估量的人力和政治成本……我们本来会被迫占领巴格达，实际上是统治伊拉克……我们想不到什么可行的"退出战略"……如果我们按照入侵路线，美国仍然有可能在敌意强烈的土地上成为占领国。[①]

越战之后，五角大楼认为下一场战争的打法必须不同。其结果是鲍威尔主义——以科林·鲍威尔将军的名字命名，当时是参谋长联席会议主席：在下一场战争中，美国必须明确界定其目标——包括明确的"退出策略"。与越战不同，军队必须调动其资源以尽快取得胜利。在 1991 年的海湾战争中，鲍威尔主义发挥得淋漓尽致。联合国批准的联军包括 53 万名美军官兵，并由大量空中力量以及 16 万名盟军士兵组成。另外，与越战不同的是，美国制定了"退出策略"。在萨达姆被赶出科威特后，美军就撤出了，留下联合国联军密切监视萨达姆的军事能力。

美国在战争中起了带头作用，但它不必承担为此付出的代价。几个海湾国家和富裕的非参与者（其中包括德国、日本和沙特阿拉伯）最终支付了几乎所有的账单。对于仍在遭受越战后遗症之苦的美国公众而言，这场战争既短暂又低廉，不论是金钱还是生命。联合国联军在战场上损失不超过 300 人；美国有 148 名士兵丧生，其中 2/3 是友军炮火误伤的。

战后疮痍

战后的科威特满目疮痍。执政的埃米尔、他的家人和政府以及家财万贯的科威特精英从流亡之地回到祖国，收回他们现在仍被燃烧的油井的烟雾所笼罩的家园，但并没有像一些西方人所期望的发生任何重大的政治变化。和以前一样，埃米尔的新内阁几乎完全是由执政的萨巴赫家族成员组成。

在伊拉克，占多数的什叶派（占总人口的55%）自发反抗，控制了被炸毁的巴士拉城，使受到重创的萨达姆政权再遭威胁。为了使萨达姆事件复杂化，库尔德人在其占多数的伊拉克北部声称主权。在战争期间，布什曾公开支持这类抗议活动。但是现在，随着战争的结束，他们只能依靠自己了。根据终结这场战争

---

① 乔治·布什（George Bush）和布伦特·斯考克罗夫特（Brent Scowcroft），《重组的世界》，（纽约：克诺普夫出版社，1998 年）。

的联合国决议的条款，伊拉克南部的三分之一（什叶派据点）处在伊拉克飞机的"禁飞区"内。美国军方警告萨达姆，一旦"你飞过去，你就死定了"。但当萨达姆出动武装直升机时，美国和联合国都未采取行动阻止他。① 在不到三个月的时间里，萨达姆粉碎了南部的什叶派叛乱，造成多达 3 万名什叶派人士死亡，迫使超过 100 万人逃往伊朗。

库尔德人

库尔德人也遭到同样的命运。当库尔德领袖宣布"（伊拉克）整个库尔德斯坦地区解放"时，他们言之过早了。一周后，伊拉克部队出动武装直升机将库尔德军赶出了他们的据点。萨达姆军队屠杀了约 5 万名库尔德人，另有超过 100 万库尔德人沦为难民。布什能做到的最好举措就是跟随英国首相约翰·梅杰输送粮食和物资，并努力为伊拉克北部的难民提供一个由联合国发起并管理的"安全港"。

库尔德人的失败只不过是一个古老民族（他们的印欧语言和独特的文化使他们与他们说闪米特语的邻居产生了隔阂）漫长而悲惨历史的又一篇章。第一次世界大战结束时，美国总统威尔逊在他的十四点和平原则中称奥斯曼土耳其的少数族裔应该拥有"绝对不受干扰的自主发展的机会"。瓜分奥斯曼帝国的《色佛尔条约》（1920 年）要求建立一个独立的库尔德国家。然而，凯末尔·阿塔图尔克的土耳其政府拒绝承认这一条款。1990 年，土耳其东部居住着约 1000 万库尔德人，伊朗西部约有 500 万人，伊拉克北部约有 400 万人（约占总人口的 20%），叙利亚东北部约有 100 万人。如果这些库尔德人能够在一件事上达成一致，那就是绝不能有独立的库尔德斯坦。自 1961 年以来，只要一有机会，库尔德人就会反抗伊朗和伊拉克，结果只是被伊朗或伊拉克击败，有时是被两国共同击败。20 世纪 70 年代，美国曾一度支持库尔德人，但当沙阿和萨达姆达成协议使库尔德人乖乖就范后，美国就抛弃了他们。1971 年，当库尔德人请求美国提供援助时，尼克松的国家安全顾问亨利·基辛格无视他们的要求，声称美国在该地区的秘密

---

① "你飞过去，你就死定了"，《时代》杂志，1992 年 8 月 31 日。

介入"不应与传教工作相混淆"。①

土耳其尤其不希望伊拉克的库尔德叛乱能够成功。过去，土耳其的库尔德人被禁止公开讲他们自己的语言。事实上，政府否认他们的存在，将他们归类为"山地土耳其人"。土耳其政治家和报纸出版商甚至因为提到库尔德人而被判处长期徒刑。所以毫不奇怪，当土耳其——北约盟国，海湾战争的参与者——将库尔德人交到萨达姆手中时，布什满足了他们的要求。

上万名伊拉克人——不论是什叶派、逊尼派还是库尔德人——在战争期间和战后丧生。联军的空袭摧毁了电厂、交通设施、净水厂和污水处理厂。随后的联合国制裁一直持续到2003年布什发动的伊拉克战争，这场战争夺走了更多的生命。当美国国务卿马德琳·奥尔布赖特被问及（在1996年哥伦比亚广播公司的《60分钟》节目中）50万伊拉克儿童的死亡——"比广岛丧生的人"还要多——是否值得作为继续遏制萨达姆的代价时，她回答道："是的，我们认为是值得的。"

············

联合国斡旋与伊拉克的停火协议伴随着严厉的经济制裁。此外，伊拉克同意销毁其化学、生物和核武器以及生产设备。在随后的七年里，联合国武器核查人员努力争取伊拉克遵守停火协议规定的武器核查方案。萨达姆开放了一些武器生产设备，其中一些已经被拆除，但他继续阻挠全面核查。1998年12月，这一问题发展到了不可收拾的地步，萨达姆要求所有美国核查组成员撤离伊拉克。结果，又发生了另一场考验意志的危机。克林顿总统发动了一系列炸弹袭击，企图迫使挑衅的萨达姆屈服，但都失败了。1998年10月，深感沮丧的美国国会竟然通过了《伊拉克解放法案》，呼吁利用"伊拉克反对派"推翻萨达姆。克林顿在不准备入侵伊拉克的情况下签署了法案。然而，2001年9月11日之后，决议还是一纸空文。

---

① 引自雷蒙德·邦纳（Raymond Bonner），"永远记住"，《纽约客》，1992年9月28日，第48页。

第二十二章
9·11，阿富汗和伊拉克

2001年9月11日，19名阿拉伯青年，其中15人来自沙特阿拉伯，在埃及的穆罕默德·阿塔的带领下劫持了4架美国客机。其中两架撞向纽约世贸中心双子大楼，几分钟内大楼相继倒塌。另一架飞机撞向与白宫隔着波托马克河的五角大楼。乘客反抗导致第四架飞机坠毁在宾夕法尼亚州尚克斯维尔附近。总共造成近3000人遇难，几乎所有遇难者都是平民。

几小时内，美国政府就将劫机者确定为基地组织——奥萨马·本·拉登领导的神秘组织的成员，本·拉登是沙特阿拉伯的流亡者，后在塔利班的保护下生活在阿富汗。这不是基地组织第一次袭击美国目标。在此之前的1993年2月，基地组织就曾试图炸毁双子大楼，1998年8月，同时对美国驻肯尼亚和坦桑尼亚的大使馆实施自杀性爆炸袭击，造成224人死亡，5400多人受伤（主要是非洲人，其中许多是穆斯林，还有12名美国公民）。

然而，在大使馆遭到袭击后，克林顿政府迅速将基地组织确定为袭击者，出动巡航导弹轰炸基地组织在阿富汗的设施，但都没有击中目标。当时深陷莱温斯基丑闻之中的克林顿能做的只有这些；此外，公众要求采取更激进的措施的呼声寥寥。2000年10月，在也门亚丁港发生了一起针对美国"科尔"号驱逐舰的自杀式袭击，这起事件导致17名美国水兵丧生。11个月后，9·11恐怖袭击发生了。

在9·11恐怖袭击之后的第一次讲话中，美国总统布什誓言要找到凶手并将他们绳之以法。在他所称的"全球反恐战争"中，他呼吁所有国家加入战斗，并补充道："你们要么站在美国这边，要么就是与恐怖分子为伍。"

很难理解是什么驱使19名受过教育的阿拉伯青年在自杀的同时进行大规模屠杀。布什能给的最好的答案莫过于"他们仇视我们的自由"。布什和其他人认为，伊斯兰武装分子受到怨恨、仇恨、非理性和错误宗教的驱使。有些人将它视为"文明冲突"的一部分。

以色列情报部门多年来一直试图为自杀恐怖分子建立典型档案，但最终发现根本无法做到。这一点也不奇怪，关于自杀恐怖分子的所有言论都是猜测性的。

此外，对理解恐怖分子动机的尝试陷入了禁止试图理解他们的社会禁忌。有人认为，理解反而抬高了恐怖分子的身价。在美国，出版本·拉登作品集的出版商被指控宣传"基地组织的罪恶"。①

一些恐怖分子带有个人恩怨，另一些则深受丧生敌手的亲友的影响。例如，55%的巴勒斯坦自杀式炸弹袭击者目睹了他们的父亲受到以色列人的侮辱，他们经常提到他们寻求报复的特定事件。一旦生活变得忍无可忍，自杀就成为一种选择。

当冲突披上绝对的、教条式的宗教观点的外衣，杀戮和死亡就变得容易了。例如，对巴勒斯坦的争夺最初是犹太复国主义者和世俗巴勒斯坦解放组织（在某种程度上也是社会主义者）之间的世俗领土冲突，最后演变为双方的圣战，让忠实的信徒们更容易杀戮和为之而死。

地理位移，也就是在异国他乡的异己存在，影响了许多恐怖分子。恐怖分子要求历史救赎——归还领土、重振黄金时代，与现今无法忍受的境地相比更显辉煌，使得他们成为自己民族理应享有的地位的捍卫者。②

自杀式爆炸是所谓的"不对称战争"的一种，是穷人和弱者最后的武器。"殉教者"使用的炸弹造价低廉，但在人类智慧的引导下，非常准确。1980—2003年，自杀式袭击的死亡人数占恐怖袭击死亡人数的48%，尽管他们仅占制造袭击的3%。③

9·11恐怖袭击是政治伊斯兰与西方帝国主义冲突的结果，在武装分子的眼中，这种冲突给伊斯兰之家带来了"不信的污秽"和"道德沦丧"。穆罕默德·阿塔是德国北部城市规划硕士，他的硕士论文是关于保护阿勒颇古老的大市

① 杰奎琳·罗丝（Jacqueline Rose），"致命的拥抱"，《伦敦书评》，2004年11月4日，第21-24页；拉斐·卡查杜里恩（Raffi Khatchadourian），"邪恶轴心"，《国家》，2006年5月15日，第24页。

② 爱维沙·马格利特（Avishai Margalit），"自杀式袭击者"，《纽约书评》，2003年1月16日；杰西卡·斯黛姆（Jessica Stem），《以上帝之名的恐怖：为什么宗教激进分子热衷杀戮》（*Terror in the Name of God: Why Religious Militants Kill*），（纽约：亦柯出版社，2003年）。

③ 克里斯蒂安·卡里尔（Christian Caryl），"他们为什么这么做"，《纽约书评》，2005年9月22日；斯科特·麦康奈尔（Scott McConnell），"自杀式恐怖主义的逻辑：这是职业，不是原教旨主义"，《美国保守派》，2005年7月18日。

场——露天市场，也许是世界上最古老的、一直有人居住的城市，阿拉伯世界鲜活的象征。尽管叙利亚政府尽了最大努力保护露天市场，但在西方印记的包围下，这里充斥着快餐店和混凝土旅游饭店，露天市场正在逐渐消失。在开罗和阿勒颇，阿塔受到了穆斯林兄弟会的影响。混居在汉堡红灯区的妓女和海洛因贩子当中，异化的阿塔接受了崇高的殉难义务。①

当布什宣称伊斯兰恐怖主义分子讨厌美国社会所代表的东西时，他在一定程度上是正确的。然而，基地组织对西方的战争并不是反对《人权法案》，而是反对西方在伊斯兰国家的存在。伊斯兰好战分子指责西方支持叛教、腐败的暴政政府，如伊拉克、叙利亚和沙特阿拉伯。他们还遣责西方支持以色列；美军驻扎在阿拉伯半岛；支持俄罗斯、印度和中国镇压车臣、克什米尔和中亚的穆斯林以及中国境内的恐怖分子；以及向阿拉伯石油供应商施压以压低石油价格。

不论是在越南、阿尔及利亚、车臣、伊拉克或是斯里兰卡，恐怖主义都是弱势群体反抗强权的最后选择。在1965年的电影《阿尔及尔之战》中，在被告席上的恐怖分子被讯问："用你女人的篮子装着炸死那么多无辜人的炸弹，这不是懦弱吗？"他回答："那你们呢？向毫无防卫的村庄投掷凝固汽油弹，造成数千人死亡，就不那么懦弱了吗？如果我们有飞机，就会容易得多。把你们的轰炸机给我们，把我们女人的篮子拿去给你们。"②

伊斯兰教不允许自杀。穆斯林的生命属于真主，只有真主才有生杀大权，但伊斯兰教确实鼓励殉教。一位哈马斯官员解释了自杀和殉教之间的区别："如果一名殉教者因为厌倦了生活而杀死自己，那就是自杀。但如果他想牺牲自己的灵魂以打败敌人并为了真主的缘故，那么他就是殉教者。"③

劫机者来自富裕的名门望族，他们在西方的文化、财富、权力和近乎傲慢的

---

① 乔纳森·拉宾（Jonathan Rabin），"我的圣战"，《纽约客》，2002年2月4日；史蒂夫·科尔（Steven Coll），《幽灵战争：中情局、阿富汗和本·拉登秘史，从苏联入侵到2001年9月10日》（*Ghost Wars: The Secret History of the CIA, Afghanistan, and bin Laden, from the Soviet Invasion to September 10, 2001*），（纽约：企鹅出版社，2004年），第470-474页。

② 《阿尔及尔之战》（The Battle of Algiers），由吉洛·彭特克沃（Gillo Pontecorvo）撰写和执导（里亚尔托影片发行和剑锋影业，1965年）。

③ 阿卜杜拉·阿齐兹·兰提西（Abdel Aziz al-Rantissi），引自罗丝（Rose），"致命的拥抱"，第24页。

存在的影响下长大。他们对西方的怨恨最终变成了自十字军在 11 世纪末首次闯入伊斯兰世界以来几乎没有变化的信念。1991 年海湾战争后，本·拉登谴责美国占领"伊斯兰教最神圣的土地：阿拉伯半岛……窃取其资源，向其领袖发号施令，羞辱其人民"。① 我们必须阻止历史重演。本·拉登的首席中阿伊曼·阿尔·扎瓦希里宣称："我们不会让安达卢斯的悲剧（在巴勒斯坦重演）。"安达卢斯的悲剧即 1492 年，在安达卢西亚（今西班牙）生活了 700 年之久的阿拉伯人被驱逐出家园的创伤事件。②

基地组织的精神和行动领袖奥萨马·本·拉登是 9·11 恐怖袭击的鼓动者。（图片来源：美国联邦调查局）

本·拉登的目标是改变西方与伊斯兰世界之间的不平等关系。在 2004 年 3

① 引自科尔（Coll），《幽灵战争》（*Ghost Wars*），第 380 页。

② 劳伦斯·怀特（Lawrence Wright），"恐怖主义网络"，《纽约客》，2004 年 8 月 2 日，第 47 页。

月马德里火车站死亡炸弹袭击（造成191人丧生，另有1800人受伤）发生5周后，本·拉登向欧洲人提出，调和"将从最后一名士兵撤离我国开始"。① 10月下旬，他向美国提出了同样的条件。

第二次世界大战后，随着阿拉伯人从法国和英国的统治下获得独立，他们盼望一个新的开始，一场让阿拉伯世界重拾往昔辉煌的复兴。在大多数阿拉伯国家，社会主义运动都以承诺此类复兴而上台。事实上，叙利亚和伊拉克夺取政权的复兴党的名字取自阿拉伯语的"重生"。但最终未能如愿。阿拉伯政府——无论是社会主义还是君主主义——都变得腐败了，靠石油收入、秘密警察或者由美国和苏联等异教徒国家提供装备的军队支撑起来。在阿拉伯世界的心脏地带——叙利亚、黎巴嫩、伊拉克、埃及和沙特阿拉伯尤其如此。

这种幻灭感在国内就业机会有限的阿拉伯青年中间尤其明显。一些人选择出国，一些人则诉诸宗教，还有的人加入了恐怖组织。这一问题在沙特阿拉伯尤其严重。1980—1998年，沙特阿拉伯的人口增长率世界第一，年增长率高达4.4%。到2002年，沙特阿拉伯的人口从600万激增到2200万，43%的人口年龄在14岁以下。王子——在大众眼中一边服务外国利益、沾染各种外国恶习（色情、酗酒、卖淫），一边还假装虔诚的伪君子们——的人数从2000人上升到7000人。与此同时，石油收入从1981年的2270亿美元下降到1986年的310亿美元。沙特阿拉伯的人均国民收入在1981年达到峰值19000美元，到1997年反而下降到了7300美元（以美元计）。由于大学输送的毕业生远远超过经济需要，沙特阿拉伯变成伊斯兰激进分子的温床也就不足为奇了。毕竟，沙特阿拉伯是唯一由瓦哈比教派战士建立的现代伊斯兰国家，他们信奉极其严格的伊斯兰教教义，突出圣战，其中一个方面是反对异教徒的神圣战斗。沙特阿拉伯也是少数几个摆脱了欧洲帝国主义的伊斯兰国家之一，另一个是阿富汗。在瓦哈比教派神职人员的协助下上台的沙特王室现在不得不花费大量金钱来安抚瓦哈比教派，徒劳地妄想熄灭

---

① 劳伦斯·怀特（Lawrence Wright），"恐怖主义网络"，《纽约客》，2004年8月2日，第40-53页。

它们的反西方好战主义。①

伊斯兰武装对净化社会以及重拾伊斯兰世界昔日辉煌的追求有着悠久的历史。在不久的过去，穆斯林兄弟会在伊斯兰复兴中发挥着主导作用。1928 年，兄弟会在埃及成立，旨在回应伊斯兰世界视作哈里发毁灭性的灾难。自穆罕默德逝世后，伊斯兰之家鱼龙混杂。哈里发灭亡后，欧洲列强随即接踵而至。兄弟会反对民族主义、共产主义、社会主义和自由主义，梦想建立以《古兰经》训示的法律和日常行为为引导的伊斯兰国家——甚至可能是另一个哈里发国家。兄弟会创始人哈桑·巴纳指责西方用"他们半裸的女人……酒、剧院和舞厅"腐蚀伊斯兰。兄弟会的信条是：

我们以真主为指引，以《古兰经》为宪法，以先知为领袖，以斗争为道路，为真主牺牲是我们的最高理想。②

到了 20 世纪 40 年代后期，西化的埃及政府（由可耻的法鲁克国王执政）和兄弟会水火不容；1949 年，兄弟会暗杀了总理，警察开枪打死了巴纳。

20 世纪后期阿拉伯激进派的鼻祖是埃及的赛义德·库特布。在他的巨著《里程碑》（1964）中，库特布让人们相信阿拉伯世界原本生活在吉哈利亚州——在穆罕默德发现之前存在的黑暗。在净化"世界的肮脏沼泽"后，盛行的叛教必须而且将会让位给真正的伊斯兰国家。库特布的观点在一定程度上是他在科罗拉多州立教育学院待在 kuffar（异教徒）中间的两年时间里形成的。库特布是一名美国文学和大众文化专业的学生，他憎恶美国社会的方方面面，比如在教堂娱乐大厅里跳舞——居然是牧师组织的——来参加的都是在科罗拉多州格里利市各式教堂做礼拜的人，但他们对灵修显得毫无兴趣。③

---

① 大卫·B. 奥塔韦（David B. Ottaway）和罗伯特·G. 恺撒（Robert G. Kaiser），"权宜联姻：美国-沙特联盟"，《华盛顿邮报》，2002 年 2 月 12 日，第 A10 页；麦克斯·罗登贝克（Max Rodenbeck），"不受阿拉伯人欢迎"，《纽约书评》，2004 年 10 月 21 日，第 22-25 页。

② 引自大卫·雷姆尼克（David Remnick）的"开罗的来信：誓不离去"，《纽约客》，2004 年 7 月 12, 19 日。

③ 劳伦斯·赖特（Lawrence Wright），"本·拉登背后的人"，《纽约客》，2002 年 9 月 16 日；凯伦·阿姆斯特朗（Karen Armstrong），《为主而战》，（纽约：巴兰坦图书出版社，2000 年），第 239-244 页；拉宾，"我的圣战"。

对回归先知教义的追求导致了穆斯林激进分子与埃及的社会主义/军国主义政府之间的激烈战争。总统加麦尔·阿卜杜勒·纳赛尔逮捕了兄弟会的成员，并在 1966 年 8 月绞死了库特布。在听到他被宣判死刑后，库特布回答道："感谢真主。我已履行圣战 15 年，现在终于得到了殉教的机会。"① 1981 年 10 月，兄弟会在渗透埃及军队后，暗杀了与以色列签署了和平条约的"法老"安瓦尔·萨达特。

萨达特的继任者胡斯尼·穆巴拉克启动了永久性紧急状态。数以万计的伊斯兰教主义者和其他政治异见分子挤满了埃及的监狱，他们在那里受到各种酷刑。紧随着 1997 年兄弟会在卢克索屠杀 62 人（大部分是外国游客）而被镇压后，恐怖分子以暗杀行动进行反击。然而，到那时，萌芽于清真寺和咖啡馆并在埃及监狱中培育出来的阿拉伯伊斯兰好战主义分子已经开始向地球的边缘角落迁徙。

20 世纪 80 年代，伊斯兰主义者的关注点转移到了阿富汗。苏联人侵后，阿伊曼·阿尔·扎瓦希里——深受库特布世界观影响的埃及最显赫的家族之一的后裔——是第一批抵达阿富汗的阿拉伯人之一。在那里，他与来自沙特最显赫也最富有的家族之一的奥萨马·本·拉登联手。他们的组织合二为一。扎瓦希里因其组织能力而对本·拉登极其重要。在他仅 15 岁的时候，他已经帮助建立了一个地下组织。作为秘密工作专家，扎瓦希里负责策划袭击美国目标（包括 9·11 袭击事件）。扎瓦希里还负责本·拉登的最新目标——腐败的阿拉伯政府。一位兄弟会的埃及律师解释说，在 20 世纪 80 年代早期，本·拉登已经"以伊斯兰教义作为行动的纲领，但他并没有反对阿拉伯政权的依据"②。扎瓦希里改变了这种情况。

本·拉登大部分时间都在沙特阿拉伯和巴基斯坦白沙瓦之间穿梭，为反苏事业募集资金。他进口推土机用于平民和军事工程，1987 年 4 月，他参加了对苏军的战斗。正是在这里，他赢得了圣战战士的声誉。没有证据表明他直接与中情局合作，但美国官员对他招募阿拉伯圣战者表示赞赏。事实上，中情局想方设法让圣战分子参战。与此同时，中情局忽视了有关阿拉伯人民反美情绪的传言。

---

① 赖特（Wright），"本·拉登背后的人"。

② 蒙塔塞尔·阿尔·扎耶特（Montasser al-Zayat），赖特（Wright），"本·拉登背后的人"。

在圣战主义"替代品"的大力帮助下，美国在阿富汗赢得了对苏联的冷战的历史性胜利。1989 年最后一名苏联士兵撤离后，中情局驻巴基斯坦伊斯兰堡美国大使馆的站长米尔特·比尔登向美国发出电报"我们赢了"，然后关掉了灯，加入了大使馆的庆祝活动。[1] 但这一胜利的代价高昂，中情局留下了一个比以往任何时候都强大且富有的圣战分子网络，他们现在将枪口瞄准了美国在伊斯兰世界的存在。

阿以冲突是造成阿拉伯人对西方不满的一个原因，尤其是对支持以色列的美国。美国自称是冲突的调解人，但没有一个阿拉伯人相信这句话。在 1973 年的赎罪日战争中，尼克松政府公然支持以色列，1983 年，里根派遣海军陆战队员进入黎巴嫩，表面上是以中立维和人员的身份，实际上却让"新泽西"号战舰在阿拉伯演练其 16 英寸炮弹。本·拉登在 2004 年 10 月的录像中表示，正是由于这一事件——"黎巴嫩高塔"被毁，才让他决定要让美国尝尝同样的滋味。

1991 年海湾战争后不久，基地组织就开始活动，当时本·拉登严厉批评沙特皇室授权美国在沙特阿拉伯建立永久军事基地。最终，本·拉登因批评越过红线而被驱逐。他首先去了当时是恐怖分子避难所的苏丹。1996 年，他给沙特阿拉伯法赫德国王写了一封公开信，信中他再次谴责美国在先知土地上的存在。之后，他前往塔利班刚刚掌权的阿富汗。

基地组织在塞尔维亚-波斯尼亚冲突期间首次试图挑战西方。激进的阿拉伯人抵达波斯尼亚帮助他们的穆斯林同胞同东正教基督徒塞尔维亚人作战。他们带着他们在阿富汗获得的文韬武略以及通过设在伦敦、米兰、芝加哥、汉堡和沙特阿拉伯等地的文化和慈善团体非法转移的资金。然而，他们在波斯尼亚的介入最终失败了，部分原因是波斯尼亚人厌恶他们的凶残。

阿富汗：抗击基地组织

9.11 恐怖袭击之前，尽管即将离任的克林顿政府，特别是国家安全顾问桑迪·伯格和反恐专家理查德·克拉克，已经警告布什的国家安全小组，他们应当花更多的时间用于反恐，但布什对基地组织却并不那么在意。布什政府掌权后 4

---

[1] 科尔（Coll），《幽灵战争》，第 87，155-157，162-163，185 页。

天，克拉克向布什国家安全顾问康多莉扎·赖斯写了一份备忘录，指出"亟须"（在原文中重点强调）对"基地"组织进行研究。克拉克试图解释说，基地组织是一个国际性的"活跃的、有组织的重要力量"，因此应该成为政府重视的"第一要务"。① 赖斯无视了警告。克拉克一直担任反恐专家的职位，但他失去了内阁级的地位，现在向赖斯汇报，赖斯对他说的话却一点也不感兴趣。

2001年7月10日，中情局局长乔治·特内特在一次会议上（2006年赖斯已经记不起这一事情）向赖斯介绍了基地组织。在他就职后不久，布什就任命副总统迪克·切尼主持一个恐怖主义特别工作组，但从未落实。司法部长约翰·阿什克罗夫特在2001年7月5日拒绝了联邦调查局代理局长托马斯·皮卡德提出的请求——另支付5900万美元用于打击基地组织，并补充说他已经厌倦了听这方面的事。②

即使在布什收到中情局现在十分著名的"总统每日简报"（2001年8月6日，文件标题为"本·拉登决意在美国发动袭击"），警告说基地组织可能会利用飞机袭击政府大楼后，他仍待在得克萨斯度假。与此同时，早在2001年3月底，用克拉克的话来说，"系统已经亮起了红灯"。那年夏天，克拉克取消了所有下属的休假，孤注一掷地企图避免袭击。作为克林顿政府的一员，他参与了对袭击洛杉矶国际机场的"千禧年阴谋"的成功瓦解，他们通过"动摇根基"——追寻各种线索，与美国和外国（特别是加拿大和约旦）当局合作。③ 然而，这一次，尽管一再警告，白宫却表现出毫不在意。

舆论要求对9·11恐怖袭击立即做出有力回应。布什动员还在震惊、愤怒的国家，发誓要追击本·拉登，即使要追到天涯海角，也要将他捕获，不论"是死是活"。一名中情局特工甚至要了一个装有干冰的盒子，期待拿到最高战争奖

① 克拉克（Clarke）给赖斯（Rice）的备忘录，"总统政策倡议/研究–基地组织网络"，2001年1月25日。

② 丽莎·迈耶斯（Lisa Meyers），全国广播公司，"阿什克罗夫特无视恐怖袭击警告？"2004年6月22日；丹·埃根（Dan Eggen）和沃尔特·平卡斯（Walter Pincus），"阿什克罗夫特的反恐努力遭批评"，《华盛顿邮报》，2004年4月14日。

③ 《9·11委员会报告：国家委员会对美国遭受恐怖袭击的最终报告》（*The 9/11 Commission Report: Final Report of the National Commission on Terrorist Attacks upon the United States*），（纽约：诺顿出版社，2004年），第174–182，254–277页。

杯——本·拉登的人头。布什否决了克林顿早些时候对基地组织的回击，"开玩笑"地说"向某人的……帐篷发射一颗巡航导弹"。① 布什会把它做好。

几乎全球都支持美国；这是北约第一次宣布其一名成员国遭到袭击。布什要求塔利班头目穆罕默德·奥马尔交出本·拉登。奥马尔拒绝后，布什从 2001 年 10 月 7 日开始与阿富汗作战。首先是从附近航空母舰上最先进的喷气式战斗机以及从远至密苏里州飞来的 B-2 轰炸机的炸弹袭击。紧接着出动的是由最新计算机、中情局特工、空军、士兵、水手和北约部队支援的高度机动、高效的特种部队。然而，美国最初依靠的"地面部队"人数太少——110 名中情局官员和 316 名特种兵。② 这远远不够。

北方联盟的阿富汗军阀，主要是塔吉克人和乌兹别克斯坦人，在过去 5 年中一度抵制普什图·塔利班，协助了美国。这是一场不平衡的竞争，是最富有、最强大、拥有强大盟友的国家与最贫穷国家之间的竞争。到 2001 年 12 月初，塔利班和基地组织遭到挫败，他们的幸存部队涌向塔利班最初的发源地——巴基斯坦。

布什的国防部部长唐纳德·拉姆斯菲尔德召开了一系列新闻发布会，他受到整个国家的感激和赞许。然而正是从此时事情开始变糟。敌人遭到惨败，但当美国及其北约盟国在托拉博拉陡峭山脉的山洞中找到本·拉登的堡垒时，他们没有足够的兵力来捕捉俘虏他。奥马尔和本·拉登消失在阿富汗-巴基斯坦边界的崎岖山地中，得以幸存下来，继续战斗。

之所以未抓住本·拉登是因为美国驻阿富汗指挥官汤米·弗兰克斯将军将这件事交给了阿富汗人。他们要么无法胜任，要么与在逃的基地组织战士私下勾结。这是在位于佛罗里达州坦帕市的指挥中心努力构思入侵伊拉克的弗兰克斯明白太迟的事。这并没有阻止布什宣布胜利。他在 2002 年 3 月 14 日解释说，本·拉登"碰到了旗鼓相当的对手"，被"边缘化"了，他"甚至可能已经死了"，

① 鲍勃·伍德沃德（Bob Woodward），《战时布什》（Bush at War），（纽约：西蒙和舒斯特出版社，2002 年），第 38，141，143 页。

② 鲍勃·伍德沃德（Bob Woodward），《战时布什》（Bush at War）（纽约：西蒙和舒斯特出版社，2002 年），第 314 页。

然后补充道，"我真的不担心他"①。自那以后，政府对仍然在逃的本·拉登的提及越来越少。

弗兰克斯在战争初期对巴基斯坦总统穆沙拉夫说，"我们不抓到"本·拉登"就不会罢休"。②然而，开战两个月后，本·拉登仍然逍遥法外，弗兰克斯将他的兵力转移到了伊拉克，只留下4000名官兵驻守阿富汗，加上5000名北约士兵。弗兰克斯在他的回忆录中谈到了在阿富汗的"历史性胜利"，只字不提9·11的真凶仍在逍遥法外。

塔利班和基地组织很有可能从巴基斯坦难以逾越的西北边境省的托拉博拉穿过边界逃到了瓦济里斯坦。瓦济里斯坦人——自称为扫罗王后裔的普什图族——自公元前600年以来挡住了各路入侵者，其中包括亚历山大大帝、成吉思汗和英国人，保持着他们领土的"纯净"。尽管联邦调查局对本·拉登的人头悬赏5000万美元，当巴基斯坦军队在布什政府的敦促下于2004年3月进入瓦济里斯坦时，他们碰壁了，空手而归。

在阿富汗战争期间，瓦济里斯坦一度落入激进伊斯兰分子的手中，成为滋生鼓吹塔利班伊斯兰极端主义的温床，滋生了90个极端主义教派。在苏联入侵前，瓦济里斯坦人自认为他们大都是普什图人；苏联入侵后，他们越来越多地把自己视作穆斯林和普什图人。2003年10月，一个完全的伊斯兰政府在瓦济里斯坦掌权，该地区此时已成为激进伊斯兰分子以及海洛因的出口地。按照伊斯兰教法，海洛因是禁止的，但如果海洛因杀死了一个非穆斯林的话，则是情有可原的。③

绕道伊拉克

即使在9·11恐怖袭击发生之前，布什政府就盯住了伊拉克，阿富汗战争的

---

① 巴顿·吉尔曼（Barton Gellman）和托马斯·E. 里克斯（Thomas E. Ricks），"美国声称本·拉登在托拉博拉一战中逃走"，《华盛顿邮报》，2002年4月17日。

② 汤米·弗兰克斯（Tommy Franks），《美国大兵》（*American Soldier*），（纽约：里根书局出版社，2004年），第309页。

③ 伊丽莎·格里斯沃尔德（Eliza Griswold），"塔利班游荡之地"，《哈珀斯》（2003年9月），第57–65页；伊丽莎·格里斯沃尔德，"藏身之地"，《纽约客》，2004年7月26日，第34–A2页。

硝烟还未散尽，它已经准备入侵伊拉克。理查德·克拉克警告说，入侵伊拉克可能正合基地组织的"基督教政府袭击较弱的穆斯林地区"的"意"，从而让它"团结世界各地的圣战分子帮助宗教同胞"。① 有威望的政府官员和军官试图警告布什在伊拉克等待他的陷阱，包括他父亲和他父亲的外交政策顾问（布伦特·斯科克罗夫特和詹姆斯·贝克）、国会共和党领袖、高级军官（埃里克·新关和安东尼·津尼）、中情局分析师和外国元首。德高望重的外交官和历史学家乔治·凯南警告说："如果我们进入伊拉克……你知道从哪里开始，但你永远不知道最终结果会是怎样。"

然而，布什政府确信，无论在伊拉克陷入什么困境，他们都会毫发无损，并取得胜利。2002 年夏天，在狂热地发动战争的准备中，布什的一位助手（显然就是布什登上"亚伯拉罕·林肯"号航空母舰宣布入侵伊拉克"任务完成"这一时刻的设计师卡尔·罗夫）责备了一名"认为方案是从……对看得见的事实的明智研究中产生的""实事求是派"记者。这不再是"世界真正运转的方式"，他解释道：

我们现在是一个帝国，当我们行动时，现实由我们创造。当你研究那个现实时——如你所愿明智地——我们再次行动，创造其他新的现实，你也可以研究……我们是历史的演员……而你们所有人，都只会研究我们所做之事。②

这是最大胆的国家建设。在越南，美国官员也抱有类似的幻想，但他们中最乐观的人也从未如此口出狂言。

布什对告诫之言全不在意。他对伊拉克的入侵正顺了本·拉登的意。2003 年 7 月，他向圣战者发出挑战："尽管来吧。"很快，来自中东各地的圣战分子就来到了伊拉克。"如果本·拉登相信圣诞节，"一位中情局情报官员宣称，"这一定是他在圣诞树下许下的愿。"2003 年 10 月，战争开始 7 个月后，总部位于伦敦的国际战略研究所宣称，尽管基地组织在阿富汗遭受了相当大的损失，现在已经"完全恢复元气"，集结了估计 18000 名兵力，和"新的有效的作战方式"，在多

---

① 理查德·克拉克（Richard Clarke），《打击一切敌人：美国反恐战争内幕》（*Against All Enemies: Inside Americas War on Terror*），（纽约：自由出版社，2004 年），第 6 章，"基地组织揭秘"，第 133–154 页。

② 罗恩·萨斯坎德（Ron Suskind），"忠诚、必然和布什总统任期"，《纽约时报杂志》，2004 年 10 月 17 日。

达 90 个国家行动。① 基地组织发起的恐怖主义行动遍布伊拉克，同时蔓延到西班牙、摩洛哥、印度尼西亚、突尼斯、巴基斯坦、肯尼亚、土耳其和沙特阿拉伯。

在 9·11 恐怖袭击发生之前的几个月里，布什和他的内阁将全部注意力放在了伊拉克和它庞大的石油储备上。当副总统切尼在 2001 年 2 月召开能源秘密会议时，他铺开了伊拉克及其油田的地图。入侵伊拉克之后，切尼的办公室、五角大楼、中情局和伊拉克流亡者推动石油工业的私有化。《华尔街日报》称，对伊拉克石油的索求是"有史以来最大胆的恶意收购之一"。伊拉克的抵制决心（包括石油工人）如此之大，以至于很明显，用讽刺作家奥罗克先生的话说，"购买石油要比偷抢便宜得多"。②

在 20 世纪 90 年代初，当时的国防部长迪克·切尼发布了一份名为《防务计划指南》的文件，提出美国霸权在国外的永久扩张。2001 年 1 月再次掌权后，切尼等人在两个月的时间里制定了入侵伊拉克的计划，但他们还不知道如何让不安的美国民众接受这一战争。9·11 事件发生 6 小时后，拉姆斯菲尔德命令五角大楼准备对本·拉登和萨达姆作战。"将他们全部扫除，"拉姆斯菲尔德的助手之一在作战命令的空白处写道，"不论有关与否"。③

布什得到了他的外交政策顾问们——一个被称为新保守派的组织的协助和教唆。其领导成员包括切尼、拉姆斯菲尔德、国防部副部长沃尔福威茨和赖斯。他们中的许多人是从 20 世纪 70 年代起步的，作为布什政府当前危机委员会以及中情局 B 小组的成员，这些委员会一直夸大苏联的威胁。

对越战的失败还耿耿于怀的新保守派仍然对美国力量持乐观态度，对过度军

---

① 彼得·卑尔根（Peter Bergen），"烈火雄心"，《琼斯母亲》（*Mother Jones*）（2004 年 7—8 月），第 40-45 页。

② 比尔·莫耶斯（Bill Moyers）和迈克尔-温希普（Michael Winship），"一直都是为了石油"，《比尔·莫耶斯杂志》，2008 年 6 月 27 日；"美国推动伊拉克石油部门的私有化"，《石油情报周刊》，2003 年 4 月 21 日；格雷·帕拉斯特（Greg Palast），"美国对伊拉克石油的秘密计划"，官方通讯社，2005 年 3 月 17 日；"鲜血换石油"，《伦敦书评》，2005 年 4 月 21 日，第 13 页；詹姆斯·A. 贝克（James A. Baker Ⅲ）、李·H. 汉密尔顿（Lee H. Hamilton）等编辑，《伊拉克报告》，（纽约：年代图书出版社，2006 年），第 2 页及第 63 号建议，第 85-86 页；奥罗克，"战争的背后"，《大西洋月刊》，2003 年 12 月。

③ 引自保罗·克鲁格曼（Paul Krugman），"奥萨马、萨达姆和持好的枪口"，《纽约时报》，2006 年 2 月 24 日。

事扩张的警告置之不理。他们对先发制人情有独钟，蔑视理查德·尼克松和亨利·基辛格的权力政治，他们寻求缓和，还曾与苏联和中国进行谈判。他们确信美国能够为饱受邪恶蹂躏的世界带来进步和道德。美国仍然是"山上明城"，是其他国家绚烂的基督教信标，这是他们的英雄罗纳德·里根经常表达的想法。新保守派坚信，他们在伊拉克将会受到热情欢迎，将被糖果和鲜花包围。英国将军斯坦利·莫德也抱有同样的幻想，1917年3月，他向伊拉克人民说："我们的军队不会以征服者或敌人的身份践踏你们的城市和土地，而是作为解放者。"在他的总统任期结束时，布什仍然不明白为什么忘恩负义的伊拉克人没有亲自并公开地感谢他解放他们。①

新保守派顽固地坚持，萨达姆是9·11阴谋的一分子，而且他拥有大规模杀伤性武器，随时会用到美国的领土上，甚至可能是核蘑菇云。但在9·11之前的几个月里，这都无关紧要，布什的国防部长鲍威尔和赖斯公开表示，萨达姆已经失去了10年前的战斗能力，而且他还没能够重建他的武装力量。理查德·克拉克认为本·拉登和萨达姆之间没有任何联系的言论完全未被理睬。

已经为战争做好准备的新保守派说服了公众以及新闻界——他们的工作就是提问，反恐战争需要巴格达的政权更替。② 他们坚信萨达姆仍然拥有化学和生物武器、生产核武器的能力以及使用它们的意愿。更为不幸的是，萨达姆即将把他的大规模杀伤性武器提供给基地组织。

这一惨淡的设想忽视了本·拉登和萨达姆是死敌这一事实。当本·拉登提到叛教的阿拉伯政府时，他也暗指了萨达姆。1991年，当美国首次与萨达姆作战时，本·拉登寻求（但未成功）沙特的支持以发动推翻萨达姆的圣战。③ 萨达姆清楚地知道他所面临的最大的国内威胁就是激进的伊斯兰武装，无论是国内的什

---

① 2003年5月，在保罗·布雷默（Paul Bremer）动身前往伊拉克前夕，布什告诉他，"有人愿意站出来，感谢美国人民为解放伊拉克而做出的牺牲，这一点很重要"；保罗·布雷默，《伊拉克岁月：为建立充满希望的未来而奋斗》（*My Year in Iraq: The Struggle to Build a Future of Hope*），（纽约：西蒙和舒斯特出版社，2006年），第359页。5年后，布什在接受鲍勃·伍德沃德（Bob Woodward）的采访时，再次回忆起这种伤感。

② 欲了解新闻界的严厉指责，见迈克尔·梅森（Michael Massing），"伊拉克：他们现在才告诉我们"，《纽约书评》，2004年2月26日。

③ 科尔（Coll），《幽灵战争》，第380页。

叶派还是基地组织的逊尼派。2004 年，9·11 事件报告指出，萨达姆并未回应本·拉登提出的在伊拉克境内设立恐怖主义营地的请求。中情局和参议院情报委员会的报告（分别在 2005 年和 2006 年）得出了同样的结论。9·11 事件报告指出，其他国家正式或非正式地向基地组织提供援助，不仅仅是阿富汗，而且还包括亲美国家，如巴基斯坦、沙特阿拉伯和阿拉伯联合酋长国，但是，伊拉克并不在其列。

为了给战争找借口，新保守派转向艾哈迈德·沙拉比，一个受过美国教育的伊拉克人，他的家族曾是伊拉克最富有的一个，但被 1958 年的复兴党革命所剥夺。在 20 世纪 90 年代初，沙拉比加入了保守派智库——美国企业研究所，创建了伊拉克国民大会（INC），并开始游说美国入侵让他重返伊拉克。沙拉比的伊拉克国民大会是 1998 年美国国会决议呼吁在巴格达实行"政权更替"背后的主要力量。沙拉比对美国高级官员的取悦使 1992—2004 年的三届政府至少向他的组织投入了 1 亿美元。然而，中情局和国务院认为他就是个骗子。约旦的一家法院在他缺席审判的情况下以挪用大笔资金的罪名判处他 20 年的劳役。这些都不能阻止他在美国的高层培养有权有势的资助人——拉姆斯菲尔德、沃尔福威茨和切尼。布什政府利用沙拉比从五角大楼获取的假情报宣传战争。当问及萨达姆是否拥有流动的化学和生物实验室时，沙拉比插话说，萨达姆的确拥有这样的实验室，而他可以提供实验室的位置。他还传播基地组织在伊拉克建有恐怖分子营地的流言。

当沙拉比坚称只需要 1000 名美国士兵就能推翻萨达姆时，美国海军陆战队司令安东尼·津尼驳斥了他的说法，认为这是一个"不切实际的童话"。然而，布什更倾向听沙拉比而不是他自己的将军的话。当沙拉比的自由伊拉克战士抵达巴格达时，他们加入了抢掠，但他们只是专注于别墅、SUV 等。当成立临时政府的时候，联合国反对沙拉比的候选资格。布什政府后来发现沙拉比向伊朗出售情报后就抛弃了他。

在他 2003 年 1 月的《国情咨文》演讲中，布什指责萨达姆持有的生物和化学武器（500 吨沙林毒气、芥子气和神经瓦斯）足以"杀死数百万人"，另外他拥有的肉毒杆菌毒素足以杀死另外数百万人。

此后不久，布什受人尊敬的国务卿科林·鲍威尔给出了战争的最终定论。在联合国和世界面前，鲍威尔提供了这些武器确实存在的"无可辩驳的"证据。一开始拒绝出示报告的鲍威尔抛开了面子，作为一名好士兵加入进来，并使得许多持怀疑态度的人转变了观点。① 他的"证据"包括照片和具体地址，据称这些武器就是在这里生产和储存的。他举起一个小瓶，宣称瓶内物质可以杀死数千人。然而，鲍威尔那天所说的一切都是半真半假或彻底歪曲事实的。

新保守派坚称，萨达姆叛逃到约旦的女婿侯赛因·卡迈勒曾在1995年8月声称有大规模杀伤性武器。鲍威尔在联合国发表的讲话中提到了卡迈勒的名字。在卡迈勒的证词被转载到互联网上后，才发现他从未说过这样的话。如果有的话，他曾告诉中情局，萨达姆在1991年就摧毁了他的大规模杀伤性武器。这场战争的发起是建立在拉姆斯菲尔德的著名理论——"没找到证据不等于没有证据"——之上的。原本为战争摇旗呐喊的《纽约时报》记者托马斯·弗里德曼，现在声称入侵是在距离其美国办公室"五块砖半径"内工作的25个人一手炮制的。"如果你在一年半前将他们放逐到一个荒岛上，"他写道，"伊拉克战争将不会发生"。②

布什最初寻求联合国对入侵的批准，但他所能得到的只是一项授权联合国武器核查人员重返伊拉克的决议（他们在1998年被萨达姆驱逐出境）。在瑞典外交官汉斯·布利克斯的指导下，核查人员开始着手寻找大规模杀伤性武器。在布利克斯的小组出具中间人报告，声称他们没有找到大规模杀伤性武器的证据后，布什在他们完成任务之前就开始了战争。入侵后，五角大楼的伊拉克调查小组——由大卫·凯率领的1500名视察员组成，也未能找到新保守派希望找到的证据。

当联合国要求继续对伊拉克实施经济、军事和外交遏制时，布什决定自己单干。在所有大国中，只有英国——其政府也在大肆宣传伊拉克的威胁迫在眉睫——派出10000名士兵给予实质性的援助。英国首相布莱尔以为支持布什会让他在美国赢得一定的影响力。最终，布莱尔对他的付出未作任何表示，只留下不少失望的选民，他们越来越将他视作"布什的走狗"。2005年5月，所谓的唐宁

① 在五场模拟演练的第一场中，鲍威尔（Powell）将报纸扔向空中，说："我不会去读它。这纯属胡说。"布鲁斯·B.奥斯特（Bruce B. Auster）、马克·马泽蒂（Mark Mazetti）和爱德华·T.庞德（Edward T. Pound），"真相与后果：美国关于伊拉克拥有大规模恐怖武器的情报的新问题"，《美国新闻和世界报道》，2003年6月9日。

② 引自丹尼·波斯特尔（Danny Postel），"是谁在制造战争"，《美国前景》（2004年7月），第22页。

街会议纪要——英国情报机构撰写的报告，完成于入侵前 8 个月——被披露，报告警告布莱尔，布什已经决定开战。会议纪要解释说，"他们操纵了情报与事实"，好为战争找借口。

唐宁街会议纪要还指出了后来十分显而易见的事实："美国几乎没有考虑出兵后的后果。"鲍威尔主义强调未来战争中的"退出策略"。据说，当鲍威尔向切尼提出这个问题时，副总统这样回答："我们没有退出策略。我们准备留下。"将越战的失败归咎于国家意志丧失的基辛格，建议布什政府说："胜利是唯一有意义的退出策略。" 2005 年 4 月，拉姆斯菲尔德在提醒驻巴格达部队时呼应了基辛格的这一看法，"我们没有退出策略，我们只有胜利策略。"①

没人怀疑美国能将萨达姆四处逃散的部队迅速击溃。萨达姆几乎没有任何空军力量，他的军队、炮兵和装甲力量也只有 1991 年的 1/3 左右。他的武器库中只有近 50 年前的苏联 T-55 坦克。尽管如此，鲍威尔还是警告政府，如果它想要占领伊拉克，就不能"光明正大"，不能再犯越战的错误。陆军总参谋长埃里克·新关和安东尼·津尼将军提到需要 40 万军队，而不是五角大楼里的文官（特别是拉姆斯菲尔德和沃尔福威茨）所想的 7.5 万（最终部署的 15 万军队是五角大楼内的文武官员妥协的结果）。沃尔福威茨公开嘲笑新关，声称他的估计"不着边际"。他说，"很难想象，提供稳定所需的兵力……居然比战争本身还要来得多"。这是自 50 多年前杜鲁门解除麦克阿瑟将军一切职务以来首次对四星上将的公开斥责。津尼的境遇甚至更糟，在五角大楼会议上他被称为叛徒。

美国后来面临的诸多问题都源于它没有部署足够的地面部队。将其与 1991 年的海湾战争相比很有启发性。海湾战争中，69 万联军部队只有一项任务：将萨达姆逐出科威特。相比之下，2002 年入侵伊拉克，部署不到海湾战争规模的 1/4 的部队以击败、粉碎伊拉克军队，占领一个如同得克萨斯州大小的 2500 万人口的充满怨恨的国家，并对其进行管理和重建。

鲍威尔还警告说，美国应对其造成的破坏负责。他援引了被称为"陶瓷仓的规则"——如果你说了，你就脱不了身。鲍威尔的警告不仅源自常识，更受到国

---

① 卡罗琳·亚历山大（Caroline Alexander），"拉姆斯菲尔德（Rumsfeld）称，美国在伊拉克没有退出策略"，彭博新闻社，2005 年 4 月 12 日；美联社，"伍德沃德（Woodward）：基辛格向布什建议"，2006 年 9 月 29 日。

际法的影响：占领者必须对其控制的公民的福祉负责。这是"光明正大"进入的部队所无法做到的。像往常一样，这场战争的首个牺牲品是事实；其次是鲍威尔主义。

很快，接下来发生的事就证明鲍威尔、新关和津尼是正确的。萨达姆的军队没有顽强抵抗；而是逃散开去，以继续战斗。为了扫除旧秩序的象征，美军拆毁了萨达姆的雕像和画像，美国大使保罗·布雷默甚至解散了40万之多的伊拉克军队，遣散了警察，将复兴党官僚撤职，开始将伊拉克经济的国有部门私有化。一瞬间，布雷默不仅使数十万伊拉克人失业，还导致了伊拉克社会的复杂结构——复兴党在长达35年之久的时间里凝聚而成的——的崩解。

随着美国拆除旧秩序，伊拉克人不再受到任何约束，他们开始抢劫商店、博物馆、医院、所有的政府部门以及最重要的军队仓库，劫走大量的武器和炸药。美国军队丝毫不想制止抢劫。起初，美国坦克控制了横跨底格里斯河的桥梁，抢掠行动仅限于巴格达东部。当他们撤离后，巴格达西部也遭到抢掠。① 拉姆斯菲尔德驳斥了记者的担忧，称："自由的人们可以随意犯错误，犯罪或做坏事。"

"任务完成"

布什宣称，只要其目标（从未具体指明）达成，美军就会撤出。与此同时，五角大楼开始构筑永久性军事基地。2003年5月1日，也就是在巴格达沦陷三周后，总统布什换上飞行员装束，降落在美国"林肯"号航空母舰上。他站在"任务完成"的横幅下，宣布伊拉克的"重大战斗"已经结束。当时美国的死亡人数为139人。

美国的决策者表示希望伊拉克的政治和经济重建遵循战后德国和日本的路线。然而，这些国家的公民明白他们为什么被外国占领。除了北部的库尔德人之外，伊拉克人普遍不认为美国的入侵是解放行为。即使是终于摆脱了萨达姆暴行的什叶派，也将美国基地视为永久占领的象征。伊拉克人有着敏锐的历史感，他们还记得其他几次被占领的历史——最近的是奥斯曼土耳其人和英国人。他们将

---

① 亚历山大·考克布恩（Alexander Cockburn），"因为我们可以"，《国家》，2004年11月8日，第46页。

美国的入侵看作是既不理解也不尊重他们的语言、习俗或宗教的外国人开拓殖民地的行为。

战后的德国和日本对占领没有任何抵抗。相反，他们的人民专注于清理废墟和重建城市和工厂。也许更为重要的是，胜利的盟军并没有摧毁这些国家的官僚机构的能力。尤其在日本，政府在美国占领下继续治理国家，几乎没有一点点的惊慌失措。

布什首次派往伊拉克的特使杰伊·加纳将伊拉克视为"美国在中东的供煤港"（以古巴和菲律宾为模型）。加纳认为，美国应该修复经济基础设施，尽快举行选举，并将休克疗法留给国际货币基金组织。加纳待了不过3周。新保守派想要的不仅仅是一个供煤港。他们希望从根本上改变伊拉克的经济和政治结构。伊拉克将成为中东的自由市场和民主的典型。

2003年5月12日，布什撤了加纳，代之以保罗·布雷默，后者开始将合同交给准备好接手伊拉克经济的美国公司。除了石油（暂时的）外，每个经济部门都任由外国人争夺，他们认定可以将利润带出国门。伊拉克现在属于无论在何处发起最猛烈的休克疗法的真正信徒。经济学家称伊拉克为"资本家的梦想"。美国商人预期经济环境会让库存充足的7-Eleven便利店淘汰30家伊拉克家族商店。但这是非法的。1907年和1949年的《日内瓦公约》规定，占领者必须遵守被占领国的法律，且无权占有其资产。伊拉克民众的抵制也是针对这一问题。

由于暴力事件不断升级，美国公司放缓了在伊拉克的新动作。布什政府招募的个人中很少有人拥有治理伊拉克或重建经济所需的专业知识；相反，他们被选择是因为政治忠诚。2003年，美国国会拨款近200亿美元用于重建，但这笔钱落入了西方公司的口袋，而伊拉克的国有企业被排挤在外，现在这些企业的产能只有原来的50%。例如，无处不在的混凝土护栏（被嘲讽为"柏林墙"或"布雷默墙"），从伊拉克的承包商处进货每个只要100美元，但却以每个1000美元的高价进口。失去工作的工人加入了失业者队伍和抵制外国人。2004年夏季，失业人数估计在50%~70%之间。

抵制主要针对美国、韩国、日本、意大利、土耳其等国的外商，采取绑架、勒索和杀害人质的方式。截至2004年11月，超过170多名外国人被绑架；他们中有30多人被杀害或"失踪"。新保守派的梦想实验室——伊拉克成为最危险的经商之所。

伊拉克吸引了人数不详的外国圣战分子，其中最值得一提的是约旦的阿布·穆萨布·扎卡维，据说他是 2004 年 9 月两名美国承包商惨遭斩首的凶手，而且美国军方声称他领导了费卢杰市的外国小分队。扎卡维是他自己组织的领袖，此前曾在欧洲和中东制造流血事件，他既是基地组织的对手也是盟友。与许多伊斯兰武装分子一样，扎卡维来到阿富汗初试牛刀，他首先与基地组织接触，然后开始创立不同的组织，称为统一圣战。在伊拉克，扎卡维在保守的逊尼派城市费卢杰发挥了很大的作用，在那里他呼吁反对美国和伊拉克什叶派异教徒的圣战。

什叶派神职人员是最早指责占领的人士之一。他们中批评最激烈的人是穆克塔达·萨德尔——一位年轻的阿亚图拉，他继承了他尊敬的父亲的衣钵，后者在 1999 年被暗杀，估计是萨达姆的特工所为。巴格达的什叶派地区居住着 200 多万贫困居民，以前称为"萨达姆城"，现在成了"萨德尔城"（为纪念穆克塔克父亲重新命名）。2004 年 3 月，在《萨德尔周刊》指控"布雷默追随萨达姆的步伐"后，布雷默关闭了报社办公室。[①] 他发出了逮捕"法外之徒"萨德尔的逮捕令，因为他涉嫌参与 2003 年 4 月谋杀对手什叶派神职人员阿卜杜勒·马吉德·胡维——中情局将其从流放地带回祖国的最高阿亚图拉之子。

萨德尔的抵抗组织——救世军是"反冲"的典范。其成员多是青年、失业者、幻想破灭者。一位加拿大记者说，"萨德尔接收了布雷默的经济牺牲品，让他们穿上黑衣，给他们配上生锈的突击步枪"。[②] 因为萨德尔的声望和不妥协的好战性，美国军方将他列为首要解决对象。在什叶派圣城纳杰夫——什叶派创立者穆罕默德的女婿阿里的埋葬之地——进行了最后一轮战斗后，救世军和美军之间屡次爆发的激烈战斗以陷入僵局告终。在伊拉克最有影响力的神职人员——大阿亚图拉阿里·西斯塔尼斡旋了休战，条件是美军撤出纳杰夫，救世军同意（没有这么做）放弃武器。

在巴格达以西 35 英里、居住着约 30 万居民的保守逊尼派宗教中心费卢杰（有"清真寺之城"之称），麻烦早就开始了。2003 年 4 月底，美军征用了一所

---

① 警员帕梅拉（Pamela），"被美国关闭的报社恢复运营"，《华盛顿邮报》，2004 年 7 月 25 日，第 A15 页。

② 娜欧蜜·克莱恩（Naomi Klein），《巴格达零纪年》：为了新保守派的乌托邦掠夺伊拉克，《哈珀斯》（2004 年 9 月），第 51 页。

当地学校作为军事基地（让这座城市的居民深感不满）。美军在对峙中杀死了 13 名伊拉克人，其中有几名是儿童，反抗的势头愈来愈大。

一年后，电视和互联网上出现了 4 名美国"承包商"被肢解的尸体吊在该城的一座桥上的恐怖画面，这 4 名承包商为五角大楼工作，在费卢杰被俘，随后被杀害。美军试图在由美国训练的民兵——费卢杰旅的帮助下重新夺回这座城市，但后者反而叛变投靠了另一方。费卢杰成为民族和宗教抵抗的象征，也成为扎卡维领导的圣战分子——其中许多是外国人的避难所。

2004 年美国总统大选刚刚结束，1 万名美国海军陆战队员，外加 1000 名伊拉克士兵在持续一周的血战后夺回了费卢杰市，结果是造成数千人伤亡，难民涌动，大半个城市成为废墟。美国再次宣告胜利，但许多抵抗分子成功逃脱。

2004 年 4 月底，互联网上爆出的照片显示，美军在巴格达以西的阿布格莱布监狱对伊拉克人滥用酷刑，美国在伊拉克的形象受到严重破坏。国际特赦组织和国际红十字会报道了虐囚行为，但他们的投诉被置之不理。拉姆斯菲尔德驳回了对酷刑的最初报道——称其为"弹丸之地上的国际恐怖"。这一次，令人震惊的照片不再可以轻易驳回。讽刺的是，阿布格莱布监狱最初是在萨达姆统治时因酷刑、强奸和处决而恶名昭彰。五角大楼和白宫假装震惊，美国军队竟会做出这样的事，将责任推到几个低级别的"坏家伙"身上。然而，事情很快就变得很明显，决定使用酷刑是布什政府的最高层做出的。

美国在其他战争中早已使用过酷刑，但它通常让南越和拉丁美洲士兵等中间人偷偷摸摸地实施，这些中间人将他们在佐治亚州本宁堡美国学校学到的本事一一应用。酷刑的使用始于阿富汗战争，当时布什政府将塔利班和基地组织归入新的"被俘获的敌方战斗人员"类别而非敌方士兵，因此不受 1949 年《日内瓦公约》的保护，该公约禁止"在任何时间任何地点"对一切囚犯动用酷刑。美国有史以来第一次否认敌方士兵的战俘身份。

从 2002 年 2 月开始，白宫的法律顾问阿尔贝托·冈萨雷斯宣布，《日内瓦公约》已变得"无关紧要"，总统作为总司令不受任何法律约束——不论是美国或国际的。冈萨雷斯接着说，虐待囚犯被美其名曰为一种"自卫"行为。在五角大楼，拉姆斯菲尔德签署了几个类似的文件。酷刑从阿富汗走进关塔那摩海军基地，那里关押着塔利班和基地组织的俘虏，又从那里发展到伊拉克。

2003 年夏，随着伊拉克抵抗力量的增强，美军迫切希望获得无孔不入的武装分子的相关情报。士兵们开始逮捕袭击地点的平民，搜查他们的房屋，捣毁家具。最终被拘留者的人数达到 5 万人，由人员不足、装备不良的国民警卫队看守。被拘留者中很少有人能提供资料；被释放的人则更少。

8 月底，当关塔那摩拘留营司令杰弗里·米勒少将抵达巴格达时，酷刑被制度化。米勒为了得到"行动情报"不择手段——殴打、性羞辱、"水刑"（近乎溺死被拘留者）和使用警犬。美国驻伊拉克部队司令里卡多·桑切斯将军批准了米勒的战术。然而，这个体系等于自掘坟墓，因为它催生了更多的敌意，而获取的情报却极少。2004 年 6 月，在巴格达的周五祈祷活动中，伊玛目指控说，美国给伊拉克带来的唯一自由是虐待伊拉克人的自由，"强奸的自由、裸体的自由和侮辱的自由"。①

事实证明，伊拉克民族的复杂性又是一个令人烦恼的问题。当布雷默开始制定首部过渡性法律时，他表示，在新伊拉克，民族没有容身之地，所有的公民都是伊拉克人。这真是一项异常艰巨的任务。库尔德人从来不把自己当作伊拉克人。到目前为止，库尔德斯坦 75% 的成年人口都已签署了要求独立的请愿书。甚至在入侵之前库尔德斯坦已经在事实上宣布独立了。库尔德人升自己的国旗，不缴伊拉克的税收，控制自己的边界，还拥有自己的军队。使事情更复杂的是，占人口大多数的多数什叶派人士期望一个伊斯兰国家，而逊尼派却将什叶派视为异教徒，认为只有他们才有治理伊拉克的权力。在基尔库克［一个拥有 85 万人口的城市，其中库尔德人（35%）、逊尼派阿拉伯人（35%）和与库尔德人和阿拉伯人敌对的土耳其人后裔（26%）大约各占三分之一］北部的石油重镇，种族和宗教暴力的可能性尤其大。每个民族都有其历史解释，声称这座城市及其石油是属于他们的。②

新保守派人士都没有预料到会有近 4500 名美军在伊拉克丧生，另有 32000 人受重伤（在阿富汗，截至 2014 年 1 月，有将近 2200 名美军和 1100 名联军被杀）。至于伊拉克平民的伤亡，五角大楼并没有费心去计算。"我们不统计（平

① 引自马克·丹纳，"阿布格莱布：被隐藏的故事"，《纽约书评》，2004 年 10 月 7 日，第 44 页。

② 加尔布雷斯（Galbraith），"伊拉克：拙劣的过渡"，第 72—73 页，大卫·伊格内修斯（David Ignatius），"基尔库克成汽车炸弹"，《华盛顿邮报》，2004 年 7 月 20 日，第 A17 页。

民）的死亡人数"，汤米·弗兰克斯将军宣称，到 2008 年底，保守统计人数约有 12.5 万人左右。①

由于常规和国民警卫队的部队延长了服役期，他们几乎到了消耗殆尽的边缘。截至 2008 年底，之前估计仅为 300 亿美元的成本已经超过 8500 亿美元。预计最终成本，包括退伍军人福利和医疗保健以及借贷利息在内的所有开支都加起来后，将达到 3 万亿美元。克林顿总统的预算盈余成为被 9·11 事件、国土安全、阿富汗和伊拉克战争以及古今历史上第一次战时的减税掏空后的遥远记忆。再一次史无前例地，这些战争完全是靠借来的钱（主要来自日本和中国）——细到一分一毫——发动的。

当美国对塔利班展开报复时，包括许多穆斯林甚至阿拉伯人在内的整个世界都相信这是正义的事业。然而，很快伊拉克就耗尽了所有的善意。开罗爱兹哈尔大学（穆斯林思想最受尊敬的中心）一度谴责 9·11 事件的神职人员，现在却宣称每个穆斯林都有义务捍卫伊拉克。②

布什政府寻求愿意接受美国永久驻留伊拉克的伊拉克政府。提议进行选举后，伊拉克最受尊敬的什叶派神职人员阿里·西斯塔尼坚持要举行直接选举（一人一票），与布什政府希望操纵的间接选举背道而驰。根据西斯塔尼的提议，占多数的什叶派——自 7 世纪后期以来其历史上的第一次——注定要掌权。当他们中的一员——努里·马利基成为总理后，他与布什政府合作，后者向他提供资金和军事训练。另一个赢家是伊朗伊斯兰共和国，它得到了它一直想要的东西：在邻国伊拉克建立起什叶派政府。伊朗权威的宪法监督委员会主席认为"选举的结果很满意"。③

伊拉克新政府与德黑兰联系密切。早在 20 世纪 60 年代，伊斯兰达瓦党的领袖马利基就是萨达姆的死敌。但该党也反对西方在阿拉伯世界的势力（例如，1983 年，达瓦炸毁了美国和法国驻科威特大使馆）。1980 年，萨达姆曾判处马利基死刑；2006 年 12 月，马利基欣然签署了萨达姆的死刑令。伊朗与什叶派阵营

---

① 数字来自 www. iraqbodycount. org。

② 彼得·卑尔根（Peter Bergen），"烈火雄心"，第 40-45 页。

③ 史蒂文·西蒙（Steven Simon）和雷·塔基亚（Ray Takeyh），"伊朗的伊拉克战略"，《华盛顿邮报》，2006 年 5 月 21 日，第 B2 页。

有密切的联系，例如巴德尔组织，该组织在萨达姆与伊拉克战争期间在德黑兰成立，其创立者是阿亚图拉·霍梅尼。伊朗还支持民族主义者穆克塔达·萨德尔领导的什叶派民兵组织——救世军。伊朗的影响极大地解释了为什么马利基没有满足布什政府的要求——58 个永久基地、石油控制权以及美国军队的检控豁免权，因为这些要求必须得到占多数的什叶派的议会批准。

在此期间，逊尼派和什叶派之间的内战变得一发不可收拾。最初，是扎卡维的无政府主义暴行引发的暴力事件，他杀害了 6000 名什叶派伊拉克人。2006 年 2 月，扎卡维火上浇油地炸毁了伊拉克最神圣的什叶派宗教圣地——萨马拉的阿里·哈迪清真寺的金色圆顶，那里埋葬着两位受人尊敬的 9 世纪什叶派伊玛目。狂怒的什叶派报复行为使许多逊尼派坚信扎卡维正带领他们走向毁灭。他的残暴甚至让本·拉登和他的副官都感到震惊。扎瓦希里问道，扎卡维的人会不会"杀光伊拉克境内的所有什叶派？""有没有伊斯兰国家这样做过？"[1] 扎卡维出没的巴格达北部和西部地区的逊尼派三角地带的居民开始反对他。2006 年 6 月，美军根据一名领赏告密者提供的情报展开行动，找到了扎卡维并将他杀死。

逊尼派"觉醒运动"

逊尼派武装分子认为他们要从美国支持的什叶派大潮中幸存下来的最大可能就是与美军合作，其结果是逊尼派"觉醒"。大卫·彼得雷乌斯将军领导的美军在与基地组织的战争中获得了新的盟友。超过 10 万名所谓的伊拉克之子——在那之前还在屠杀美军——成为五角大楼的员工，受命保卫关卡、设置路障以防止公路爆炸事件和自杀式汽车袭击，并巡逻社区。

在布雷默做出将逊尼派领导的复兴党国家解散这一灾难性的决定三年后，萨达姆的人正逐步重新掌权。费卢杰市来了一名新的警察局长费萨尔·伊斯梅尔·佐贝上校，他曾是萨达姆共和国卫队的一员，在美军入侵之后成为基地组织的支持者。基地组织杀害了他的家人后，他加入了觉醒运动。海军陆战队官网宣传费卢杰新建立起来的稳定是巨大的胜利，但这一胜利的代价高昂。佐贝不仅是新的

---

① 劳伦斯·怀特（Lawrence Wright），"恐怖分子"，《纽约客》，2006 年 6 月 19 日，第 31 页。

警察局长，他还是费卢杰市的法律——法官、陪审员、狱卒、拷打者和行刑者。他的一名在萨达姆手下形成一套方法的审讯者认为没有必要改变原来的方式。他解释道，"伊拉克只屈服于武力"。佐贝想要的是让美军离开费卢杰市，将这座城市全部的控制权交给他。他们离开后，"我会对人民更加强硬"。① 然而，他的终极目标是粉碎什叶派的势力。

觉醒运动解决了一个问题——美国死亡人数大幅度减少，但又造成了另一个问题——由五角大楼授权、资助并武装起来的逊尼派领袖对什叶派领导的政府构成了直接挑战。彼得雷乌斯发现自己正在妄图做无法实现的事——同时满足两大死敌的要求。他的反情报顾问委婉地说，"使相互竞争的武装利益集团平衡"。克林顿总统国家安全委员会的前高级人员说得更简洁，也更准确，他说，凭借这种"保持平衡"的做法，"我们正在助产这个国家的解体"。② 很快，发生的事情就证明他是正确的。

增兵计划

觉醒运动恰巧与美国的增兵同时发生。这一升级（被精明地称之为"增兵"，以免唤起人们对越战的不愉快记忆）增加了 3 万军队（总数达到 14.6 万人）。他们的新任务是"清扫并坚守"社区（从越战后期传下来的概念），以确认他们不是叛乱分子。暴力事件得到缓和，一部分是因为增兵，一部分是因为伊拉克人的种族清洗已基本完成，划分了社区，用混凝土防撞栏分隔开。在 2008年美国总统大选前夕，随着美国死亡人数达到历史最低点，布什宣布部队将驻留伊拉克，从而将问题踢给他的继任者巴拉克·奥巴马。

布什曾认为伊拉克的政权更替将为民主中东奠定基础。然而，上演的情形与预期大相径庭。这并不是说阿拉伯人没有警告布什——埃及独裁者胡斯尼·穆巴拉克预言，战争将催生"100 个本·拉登"。阿拉伯联盟秘书长警告说，战争将

---

① 苏达尔桑·拉加万（Sudarsan Raghavan），"在费卢杰，蛮力实现和平"，《华盛顿邮报》，2008 年 3 月 24 日。

② 尼尔·罗森（Nir Rosen），"增兵的神话"，《滚石》，2008 年 3 月 6 日；史蒂夫·科尔（Steven Coll），"将军的困境"，《纽约客》，2008 年 9 月 8 日，第 37 页。

"打开地狱之门"。正如穆巴拉克预测的那样，战争成为穆斯林兄弟会的福音，让它在伊拉克完成了激进化的新兵招募。穆巴拉克深知他面临的威胁，开始了十年来对兄弟会埃及分支最大规模的镇压。

巴拉克·奥巴马宣誓就任总统。这是一个历史性的时刻——一位非裔美国人在伊利诺伊州斯普林菲尔德成功竞选总统，在旧州首府前，当年林肯就是在这里开始他的政治事业。（图片来源：蒂夫·格里姆斯提供）

在全球反恐战争进行了十多年后，美国由于财政拮据和兵力不足而无法将行动升级，它已到了难以为继的时候。没人想把伊拉克称为泥潭——记者戴维·哈伯斯坦在他从越南的报道中流行起来的词语。历史学家再一次触及美国权力的极限。布什在道义上的明确性（由国外 725 个美军基地和 969 个国内基地支撑①，旨在铲除邪恶世界），被挫败和怀疑所取代。

甚至倾向于从美国的角度看问题的联合国秘书长安南也表示反对这场战争——尽管是在战争开始一年半后。安南认为，没有联合国安理会的授权，美国驻留伊拉克就是"非法的"。然而，联合国的几项决议最终授予美国在伊拉克的

① 托尼·朱特（Tony Judt），"世界新秩序"，《纽约书评》，2005 年 7 月 14 日，第 16 页。

临时权力。第 1790 号决议（2007 年 12 月）"最后一次"将这一权力再延长一年，但也强调伊拉克人"有权决定自己的政治前途及对其国家资源的控制"。

2008 年 11 月，伊拉克议会通过了与布什政府达成的一项协议，强调伊拉克主权，并要求美军在 2011 年之前"撤出"伊拉克。这断绝了新保守派让美国永久驻留伊拉克的希望。然而，这一故意含糊不清的妥协协议为美国军事印记的扩张留下了可能性。

布什和奥巴马都希望在伊拉克驻留部队，但出于政治原因，马利基没能带来他们想要的结果——永久基地、平民承包商以及美国军队不受伊拉克法律的约束。奥巴马不得不勉强接受所谓的"零方案"。美军的使命在 2011 年 12 月中旬结束。在布雷格堡举行的仪式上，奥巴马告诉部队他们留下了"一个拥有主权的、稳定的、自力更生的伊拉克"。然而，事实并非如此。

如它原本打算的一样，布什政府确实在伊拉克创造了一个新的现实，但并不是它所想要的。由于入侵，伊朗和伊拉克的关系变得更为紧密。通过使什叶派掌权，入侵推翻了自 7 世纪逊尼派战胜什叶派以来的政治秩序。然而，逊尼派始终坚信统治伊拉克是他们与生俱来的权力。觉醒运动给他们带来了新的契机，他们决意要充分利用。最后一支美国部队撤离后，内乱逐步升温。在接下来的两年内，爆炸和枪击事件屡见不鲜，特别是在逊尼派的据点安巴尔省。联合国估计，在美国撤军的头两年，8000 名伊拉克人在宗派暴力事件中丧生。[①]

到 2013 年，基地组织卷土重来。其成员从伊拉克的基地渗入叙利亚，加入反对巴沙尔·阿萨德的叙利亚政府的起义。在叙利亚立足后，他们将注意力转向安巴尔省。马利基政权一直担心逊尼派政权复兴，这是觉醒运动的终极目标。一名逊尼派部族领袖说，"一旦安巴尔（省）成定局，我们必须控制巴格达，我们会成功的"[②]。马利基政府警惕起来，开始围捕觉醒运动的重要成员。彼得雷乌斯使之形成的局面，马利基都要一一破坏。

当马利基向安巴尔省两个最重要的城市费卢杰市和拉马迪市进军时，暴露了

---

① "随着伊拉克暴力事件仍在继续，马利基遭到攻击"，半岛电视台，2013 年 12 月 31 日。

② 乔恩·李·安德森（Jon Lee Anderson），"增兵内幕"，《纽约客》，2007 年 11 月 19 日，第 62 页。

他的军队的弱点。① 到 2014 年初，三个派别争夺安巴尔省的控制权，美国曾以巨大的代价控制了安巴尔省。美国正是在安巴尔遭受了重大伤亡。当基地组织控制了费卢杰市和拉马迪市时，安巴尔省的独立部落再次奋起反抗——他们还不打算将这个省拱手让给基地组织或马利基政府。目前，作为政治上的权宜之计，独立部落支持马利基的军队（尽管他们最近才与之作战）。

库尔德斯坦

在伊拉克北部，库尔德斯坦的自治地位仍未得到解决。2008 年 9 月，自由斗士（Peshmerga）——库尔德斯坦地方政府的士兵沿着一条 300 英里的战线进入阿拉伯人和土库曼人所属的领土。一路上，他们夺取了基尔库克市和摩苏尔市及其毗邻油田的控制权。伊拉克阿拉伯人一直憎恨库尔德斯坦的自治权，但现在，库尔德斯坦一举将其领土扩大了 70%。

力量较弱的马利基政府几乎无法对抗自由斗士，后者的检查站一直延伸到库尔德官方边界以南 75 英里处。在库尔德人控制的地区，萨达姆的"阿拉伯化"政策被"库尔德化"所取代，同时伴随着种族清洗、酷刑和杀戮。库尔德人辩称他们的行为是为了反抗马利基政府的自卫行为，他们声称后者觊觎库尔德人的领土。库尔德人又称，他们只是收回历史上曾属于他们的土地。阿拉伯人回应说，他们不会允许库尔德的"盖世太保""窃取"他们的土地和石油。

由于 1991 年和 2003 年反对萨达姆的两场战争，美国使事实上的独立库尔德斯坦成为可能（尽管官方上它仍是伊拉克自治区，受"地区政府"管辖）。布什政府看中了库尔德斯坦的合理民主政府、经济复苏和强大的军队。矛盾的是，官方上，美国政府致力于马利基政府统治下的统一的伊拉克。一如既往地，库尔德斯坦的其他邻国——叙利亚、伊朗和土耳其仍然反对独立库尔德斯坦的主张。

---

① 亚西尔·加齐（Yasir Ghazi）和蒂姆·阿朗戈（Tim Arango），"与基地组织结盟的武装分子威胁伊拉克主要城市"，《纽约时报》，2014 年 1 月 2 日。

阿富汗

2001 年 12 月，在塔利班被推翻前夕，联合国在德国波恩召开了阿富汗理事会，选举临时国家元首。布什政府一手策划选举了哈米德·卡尔扎伊——一位在苏联入侵后流亡海外的保皇党人，与中情局和美国石油巨头优尼科建立了密切的联系。得益于美国的帮助，卡尔扎伊回到了喀布尔，当上了一个没有自己的军队、在首都以外毫无权威的总统。他的安全由美国雇佣兵——五角大楼雇佣的私人"承包商"保证。

塔利班被赶出喀布尔后，阿富汗的经济开始在一定程度上复苏。接下来的三年内，年人均国内生产总值从 123 美元增加到 246 美元，日薪从 2.70 美元上涨到 6.25 美元，小学入学率（一个更重要的发展指标），从 100 万上升到 350 万，但发展主要局限在喀布尔。

大部分的新财富来自鸦片（生产海洛因的原料）的种植。2001 年被塔利班禁止且几乎销声匿迹的鸦片种植急剧增加。最主要的受益者是仍在阿富汗行动的塔利班和其他民兵。2006 年，联合国报告称阿富汗种植的罂粟占全球的 95%。美国本就收效甚微的全球"禁毒之战"现在又多了一条战线。鸦片贸易有将阿富汗变为哥伦比亚那样的毒品王国的威胁。

同时，塔利班和基地组织正在重建他们的势力。穆罕默德·奥马尔仍然是塔利班的最高首领，他将煽动性的"致夜书"偷送进喀布尔，敦促阿富汗人抵制异教徒的外国人和阿富汗走狗——流行的说法叫"看狗人"（即照看异教徒占领者的狗——在伊斯兰世界被视为肮脏生物的人）。无休止的阿富汗战争要求的物力人力越来越多，美国只能通过借钱来满足。布鲁金斯学会的政权的虚弱指数将阿富汗排在索马里（失败国家的典型）之前，在该指数的年度清廉指数中，阿富汗几乎垫底。[①]

奥巴马借鉴了布什在伊拉克的增兵计划，将美军在阿富汗的兵力从 3.2 万扩充至近 10 万（包括增派的盟军）。奥巴马承诺到 2014 年"把部队撤回来"后，他在 2013 年底将兵力缩减至 4.5 万人。但他试图避免让阿富汗陷入"零方案"。

---

① 布鲁金斯学会，阿富汗指数，www. brookings. edu/afghanistanin-dex。

因此，2013 年 11 月，五角大楼宣布了一项令人吃惊的声明，美国寻求在阿富汗驻留。与阿富汗政府达成的协议初稿要求美国继续驻留，其规模尚未确定（可能多达 2 万人），直到 2024 年及以后。然而，在卡尔扎伊接受最终协议之前，还需要解决诸多问题，包括反对美军进入阿富汗家园的"全面禁止"。

阿富汗仍然是一个转型中的国家，但它的方向尚不清楚。正如他们训练的士兵杀害美军所证明的，它仍是一个充满仇外心理的国家。飞机和无人机袭击造成的阿富汗平民伤亡引起了更多的怨恨。卡尔扎伊愿意辞去总统职务但拒不交出权力，他利用伊朗政府的贿赂从中情局获得该机构使用起来几乎没有任何监督的贿金。阿富汗政府充斥着双重间谍、军阀、海洛因贸易商和公开索贿的政客。[①]

与此同时，毛拉·奥马尔预言性地谈到了历史的重演。他将卡尔扎伊与伊朗的舒亚国王——在外流亡 30 年后在英国的帮助下再次掌权——相提并论。这是阿富汗人众所周知的一段历史。奥马尔提醒他们说，卡尔扎伊是被诅咒的舒亚的一个部落后裔，而他和塔利班的大部分领袖都是吉尔扎伊部落的后裔，是他们将英国人赶出了阿富汗。[②]

巴基斯坦

塔利班的复兴与巴基斯坦不稳定的政治局势直接相关。美军入侵阿富汗后，塔利班和基地组织设法回到了巴基斯坦崎岖的西北边境省，在那里他们重组了他们的组织。这主要得益于巴基斯坦的军队及其情报部门——三军情报局对加入布什政府的反恐战争没什么热情。多年来，ISI 更关心来自印度的威胁。

奥巴马总统在 2012 年 5 月激动人心地宣布美国海军海豹突击六队成功暗杀了本·拉登，暗杀是在本·拉登在阿伯塔巴德——一个拥有巴基斯坦主要军事基地的城市——的家里发生的。巴基斯坦军政府对海豹突击队侵犯巴基斯坦领土的做法并不满意。帮助美国找到本·拉登的巴基斯坦医生被指责为"最卑劣的叛

---

① 马修·罗森博格（Matthew Rosenberg），"CIA 用成袋的现金寻求在阿富汗的影响力"，《纽约时报》，2013 年 4 月 28 日。

② 威廉·达尔林普尔（William Dalrymple），"阿富汗昔日的幽魂"，《纽约时报》，2013 年 4 月 14 日。

徒"，并在一次不相关的医疗事故诉讼中被指控谋杀。①

巴基斯坦军方与激进伊斯兰教武装分子的密切关系可以追溯到苏联入侵阿富汗的时代。当时，巴基斯坦铁腕人物齐亚·哈克将军因支持美国在阿富汗的行动而成为美国的英雄。在中情局的支持下，齐亚巩固了 ISI 与反动的反苏毛拉之间的密切关系。当佩尔韦兹·穆沙拉夫在 1999 年 10 月的军事政变中夺取政权时，他认为没有理由对塔利班开战。相反，2006 年 9 月，他与窝藏在北瓦济里斯坦地区的塔利班签署了和平协定。官方上，穆沙拉夫支持布什的"全球反恐战争"，但他基本上没做什么能保证美国对他军队的慷慨援助。

来自中产阶级和职业阶层、反对西方文化污染的伊斯兰激进分子以及拥有大片土地且按惯例行使相当政治权力的传统地主们的普遍压力迫使穆沙拉夫退位。知道穆沙拉夫在位的时日屈指可数后，前统治者结束流亡，返回祖国。其中有来自富裕的地主阶层的女子贝娜齐尔·布托，她曾在爱尔兰修女主持的修道院以及哈佛、牛津接受过教育。她曾担任过两届总理（见第 16 章），因腐败（连同她的丈夫阿西夫·阿里·扎尔达里，据称，因为他从政府合同收到的回扣而被称为"百分之十先生"）还在调查中。然而，在他们回国之前，布托和扎尔达里被免予进一步起诉。2007 年 12 月，布托竞选总统时，被不明身份的凶手暗杀。她的死亡只是巴基斯坦近代历史上未解决的政治谋杀案中的又一个。西方趋向于指责基地组织，因为她是在布什政府的敦促下返回巴基斯坦的。但她对军事组织而言也是个威胁。在她遇刺前，她曾公开表示，她认为穆沙拉夫将军对她的安全构成极大威胁。

阿西夫·阿里·扎尔达里在 2008 年 9 月宣誓就任总统，完成了这个家族的政治复兴。对他的首个考验发生在两个月后，一个 10 人组成的伊斯兰敢死队在印度金融中心孟买（Mumbai，以前称为 Bombay）发起了万岁冲锋。他们从火车站开始，随后转移到两家豪华酒店和一家对外国人开放的餐厅、犹太人中心，甚至一家医院。恐怖分子杀害了十多名警察，包括该市的首席反恐官员，共有 170 多人丧生。他们的主要目标是美国和英国公民以及犹太人。

这是自 1993 年以来孟买发生的第八次伊斯兰武装分子袭击。第一次袭击时，

---

① M. 阿马德·拉兹（M. Amad Razi），"艾法帝（Shakil Afridi）：最卑劣的叛徒"，《论坛快报》博客，2012 年 2 月 22 日。

恐怖分子引爆了 13 枚炸弹，造成 250 多人丧生。然而，2008 年 11 月发生的袭击如此老练，以至于印度人认为，它肯定是在外援的帮助下组织起来的。确实，有证据表明，巴基斯坦的恐怖分子组织与基地组织——过去曾威胁要袭击印度——有联系。

当印度要求引渡 20 名来自巴基斯坦的恐怖分子（包括 1993 年爆炸袭击的策划者）时，扎尔达里承诺会予以配合。但 ISI 进行了干预，明确表示不会将穆斯林移交给印度。它凸显了一个早已众所周知的事实：巴基斯坦强大的军队，起初援助并教唆了恐怖组织，却不在一位平民总统的控制之下，尤其是该总统的家族与军方长期不和。扎尔达里所设法促成的仅仅是关闭恐怖分子营地的承诺。

巴基斯坦的政治家们认为，印度袭击巴基斯坦领土（包括恐怖分子设施）相当于一种战争行为。巴基斯坦将采取报复行动，在此期间还将撤出其部署在西北边境省的军队——在那里，他们表面上佯装是在密切注视塔利班和基地组织，实际上是在替布什政府卖命。简单地说，有史以来第一次，两个核大国似乎就要开战。这一可能引发了一连串的外交活动。印度外长匆匆赶往美国，美国特使（包括国务卿和参谋长联席会议主席）飞往新德里和伊斯兰堡，试图化解冲突。

第二十三章
阿拉伯之春：步入寒冬？

受到所谓的"阿拉伯之春"起义最严重影响的国家有许多共同之处：他们在奥斯曼帝国的统治下衰落，后又沦为西方的殖民地；独立后，他们改而信仰阿拉伯式的社会主义（摩洛哥除外），结果只是被专制腐败的军事独裁者统治，独裁者的终极目标是利用国家的财富并将权力传给其后代，他们也面临类似的社会问题，例如人口迅速增长、高失业率、对美好未来的期望越来越高以及激进的伊斯兰派系。

突尼斯

在执政30多年后，突尼斯的独立运动领袖哈比卜·布尔吉巴在1987年11月被陆军将军宰因·阿比丁·本·阿里发动的军事政变赶下了台（关于阿拉伯的独立运动，参见第7章）。此时，对布尔吉巴的热情早已消耗殆尽，突尼斯人正在寻找积极的改变。的确，本·阿里承诺恢复民主，但事实证明他对扩张自己、巩固自己的力量更有兴趣。他无意退休，也不容忍批评。他既镇压伊斯兰武装，也打压世俗反对派。

2010年12月17日，一个26岁的街头小贩穆罕默德·布阿齐齐为了抗议警察骚扰和勒索而在中心城市西迪布济德自焚之后，阿拉伯之春运动出乎意料地在突尼斯开始了。像布阿齐齐这样不满的人还有很多。突尼斯的年轻人大都受过良好的教育，但很难找到有实质报酬的工作，他们被要求安静地听天由命。布阿齐齐在医院抢救三周后痛苦地死去，激发了广泛的抗议活动。11天内，安全部队杀死了数十名手无寸铁的平民，但到了第十二天，他们拒绝再开枪。此时，本·阿里和他的家人乘坐私人飞机逃往沙特阿拉伯。

布阿齐齐的事件正值维基解密揭露突尼斯盘根错节的腐败现象，腐败的罪魁祸首是本·阿里家族的成员。这些披露证实了对大多数突尼斯人而言已经不是秘密的事情。据泄露的文件称，美国大使罗伯特·戈德克曾表示，他注意到本·阿里执政不善20多年后，公众"此起彼伏的抱怨"变成了激烈的"厌恶，甚至怨恨"。在突尼斯公之于众的一系列外交公文中，大使谈到了本·阿里的"僵化政权"，并将他的核心集团比作黑手党。他特别指责总统的妻子和她的家族——他们"没受过教育、社会地位低、挥霍无度"而遭突尼斯人唾弃。在出席本·阿里的一个女儿在其海滨豪宅举办的晚宴时，戈德克被她的"过度"奢华，特别是她的宠物老虎所震惊，这让他想起了萨达姆之子乌代·侯赛因在巴格达的狮子笼。戈德克写道，"不论是金钱、服务、土地、财产抑或甚至是你的游艇"（从一个度假的法国商人那里偷来的），这个家族"想要的没有得不到的"。①

本·阿里刚刚逃离突尼斯，伊斯兰教主义者就开始大展拳脚。自 1991 年以来，本·阿里逮捕了 2.5 万名伊斯兰教主义者，但刚刚被释放的他们，开始与当局发生冲突。他们杀死了政治家、警察和士兵。他们呼吁建立一个伊斯兰教法的国家，寻求接管大学，袭击温和的苏菲派穆斯林，在犹太教堂外抗议，围困美国大使馆，烧毁邻近的美国学校和美国新闻处图书馆。在突尼斯崎岖的山脉间，他们与安全部队的作战陷入僵局。在突尼斯历史悠久的伊斯兰教历史中心凯鲁万，武装分子誓言要推翻本·阿里，"完成我们开始之事业"。为了应对日益严重的伊斯兰武装威胁，政府开始逮捕安萨尔伊斯兰教义组织的成员，该组织与基地组织有着松散的联系。

武装分子要求实行伊斯兰教法，但酒吧和海滩仍然开放。它们仍然冒犯了伊斯兰激进分子，它们以突尼斯与西方关系的象征为目标。突尼斯首例自杀式炸弹袭击者在西方人经常光顾的海滩度假酒店自杀（未伤及其他人）。另一名自杀式炸弹袭击者试图炸毁埋葬着哈比卜·布尔吉巴（受过法国教育的现代突尼斯的开创者）遗骸的陵墓。

为了鼓励不断向西方寻求灵感的改革派力量，法国总统弗朗索瓦·奥朗德在 2013 年 7 月对突尼斯进行了国事访问，并为其疲软的经济提供援助。尽管突尼斯困难重重，但到 2014 年初，境况似乎已改善大半。突尼斯举行了第一次自由选举，几届相对温和的政府执政，遏制了武装分子，让军队远离政治。与埃及不同的是，突尼斯不必在实施伊斯兰教法的伊斯兰武装分子和军事统治者之间选择掌

---

① "维基解密可能触发了突尼斯革命"，阿拉伯电视台新闻频道，2011 年 1 月 15 日；史蒂夫·科尔（Steven Coll），"民主运动"，《纽约客》，2011 年 1 月 31 日，第 21–22 页；《卫报》发表了美国大使馆电报，2010 年 12 月 7 日。

2011 年 1 月 23 日，在突尼斯阿拉伯之春运动期间，突尼斯人违抗宵禁令乘坐"自有车队"抗议本·阿里政权。(图片来源：M. 赖斯提供)

权的人。

利比亚

自 1969 年以来，利比亚的强权人物穆阿迈尔·卡扎菲成功掌控政权超过 40 年之久。阿拉伯之春运动掀起前，卡扎菲一直以带领利比亚人摆脱贫困的泛阿拉伯政治家和社会主义改革者的姿态自居。但是，腐败、警察暴行、他为人所恶的儿子们将会接替他的可能、高达 30% 的失业率以及过高的食品价格使得支持卡扎菲的人越来越少。

突尼斯发生骚乱后，卡扎菲就觉察到了不祥之兆，极其依赖其军队的他清除了可能的不忠分子。由于担心出现最坏的情况，他对利比亚人奖惩并用。为了防止骚乱，他降低了粮食价格——几年来一直存在的问题。由于利比亚80%的食品都靠进口，全球市场粮食成本的增加对卡扎菲打击尤为严重。[①]

卡扎菲一直表明他会毫不犹豫地使用武力。他将街头示威者与基地组织联系起来，他们在利比亚的势力还是很小的，扬言要"一条街一条街地、挨家挨户地"追捕他们。然而事实证明，即使杀了几百人后，他的军队还是无法恢复抵抗中心班加西的秩序。从那里，抵抗分子向西发展，朝向首都的黎波里。班加西——昔兰尼加首府、伊德里斯国王的世居地——的丢失对卡扎菲造成严重打击。那里的人们仍然记得43年前被卡扎菲赶下台的伊德里斯王，昔兰尼加的许多武装分子打起伊德里斯的旧旗以及伊斯兰武装分子的黑旗战斗并非巧合。

最终，卡达菲沦落到捍卫首都的黎波里的地步。在国内要求干预的压力下，美国总统奥巴马和英国首相卡梅伦求助于北约。但出于国内政治原因，地面部队不在考虑范围内。事实证明，北约海军和空中力量就足够了。北约战斗轰炸机扫射战略目标，甚至希望杀死卡扎菲。在其他国家（卡塔尔和阿拉伯联合酋长国）的帮助下，地面武装分子获得足够的武器攻入的黎波里。经过8个月的战斗，卡扎菲被围困。

当卡扎菲宣布愿意谈判转移权力时，为时已晚。他的反对者不仅想要他下台，还想要他们血债血偿。出于对死亡的恐惧，卡扎菲躲藏在废弃的房屋里，靠捡残羹剩饭维持生存，2011年10月，他和他的数十名支持者被抓，遭到毒打和私刑。[②] 这些都被记录在视频中留存给后代。

新政府继承了一个大部分基础设施遭破坏且由武装分子发号施令的国家。2012年9月，武装分子袭击了位于班加西的中情局藏身之所，杀死了美国大使克里斯托弗·史蒂文斯，以及两名前海豹突击队成员和一名安全承包商。在卡扎菲统治期间，伊斯兰主义者在利比亚没有明显的存在（虽然偶尔会在班加西看到伊斯兰愤怒的闪现），但现在他们在那里开了店。2011年9月，正值内战的最后决战前夕，安萨尔伊斯兰教义组织在利比亚的分支于苏尔特创立。战斗结束后，他

---

① "利比亚领导人卡扎菲担心粮食价格上涨"，路透社，2008年4月17日。

② 马克·厄尔班（Mark Urban），"英国击败卡扎菲的秘密使命的内幕"，《英国广播公司新闻杂志》，2012年1月19日。

们毫不犹豫地加入了对卡扎菲追随者的大规模屠杀。

　　安萨尔伊斯兰教义组织很可能要对班加西史蒂文斯大使谋杀案负责，尽管可能的罪魁祸首是哈迈德·阿布·卡塔拉领导的一个民兵组织，他曾公开宣称美国是继卡扎菲之后伊斯兰教的第二大敌人（阿布·卡塔拉在卡扎菲的监狱中度过了大部分成年时光，他因杀害一名在建立穆斯林政教合一政权上办事不力的叛军将领而在利比亚臭名昭著）。在推翻卡扎菲政权中发挥了主导作用的民兵组织无意放下武器，当他们将美国锁定为新目标时，不禁让人回忆起20世纪80年代发生在阿富汗的可怕之事——武装伊斯兰主义者击败了苏联人后，拿起武器对准了他们曾经的战友。

　　对佛罗里达州盖恩斯维尔一位浸信会牧师（早前曾因焚烧《可兰经》而臭名昭著）制作的嘲笑伊斯兰教的亵渎视频的愤怒也在班加西发生的暴力事件中发挥了一定的作用。这个城市的居民通过电视广播清楚地看到了这个视频，就像在开罗因视频引发了对美国大使馆的袭击一样，现在它激起了反对美国在班加西的存在的舆论。这次袭击似乎是阿布·卡塔拉因一时愤怒而采取的冲动之举。中情局藏身之所遭到袭击后，美国指望保护自己的利比亚人或一哄而散，或加入到暴徒的掠夺中，赶在被焚烧前抢走电视机、衣服和食物。①

　　政府所拥有的任何权力大都只是名义上的。在武器泛滥的班加西市，民兵几乎捣毁了所有警察局。在的黎波里，总理阿里·扎伊丹（Ali Zeidan）承诺会将反对派民兵组织控制住，但圣战武装分子（被认为是内政部工作人员）反而将扎伊丹扣做了人质。一个反对派民兵组织，而非政府，使扎伊丹获释——事件凸显了最高行政当局的不堪一击。当反政府民兵争夺利比亚的主要经济资产——国有石油工业的控制权时，石油工人开始罢工。卡扎菲死亡两年后，利比亚仍然没有宪法。同时，世俗全国力量联盟（得到西方国家支持）与复兴的穆斯林兄弟会之间的分歧导致国民议会瘫痪。②

---

　　① 大卫·D. 柯克帕特里克（David D. Kirkpatrick），"班加西的致命组合：虚假盟友、粗俗视频"，《纽约时报》，2013年12月29日，第1，12-14页。
　　② 大卫·D. 柯克帕特里克（David D. Kirkpatrick），"班加西的致命组合：虚假盟友、粗俗视频"，《纽约时报》，2013年12月29日，第1，12-14页；盖斯·谢尼卜（Ghaith Shennib）和乌尔夫·莱辛（Ulf Laessing），"利比亚总理遭不满美国抓捕利比亚基地组织嫌犯的武装分子短暂抓扣"，路透社，2013年10月10日。

摩洛哥

9·11事件之后，摩洛哥国王穆罕默德六世成为第一批与布什政府一道参与全球反恐战争的穆斯林统治者。这一点以及摩洛哥表面上是君主立宪制的事实让他颇受西方观察人士的喜爱。当阿拉伯之春运动开始时，国王发表了一切正确的言论，并郑重承诺进行迫切需要的改革——修改了宪法，选举出温和派伊斯兰政府。而且，摩洛哥确实经受住了整个阿拉伯世界动荡的冲击。

尽管进行了改革，摩洛哥的政治体系基本保持完好。穆罕默德六世保住了自己的权力，其中包括以法令治国的权力。例如，2013年9月，警方逮捕了以反对基地组织而闻名的独立在线记者阿里·阿努兹拉。但他也以批评皇室而闻名。当阿努兹拉将其读者的注意力吸引到发表在西班牙报纸上的一篇文章时，文章提到基地组织对穆罕默德六世的批评，指控他执掌"一个腐败的专制王国"，阿努兹拉的麻烦就开始了。阿努兹拉被指控的犯罪事实包括发布西班牙报纸的链接，这个链接反过来提供了基地组织视频的链接。因为引导其读者——尽管是以迂回的方式——注意到基地组织的声明，他被指控"故意"向恐怖分子"提供切实帮助"。然而，他的实际罪行是他昔日对国王所作所为的批评。摩洛哥在西方广受好评的君主立宪制尚需努力，对于国王而言，阿拉伯之春运动只是一个小小的麻烦而已。

埃及

2011年1月25日，本·阿里逃离突尼斯11天后，开罗解放广场的示威活动拉开了序幕——抗议"法老"（pharaoh）胡斯尼·穆巴拉克长达30年的军事统治。随着示威者队伍的壮大，安全部队以武力镇压，造成数百人死亡。然而，骚乱继续蔓延。2月11日，示威活动升级17天后，亦即本·阿里逃离突尼斯不到4周的时间里，穆巴拉克被迫下台。在这个令人兴奋的时刻，在中东地区，而不仅仅是埃及，一切似乎都有可能，一个充满希望的黎明似乎正在升起。

2011年5月，穆巴拉克及其两个儿子被捕，并被要求出庭受审。诉讼明细包括"故意谋杀"示威者——这项指控可以判处死刑，他们还被指控盗窃，"非法谋取私利"。①

2012年6月，选民选举出了他们的新任总统穆罕默德·穆尔西，他是饱受压迫的穆斯林兄弟会的候选人。组织良好的兄弟会吸引了虔诚的穆斯林选民，但也许更重要的是把票投给穆尔西，就意味着投票反对艾哈迈德·沙夫里克——穆巴拉克的最后一任总理兼埃及空军元帅。穆尔西和兄弟会成为对被推翻政权的强烈反对的受益者。政治钟摆从一个极端摆向另一个极端。问题在于它会做到什么程度，又是否会引起强烈反对。

尽管穆尔西以微小优势获胜（52%比48%），但他将其视为建立伊斯兰国家的授权。新宪法力图确保兄弟会的永久政治统治。兄弟会统治下的侵犯人权行为——包括谋杀、公开私刑和酷刑——与旧体制下的行为同样恶劣。一位人权观察官员称，极权国家仍然"存在，并在穆尔西的授意下肆无忌惮"。与此同时，严重依赖旅游的经济仍然是一片混乱。在整个过程中，军队一直伺机等待，随时准备加入新趋势的整改。

示威者不惜冒着生命危险争取的并不是为了建立一个伊斯兰极权。对政治伊斯兰的反对（甚至包括新加入的穆斯林），使埃及在阿拉伯世界大片地区中独树一帜。在穆尔西当选总统后一年，高涨的反对声音（在网络传播的助力之下）比反对穆巴拉克的抗议声还要声势浩大。2013年6月底，由不超过6名活动人士发起的网上运动Tamarod（"反抗运动"）让数百万示威者（初步估计有1700万~3300万人）涌上埃及的街头和广场。反抗运动还声称已经收集了1500万个要求穆尔西下台的在线签名。

兄弟会越来越孤立，而军队则悄然等待时机。7月初，军队总司令阿卜杜勒·法塔赫·西西要求穆尔西辞职。当穆尔西拒绝接受时，军队在两天后逮捕了他，并宣布兄弟会为非法。兄弟会再次成为罪魁祸首。受到最近还在抗议穆巴拉克的埃及人热情欢迎的军队重新掌权，穆巴拉克也从监狱获释。埃及的第一次民主试验只持续了一年。

穆尔西被捕之后，伊斯兰主义者与军队之间的首次冲突造成1000多名示威

---

① 亚斯明·萨利赫（Yasmine Saleh）和迪娜·扎耶德（Dina Zayed），"穆巴拉克因谋杀示威者面临受审"，路透社，2011年5月24日。

者丧生。此后，暴力事件继续有增无减，双方都犯下暴行。① 在 10 月初的一次大规模反政变集会上，安全部队打死了 50 多名抗议者，其后，伊斯兰分子杀死了 9 名士兵和警察。伊斯兰主义者与军队之间的冲突早已司空见惯，不同的是叛乱分子首次使用了火箭推进式榴弹发射器，这种武器特别适合游击战。②

自始至终，自命为世界希望的灯塔的奥巴马政府默默支持埃及军队。美国拒绝将埃及军队重掌政权说成是军事政变，因为美国法律禁止向以这种方式夺权的政府提供外援。奥巴马的国务卿约翰·克里甚至把穆尔西的下台称作"恢复民主"。③

埃及的事件使政治分析人士回想起过去的革命是如何发生的，尤其是在 19 世纪的欧洲。资产阶级，即中产阶级，在激进的无产阶级，即工人阶级的帮助下，推翻旧制度。但是，当无产阶级似乎在为夺取政权而蠢蠢欲动时，惊慌失措的中产阶级就会转而支持法律和秩序。

叙利亚

1920—1946 年，法国作为第一次世界大战之后的委任统治者之一统治着叙利亚。独立之后，叙利亚饱受多届不稳定政府的困扰，直到 1963 年表面上信仰社会主义的复兴党（Ba'ath）上台为止。然而，那时该党已经沦为军队的一支。复兴党夺取权力实质上是一场军事政变。1970 年，空军司令哈菲兹·阿萨德领导的一支阿拉维派部队控制了复兴党，随后清除了非阿拉维派分子——主要是逊尼派穆斯林（占人口的 3/4）和希腊东正教基督徒。

2011 年 3 月开始的叙利亚内战，其根源可以追溯至占少数的阿拉维派掌权时期。阿拉维派深知，他们被大多数叙利亚人所憎恨，甚至谩骂。因此，他们的首要任务就是不惜一切代价紧紧抓住权力不放。1982 年，穆斯林兄弟会占领了哈马

---

① 亚斯明·埃·拉希迪（Yasmine El Rashidi），"埃及：被误解的痛苦"，《纽约书评》，2013 年 9 月 26 日。

② 大卫·D. 柯克帕特里克（David D. Kirkpatrick），"埃及袭击在僵持中升级"，《纽约时报》，2013 年 10 月 7 日。

③ 迈克尔·伯恩鲍姆（Michael Birnbaum），"埃及下令停止静坐抗议"，《华盛顿邮报》，2013 年 8 月 2 日，第 A8 页。

市并杀害了阿拉维派任命的官员，阿萨德随即派出 1.2 万人的阿拉维派军队进入哈马市，并将该市夷为平地，屠杀了几乎所有的（可能多达 3 万名）逊尼派穆斯林。

哈菲兹·阿萨德的崛起被形容为犹如犹太人成为俄罗斯的沙皇那样不可思议。[1] 阿萨德来自叙利亚最令人讨厌的宗教派别阿拉维派，该派约占叙利亚人口的 12%。西方通常将阿拉维派（字面意思是"阿里的信徒"）归为什叶派。然而，早在一千多年以前，阿拉维派领袖神学家宣称阿里的神性之后，阿拉维派就已从什叶派穆斯林分裂出来。但在伊斯兰教信徒的眼中，真主只有一个，任何其他暗示都是纯粹的异端。

阿拉维派不让外人知道他们的仪式，但他们敬奉的似乎是一个混合体——其中包括亚当、琐罗亚斯德、苏格拉底、柏拉图、基督、西蒙·彼得、穆罕默德和阿里。他们的一些仪式类似基督教的弥撒，包括敬奉面包和酒。阿拉维派庆祝圣诞节，也相信轮回。毫不为奇，逊尼派穆斯林将阿拉维派视为"比犹太人和基督徒更异端的存在"，指责他们过去与法国和十字军串通。在奥斯曼帝国统治时期，阿拉维派几近灭绝。[2]

但是，需要指出的是，部分什叶派神学家仍然将阿拉维派视作什叶派穆斯林的一部分。这一解释促成了阿萨德政权与黎巴嫩什叶派真主党、什叶派领导的伊朗和什叶派伊拉克政府之间的合作，这些国家都与逊尼派进行着激烈的斗争（特别是那些支持基地组织事业的逊尼派）。

2000 年 6 月，哈菲兹·阿萨德去世后，他受过西方教育的儿子巴沙尔·阿萨德继承了父亲的大业。最初有关于改革的讨论，但主要是在西方。阿拉维派担心改革可能会释放威胁灭绝他们种族的力量。关于哈马的记忆时刻提醒着阿拉维派和他们的仇敌，阿萨德政权曾犯下的罪恶。

据称，叙利亚的起义始于一场 Facebook 革命。叙利亚人受过良好的教育，知道阿拉伯之春运动的兴起，厌倦了已有 40 年之久的世袭专政。起初，起义只是

---

① 罗伯特·卡普兰（Robert Kaplan），"叙利亚：身份危机"，《大西洋月刊》，1993年 2 月。

② 马里瑟·鲁思文（Malise Ruthven），"叙利亚风云骤起"，《纽约书评》，2010 年 6月 9 日，第 19 页；罗伯特 F. 沃思（Robert F. Worth），"忠诚的陷阱"，《纽约时报杂志》，2013 年 6 月 23 日，第 30-47 页。

为推翻阿萨德独裁政权的内战，但正如所有内战一样，它引发了外部干预。伊朗、伊拉克、真主党和俄罗斯（自苏联时期就开始武器供应）支持阿萨德。另一边则是与基地组织有关联的民兵组织，他们得到海湾国家石油资金的支持。也有一些亲西方的所谓"温和派"，然而他们的力量相当薄弱。

不可避免地，美国讨论过要给武装分子提供武器。但问题是提供给哪一派？不止一位叛军领袖愿意向记者透露任何事情以获得西方的武器。很显然，各派叛乱组织追寻自己的利益，而这些并不一定与美国利益相一致。经过两年多的战斗，《纽约时报》报道称，"反叛者控制的叙利亚地区没有一个是世俗的（亲西方）战斗力量"。如果阿萨德战败，政权将会有落入打着让人联想起基地组织的黑色战斗旗帜的圣战分子的手中的危险。[1] 他们自己录制的证据确凿的暴行提醒人们，如果他们获胜，等待叙利亚——而不只是阿萨德政权——的命运，阿拉维派尤其明白，一旦他们输了，等待他们的将是种族灭绝。

到2013年秋，圣战分子在叙利亚的几个地方开辟了基地。"伊拉克的基地组织"——一个曾在伊拉克与美军浴血奋战的组织，现在自称伊拉克和大叙利亚伊斯兰国（ISIS）。它最早产生于2013年4月；到本书成稿这年年底，它控制了叙利亚北部的大片地区，它横扫一切阻碍，包括温和的伊斯兰教主义者，其目标之一使人联想到哈里发的泛阿拉伯国家。伊斯兰国改变了叙利亚战争的性质，它迫使西方重新考虑其赶阿萨德下台的最初目的。[2]

伊斯兰国绝不是叙利亚唯一的伊斯兰极端组织。另一派系是救国阵线，是基地组织的分支。它也预想建立一个逊尼派伊斯兰教法统治的泛阿拉伯国家。互不相让的圣战派系开办学校、提供基本医疗服务、积极散播言论、招募新成员。作为宣传的手段，他们还录制处决阿拉维派的视频，作为宣传自己的手段。他们重新开放油井和天然气工厂，正式宣布他们将常驻叙利亚。与亲西方的弱势派系不同，他们并不缺乏外部支持（其中大部分来自富裕的海湾国家，其资金、战斗人

---

① 本·哈伯德（Ben Hubbard，），"伊斯兰反政府武装制造叙利亚政策的困境"，《纽约时报》，2013年4月28日，第1页。

② 莎拉·比尔克（Sarah Birke），"基地组织如何改变了叙利亚战争"，《纽约书评》，2013年12月27日。

员和武器畅通无阻地经由土耳其进入叙利亚）。①

约翰·克里和俄罗斯外交部长拉夫罗夫希望能够斡旋停火，实现阿萨德和亲西方武装分子之间的政治解决。然而，后者对此并不感兴趣，他们反而说服美国替他们出头。早些时候曾宣称阿萨德必须下台的奥巴马，也明白阿萨德的下台并不会带来实质利益，但迫于国内政治压力，他不得不宣布如果阿萨德越过"红线"——使用毒气，美国将不会袖手旁观。

2013年8月，1400名平民（其中有近400名儿童）惨遭毒气杀害（表面上是阿萨德的部队所为），奥巴马面临一个"要么接受要么放弃"的选择。如果他在叙利亚参战，那将是他的战争，而随之而来的一切——伤亡、财政成本、国内和国际上不可避免的强烈抗议——也是他的。如果他不采取行动，他就会因缺乏领导力而遭到批评。民意调查显示，仍沉浸在伊拉克和阿富汗战争（后者尚未结束）阴霾中的美国公众，不希望再卷入另一场战争。因此，与以往做法不同，奥巴马决定将最后的决定权留给国会，国会又将这一烫手的山芋推回给了总统。

在鹰派人士的推动下，奥巴马——此前曾宣称他本身并不反对战争，只是反对愚蠢的战争——派出美国海军和空军力量准备参战（地面部队从未认真纳入考虑）。鉴于国会不会批准战争，奥巴马将不得不单独行动。但随后，在9月份的一次新闻发布会上，克里（迫不及待想要开始轰炸）被问怎样才能避免战争。克里轻描淡写地说道，阿萨德可以交出化学武器，但他肯定这绝不会发生。但苏联立即回应说，阿萨德愿意将他的化学武器交给联合国核查员。

截至目前，平民死亡人数已经超过了10万人，叙利亚的大部分基础设施毁于一旦。阿勒颇古城历史悠久的souk（市场）正在联合国的赞助下翻修，现在也大都被毁。救援机构CARE预计，到2013年底，逃离叙利亚（不包括国内流离失所者）的难民人数将达到340万人（总人口2200万），叙利亚的一半人口将流离失所或需要援助。② 在难民营，小儿麻痹症再度出现，而一般认为这种疾病在全球已基本消灭。

---

① 洛芙迪·莫里斯（Loveday Morris）、乔比·沃里克（Joby Warrick）和苏雅德·梅科涅特（Souad Mekhennet），"圣战分子得利影响西方的叙利亚计划"，《华盛顿邮报》，2013年10月14日，第A1，A15页；"武装分子暴行"，economist. com，2013年10月13日。

② www. care. org.

阿萨德允许联合国核查员进入叙利亚的决定给了他"缓刑"，这让西方很难介入。到 2013 年底，尽管圣战组织在中东地区日益强大，阿萨德政权仍然稳坐钓鱼台。基地组织的总头目——奥萨马·本·拉登的继任者阿伊曼·扎瓦希里把叙利亚视作中东斗争的关键。他将其视为基地组织的舞台，类似于阿富汗在 9·11 事件之前几年发挥的作用。

在这种时刻，教义上的分歧通常都被搁置一边。例如，西方民主国家和苏联团结一致共同抵抗希特勒和日本。在一个理性的世界里，美国可能会站在阿萨德的一边，阿萨德曾在针对基地组织的全球反恐战争中向美国提供援助，但现在是非常时期。

很少有美国官员愿意公开讨论退休的资深外交官莱恩·克罗克——美国前驻叙利亚大使的建议。克罗克解释道，美国错误地认为叙利亚会像突尼斯或埃及那样，其独裁者会被迅速推翻。然而叙利亚却吸引了来自世界各地，包括西方国家的圣战分子。克罗克称，美国需要与阿萨德谈论共同关心的问题，即反恐怖主义。必须"非常非常秘密地"进行，他接着说，"尽管阿萨德如此恶劣，但一旦他失利，取而代之的圣战组织比他还要恶劣。"①

这一步意味着一个巨大的转变。直到最近还即将与阿萨德开战的美国，将纳他为盟友，共同抗击激进伊斯兰武装。美国国内的反响将会很大。但正如参谋长联席会议主席马丁·邓普西所解释的那样，美国没有多少选择的余地，因为"基地组织显然是在扩大其成员，无论是在数量上还是……能力上"②。

叙利亚不是恐怖分子的唯一温床。据也门的一名官员称，基地组织在也门骄横恣意，劫持人质以索取赎金，伏击政府军队。在黎巴嫩，敌视美国、以色列和基地组织的什叶派真主党，正在为其生存而战，他们的领袖哈桑·纳斯鲁拉明白，一旦阿萨德垮台，真主党势必将成为下一个倒下的什叶派多米诺骨牌。在贝鲁特大街小巷，伊朗支持的什叶派和沙特阿拉伯支持的逊尼派正在互相残杀。当

---

① 罗伯特·F. 沃思（Robert F. Worth）和埃里克·施密特（Eric Schmitt），"圣战组织在中东动荡中壮大"，《纽约时报》，2013 年 12 月 3 日；迈克尔·克雷弗（Michael Krever），"叙利亚只能被遏制，而不是灭绝，美国前外交官莱恩·克罗克（Ryan Crocker）在接受 CNN 记者阿曼普尔（Amanpour）采访时说道"，CNN，2013 年 9 月 11 日。

② 沃斯（Worth）和施密特（Schmitt），"圣战组织在动荡中壮大"。

阿萨德准备向真主党发射远程导弹时，以色列空军轰炸了位于拉塔基亚的叙利亚军事基地（还附带轰炸了大马士革）。在黎巴嫩南部边界，真主党和以色列军队随时准备再次开战。

在埃及，军方重新掌权，但在西奈半岛，装备精良的圣战分子正在反击。他们的武器包括趁利比亚混乱之际获得的地对空导弹。圣战分子在利比亚南部的偏远地区日益壮大。一位国务院前高级顾问指出，"蠕虫已经转向中东"，反恐再次成为美国外交政策的焦点。①

---

① 沃斯（Worth）和施密特（Schmitt），"圣战组织在动荡中壮大"。

关于本书

　　此次《二战后的世界史》的修订版，重点新增了全球化的影响、中东局势以及东亚的政治和经济变迁，包括全书信息的更新。

　　本书追溯了从第二次世界大战结束至今全球舞台上出现的主要政治、经济和意识形态模式，为深刻理解当代国际关系提供了背景。为了便于学生使用，本书的遣词造句以入门级国际关系和世界历史课程为准。

　　本书作者维恩·马克威廉姆斯和亨利·皮尔特罗夫斯基系美国陶森大学历史系荣誉教授。

图书在版编目（CIP）数据

二战后的世界史 ／（法）维恩·马克威廉姆斯，（法）亨利·皮尔特罗夫斯基
著；范斌珍，陆丽婷，余小梅译. —长沙：湖南人民出版社，2021.4

ISBN 978-7-5561-2594-4

Ⅰ.①二… Ⅱ.①维… ②亨… ③范… ④陆… ⑤余… Ⅲ.①世界史—
研究—20世纪 Ⅳ.①K153

中国版本图书馆CIP数据核字（2020）第203285号

ERZHAN HOU DE SHIJIE SHI

二战后的世界史

著 者 ［法］维恩·马克威廉姆斯，亨利·皮尔特罗夫斯基
译 者 范斌珍 陆丽婷 余小梅
出 品 阅享文化
产品经理 李晨昊
责任编辑 李思远 田 野
责任校对 丁 雯
装帧设计 水玉银文化

出版发行 湖南人民出版社有限责任公司［http://www.hnppp.com］
地 址 长沙市营盘东路3号，410005，0731-82683313

印 刷 长沙超峰印刷有限公司
版 次 2021年4月第1版
2021年4月第1次印刷
开 本 710 mm × 1000 mm 1/16
印 张 34.5
字 数 580千字
书 号 ISBN 978-7-5561-2594-4
定 价 98.00元

营销电话：0731-82221529 （如发现印装质量问题请与出版社调换）